El fango

El fango

Cuarenta años de corrupción en España

BALTASAR GARZÓN

DEBATE

El papel utilizado para la impresión de este libro ha sido fabricado a partir de madera procedente de bosques y plantaciones gestionadas con los más altos estándares ambientales, garantizando una explotación de los recursos sostenible con el medio ambiente y beneficiosa para las personas. Por este motivo, Greenpeace acredita que este libro cumple los requisitos ambientales y sociales necesarios para ser considerado un libro «amigo de los bosques». El proyecto «Libros amigos de los bosques» promueve la conservación y el uso sostenible de los bosques, en especial de los Bosques Primarios, los últimos bosques vírgenes del planeta.

Primera edición: abril de 2015

Printed in Spain – Impreso en España

ISBN: 978-84-9992-484-7
Depósito legal: B-448-2015

Compuesto en Fotocomposición 2000
Impreso en Romanyà Valls, S. A. (Capellades, Barcelona)

C 9 2 4 8 4 7

Penguin Random House Grupo Editorial

A mi madre, que ha sufrido en silencio y sin perder la sonrisa
el dolor de la injusticia

Índice

Presentación

> Si la corrupción fuera un sector empresarial, sería el tercero mayor del mundo, con un valor de 3 billones de dólares y el 5 por ciento del PIB global.[1]

Ante la apabullante cantidad de casos de corrupción que nos rodea, la pregunta que surge es: ¿ha habido en España alguna vez voluntad de combatir la corrupción o, por el contrario, no ha existido nunca verdadera intención de erradicar este fenómeno tan antiguo? Hay muchos estudios históricos al respecto, y aunque en las diferentes culturas y regímenes políticos siempre se ha puesto por delante, en boca de políticos, escritores, religiosos, dirigentes, intelectuales o dictadores, la necesidad de luchar contra los comportamientos corruptos, e incluso se han aplicado severas penas a los infractores, en realidad la corrupción siempre ha acompañado a quienes decían combatirla y su existencia se ha asumido como algo connatural al ejercicio de la política y del poder.

No se discute si hay o no corrupción, sino cómo se aprovecha uno mejor de lo público o de lo privado; nadie se asombra de que haya políticos y cargos públicos que entren en la función pública con muy pocos recursos y, al abandonar el puesto, dispongan de una amplia fortuna; pocos se sorprendían (incluso se celebraba) de que ejecutivos de grandes empresas públicas o privadas dispusieran de contratos blindados, con cláusulas de rescisión leoninas e indemnizaciones millonarias por el hecho de extinguir la relación o irse a otro puesto en el que la cadena de favores continuaba. La clave era, y sigue siendo, contar con importantes dirigentes políticos, ex presidentes, ex primeros ministros, ex cancilleres, etc., en puestos de representación institucional para hacer *lobby* a cambio de comisiones escandalosas; jueces complacientes para obtener una posición de poder, o una situación económica o profesional inalcanzable por sus propios méritos; empresarios para los que el pago de la mordida, la coima o el soborno es algo tan natural como solicitar financiación para las inversiones; profesionales que se venden a cualquier precio y a cualquiera, degradando la seguridad o la justicia a un límite insoportable; miembros de cuerpos y fuerzas de seguridad que incumplen su función por imposición del poder político de turno, etc.

En este lodazal en que se desarrolla el día a día del mundo, los propios protagonistas defienden indefectiblemente la necesidad de combatir la corrupción, con la misma tranquilidad con que, simultáneamente, se delinque o se extorsiona, se aceptan pagos en B o en paraísos fiscales, se venden armas a países con embargos que lo impiden, se impulsan evasiones masivas de impuestos (hasta el papa Francisco ha calificado de pecado gravísimo el hecho de dar limosna y donativos a la Iglesia y no pagar impuestos o satisfacer los salarios en B, conribuyendo con ello a la inestabilidad de las jubilaciones o la falta de sanidad pública), falsas anmnistías fiscales, blanqueo de capitales desde las más altas esferas políticas, económicas o financieras, o se diseñan mecanismos para propiciar la financiación oculta y corrupta de partidos políticos, el tráfico de influencias y toda la constelación de estructuras que contribuyen a destruir la igualdad entre los ciudadanos, que, una vez más, asisten indefensos a una situación imposible de controlar, sometidos a la inercia de contaminación y fango que nos inunda.

Frente a este panorama aparentemente catastrofista, pero absolutamente real, caben dos posturas: la del conformismo y el derrotismo y, por ende, la inercia de que no se puede combatir el fenómeno, o bien la de la acción, que busca investigar esta realidad y desarrollar mecanismos para combatirla eficazmente, haciendo partícipe a la sociedad, para que podamos salir de esta maraña de intereses y arbitrariedades que anulan la democracia. La reacción y la proactividad, por tanto, deben ser la norma para acabar con un monstruo al que se ha alimentado durante mucho tiempo, hasta hacerlo demasiado peligroso. Y, en esta determinación, no hay diferencias. Tanto los que han sido honestos en su profesión y en sus responsabilidades como los que no, tienen, tenemos, responsabilidad en el desastre. Unos por no exigir y otros por no cumplir. Obviamente, el tipo de sanción será diferente, pero, de una vez por todas, la impunidad, que está en la raíz del problema, no puede ser la regla.

Pero vayamos al principio. ¿Cuándo aparece por primera vez la palabra «corrupción» en el léxico de la democracia española? ¿Cuál fue la actitud de los españoles cuando comenzaron a descubrirse las tramas de corrupción? ¿Qué hicimos para que éstas no arraigaran entre nosotros? ¿Sabían y aceptaron los ciudadanos españoles la consolidación de estas redes o fueron ajenos a su conformación?

La corrupción en el franquismo, durante la Transición y en democracia era un secreto a voces, pero lo cierto es que a casi nadie interesó profundizar en este tema; ninguno de los mecanismos de la dictadura en este ámbito se revisó o se eliminó. Sencillamente se obviaron, como tantas otras cosas. No se trata de denostar o defender la Transición, sino de pedir explicaciones por todo aquello que no se hizo y así asumir una responsabilidad en ámbitos como el de los crímenes franquistas y la corrupción, dos de los grandes temas olvidados en la Transición y en la democracia. Casi cuarenta años después de la muerte del dictador, y tras otros tantos de dictadura, todavía andamos a vueltas con el desconocimiento y la impunidad de los primeros y con el problema de cómo erradicar una corrupción que se insertó en unas instituciones en las que no están ni han estado los mejores, sino los más próximos a quienes detentan el poder, sea económico, financiero, mediático, político, religioso o judicial. Hacen falta mucha transparencia en todos estos ámbitos y una verdadera implicación ciudadana en el control de los diferentes estamentos para limpiarlos y hacer que la transparencia pase de la mesa del Congreso a la realidad de su aplicación.

Este libro no pretende ser una historia de la corrupción en España, pero, en todo caso, a poco que uno se esfuerce, se comprueba de forma inmediata que los mecanismos para corromper el sistema (cualquier sistema) o aprovecharse del mismo son muy similares y se repiten en una sucesión sin fin, acomodándose a los tiempos y necesidades de cada momento. A lo largo de la historia, la corrupción ha derribado sistemas y gobiernos, y también ha consolidado a unos y a otros. Aprovecharse de lo público y transgredir las normas de control o gestión de la cosa pública en beneficio propio o de un tercero ha sido un deporte nacional. Aunque no puede considerarse endémica, podríamos decir que la corrupción sí es, al menos, un *modus vivendi* de muchos cargos públicos de España. La caída del Gobierno de Alejandro Lerroux tras el escándalo del estraperlo y el caso Nombela (1935) nos pueden servir de punto de referencia.[2]

Precisamente porque la corrupción es tan extensa como variopinta, he elegido para empezar dos casos del franquismo y uno de la Transición, y he clasificado los ocurridos durante la democracia según el sector al que afectan, aunque en algún supuesto la ubicación es bastante difícil por su transversalidad. De este modo, cada parte del libro tiene un objeto. En el primer capítulo se hace una radiografía de la rampante corrupción que se dio en el franquismo. En medio de la práctica habitual del estraperlo, en los primeros años del régimen, el favoritismo de los activos políticos, económicos, militares, judiciales y religiosos durante toda la dictadura; la censura y la persecución de los oponentes políticos; el aprovechamiento personal de la clase dirigente en detrimento de quienes padecieron un modelo económico que marcó diferencias sociales insalvables y unas relaciones de sumisión absoluta en las que la discrepancia se pagaba con la vida, la cárcel o el exilio, resulta interesante el caso Barcelona Traction, en el que el Gobierno franquista provocó un conflicto internacional con el expolio de una empresa canadiense que operaba en Barcelona. Un conflicto del que salió con toda impunidad y del que se benefició ampliamente, según todos los estudios, la Banca March, el llamado «banco del franquismo». Se trata de un caso que, incluso con la censura existente en la época, recibió una atención inusitada por parte de la prensa. Sin embargo, el más conocido fue sin duda el caso Matesa, que estalló en 1969 y que fraguó el *modus operandi* de las futuras tramas de corrupción; un empresario abiertamente corrupto aprovechó su relación con el poder —en este caso el Opus Dei— para llevar a cabo la expansión de sus negocios de forma manifiestamente fraudulenta, dejando una deuda de 100 millones de pesetas de la que en un primer momento salió airoso, hasta que ya no convino más a las familias políticas del régimen. Una planificada estrategia por parte de los llamados «azules» —entre los que se encontraba Manuel Fraga— terminó condenando al empresario, pero dejando impunes a los demás responsables, especialmente a los políticos.

Tras la dictadura, el terreno estaba abonado para que la corrupción y el trapicheo —con evidencias claras y aceptadas por todos— se consolidaran definitivamente. Cuando la muerte de Franco puso fin a la dictadura, no hubo ningún político o cargo público de la época, pero tampoco juez o fiscal, que se propusiera seriamente identificar los comportamientos corruptos y afrontar el fenómeno. ¿Se pensaba quizá que no existía, o es que la doble moral estaba tan aceptada que se daba por hecho que una cosa era la que se pensaba, otra la que se decía y una tercera la que se ejecutaba? La pregunta, llegada la democracia, y aún hoy, sigue siendo válida: ¿quién decidió enfrentarse a la corrupción? La respuesta es tremenda, pero absolutamente cierta: prácticamente nadie. Ninguno de los protagonistas de la Transición dedicó ni un minuto de su tiempo a reflexionar sobre lo que había supuesto en este campo el régimen anterior y a tomar medidas para que no sucediera lo mismo en la nueva etapa de libertades, apoyándose en la transparencia y la limpieza de la gestión pública. Sencillamente ni se planteó, o, peor aún, estaba asimilado y por ende siguieron las mismas prácticas, y el problema simplemente se orilló como un obstáculo que debía ser olvidado, absorbido por la decisión de impunidad que cubriría los demás crímenes franquistas.

El segundo capítulo del libro se dedica específicamente a la Transición, en la que la transparencia en la financiación de los nuevos partidos o en la contratación y gestión pública en general y en el sistema judicial, entre otros estamentos y formaciones políticas, no fue algo prioritario, lo que motivó que el magma de corrupción impusiera su relevancia en presente y en futuro. La inercia del régimen anterior seguiría proyectándose sobre el actual, hasta propiciar un golpe de Estado el 23 de febrero de 1981. Precisamente ese año se produjo la sonada liquidación de la entidad de ahorro Fidecaya, entidad creada en 1952 que cometió con total impunidad todo tipo de irregularidades a lo largo de la Transición.

En este contexto, era lógico que se procurara una total opacidad en la financiación de los partidos políticos y que no importara que su funcionamiento corriera el riesgo de impregnarse rápidamente de suciedad, del fango de la corrupción, marca que hoy, casi cuarenta años después, aún perdura. Se han celebrado reiterativamente la Transición y su éxito, pero, como veremos a lo largo de este libro, ha sido la improvisación que reinó durante la misma la que ha dominado gran parte de nuestra historia, devaluando la propia esencia de la democracia y conduciéndonos, con la anuencia e indiferencia de todos, a la situación en la que nos hallamos. Tan sólo algunos actos de civismo y compromiso democrático nos salvan, al menos provisionalmente, del desastre; un desastre que muchos niegan, en esa costumbre tan española de negar lo evidente, acusando a los demás de ser culpables de los propios males. Si algún sentido tiene la afirmación evangélica de ver la paja en el ojo ajeno y no la viga en el nuestro, es en España y en este ámbito. Desgraciadamente, la acomodación, la dádiva, el ofrecimiento, la corruptela, la trampa, la trapisonda, el vicariato, la adulación al poder y la sumisión más abyecta al halago y la prebenda siguen siendo actores importantes de nuestro devenir diario como pueblo. Cuesta reconocerlo, pero así es, y así se explica dónde estamos y por qué no somos capaces de desatascar el sumidero de la suciedad. Aquello de que al Estado se le defiende también en las cloacas cuadra perfectamente con una forma de ser que identifica a muchos de los que dirigen los destinos de nuestro país.

De una u otra forma, todos hemos contribuido. A quien pretendía hacer algo diferente se le lanzaba en su contra todo el aparato del Estado, estuviese éste controlado por unos o por otros. A quien «se movía en la foto» se le laminaba, se le perseguía y finalmente, si se conseguía plantear el caso judicialmente, siempre se encontraba una mano amiga en la justicia para sacar del atolladero al político o al poderoso influyente de turno. A veces a cambio de nada, sólo por el hecho de que pasaran la mano por encima de la toga.

En España, la lucha contra la corrupción o no ha existido o ha sido siempre artesanal, antes y ahora. Desde la política y las instituciones locales, provinciales, autonómicas y nacionales, a impulso de escándalo, no ha existido una voluntad diferente de la de la trampa y el salir del paso, sin análisis ni propuestas, o con tantas y tan variadas que quedan olvidadas antes de ponerlas en marcha.

Ejemplos como el caso Juan Guerra, que usaba irregularmente un despacho oficial para sus propias triquiñuelas en dependencias de la Delegación de Gobierno de la Junta de Andalucía, con anuencia o desconocimiento llamativo de su hermano, que en ese momento era vicepresidente del Gobierno; el caso de Banca Catalana, con la elusión de responsabilidades por presiones políticas de Jordi Pujol y la persecución a los fiscales Mena y Jiménez Villarejo; los casos Filesa, Malesa y Time-Export, con las presiones al más alto nivel gubernamental y la aniquilación del juez instructor, Marino Barbero; el caso Naseiro, con la anulación del mismo y la persecución del juez Manglano; actitudes como la de José María Aznar, que, para eludir los casos del Partido Popular, atacaba los del PSOE: «Jamás se podrá igualar o superar lo que ustedes hicieron en la vida política española, ni siquiera acercarse».[3]

La historia suele ser caprichosa y al final saca a la luz casi todo, uniendo a diferentes responsables de antes y ahora, como en el llamado caso Gürtel, en el mismo fango. Aún hoy, el presidente del Gobierno, Mariano Rajoy, habla de «algunas cosas que suceden» en su partido tras la publicación de las resoluciones del juez Ruz con respecto a los casos Gürtel-Bárcenas; o el caso Palma Arena-Matas en Baleares; o el que afecta al ex presidente de la Diputación de Castellón, Fabra; a la Generalitat valenciana y al Partido Popular en esa comunidad (hasta diez imputados diputados del PP, los dos últimos aforados han dimitido casi *in extremis* el 2 de enero de 2015, Ricardo Costa y Yolanda García, y además se ha abierto a querella del fiscal otro nuevo por la financiación de la Fórmula 1, al ex presidente Camps, entre otros); aquellos que afectaban o podían afectar a la Casa Real, como los casos referidos a Prado y Colón de Carvajal, De la Rosa o actualmente el caso Nóos, y la sucesión de declaraciones exculpatorias y ataques a los jueces instructores; o el caso Gürtel, en su primera fase (con una petición fiscal de 110 años para Francisco Correa y más de 40 para Bárcenas, ex tesorero del PP, entre otros), y la auténtica persecución iniciada contra mí, como juez instructor, personal y profesionalmente, con comparecencias tan compungidas como falsas de toda la cúpula del Partido Popular en febrero de 2009 proclamando la pureza y ocultándolo todo, hasta que ha rebosado el fango; el caso conocido como Operación Púnica que afecta de lleno a la Comunidad de Madrid, con el vicepresidente de la época, Francisco Granados, ahora en la cárcel, y otros cargos públicos implicados, y con la presidenta Esperanza Aguirre, una vez más, «ajena» a todo y postulándose para alcaldesa de Madrid; o las declaraciones de algunos dirigentes socialistas en el caso de los ERE en Andalucía (citados a declarar en el Tribunal Supremo), respecto de la jueza Alaya y las del *president* de la Generalitat de Catalunya, Artur Mas, exculpando o justificando las actividades presuntamente corruptas del *president* Pujol y su familia, entre otros, que relacionaré en los capítulos correspondientes.

El análisis, en un libro como éste, no pretende ser total. Por ello, en el resto de los capítulos del libro cito y hago una aproximación a los casos considerados más importantes a nivel nacional, autonómico, provincial y municipal. Una de las conclusiones que puede avanzarse es que en España nunca ha habido voluntad de profundizar en las causas de la corrupción y que ésta se ha aceptado como algo normal e incluso como algo inherente al puesto o cargo que se adquiría en propiedad. El cargo pasaba a ser, desde la toma de posesión, «mi cargo». Nunca ha habido, y dudo que la haya ahora, salvo casos puntuales, una verdadera voluntad de combatir de forma definitiva la corrupción en el ámbito político más allá de conseguir un arreglo cosmético y jugar con la indiferencia y el olvido de la gente. «Al fin y al cabo tampoco es tan grave», dicen como argumento de justificación quienes así piensan, los cuales ni siquiera tienen en cuenta la profunda desigualdad que la corrupción genera entre los ciudadanos y en el propio sistema productivo. La sombra de la duda que pudieran tener desaparece desde el momento en que ejercen el poder; a partir de ahí serán la soberbia, y la intolerancia que genera la adicción al poder, las normas que rijan su actuar.

Asimismo, la falta de normas claras acerca de la responsabilidad política en casos de corrupción hace que la credibilidad de estos actos sea nula. Cuando escribo estas líneas, por ejemplo, la ministra de Sanidad, Ana Mato, ha dimitido al ser señalada como partícipe lucrativo de las actividades de su marido, el ex alcalde de Pozuelo de Alarcón implicado en el caso Gürtel, pero, sin solución de continuidad, se la premia con responsabilidades parlamentarias. Se huele que hay trampa y silencios entendidos, cuando no connivencia en el actuar. La transparencia está ausente en estas iniciativas.

Casos como el de los trajes del ex presidente de la Generalitat valenciana, Francisco Camps, o el del presidente de las Corts de la misma comunidad, Juan Cotino, a quien le costó sangre, sudor y lágrimas abandonar el puesto, o el del ex *conseller* Rafael Blasco, ex diputado del PP y ex portavoz parlamentario del Grupo Popular, que, aun después de haber sido condenado en mayo de 2014 a ocho años de cárcel y veinte de inhabilitación por varios delitos, sigue en su escaño de las mismas Corts, entre otros muchos, son ejemplos que hacen patente la falta de seriedad que se muestra ante la asunción de responsabilidades. Una actitud que contrasta claramente con el proceder en otros países, como la de un político británico que dimitió por acceder a un crédito en condiciones más favorables que aquellas que se daban para el mercado, o la de un responsable político alemán que tuvo que dejar su cargo por pasar un fin de semana con un empresario dudoso; o aquella responsable política sueca que aprovechó con fines particulares los puntos que le otorgaba una tarjeta de fidelización por vuelos que realizaba de forma oficial. Al respecto se puede recordar el caso de las llamadas «tarjetas *black*» de Caja Madrid/Bankia con las que los dirigentes de la misma y los miembros de su consejo disponían de fondos opacos de la entidad bancaria que no tenían que justificar.

Mientras tanto, la sociedad civil se ha movido entre el desconocimiento, el engaño, el desinterés, el consentimiento o la más absoluta indiferencia. En España nunca ha dado miedo ser corrupto; en realidad, como se la daba por existente, la corrupción no ha sido algo que haya preocupado excesivamente a la ciudadanía. Esa indiferencia ha conseguido que las raíces de la misma se hayan vuelto profundas y sólidas, sosteniendo todo un entramado de intereses muy difícil de destruir. Salvo honrosas excepciones, muy pocos han tenido verdadera voluntad de denuncia, y esto ha sido así porque, privadamente, siempre se ha mantenido una doble moral que critica lo que hacen otros y consiente y defiende lo que nos favorece. Desafortunadamente, durante mucho tiempo la sociedad incluso se divertía con las noticias de un Roldán en calzoncillos al que se criticaba no tanto por ser un corrupto, sino por su aspecto poco sofisticado frente a un *gentleman* tipo Mario Conde, y que, además, era lo suficientemente torpe como para que le pillaran. O recordemos a Jesús Gil, reelegido una y otra vez alcalde de Marbella a pesar de los escándalos, sus archiconocidas artimañas y corruptelas, tradiciones que acabaron impregnando el ADN de ese ayuntamiento. El carácter pícaro y tramposo de los españoles se veía reflejado en estos casos.

Los esfuerzos de manipulación del pueblo por una gran parte de los políticos en este campo son vergonzosos. Ante casos de corrupción tan clamorosos como evidentes, se han utilizado todas las trampas para convencer de la bondad de esos políticos y de la honradez del partido, de la probidad de ciertos empresarios y de las instituciones, ya fueran las causas referidas a la Casa Real, el Gobierno, el Parlamento, la Justicia o a cualquier otro ámbito de la Administración. Y en esa dinámica han jugado un papel fundamental algunos medios de comunicación, fieles al poder de turno o al interés corporativo correspondiente.

¿Qué ha ocurrido con esos periodistas que estaban a sueldo del Ministerio del Interior? Antonio Asunción, ministro del Interior con Felipe González, me dijo en una ocasión: «Baltasar, si alguna vez leyeras la lista de los periodistas que cobraban de fondos reservados te sorprenderías». No sé por qué nunca la hizo pública, al menos para saber quién mentía y se reía (¿o se ríe?) de nosotros pontificando desde una tribuna y denostando a la profesión periodística que se esfuerza por hacer gala de una independencia cada vez más difícil frente a los intereses económicos de las corporaciones que controlan los medios de comunicación.

Pero ahora, precisamente ahora, porque después será tarde, ha llegado el momento de la intransigencia y la indignación activa que algunos venimos reclamando desde hace mucho tiempo. Releo ahora trabajos realizados sobre estos temas en el albor de los años noventa y me quedo estupefacto al ver cómo tienen aplicación directa e inmediata a la situación que estamos viviendo. Hemos perdido veinte años. La misma urgencia de entonces existe ahora, pero la situación ha cambiado. Después de los desastres económicos, la miseria que se adueña de las esquinas de nuestra existencia, las mentiras reiteradas de regeneración, es posible que, finalmente, la sociedad obligue a los servidores públicos a ser honestos y, con ello, que esta fase de nuestra historia no vuelva a ser la de una ilusión desvanecida. La transparencia en la gestión pública y la participación ciudadana en el combate de esta lacra resultan fundamentales para dar un impulso definitivo a este desafío. Probablemente sea la última oportunidad que tenemos.

En el arranque de 2015, año con tantas expectativas, la indignación ciudadana es casi equivalente (quizá por la necesidad de tener algún referente al que sujetarse en esta deriva sin contención) a la confianza que algunas resoluciones judiciales están provocando. Pero ni son todas las que debieran, ni tienen la contundencia que exige la situación, ni se han pronunciado en los tiempos que procesalmente correspondía, lo que da opción a que se manipulen o se ataquen con artificios orquestados nuevamente desde las sombras de los poderes políticos o económicos afectados para intentar anular el efecto que deberían producir. Parece que finalmente los jueces y fiscales son los que van a seguir sudando la camiseta, pero no caigamos en el espejismo de que el compromiso anticorrupción es general, porque en toda actuación siempre hay trampas e intereses ocultos. Mi desconfianza, más que justificada, en muchos de los políticos, empresarios, banqueros, consejeros, asesores y miembros de otros tantos ámbitos, incluido el judicial de nuestro país, no ha desaparecido. Resoluciones sin sentido desde el más alto nivel no favorecen esa credibilidad. La cuestión es si cada uno de los responsables de las diferentes áreas implicadas ha comprendido el momento histórico que vivimos y ha asumido la evidencia de que el tiempo de las trampas ha pasado. La regeneración que muchos queremos y que la sociedad necesita no coincide con los intereses espurios de aquellos que quieren proteger sus intereses mediante el control de los centros neurálgicos de las instituciones y, especialmente, del Poder Judicial, que en esta tesitura tiene una relevancia excepcional. De ahí que la lupa de la opinión pública, la participación ciudadana y la transparencia judicial sean instrumentos esenciales en esta nueva sinfonía de regeneración necesaria.

Precisamente por ello y porque, como juez, creo en la relevancia del Poder Judicial como instrumento de regeneración democrática a través de las resoluciones y la propia conducta de quienes lo encarnan, muchas veces me he preguntado por qué una parte de los jueces españoles, teniendo todas las posibilidades de ser independientes e imparciales, se ofrecen a quienes sólo buscan su acomodo e impunidad. Creo firmemente que, en ciertos ámbitos de la Justicia española, falta la energía que he visto en otros países, donde jueces y fiscales se la han jugado y lo siguen haciendo. También he constatado que en España, en el día a día, hay muchos que lo hacen. Sin embargo algunos, en la cúspide de ese poder, actúan con el convencimiento de ser un portaaviones de la arbitrariedad, un motor de dos velocidades e intereses, haciendo ostentación, a veces grosera, de malas compañías y malos usos de lo público, y decidiendo según el perfil de quien inste la actuación o se someta a ella.

Este libro nace con la intención de ser un necesario recordatorio, un ejercicio obligatorio de reflexión que nos pone frente a la cruel realidad de cómo la corrupción que crece, se acepta y se consolida en el franquismo, termina por afianzarse en nuestro país tras una Transición demasiado benévola y una democracia tan permisiva como favorable con quienes sistemáticamente han traicionado la confianza del pueblo con mil trampas y aprovechamientos, hasta el punto de poder afirmar que hasta ahora la corrupción no ha sido combatida a fondo desde ningún sector, ni ha existido voluntad política de limpiar el fango que inunda las instituciones y muchos sectores de la sociedad española. No trato, por tanto, de realizar una mera lista de casos sonados y su análisis procesal —pues entonces no terminaría nunca—, sino que intento ir más allá, analizando la génesis de la corrupción y los mecanismos que hicieron posible su impunidad total o atenuada.

En conclusión, este estudio pretende ser una especie de radiografía en la que queden reflejados algunos de los comportamientos que han contribuido a que vivamos con una sensación de ahogo y casi con una certeza fatalista de que el fango de la corrupción se extiende como unas arenas movedizas que nos devoran a cada instante, engulléndonos en una especie de agujero negro en el que está en riesgo cierto la propia democracia y que enlaza con la dictadura, a la que pareciera que seguimos vinculados por una especie de eterno cordón umbilical. Por ello, si bien tengo claro el catálogo de casos actuales con el que he de cerrar la edición del libro, desafortunadamente no puedo decir lo mismo con los que están pendientes de juicio ni puedo afirmar que serán los últimos. El análisis de los acontecimientos vinculados a la corrupción corre el riesgo de quedar rápidamente obsoleto, no por sus efectos nocivos, sino porque otros vienen a ocupar la atención informativa y a llenar las oficinas judiciales. Pero no sería justo conmigo mismo ni con el esfuerzo de tantos políticos y servidores públicos que han sido honestos y que vienen peleando por la transparencia frente a tanta impudicia, ni con los esfuerzos de una sociedad civil demasiado lacerada, si no hiciera el esfuerzo de analizar qué opciones tenemos para salir de la trampa en la que estamos, y a ello dedicaré las últimas páginas.

Introducción

> En el mundo, más de un dólar de cada seis no paga impuestos porque aquellos que los cobran se aseguraron deliberadamente que quedaría oculto para las autoridades fiscales.[1]

En España, como en otros países, la lectura del periódico se ha convertido en un ejercicio inquietante. Desde hace ya demasiado tiempo, las noticias tienen un sesgo similar y perturbador; no hay edición escrita —sucede lo mismo en los informativos de televisión o radio— que no nos recuerde la situación de descrédito institucional y la lacra de la corrupción. Un fenómeno que, en época de bonanza, aparenta ser menos pegajoso e incómodo, pero que, en tiempos de crisis como los que atraviesa España desde hace unos años, se torna en una verdadera catástrofe que corre el riesgo de convertirse en el elemento definidor de la calificación moral del país. La devoción que teníamos por leer las noticias de los diarios se ha convertido ahora en un ejercicio obligado para conocer qué nuevo caso de corrupción ha estallado y cuántos cargos públicos han resultado afectados. El vértigo se acentúa hasta límites insoportables cuando se observa que la justicia se ralentiza ante determinados casos de gran calado económico, hasta el punto de convertir lo que era un avance de regeneración en una desidia constante y una falta de celo clamorosa. Sentencias que llegan con lustros de retraso, con imposición de penas irrisorias, sobreseimientos o archivos incomprensibles, connivencias y maridajes inaceptables... Casi nunca pasa nada, y, cuando pasa, siempre hay una especie de «brigada ligera» dispuesta a machacar a quien pone de manifiesto el comportamiento delictivo. La idea mortecina del «nunca se puede» y del «siempre gana quien más tiene o dispone de mejores asesores» se instaura de manera casi automática, y la sensación de frustración y de trampa se acrecienta en los ciudadanos.

Las malas noticias no acaban ahí; si nos asomamos a la sección internacional, aparecen conductas similares en diferentes puntos del planeta. Es posible que haya hasta quien se consuele al pensar que no somos los únicos. Sin embargo, es razón para desesperarse aún más. La corrupción parece estar en todas partes. Nos rodea. Nos satura. Y en ocasiones hasta nos embauca. La prensa, que tampoco se libra del fenómeno, se convierte en una ordenada codificación de actos nocivos presentados en el orden habitual de la publicación: políticas, bancarias, autonomías, local, deportes, etc., cometidos por quienes deberían evitarlos. Es como si se representase una especie de aquelarre en el que sólo el fuego purificador puede acabar con una orgía en la que todo cabe y todo es fango espeso y maloliente.

La corrupción y su tratamiento se han convertido en invitados impertinentes de cualquier debate, tertulia o presentación, en los que, la mayoría de las veces, se dilucidan las razones a gritos estridentes, en los que a nadie le interesa la opinión del contrario, sino arrasarlo sin argumentar las afirmaciones. Y aunque no se perciba igual, invade la vida cotidiana. En una cafetería, un caballero se jacta en voz baja en la mesa contigua de que el camarero le ha cobrado de menos. Sale del bar con una sonrisa de satisfacción y… ¿triunfo? Parece que, en efecto, se siente orgulloso. En ningún caso a su acompañante se le ocurre decirle que eso es incorrecto, porque piensa como él y no en el camarero, que probablemente tendrá que pagar ese desfase. La foto de este cliente no aparecerá mañana en ningún periódico, pero ayudará un poco más a que la picaresca que bondadosamente dibujara *El Lazarillo de Tormes* se convierta en una forma de vida de una sociedad indiferente y con alto riesgo de podredumbre.

Seguramente habrá mucha gente que no compartirá este criterio e incluso me dirá que soy un exagerado, pero, realmente es aquí donde comienza todo, el inicio de la picaresca y la jactancia por ser el más pillo y listo, aunque el menos honesto. En España, en ciertas épocas, la corrupción no se ha considerado ni tan siquiera algo reprochable, amparada en la impunidad o en la convicción de que el dinero o las influencias lo arreglan todo. De aquellos polvos vienen estos lodos y de estos lodos este fango que hoy, finalmente, lo cubre casi todo. Lo que parecía intocable, o aparentemente lo era, se ha desvelado también permeable a la corrupción. El juez togado militar (febrero 2015) tiene abierta una investigación por presuntos delitos de malversación de caudales públicos, fraude fiscal y falsedad en documento público, entre otros, contra dos coroneles, un comandante, un subteniente y dos sargentos en el acuartelamiento de Getafe. Según el informe pericial, existirían falsos justificantes de pago de IVA, una cuenta bancaria no autorizada, grandes salidas de fondos sin justificar, contratos inflados, concursos amañados, pagos por suministros no recibidos o falsos estudios de asesoría. Por supuesto que también en este caso se constataron las presiones a la primera jueza instructora, que se vio «instada» por el superior a informarle de la investigación —con una investigación disciplinaria abierta—, aunque aquí sí el CGPJ la amparó.

La corrupción, tal y como vamos a descubrir a lo largo de los casos investigados en este libro, aparece como un elemento consustancial a la idiosincrasia de nuestro país. Durante la dictadura que oprimió a España de 1939 a 1975, las corruptelas eran la sal en la cocción de casi cualquier operación económica y se extendían a todos los sectores. Hoy en día no nos sorprende oír que tal comportamiento pudo darse en sectores estratégicos como la energía o la distribución, pero es que las prácticas corruptoras llegaron incluso a lugares tan insospechados como el sector audiovisual o la producción de películas. No es una exageración, y como muestra un ejemplo: el dictador Francisco Franco exigió un pago en efectivo realizado directamente a la organización benéfica de su esposa para autorizar el rodaje de la película de Stanley Kubrick *Espartaco*.[2] Y mientras esto ocurría, el Lute ingresaba en prisión por robar tres gallinas.[3]

Durante la Transición tuvimos la oportunidad de hacer frente a esta realidad, pero en este laureado proceso de «reconciliación» había muchas áreas que transformar o crear: el modelo político, la Constitución, el ejército, las fuerzas de seguridad, el sistema económico... Y algunos temas se quedaron en la cuneta, como sucedió con las víctimas de los crímenes franquistas, o fueron asumidos, como ocurrió con la corrupción, o se optó por el continuismo, como en la Justicia en sus más altas instancias. No fue necesario hacer ningún esfuerzo, la propia dinámica de las cosas lo impuso. No era relevante ni trascendente para lo que importaba: mirar hacia Europa, olvidar lo que incomodaba y, con un consenso muy interesado, avanzar en el nuevo modelo de Estado. Pero las negociaciones disfrazadas con el objetivo de evitar un nuevo conflicto, los acuerdos y los pactos conllevaron numerosos, importantes e irresponsables olvidos, entre ellos el de dotar al país de un marco de convivencia libre de corrupción. Algo tan grave como la sustracción de unos treinta mil niños a sus legítimas familias durante la Guerra Civil española y la posguerra, por razón de la ideología de sus progenitores, en 2010 no pasó de ser para la Sala Segunda del Tribunal Supremo una mera teoría histórica no comprobada (y la de bebés recién nacidos a lo largo de la dictadura y la Transición, que apenas se está investigando ahora), y respecto a la desaparición de más de ciento cincuenta mil víctimas, ni siquiera se permitió la actuación judicial para la investigación penal, la búsqueda de los cuerpos y la reparación a aquéllas. Con ello, se ha otorgado la impunidad absoluta a los responsables de tales delitos contra la humanidad. En definitiva, paz con fondo de olvido e impunidad como marco exculpatorio que permitió a los diseñadores del nuevo régimen democrático dar continuidad a un sistema en el que, sin lugar a dudas, muchos salieron favorecidos.

De este modo, la corrupción sobrevivió a la Transición y su semilla germinó transversalmente en los partidos políticos de todo el espectro ideológico, así como en todos los sectores de la Administración y del sector privado. Todos ellos estaban conformes, al menos tácitamente, con que esto fuera así.

Un elemento clave que puede explicar, en parte, el crecimiento incontrolado de esta contaminación es la insuficiente financiación de los partidos, algo que provocó, por un lado, la búsqueda de fuentes irregulares (corruptas) para suplir la omisión legislativa al respecto, y por otro, y dado que al final los gobiernos están compuestos por políticos, la falta de voluntad de establecer verdaderas medidas anticorrupción y de transparencia para no comprometer las necesidades de fondos de los partidos o las propias y personales de quienes debían tomar decisiones. No se comprende de otra forma que los políticos profesionales no fueran conscientes de lo que estaba ocurriendo. Todos lo sabían y prácticamente todos lo aceptaron, dando por hecho que era necesario. De nuevo se apostó por la oportunidad frente a la ética y la responsabilidad. Y así durante cuarenta años. No sé si hay una casta de políticos, de jueces o de otros actores de la vida pública española, pero, desde luego, ha habido un absoluto abandono de los valores democráticos a la hora de establecer las normas que nuestro país debería haber adoptado, para seguir el ejemplo de aquellos países a los que pretendía emular. Esta especie de círculo vicioso de impunidad, desinterés y aprovechamiento ha degenerado, conscientemente, en una de las mayores crisis políticas que ha sufrido España desde el restablecimiento de la democracia.

Si tuviera que destacar una de las fuentes que dan forma a las múltiples categorías de la corrupción, lo haría sin dudarlo con la urbanística. A través de contratas, licitaciones amañadas en sus condiciones o pliegos correspondientes y adjudicaciones públicas concertadas a cambio de la correspondiente comisión, la corrupción ligada al desarrollo urbanístico ha infectado administraciones, partidos y empresas privadas. El suelo genera enormes y fáciles volúmenes de dinero que permiten operaciones escandalosas y el desvío de fondos a cuentas privadas o partidarias. La burbuja urbanística del cambio de siglo impulsó un *boom* sin precedentes de la corrupción. Más adelante, la recalificación de suelos y la posterior expansión de la construcción, marca del desarrollo económico español, impulsada por las leyes de liberalización del suelo del Gobierno de Aznar, fueron el caldo de cultivo perfecto para dar rienda suelta a todo tipo de actos ilícitos que llenaron los bolsillos de todos los implicados. Todos sabían que había que «comprar» al alcalde, concejal, diputado o gobernante de turno para conseguir estar en la línea de salida de la adjudicación correspondiente. La extraordinaria dimensión económica de la burbuja escapó a todo lo imaginable y generó una lista de casos de corrupción casi infinita.

Distintos gobernantes han anunciado con seriedad y total seguridad una lucha sin cuartel contra la corrupción, pero, a pesar del anuncio, los casos no han hecho más que multiplicarse. Recuerdo una anécdota que puede ser identificativa de la falta de compromiso de los líderes políticos, o al menos de algunos de ellos, en la lucha contra la corrupción. En las elecciones de 1993 concurrí como independiente en las listas del Partido Socialista por Madrid. En el primer debate de Felipe González con José María Aznar, el presidente del Gobierno no se había preparado el debate, y además sufrió un incidente aéreo cuando volvía de Canarias que le hizo volver al archipiélago y reiniciar la vuelta a la Península. Esa tarde hable con él y le pregunté cómo estaba; me comentó que no había podido preparar la intervención, pero que no tenía problema porque a Aznar le ganaba fácil, ya que éste carecía de discurso. Lo cierto es que el debate le estaba yendo muy mal y no había hablado de nada de lo que le habíamos preparado. Yo estaba en casa, cenando una sopa y viendo el debate, sufriendo con la situación de Felipe, cuando en un momento determinado, casi al final, González le dijo enfáticamente al candidato opositor: «Le he pedido al juez Baltasar Garzón que presida una comisión anticorrupción», para que no hubiera dudas de su compromiso para esclarecer el caso Filesa. Me quedé helado, con la cuchara en la mano y sin reaccionar, al ser ésa la primera noticia que tenía. Cuando el presidente, después del debate, iba camino de La Moncloa, le llamé y le pregunté por qué había dicho aquello, y me confesó que fue un recurso para equilibrar el debate. Yo le dije: «¡Ojo!, Felipe, que después nos van a exigir la comisión». Su respuesta me dejó noqueado: «No te preocupes, las promesas electorales están para no cumplirlas». Finalmente, esa comisión como tal no se creó, aunque sí un simulacro de la misma que no condujo a nada, lo que estuvo en la base de mi renuncia a continuar en el Gobierno en mayo de 1994. (Mi carta de dimisión llevaba fecha de 18 de abril de 1994, un día antes del inicio del debate del estado de la nación.) Asimismo, hoy provocan sonrojo las ruedas de prensa sin preguntas del presidente Rajoy pidiendo perdón por confiar en corruptos (corruptos que han estado años bajo sospecha), tras negar o poner la mano en el fuego por esas mismas personas. Matas, Urdangarin, Camps, Granados, Bárcenas, los ERE, etc., son una lista de casos que demuestran que el cáncer de la corrupción está en fase de metástasis, permeándolo casi todo, y que ha sido protegido y apoyado para sostener un equilibrio de partidos que, finalmente, nos ha conducido a una situación límite, frente a la cual esos mismos partidos están tratando de redefinirse y de convencer a los votantes de que ahora sí van de verdad en pro de la regeneración. El problema es que tantas veces se ha producido la misma escena que ya no bastan las palabras, sino que son precisos los hechos tangibles de ese cambio. Y éste comienza con el recambio de las personas y los responsables que han estado participando de ese sistema clientelar y vicario en el ejercicio de la política, y con un cambio profundo de actitud y de visión a favor de una verdadera política transparente y participativa en beneficio del pueblo y no de aprovechamiento y patrimonialización de la misma.

El aluvión de hechos que se están descubriendo evidencia que las reformas producidas no han sido más que pinceladas de un maquillaje barato que cambia superficialmente las cosas para que todo permanezca igual. Las diferentes iniciativas no transmiten sinceridad ni seguridad en los ciudadanos, y ello se debe a que los promotores no se creen lo que legislan y, desde luego, no tienen la intención de aplicarlas. Siempre quedan suficientes resquicios para que la norma se convierta en ineficaz.

Si existe un fenómeno camaleónico y cambiante es el de la corrupción, que evoluciona y se vuelve del color de aquel a quien quiere usar o fagocitar. Así, estuvo en las primeras décadas de la democracia, fundamentalmente ligada a la financiación de los partidos, aunque, por supuesto, algunos de los que participaron en este esfuerzo se lucraron personalmente con los beneficios obtenidos. Hoy, sin embargo, a pesar de que la financiación irregular sigue a la orden del día, parece que los objetivos de las tramas criminales de corrupción actúan como verdaderos cárteles, implicando a sindicatos, saqueando bancos o trucando concursos y colocando a familiares, amigos o personas cercanas en puestos de trabajo que carecen de explicación o sustancia (véanse la mayoría de los consejos, cuyos miembros reciben salarios obscenos a cambio de un más que dudoso trabajo).

La situación no se detiene y evoluciona. En el momento de escribir estas líneas ha salido, como ocurre diariamente, un nuevo escándalo. La Unidad Central Operativa de la Guardia Civil, dirigida por el juez central de instrucción Eloy Velasco, ha llevado a cabo una macrooperación contra una trama de supuesta corrupción municipal y regional infiltrada en varios ayuntamientos y entidades provinciales y autonómicas de Madrid, Murcia, León y Valencia. Al parecer, entre todos los datos que proporcionó el ex empleado del HSBC Hervé Falciani se encontraba el teléfono de Francisco Granados, ex vicepresidente de la Comunidad de Madrid y ex secretario general del Partido Popular a nivel provincial. La trama corrupta no sorprende y es la que se viene repitiendo en una mayoría de los casos: el desvío de fondos mediante comisiones por adjudicaciones públicas. Según la Fiscalía Anticorrupción, el valor de las adjudicaciones obtenidas de forma irregular asciende a 250 millones de euros. Mientras escribo ya hay 51 detenidos, entre políticos (PP, PSOE y los independientes de la UDMA), empresarios y funcionarios. Francisco Granados estaría implicado presuntamente como el líder de la supuesta trama que se dedicaba al cobro de comisiones a cambio de favores políticos a varios constructores. Según lo publicado en medios de comunicación, el segundo de Esperanza Aguirre tendría dos cuentas en Suiza. En una de ellas ocultaba sus ganancias en Bolsa —con un saldo de 1,5 millones de euros— y en la otra, compartida con el empresario David Marjaliza —que también tenía la suya propia—, al parecer escondía comisiones. En las referidas cuentas se llegaron a acumular al menos 5,8 millones de euros en total, según las investigaciones. Ambos tenían los depósitos a su nombre, sin testaferros.

Así las cosas, cada vez es más difícil sostener que ésta es una actitud atribuible a unos pocos o que esté revestida de secretismo. Desgraciadamente, la ingente cantidad de casos de corrupción no permite alegar el desconocimiento; muy probablemente, el círculo de conocimiento, sin perjuicio de la vigencia del principio de presunción de inocencia, era bastante amplio en las instituciones afectadas. En este sentido, el uso de las tarjetas opacas, las «tarjetas *black*», de Caja Madrid/Bankia era conocido por prácticamente todos los responsables de la entidad; como también que prácticas similares se habrían realizado en otras entidades bancarias. Asimismo, era notoria la falta de cualificación en muchos casos, así como los favores políticos para colocar a quienes quedaban fuera del ranking de cargos electorales o administrativos en las cajas de ahorro. Nuevamente, los méritos y la experiencia para el puesto estaban ausentes. También era «normal» la inserción de enchufados y compromisos políticos o sindicales en los consejos de administración de las grandes empresas. Todos cobraban, y una gran mayoría por no hacer nada.

Hoy a los ciudadanos españoles no nos queda sitio para más indignación. Una crisis de la que no somos responsables ha recortado nuestros derechos, ha menguado y en muchos casos aniquilado nuestra calidad de vida, ha ahogado las ilusiones de millones de jóvenes que huyen del país en busca de un trabajo que éste no puede ofrecerles y, en definitiva, ha acabado con el edén que se le prometía a una España democrática que ha sido usada por unos pocos como un patio de monipodio, en aras de un falso patriotismo que ha corrompido hasta la propia idea de país de progreso y sostenibilidad. Cuando se decía «España va bien», no marchaba «tan» bien para todos. Hoy, mientras hacen la cola del paro, los ciudadanos españoles que lo sufren reciben la información de que, según el Gobierno del Partido Popular, ya no se deben preocupar por estar en esa situación, a la vez que un goteo diario de noticias les demuestra que los años de bonanza fueron aprovechados por muchos de nuestros administradores, el Gobierno central, el autonómico o el municipal para saquear al erario público, beneficiándose personalmente en muchos casos y cultivando un sistema podrido con fines ajenos a las necesidades de la ciudadanía.

Y sí, es cierto. De nuevo, estos días asistimos al anuncio de medidas para evitar estas acciones de corrupción, pero ¿serán éstas, una vez más, mero maquillaje para poder seguir aprovechándose de un sistema que, evidentemente, les favorece? Ahora se propone la inclusión de la financiación ilegal de los partidos como delito, algo que llevo años —concretamente desde 1994— pidiendo públicamente. ¿Por qué ha tenido que pasar tanto tiempo para que se ponga seriamente esta medida sobre la mesa? ¿Es una reacción real o un nuevo intento de aparentar que se hace algo frente a la lluvia de escándalos? En mi opinión, las reacciones de los dos grandes partidos políticos de España parecen más un último intento de salvar su posición de poder frente al auge de nuevos partidos que se presentan como una alternativa limpia y ajena al fango en el que hoy en día se mueve el bipartidismo. Las medidas judiciales anunciadas deberían ir dirigidas no a acabar con las macrocausas, sino a paliar la falta de medios que mantienen en suspenso las mismas, a acabar con los retrasos, ahorrando recursos y tácticas dilatorias, a la tipificación de un mayor catálogo de conductas corruptas en el Código Penal o a aumentar los plazos mínimos de prescripción de determinados delitos. Todas estas medidas están en boca de muchos expertos desde hace años y ninguna reforma parece haberlas hecho suyas. La aprobación de leyes específicas contra la corrupción es muy popular, pero, como demuestra el ejemplo de Italia —que luchó durante años contra la corrupción mediante reglamentos y regulaciones—, es poco efectiva. Una mayor regulación conlleva un mayor control y una mayor opacidad por parte de aquellos que, precisamente, manejan los hilos del sistema y aprovechan sus debilidades. No se trata de aprobar un mayor número de leyes, sino de que éstas sean efectivas y garanticen la transparencia y la participación del ciudadano como método básico de control de las decisiones del Gobierno y las Administraciones. Con ello no sólo garantizamos el acorralamiento de las tramas de corrupción, sino también una mayor legitimidad democrática.

Las deudas contraídas por los partidos políticos demuestran que el problema es estructural; una financiación pública poco transparente y unas necesidades insaciables de fondos que imposibilitan cuadrar gastos e ingresos, están en el origen del problema. El caso Bárcenas, la trama Gürtel y el caso Bankia muestran la profundidad de la corrupción en la Administración. Y a pesar de afectar de lleno a nuestros partidos políticos, éstos han sido incapaces de autorregularse o de solucionar legislativamente el problema, y lo peor es que estoy convencido de que una cosa es lo que se dice, otra la que se piensa y una tercera la que se ejecutará para continuar aprovechándose de las zonas oscuras o dudosas que la nueva legislación deje sin cubrir. Las medidas manejadas hasta ahora han sido totalmente cosméticas, como lo es la Ley de Transparencia del PP, que impide la fiscalización pública de muchos estamentos, o bien el mantenimiento de un Tribunal de Cuentas totalmente viciado y cuestionado por el sistema de su composición y el origen de sus componentes.

La falta de medidas preventivas eficaces para evitar la corrupción y la connivencia entre estamentos públicos y privados que se mantiene desde la salida de la dictadura, exige una actitud nueva por parte de toda la sociedad, que ya no puede permanecer ausente. Las actitudes heroicas de quienes en solitario han tratado y tratan de combatir la corrupción, deben ser acompañadas por la participación activa de la sociedad. Hay que conseguir unas normas anticorrupción que eviten las presiones de aquellos que controlan el sistema y que impidan la manipulación de la justicia para apartar a los jueces de las causas que les parecen incómodas.

Y pongo mi propio caso como ejemplo cuando, en un ataque sin precedentes a la independencia judicial y a la libertad de interpretación de las normas que son la esencia de la función judicial, desde la más alta instancia judicial fui condenado por ordenar la interceptación de las comunicaciones de los principales responsables de la trama Gürtel con las personas que les visitaran en prisión, incluidos sus letrados, para evitar la continuidad de la acción delictiva (la cual se comprobó posteriormente que subsistía, y que en el mes de enero de 2015 ha supuesto la primera acusación del Ministerio Fiscal a cientos de años de cárcel para los integrantes de la red), garantizando de forma absoluta el derecho de defensa. No es necesario profundizar demasiado en las actuaciones judiciales para saber que éstas se vienen realizando en otros casos —en el caso de Asunta[4] en la actualidad, en el caso Naseiro en su momento y en el caso de la desaparición de Marta del Castillo en Sevilla—, y en ninguno de ellos, ni tan siquiera en éste para el juez que me sustituyó, han conllevado nunca la condena del juez instructor sino, en su caso, la validación o la anulación de la prueba obtenida ilegalmente o, a lo sumo, el archivo de la causa. Esta historia se repite cuando el 27 de octubre de 2009 ordené la detención de Lluís Prenafeta y Macià Alavedra, ambos vinculados a Convergència Democràtica de Catalunya y Unió Democràtica, del socialista Luis García y el alcalde de Santa Coloma, Bartomeu Muñoz, y de otras cuatro personas por delitos de soborno, corrupción urbanística y blanqueo de capitales. De hecho, cuando el 14 de mayo de 2010 fui suspendido, estaba tomando una declaración de este asunto. El sobreseimiento del caso para algunos imputados fue utilizado para atacar la instrucción judicial; sin embargo, en diciembre de 2014 el fiscal anticorrupción pidió la apertura de juicio oral, con penas de hasta ocho años contra aquellos y otros partícipes de la trama (un total de once personas).

Lo mismo podría decirse del caso Palau, que se detalla más adelante, en el capítulo dedicado a la corrupción en las Comunidades Autónomas.[5] Fèlix Millet y Jordi Montull desviaron cantidades de dinero de la Fundació Orfeó Català-Palau de la Música, a espaldas del patronato, para financiar ilegalmente, según el auto de conclusión de la instrucción e incoación de procedimiento del 12 de julio de 2013, al partido de Artur Mas y Jordi Pujol. Incluso la sede central de CDC en Barcelona fue embargada por la responsabilidad civil del partido. A partir de las piezas derivadas del mismo, el caso Palau podría demostrar que Convergència era receptora del pago de comisiones por obras públicas. En concreto la constructora Ferrovial, a través del Palau, habría pagado comisiones (un total de 5,1 millones de euros) a cambio de la concesión de obras públicas de la Generalitat de Catalunya durante el último Gobierno de Jordi Pujol, como la Ciudad de la Justicia o la inconclusa línea 9 del metro de Barcelona.[6] Lla causa está aún pendiente de juicio.

Desde luego, el caso español no es el único. Es interesante dirigir la mirada al contexto internacional para comprobarlo. En Brasil la estatal Petrobras pagaba un 3 por ciento de comisiones a los partidos políticos aliados del Partido de los Trabajadores, y se ha demostrado que parte de los costes de la construcción del metro de São Paulo fueron desviados. En México, están en boca de todos las milagrosas herencias que dejaron algunos ex secretarios que, tras una vida dedicada a la función pública, dejaron una fortuna superior a los 3.000 millones de dólares. En Estados Unidos el Departamento de Justicia ha llegado a un acuerdo con el hijo del presidente de Guinea Ecuatorial en aras de evitar la celebración de un juicio por la adquisición de bienes con fondos procedentes de la corrupción en el país africano. Teodoro Nguema Obiang Mangue aceptó vender una mansión en California valorada en 33 millones de dólares, un Ferrari y varias esculturas a tamaño natural de Michael Jackson. Los fondos que se obtengan con su venta serán entregados a una organización que deberá utilizarlos en beneficio de la población de Guinea Ecuatorial. Asimismo, tendrá que entregar el millón de dólares en que está valorado el material de colección de Michael Jackson que trasladó fuera de Estados Unidos en 2011, incumpliendo un pacto que habían suscrito el fiscal y sus abogados.

Pero el ejemplo más cercano fue el caso de la petrolera Elf-Aquitaine, en el que el Tribunal Correccional de París condenó a treinta personas por la malversación de 305 millones de euros en la petrolera cuando era el primer grupo industrial de Francia, y a su principal ejecutivo, Loïk Le Floch-Prigent, que había sido nombrado por el presidente François Mitterrand. La sentencia consideró indirectamente perjudicados a «todos los ciudadanos franceses», dada la naturaleza pública de Elf. Además de dictar trece penas de cárcel, repartió entre ellos y los demás inculpados multas por valor de 19 millones de euros y les condenó a pagar más de 100 millones en indemnizaciones a Total, heredera de Elf. Terminaron así ocho años de investigaciones conducidas principalmente por la jueza Eva Joly (hoy diputada en el Parlamento Europeo), que le valieron campañas en su contra y amenazas hasta hacerla renunciar a su puesto de magistrado y «refugiarse» en Noruega, su país natal.[7]

En Italia hay que mencionar los casos conocidos como «Mani pulite», instruidos por los magistrados de Milán, dentro de la famosa Tangentópolis de los años noventa, el mayor caso de corrupción que se recuerda desde la época de Al Capone. Este escándalo indignó a la población italiana, que, ante una clase política desprestigiada y hundida, acabó dando el poder al populista Silvio Berlusconi, que tan sólo continuaría con la corrupción rampante en el país. Hace poco, en una insólita audiencia de casi tres horas celebrada en el palacio del Quirinal, el presidente de la República, Giorgio Napolitano, tuvo que responder como testigo a las preguntas de los magistrados de Palermo sobre la llamada «negociación» entre el Estado y la mafia, objeto de un proceso en curso en la capital siciliana, en el que ya hay una decena de imputados entre mafiosos, políticos y representantes de las fuerzas del orden.

En China la lucha contra la corrupción alcanza ya al ejército. El número dos de la Comisión Militar Central entre 2004 y 2012, el general Xu Caihou, ha admitido haber aceptado sobornos. Este hombre, que sólo tenía por encima al presidente Hu Jintao, acaba de confesar que recibía cantidades masivas de dinero. La reacción del Partido Comunista no se ha dejado esperar y ha anunciado medidas para afrontar el problema de los sobornos a los funcionarios públicos, una lacra que se extiende por todo el país. Este caso está siendo uno de los más escandalosos en la campaña contra la corrupción que, desde hace dos años, ha puesto en marcha el presidente Xi Jinping. Según las informaciones que proporciona la prensa, el general recibía sobornos a cambio de promocionar o colocar en puestos clave a aquellos que le pagaban, ya fuera directamente o a través de sus familiares. El diario *South China Morning Post* maneja la cifra de 4,4 millones de euros, aunque no existen datos oficiales. El general fue interrogado mediante el sistema *shuanggui* en un lugar desconocido y sin la posibilidad de contar con asesoramiento legal o de comunicarse con su familia.[8] Además, según los documentos del plenario divulgados en octubre de 2014, el sistema judicial está plagado de juicios parciales y magistrados corruptos, y el Partido Comunista pretende abordar la reforma de la judicatura. Se impedirá también, dicen, que se puedan obtener testimonios mediante la tortura. Asimismo, el 22 de enero de 2014 *El País* hizo pública una investigación con base a la filtración (Chinaleaks) de 2,5 millones de archivos en la que aparecían implicadas miles de personas, entre ellas hasta 153 familiares de dirigentes políticos chinos del más alto nivel, magnates de las finanzas y las empresas y otros políticos, mediante la apertura de cuentas, con sociedades *offshore* a través de las gestoras Portcullis TrustNet y Commonwealth Trust, en paraísos fiscales, como las Islas Vírgenes. La organización sin ánimo de lucro Global Financial Integrity, un centro de estudios estadounidense, ha calculado que en 2011, último año disponible, salieron ilegalmente de China unos 150.000 millones de dólares, casi un 12 por ciento del PIB español.[9]

Pero centrémonos en España y acompáñenme en este viaje, que, sin ser exhaustivo, es lo suficientemente amplio para revisar y ayudar a entender el fenómeno de la corrupción en la sociedad española. He intentado ser fiel a los hechos añadiendo una visión comentada del paso de cada caso por la justicia. Para ello he utilizado las sentencias y autos de cada caso, lectura muy recomendable porque dentro de la prosa jurídica, áspera y repetitiva, se pueden encontrar los hechos, que, con su desnudez y crudeza, reflejan una fotografía de este país nada favorecedora y que difiere de las idílicas imágenes que nuestros políticos intentan dibujarnos bajo la «marca España».

Tras la lectura de estos miles de páginas, áridas y rotundas, abundantes en bajezas, donde la avaricia, la mentira y el engaño han anidado, he sentido dolor, el dolor de Unamuno cuando afirmaba «me duele España».

Estamos hablando de un panorama en el que existen unas 1.700 causas abiertas con más de 500 imputados —no más de 20 de ellos en prisión— y con un coste social anual de 40.000 millones de euros, según el estudio hecho público en 2013 por un grupo de investigadores de la Universidad de Las Palmas integrado en el Instituto Universitario de Turismo y Desarrollo Sostenible (Tides).[10]

Definición y delimitación del concepto de «corrupción»

La corrupción ha recibido muchas definiciones, algunas de corte jurídico, otras más sociológicas, unas terceras dirigidas al orden político. Existen las pensadas para el caso de los funcionarios y, por supuesto, hay también acepciones para describir la corrupción en el sector privado. Todas ellas bien merecen un extenso análisis, pero, en ocasiones, lo mejor es partir del sentido común. Así pues, ¿qué se entiende por «corrupción»?

Según la RAE, la corrupción se define como la «1. f. Acción y efecto de corromper». El término «corromper» conlleva «2. Echar a perder, depravar, dañar, pudrir», y también «3. Sobornar a alguien con dádivas o de otra manera». También facilita la RAE esta otra acepción de «corrupción»: «4. f. *Der.* En las organizaciones, especialmente en las públicas, práctica consistente en la utilización de las funciones y medios de aquellas en provecho, económico o de otra índole, de sus gestores».

Por lo general, somos conscientes de que al emplear este término nos referimos a todo aquello que se echa a perder y en ningún caso a que las cosas vayan por buen camino. En suma, a lo que se desvía del interés general en favor del particular.

Toda persona identifica la corrupción con un beneficio indebido. Todos aprendemos aquello que está bien y lo que está mal, y que no se debe tomar aquello que no nos pertenece. La educación más elemental deja semillas en nuestra conciencia. En ocasiones, ocurre también que una ética estricta se desmorona al comprobar la falta de coherencia en quienes deben marcar el camino, y exigen el cumplimiento de aquello que ellos mismos no cumplen.

También observamos que los beneficios no siempre tienen un origen justo. Conseguir una matrícula de honor en matemáticas es un beneficio indiscutible. Si su origen está en el estudio y el esfuerzo será justo. Si, por el contrario, es consecuencia de las cada vez más perfeccionadas artes del plagio y de la copia, ese beneficio pierde su legitimidad y se convertirá en algo injusto. Con estas ideas tan básicas, el joven va configurando en su mente el concepto de las actividades corruptas. Adicionalmente, percibirá que la corrupción aporta un elemento nuevo al referirse a la persona que se deja corromper desde su puesto o su cargo. En este punto la entenderá como el beneficio injusto obtenido por alguien que se aprovecha de una posición especial.

El código ético forjado desde la infancia a base de valores fijados, y transmitidos por los progenitores o en la escuela, va dando paso, de modo paulatino, a una moral más flexible cuando el adolescente advierte que muchos de los que le rodean se comportan de una manera poco ética. El individuo formado comienza a reflexionar sobre la posibilidad de ser «bueno» sin ser «tonto». Es decir, que si no cometes grandes delitos y llevas una vida medianamente normal, no pasa nada por realizar alguna que otra trampa.

En este desarrollo, no aprovechar esas «oportunidades» te hace aparecer como un necio ante los demás, siempre que por su entidad no hagan sonar las alarmas de la conciencia.

Pongamos un ejemplo: un día, una persona se encuentra al llegar a su casa con una avería en las cañerías del baño que la obliga a recurrir a los servicios de un fontanero. Tras un cálculo aproximado, confirma que el desperfecto dará al traste con el ajustado presupuesto del mes. Llega el especialista y resuelve el problema. Se anuncia el precio del arreglo y es en ese momento cuando llega la pregunta que mejor simboliza la tentación: «¿Con o sin IVA?». La pregunta es en esencia tramposa. El cliente no debería verse colocado en esa tesitura. Hace cuentas, se ve algo apurado y, probablemente, termine cediendo a lo que sin duda alguna —no hay que darle vueltas— es corrupción.

Está claro que el remordimiento no le durará mucho tiempo, si es que el mismo llega a asomar. Cualquier esbozo de angustia se convierte si acaso en la preocupación de que le puedan descubrir, pero sabe que no es probable. Argumentará que no se ha enriquecido, que bastante le ha costado ya la reparación, que vaya mala suerte tiene, que siempre le pasa todo a él, que su salario no da para mucho más... Excusas. Aunque no tenga esa percepción, por supuesto que se ha lucrado. Ha obtenido un beneficio injusto. Su cuenta no es más boyante hoy que ayer, pero sí está más holgada de lo que debería. No se benefició haciendo uso de un cargo, pero sí que se aprovechó de la oferta del operario que le dio la opción de contribuir o no con sus impuestos al erario público, como es obligado para todos.

No tiene esta cita el ánimo de estigmatizar al gremio de fontaneros, que, probablemente de una manera injusta, suelen protagonizar estas manidas alusiones, sino de poner sobre la mesa la certeza de que la tentación está a la orden del día, que se excusa con innumerables razones y que todas encajan en ese ideario colectivo que dice que «si todos lo hacen, por qué yo voy a ser menos».

Caben aquí dos reflexiones más. Por un lado, la certeza de que a veces se convierte la vergüenza de la corrupción en un orgullo casi patrio por ser un elemento más de esa «viveza y picaresca mediterránea». Por otro, la ironía de contemplar cómo el «pequeño» corrupto se indigna al ver al «grande» que, desde su posición de poder, multiplica el beneficio injusto del primero de manera proporcional al de la importancia de su posición.

La palabra «picaresca» sube, pues, al podio del consuelo colectivo, que asume con resignación y sarcasmo que la corrupción es algo normal y que está en nuestra condición y cultura. Con la picaresca convivimos portugueses, italianos, griegos, turcos y españoles, entre otros tantos, y forma parte del estereotipo del mediterráneo con el que nos retratan nuestros vecinos del norte. Tenemos tanto en común que bien se podría resumir esta idea con las palabras de Prezzolini, quien en su *Codice della vita italiana* dice: «Los ciudadanos italianos se dividen en dos categorías: los listos y los tontos», y añade: «[...] si uno paga el billete completo del tren; no entra gratis en el teatro; no tiene un tío *commendatore*, amigo de su mujer y con influencia en la magistratura, en la instrucción pública, etcétera; no es masón o jesuita; declara al agente de impuestos sus verdaderos ingresos; mantiene la palabra dada incluso a costa de salir perdiendo, etcétera: ése es un tonto».[11]

Esto significa que vivimos en una sociedad que no sólo nos otorga un amplio abanico de excusas y consuelos para enriquecernos injustamente, sino que nos anima a hacerlo. Es más, nos reprocha y se mofa de nosotros si no lo hacemos. La paradoja estriba en que el ciudadano no sólo debe limitarse a ser honesto y recto, sino que para conseguirlo necesita tener una sólida personalidad, la seguridad en sí mismo y la fortaleza anímica que le permitan resistir a la tentación, a la presión, a la risa burlona de aquellos que desean ridiculizarlo.

La segunda y mordaz vertiente es la indignación del «pequeño» corrupto contra el «grande». Aquel que se deja llevar por la que considera una insignificante corruptela pondrá la mano en el fuego por sí mismo asegurando que, de estar en el lugar del político, sindicalista o banquero, no robaría como lo están haciendo ellos. No se trata de comparar la responsabilidad de un ciudadano corriente con la de un alto funcionario que maneja caudales públicos y cuya obligación es velar por el interés común, pero sí que es necesario reflexionar sobre si alguien delinque o se corrompe sólo conforme a sus límites morales o si, más bien, su nivel de corrupción va en función de sus propias posibilidades. El que no paga IVA dice: «¡Hasta aquí hemos llegado!», porque su principio de moralidad tiene una frontera de máximos o quizá porque no le hayan ofrecido el IVA y algo más. La conclusión a la que lleguemos nos conduciría a una cuestión ulterior: ¿son los políticos corruptos un reflejo de la propia sociedad? Si fuera así, habría que luchar contra la corrupción desde la cúspide para frenarla y desde la base para evitar que se reproduzca.

Los tipos de corrupción

En términos más técnicos, podríamos definir la corrupción como aquellos actos que implican, por acción u omisión, la violación de un deber posicional o el incumplimiento de una función específica en un marco de discreción, y con el objetivo de obtener algún tipo de beneficio extraposicional.[12] Esto incluiría tanto la corrupción propia del sector público como la del privado. Es decir, se podría considerar corrupta a una persona si se beneficia injustamente de un hecho o de una omisión valiéndose de su cargo o puesto. Con esta acepción trataríamos de abarcar de manera amplia y general todas esas conductas que podemos considerar corruptas. No obstante, hace falta afinar más, de acuerdo con el tipo de corrupción al que nos refiramos.

La tentación por el lucro indebido es amplia y casi omnipresente; toda persona está «condenada» a corromperse en algún momento, dependiendo de sus posibilidades y sus circunstancias. Es ese contexto y sus características lo que nos conduce a hablar de uno u otro tipo de corrupción. Podemos ir aún más lejos y decir que una cosa es el concepto general de «corrupción» y su percepción por el ciudadano, y otra muy distinta la manera en que la corrupción se define, se penaliza y se persigue desde el punto de vista legal tanto a nivel nacional como internacional. La falta de coherencia que a veces se encuentra entre esos dos niveles supone una enorme fuente de frustración para la ciudadanía, que, sabiendo que alguien es corrupto, no entiende por qué no es castigado.

Al tratar la corrupción a gran escala, es fundamental tomar en consideración la vinculación de este fenómeno con el poder. En este sentido se puede hablar de gobernantes, funcionarios, deportistas, empresarios o políticos corruptos, entre otros. En este supuesto interviene siempre al menos un elemento conductor que será alguien con competencia para tomar decisiones. Éste no está limitado al rango de las autoridades, sino que también puede estar vinculado con otros elementos con un papel social relevante dentro del sistema normativo, sin que ello implique necesariamente la potestad para dictar disposiciones jurídicamente obligatorias.

A priori parece más fácil pensar en policías o gobernantes corruptos. Imaginamos autoridades aceptando o solicitando sobornos, cobrando sobresueldos, otorgando subvenciones y licitaciones a cambio de suculentas comisiones. Pero es necesario ampliar esa fotografía de modo que incluya a otros individuos, como los empresarios que han alcanzado posiciones de responsabilidad y cuyas decisiones también pueden encerrar un amplio margen de disposición hacia actividades corruptas. Se constata por tanto que no existe una sola clase de corrupción, ya que ésta puede ser pública o privada, clásica o moderna, y afectar a instituciones o sectores del Estado o de la Justicia, en sistemas democráticos o en dictaduras. Queda claro que se trata esencialmente de un fenómeno generador de injusticia y desigualdad entre los ciudadanos y, por ende, de desconfianza; ante la falta de respuestas adecuadas por parte de aquellos que tendrían la obligación de perseguir las prácticas corruptas y no lo hacen, se presume la corrupción del sistema.[13]

Así pues, la corrupción se convierte en un profundo problema que afecta, en mayor o menor medida, a todas las naciones. Cada Estado, al igual que cada individuo, se ve obligado a lidiar con la corrupción. Algunos con más éxito y otros demostrando un rotundo fracaso. La corrupción responde a un esquema básico común a todos los casos al que después se le añaden las peculiaridades propias de cada uno de ellos. La persona, sea cual sea su posición, cargo o rango, se enfrenta a la tentación de obtener un bien de modo ilícito por hacer o dejar de hacer aquello que le es exigido por su propia posición. El juego de tentaciones y beneficios particulares aumentará su repercusión de acuerdo con el nivel de poder que ostente el corrupto y el alcance que su acción pueda llegar a tener. Ése sería el esqueleto básico de la corrupción: la debilidad humana que se refleja en los cargos públicos y privados dentro de un Estado.

Existe además un contexto propio de cada país, región o ciudad que puede facilitar o limitar la corrupción. Las circunstancias pueden ser de lo más variopintas: la historia, la economía, la cultura, el sistema jurídico o la educación. En Italia, por ejemplo, las estructuras de poder encarnadas por la mafia, especialmente en el sur del país, son un elemento que vigoriza la corrupción. En Estados Unidos, los intereses de las grandes multinacionales, los *lobbies* o el comercio de armas pueden crear una atmósfera hasta cierto punto incómoda que invite a la corrupción. El vacío de poder en países recién salidos de un conflicto o que lo están sufriendo en ese momento, como Siria o Irak, los convierte en un patio de recreo para aquellos corruptos que deseen enriquecerse velozmente. La religión, ciertas corrientes colectivistas o una cultura de sumisión al poder establecido pueden sentar criterios de impunidad en estados asiáticos en los que el ciudadano prefiere conformarse y abstenerse de denunciar.

La corrupción en España

¿Y en España? ¿Cuál es el elemento añadido que caracteriza a la corrupción en nuestro país? En los últimos años nos hemos venido preguntando qué pasa en la realidad española, por qué cada vez que leemos la prensa, escuchamos la radio o vemos los informativos aparece una noticia vinculada a actos de corrupción. Un día es un político, otro un funcionario municipal o de un organismo público, y, al siguiente, un prestigioso banquero, un empresario, una actriz o un deportista de élite, y así una retahíla de casos que llevan a reflexionar sobre lo que está aconteciendo.

En España hay corrupción. Ésa es la afirmación básica de la que hemos de partir. La corrupción se hace patente y también se percibe. Así lo demuestran los indicadores del barómetro del Centro de Investigaciones Sociológicas (CIS), organismo nada sospechoso. Según las encuestas que ha realizado el CIS, en los últimos años «la preocupación por los actos de corrupción» se ha incrementado ostensiblemente entre la ciudadanía española. En octubre de 2014, el porcentaje de españoles que consideraban la corrupción como el principal problema en España era del 42,7 por ciento, el segundo tras el paro. En noviembre había subido al 63,9 por ciento y en diciembre alcanzó un 60 por ciento, siempre en segundo lugar.[14]

Otros expertos apuntan en la misma dirección. Transparencia Internacional es una organización no gubernamental especializada en temas vinculados con la lucha contra la corrupción y con la transparencia. Se trata de la coalición global más importante contra esta lacra. Sus estadísticas, estudios y análisis son un referente en cualquier intento de localizar, investigar y comparar los niveles de corrupción en el mundo. El IPC es un índice agregado que recoge la opinión de los expertos sobre la corrupción en el sector público, con una escala de 0 (percepción de altos niveles de corrupción) a 100 (percepción de bajos niveles de corrupción). Según sus informes, España se encuentra en la actualidad en niveles de corrupción muy altos respecto de otros países miembros de la Unión Europea. Sólo entre 2005 y 2009, la corrupción política en España aumentó lo suficiente como para pasar del puesto 23 al 28 en el ranking mundial. En honestidad estamos muy por detrás de Alemania, Bélgica, Reino Unido, Holanda, Finlandia, Dinamarca, Francia y Suecia, entre otros muchos. En 2014 se consolidó otra caída, la del año 2013, en el que España descendió diez puestos. Así pues, empatamos con Israel en el lugar 37. En nuestro ámbito regional, nuestro país ocupaba la posición 19, inmediatamente por debajo de Portugal y Polonia.[15]

Se trata, al fin y al cabo, de un juego de percepciones. Los españoles somos conscientes, ahora más que nunca, de que vivimos rodeados de un mar de corrupción que alcanza desde el municipio más pequeño hasta las más altas magistraturas del Estado. En este ejercicio de concienciación han desempeñado una labor primordial los medios de comunicación, que en los últimos años han destapado y se han hecho eco de numerosos escándalos. Las denuncias se multiplican y, con ellas, los casos y las investigaciones. Es difícil seguir de perfil ante este acuciante fenómeno; la paciencia está agotada. La crisis ataca con dureza a las carteras de los contribuyentes, que no están dispuestos a dejar pasar ni un acto de corrupción más por delante de sus narices. Los ciudadanos reaccionan con indignación y rabia ante la impunidad.

La realidad en los países de nuestro entorno no ayuda a calmar los ánimos. Constantemente los medios de comunicación hacen públicos titulares tan contundentes como: «Abandona su cargo el ministro de Defensa alemán por plagiar su tesis doctoral»; «El ministro de Presupuesto francés renuncia por tener una cuenta no declarada en Suiza»; «Ingresa en prisión el ex primer ministro portugués José Sócrates por los presuntos delitos de blanqueo de capitales, corrupción y defraudación fiscal».[16] Por el contrario, el político español se aferra al derecho fundamental de la presunción de inocencia, confundiendo lo que es la responsabilidad penal con la política, en la que la apariencia de probidad o no equivale a la existencia o inexistencia de la misma.

Desde luego, en España hay elementos característicos que, desde hace siglos, vienen contribuyendo a una caracterización bien definida de la corrupción, partiendo de la cultura regional en la que se enmarca, la idiosincrasia que aporta el Mediterráneo y algunos patrones comunes, como el papel esencial de la familia, de los círculos de amigos y las necesidades sociales, sin olvidar el componente histórico, que nos lleva a poner de presente los acontecimientos vividos desde finales del siglo XIX. La alternancia política de Antonio Cánovas del Castillo y Práxedes Mateo Sagasta se basaba por entonces en un caciquismo bien asentado, incluso en el siglo XX hasta la Segunda República. En esa época ya vimos el famoso escándalo del Straperlo, que a su vez dio origen al término «estraperlo» para referirse a todo aquello que se pasa de contrabando o de «tapadillo». La dictadura, con la anquilosada estructura franquista, fomentó todo tipo de corrupciones, y durante los años de la Transición se desperdició la oportunidad de erradicar definitivamente la corrupción.

El modelo de Estado en forma de dictadura es una corrupción política en sí misma. Crea además un escenario propicio para realizar estos actos, porque la opacidad y la nula transparencia los favorecen. Durante nuestra larga dictadura, se abonó un terreno ideal para alimentar ese círculo perverso de procesos de corrupción favorecido por el oscurantismo y la ausencia de rendición de cuentas. En definitiva, a causa de la falta absoluta de transparencia en el funcionamiento de las organizaciones públicas, la corrupción comenzó a echar raíces con la intención de quedarse por muchos años.

Patricio Orellana, administrador público en Chile y ex profesor de la universidad chilena, lo explica así: «La incorporación de la corrupción masiva, practicada por muchos de los políticos y jefes administrativos, ocurre cuando el sistema de control y equilibrios, propios de la separación de poderes, desaparece y es reemplazado por la concentración de todos los poderes en el Ejecutivo».[17] Se cumple la premisa que lord Acton estableció como principio en la ética pública; a saber, que: el poder dictatorial lleva a la corrupción total: «El poder tiende a corromper y el poder absoluto corrompe absolutamente. Los grandes hombres son casi siempre malvados».[18]

Los casi cuarenta años de dictadura han dejado inevitablemente una huella indeleble en todos los ámbitos de la vida pública española. En especial en la corrupción. No podía ser menos, ya que una gran parte de nuestra sociedad nació y vivió bajo su yugo. En esas condiciones, es inevitable que se instauren patrones de pensamiento erróneos acerca de cómo debe funcionar un gobierno, tanto entre quienes forman parte del mismo como en el resto de la sociedad. Durante ocho lustros se inculcaron conceptos muy alejados de los que implica la sociedad del bienestar: el acceso a la información pública, la buena gobernanza, la cohesión social de las comunidades y de los pueblos de nuestro entorno, la protección y el cuidado de los bienes y el respeto a lo público. Nos acostumbramos, en definitiva, a un determinado comportamiento de nuestros dirigentes y, de alguna forma, lo aceptamos.

Todavía hoy tenemos que seguir conviviendo con símbolos y actos que conmemoran y ensalzan la dictadura. En muchos colegios los niños siguen escuchando las excelencias del régimen de Franco para la economía española, las muchas empresas que se fundaron en la época y la cantidad de carreteras, autopistas, presas y pantanos que ordenó construir. Podría decirse que de una dictadura marcada por la corrupción la sociedad española ha heredado un modelo de Estado corrupto, o, cuando menos, propicio para la corrupción. En estos términos, Paul Preston ha sentenciado: «Subsiste el legado del franquismo en forma de corrupción y crispación».[19] Y también: «El franquismo creó una cultura del robo y del pillaje al enemigo, de que el servicio público era para beneficio privado, que se perpetuó y creó hábitos».[20]

Tras dicho período, nadie nos enseñó que nunca se debería haber pasado por esa situación; nadie la deslegitimó. Por tanto, el franquismo no fue el único responsable del nivel de corrupción que hoy sufre España. Durante la Transición no se tomaron las medidas precisas para acabar con ella o al menos reducirla drásticamente. De ahí que haya que corresponsabilizar a ese período del limbo de impunidad en el que parecemos flotar aún hoy. Estos antecedentes históricos bien podrían dar otra pista en la explicación de las características singulares de la corrupción en España.

En el plano internacional, vivimos en un mundo globalizado en el que las fronteras ya no son obstáculo para los corruptos. En ese escenario es importante reseñar que la criminalidad organizada supone un eje de funcionamiento sobre el que pivota la corrupción. La práctica totalidad de las organizaciones criminales no renunciarán a la práctica de técnicas corruptas si con ello consiguen mejor y mayor eficacia en su actuar delictivo. Más aún cuando se basa en la idea de buscar nuevos espacios de impunidad, gracias a que las «técnicas delictivas» van siempre por delante del desarrollo normativo. De ahí que la cooperación judicial sea un elemento esencial que considerar dentro de las políticas destinadas a combatir la corrupción, más aún en el entorno de los países de la Unión Europea.

Los tentáculos de la corrupción buscan expandirse y asentarse en el tejido económico y social de un país, y pueden ir emponzoñando, como una manzana podrida, todas sus redes de actuación. La creación de políticas de transparencia, facilitar el acceso a la información, fomentar la educación en valores y una verdadera política criminal son elementos que deben ser tenidos en cuenta.

El creciente impacto de la corrupción sobre los sistemas políticos y económicos de las naciones, sobre los derechos fundamentales de las personas, y la imposibilidad de combatirla sin acciones coordinadas de todos los estados que integran la comunidad internacional, han llevado a una serie de organizaciones internacionales a adoptar, en los últimos años, una serie de iniciativas vinculantes para luchar contra la corrupción desde las perspectivas nacional, internacional, privada y pública.[21] Trabajar por una sociedad que funcione bajo parámetros de transparencia y rendición de cuentas es un inicio y un buen cambio de mentalidad. Esta nueva visión permitirá que se allane el camino en la lucha contra la corrupción. El objetivo es trabajar para evitar que se afiance la impunidad.

Los efectos de la corrupción son perniciosos, afectan directamente a las bases sobre las que se asienta la democracia.[22] Atenta contra las obligaciones y deberes constitucionales de objetividad e imparcialidad que deben presidir las relaciones de los gobernantes con sus gobernados. Cercena la confianza del ciudadano en las instituciones democráticas y socava la legitimidad del Estado. Afecta a la distribución del gasto público, porque los recursos destinados a determinados sectores de producción se desvían hacia espacios privados de los funcionarios, los gobernantes corruptos o sus familiares.[23] Por último, la corrupción retrae la inversión extranjera, vulnera el principio de igualdad que recoge la Declaración Universal de los Derechos Humanos y quiebra las relaciones con la Administración Pública.[24]

En las líneas que siguen y en los capítulos que conforman este libro, me adentraré en el desarrollo histórico de algunos de los casos más destacados de corrupción a través de delitos como la prevaricación, el tráfico de influencias, la malversación de caudales públicos, el fraude y las exacciones ilegales, el fraude de subvenciones, las negociaciones prohibidas, el cohecho (activo y pasivo) y la corrupción en las transacciones comerciales internacionales, completando la constelación con el nuevo delito de corrupción entre actores privados. En este recorrido, la impunidad, o la casi impunidad, ha sido una constante histórica, y la confrontación de este pernicioso fenómeno se asienta en la voluntad de combatirla y en la participación y la transparencia para vencerla.

1

La corrupción en el franquismo

Las personas de mi generación tenemos una memoria vívida del franquismo. Aunque no sufrimos los momentos más crudos de la posguerra, sí que pudimos comprobar por nosotros mismos la crueldad de un régimen que, consciente de su final, aplicó una represión brutal sobre las facciones más progresistas de la sociedad, aquellas que querían el cambio.

Pero cuando recuerdo aquellos años, el sentimiento que me embarga no es el de rabia o de indignación, sino el de tristeza. Tristeza porque era un país gris y culturalmente atrasado, porque estábamos aislados de los movimientos que en Occidente buscaban ansiosamente nuevas formas de libertad, como el Mayo del 68 o las canciones de los Beatles o los Rolling Stones. Cuando pienso en aquellas tardes de domingo, no puedo dejar de sentir el vacío triste de un régimen de represión y lleno de ideas caducas. La muerte del dictador marcaba el episodio final de la dictadura, y de golpe se abrían perspectivas de futuro para toda una generación que había crecido sin horizontes, sin esperanza y con la tristeza pesada y húmeda de los casi cuarenta años de franquismo.

Un régimen dictatorial de corte fascista de casi cuatro decenios pesa como una losa y deja una profunda impronta en el carácter de la sociedad a la que oprimía. Para entender la España y a los españoles de hoy, es necesario estudiar y analizar su pasado reciente e, inevitablemente, la dictadura de Francisco Franco. Muchas de las dudas que puedan surgir sobre este país comienzan a disiparse estudiando el autoritarismo que marcó casi medio siglo XX. El conservadurismo y la reacción progresista de dos sectores de la nación son reflejo de lo acontecido durante aquellas décadas de represión. Una parte de la sociedad, cómoda en aquel sistema, conformista y feliz, viviendo en el espejismo de la paz y el desarrollo de la incipiente clase media, y, al otro lado, aquellos que ansiaban levantar la voz, soltarse de las cadenas de un Estado en el que los reproches social, jurídico, político y moral eran el mismo y provenían de un ideario de vida impuesto por unos pocos. El franquismo ha dejado huella y sigue marcando nuestra historia y, en cierto modo, nuestro presente, nuestra manera de hacer política, nuestra doble moral, nuestros antagonismos y también nuestra percepción de la corrupción.

No se puede afirmar, sin embargo, que exista un solo factor que explique la corrupción en España. Pero sí que es evidente que el establecimiento de estructuras de poder inamovibles, opacas y anquilosadas, junto con la impunidad de los crímenes cometidos durante la Guerra Civil y la dictadura, han tenido un gran impacto en la configuración de un Estado marcado por la corrupción desde el comienzo; o, si quieren, marcado por el olvido del combate contra la corrupción.

La impunidad de los responsables de los graves crímenes contra la humanidad que se cometieron en España ha tenido unas consecuencias que van mucho más allá del evidente perjuicio individualizado de cada una de las víctimas, en todo caso de extrema gravedad. Dichas consecuencias se extienden a la sociedad en su conjunto, con repercusiones que en el actual contexto de crisis económica se sufren con especial severidad. Quizá por ello, me parecen especialmente perversas las opiniones de aquellos intelectuales y escritores o políticos progresistas (las de quienes quieren redefinir la historia del franquismo ya se asumen en su parcialidad) que, por querer defender la Transición de cualquier crítica, han cerrado toda posibilidad de un análisis objetivo en el que se establezca la realidad de lo acontecido. Agarrarse a toda costa a una supuesta reconciliación, sin considerar todos los factores que pesaron en ese momento de nuestra historia, así como los que intencionadamente se omitieron, es tanto como construir toda la historia bajo el prisma del interés particular o las preferencias de quien lo hace e imponer el olvido o la citada reconciliación por disposición oficial a muchos que, entre otras cosas, no participaron en la misma.

Como afirma Antonio Navalón: «La verdad es que, formalmente, España desde la Transición ha creado un sistema democrático que, en principio, es impecable. Sin embargo, el problema es que los protagonistas de la Transición, mi generación, al atravesar el Jordán de la reconciliación sin sangre, consideraron que se habían ganado el derecho casi sistémico a producir abusos... por el bien del pueblo. Aunque el bien muchas veces consistiera en apropiarse de las cuentas corrientes y la víctima fuera siempre la institucionalización. La corrupción pone de manifiesto lo que parecen olvidar los pueblos, por una parte, y los dirigentes, por otra: los políticos vienen del pueblo al cual traicionan, usando la corrupción como un arma, aunque sea aparente, de desarrollo social... La paradoja de todo esto es que la democracia ha provocado dos situaciones: primera, que la clase política suplante el poder popular; segunda, que cuando los políticos cometen el delito de alta traición, robando al pueblo, éste sigue votándoles.»

Gran parte de la sociedad española de hoy nació y vivió bajo la dictadura. Casi cuarenta años de represión, en los que se instauraron a fuego ideas perniciosas acerca de cómo debe funcionar un Gobierno, no sólo entre aquellos que formaron parte de él, sino en el resto de la sociedad. Tiempos en los que se inculcaron conceptos, comportamientos y planteamientos sesgados o claramente equivocados, que además se convirtieron en costumbre. Sin olvidar la imposibilidad de opinar, de expresar ideas distintas de las oficiales o de hablar de temas políticos que no se ajustaran al pensamiento único del Movimiento, a riesgo de sufrir detenciones arbitrarias, torturas y «juicios» del Tribunal de Orden Público, en el que entrabas ya condenado.

Haber vivido bajo ese arquetipo dejó sin duda una huella profunda en la sociedad española, que, una vez formalmente extinguido, heredó un modelo de Estado corrupto. Citando de nuevo a Preston, el legado del franquismo subsiste «en forma de corrupción y crispación».[1] De ahí la importancia de que este tema hubiera sido resuelto en la Transición. No fue así y pasó a engrosar la nómina de la impunidad, como todo lo relacionado con el régimen franquista. El perdón fue nuevamente para los vencedores en forma de leyes de amnistía para las víctimas de aquél. Quedaba, como dijera Franco, «atado y bien atado» el futuro de España.

En su análisis de los efectos psicológicos de la impunidad, refiriéndose en este caso a Argentina, la psiquiatra Diana R. Kordon decía que la justicia actúa «... como una norma social. Opera para regular los intercambios y las relaciones, las cuales de hecho protege, ya que establece lo que puede y no puede hacerse. La supresión de este nivel conduciría al individuo a una situación de alienación donde se encontraría indefenso y con una sensación de impotencia, sin saber qué hacer, donde todo está admitido, donde no hay discriminación como resultado de la rotura de estándares y valores».[2] En ese mismo sentido se ha pronunciado otra psicóloga, Judith Zur, en un artículo publicado en *Anthropology Today*, estableciendo que, en una situación de impunidad, los conceptos de inocencia y culpabilidad pierden su significado.[3]

En línea con este razonamiento, podría decirse que la exención de responsabilidad que se ha concedido a ciertos imputados en este país se ha traducido en la configuración de una sociedad con una concepción confusa de lo que es correcto y de lo que no lo es; una sociedad marcada por un cierto «relativismo ético». No hace falta pensar en graves delitos de corrupción; basta con acudir a pequeños detalles del día a día. Trabajar una buena temporada fuera de España, conociendo unas culturas y formas de vivir diferentes, ayuda a percibir de modo más consciente esta picaresca. El contraste con los estadounidenses, por ejemplo, se percibe con suma claridad. El profesor sale del aula en medio de un examen en cualquier universidad estadounidense y ni un solo alumno inclina siquiera ligeramente la cabeza para mirar al compañero. De igual manera, pocos son los que no respetan los límites de velocidad, incluso cuando no hay radares en la zona. Y, como estos patrones, existen otros muchos.

Pero si al quebranto de valores se une la desconfianza que esta impunidad ha provocado en el sistema judicial español, las consecuencias son desastrosas. La falta de respeto es palpable no sólo en la actitud de los autores de los crímenes o sus familiares, sino en la sociedad en general. ¿Dónde queda el principio de prevención general negativa? ¿Dónde la amenaza de sanción que contribuye a disuadir comportamientos delictivos? En el caso español, se encuentran claramente difuminados, y no sin fundamento. Un Estado que ha permitido que crímenes de tal magnitud queden impunes, es percibido como incapaz de exigir el cumplimiento de la ley. De esa opinión son Lucila Edelman y Diana Kordon: «Un problema vinculado a la impunidad tiene que ver con la pérdida de confianza en el Estado en cuanto a la capacidad de hacer justicia y a la certeza de que dicha función será ejercida». La sociedad española en su conjunto, y en especial aquellos sectores que ya han conseguido burlar a la Justicia, ha perdido el respeto por su sistema judicial y no se sienten en absoluto cohibidos por una posible represalia. Estas condiciones convierten a España en un Estado con un gran potencial delictivo y amplias dosis de indulgencia hacia sí mismo, fundamentalmente en el ámbito de la corrupción.

Existen datos que reafirman esta opinión acerca de cómo la impunidad de los crímenes cometidos durante el franquismo ha fomentado la corrupción. Según el mencionado índice de corrupción de Transparencia Internacional[4] para el año 2012, El Salvador y Brasil, dos de los pocos países que aún mantienen en vigor sus leyes de amnistía, aparecen, respectivamente, con una calificación de 38 y 43 puntos sobre 100 (puntuación que corresponde al mínimo nivel de transparencia). Algo de luz tiene que aportar esta «coincidencia» a la raíz de los niveles de corrupción en dichos países.

Durante la dictadura franquista se dieron altísimas cotas de corrupción en las diferentes instituciones, todas ellas sometidas al control último de la estructura vertical diseñada para mantener sumisa y sometida a la sociedad. Esta estructura corrupta se manifestaba no sólo en lo económico, sino también en los ámbitos más dispares (el religioso, el educativo, el sindical, el mediático o el cultural), con una censura ideológica sin fisuras y un modelo económico hecho a la medida de quienes disponían de los medios de producción y controlaban la riqueza, anclada en modelos económicos arcaicos. El sometimiento al control impuesto por la dictadura, con un Poder Judicial sumiso y meramente técnico, hizo imposible la exigencia de responsabilidades en el ámbito político, ya fuera local, provincial o estatal. Los alcaldes y gobernadores franquistas eran omnipotentes en una sociedad falta de cultura política y medios económicos, y con el miedo a la represión en las entrañas. Esta acumulación de poder, tan sólo sometido a la voluntad del líder, fue forjando un sistema, un estilo alternativo de vida bajo la maquinaria de la corrupción, que perduró tras la muerte del dictador. La España de hoy es, en gran medida, heredera de la España de la dictadura.

La economía franquista y la corrupción

Durante el franquismo, la oligarquía dominaba los resortes que permitían generar negocios con la connivencia de la Administración, la cual, de forma más o menos descarada, adjudicó arbitrariamente todo tipo de negocios, bienes, concesiones y otras prebendas que permitieron el despegue de grandes fortunas. La economía se basaba en el concepto de «concesión», y, en un marco de escasez de capital, lo importante era conseguir la asignación de cualquier parcela de negocio: una concesión administrativa (los estancos o las loterías) o los derechos de distribución de petróleo o de cualquier otro producto. Se trató de la instauración del estraperlo y la corrupción, del mercado negro de licencias de exportación e importación, y de los suministros del Estado.

Los grandes estraperlistas españoles comerciaron clandestinamente con todo tipo de productos y amasaron grandes fortunas en una España dominada por el hambre y la necesidad. Entre esos estraperlistas se encontraban ministros, altos responsables políticos y funcionarios; es decir, personas en muchas ocasiones protegidas y amparadas por el propio poder político. Por ejemplo, un informe de la Secretaría General de Falange, recogido en el tomo II-2 de la serie *Documentos inéditos para la historia del general Franco*, afirmaba: «Hablando de la División Azul, y del ayudante del jefe de la primera región aérea, el señor Gamir dijo que tendría curiosidad de saber lo que para la División se recauda y la cantidad que a ella llega, pues con seguridad son muchos los que a costa de esto se hacen ricos en cosas como ésta y otras peores aún, pues el antiguo gobernador civil de Madrid, Miguel Primo de Rivera, ha hecho gran cantidad de estraperlo y negocios sucios y gracias a eso ha podido montarse una vida de borracheras continuas».[5]

Un aspecto fundamental del estraperlo que corresponde a la corrupción política es el realizado al amparo de la obtención de ventajas por parte de los gobernantes. En su trabajo «Franquismo y corrupción económica», el profesor Carlos Barciela López pone como ejemplo de esa etapa de la España más corrupta casos como los de «el latifundista que conseguía evadir los cupos de entrega forzosa, beneficiarse de la asignación de un cupo de entrega obligatoria inferior a su capacidad productiva o conseguir cupos extraordinarios de abonos, semillas o maquinaria; el industrial que obtenía un cupo sustancioso de materias primas (cuero, lana, cobre, carbón), o un pedido extraordinario del Estado, el intermediario que lograba divisas y licencias para la importación de algún bien».[6]

Las cuestiones vinculadas a la corrupción fueron apareciendo en el día a día como un sistema estructurado. En la España del régimen estaba ligada a la carestía. Disponer de una licencia para importar algún producto muy demandado significaba un enriquecimiento inmediato sin riesgo alguno. Bastaba con tener la influencia política necesaria para convertirse en un «empresario» de éxito. Era enorme la capacidad del franquismo para generar, desarrollar y mantener una corrupción generalizada.

Por encima del «estraperlo de supervivencia», de este negocio del día a día, del que vivían miles de personas, surgió el de alto nivel, en el que la vinculación con el poder era el elemento nuclear. A este respecto resulta interesante referirse a los organismos interventores, que sumieron a España en una corrupción sin precedentes y sin comparación, de una magnitud como en ninguna otra etapa de nuestra historia reciente.[7] Cabe recordar las palabras de Dionisio Ridruejo: «Llegado un cierto momento, la implicación en este sistema, en el que todos resultaban ser corrompidos y corruptores al mismo tiempo, alcanzó una vastedad enorme. Todo el mundo estaba en el ajo, y estar, poder estar en el ajo, era la aspiración de la mayoría de los que el azar o la incapacidad mantenían excluidos. Alcanzar para los más pequeños a vivir, y acumular fortunas para los más grandes, llegó a ser una ocupación tan absorbente que no quedaba espacio para nada más. Es cierto que muchas personas, incluso participantes por necesidad en el gran negocio, vivían irritadas y descontentas. Algunas se disculpaban y disculpaban la inmoralidad general, aduciendo el ejemplo de toda Europa que, a la salida de la guerra, estaba conociendo desórdenes parecidos, con racionamientos impracticables, mercado negro y despiadada especulación con la miseria. Pero no era lo mismo, aparte de que aquellas situaciones no pudieron remediarse, eran visiblemente pasajeras y no era evidente en ellas, como lo era en España, la implicación de las gentes socialmente más responsables, la participación del aparato político y la frecuente facilidad con que hombres que parecían haber luchado por ideales se avenían a venderlos por un plato de lentejas».[8] Una reflexión dura sobre lo que sucedía en la España del franquismo.

La pretensión del régimen de controlar totalmente, hasta en los aspectos más insignificantes, la producción, el comercio y el consumo de productos, se tradujo en uno de los mayores episodios de desorden y de corrupción de la historia de España. Los estraperlistas y sus socios en el Gobierno y en las instituciones se acostumbraron, durante la época franquista, a un sistema cómodo, fácil, digerible; sobre todo, un sistema en el que no corrían riesgos. Los propios funcionarios de los organismos de intervención, aun los que no eran corruptos, se convirtieron en defensores del sistema intervencionista, porque su carrera profesional se supeditaba a la supervivencia del organismo. Higinio Paris Eguilaz, economista durante la dictadura, señaló: «La ejecución de esta política de control de precios se encomendó a diversos organismos y la burocracia fue creciendo progresivamente. [...] El propio aparato interventor fue autoalimentándose y creó una enmarañada red de intereses que le hicieron prácticamente inmune frente a todo intento de alterar la situación».[9]

Fue en este contexto en el que tuvieron lugar dos espectaculares casos de corrupción que merecen un especial análisis, Barcelona Traction y Matesa.

Pero no puedo pasar este capítulo sin mencionar uno de los casos más emblemáticos: el gran fraude perpetrado por el holding inmobiliario Sofico en la Costa del Sol, que afectó a 3.000 pequeños ahorradores —no sólo españoles—, atraídos por la campaña publicitaria de la compañía —¿quién no recuerda esa campaña prometiendo beneficios del 12 por ciento anual (muy por encima de lo que ofrecían los bancos)?— y que no obtuvieron el apartamento turístico en el que habían invertido su dinero. La sentencia de la Audiencia Nacional llegó trece años después y sólo fueron condenados, su fundador, Eugenio Peydró Salmerón —que murió pocos días después de la condena— y su hijo, Eugenio Peydró Brillas. Lo más sangrante de este caso, sin embargo, no es la lentitud con que actuó la justicia, sino que, a pesar del elevado número de militares y políticos que formaban parte de los órganos directivos de la compañía, el Tribunal Supremo no autorizó el procesamiento de éstos «al quedar constatado sin lugar a dudas que la dirección y las decisiones ejecutivas de todas las actividades financieras de Sofico las tomaba personal y exclusivamente Peydró Salmerón.» La situación privilegiada de los promotores les permitió ejercer un manejo arbitrario del Estado y actuar dentro de la «legalidad» que les proporcionó una impunidad garantizada.

El caso Barcelona Traction

> ¿Todo hombre tiene un precio? ¿Sabes lo que decía don Juan March? Que el que no lo tiene es porque no lo vale.
>
> José María Ruiz-Mateos

El 12 de septiembre de 1911, Frederick Stark Pearson fundó en Toronto, Canadá, la empresa Barcelona Traction Light & Power Co. Ltd. (BT). Por ello la empresa fue conocida como La Canadiense o La Canadenca. La compañía fue desarrollada por el ingeniero belga-estadounidense Dannie Heineman, director de la sociedad belga Sofina. Se constituyó como un *holding* que operaba en España a través de una serie de empresas subsidiarias que explotaban servicios de transporte y energía. De entre ellas destacaba Ebro Irrigation & Power Co., propiedad de BT pero registrada en España.[10] Así, las acciones y obligaciones de las filiales de BT pertenecían a ésta, pero sus activos tangibles se encontraban en España. Mientras que una pequeña parte del capital de BT se componía de fondos propios, el grueso de su capital era convertible mediante acciones y obligaciones. La mayoría del control de las acciones de la compañía (aproximadamente un 75 por ciento) lo detentaba Sofina, que participaba en BT a través de una intermediaria, Sidro.[11]

El objetivo de la empresa era realizar operaciones de adquisición de la producción eléctrica y de las comunicaciones alrededor de Barcelona para su utilización en el alumbrado público, el suministro doméstico y las aplicaciones típicas de la fuerza motriz asociada, principalmente, al funcionamiento de los tranvías y a la red de ferrocarriles metropolitanos. La entidad adquirió una concesión para obtener energía hidroeléctrica del Ebro y otros ríos, con la finalidad de proveer de electricidad a la ciudad. Se hizo, además, con intereses de otras empresas eléctricas de la zona, de la línea Tramvies de Barcelona y de la Companyia Barcelonesa d'Electricitat en 1923. Con el fin de obtener la energía eléctrica necesaria para suministrar a sus filiales, inició un proyecto de aprovechamiento hidroeléctrico con la construcción de importantes infraestructuras, como el canal de Seròs y las presas de Camarasa y Sant Antoni.

Con la realización de estas inversiones, entre 1914 y 1924, Barcelona Traction comenzó a tener problemas financieros y tuvo que realizar diversas operaciones de reestructuración de su deuda.[12] La situación empeoró con el comienzo de la Guerra Civil. El Comité Central de Control Obrero de Gas y Electricidad de Cataluña se ocupó de la gestión de sus fondos y cuentas bancarias, causando un gran quebranto a la compañía. Tras la guerra, se autorizó el restablecimiento de su órgano de gobierno y de los servicios eléctricos. En 1945 BT intentó llevar a término un convenio de transformación de la deuda en divisas por deuda en pesetas, de una sola vez y con una quita del 50 por ciento. Sin embargo, la empresa no logró obtener la autorización de las autoridades españolas. En este contexto, un grupo de filiales del grupo Juan March, como Fenchurch Candidato Ltd.,[13] intentó hacerse con el control de la entidad mediante la compra masiva de obligaciones en unas condiciones comparables a las del convenio. Pero las negociaciones entre March y Heineman se truncaron.[14]

El 12 de febrero de 1948, algunos de los acreedores de la deuda de BT solicitaron en el Juzgado de Primera Instancia de Reus la declaración de quiebra de la compañía. En cuestión de horas se despidió a la gerencia y a la dirección de la empresa y de las compañías subsidiarias.[15] BT acumulaba una suma de créditos de unos 10 millones de libras esterlinas entre principal e intereses acumulados.[16]

Los gobiernos de Canadá, Reino Unido —que se sumó al litigio en apoyo de Canadá debido a que las emisiones de deuda eran en su moneda y había acreedores británicos— y Bélgica iniciaron actuaciones ante los tribunales españoles, pidiendo protección diplomática de sus nacionales con intereses ligados a BT. España creó entonces una comisión internacional de expertos para evaluar la situación. La comisión emitió una declaración conjunta de los gobiernos español, británico y canadiense, favorable a que la Administración española propiciase la salida a subasta pública de la compañía en 1952.[17]

En esa subasta hubo un único licitador, Fuerzas Eléctricas de Cataluña S.A. (Fecsa), constituida por Juan March en 1951, que finalmente adquirió los activos de BT por cerca del 5 por ciento de su verdadero valor —aproximadamente medio millón de libras esterlinas— y acordando compensar la deuda. El valor teórico de la compañía se calculaba en 10 millones de libras.[18]

Según Pere Ferrer, Juan March se quedó Barcelona Traction por 10 millones de pesetas «cuando la valoración real oscilaba entre los 6.000 y los 8.000 millones de pesetas». «Como si se tratara de un golpe de Estado, los hombres de March ocuparon *manu militari* todos los cargos de responsabilidad de la nueva sociedad Fecsa.»[19]

Vistos estos hechos, el Gobierno belga presentó, el 23 de septiembre de 1958, una demanda ante la Corte Internacional de Justicia para ejercer la protección diplomática de sus nacionales, personas físicas y jurídicas, accionistas de la sociedad. Las negociaciones comenzadas en 1961 fracasaron, de modo que los belgas decidieron volver a la Corte Internacional.[20]

En su fallo del 5 de febrero de 1970, la corte rechazó la demanda belga por quince votos a uno. El tribunal consideró que Bélgica carecía de *ius standi*, al tener la compañía su sede en Canadá, donde conservaba también su contabilidad y el registro de sus acciones. Asimismo, afirmaba que Barcelona Traction nunca se había visto reducida a una impotencia tal que no pudiera dirigirse a su Estado original, Canadá, para solicitar su protección, y que no existía ninguna regla de derecho internacional que confiriera al Estado de origen de un solo accionista el derecho a dicha protección. Este derecho de protección diplomática para buscar una compensación existe únicamente para el Estado de origen de una compañía.[21]

Tras esta resolución, en julio de 1974 el Tribunal Supremo de Ontario ordenó la venta de la empresa y sus activos. En agosto BT sería cancelada de la Bolsa de Londres. Ante la opinión pública nacional, Juan March quedó como uno de los mayores contrabandistas del país, y la prensa extranjera llegó a considerarle «el último pirata del Mediterráneo».

El caso de la Barcelona Traction sentó precedente en el derecho internacional público, estableciendo que el concepto de la protección diplomática en virtud del derecho internacional puede aplicarse por igual tanto a las empresas como a los individuos. También amplió la noción de obligaciones *erga omnes* (en relación con todo el mundo) en la comunidad internacional. Se pronunció asimismo sobre otras cuestiones, como el agotamiento de los recursos internos, la excepción de denegación de justicia, el desistimiento, la aplicación de figuras como el abuso del derecho y el desvío de poder en el derecho internacional, la interpretación que debe darse al artículo 37 del Estatuto de la CIJ, fundamentalmente, a través de sus votos particulares, así como sobre la forma en que opera la responsabilidad internacional de los estados por actos de sus autoridades judiciales.[22]

Toda la operación dirigida por Juan March, y que daría lugar a la adquisición de la BT por aquél en 1951 a través de Fecsa, empezó con la provocación de la quiebra de la empresa, presentada en el juzgado de Reus, y con algunos indicios, según el historiador Pere Ferrer, de soborno al juez. El abordaje por Juan March a BT, desde el comienzo, estuvo amparado por el Gobierno franquista. «March ya hacía tiempo que había echado el ojo en esta compañía, y a partir de 1945 empezó a comprar las primeras obligaciones de la Barcelona Traction, pagándolas a precios reventados.» La «estrategia de Franco para facilitar la operación de March» de apropiación de la compañía fue la de la nacionalización, «sólo que en este caso la empresa no se quedaría en manos del Estado, sino del potentado March». Ambos se aferraron al patriotismo español para justificar lo que en realidad fue «una operación de piratería económica».[23]

Otro ejemplo de corrupción en el franquismo, mucho más sonado, podemos encontrarlo en el caso Matesa, cuyo protagonista, Juan

Vilá Reyes, presidente del RCD Español en la temporada 1968-1969 y empresario, pasó en total seis años de cárcel y murió en 2007.

El caso Matesa

La corrupción lleva infinitos disfraces.[24]

Frank Herbert

Para el pueblo alemán, la victoria ante la selección húngara —selección que no perdía un solo partido desde hacía cuatro años— en la final del Campeonato del Mundo de Fútbol de 1954 fue un renacer tras una larga posguerra. Considerada una de las hazañas más importantes de la historia del deporte, este partido se conoce como «el milagro de Berna», porque la final se jugó en la capital suiza y electrizó a la sociedad alemana como pocos acontecimientos lo han logrado en la historia reciente.[25]

Jenő Kalmár, que formó parte del equipo húngaro que jugó dicha final como ayudante del entrenador, aterrizó en España tras la Revolución húngara de 1956. En España, Jenő entrenó al Sevilla y al Granada —que jugó y perdió una final de la Copa del Generalísimo contra el Barcelona— para, en 1967, recalar finalmente en el RCD Español de la mano de un presidente ambicioso, Juan Vilá Reyes que, con el apoyo político de Juan Antonio Samaranch, estaba construyendo un equipo de leyenda. Juan Vilá Reyes consiguió una alineación histórica: José María, Cayetano Ré, Rodilla, Amas y Marcial, conjunto conocido como «la delantera de los delfines», que se convirtió en un hito en la historia del club y que todavía es venerada por todo aficionado españolista que se precie.[26]

La figura de Juan Vilá Reyes se encontraba en pleno apogeo: presidente del RCD Español, empresario de éxito, relacionado con el poder, y capaz de aparecer en el programa de moda de la naciente Televisión Española *Ésta es su vida*,[27] dedicado a glosar las vidas de los personajes más populares del momento, como Salvador Dalí, Antonio Mingote, Manuel Santana, Ricardo Zamora o Antoni Tàpies, entre otros.

La familia Vilá formaba parte del sector textil ya antes de la Guerra Civil. Durante la contienda se refugiaron en el extranjero y terminaron abriendo una pequeña empresa en Zarautz que luego trasladaron a Pamplona, donde fundaron Manufacturas Arga. Juan Vilá Reyes obtuvo el título de ingeniero técnico industrial textil y en los años cincuenta fundó Matesa (Maquinaria Textil S. A.),[28] empresa dedicada a la investigación y creación de tecnología textil. Su primer y principal desarrollo fue el telar sin lanzadera Iwer, basado en la patente francesa Ancet-Fayolle.[29]

El telar Iwer consiguió un éxito importante en las ferias internacionales en las que se presentó, pero tenía algunos problemas. Su gran competidor era el telar Sulzer, con el que tenía notables diferencias. El telar Sulzer podía trabajar anchos de cuatro metros, mientras que el Iwer sólo llegaba a los 2,40. Además, el telar Iwer requería mucho más mantenimiento. Ambas máquinas conseguían reducir notablemente la plantilla necesaria en las empresas textiles, mejorando la productividad.[30]

Matesa se lanzó a una carrera exportadora sin precedentes en la historia económica española. Vilá Reyes abrió filiales en todo el mundo, hasta llegar a la cifra de 74. El Banco de Crédito Industrial otorgaba créditos a Matesa para exportar los telares, las filiales los compraban y estas mismas filiales debían abonarlos al Banco de Crédito. Era un esquema complejo y los precios apenas cubrían los costes; la fábrica de Pamplona no conseguía fabricar los telares con un coste que permitiera obtener unos márgenes aceptables.[31]

Sin embargo, Vilá Reyes era considerado un «renovador» cercano al Opus Dei, que había medrado alrededor de la figura de Laureano López Rodó y con los impulsores del New Deal español, pero siempre con la fuerte resistencia de los «tradicionalistas», que no deseaban perder su poder. En este contexto político, Matesa emprendió una huida hacia delante. Los márgenes no eran ni mucho menos los esperados, y fue preciso forzar la máquina e impulsar la producción al máximo. El escaso control existente sobre el Banco Industrial le permitió obtener líneas de crédito, pero las máquinas no se vendían y se almacenaban en las filiales. El dinero se invertía en la expansión enloquecida de la empresa y en las remuneraciones de sus directivos. Hasta agosto de 1969 Matesa había recibido créditos por un valor de 10.000 millones de pesetas.[32]

El comportamiento de Matesa empezó a ser un secreto a voces en 1967, momento en el que se imputó a Vilá Reyes en un proceso por fuga de capitales en el Juzgado de Delitos Monetarios. La sentencia estuvo muy lejos de ser ejemplar. Se le multó con 23 millones de pesetas por una fuga declarada de más de 100, y no se le obligaba a devolver el dinero.[33] El sector del Gobierno que apoyaba a Vilá Reyes corrió un tupido velo sobre este asunto y continuó permitiendo la carrera suicida de Matesa, alimentada por los créditos del Banco Industrial. Sólo en el último año de funcionamiento de la sociedad se le inyectaron 3.000 millones de pesetas.[34]

El 28 de julio de 1969 estalló el caso y Vilá Reyes fue detenido en su domicilio.[35] Su hermano Fernando y su cuñado, Manuel Salvat Dalmau, directivos de la empresa, ingresaron en la cárcel de Carabanchel. Todo se había preparado cuidadosamente para el asalto final. La estrategia de los «azules» (los tradicionalistas), con Manuel Fraga, ministro de Información, y José Solís, ministro secretario general del Movimiento, como cabezas visibles, era clara: descargar la artillería pesada de la prensa del Movimiento contra las huestes de los «tecnócratas».

La revista *SP*, próxima a Falange, publicó el 9 de agosto de ese año un editorial que rezaba: «El control público de la empresa privada MATESA lleva camino de convertirse en el *affaire* más sonado de los 30 últimos años, pues sus incidencias económicas y financieras [...] bordean las fronteras del escándalo, la ligereza y el fiasco». Los lectores asistieron sorprendidos a una libertad informativa sin precedentes, que no tardó en volverse contra sus instigadores. Así lo insinuaba *Nuevo Diario*: «El hombre de la calle, espectador mudo y asombrado [...] adivina que, en el fondo, se está ventilando una durísima y nada académica lucha por el poder».[36]

El 13 de agosto, *Informaciones* ofrecería un primer elemento para la dramatización del caso. Comparaba la cantidad prestada con los presupuestos de inversiones de diversos ministerios para 1969. Tal cantidad era semejante, según *Informaciones*, al presupuesto del Ministerio de Agricultura, y sólo era superada por los de los ministerios de

Obras Públicas, Educación y Vivienda. Esta comparación hizo fortuna y fue reproducida por el resto de los diarios.[37]

El propio Vilá Reyes denunció posteriormente la «confabulación»: «Así se provoca el mayor escándalo público del franquismo. Todos los medios de comunicación oficiales desencadenaron una intensa campaña [...]. Tan sólo en los diarios de Madrid aparecieron, en un mes y referidos a este tema, 44 editoriales, 14 chistes, 371 informaciones —74 en primera página— [...]». Uno de los chistes más celebrados lo firmó Chumy Chúmez en el *Diario Madrid*. Dos caballeros barrigones toman el sol en la playa. Uno dice: «Pues yo, hasta que empiece la Liga, tengo bastante con lo de Matesa...».

En *La Vanguardia*, se insinuó que el caso Matesa no fue solamente una estafa a gran escala con la colaboración de altos funcionarios de la Administración de Franco relacionados con el Opus Dei, sino que, según la interpretación de Vilá Reyes, Matesa fue diseñada para convertirse en una pieza fundamental en la financiación y el ascenso del político francés François Mitterrand y en parte de un plan para desarrollar una estructura política en España tras el fin del régimen.[38] Por delirante que parezca esta interpretación, Vilá Reyes la mantiene y veinte años más tarde la desarrolló en todo detalle.

La estructura societaria de Matesa en el extranjero se basaba en el modelo de la Hidra, con mil y una cabezas que se crean y se cierran según las necesidades y para permitir el modelo piramidal de estafa y evasión de dinero. Se creó en Luxemburgo la filial Sodetex en 1968, filial que tenía como objetivo la consecución de créditos en eurodólares, usando como garantía las patentes internacionales del telar Iwer. Jean de Broglie, aristócrata francés, colaborador de De Gaulle y fundador junto con Giscard de la Federación de Republicanos Independientes, era el socio de Sodetex y figuraba como presidente de Sodetex en el acta de fundación.[39]

Sodetex, ya desde el mismo momento de su fundación, inició la actividad para la que ha sido fundada, las emisiones de eurodólares (solamente en 1968 Sodetex emitió 2.248 millones de pesetas en dólares). En 1969 la actividad de Matesa se detuvo en seco cuando se iniciaron las imputaciones a la red empresarial, pero Sodetex continuó su actividad de generación de capital. Pero cuando Matesa inició su caída, Giscard ya había conseguido la cartera de Finanzas tras el apoyo prestado en las elecciones a Pompidou, que consiguió derrotar al otrora invencible De Gaulle.[40]

La intervención judicial intentó recuperar los fondos de Sodetex y otras empresas del exterior, pero no lograron un acuerdo con Jean de Broglie hasta 1974, momento en el que se transfirieron unos fondos paupérrimos al Estado español. El resto se esfumó.[41]

En 1976 Jean de Broglie fue asesinado en un oscuro caso que el ministro de Justicia francés enunció como «asesinado por gángsteres debido a unas deudas». Sin embargo, la investigación fue errática y no llegó al fondo del asunto, evitando tocar los aspectos más delicados de su biografía. Tres años más tarde, en 1979, el ministro de Trabajo de Giscard d'Estaing, Robert Boulin, se suicidó, justo horas después de declarar su intención de hacer revelaciones de gran alcance y, se supone, algunas concernientes al asesinato y andanzas de De Broglie.[42]

Fueron sin duda años complejos para la política francesa y española, y está claro que en toda la historia del entramado societario exterior de Matesa hay aspectos muy oscuros (como en toda trama delictiva). No obstante, el mismo Vilá Reyes impulsó, con veladas acusaciones, la posibilidad de que la red exterior de Matesa se utilizara para el movimiento ilegal de capitales y la financiación de la expansión del Partido Republicano de Giscard.[43]

Casi cuarenta años más tarde parece, muy difícil establecer las casi infinitas ramificaciones del entramado pero está claro que el empeño que se tuvo en esclarecer estos oscuros sucesos no fue el necesario para descubrir por completo toda la inmensa estafa de Matesa.[44]

Posiblemente, la imagen más paradigmática de la investigación fue cómo se ofrecieron a los procuradores de las Cortes los documentos describiendo la estructura de Matesa en el exterior: atados con una cadena para evitar su sustracción y copia. Triste imagen de un escándalo que se tapó no sólo en España, sino en otros países, y que dejó un reguero de crímenes y suicidios tras de sí. Y es aquí donde se insinúa que la red creada por Sodetex fue una herramienta utilizada por el Partido Republicano de Giscard para su rápido crecimiento.[45]

En España, por aquel entonces, el almirante Luis Carrero Blanco, cerebro del régimen, debido al ya inocultable deterioro físico de

Franco, no se había pronunciado claramente, pero no tardó en hacerlo. Para Carrero, el asunto Matesa era uno de los «cuatro problemas políticos que si no se resuelven en su conjunto con la debida urgencia» podrían «erosionar seriamente nuestro régimen».[46]

Al inicio del proceso Matesa, era posible observar una guerra entre dos facciones bien definidas: por un lado, Juan Vilá Reyes con su abogado, José María Gil Robles, y por otro el Movimiento, que intentaba llevar a cabo una *vendetta* entre los tradicionalistas y los reformadores del Opus.

Para Vilá Reyes, el proceso en España acabó con fuertes condenas. En octubre de 1967, el Tribunal Especial de Delitos Monetarios le impuso finalmente una multa de 21 millones de pesetas por un delito de evasión probada de 103,5 millones de pesetas. Además, en mayo de 1970 ese mismo tribunal condenó al empresario —condena que el Tribunal Económico Administrativo confirmaría posteriormente, en 1972— al pago de una multa de 1.658 millones de pesetas y a tres años de prisión. Sin embargo, antes incluso de la confirmación de la sentencia, en 1971, Vilá Reyes obtuvo el indulto del mismísimo general Franco, quien le condonó el pago de la multa y le redujo la pena de prisión a una cuarta parte de la inicialmente impuesta. Como se ve, lo del indulto en casos de corrupción es una medida que los dirigentes políticos aplican a los que les defienden o apoyan, algo que se hace sin distinción de ideologías ni países (Clinton, Franco, González, Aznar, Rodríguez Zapatero, Rajoy, Sarkozy, Berlusconi…) hasta la actualidad. El Ministerio Fiscal entabló una querella en la Audiencia Provincial de Madrid el 1 de septiembre.

Más adelante, en mayo de 1975, Vilá Reyes fue condenado por la Audiencia Provincial de Madrid por dos delitos de estafa por un importe de 8.933 y 590 millones de pesetas respectivamente, 417 delitos de falsedad en documento mercantil y cuatro de cohecho activo. Esta condena fue confirmada por el Tribunal Supremo en febrero de 1976 y conllevó la friolera de 223 años de prisión y más de 9.600 millones de pesetas en concepto de indemnizaciones o multas. Al final, tras sucesivos recursos, Vilá Reyes logró cumplir sólo siete años, siete meses y veinte días en la prisión de Carabanchel.[47] La reducción de penas en aquel momento también era habitual.

En esta sentencia de la Audiencia Provincial de Madrid fueron imputados los colaboradores más cercanos de Matesa, así como algunos de los empleados del Banco de Crédito Industrial, que concedió créditos a Matesa desde 1964. La empresa llegó a recibir hasta casi una cuarta parte de los recursos anuales de esta entidad financiera, que fue acusada de negligencia o cohecho. A pesar de que el Pleno del Tribunal Supremo decidió procesar a los ex ministros de Hacienda y de Comercio, Juan José Espinosa y Faustino García-Moncó, y al gobernador del Banco de España, Mariano Navarro Rubio, ninguno de los tres fue condenado; ni tampoco otros altos cargos, como López Rodó, imputados inicialmente gracias a un informe presentado por una comisión de investigación de las Cortes, un hecho excepcional hasta entonces.

La tramitación parlamentaria del caso se inició el 16 de octubre de 1969 con la designación de los treinta miembros de la Comisión Especial de Estudio, Investigación y Propuesta, que sería presidida por el veterano falangista Raimundo Fernández Cuesta. Esta comisión fue nombrada —como todas— por el presidente de las Cortes una vez «oída la Comisión Permanente y de acuerdo con el Gobierno». Su composición reflejaba con bastante fidelidad los grupos de representación «orgánica» en que se dividían las Cortes: la Organización Sindical (ocho miembros) era el grupo más numeroso, seguida del grupo de consejeros nacionales; en cuanto a las simpatías políticas (o «familiares») de los miembros de la comisión, había cierto predominio del sector «azul» cercano a la Secretaría General del Movimiento.[48] Las conclusiones del informe fueron especialmente duras, en la misma línea en que lo fuera el enfrentamiento entre los tecnócratas y los azules, pero concluyó como ya he mencionado, con el indulto concedido por Franco, y Espinosa, García-Moncó y Navarro Rubio tan sólo comparecieron finalmente como testigos. Según sus declaraciones, habían sido invitados a visitar las fábricas de Matesa y sospecharon de las irregularidades entre seis y dos años antes de que el asunto trascendiese.

En cuanto a la empresa, fue embargada en 1969 y continuó sus actividades industriales bajo el control de un administrador judicial hasta marzo de 1983, año en que se subastó por 66.000 pesetas, adjudicándose a una sociedad laboral formada por antiguos empleados. Su antiguo propietario, Vilá Reyes, fue nombrado director general de la nueva entidad.

Éste es un buen ejemplo práctico de la dinámica habitual que seguirían los casos de corrupción. No obstante, sí resulta excepcional el tratamiento que recibió por parte de los medios informativos al amparo de la Ley de Libertad de Prensa. También es interesante reflexionar sobre el hecho de que la corrupción generalizada del primer franquismo[49] tuvo unos efectos dramáticos, perniciosos en el tiempo. Toda España vivió al margen de la ley durante más de una década.[50] Así, la responsabilidad del franquismo en el terreno de la corrupción desbordó la propia vida del régimen. En muchos casos, se produjo una continuidad desde el estraperlo a la nueva corrupción económica propia de la segunda etapa del régimen. Podría afirmarse que se generalizó una conciencia laxa en torno al cumplimiento de algunas normas. Así, la impunidad con la que actuaron sus protagonistas se prolongó en la historia. Ningún político ingresó en prisión por delitos relacionados con la corrupción; no se produjo ninguna dimisión; los indultos cubrieron a los amigos y la impunidad, absoluta o relativa, a la vez que la falta de credibilidad de las sanciones, fue tan evidente que en la Transición no se tuvo ni necesidad de corregirla. Era lo que se hacía y era lo normal. La ejemplaridad del caso Matesa en el ámbito judicial llegó sólo hasta el procesamiento y la acusación de los altos responsables políticos. A continuación, el dictador los indultó a todos con un decreto publicado en el *BOE* el 1 de octubre de 1971 por el que se otorgaba la medida de gracia, con motivo del trigésimo quinto aniversario de su «exaltación al Poder». Uno de los tipos de pena cubiertos por este decreto eran las pecuniarias «cualquiera que fuese su cuantía», y además se aplicaría la gracia «sin necesidad de que se celebre juicio oral ni, en consecuencia, se dicte sentencia». El 22 de octubre, el Pleno del Tribunal Supremo aplicaba el indulto a lo que constituía la parte «política» de la causa.[51] Como se ve, se protegió a esa parte, adelantando la medida incluso al momento de la sentencia. Las cosas había que hacerlas bien y ni siquiera dejarlas en manos de los jueces.

2

La corrupción en la Transición

> La Transición española constituye un punto y seguido de la historia de España y nunca fue una solución final como algunos malévolamente pretenden.
>
> LEOPOLDO CALVO SOTELO

La muerte del dictador permitió una acelerada evolución del régimen político español para lograr una cierta equiparación con el entorno europeo contemporáneo. De golpe, los que vivimos la densa y pegajosa pesadilla del régimen franquista nos encontramos con una pizarra en blanco y con una mezcla de sentimientos; por un lado, optimismo ante el cambio que se avecinaba, y por otro temor, porque el cambio podía ser peligroso y las fuerzas involucionistas todavía conservaban mucha fuerza, como se demostraría.

Crisis como los asesinatos de Montejurra en mayo de 1976, la muerte de varios estudiantes a manos de extremistas y de la propia policía en manifestaciones y protestas, o la matanza de Atocha en 1977, en que murieron cinco abogados laboralistas y fueron heridos cuatro más a manos de la extrema derecha, se encargaron de hacernos comprender claramente el tipo de enemigos a los que nos enfrentábamos todos los españoles que deseábamos la democracia.

Pero, para muchos de los que estábamos en la universidad, el momento era tan ilusionante como difícil y había que salir adelante, cada uno en el espacio que le correspondía. Desde la distancia que otorgan cuarenta años de vida política posterior, debo decir que sin duda fuimos poco ambiciosos. El miedo a perder la oportunidad atenazó nuestras mentes y afrontamos la Transición derrotados por la dictadura, cuando en realidad el régimen franquista estaba dando sus últimas bocanadas. En el primer referéndum, por la reforma política, el 15 de diciembre de 1976, fui de los que, como toda la oposición, hice campaña por la abstención activa (voto en blanco) en Sevilla; quería la ruptura con el régimen franquista y no una transición pactada.

Se suele entender por Transición española el período histórico que abarca el proceso mediante el cual España dejó atrás el régimen de Franco y pasó a regirse por la Constitución de 1978. Se trata de una definición hecha *a posteriori* y que, por tanto, señala claramente un punto de partida (el régimen franquista) y un destino final, el Estado social, democrático y de derecho, que propugna como valores superiores de su ordenamiento jurídico la libertad, la justicia, la igualdad y el pluralismo político, como define el artículo primero de la Constitución.

Esto significa que la forma de gobierno será democrática, que la soberanía residirá en el pueblo y que éste tendrá acceso a la vida política y decidirá sobre su propio destino. El concepto social alude a la proactividad del Estado para construir un sistema en el que las desigualdades y carencias entre los ciudadanos sean mitigadas hasta su eventual extinción. Ahora bien, al hablar de Estado de derecho se encumbra a éste como tercer pilar o principio rector de la construcción jurídica de la nación, lo cual merece alguna reflexión. Los conceptos de «Estado de derecho», «imperio de la ley» o el anglosajón «rule of law», hacen alusión al principio según el cual todos los ciudadanos, instituciones y poderes del Estado están sometidos a una idea superior de derecho que debe ser respetada. Es el pilar de la lucha contra la impunidad, la abolición de la arbitrariedad y la confianza en la Justicia.

Esta época de la historia de España (la Transición) que comienza el 20 de noviembre de 1975, con la muerte del dictador, y cuya fecha final depende de diferentes criterios (1978, con la aprobación de la Carta Magna para algunos; 1982, con las elecciones generales que cambiaron el signo político del Ejecutivo para otros), fue un tiempo de triunfos democráticos, de intensos y profundos logros. Se asentaron los cimientos de una sociedad relativamente democrática. Se tendieron puentes, se compartieron posturas y se popularizó el respeto por encima del odio. Fue, sin duda, una obra de ingeniería política cuyos artífices, vivos y muertos, recibieron o reciben los méritos. Se conocen bien las virtudes de unos años en ocasiones contemplados con cierta nostalgia, con la esperanza de que las fuerzas políticas puedan dar, de nuevo, ejemplo de diálogo democrático. Pero también hubo zonas oscuras y olvidos reprochables. La búsqueda de la reconciliación y la construcción de un nuevo sistema democrático no es suficiente para aceptar que ese nuevo régimen se pueda sustentar sobre decenas de miles de cadáveres y desaparecidos, sin que ninguno de los tres poderes del Estado haga nada por remediarlo, ni entonces ni una vez consolidada la democracia.

En lo que a corrupción se refiere, durante la Transición faltó un punto y aparte que sí existió a nivel político y militar tras el golpe de Estado del 23 de febrero de 1981 (aunque no hubo condena contra los banqueros y financieros involucrados, es decir, no se persiguió a los intereses económicos que sustentaron el ataque al pueblo español).

Si quedaron impunes los grandes crímenes contra la humanidad del franquismo, ¿cómo no iba a suceder lo mismo con la corrupción y con los crímenes económicos que, al amparo de aquel régimen, se cometieron para consolidar el mismo? El interés preponderante, hasta obsesivo, en ese momento era entrar en Europa y sus instituciones; todo lo demás era secundario. No se produjo una rendición de cuentas. La promulgación de una Ley de Amnistía se utilizó como precario bálsamo que produjo el efecto contrario al pretendido; las heridas no se cerraron.

No hubo tampoco un planteamiento serio que permitiera un cambio económico y político con respecto a la corrupción. Como consecuencia, se vivió una sensación generalizada de falta de temor, agente dinamizador de la impunidad, que llevaba necesariamente a la convicción de que todo lo relacionado con este ámbito estaba amortizado y no era reprochable. Además, sin constancia del mal intrínseco que la corrupción conlleva y, por tanto, sin la conciencia de que es necesario combatirla.

Hasta tal punto quedó sin resolver esta situación que, cuando el Partido Socialista Obrero Español llegó al poder en las elecciones generales de 1982, no sólo no luchó contra la corrupción, sino que muchos de sus cuadros y dirigentes acabaron cayendo de lleno en ella. El PSOE dispuso de doce años para iniciar la limpieza pública del franquismo y de la Transición e incumplió esa obligación. Las iniciativas de lucha contra la corrupción provinieron a impulsos de los jueces y en casos muy contados. Ésta es, aunque cueste asimilarlo, una responsabilidad histórica que contribuyó al descrédito de la política en España; sólo a golpe de escándalo y casi con fórceps se consiguió en 1994-1995 que se impulsaran las primeras medidas legislativas contra la corrupción. Puede afirmarse que no existían mecanismos adecuados para luchar contra la corrupción, pero tampoco se buscaron. Por segunda vez se perdía la ocasión de acabar con el sistema heredado, intrínsecamente corrupto.

El caso Fidecaya

> No existe nada tan sagrado que el dinero no pueda violar; nada tan fuerte que el dinero no pueda expugnar.[1]
>
> Cicerón

Uno de los casos de corrupción más sonados de la Transición fue el caso Fidecaya. Sus siglas responden a Entidad Financiera de Capitalización y Ahorro S.A., y se trataba de una importante entidad de ahorro particular creada en 1952.

El escándalo se desató en 1981, cuando se hicieron cada vez más evidentes las presuntas irregularidades que auguraban la quiebra de la entidad, con el consiguiente temor de los entonces más de 240.000 pequeños depositantes de perder toda su inversión. La entidad en la que tantos confiaban fue descapitalizándose a través de una serie de operaciones con visos de fraude que se iniciaron en diciembre de 1978.[2] Fidecaya contaba en aquellos días con unas 350 oficinas que daban trabajo a 600 personas y 5.400 delegados a comisión. El caso apuntaba a la comisión de varios delitos: estafa, falsedad en documento mercantil y privado y tentativa de apropiación indebida.

Cuatro procesados protagonizaban las sospechas de estafa: Miguel Soriano Carrasco, propietario de Fidecaya entre 1968 y 1971 y luego entre 1978 y 1981; Juan Aldaz Isanta, inspector general de seguros que, tras llevar a cabo una inspección, actuó como administrador de la sociedad (que aún era propiedad de Miguel Soriano); Manuel Grau Villa, testaferro de José María Ruiz-Mateos, que llegó a poseer hasta el 48 por ciento de las acciones de Fidecaya, y Edmundo Alfaro, el último propietario de la entidad.

En la quiebra provocada de Fidecaya destaca la venta del 98,57 por ciento de las acciones a Miguel Soriano en 1978. La maniobra llevada a cabo podría resumirse en que la venta de las acciones de la entidad se costeó con la tesorería de la sociedad vendida, es decir, que Fidecaya pagó su propia compra. La maniobra dio comienzo en el consejo de administración del 14 de diciembre de 1978 al introducirse en el orden del día la oferta de compra. El precio de venta se estableció en 2.283 millones de pesetas. Lo lógico hubiese sido que Soriano ingresara o avalara esa cantidad, pero el mecanismo fue otro. Fidecaya otorgó un crédito de unos 350 millones de pesetas a Soriano y cuatro créditos de unos 500 millones a otros cuatro individuos abiertamente insolventes. Adicionalmente, se presentó una única garantía: una finca, Puente Largo, cuyo valor en ningún caso superaba los 200 millones de pesetas. Al ejecutar la garantía y cancelar los créditos, se produjo un perjuicio de 1.800 millones de pesetas en las arcas de Fidecaya y se mermaron irremediablemente las garantías de los cedulistas.

Esos préstamos dieron lugar a un heterogéneo reparto de la participación de la compra, hecha efectiva mediante letras. La división de la propiedad quedó así: Fidecaya con un 2 por ciento; Mapa con el 18 por ciento, y finalmente un 20 por ciento para cada una de las siguientes empresas: Infra, Guitard, Viviendas del Vallés y Clusa. El último paso de Soriano consistió en sustituir la garantía del préstamo de 2.383 millones de pesetas por el endoso de aquellas letras a Fidecaya. Simultáneamente, emitió préstamos a sus filiales para hacer frente al pago de las letras registrando cantidades superiores al importe original.

En definitiva, Soriano diseñó un puzle de operaciones mediante las que financiaba la compra de Fidecaya con préstamos de la misma sociedad, divididos en cinco entidades, garantizados con una finca cuyo valor era notablemente inferior al precio de compra y que se efectuaba mediante letras que, a su vez, se endosaban a la propia Fidecaya.

Otra fase de la trama fraudulenta fue la del posterior traspaso de Fidecaya a Edmundo Alfaro, el último propietario de la firma. Dicha operación se realizó de manera paralela a la compraventa de la empresa Gráficas Cosol por las mismas partes. En el contrato por el que se adquiría Fidecaya no había mención a Gráficas Cosol, pero un contrato paralelo condicionaba una operación a la otra, valorando Cosol en 850 millones de pesetas. La razón de ligar estas adquisiciones bien podría explicarse por el hecho de que la Dirección General de Seguros no permitía la compraventa de las acciones de la entidad por más de una peseta por acción.

Gráficas Cosol era una empresa que había sido embargada por el Banco Coca, el cual vendió dicha empresa a Miguel Soriano. Cosol sufrió una crisis entre los años 1977 y 1979 por la que perdió hasta 108 millones de pesetas. Miguel Soriano decidió vender la empresa de manera simultánea a Fidecaya.

Alfaro se comprometió a pagar 250 millones de pesetas en el momento del traspaso y a respaldar el resto con letras de cambio que entregó a Soriano. Esas letras de cambio habían sido emitidas por la empresa Cemasa, cuyo accionista mayoritario era Alfaro, y aceptadas por el propio Alfaro en nombre de Fidecaya.

Cuando se destapó el entramado, el pánico cundió entre los depositantes y el Gobierno tomó partido en su favor. Así pues, el 4 de septiembre de 1981 el Consejo de Ministros aprobó la liquidación forzosa de Fidecaya, que fue publicada al día siguiente en el *Boletín Oficial del Estado*. Se vieron afectadas alrededor de 250.000 personas por valor de unos 100 millones de euros depositados, de los que el Gobierno se hizo cargo en una cuarta parte. El Gobierno procedió a la constitución de una comisión que analizara los mecanismos posibles para devolver las inversiones a sus titulares, contactando con otras entidades financieras e inmobiliarias que pudieran interesarse por los activos de Fidecaya.

El proceso judicial, por su lado, no estuvo exento de polémica. El primer juez de instrucción del caso, Francisco Castro, emitió dos autos, uno el 13 de abril de 1982 y el otro el 31 de diciembre de 1984.

En ellos se procesaba a los propietarios de Fidecaya, al inspector general de seguros y al testaferro de Ruiz-Mateos, Manuel Grau.

A principios de 1984, el juez Ricardo Varón,[3] que en aquel momento sustituía a Francisco Castro como juez titular del Juzgado Central de Instrucción n.º 5 de la Audiencia Nacional, revocó el procesamiento de Vicente Edmundo Alfaro y rebajó la fianza de Miguel Soriano. Según el juez, no había indicios de delito en la adquisición de Fidecaya por parte de Alfaro. El paréntesis que representó el juez Varón en el caso Fidecaya resultó breve y llamativo. Sólo fue cuestión de tiempo que Alfaro fuera nuevamente procesado. La fiscal encargada del asunto, Carmen Tagle, presentó nuevas medidas contra él al considerar improcedente la revocación de su procesamiento.[4]

En 1988 la Sección Segunda de lo Penal de la Audiencia Nacional me encargó a mí como juez que continuara con el proceso y con el procesamiento de Vicente Edmundo Alfaro, a lo que di cumplimiento, aunque posteriormente, para mi sorpresa e indignación, el fiscal jefe de la Audiencia Nacional, Eladio Escusol, solicitó el sobreseimiento de la causa con el argumento de que técnicamente no podía acusar. Sin embargo, los elementos probatorios eran abundantes y probablemente habrían sido suficientes para el juicio, pero, al no existir ninguna otra parte personada en la causa y no acusar el fiscal, la causa no podía seguir. El entonces fiscal general del Estado, Javier Moscoso, se remitió a las palabras de su subordinado, según el cual técnicamente no podía armar la necesaria acusación ya que sólo el Estado español podía reconocerse como perjudicado en la causa al haber respondido por las deudas de Fidecaya, y aquél no se hallaba personado en el proceso.[5] Lo llamativo del caso es que se inició en 1982 a instancias del Ejecutivo, con una querella del Ministerio Fiscal, y siete años después se pidió el archivo por el fiscal, después de que el propio Estado hubiera asumido el pago de la deuda.

Reflexiones sobre la corrupción en la Transición

¿Fue un proceso ejemplar el de la Transición o esa afirmación forma parte del mito? No fue una época fácil, pero es necesario poner de manifiesto la oportunidad que se perdió, la de juzgar el funcionamiento de un país que, durante casi cuarenta años, vivió bajo el manto de la dictadura, la corrupción, el oscurantismo y la opacidad. Podría haber sido un buen momento para analizar, juzgar y condenar los errores del pasado y desenmascarar a los corruptos, a los que vieron a España como un botín de guerra, como su «coto privado», donde el dinero de todos se utilizaba como propio y donde primaba definitivamente el interés particular.

«La impunidad no sólo corrompe a la sociedad sino que también trata de socializar la perversa idea de que todo está permitido y que nada puede ocurrirle al opresor, lo que facilita que se reinstauren comportamientos y actitudes intrínsecamente corruptos en todos los rincones del poder, que aceptan una "democracia a tiempo parcial" con tal de permanecer en el ejercicio del mismo.»[6]

¿Era el momento de haber tomado las medidas necesarias para depurar un sistema corrupto por naturaleza? Probablemente eso hubiera sido lo más acertado, como también lo hubiera sido hacerlo en los primeros años después de aprobada la Constitución. Sin embargo, una vez más se antepusieron otras prioridades o intereses. España no atendió, en ese momento histórico, cuestiones que resultaban básicas para la consolidación de un sistema democrático, porque se pensó que podía peligrar lo conseguido. Cedimos demasiado al franquismo y a quienes aparentemente se hicieron el *harakiri*, como se suele decir. Pero en realidad no hubo tal suicidio voluntario. Muy al contrario, los medios de producción, las fortunas más importantes, las entidades financieras, los bancos y en general todo aquello que podía producir recursos efectivos quedaron en las mismas manos que los poseían, y, por ende, también todos los mecanismos de corrupción quedaron a su disposición y perfectamente operativos. Realmente, la democracia no inventó la corrupción, ni los nuevos representantes eran más deshonestos que los que abandonaron la escena pública a partir de 1977 para invadir la privada, sino que sencillamente se zambulló en el fango preexistente; sólo cambiaron algunos de los actores, que aprendieron pronto cómo era un sistema que ahora debía cubrir un nuevo frente, el de la financiación de los partidos políticos. A partir de 1982, se tomaron algunas medidas de intervención, pero pronto se vería que tampoco iban a resolver el problema de la corrupción. Incluso podría decirse que, en algunos casos, a finales de la década de los ochenta la situación empeoró e incluso se trató de legitimar ciertos comportamientos en aras de otros fines más trascendentales relacionados con la forma de combatir el terrorismo a costa del erario público, con los fondos reservados que tanto darían que hablar en la década siguiente.

El oscurantismo que caracterizó a la Transición española tiene poco que ver con lo sucedido en otros países. Por ejemplo Portugal, donde la Revolución de los claveles consiguió acabar con la dictadura salazarista en abril de 1974 y dar paso a una verdadera transición en la que se rindieron cuentas desde los diferentes ámbitos e instituciones. En otros casos, como los de Slobodan Milosevic, ex presidente de la Federación Yugoslava, François Duvalier en Haití, Anastasio Somoza en Nicaragua, Manuel Antonio Noriega en Panamá, Augusto Pinochet en Chile, las Juntas Militares en Argentina, o Alberto Fujimori en Perú, más pronto o más tarde se exigieron responsabilidades. En el caso español, en cambio, es como si no hubiera pasado absolutamente nada. Después de casi cuarenta años de dictadura, de nula transparencia en el funcionamiento de las instituciones públicas, de una corrupción sistemática, ningún responsable político fue procesado, y, si alguno hubo, ninguno fue condenado. Cualquiera diría que el régimen franquista fue de lo más puro e inmaculado, y así ha sido y sigue reconocido con el mausoleo del Valle de los Caídos, que ofende de forma evidente y grosera a quienes todavía no han sido reparados como víctimas.

En lo que respecta a la redistribución de la riqueza, durante la Transición española no se experimentó ningún cambio. Las élites económicas conservaron su patrimonio, adquirido durante los años del régimen, sin que, en muchos casos, hubiera constancia de cómo lo obtuvieron. Se legitimó de ese modo la falta de transparencia y la ausencia de rendición de cuentas. Las grandes fortunas amasadas durante el franquismo, la Transición e incluso en los primeros años de la democracia se mantuvieron tranquilas, alejadas de todo peligro; capitales y empresas que fueron levantadas en muchos casos sobre el expolio de los «vencidos» (el botín de guerra) o gracias al trabajo esclavo de los prisioneros pertenecientes al ejército que intentó defender al Gobierno legítimo contra el golpe militar.

Aparentemente, hubo perfecta sincronía entre la corrupción política y las oligarquías financieras, asumiéndose como algo normal la evasión de capitales, el fraude fiscal, la explotación laboral y las desigualdades sociales en sanidad y educación, y permitiendo la aparición del fenómeno de la burbuja inmobiliaria y el poco o nulo interés de legisladores y políticos por la defensa de los derechos humanos en el escenario nacional e internacional.

En atención a lo anterior, opino que los análisis que tradicionalmente se han hecho de la Transición pecan de triunfalismo y han sobrevalorado las bondades de la misma, obviando la ausencia total de rendición de cuentas y, como resultado, la normalización de las actitudes corruptas, además de haber instaurado un sistema formal de división de poderes, pero con un intervencionismo más que evidente por parte del Ejecutivo en detrimento de los otros dos poderes del Estado.

Como pone de manifiesto José Vidal Beneyto, la corrupción en nuestro país, a causa de las condiciones especiales de nuestro acceso a la democracia, ha tenido una andadura muy particular, que algunos han calificado como «transición intransitiva». Es decir, la transformación democrática del régimen franquista consistió en la metamorfosis del llamado Movimiento Nacional, hábil transfiguración del falangismo operada bajo la inspiración directa del general Franco, en monarquía parlamentaria, pero manteniendo, a cambio de instaurar la figura del rey Juan Carlos I, la totalidad del imperio social del franquismo, acompañado de la falsificación de los grandes referentes del período, que no fueron la ruptura ni aun la reforma, que no existieron, sino la simple autotransformación del régimen impuesto, en el marco de la dictadura, por quienes tenían el poder y la legitimación para hacerlo.[7]

3

La corrupción política nacional

> En España no sólo funcionan mal los que mandan, sino también los que obedecen.
>
> FERNANDO FERNÁN GÓMEZ

DEMOCRACIA

La democracia en España ha sido el resultado de un empeño colectivo por parte de la sociedad. La Transición, con todas sus carencias y errores, consiguió la reinstauración de la democracia representativa. Sin embargo, por omisión, desconocimiento o simple incompetencia se diseñó un sistema en el que los partidos políticos han sido incapaces de cuadrar ingresos y gastos con unas fuentes de financiación bien definidas. Esta carencia ha llevado a la situación actual, en la que la suma de las deudas con los bancos de los partidos políticos es superior a los 200 millones de euros.[1]

Este déficit, perfectamente conocido desde el inicio de la democracia en España, en lugar de haber sido debatido y corregido (diseñando una política más barata, elecciones más sencillas, o bien incrementando las fuentes de financiación), se ha tapado, metido debajo de la alfombra y convertido en el tabú de la corrupción política en España. Desde los casos de financiación ilegal (Filesa, Naseiro, Bárcenas, Palau, etc.) hasta la más ínfima recalificación municipal que ha generado una comisión al partido local, todas ellas son las piezas con las que se ha creado el pesado y pegajoso entramado de la corrupción en España.

La falta de interés por parte de los partidos en resolver el problema, fundamentalmente el PP y el PSOE, es un hecho difícil de explicar y mucho más difícil de comprender. Los comportamientos del PP, incapaz de aceptar la evidencia de su financiación ilegal y los del PSOE o de CiU, son tan escandalosos que han motivado el divorcio entre los políticos y los ciudadanos, dibujando una distancia casi insalvable con la ciudadanía y produciendo, además, la deslegitimación de las actuaciones desde el poder.

Según el último informe anticorrupción de la Comisión Europea,[2] publicado en febrero de 2014, a pesar de que España cuenta con un marco jurídico adecuado para la persecución de las prácticas corruptas, existen numerosas deficiencias en el control de las mismas. En particular, considera que la corrupción política es un gran desafío, con numerosas carencias en los controles y equilibrios de poder, sobre todo en cuanto al gasto y los mecanismos de control públicos a nivel regional y local. La Comisión insta a España[3] a que se desarrollen estrategias para la persecución de la corrupción a todos los niveles y que se implanten reformas y nuevas reglas que regulen la financiación de los partidos, así como códigos de conducta para todos los funcionarios públicos, herramientas de rendición de cuentas adecuadas y medidas para erradicar las irregularidades en los procedimientos de contratación pública a todos los niveles.

Junto con un análisis de la situación en cada Estado miembro de la Unión Europea, la Comisión Europea también presenta dos amplias encuestas de opinión.[4] Más de tres cuartas partes de los europeos (y el 95 por ciento de los ciudadanos españoles) están de acuerdo en que la corrupción está muy extendida en su país de origen. Aproximadamente uno de cada cuatro europeos considera que se ve afectado por la corrupción en su vida cotidiana. En España, esta cifra alcanza el 63 por ciento, el porcentaje más alto en la UE. El 4 por ciento de los europeos y el 2 por ciento de los españoles afirman que se les ha pedido o que esperan pagar un soborno en el último año. Es decir, si el censo electoral está en 36.546.270 personas, al menos 730.925,4 han sido objeto de extorsión o esperan serlo.

Estos datos no sorprenden. Durante el año 2013, el Consejo General del Poder Judicial cifró en 1.661 las causas abiertas en España relacionadas con la corrupción. El número de personas imputadas ascendió a quinientas;[5] una cantidad que indica, por una parte, que la Administración de Justicia trabaja en la erradicación de esta lacra, pero que, visto el número de personas que finalmente cumplen condena (menos de treinta), parece que todo queda en papel mojado. Ello sin contar con la sensación de impotencia que provoca pensar que los casos que llegan a la Justicia son tan sólo la punta de un iceberg de dimensiones mucho mayores.

La propuesta de resolución del Parlamento Europeo sobre la delincuencia organizada, la corrupción y el blanqueo de dinero[6] alerta sobre la peligrosa vinculación entre la delincuencia organizada y la corrupción. En muchos casos, para la delincuencia organizada la corrupción de los funcionarios públicos es intrínseca al funcionamiento de su propia acción ilegal en la medida en que permite, entre otras cosas, el acceso a información confidencial, la obtención de documentos falsos y adjudicaciones mediante licitaciones públicas, blanquear sus ingresos y eludir la acción de las autoridades judiciales y policiales.

Según la Oficina de las Naciones Unidas contra la Droga y el Delito (UNODC), el producto de las actividades ilícitas a escala planetaria asciende a alrededor del 3,6 por ciento del PIB mundial, mientras que el flujo de dinero blanqueado hoy en día en el mundo equivale aproximadamente al 2,7 por ciento del PIB mundial. Según el Banco Mundial, la corrupción representa el 5 por ciento del PIB mundial (2,6 billones de dólares), de manera que cada año se paga más de 1 billón de dólares en sobornos. La corrupción supone un 10 por ciento del coste total de los negocios a escala mundial y el 25 por ciento del coste de los contratos públicos en los países en desarrollo.[7]

El Parlamento estima que al menos hay veinte millones de casos de corrupción de poca envergadura en los sectores públicos de la UE y equipara los efectos devastadores que tiene la corrupción para la economía con los de la delincuencia organizada y el blanqueo de dinero. En el caso de Europa, la Comisión estima el coste de la corrupción en la UE en unos 120.000 millones de euros al año, es decir, el 1 por ciento del PIB de la Eurozona, cifra que se corresponde con los recursos sustraídos al desarrollo económico y social, a las finanzas públicas y al bienestar de los ciudadanos.[8]

La corrupción desalienta la actividad económica legítima y constituye una seria amenaza para la democracia, el Estado de derecho y la igualdad de los ciudadanos ante el Estado, así como un coste excesivo para las empresas, a las que les impide competir lealmente. Además, la corrupción puede comprometer el desarrollo económico de un país por una mala distribución de los recursos, especialmente en detrimento de los servicios públicos en general y de los servicios sociales y del Estado del bienestar en particular. La corrupción socava la confianza de los ciudadanos en las instituciones democráticas y mina la capacidad de los gobiernos para preservar el Estado de derecho, al conferir privilegios injustos y provocar desigualdades sociales. Por último, aumenta la desconfianza de los ciudadanos hacia los políticos y es percibida como un problema de primer orden nacional por un 74 por ciento de los ciudadanos europeos.[9]

Como es imposible ni abordar siquiera una décima parte de los casos, dedicaré las siguientes páginas al análisis de los casos de corrupción nacional más importantes desde la Transición. Todos ellos abarcan los delitos de prevaricación, revelación de secretos, cohecho, tráfico de influencias, malversaciones, negociaciones prohibidas a funcionarios, blanqueo de capitales, apropiación indebida, fraude, estafa y falsedad documental. Empezaré por el caso Filesa, el escándalo de financiación ilegal del PSOE, continuaré con el obsceno caso de los GAL /fondos reservados, el mediático Roldán, el llamado caso Naseiro y la financiación del Partido Popular, y, por último, el caso Gürtel/ Bárcenas.

Democracia y corrupción

Desde octubre de 1982 hasta junio de 1993, Felipe González, al frente del Partido Socialista Obrero Español junto con Alfonso Guerra, tándem político entonces inseparable, había logrado tres victorias electorales socialistas con mayoría absoluta, casi once años durante los cuales la España de la Transición había evolucionado, se había modernizado, era diferente, tenía nuevos sueños y estaba en la senda de la modernidad en muchos sectores. Se habían roto fronteras y ahora contemplábamos el exterior como algo más cercano. La reconversión industrial de los años ochenta, las medidas en busca del bienestar social universal, el ingreso de España en la entonces denominada Comunidad Económica Europea y el referéndum sobre la OTAN, y la entrada en la misma, contra la que tantos peleamos y perdimos, fueron los hitos que marcaron aquella época, acompañados de los graves problemas de seguridad derivados del terrorismo, principalmente de ETA y la respuesta ilegal contra la misma desde algunos aparatos del Estado a través de los GAL, ejemplo de corrupción como pocos, que será objeto de análisis más adelante.

En el plano internacional, fue el momento en que Argentina y Reino Unido se reunían en Madrid para restablecer las relaciones diplomáticas, ocho años después de la guerra de las Malvinas. En América del Sur, Alberto Fujimori era elegido nuevo presidente de Perú (después, en 2009, sería condenado por corrupción en el caso CTS y por atentar gravemente contra los derechos humanos en los casos Barrios Altos y La Cantuta), derrotando al escritor Mario Vargas Llosa. En Nicaragua, la neoliberal Violeta de Barrios Chamorro ganaba las elecciones presidenciales. En Colombia, los paramilitares de las Autodefensas Unidas de Colombia asesinaban al ex guerrillero Carlos Pizarro León Gómez, candidato a la presidencia por la Alianza Democrática M19. El 9 de noviembre de 1989, días después de las elecciones generales en España, caía el muro de Berlín.

Se respiraban aires de libertad, pero también de preocupación porque algunas cosas continuaban siendo orilladas. La corrupción, en los ámbitos de la investigación penal, estaba ausente, salvo en algunos casos en los que los jueces tomamos la iniciativa, y, desde luego en los de la política, mucho más. Así se ponía en riesgo la libertad al atender al pragmatismo por encima de la ética y a los resultados por encima de la responsabilidad y el cumplimiento de los límites.

Una de las realidades constatadas por la pareja gobernante fue que la democracia era cara. Y es cierto. Mantener un sistema de partidos políticos, con toda su infraestructura material y humana, propaganda, mítines, viajes y, sobre todo, el juego de las elecciones, es costoso.

Con el paso de los años, los políticos se han ido concienciando de que el elemento determinante de la victoria electoral en una democracia es su capacidad de comunicación y conexión con el electorado. Las estrategias de publicidad se han ido volviendo cada vez más incisivas, agresivas y sofisticadas, y también más caras. En efecto, el contacto masivo, y por ende más oneroso, con los votantes acontece en las campañas electorales; de ahí que esté expresamente regulado por la ley, especialmente distribuyendo los espacios y fiscalizando las cuentas de los partidos, al menos las que son transparentes. Estas campañas suponen un importante esfuerzo económico al que los partidos se ven obligados a hacer frente, y para ello suelen endeudarse en exceso, solicitando apoyos, préstamos o la entrega de cantidades no siempre transparentes. La financiación a través de mecanismos opacos, a cambio de favores futuros, es frecuente, aunque también se puede hacer por alineamiento ideológico. En todo caso, y como la necesidad de financiación es constante, los referidos partidos necesitan mantener esas relaciones de aporte económico, y ello los hace vulnerables ante esos favores, que más tarde pueden convertirse en vehículo de corrupción.

La financiación de los partidos es delicada en todas partes. En Estados Unidos, el coste de las elecciones presidenciales de 2012 que dieron la victoria a Barack Obama frente a Mitt Romney superó todos los récords. El país donde los *lobbies* ocupan un papel relevante en la política nacional (ni siquiera Obama pudo con ellos, ya que el Congreso bloqueó la legislación que propuso) celebró unas elecciones en las que la suma de los costes de las campañas de los dos candidatos superó los 2.000 millones de dólares.[10] Fueron las más costosas de la historia, y representan una tónica exponencial que, aun en tiempos de crisis, parece extenderse por muchos países democráticos.

La financiación de los partidos

En la España de los ochenta, tanto el PSOE como las demás formaciones políticas eran conscientes de que, si aspiraban a alcanzar el poder, debían mover los fondos necesarios para conseguirlo y entrar en los hogares, las oficinas, los astilleros, los bancos, las universidades; allí donde estuvieran los votantes. En el momento inicial, durante la Transición y los primeros años de democracia, las escuálidas estructuras políticas, que no estaban acostumbradas a competir por escaños después de casi cuarenta años de dictadura, se enfrentaban a un contexto de guerra dialéctica y de comunicación con unos costes elevados. En este escenario, las necesidades de los partidos crecían, por lo que se veían obligados a desembolsar ingentes cantidades de dinero, topándose por el camino con numerosas tentaciones de beneficio injusto que podrían colmar sus obligaciones económicas. Se dio forma así al juego perverso y tramposo de la financiación irregular de los partidos políticos en España, que tantos quebraderos de cabeza está dando en nuestra realidad democrática, ensuciándola y corrompiéndola desde entonces. Estas formaciones olvidaron que «la credibilidad de una formación política radica no solamente en sus ideas sino también en la transparencia de sus finanzas, que a la vez conlleva o supone la honradez de sus dirigentes».[11]

Por financiación irregular de partidos políticos se puede entender la obtención de recursos económicos o de otro tipo, en efectivo o en especie, por parte de las propias formaciones políticas, al margen del marco legal o utilizando el mismo indebidamente, ya sea con intención onerosa o no lucrativa. Las formas naturales de financiación de una agrupación de carácter político son las subvenciones públicas, las cuotas de sus afiliados y las donaciones privadas, éstas siempre y cuando cumplan una serie de requisitos. La regulación vigente en la materia está plasmada en la Ley Orgánica 8/2007 de 4 de julio sobre financiación de partidos políticos, que derogó la anterior Ley Orgánica 3/1987 de 2 de julio, y en la ley de 2012, que se cita a continuación.[12]

Parece evidente que cualquier donación o aportación opaca y sin explicación debe estar prohibida, y, en este sentido, la ley vigente pone especial énfasis en la prohibición de que aquéllas sean anónimas, finalistas o revocables. Es decir, ningún donante privado, sea un individuo o una empresa, podrá hacer entrega de una cantidad determinada sin desvelar su identidad, tampoco podrá hacerlo a cambio de posteriores prebendas por parte del partido político al cual las destina y, finalmente, se declaran ilegales las donaciones revocables, esto es, aquellas condicionadas a que un suceso tenga lugar, y que en caso contrario permitieran la devolución de la suma entregada; no obstante, como se ha puesto de manifiesto en el caso Gürtel, incluso bajo la vigencia de la ley de 2007 se han producido aportaciones en B al Partido Popular.

Éstas no son las únicas restricciones. Una misma persona no podrá hacer entrega de más de 100.000 euros al año salvo que se trate de un bien inmueble, y siempre que se trate de bienes de este tipo o de una cantidad en efectivo superior a los 50.000 euros es obligado notificarlo al Tribunal de Cuentas. Las limitaciones contenidas en la ley se extienden a los casos específicos de donaciones por parte de personas o entidades extranjeras (por ejemplo, no se podrá recibir financiación de gobiernos de otros países).

Esta normativa ha sido modificada por la Ley Orgánica 5/2012 de 22 de octubre sobre financiación de los partidos políticos, que establece una clara diferencia entre los mecanismos de financiación de los partidos políticos y los de las fundaciones y asociaciones vinculadas a éstos. Asimismo, amplía el número de sujetos que no pueden financiar a los partidos por recibir aportaciones directas o indirectas de las Administraciones Públicas (donaciones de empresas privadas que presten servicios o realicen obras para las Administraciones Públicas, o de empresas pertenecientes al mismo grupo o participadas mayoritariamente por aquéllas y a sus fundaciones). Con todo ello, tal como expresa el preámbulo de la ley, se trata de evitar que fundaciones privadas, asociaciones o entidades que reciban subvenciones de las Administraciones Públicas, o cuyo presupuesto esté integrado por aportaciones públicas, sirvan de instrumento de financiación de los partidos, impidiéndoles a éstos aceptar cualquier donación procedente de las primeras. No obstante, se permite que, en atención a un interés común y coincidente, partidos políticos, fundaciones y asociaciones, puedan llevar a cabo actuaciones de manera conjunta, encuadrables en el objeto y finalidad que persiguen. Por su parte, ninguna entidad de crédito podrá condonar a un partido político más de 100.000 euros al año de deuda, computados tanto el principal como los intereses pactados, aunque pueden llegar a acuerdos de condiciones de deuda, de acuerdo con el ordenamiento jurídico, en virtud del principio de autonomía de la voluntad de las partes.

En materia de fundaciones y asociaciones vinculadas a los partidos políticos con representación parlamentaria, se establece un conjunto de previsiones específicas y se establece que no tendrán consideración de donaciones las entregas monetarias o patrimoniales destinadas a financiar actividades y proyectos de interés común. Por último, se desarrollan una serie de medidas de transparencia, que se concretan en la obligación de publicar de forma activa la información contable, la notificación al tribunal de las donaciones superiores a 50.000 euros y las de bienes inmuebles, y los acuerdos con entidades bancarias sobre condiciones de deuda; en relación con las fundaciones vinculadas, se les exige la notificación al mismo tribunal.[13]

Es necesario resaltar el acuerdo del 8 de octubre de 2013 del Tribunal de Cuentas por el que se aprueba el Plan de Contabilidad Adaptado a las Formaciones Políticas. El plan entró en vigor el 1 de enero de 2014 y será de aplicación para los ejercicios que se inicien a partir de dicha fecha.

Este acuerdo, de obligado cumplimiento por los partidos políticos, federaciones o asociaciones a los que se refieren las leyes de 2007 y 2012, pretende la adopción de un plan uniforme de información económico-financiera de los partidos políticos que tiene por objeto no sólo propiciar a los responsables de su organización y a sus afiliados el conocimiento de su actividad y de la situación patrimonial en cada momento y la toma de las decisiones pertinentes, sino también hacer posible el acceso de los ciudadanos a esta información, en cuanto usuarios principales de la misma, en consonancia con el carácter público de sus funciones y la importancia cuantitativa y cualitativa de los recursos públicos destinados a su financiación. Por otra parte, el seguimiento de unos principios y criterios comunes en el registro contable de sus operaciones facilita significativamente la interpretación de los correspondientes estados contables y permite la comparación inmediata de la situación entre diferentes partidos políticos y conocer la aplicación dada a los recursos públicos. La actividad de los partidos políticos está sometida a los principios de regularidad, publicidad y transparencia, cuyo cumplimiento se verá impulsado por la aplicación de unos mismos criterios en el registro de su actividad económico-financiera, objetivo al que responde el presente Plan de Contabilidad, junto con otras medidas que pudieran adoptarse en aras de una mayor publicidad de sus estados contables.[14]

Es decir, en la actualidad se cuenta con un marco jurídico distinto del que regía en el momento en el que se destapó el escándalo del caso Filesa.

Así expuesto, parece que en España no debería haber problemas en este campo, al existir una regulación concreta que prohíbe cualquier financiación irregular de los partidos políticos. Sin embargo, frente a esta afirmación tentativa, surgen varios interrogantes: ¿es esta normativa suficiente? La respuesta es claramente negativa, ya que la referida ley impone simples sanciones administrativas, sin dar paso a la vía penal, como parece que ahora se quiere establecer. Es decir, que el hecho de que un partido político se salga de los límites impuestos por ley para recibir donaciones privadas que podrían llegar a encerrar intereses ocultos, remotos o ilegales, no es un delito. Se queda en una simple infracción administrativa que tendría que estar reconocida por el Tribunal de Cuentas, cuyas sanciones son meramente económicas.

Para encuadrar la financiación irregular más allá del ámbito administrativo y elevarla a un ilícito penal, habría que demostrar que, además de dicha financiación, existe un delito de cohecho o de soborno. Así pues, si una empresa hace entrega de una suma que excede los límites en forma o fondo, según lo dispuesto en la ley, no daría lugar a mayor sanción que la administrativa a no ser que seamos capaces de demostrar que el partido ha conseguido para su donante un beneficio injusto como, por ejemplo, una licitación, una subvención o un beneficio de cualquier otra naturaleza.

Otro elemento distorsionador en cualquier investigación sobre financiación irregular de partidos políticos es el referido a la prescripción de las supuestas infracciones; transcurridos cuatro años desde la comisión de la financiación irregular, si no se ha interpuesto ninguna acción o no se ha abierto una investigación, quedará prescrito el acto que dio origen a la irregularidad.

Éste es un escenario que hemos de digerir y comprender antes de acercarnos a los mayores casos de corrupción política de nuestra historia reciente y poder entender sus resultados y repercusión. Son muchas las voces que solicitan la criminalización de la financiación ilegal en nuestro ordenamiento. Tanto los ciudadanos como numerosos expertos reclaman que este tipo de actos deben ser delitos en sí mismos, perseguirse al margen de que aparezca la sombra del soborno o la apropiación indebida sobre los partidos políticos, por extensión, sobre las instituciones que éstos administran.

Esta necesidad se vuelve mucho más urgente y necesaria si, tal como publicó el diario *El País*, se confirma la realidad del dictamen del fiscal jefe del Tribunal de Cuentas, Olayo González Soler (conocido el 5 de enero de 2015), una vez analizado el informe elaborado por el Tribunal de Cuentas referido al ejercicio del año 2012 sobre las cuentas auditadas y presentadas por los partidos políticos. En el mismo, se habla de opacidad de la financiación de las formaciones políticas: condonación ilegal de deudas, cuentas sesgadas en las que no se computan los gastos e ingresos reales, extraños préstamos a fundaciones e incluso donaciones ilícitas, referidas a las cuentas auditadas y presentadas por los partidos en el ejercicio de 2012. El fiscal, según menciona la información publicada, apunta a las cúpulas de las formaciones como responsables de esas infracciones.[15] No obstante, los representantes de los partidos afectados han reaccionado negando esas imputaciones, por lo que habrá que esperar la confirmación o desestimación de la denuncia del fiscal.

La corrupción puede adoptar muchas formas, tantas como la mente humana sea capaz de imaginar, y con ellas conseguir la finalidad de aprovechamiento económico o de otra naturaleza perseguidos. Pueden ser cohechos, concesiones ilícitas de licencias, adjudicaciones ilegales, contratos, exenciones fiscales, recalificaciones indebidas o cualquier otro tipo de ventaja económica, mediática, judicial o estratégica de la persona o entidad colaboradora, que ni siquiera tiene por qué ser delictiva. En España se han puesto en práctica todas las posibles, las simples y las complejas, las directas o con testaferro, las clásicas y las más sofisticadas de ingeniería financiera, con el fin de ganar la voluntad del partido político respectivo, en función de las expectativas de triunfo y del beneficio potencial.

En este sentido, es llamativo que, junto a un político, normalmente siempre aparezcan empresarios, banqueros o financieros que disponen de fondos suficientes para servir de colchón al responsable público o al partido aprovechado. Todo ha valido en nuestro país para financiar a los partidos políticos y, de paso, para aprovecharse unos cuantos. Sistemáticamente y de forma periódica, los escándalos se suceden y siempre con el mismo o parecido contenido: captaciones de fondos de origen privado bajo apariencia de contratos o informes inexistentes, facturas falsas, que se corresponderán con el porcentaje de contrato público al que concurre el benefactor, entregas en efectivo, entregas en especie, etc. Con ello se ha develado un entramado societario, formado por empresas instrumentales, constituidas a veces por el mismo partido, o propiedad de alguno de los responsables o familiares interpuestos, sirviendo de puente, normalmente de plata, por los beneficios que dejaba. Testaferros al fin y al cabo que, como aquellos que trabajan para organizaciones ilícitas, manejaban sus cuentas en el extranjero, al amparo de unas normativas fiscales más benévolas que las españolas. Es decir, buscando aquí también la impunidad.

Por este procedimiento, quien paga en primera instancia es la empresa extorsionada o convenida, que lo hace al partido que respalda al funcionario que adjudica el contrato, pero finalmente a costa del erario público, porque la empresa, de forma inmediata, se desgravará el importe satisfecho de la cuota que le correspondería pagar por el impuesto de sociedades, también intentará compensar el valor añadido final soportado en su declaración de IVA y, por último, procurará repercutir ese coste en el producto.

El ejemplo que puede valer es el que se refiere a fondos distraídos en la construcción de grandes proyectos ferroviarios nacionales e internacionales. Es de desear que la nueva normativa, junto con otras medidas que se aprueben, sirva para controlar e instaurar de forma definitiva una transparencia que no debe tener limitación alguna tratándose de las estructuras a través de las cuales se gobierna el país, a nivel nacional, autonómico y local. Pero, nuevamente, habrá que insistir en que la ley puede ser creada para aplicarse o simplemente para apaciguar las malas conciencias; de ahí que sean esenciales organismos de control y participación ciudadana a los que se rindan cuentas.

El caso Filesa

> Quiere asaltar la banca,
> robar nubes, estrellas, cometas de oro,
> comprar lo más difícil:
> el cielo.[16]
>
> Rafael Alberti

Filesa es el nombre del sonado caso de financiación ilegal del PSOE que se fraguó entre los años 1988 y 1990 y que se destapó en 1991. La trama se resume en la creación de empresas pantalla destinadas a conseguir fondos para costear las actividades electorales del PSOE a través de la prestación fraudulenta de servicios a grandes empresas y bancos cuyo hipotético beneficio aún hoy no se ha podido demostrar.

En mayo de 1991, Carlos van Schouwen, hasta entonces contable de Filesa, destapó la trama que tumbó la presunción de inocencia, moralidad y transparencia de un PSOE que, a pesar de todo, algunos quisieron defender. Se develó un complejo sistema empresarial desarrollado para financiar al partido. Fue el pistoletazo de salida de un proceso judicial que se inició en 1991 y que se prolongó seis años.[17] Su desenlace conllevó la condena de ocho personas entre políticos y empresarios: Josep Maria Sala i Griso, senador del PSOE; Carlos Navarro Gómez, diputado del PSOE y secretario de finanzas del PSC-PSOE; Luis Oliveró Capellades, administrador único de Filesa; Alberto Flores Valencia, accionista mayoritario de Malesa, apoderado y delegado de Filesa en Madrid; Aída Álvarez Álvarez, ex coordinadora de finanzas del PSOE; Miguel Guillermo Molledo Martín, cofundador (junto con la anterior) de las empresas Distribuidora Exprés 2020 y Tecnología Informática 1010; Juan Antonio Molina Vivas, presidente de Enasa, y Eugenio Marín García Mansilla, director general de Cepsa.[18] Los delitos y las penas variaban, pero entre ellas cabe destacar las condenas por los delitos de falsedad de documento mercantil, asociación ilícita y delito fiscal. Originalmente también se les acusaba de apropiación indebida, pero el fallo no llegó a considerar ese delito.

La trama consistía en la creación y utilización de tres empresas, Malesa, Filesa y Time-Export. Filesa y Malesa fueron creadas en febrero de 1988 con Oliveró Capellades como administrador único. El origen de Time-Export se remonta a 1978 y su actividad estaba orientada a la prospección de mercados. Time-Export fue adquirida por Josep Maria Sala i Griso y Carlos Navarro Gómez, y más tarde vendida a Filesa, en 1988. En diciembre de ese mismo año Malesa se hizo con la propiedad de Filesa.

De este modo, la estructura básica se consolidó en 1988, creando un esquema que podemos presentar de la siguiente manera: Alberto Flores Valencia ostentaba el 60 por ciento de Malesa, mientras que Luis Oliveró Capellades contaba con el 40 por ciento restante. Malesa era propietaria única de Filesa, que a su vez lo era de Time-Export. Se dibuja una línea vertical en la que cada empresa era propiedad de la anterior.

Según se reconoce en la sentencia del Tribunal Supremo del 28 de octubre de 1997, tanto Malesa como el resto de las empresas del montaje corrupto fueron creadas o adquiridas con el objetivo único de acumular fondos que permitieran al PSOE financiar los gastos originados por las campañas electorales. La forma de conseguir esos fondos era simulando contratos de servicios con bancos y otras grandes empresas españolas, mediante los cuales las empresas pantalla se ofrecían como expertas en la redacción de informes. Esos informes nunca se emitieron, y cuando se hacía no eran más que fotocopias de documentos públicos, recortes de prensa o apariencias de informes que nada tenían que ver con la naturaleza propia del documento que trataban de simular. Las 29 facturas extendidas por esos falsos informes sumaban muchos millones de pesetas. En su mayoría fueron expedidas por Filesa y Time-Export. Entre las empresas contratantes cabe mencionar al Banco Central Hispanoamericano, Elsan, Hipermercados Pryca, Enasa, Abengoa, Focsa, Cepsa, BBV o ABB Energía. Sin embargo, fue imposible demostrar que éstas u otras empresas se hubieran beneficiado injustamente obteniendo concesiones de la Administración (en aquel momento en manos del PSOE), lo cual habría sentado las bases de un delito de cohecho.[19]

El total del capital acumulado por la trama superó los 1.000 millones de pesetas. Con este dinero Filesa pagó las deudas electorales a los proveedores del PSOE, que aceptaron recibir el pago de lo debido a cambio de emitir facturas falsas. Filesa pagó también a sus proveedores simulados, que a su vez sufragaban los gastos imputables al PSOE. Es el caso de las empresas Distribuidora Exprés 2020 y Tecnología Informática 1010, fundadas por Miguel Guillermo Martín y Aída Álvarez para colaborar en la financiación ilegal del PSOE. Como resultado de todas éstas se generaron importantes deudas con la Hacienda Pública, dando lugar a la comisión de un delito fiscal.[20]

En noviembre de 1991, el magistrado del Tribunal Supremo Marino Barbero fue designado para investigar el caso Filesa. Nunca es fácil instruir una causa de tanta repercusión mediática y de alta envergadura política, y debido a las múltiples críticas y presiones a las que hubo de hacer frente, en 1995 el juez Barbero terminó por renunciar a su condición de magistrado después de una década de servicios. Un juez al que no le tembló el pulso para proceder al registro de la sede federal del PSOE y del Banco de España, y que llegó a imputar a un total de 39 personas y a solicitar el suplicatorio que permitiera procesar a Alfonso Guerra, se vio derrotado por la presión ejercida sobre él, sin el mínimo apoyo por parte de quien le tenía que defender, el Consejo General del Poder Judicial. Recuerdo haber coincidido con el juez Barbero después de su renuncia en Bogotá, en unas jornadas sobre blanqueo de capitales celebradas en 1996, y me confesó con lágrimas en los ojos que la presión y los ataques habían sido de tal calibre, incluso entre sus propios jueces compañeros de sala, que se le hizo imposible continuar por dignidad. No me pareció que guardara rencor, pero sí un profundo dolor por la dejación del CGPJ al no defenderlo frente a unas declaraciones descabelladas del entonces presidente de Extremadura, Juan Carlos Rodríguez Ibarra, y por la denegación por la Sala General del Tribunal Supremo del suplicatorio para imputar a Alfonso Guerra, por ocho votos a cuatro.

Durante la fase oral del proceso judicial, se llamó a prestar declaración a Felipe González y Alfonso Guerra. El desenlace del juicio resultó en las ocho condenas antes mencionadas, entre las que cabe destacar las de Josep Maria Sala, Carlos Navarro, Luis Oliveró y Alberto Flores. En el caso del primero, Sala fue encontrado culpable de los delitos de asociación ilícita y falsedad en documento mercantil. Su pena se sustanció en tres años de privación de libertad y una multa de 350.000 pesetas. Pasó veinticinco días en la prisión barcelonesa de Can Brians antes de ser puesto en libertad provisional, a la espera de que se tramitara su recurso de amparo contra la sentencia del Supremo. Al final, la condena por falsedad en documento mercantil fue anulada, y el total de la pena quedó en dos años de cárcel.[21]

En el caso de Carlos Navarro, Luis Oliveró y Alberto Flores, el Alto Tribunal les impuso sendas condenas de once años de prisión que nunca se cumplieron de manera íntegra, ya que en 2000 se beneficiaron de un indulto parcial concedido por el Gobierno del Partido Popular, presidido por José María Aznar (en el marco de un indulto masivo, el mayor desde la Transición), que redujo a la mitad sus condenas. El resto de los condenados tuvieron que cumplir penas menores y pagar multas.[22]

Para muchos, este final pudo resultar desesperanzador. Sobre el caso Filesa corrieron ríos de tinta, pero lo más relevante es que los tres poderes del Estado fracasaron en su labor. El Legislativo, por no haber desarrollado una regulación más exhaustiva y estricta en la que encajaran los actos socialmente reprochables, como la financiación ilegal de partidos políticos (que sigue sin estar criminalizada). El Poder Judicial, por no haber conseguido descubrir las intenciones que escondían las grandes empresas y los bancos a la hora de lanzarse a pagar sumas disparatadas sin ninguna contraprestación sólida o al menos demostrada. Y el Poder Ejecutivo, en dos aspectos: por un lado, la actuación del Gobierno de José María Aznar cuando se decantó por un indulto masivo que beneficiaba a algunos de los grandes responsables del caso, y, por otro, el PSOE al negarse, en el momento en que el escándalo se hizo público, a establecer una verdadera comisión de investigación.

La comisión de investigación y estudio sobre Filesa y sobre partidos políticos, aprobada en el debate del estado de la nación de abril de 1994, fue conseguida *in extremis* y por la presión que yo mismo ejercí desde mi escaño de diputado, aunque en la formulación final hubo trampa. Al concluir el discurso el presidente del Gobierno sin mencionar la creación de una comisión de investigación del caso Filesa, resultó evidente que no cumpliría una de las condiciones que le había expuesto en mi carta de dimisión presentada en mano el día anterior, el 18 de abril de 1994, en La Moncloa, ante la falta de compromiso en la lucha contra la corrupción. Le dije que en el debate tenía la oportunidad de anunciar esa comisión. Al no hacerlo, explicité mi discrepancia permaneciendo inmóvil al final del discurso sin aplaudir. La imagen fue reproducida por todas las televisiones.

En la contestación a Aznar, González se comprometió a crear la comisión, con lo que la cosa parecía que acababa bien. Sin embargo, al día siguiente el grupo parlamentario socialista decidió lo contrario. Cuando mi compañero Ventura Pérez Mariño, que sabía de mi dimisión, me lo dijo, los hechos se sucedieron vertiginosamente. Le dije que debíamos romper la disciplina de grupo y votar con la oposición. Hablé con el diputado del PP Javier Arenas, indicándole mis intenciones, y éste se lo dijo a Aznar, que se mostró de acuerdo. Ventura habló con Juan Alberto Belloch y me dijo que éste quería hablar conmigo. Accedí de mala gana, pero ante la insinuación del ministro de que me marchara sin hacer ruido, le advertí de por qué estaba allí y del coste que había asumido, y de que la lucha contra la corrupción era para mí irrenunciable. Sólo la creación de la comisión podía dar salida a la situación.

En el último momento, y después de que el presidente González diera el visto bueno a la comisión, Belloch nos pidió que redactáramos una propuesta. Lo hicimos en una servilleta de la cafetería proponiendo dos comisiones, una de investigación de Filesa y otra de estudio sobre financiación de los partidos políticos; el ministro Belloch se la entregó a Miquel Roca para que la presentara en nombre de CiU, pero alteró la propuesta de enmienda y le indicó a Roca que uniera las dos comisiones en una, la Comisión de Investigación y Estudio de Filesa y de Financiación de los Partidos Políticos, ante el enfado explícito de Alfonso Guerra, que le gritaba a Roca por presentar la propuesta. Finalmente, al votar la propuesta de Roca, no se rompió la disciplina, pero Rodrigo Rato aprovechó para plantear cuestiones de forma y la comisión creada quedó absolutamente difuminada hasta en el nombre que luego se le dio («Comisión no permanente para el estudio de la financiación de los partidos políticos y las transformaciones precisas para su adecuación a la necesaria transparencia que demanda la opinión pública puesta en cuestión por los casos como Filesa, Naseiro», según consta en el diario de sesiones de las Cortes).

Obviamente, la precipitada comisión no pretendía investigar la corrupción, y sus conclusiones estaban amortizadas antes de adoptarlas, constituyendo una verdadera bufonada para la ciudadanía. Esta actitud de firmeza por mi parte, junto con la carta de dimisión y mi renuncia el 5 de mayo siguiente, marcaron claramente lo que, desde mi punto de vista, debía ser el compromiso con los ciudadanos, el cumplimiento de las promesas electorales y la lucha contra la corrupción desde las instituciones. Certeramente, aquellas palabras de Felipe tras el debate con Aznar («Baltasar, las promesas electorales se hacen para no cumplirlas») fueron premonitorias de lo que aconteció.

A pesar de todo, el caso Filesa nos dejó un legado positivo, la figura del juez Marino Barbero, frágil pero valiente, con errores, como cualquiera, pero con una entereza y valentía sólo quebrada por el olvido de los que tenían que protegerlo. En ese momento, simbolizó el esfuerzo por luchar contra la corrupción. Las presiones que padeció se reproducirían en otro caso que también ocurrió por esas fechas (1994-1995), la investigación de uno de los delitos imputados a los GAL (el secuestro de Segundo Marey), que concluyó en el Tribunal Supremo con la imputación, entre otros, del ex ministro del Interior José Barrionuevo y del ex secretario de Estado para la Seguridad, Rafael Vera. Ahí también se reprodujeron las malas artes y se trataron de instaurar y justificar las vías de hecho frente al terrorismo, financiando, además, actividades ilegales con fondos públicos (fondos reservados).

El caso GAL y los fondos reservados

> No permitiré injusticias ni juego sucio, pero si se pilla a alguien practicando la corrupción sin que yo reciba una comisión, lo pondremos contra la pared... ¡Y daremos la orden de disparar![23]
>
> Groucho Marx

La década de los ochenta fue una de las más sangrientas de la organización terrorista ETA. El año más sangriento fue 1980, con 93 asesinatos, en el intervalo entre 1981 y 1983 hubo más de 120 muertos, y entre los años 1984 y 1987, 158 personas fallecieron en atentados terroristas perpetrados por ETA, mientras que 27 etarras murieron en tiroteos o preparando atentados, o bien se suicidaron. Las víctimas fueron principalmente de la Guardia Civil y la Policía Nacional, cuerpos de seguridad que asistían impotentes a un entierro casi cada semana, organismos en los que ya se había instalado la rutina macabra de presenciar la muerte o la invalidez de sus miembros. Todo ello contra un enemigo invisible y con un apoyo popular inexplicable.[24]

Pero también en esos años, de octubre de 1983 a julio de 1987, los denominados Grupos Antiterroristas de Liberación (GAL) practicaron la «guerra sucia» contra ETA, asesinando a casi una treintena de personas, provocando múltiples heridos y realizando una serie de atentados en el sur de Francia, por los que primero se condenó a varias personas en el país vecino y finalmente, en España, en varios sumarios, a algunos mercenarios y especialmente a responsables policiales y de la Guardia Civil, así como a políticos y altos funcionarios de la Administración del Estado en los años de gobierno del Partido Socialista.

El origen de los GAL sigue siendo un tema por resolver, al menos judicialmente, al no haber recibido sanción firme las investigaciones y resoluciones de inferior rango en este punto, en las que sí se apuntaban el modo de constitución y actuación y el carácter terrorista de esa organización (casos Batzoki y Consolation, Segundo Marey y Oñaederra).

Algunos analistas consideran el Batallón Vasco Español como un predecesor del GAL. El BVE fue un grupo ultraderechista que actuó en el País Vasco desde 1975 hasta 1981, con fuertes relaciones con la policía, aunque desapareció tras la salida de UCD del Gobierno.[25] La puesta en funcionamiento de los GAL aparece claramente vinculada a algunos aparatos policiales y políticos del Partido Socialista (casos Batzoki y Consolation y Segundo Marey) y de la Guardia Civil (caso Lasa y Zabala), apuntando algunas fuentes también a los servicios de inteligencia (caso Oñaederra), si bien, aparte de las resoluciones que yo mismo dicté sometiendo a la consideración de la Sala Segunda del

Tribunal Supremo la posible vinculación de responsables políticos al máximo nivel (exposiciones razonadas de julio de 1995 y noviembre de 1999, respecto del presidente del Gobierno, y la primera también contra el vicepresidente y otros responsables políticos), y que no fueron respaldadas salvo en el caso del ex ministro José Barrionuevo, no ha habido ninguna sentencia judicial que así lo haya establecido.

Los GAL fueron responsables de 27 asesinatos, aunque quizá lo más chocante fue la sensación de improvisación y defectuosa información en varios de sus objetivos, que ocasionó situaciones grotescas, tales como la detención por la policía francesa de policías españoles que intentaban secuestrar en Francia a José Mari Larretxea Goñi;[26] el secuestro de Segundo Marey, al que confundieron con el miembro de ETA Mikel Lujúa,[27] o el atentado en 1987 contra Juan Carlos García Goena, que murió al estallar una bomba lapa en los bajos de su vehículo. Este último no tenía ninguna relación con ETA.[28]

En todo caso, los GAL entraban en la categoría de «guerra sucia», como el Batallón Vasco Español en la Transición. En esos años abundaron los ejemplos: las actuaciones de los servicios de inteligencia israelíes contra terroristas palestinos (Septiembre Negro, por el atentado contra la delegación israelí en los Juegos de Munich en 1972); los alemanes contra la brigada Baader-Meinhof en 1977; los franceses en el caso *Rainbow Warrior* en Nueva Zelanda en 1985; los británicos contra el IRA en Gibraltar y, por supuesto, la atroz represión que en esos años llevaba a cabo el Estado en Latinoamérica. En la mayoría de estos casos, la norma fue la impunidad simultánea (ausencia de investigación) o posterior a la condena (amnistías o indultos). Obviamente, estas operaciones fueron sufragadas con cantidades de fondos públicos más o menos cuantiosas, según la importancia de la operación.

En España, sólo a partir de 1988 se comenzaron a investigar judicialmente las conexiones de esta actividad delictiva con funcionarios del Estado. Así, en un auto del mes de abril de ese año, ordené que se investigara el origen de la financiación, al existir indicios de que podrían haberse sufragado gastos de esos operativos con fondos públicos, y en particular con los denominados fondos o gastos «reservados».

Mientras tanto, desde algunos periódicos se alentaban respuestas militares contra ETA, por ejemplo en artículos como el de Antonio

Sánchez Gijón publicado en *ABC* en 1979.[29] En *Diario 16* se publicaban párrafos como éste: «A las bestias se las encierra tras los barrotes más gruesos que existan en la aldea. Para ello primero se les caza mediante todo tipo de tretas. Y si en la aventura muere alguna, mala suerte (o buena suerte). [...] La muerte de ETA es nuestra vida. La serpiente que en forma de muchacha disparó contra [el teniente coronel] Romeo no debe tener oportunidad de repetir fortuna».[30]

Los fondos reservados, también llamados «gastos reservados», son una partida presupuestaria opaca, no sometida a control público, cuyo objeto es sufragar los gastos que se estimen necesarios para la defensa y seguridad del Estado.[31] Así es al menos como los define la Ley 11/1995, de 11 de mayo, reguladora de la utilización y control de los créditos destinados a gastos reservados.

Estos fondos suponen el gran antónimo de la transparencia presupuestaria. Acaban siendo un amplio cajón de sastre aprobado anualmente por la Ley de Presupuestos Generales del Estado, y cuya única justificación es la imperiosa necesidad de guardar la defensa y seguridad de España a través de medios que no sean fiscalizados. La oscuridad de estos fondos dio lugar naturalmente a su mal uso. Una utilización corrupta que llegó a costear actividades tan mezquinas que consiguieron hacer sombra al aprovechamiento injusto y personal que hicieron de él los administradores directos del fondo. Me refiero a los casos de los GAL, al propio de los fondos reservados y al de Luis Roldán.

Como sucede casi siempre, la redacción y aprobación de la Ley 11/1995 se impulsó a golpe de escándalo. Su objetivo era elevar el nivel de control exigido, dentro de la naturaleza secreta de los gastos reservados. Según la norma, los gastos reservados han de quedar sometidos a un control administrativo interno que respete su peculiaridad, a la vez que asegure su correcto uso.[32] Esta peculiaridad se plasma en la prohibición de darles publicidad y en el sometimiento a un sistema especial de justificación y control, sistema que consiste en una comisión parlamentaria compuesta por diputados con acceso a secretos oficiales.[33] Dichos fondos se consignan y son administrados por los titulares de los ministerios de Exteriores, Justicia, Defensa e Interior.[34] Por último, los gastos realizados con partidas provenientes de fondos reservados no tienen obligación de presentar justificación documental alguna.[35]

En el caso de los GAL, la corrupción económica en sentido estricto se vio banalizada por los crímenes cometidos por esta organización. Un elenco de actividades criminales indignas de un Estado democrático y de derecho que escandalizaron a los demócratas españoles y a los propios militantes del PSOE. Fue una absoluta y lamentable chapuza, además de delictiva; los hechos probados en las sentencias mostraron de forma descarnada una radiografía lamentable de mercenarios portugueses, espías buscando sobresueldos, información defectuosa de los objetivos, pagos de silencios, aprovechamiento particular y finalidades inconfesables, mientras que las verdaderas necesidades parecían estar olvidadas.

Recuerdo en este punto la primera vez que me desplacé a Bayona (Francia) para tomar declaración a los mercenarios de los GAL junto con el juez Armand Riberolles, y cómo a la vuelta un miembro de la Guardia Civil me llevó a ver alguno de los puestos de vigilancia que tenían en lugares inhóspitos, cerca de la frontera entre Guipúzcoa y Francia, en medio del monte donde supuestamente ETA disponía de «buzones» para la comunicación entre sus miembros. Ver a aquellos guardias agazapados y ocultos entre la maleza veinticuatro horas al día tras comprobar el despilfarro de los gastos reservados, hacía que fuera muy difícil mantener la serenidad.

Diario 16 inició la publicación de artículos basados en las numerosas pistas que los GAL dejaron tras de sí. Los artículos generaron una irritación notable en el Gobierno socialista de la época y alimentaron las críticas del Partido Popular. Pero sólo cuando el juez de instrucción de Bayona, Christopher Seys, dejó materialmente sobre la mesa del juez decano de la Audiencia Nacional, que en ese momento era Carlos Bueren, la documentación del sumario francés sobre los atentados contra los bares Batzoki y Consolation, se inició la investigación a regañadientes y, desde luego, sin ningún interés en que culminara. Así, el juez Francisco Castro Meije archivó la causa, pero la sala revocó esa decisión, correspondiéndome a mí un mes después de haber tomado posesión en el Juzgado Central de Instrucción n.º 5 de la Audiencia Nacional.

La actividad de los GAL se inició el 6 de octubre de 1983 con el secuestro, tortura y asesinato de José Antonio Lasa y José Ignacio Zabala. Según la sentencia del juicio, desde el 16 de octubre de 1983 estuvieron detenidos en el palacio de La Cumbre, en San Sebastián, donde fueron interrogados. Una vez concluidos los interrogatorios, sus secuestradores decidieron asesinarlos de un disparo en la cabeza y hacerlos desaparecer abandonando sus cuerpos en un paraje aislado. «Después arrojaron los cuerpos, sin ropa, aún amordazados y con unas vendas, a una fosa que habían preparado, de unos 180 cm de largo, por 80 de ancho y 90 de profundidad, y los cubrieron con tierra y con más de 50 kilos de cal viva.»[36] La Audiencia Nacional condenó al general Enrique Rodríguez Galindo,[37] al ex gobernador civil de Guipúzcoa, Julen Elgorriaga, al teniente coronel Ángel Vaquero y a los ex guardias civiles Enrique Dorado y Felipe Bayo a penas que oscilaban entre 67 y 71 años de cárcel, al considerarlos coautores de un «plan compartido». Sin embargo, no se apreció que hubiera pertenencia a banda armada. El tribunal absolvió al ex secretario de Estado para la Seguridad, Rafael Vera, y al abogado vinculado a Interior, Jorge Argote, del delito de encubrimiento del que habían sido acusados.[38]

En julio de 2001, a petición de las familias de las víctimas, el Tribunal Supremo incrementó las condenas de Rodríguez Galindo y de otros cuatro funcionarios públicos, por estimar que los autores se prevalieron de sus cargos públicos para las dos detenciones ilegales. El Tribunal Constitucional desestimó más adelante los recursos de amparo presentados por las partes y dio por cerrado el caso.[39] Tras la desestimación del tribunal, en 2003 los ex guardias civiles presentaron tres demandas ante el Tribunal Europeo de Derechos Humanos, que en noviembre de 2010 rechazó que España hubiera violado los convenios de derechos humanos en este caso.[40]

Tras los asesinatos de Lasa y Zabala, en diciembre de 1983 el GAL secuestró en Hendaya al ciudadano francés Segundo Marey, que, tras diez días de cautiverio, fue liberado. En este caso, la Sala Segunda del Tribunal Supremo encontró a José Barrionuevo, Rafael Vera y Julián Sancristóbal, entre otros, responsables del secuestro de Marey, además de hallarlos culpables de un delito de malversación de caudales públicos.[41] El entonces ministro del Interior, José Barrionuevo, en colusión con los otros mandos políticos y policiales de su ministerio, conoció el hecho y autorizó la financiación con fondos públicos. Los condenados debieron indemnizar al empresario vasco-francés con 30 millones de pesetas.[42] La sentencia fue confirmada por el Tribunal Constitucional en el año 2001.[43]

En el proceso por el caso GAL (atentados en los bares Batzoki y Consolation), en 1991 la Sala de lo Penal de la Audiencia Nacional condenó a José Amedo y Michel Domínguez por cada uno de los seis asesinatos frustrados en los que en 1986 participaron como autores por inducción. Los hechos expuestos en la sentencia[44] prueban que ambos ex policías se dirigieron a Portugal para reclutar a varios sicarios a los que ordenaron disparar a bocajarro en el bar Batzoki de Bayona, donde hirieron a cinco personas, incluidos dos niños, y disparar contra un supuesto miembro de ETA en el bar Consolation, de San Juan de Luz, que también resultó herido. Siete años más tarde, en 1998, Domínguez, junto con Amedo y los demás funcionarios, fue nuevamente juzgado por el Tribunal Supremo por la detención ilegal de Segundo Marey. Tras salir de la cárcel de forma definitiva en el año 2000, Michel Domínguez fue detenido en abril de 2013 en Barcelona por un delito de narcotráfico.[45]

Durante la instrucción y los juicios de estos casos se desarrolló una campaña en los medios de comunicación que provocó un gran desgaste en el Gobierno socialista, estrategia apoyada por un PP en la oposición mediante un acoso asfixiante a Felipe González. Esto generó una enorme controversia entre los círculos más cercanos a los cuerpos de seguridad del Estado. En 1995, el teniente general José Antonio Sáenz de Santa María hizo unas declaraciones al diario *El País*: «Le responderé con una máxima: "En la lucha contraterrorista, hay cosas que no se deben hacer. Si se hacen, no se deben decir. Si se dicen, hay que negarlas". Creo que he contestado. Me parece obscena, claramente [la actitud de la derecha ante el caso GAL]. Porque es un aprovechamiento oportunista de una situación de Estado que tendría que ser motivo de pacto constitucional. Se puede actuar con la legalidad contra el terrorismo, pero en el filo de la legalidad. Unas veces, un poco por el borde de dentro y otras veces, un poco por el borde de fuera».[46]

El PP ganó las elecciones generales en 1996, y José María Aznar tomó posesión el 5 de mayo de ese mismo año. Tan pronto como lo hizo, se produjo un giro copernicano en sus principios y se negó a ceder documentación del Cesid a los tribunales que estaban instruyendo los casos de los GAL.[47]

El caso de los fondos reservados también se extendió a la investigación de las cantidades que fueron entregadas a las esposas de Amedo y Domínguez para evitar que éstos hablaran, aunque finalmente lo hicieron en el caso Segundo Marey. Su colaboración propició que entrara en juego la cooperación judicial, mecanismo esencial en este tema, como lo sería después en otros muchos casos de corrupción, gracias a la actuación de jueces como Paul Perraudin o el fiscal Bernard Bertossa, ambos de Ginebra (Suiza).

La cooperación internacional avanzó mucho esos años. El 8 y 9 de septiembre de 1994, treinta y tres jueces y fiscales de Francia, Suiza e Italia y yo por parte de España mantuvimos el primer contacto en Ginebra para hablar sobre la cooperación judicial en materia de delitos económicos y de corrupción. En esa ocasión, asumimos la necesidad de combatir de forma conjunta el blanqueo de capitales, la delincuencia económica y la corrupción, superando las desconfianzas mutuas y especialmente las prevenciones que había respecto a España, dada la información que, por entonces, tenían ya los jueces ginebrinos respecto a Luis Roldán, las esposas de José Amedo y Michel Domínguez, así como de otros múltiples casos que apenas me indicaron los colegas responsables. A partir de ahí, inicié una excelente relación con la mayoría de ellos, que sirvió en los años siguientes para avanzar en las investigaciones abiertas y facilitar las investigaciones de otros compañeros.

Dos años después, en octubre de 1996, nos reunimos nuevamente en Ginebra siete jueces y fiscales: Bernard Bertossa (Suiza), Edmondo Bruti Liberati y Gerardo Colombo (Italia), Benoît Dejemeppe (Bélgica), Renaud van Ruymbeke (Francia) y Carlos Jiménez Villarejo y yo mismo por España, bajo el paraguas de la obra del periodista francés Denis Robert, *La justicia o el caos*, para lanzar «L'appel de Genève», una exigencia a los gobiernos y parlamentos nacionales europeos para que adoptaran las medidas precisas para conseguir una

Europa más justa y más segura, donde el fraude y el crimen no beneficiaran a nadie tras una larga impunidad, y donde la corrupción fuera realmente erradicada.[48] Por nuestra parte permitió que, a falta de instrumentos eficaces, usáramos los existentes proactivamente para superar esas carencias y poder combatir la corrupción y la delincuencia económica, con una recién creada Fiscalía Anticorrupción. A su mando estaba el fiscal Carlos Jiménez Villarejo, a quien nunca acabará España de agradecer los grandes esfuerzos que hizo en este arduo combate, con un equipo joven y entusiasta que tenía más voluntad que medios, desde el momento en que se comprendió el potencial que podía desarrollar, a pesar de que no asumía la competencia de todos los casos de corrupción. Fueron años en que se investigaron casos relacionados con las presuntas actividades delictivas de Silvio Berlusconi, el Banco Bilbao Vizcaya, grandes fraudes a las Comunidades Europeas, grandes fraudes nacionales, casos de corrupción urbanística y otros, algunos de los cuales aparecerán en este libro. El denominador común siempre fue la actuación artesanal, la escasez de medios y de equipos, la falta de especialización, las dificultades puestas desde el Ejecutivo y la ausencia de una regulación penal avanzada en este ámbito, que, en algunos casos, impidió que consiguiéramos optimizar algunas de las investigaciones.

Pero el caso de los fondos reservados fue aún más allá, a causa de las denuncias interpuestas por el Partido Popular y las revelaciones de Luis Roldán, director general de la Guardia Civil, una vez detenido, al prestar declaración ante mí en el caso de los papeles de Laos. Este caso se refería a la grotesca farsa organizada por el Ministerio de Justicia e Interior, con la colaboración de Francisco Paesa (espía en nómina del ministerio) y con cargo a los fondos reservados, para detener a Roldán, que siempre estuvo en París y jamás visitó Laos. Una anécdota más que añadir al esperpento nacional si no fuera por la gravedad de los acontecimientos que rodearon al caso Roldán.

El caso fondos reservados se resolvió el 22 de enero de 2002 con la sentencia de la Sección Quinta de la Audiencia Provincial de Madrid, ratificada por el Tribunal Supremo en noviembre de 2004, que absolvió a los ex ministros del Interior Barrionuevo y Corcuera, pero condenó a siete años de prisión a Rafael Vera, por «sustraer para sí»

141 millones de pesetas que invirtió en la compra, reforma y mejora de bienes inmuebles —«valiéndose de su suegro como mero testaferro»—, y por la entrega a otros ex altos cargos de más de 600 millones. El ex director general de la Policía, José María Rodríguez Colorado, que en su día se negó a proporcionarme datos sobre los fondos reservados en el caso GAL, siendo apercibido de desobediencia grave a la autoridad judicial —lo que desencadenó un enfrentamiento grave entre ese ministerio y yo mismo como juez instructor—, fue condenado a seis años de cárcel por apropiarse de 89 millones de pesetas. El ex director de la Seguridad Julián Sancristóbal, quien admitió haberse lucrado con 66 millones, fue condenado a cuatro años de cárcel al considerar el tribunal acreditado que se enriqueció con al menos 130 millones. El ex jefe del Mando Único de la Lucha Contraterrorista, Francisco Álvarez, y el ex gobernador civil de Vizcaya, Juan Ignacio López, fueron condenados a once y diez meses de prisión por haber ingresado en cuentas bancarias 15 y 7 millones de pesetas respectivamente.

En los hechos probados de la sentencia, se expresa que había tres cuentas del Banco de España con dotación presupuestaria para la asignación de gastos reservados en Interior y que, sobre todo de la dependiente de la Secretaría de Estado, «se sustraía dinero para el enriquecimiento personal de altos cargos del Ministerio». Esta conducta se veía facilitada porque «no existía control real externo por parte de órganos fiscalizadores o interventores». De igual forma se utilizaba dinero para pagar gratificaciones o retribuciones, al margen de la nómina, «a una pluralidad de funcionarios» destinados en la Dirección de la Seguridad del Estado, aunque esta circunstancia no era objeto de acusación.

El tribunal alaba la actuación de las juezas instructoras que investigaron este asunto desde 1994 y sostiene que la Administración ha actuado dentro de la legalidad «al no declarar incluido en materia clasificada aquello que, por su naturaleza, no debe serlo» y permitir la investigación judicial. Y añade: «Más bien al contrario, lo que perjudica a la seguridad del Estado y compromete los intereses nacionales es la corrupción de las autoridades y funcionarios públicos, sobre todo si cifran su impunidad en un pretendido secreto».[49]

Es importante esta afirmación porque, en febrero de 1995, Rafael Vera formuló una querella criminal contra mí por investigar los fondos reservados. El Tribunal Supremo no la admitió a trámite, explicando precisamente esto, que lo delictivo era no investigarlo y aprovecharse o desviar estos fondos. «Terminado el juicio —añade— no podrá decirse seriamente que, a resultas del mismo, se ha comprometido la seguridad del Estado ni aun que se ha revelado secreto alguno. [...] Nada tiene que ver la investigación patrimonial de los acusados con los servicios de Información.»

Finalmente, Rafael Vera y su secretario, Juan de Justo, también fueron condenados como autor y cooperador necesario en el caso de los maletines, en el que quedó probado el transporte e ingreso en cuentas suizas en favor de las esposas de Amedo y Domínguez, para comprar su silencio, tal como investigué en 1995. La sentencia la dictó la Sección Veintiséis de la Audiencia Provincial de Madrid el 16 de noviembre de 2007, y fue ratificada por el Tribunal Supremo en sentencia del 4 de marzo de 2009. Previamente, en 1998, y a petición mía, el juez Perraudin había remitido los fondos incautados para su devolución al erario público. Al menos en esta ocasión el dinero se recuperó para los ciudadanos españoles.[50]

Entre tanto escándalo, uno de los momentos más bajos del Gobierno socialista se produjo cuando Luis Roldán, director general de la Guardia Civil, huyó el 29 de abril de 1994. El ministro del Interior, Antonio Asunción, dimitió al día siguiente; el ministro de Agricultura, Vicente Albero, hizo lo propio el 4 de mayo, tras reconocer que había ocultado al fisco 20 millones de pesetas invertidas en el despacho del ex síndico de la Bolsa Manuel de la Concha entre 1987 y 1989. Previamente, la policía detuvo a éste y a Mariano Rubio, ex gobernador del Banco de España, en el caso Ibercorp por delitos de falsedad continuada y fraude fiscal. La situación era realmente comprometida, y se agravó con mi dimisión como secretario de Estado y la renuncia a mi escaño, el 5 de mayo de 1994. Cuatro días más tarde expliqué en rueda de prensa la pasividad del Gobierno en la lucha contra la corrupción y reclamé todo el apoyo del Ejecutivo a la Administración de Justicia para combatir la corrupción, añadiendo que «la corrupción se combate con una actitud firme y decidida, y espero por el bien de la sociedad que se lleve adelante». No fue así, al menos desde el ámbito político y del partido que en ese momento estaba en el poder. Los escándalos se sucedieron, sin solución de continuidad, y las presiones a los jueces continuaron.[51]

El caso Roldán

> Avanzan de dos en fondo / a la ciudad de la fiesta. / Un rumor de siemprevivas / invade las cartucheras. / Avanzan de dos en fondo. / Doble nocturno de tela. / El cielo, se les antoja, / una vitrina de espuelas.[52]
>
> Federico García Lorca

Luis Roldán es un gran enigma. Alguien que engañó a todos durante años, a su partido, a la oposición y a la ciudadanía. Tan repentina fue su ascensión como estrambótica y sonada fue su caída, huida y rocambolesca repatriación. Uno se queda con la sensación, después de haberlo conocido, que sólo el más puro pragmatismo y la amoralidad podían justificar su actitud, o quizá pensar que todo le estaba permitido a quien ostentaba el mando de varias decenas de miles de hombres y mujeres de uniforme. Como civil al mando de un instituto militar, no es el mejor ejemplo que podemos aportar a la historia de la renovación en España. Es difícil acumular tantas trampas y trapisondas en una sola persona.

Lo de menos es cómo se le descubrió, si fueron traiciones de socios mal atendidos, la soberbia y la impunidad que otorga el mando, la convicción de que, al hacer lo mismo que todos e incluso menos que otros, nada sucedería y todo quedaría impune; ajustes de cuentas pendientes por decisiones no bien recibidas. Él apuntaba por ahí, señalando como causa probable su actitud favorable a la investigación en el caso Ucifa, decisión que nunca le perdonaron ciertos componentes de la Guardia Civil, como tampoco a otros que participamos en esa investigación. Lo importante es lo que hizo y que, con ello, contribuyó de forma decisiva a escenificar el esperpento nacional de la política, la decadencia final de una época en la que se habían perdido todas las posibilidades de hacer de la democracia española un ejemplo de transparencia. Luis Roldan, por tanto, fue sólo el ejemplo más zafio de esa deriva, no el peor. Su torpeza al afrontar las responsabilidades ofreció una coartada ideal a quienes, sin voluntad de combatir las causas de la corrupción, aprovecharon la cabeza de turco ofrecida en bandeja de plata para escenificar la «firme decisión» de combatir la corrupción. Con el transcurso del tiempo, las condenas recaídas en otros casos y las acciones de encubrimiento y entorpecimiento, resulta evidente que Roldán fue la excusa de un sistema político que en ese momento estaba podrido.

Pero ¿quién era Luis Roldán? Analicemos su carrera en detalle. Nacido en Zaragoza en 1943, se afilió al Partido Socialista en 1976 y, aunque carecía de título universitario, falseó su biografía para aparecer como titulado superior. Su carrera política comenzó cuando, en 1979, consiguió un acta de concejal en el Ayuntamiento de Zaragoza.[53] Desde el ayuntamiento saltó a la Asamblea Provisional de Aragón y, en ambos puestos, su personalidad decidida y su don de gentes atrajeron la atención de los altos responsables del partido, que vieron en él la persona adecuada para desempeñar el cargo de delegado del Gobierno en Navarra, un puesto poco deseable debido al riesgo que, en aquellos años, suponía ostentar la representación del Estado en un territorio fuertemente azotado por el terrorismo.

En Navarra desarrolló su actividad sin complejos, asistiendo a los funerales de los miembros de la Guardia Civil caídos en actos terroristas y mostrando una desafiante confianza frente a los asesinos. En un atentado fue la primera autoridad en llegar al lugar de los hechos, cuando los cadáveres todavía estaban en el suelo.[54] En definitiva, su atrevimiento y bravura le valieron la admiración de la Guardia Civil, tan necesitada de apoyo en aquellas horas difíciles, y en octubre de 1986 el Gobierno socialista decidió nombrarle director de la Guardia Civil, el primer director civil de la historia de la benemérita.

Al llegar, Roldán se encontró con un cuerpo desmotivado y sin recursos, y pronto consiguió un impresionante incremento de los presupuestos. Inició una campaña de reconstrucción y modernización de las casas cuartel de la Guardia Civil, que en muchos casos se encontraban en un estado deplorable.[55] Fue precisamente durante los trabajos de renovación de esos inmuebles cuando encontró la forma de incrementar a una velocidad pasmosa su patrimonio personal, mediante la adjudicación de las obras para la construcción de las nuevas casas cuartel. Desarrolló un esquema defraudador (adjudicación directa de obras y comisiones de intermediación) que le reportó enormes beneficios, y que complementó con el uso indebido de fondos reservados[56] e incluso con el cobro por la vigilancia de la autopista Pamplona-San Sebastián sin prestar de hecho dicha vigilancia,[57] según informaciones periodísticas.

En 1993, el periódico *Diario 16* inició una investigación a partir de las sospechas que levantaba el desmesurado incremento del patrimonio de Luis Roldán. El periodista José María Irujo abría el 23 de noviembre el periódico con el titular «El patrimonio de Roldán se incrementó en 400 millones desde que es jefe de la Guardia Civil».[58] Irujo había descubierto la punta de un iceberg gigantesco, y le había resultado muy fácil, pues lo único que tuvo que hacer fue buscar en los registros de la propiedad de Zaragoza y Pamplona e identificar una parte relevante del patrimonio presuntamente oculto de Luis Roldán. *Diario 16* continuó publicando artículos relativos al patrimonio de Roldán, y tan claras resultaron las pruebas que, quince días después de la aparición del primer artículo, fue destituido.[59]

Sin embargo, el caso no terminó con la destitución, sino que fue a partir de ésta cuando realmente se inició. Las noticias y los hallazgos sobre sus años en la Guardia Civil se sucedieron de forma trepidante, primero desde *Diario 16* y posteriormente desde toda la prensa española. La cobertura mediática fue muy intensa, y Luis Roldán desapareció del país. El día 29 de abril de 1994, la policía no consiguió encontrarlo;[60] se hallaba en paradero desconocido.

Fue en esta fase cuando el caso Roldán pasó de ser algo más que un caso a convertirse en un verdadero escándalo. Una terrible sensación de desgobierno y corrupción se apoderó del país, con la derecha acosando al Gobierno de forma implacable. El ministro del Interior, Antonio Asunción, tuvo que dimitir en medio de todo aquel fragor.[61]

Pero la tensión no terminó con esta dimisión. El Gobierno de González estaba acorralado.[62] Durante todo el año 1994 el acoso fue feroz, y cada hallazgo de la prensa relacionado con el caso Roldán resultaba más sorprendente y sonrojante que el anterior: distracción de fondos de la Caja de Huérfanos de la Guardia Civil, tráfico ilegal de armas con Angola...[63]

Y para añadir al disparate un final completamente estrambótico, la historia de la huida de Luis Roldán terminó con su oscura extradición. «Soy el capitán Khan, su hombre está en Laos.» Con estas palabras, el capitán Khan se presentó en Tailandia ante el jefe de la Brigada de Policía Judicial de Madrid, que se encontraba de viaje alrededor del mundo en una búsqueda incansable del prófugo Roldán.[64]

Más tarde se demostraría que el capitán Khan no existía,[65] y aquella rocambolesca entrega a las autoridades españoles, llena de extraños detalles, llegó a poner en duda la misma presencia de Roldán en Asia. Pero ya no importaba. Roldán fue juzgado en España y pagó por sus corruptelas, aunque para entonces el Gobierno socialista de Felipe González estaba ya en situación de jaque mate. En 1996 cedió la presidencia del Gobierno a José María Aznar, tras catorce años continuados de gobierno socialista.

En la fuga y detención de Luis Roldán intervinieron personajes que acabarían siendo conocidos por la sociedad española, especialmente en la huida, como Julián Sancristóbal, que entraría en prisión, por su participación en el secuestro de Segundo Marey, y Francisco Paesa (espía de profesión, que participó en operaciones encubiertas por encargo de Interior, como las cien pistolas Sig Sauer que después se utilizaron en múltiples atentados; en la intimidación a una de las testigos del caso García Goena, Blanca Belasategui, o en la venta a ETA de misiles con controlador electrónico, entre otros), que se hizo cargo de Roldán en París para después entregárselo al gobierno español, con el ministro Belloch al frente, a cambio de una cantidad de dinero procedente de los fondos reservados; una operación propia de una película de serie B en la que incluso se obligó a los policías a ponerse gabardinas e inventarse una entrega que ya estaba pactada en París. El 27 de febrero de 1995, fue entregado en Madrid a la autoridad judicial competente, la jueza de instrucción Ana Ferrer, que decretó su prisión.

En 1998, Luis Roldán fue finalmente condenado por la Audiencia de Madrid a 28 años de cárcel por malversación, estafa, cohecho y delito fiscal.[66] El 21 de diciembre de 1999, el Tribunal Supremo confirmó la sentencia, elevando además la pena a 31 años de cárcel al añadir el delito de falsedad documental en documento mercantil a la lista de los que ya habían resultado probados por la Audiencia de Madrid.[67]

Así, la sentencia de la Audiencia Provincial de Madrid, en sus hechos probados, estableció de forma contundente que «el procesado Luis Roldán Ibáñez, tras su nombramiento como Director General de la Guardia Civil, el 4 de noviembre de 1986, y hasta el 7 de diciembre de 1993, en que cesó en su mandato, desarrolló una incesante actividad delictiva amparado en su cargo, con la finalidad de enriquecerse ilícitamente».[68]

Luis Roldán, junto con su testaferro Jorge Esparza, utilizó básicamente tres métodos principales para tal enriquecimiento. En primer lugar, el clásico cobro de comisiones por obras y otras inversiones directas de la Guardia Civil. En segundo lugar, el saqueo de los fondos reservados y de la Caja de Huérfanos de la Guardia Civil. Por último, otras operaciones más originales, como el supuesto tráfico de armas con Angola o el cobro de grandes sumas de dinero a empresas a las que engañaba ofreciéndoles la prestación de unos servicios de seguridad que finalmente no se llegaban a realizar, como se descubrió en la autopista Pamplona-San Sebastián. Mediante la creación de una sociedad pantalla, Europe Capital,[69] a través de la cual cobijaba sus ganancias ilícitas en España y Suiza,[70] Roldán ocultó a la Hacienda Pública, entre los ejercicios de 1988 y 1992, todo el patrimonio ilegalmente adquirido, sumando así un delito fiscal a los anteriores.

Roldán aprovechó la falta de control sobre los mecanismos de contratación pública de las obras que había que realizar en las casas cuartel de la Guardia Civil. Él decidía personalmente, antes de que se tramitara ningún expediente sobre estas adjudicaciones, y exigía el pago de una comisión a cambio de la concesión de la obra (delito de cohecho). Luego, con la colaboración de Esparza, ingresaba las cantidades obtenidas en el Banco Bilbao Vizcaya. Para la ocultación del dinero se valió de la ayuda de Juan Jorge Prieto Pardina, empleado del BBV. Según la sentencia, una vez recibidas las cantidades por parte de Jorge Esparza, éstas eran intercambiadas «por cheques bancarios al portador que, a su vez, eran objeto de un continuo fraccionamiento en su importe, mezclándose en cada operación con otros, tras lo cual eran ingresados en las distintas cuentas de Luis Roldán Ibáñez, o en adquisiciones inmobiliarias o en consumo privado, con objeto así de mantener la opacidad de los orígenes y de la titularidad de las operaciones». Juan Jorge Prieto Pardina llegó incluso a utilizar datos de personas inexistentes o completamente ajenas a estas operaciones para hacerlas figurar en el dorso de los cheques o en las solicitudes de los mismos. La Audiencia Provincial de Madrid encontró probado que Juan Jorge Prieto Pardina cometió un delito de falsedad documental, pero absolvió a Luis Roldán del mismo. Sin embargo, como ya se ha mencionado, en su sentencia de 1999 el Tribunal Supremo decidió añadirlo a la lista de delitos cometidos por el ex director de la Guardia Civil.[71]

Con respecto al desvío de los fondos reservados para su provecho personal o para la Secretaría del Interior, la sentencia dio por probado que los hechos constituyeron un delito de malversación de caudales públicos. Tras la llegada de Roldán a la Dirección General, el presupuesto para gastos reservados asignado a la Guardia Civil (58.382.000 pesetas anuales) se trasladó en metálico a una caja fuerte situada en la secretaría del despacho del director por orden expresa de éste, anulando así cualquier posibilidad de control sobre el destino que se daba al dinero procedente del erario público. Además, en esa misma etapa, el presupuesto se incrementó a través de partidas procedentes de la Secretaría de Estado para la Seguridad mediante cheques librados contra una cuenta de fondos reservados del Banco de España, la número 25-012128-6. Aprovechando esta ausencia de controles, Roldán lo tuvo fácil para valerse de su autoridad, ordenando a miembros de la Secretaría de la Dirección General y a su escolta personal (que desconocían el origen del dinero) el ingreso de las cantidades en sus cuentas personales para proceder a su ocultación de la forma ya mencionada. Por si esto fuera poco, Luis Roldán cobró sobresueldos procedentes de la Secretaría del Estado de forma esporádica hasta 1990, fecha en que se convirtieron en fijos. Las cantidades provenían de una cuenta en el Banco de España destinada a gastos reservados, por la que pasaron 10 millones de pesetas que Roldán hizo suyos.[72]

Respecto a la celebración de contratos que finalmente no se cumplían (calificados como delito de estafa), la sentencia estableció como hechos probados que Roldán mantuvo diversas reuniones con el presidente del consejo de administración de la empresa Construcciones Laín, S. A., Enrique Aldama Miñón, y con el consejero delegado de la empresa Sociedad General de Obras y Construcciones, S. A. (Obrascon), José Luis García Villalba González. En ellas Roldán, aprovechando el temor de los constructores (que habían recibido amenazas de ETA), acordó que se llevaría a cabo la contratación de personas que se ocuparían de un «supuesto servicio de contra vigilancia», además de las medidas de seguridad que ya proporcionaban los cuerpos y fuerzas de seguridad del Estado. El servicio prestado se pagaría mediante cheques bancarios a un mensajero, en el momento y lugar que les indicara un comunicante anónimo. La vigilancia nunca se llevó a cabo y las empresas desembolsaron enormes cantidades de dinero, aunque en la sentencia sólo pudieron concretarse dos pagos de 31.687.500 y 53.808.400 pesetas.[73]

¿Qué fue de todo el patrimonio acumulado durante esos años? La sentencia no dudó de que Roldán lo había transferido a Suiza durante su mandato. Cuando las autoridades le solicitaron su devolución, Luis Roldán realizó supuestamente las gestiones indicadas por las autoridades, pero la devolución de los fondos nunca llegó a producirse, pues Roldán consiguió transferir los saldos de las cuentas en Suiza, «mediante las operaciones y sociedades fiduciarias ya relacionadas, a una entidad bancaria de Singapur, sin que se pudiera localizar desde entonces, dado que la Comisión Rogatoria enviada a tal país, de 15 de octubre de 1994, fue contestada negativamente en virtud de las leyes existentes en dicha nación sobre secreto bancario».[74] Estas operaciones fueron supuestamente realizadas con la ayuda de Francisco Paesa, el controvertido ex agente de los servicios secretos españoles que le entregó.[75]

En las dos ocasiones en que declaró ante mí, Luis Roldán, además de relatar cómo fue toda la peripecia de su huida y captura en el caso de los papeles de Laos, afirmó que no tenía el dinero que se le suponía y que lo había entregado a través de Paesa al Ministerio del Interior. También describió el sistema de reparto de los fondos reservados y quién tenía responsabilidades y participación en el mismo. Pero, como ocurre a veces en los casos de criminalidad organizada, el hecho de no declarar lo que sabía desde el primer momento con datos y documentos, porque intentaba negociar, llevó a que su testimonio perdiera toda credibilidad y a que las pruebas aportadas no fueran suficientes ni tenidas en cuenta en la causa de los fondos reservados.

Tras haber cumplido quince de los 31 años de cárcel a los que se le condenó, Luis Roldán salió en libertad y, a pesar de no haber devuelto todo el dinero (tan sólo se lograron recuperar 1,6 millones de euros de los 14 millones que se supone que amasó), vive modestamente en un piso de Zaragoza, cobrando unos 400 euros de pensión por los años cotizados y recibiendo una ayuda extra mensual de 600 euros como ex alto cargo del Ministerio del Interior.[76]

El caso Naseiro

> Poderoso caballero
> es don Dinero.
> Nace en las Indias honrado,
> donde el mundo le acompaña;
> viene a morir en España,
> y es en Génova enterrado.[77]
>
> Francisco de Quevedo y Villegas

Desde el inicio de la democracia, la sombra de la financiación ilegal se ha cernido sobre todos los partidos políticos, tanto a nivel nacional como autonómico y local. En algunas ocasiones ha sido posible demostrarla mediante sentencia firme, como en el caso Filesa, pero la mayoría de las veces sólo disponemos de la convicción de la ilicitud, ante el volumen de gastos sin justificar e indicios similares. Falta una declaración de culpabilidad penal porque, una vez abierto el proceso, se comete un incumplimiento de las normas procesales, a veces inexistentes en el momento de aplicar la ley; o por una interpretación posterior que introduce unos requisitos con carácter retroactivo. Así se acaba logrando la impunidad para los corruptos. Pero así son el Estado de derecho y las garantías que deben respetarse para garantizar la seguridad jurídica, aunque a veces cueste asumirlas. Así ocurrió con la trama por la que se inició el caso Naseiro.

El nombre del caso proviene del encargado de finanzas del Partido Popular en aquella época, Rosendo Naseiro. Oriundo de Galicia, de origen humilde y conocido por su faceta de experto en arte, se convirtió en 1987 en el tesorero de Alianza Popular, germen del actual PP.

Corría el año 1988 cuando la Brigada de Estupefacientes de la Jefatura Superior de Policía de Valencia obtuvo permiso, mediante un auto emitido por uno de los juzgados de dicha ciudad, para realizar unas escuchas telefónicas en el marco de un presunto delito de tráfico de drogas. En ese contexto, los investigadores se toparon con conversaciones entre dirigentes de AP que revelaban indicios de un posible delito de cohecho y financiación irregular procedente del entorno inmobiliario. El caso estalló en abril de 1990, poco después de la llegada de José María Aznar a la presidencia del partido. Posteriormente, en 1991, las interceptaciones telefónicas fueron declaradas nulas por el Tribunal Supremo, que archivó el caso.

Fue Luis Manglano, juez instructor de Valencia, quien ordenó el pinchazo para investigar el caso de narcotráfico que presuntamente afectaba a Rafael Palop, hermano del concejal Salvador Palop. Con un motivo original muy diferente, se fue tirando de un hilo que llevó a seguir las comunicaciones privadas entre diferentes dirigentes del mayor partido de la oposición. La cuerda conducía inevitablemente a la sospecha de cohecho y de financiación ilegal de la agrupación, pues en las conversaciones intervenidas se mencionaban negocios inmobiliarios de naturaleza fraudulenta cuyos beneficios se empleaban para engordar las arcas del partido. La investigación se prolongó hasta abril de 1990, con un total de 5.240 llamadas acumuladas por la policía.

El 10 de abril de 1990, el juez Manglano detuvo al tesorero del PP Rosendo Naseiro (hombre de confianza de Manuel Fraga), al concejal del Ayuntamiento de Valencia Salvador Palop, al director de la empresa ETRA, José Balaguer, al delegado de Dragados y Construcciones, Luis Janini, al director de Huarte, Carlos Bonet, y al arquitecto municipal de Cullera, Luis Latorre. Manglano también dictó orden de detención del diputado Ángel Sanchís Perales, que se presentó tras volver de Argentina.

El 16 de abril de 1990, el juez Manglano se inhibió del caso en favor del Supremo al considerar que un aforado, el diputado Ángel Sanchís, era una de las personas que debían ser procesadas. Ante los resultados de la instrucción, el fiscal del Tribunal Supremo acusó a los tres políticos de la comisión de un delito de cohecho en grado de conspiración, pidiendo una pena de privación de libertad de nueve meses y una multa de 31.500.000 pesetas para cada uno.

Los abogados de la defensa emplearon una estrategia que no discutía tanto el fondo como la forma de la cuestión. Es decir, no se ponía el énfasis en el contenido de las conversaciones, sino en la manera en que se había obtenido la información. Los letrados consideraban que las cintas no podían ser aceptadas como pruebas válidas al vulnerar derechos fundamentales, como la intimidad de los acusados.

En un auto del 18 de junio de 1992, la Sala de lo Penal del Tribunal Supremo estimó las alegaciones de la defensa. El Alto Tribunal reconoció en las cintas un atentado contra el artículo 18.3 de la Constitución española, por el que «se garantiza el secreto de las comunicaciones y, en especial, de las postales, telegráficas y telefónicas, salvo resolución judicial».[78]

El auto, que fue una importante innovación jurisprudencial en su momento, resolvía el conflicto entre intereses legítimos (la lucha contra la impunidad, la seguridad, etc.) y los derechos fundamentales (intimidad, dignidad, respeto a las comunicaciones), de forma que sentaba nuevas bases en la relación entre el juez instructor y la policía judicial.

El Tribunal Supremo consideró que las cintas eran nulas por vulnerar ciertos derechos elementales al estar acordadas originariamente para la investigación de un delito diferente (narcotráfico). Se concluyó así que la resolución que permitió el «pinchazo» telefónico se basaba en sospechas derivadas de otras interceptaciones, que se había obviado la necesidad de emitir un nuevo auto motivado en el que se explicitaran los indicios que, tras un análisis de proporcionalidad entre el medio y el derecho vulnerado, condujeran al inicio de unas escuchas orientadas a un nuevo fin: la persecución de un delito de cohecho y no de narcotráfico. Se consideraba, además, que faltó un control periódico y razonable de las grabaciones. Se lamentaba asimismo que se hubieran entregado copias en lugar de las cintas originales. No obstante, la irregularidad más importante se derivó de la disociación entre la autorización y la investigación; esto es, en palabras del propio auto: «La Policía debió, de manera inmediata, ponerlo en conocimiento del Juez de Instrucción autorizante a los efectos consiguientes, entre ellos el de examinar su propia competencia y la exigencia de proporcionalidad, pues en otro caso la autorización, de hecho, se transforma en una especie de prospección del comportamiento genérico de una o varias personas a través de las conversaciones telefónicas, lo que no es aceptable». Añade la resolución del Supremo que «no son correctas las autorizaciones genéricas, ni tampoco, sin la nueva y expresa autorización del Juez, es correcto mantener la intervención/observación cuando se descubre que el nuevo y presunto delito que se dibuja por la telefonía es independiente del que fue objeto de la inicial autorización. Tales situaciones, si no son controlables y controladas de manera directa por el Juez, provocan o pueden provocar el completo desconocimiento del principio de proporcionalidad, que no se sabrá nunca si existe o no». Y acaba sentenciando: «Da lo mismo la naturaleza de las respectivas infracciones, lo decisivo es que el Juez las valore individualizadamente».[79]

El auto tumbó la base probatoria que inculpaba a los acusados por cohecho y, en consecuencia, el caso se archivó. La cuestión entonces suscitada era, y sigue siendo, la ausencia de unas normas claras en materia de interceptación de las comunicaciones. En esa ocasión, el Tribunal Supremo, como también veinte años después en otro caso de financiación ilegal y de corrupción que afecta al Partido Popular, creó el derecho y declaró que la actuación del juez (en este caso era yo) era contraria a la Constitución al quebrantar derechos fundamentales (secreto de las comunicaciones). La diferencia es que en el caso Naseiro sólo se anuló el proceso, mientras que en el caso Gürtel se condenó al juez que las había ordenado (con garantías de protección del derecho de defensa), creando el delito en la propia sentencia.

Aquel auto también llamó la atención porque la Sala Segunda del Tribunal Supremo sabía que en todos los juzgados de España se seguía el mismo sistema, y en ninguno de ellos se tomó la decisión que la sala adoptó aquí, y mucho menos en los casos de terrorismo, en los que en el 90 por ciento de los casos las escuchas eran absolutamente prospectivas. La pregunta que surge es: ¿por qué en este caso y con las personas y hechos de los que se trataba? Ustedes deben dar la respuesta. Lo cierto es que, en la gran mayoría de los supuestos, las actuaciones judiciales siguieron siendo las mismas a la hora de intervenir teléfonos. Sólo algunos, y ahí están las causas respectivas, aplicábamos los requisitos creados por el TS en los casos que tramitábamos.

Pero lo más grave fue que, tratándose de algo tan trascedental como la financiación irregular de un partido político, nadie hiciera nada por evitar lo que en ese momento era a todas luces algo sistémico. La mecánica de administración, financiación, percepción de fondos y falta de justificación, según los propios papeles de Bárcenas, conocidos por la prensa, siguió adelante sin variar demasiado hasta el estallido del caso Gürtel en 2009; al igual que sucedería con el caso Filesa y el de Juan Guerra, aparecido simultáneamente con el de Naseiro. El silencio fue generalizado; ni los legisladores, ni el Poder Ejecutivo ni el Poder Judicial actuaron.

Lo que hoy sabemos es que Rosendo Naseiro posee un capital de 3,5 millones de euros y que Bárcenas no deja de tenerle presente en sus declaraciones.[80]

El caso Gürtel

> Pero la mujer abrió la tapa del vaso y esparció su contenido, los males y las fatigas y las enfermedades dolorosas de los hombres.[81]
>
> Hesíodo

El municipio de Majadahonda está a dieciséis kilómetros de Madrid, en el eje de la A6. Es un pueblo que ha crecido de forma acelerada, de 5.000 habitantes en 1970 a 50.000 en el año 2000 y a más de 70.000 en la actualidad.[82] Un crecimiento de este nivel es un reto para cualquier ayuntamiento, que debe ofrecer los servicios de educación, vivienda, agua, basuras, etc. De todos es sabido que estas etapas de crecimiento acelerado generan burbujas, y en este país las burbujas, cuando son inmobiliarias, van ligadas a la corrupción.

José Luis Peñas fue edil de Urbanismo del Ayuntamiento de Majadahonda entre 2003 y 2005, en plena burbuja inmobiliaria. En aquella época, la ciudad experimentaba crecimientos anuales cercanos al 5 por ciento. Fue durante este período cuando Peñas conoció a Francisco Correa, empresario «conseguidor», muy cercano a la cúpula del PP, con intereses y negocios en el ayuntamiento. En fin, una historia muy familiar para todos. Un edil de Urbanismo, un empresario cercano a un partido político, una ciudad en crecimiento y operaciones inmobiliarias en marcha; la receta perfecta para la corrupción.

Pero en el año 2005 tuvo lugar una operación «demasiado chillona», la venta de unos terrenos de propiedad municipal valorados en 150 millones de euros que se pretendía vender por 70 millones, muy por debajo de su valor real. La operación se paró y Peñas y Francisco Moreno, el concejal de Hacienda, fueron expulsados del PP.[83]

Francisco Correa, el supuesto líder de la trama Gürtel y a quien encontramos detrás de todas estas operaciones, intentó entonces una operación política para que José Luis Peñas liderara una candidatura independiente para hacerse con la alcaldía, que no salió bien. Ante lo descarnado y abierto de todo lo que veía y oía en el ayuntamiento, José Luis Peñas, aprovechando su cercanía personal con Correa, grabó dieciocho horas de conversaciones en las que se hablaba de una red de corrupción que iba mucho más allá del Ayuntamiento de Majadahonda.[84] El 6 de noviembre de 2007 Peñas presentó una denuncia ante la Fiscalía Anticorrupción.

Se había abierto la caja de Pandora, y dio comienzo el caso Gürtel. Empezó el trabajo la Unidad de Delitos Económicos y Financieros de la policía (UDEF) y luego la Fiscalía Anticorrupción asumió la investigación de lo que se deducía de las cintas, en las que asomaban indicios de actividades delictivas no sólo en Majadahonda, sino también en Galicia, Valencia y en la propia sede del Partido Popular. En agosto de 2008, la Fiscalía Anticorrupción presentó una denuncia ante la Audiencia Nacional, correspondiendo el asunto al Juzgado Central de Instrucción n.º 5, que yo titulaba en ese momento. Se incoaron las Diligencias Previas 275/2008 y se inició una investigación por presuntos delitos de blanqueo, asociación ilícita, fraude fiscal y cohecho, en la que se intervinieron los teléfonos de diversas personas aparentemente partícipes de la organización delictiva.

La operación, ante el riesgo informado por la policía de que el principal responsable, Francisco Correa, se marchara al extranjero, específicamente a Panamá, se precipitó y, a petición del Ministerio Fiscal, el 6 de febrero de 2009 ordené diversas detenciones, registros, bloqueos de cuentas y todas las diligencias necesarias para cesar la actividad presuntamente criminal que se estaba desarrollando. A partir de ese momento, comenzó una actividad frenética: análisis de la documentación intervenida, declaración de los detenidos, intervención de las cuentas bancarias, libramientos de comisiones rogatorias y todas las diligencias. Las declaraciones de los testigos duraron dos meses, hasta que envié el procedimiento en dos partes, uno a Valencia ante la posible participación del presidente de la Generalitat, y por tanto aforado, y otro a Madrid ante la presencia de aforados de la Comunidad de Madrid y la posible imputación de Luis Bárcenas, senador en ese mismo momento y por ende competencia de la Sala Segunda del Tribunal Supremo.

La aparición de un lápiz de memoria en el que la organización llevaba la contabilidad B puso de manifiesto la envergadura de la trama. Cada vez con más frecuencia aparecían vinculaciones, y todos los indicios apuntaban al Partido Popular en el centro de una red criminal que había estado actuando al amparo del poder desplegado por ese partido en Madrid, Valencia, Castilla y León, Galicia y a escala nacional dado el rango de Luis Bárcenas, en ese momento tesorero del partido.

El 11 de febrero de ese mismo año, Mariano Rajoy compareció ante la prensa rodeado del núcleo duro del PP y desenterró la ya clásica teoría de la conspiración contra su partido, negándose a reconocer ninguno de los hechos. En vez de eso, el presidente del Partido Popular y jefe de la oposición y todos los cuadros del partido decidieron atacar y presionar al juez que llevaba la investigación (en este caso yo), tanto personal como profesionalmente, por todas las vías posibles, sirviéndose de medios de comunicación próximos al PP. Se publicaron fotos trucadas, descontextualizadas, así como informaciones falsas de supuestas actividades irregulares; se investigaron todas y cada una de mis actividades de los últimos veinte años; se me tildó de juez socialista (cuando ese mismo partido y todos y cada uno de sus dirigentes habían celebrado mis actuaciones en el ámbito del terrorismo); se distorsionó hasta el paroxismo mi asistencia a una cacería en Andalucía después de la operación en la que había coincidido con el ministro de Justicia y cincuenta personas más, y se expusieron todo tipo de acusaciones descabelladas, manifiestamente falsas. Es decir, se desplegó el manual de estilo contra el juez instructor con la intención de acabar con él. No hubo cuartel; hasta se nombró a Federico Trillo como coordinador de las acciones «anti-Garzón», quien además lo dijo públicamente, con total cinismo. Este desafío no mereció el mínimo comentario en mi defensa, situación que ya me era habitual porque en varias ocasiones (como en el caso del ácido bórico y el de los GAL) nadie lo había hecho. ¿Por qué lo iban a hacer aquí? Lo triste es que con los ataques a la causa se podía producir un daño irreparable con el argumento loco de que todo era una conspiración. Como se ha puesto de manifiesto posteriormente, las imputaciones no sólo estaban justificadas sino que el caso iba más allá, hasta la presunta demostración del aprovechamiento del partido afectado.[85]

En los días sucesivos del mes de febrero fueron imputados varios alcaldes, empresarios y abogados. La trama se iba ampliando conforme se iba analizando la documentación. La investigación era frenética, las veinticuatro horas del día eran hábiles dentro y fuera del juzgado para desarrollar las actividades procesales que la instrucción exigía. Fueron días intensos, pero se cumplió en tiempo récord con los fines de la investigación y se dejó una causa armonizada, con todos los despachos cursados, nacionales e internacionales. En este punto, debo poner de manifiesto la entrega de los funcionarios tanto del juzgado como de la policía y de la Fiscalía Anticorrupción. El trabajo fue llevado a cabo de forma colectiva y perfectamente sincronizada, ejecutando con inmediatez todas y cada una de las acciones emprendidas. Los tipos delictivos se han ido confirmando y las imputaciones se han sostenido, siendo ratificadas por el tribunal. Por experiencia sé que, cuando te enfrentas a una organización criminal o a personas que tienen protección corporativa u oficial, tienes que actuar de forma inmediata y proactiva con el fin de evitar que los imputados y sus respectivas estructuras se prevengan y obstaculicen la acción procesal. Esto fue lo que aconteció una vez que el caso pasó a la Sala Civil y Penal del Tribunal Superior de Justicia de Madrid, por los aforados autonómicos. Afortunadamente, las diligencias acordadas fueron ratificadas, o bien en el TSJM o posteriormente, cuando el caso volvió al Juzgado Central n.º 5.

Cuando trascendió la posible implicación del senador Luis Bárcenas, éste me denunció por revelación de secretos, ya que para evitar un daño irreparable, y ante una filtración que afirmaba la imputación del diputado Esteban González Pons y del mismo Luis Bárcenas, tesorero del PP, alcé el secreto parcial de la causa para expedir una nota informativa en la que se expresaba que no había indicio alguno contra González Pons y que, por ende, no estaba ni iba a ser imputado. Como el señor Bárcenas no salía mencionado en esa nota, éste considero que sí había indicios contra él y que yo había revelado ese secreto. Como es obvio, la denuncia carecía de base y así fue reconocido. No sería la última en este caso.

En los primeros días de marzo de 2009, me inhibí en favor del TSJV por el caso de los trajes regalados al presidente Francisco Camps, junto con el secretario general del Partido Popular de Valencia y diputado autonómico. Recuerdo cómo mientras el empleado de la sastrería declaraba ante mí, su celular, que tenía encendido con mi autorización, recibía las llamadas insistentes de Camps. El nerviosismo era evidente. Un mes más tarde, consultado el fiscal y con su informe favorable, remití al TSJM la parte restante, donde aparecían imputados, entre otros, Alberto López Viejo, ex consejero de Deportes de la Comunidad de Madrid; Guillermo Galeote, ex parlamentario europeo del PP; Arturo González Panero, ex alcalde de Boadilla, del PP; Jesús Sepúlveda, alcalde de Pozuelo, del PP, y marido de la ministra de Sanidad, Ana Mato (que acabaría dimitiendo en noviembre de 2014, al ser declarada por el juez como partícipe lucrativo de los beneficios delictivos obtenidos o disfrutados por su marido o con su autorización), y Ginés López, alcalde de Arganda del Rey, también del PP.

La madeja se complicaba y, con el reparto del caso en distintos tribunales, comenzaron a salir los distintos hilos de la trama: la rama valenciana, la madrileña, la del tesorero del PP (Luis Bárcenas) y una carga de profundidad, la querella presentada el 10 de noviembre de 2010 contra mí por prevaricación, al haber ordenado la interceptación de las comunicaciones en el interior de la prisión que pudieran mantener los principales responsables, Francisco Correa, Pablo Crespo Sabaris y Antoine Sánchez, con terceras personas, incluidos los abogados, algunos de ellos imputados, previniendo en este caso el derecho de defensa de los imputados y por ende de los propios letrados, pero procurando con ello evitar la continuidad delictiva, como se comprobó tiempo después con el hallazgo de cuentas en Suiza. Pero de este tema hablaré más adelante.

La trama valenciana

Tomando prestadas las palabras de José María Izquierdo: «En Valencia la escasez de medios sí es patente. Con 53 imputados por Gürtel, pero otros tantos por distintos casos de corrupción (Blasco, Brugal, Alperi), los cuatro jueces sólo cuentan con dos secretarios judiciales y siete funcionarios. Sirva como dato risible que sólo hay una fotocopiadora, que además sirve de escáner, lo que hace que las colas para recoger la documentación se hagan interminables. Hace un mes que se ha conseguido un juez de apoyo. Y hay, parece mentira, dos jueces anticorrupción que han trabajado, y trabajan, con un afán y un rigor encomiables. Allí, las seis causas van a tener que esperar meses incluso para tener fecha de juicio. El caso Fitur ya está cerrado para la vista, pero como se está celebrando otro juicio por corrupción, el caso Blasco, no podrá fijarse fecha hasta que éste termine». Parece conveniente, como indica el periodista, hacer un recordatorio «en estos tiempos de desprecio y desafección hacia todo lo público y, de manera muy especial, hacia la justicia», pues tenemos mucho que agradecer al grupo de funcionarios que día a día trabaja a destajo, haciendo frente a la escasez de medios y a enormes complejidades burocráticas y de los mismos casos a los que se enfrentan.[86] Aunque, como afirma, «es cierto que la justicia no siempre va lenta». Conmigo «fue incluso a velocidad de Usain Bolt. Porque por ahora, el resumen judicial del caso Gürtel es descorazonador. Sólo hay un condenado de primera división: Baltasar Garzón, mientras también hay un absuelto de primera división: Francisco Camps. La realidad, a veces, parece una broma de mal gusto».[87]

Según los informes policiales entregados al Tribunal Superior de Justicia de Valencia, la financiación ilegal del PP valenciano vinculada a la trama Gürtel no empezó en la etapa del ex presidente Francisco Camps sino en la de su predecesor y ex ministro de Trabajo Eduardo Zaplana,[88] y giraba en torno a Álvaro Pérez, llamado el Bigotes, socio clave de Francisco Correa en Valencia y dueño de la empresa Orange Market. Pérez, emparentado con Andrés Pajares y casado con una ex *mama chicho*, se había convertido en amigo personal de Francisco Camps, presidente de la Generalitat valenciana, y en una pieza clave del PP valenciano.[89] A partir de la información incautada, se abrió el mencionado proceso contra Camps por un presunto delito de cohecho impropio por la aceptación como regalo de una serie de trajes. Este proceso, que sufrió cambios de tribunal debido al aforamiento de las personas implicadas (Francisco Camps y Ricardo Costa), pasó de la Audiencia Nacional al Tribunal Superior de Justicia de Valencia. Tras numerosas vicisitudes, el caso terminó en la absolución de Francisco Camps. Pero es importante que quede para la posteridad la conversación intervenida entre Álvaro Pérez y Francisco Camps:

Álvaro Pérez: Presidente.

Camps: Feliz Navidad, amiguito del alma.

A. P.: Oye..., que te sigo queriendo mucho.

C.: Y yo también..., tenía que haberte llamado, te quería haber llamado, para contarte todo, cómo fue, para decirte que tienes un amigo maravilloso, Romero, y que el otro es un tipo excepcional, ¿eh?

A. P.: Vale, me alegro, pero me han ido informando puntualmente de todo.

C.: Ya, ya lo sé, pero sobre todo para decirte que te quiero un huevo.

A. P.: Bueno, que... contarás durante muchos años con mi lealtad, ¿vale?

C.: Perdona, ¿durante muchos años? No, hijo de puta, durante toda tu vida. Ja, ja...

A. P.: Por eso, tío, es que espero que sean muchos.

C.: Ya, pero bueno, no tienes que decir «durante muchos», porque eso tiene un límite, una caducidad, durante toda tu vida...

A. P.: No, llevas razón, siempre me tienes que... ¿ves? Es la ventaja de estar todos los días delante de un micro.

C.: Exacto.

A. P.: Tu caudal de palabras, tu facilidad de palabras... Te quiero mucho a ti y a tu familia. ¿Vale?[90]

Estas conversaciones no tendrían mayor relevancia si no fuera porque uno de los interlocutores era presidente de la Comunidad Valenciana y estaba recibiendo regalos en especie (trajes a medida, ropa), y porque el partido que él dirigía se estaba financiando presuntamente de modo ilegal a través de la trama Gürtel, como consta en la actualidad en el auto del juez Ruz. Curiosamente, al único que no tiene imputado es a dicho presidente. Existían indicios de cohecho y, sorprendentemente, no se plasmaron en una sentencia condenatoria. El Tribunal Supremo, en una sala penal presidida por el magistrado Manuel Marchena, resolvió en 2013 que no es delictivo que un cargo público se lucre en el ejercicio de sus funciones con regalos de empresas y personas que están consiguiendo contratos con la administración que él dirige.[91] Resultan llamativas, como casi todo lo que está rodeando a este caso, las diferencias existentes según los órganos judiciales en los que corresponde decidir el proceso correspondiente. De todos modos, lo que queda claro es la indecencia con que algunos políticos se conducen en el ejercicio de la función pública, prescindiendo de las normas más elementales de la ética. Desde luego, es evidente que la justicia y quien la ejerce tienen diferentes varas de medir. A veces se inventan delitos y se investigan hechos inexistentes, y otras se emiten sentencias absolutorias con nombres y apellidos. En todo caso, creo que la conducta de Francisco Camps, que dimitió de su cargo el 20 de julio de 2011, fue absolutamente reprochable y que ejemplifica un tipo de hacer política que debe ser erradicado de la vida pública española.[92] El amiguismo, el tráfico de influencias y el desprecio hacia el ciudadano deben ser eliminados de raíz, y éste debe ser consciente de que la manipulación que muchas veces sufre se debe a algo tan sencillo como su conformidad con hechos como éste. Probablemente, la «celeridad» de la justicia salvó a Camps; de haberse celebrado hoy el juicio, habría salido condenado y el Tribunal Supremo no habría encontrado los argumentos que en su día empleó para justificar una absolución más que discutible. Curiosamente, la mayoría del Tribunal Supremo fue más amplia (cuatro a uno) que la del jurado (cinco a cuatro).[93] ¡Cosas de la vida!

Pero Camps tiene más frentes abiertos. En el momento en que escribo estas líneas, la Fiscalía Anticorrupción considera que debe ser el Tribunal Superior de Justicia valenciano el que conozca la querella presentada contra él, aforado como diputado autonómico, por la gestión de la Fórmula 1 en Valencia al existir «sólidos indicios delictivos».[94]

En octubre de 2014 conocimos, a través de la UDEF, un nuevo informe elevado al Tribunal Superior de Justicia de Valencia, por el que se probaba que en el año 2002 Francisco Correa se llevó un millón de euros de comisión por servir contratos públicos a empresas privadas en la Comunidad Valenciana.[95] De esta jugosa cantidad supuestamente «donó» 420.700 euros al Partido Popular de Valencia en diciembre de 2002. Según la policía, el PP regional pagó en B numerosos actos, desde 2002 hasta 2008, y durante los años de gobierno de Francisco Camps esto se combinó con la adjudicación de contratos de la Generalitat a las empresas de la trama Gürtel. De este modo, las constructoras que recibían las millonarias adjudicaciones se convirtieron en financiadoras del partido, y Orange Market se convirtió, en palabras del informe, en el «intermediario necesario». El PP habría empleado la actividad empresarial de la trama «como medio para encubrir pagos» y sus cuentas «como canal para que circularan los fondos que capta la formación para sus actividades». La relación laboral entre Orange Market y el PP fue muy fructífera entre 2005 y 2008, período durante el cual, según los informes policiales, la trama corrupta organizó un total de 208 actos para el PP de Valencia. Por ejemplo, en septiembre de 2002 se organizó el montaje del congreso regional, que costó 240.582 euros, y el PP abonó una factura de 90.151 euros a Special Events, otra de las empresas de Francisco Correa. Los 150.430 euros restantes se pagaron directamente en efectivo, según certifica el informe de la UDEF.[96]

Así pues, entre 2002 y 2006 la trama prestó servicios al PP con una fórmula de financiación dual. «Por un lado, una parte del coste del evento se factura y se cobra con fondos existentes en el sistema financiero y, por otro, el resto del coste de los actos se perciben con fondos ajenos al sistema económico, entregados por la propia formación, que engrosan directamente la caja b de la empresa Orange Market.»[97] De hecho, la empresa llevaba una contabilidad rigurosa, con un registro de la facturación real de los servicios prestados al PP de Valencia, «en la que se extienden los correspondientes documentos mercantiles, se contabilizan las facturas y se hace la correspondiente repercusión del IVA, que la organización denomina "Alicante" y que se refiere a la caja A». Pero según el informe, Orange Market también se encargó de registrar otro tipo de financiación «ajena a los circuitos financieros legales», en los que el importe adeudado y cobrado no es soportado por una factura, «ni contabilizado ni repercutido el IVA y que la organización identificaba como "Barcelona", en directa alusión a los pagos denominados B».[98]

En el informe no sólo se explica que Orange Market se ocupó de abonar facturas al PP, sino que se procede a detallar una lista de personas a las que también facturaron, entre las que destaca el sobrino de Juan Cotino (el recientemente dimitido presidente de las Cortes Valencianas). Y hay otros ejemplos: el Grupo Sedesa abonó a Orange Market facturas hasta un importe de 150.684 euros, Enrique Ortiz e Hijos abonó unos 348.116 euros. Facsa expidió facturas por 231.665 euros, Lubasa pagó en 2008 una única factura de 58.000 euros y la sociedad Piaf S. L. fue la destinataria de un albarán de 4.400 euros. Los aires de los casos Filesa y Naseiro se vuelven a respirar en la tierra levantina.

Con respecto a las investigaciones que el Tribunal Superior de Justicia de Valencia lleva a cabo sobre la visita del Papa a Valencia en 2006, Pedro García, ex director general de Ràdio Televisió Valenciana, parece estar en un aprieto. Los testimonios coinciden en que fue García quien aceptó que RTVV se encargara de contratar cincuenta pantallas gigantes para retransmitir los actos del papa Benedicto XVI. Decisión que resulta paradójica, pues lo normal es que hubiera sido la propia RTVV la que retransmitiera las jornadas en lugar de financiar dicha difusión mediante pantallas gigantes. Según la Fiscalía Anticorrupción, en este procedimiento de adjudicación, que no de concurso público, en el que García tomó la decisión final, la trama recibió 7,4 millones de euros. La policía ha determinado que el alquiler de las pantallas y el resto de los gastos ascendieron a la mitad de lo facturado, mientras que el resto se destinó al pago de comisiones, incluidos 500.000 euros supuestamente para García.[99]

Cuando escribo estas líneas aún no ha comenzado el juicio, que ya debería haber empezado y que se centra en las adjudicaciones que las empresas de la red consiguieron con motivo del diseño e instalación del pabellón valenciano en la feria turística Fitur, y por el que deben sentarse en el banquillo de los acusados los supuestos cabecillas de la red, acompañados de una ex consejera de la Generalitat valenciana, Angélica Such, y la ex presidenta de las Cortes Valencianas, Milagrosa Martínez. Como ambas dimitieron, al dejar de estar aforadas se concedió la competencia a la Audiencia Provincial (sucederá lo mismo con los casos que afectan a los demás ex aforados).[100] La Fiscalía Anticorrupción consideró que la dimisión de estas diputadas encerraba un «fraude de ley» para demorar el juicio y recurrió la resolución del Tribunal Superior valenciano. El Tribunal Supremo ha decidido que el asunto se resuelva por la Sala Penal, y tiene en sus manos no sólo resolver el caso concreto, sino también establecer un criterio general para este tipo de situaciones. Todos conocemos las triquiñuelas procesales para dilatar las causas que buscan quienes no quieren ser juzgados en un tribunal determinado, pero parece que, si ya no existe el aforamiento y se sigue el criterio de otros casos resueltos por el Tribunal Supremo en supuestos de terrorismo y en el propio caso Gürtel con Luis Bárcenas, la causa debería verse por la Audiencia Provincial de Valencia, sin que ello hubiera implicado necesariamente un retraso extraordinario que ahora sí existe por la dilación en resolver la cuestión de competencia. Debe tenerse en cuenta que se están decidiendo conductas ocurridas hace más de siete años, y cuando se vea el juicio y se confirme la resolución en el Tribunal Supremo, podemos estar hablando de diez años en el mejor de los casos. Lo mismo va a acontecer con las demás ramas del árbol Gürtel, que ya frisan los diez años. Estas dilaciones son las que resultan inadmisibles. Una justicia tardía no es justicia.

La trama vasca

El País Vasco siempre ha alardeado de que «en Euskadi no hay corrupción», pero la trama Gürtel se asemeja al mito griego de la Hidra y, según se va investigando, surgen nuevas tramas que se integran en una especie de red interminable de prebendas, pagos ocultos y contabilidades ficticias o amañadas, que sugieren un escándalo de proporciones ya casi inabarcables. De haberse concentrado todo el caso en un solo procedimiento, daría pánico la profundidad de la podredumbre alcanzada.

Según el auto del juez Ruz, existen irregularidades en la financiación de las obras de la sede del PP en Bilbao.[101] La instrucción establece que se pagaron 480.000 euros (el 40 por ciento del coste de las obras) con dinero procedente del PP de Madrid. Ruz afirma que las obras fueron abonadas mediante una fórmula «muy similar en cuanto a estructura y funcionamiento a la establecida en los conocidos como papeles de Bárcenas»: transferencias, abonos directos desde Madrid y entregas en efectivo al gerente del PP en Euskadi.[102]

Según el informe de la UDEF, Emilio Álvarez López, un empresario de la construcción, financió la compra de la sede del PP en Bilbao, y su empresa (Grupo Bruesa, Construcciones Bruesa) se beneficiaba a cambio, en lo que viene siendo el *modus operandi* de la trama, de adjudicaciones de obra pública de administraciones controladas por el PP. Luis Bárcenas llegó a crear una cuenta llamada «Sede Vizcaya» para realizar los pagos de una obra que costó un millón de euros.[103]

La trama madrileña y Luis Bárcenas

La trama Gürtel nació en las ciudades del noroeste de Madrid, fundamentalmente Majadahonda, Pozuelo de Alarcón y Boadilla del Monte, con ramificaciones en la Comunidad y el Ayuntamiento de Madrid. No obstante, a partir de la documentación incautada en los inicios del caso,[104] aparecía una conexión inesperada, la de un tal L. B. Éste sería posteriormente identificado como Luis Bárcenas, tesorero del PP y senador del mismo partido.

A partir de la conexión con el tesorero del PP, aparecieron numerosos indicios de financiación ilegal y blanqueo de dinero alrededor de la sede nacional del PP que se están investigando judicialmente. El *modus operandi* consistía supuestamente en la adjudicación de contratos públicos a cambio de comisiones que se cobraban en la sede del PP, o bien en la realización de servicios públicos (o al propio partido) con importes sobrevalorados, sobrecoste que originaba comisiones que acababan en manos de diversos eslabones corruptos en las distintas administraciones.

Uno de esos casos fue el de las comisiones percibidas por Jesús Sepúlveda,[105] marido de Ana Mato en el momento de recibirlas (posteriormente ex marido), por su colaboración necesaria en la trama como alcalde del PP en Pozuelo de Alarcón y dirigente del partido. Hacienda ha demostrado que la familia Sepúlveda Mato recibió más de 546.457 euros en dinero, viajes, regalos y fiestas (aunque las cantidades no superaron ningún año el importe mínimo para imputar un delito fiscal), con el añadido de los coches de lujo en el garaje familiar. Hacienda desmintió, además, la versión aportada por la entonces ministra de Sanidad de que los viajes y los regalos los financió sólo el núcleo familiar. Según se demostró, fueron las sociedades de Francisco Correa las que abonaron estos gastos.[106]

A pesar de las evidencias, Ana Mato, al igual que le sucede a la infanta Cristina, parece tener problemas de memoria en lo que al inusual caudal de su ex pareja se refiere y ha proclamado públicamente su inocencia. Al pedir la confianza de los ciudadanos, afirmó con contundencia: «Siempre he pagado todos los gastos familiares de los que me he hecho cargo».[107] Pero tras una serie de gestiones dudosas durante su desempeño como ministra de Sanidad, fue precisamente la falta de coherencia entre sus declaraciones y la realidad reflejada en el auto del juez Ruz (que señala a la ex ministra como «partícipe a título lucrativo») lo que le hizo finalmente dimitir. Sin embargo, en el comunicado de su dimisión parece que las razones de la misma se deban a una injusticia y que ella sea una mártir de la calificada cruzada de Ruz contra el PP: «Tras la publicación del auto del magistrado juez Pablo Ruz de 26 de noviembre de 2014, quiero manifestar que a pesar de que el auto en ningún caso me imputa ningún delito ni me atribuye responsabilidad penal alguna, señala que no he tenido conocimiento de ningún delito que se haya podido cometer y se limita a comunicarme la resolución a efectos meramente civiles como consecuencia de mi situación familiar en el momento en el que supuestamente se produjeron los hechos, he decidido presentar mi dimisión como ministra de Sanidad, Servicios Sociales e Igualdad».[108]

El auto del juez Ruz sobre la parte troncal de la trama Gürtel, que se ocupa de los delitos de 1999 a 2005 cometidos por los componentes de la misma en operaciones que se circunscriben a las comunidades de Castilla y León y Madrid (ayuntamientos de Madrid, Pozuelo y Majadahonda), así como a la localidad malagueña de Estepona, se dictó el 26 de noviembre de 2014. Según esta resolución, el juez entiende que hay indicios suficientes para sentar en el banquillo a 43 personas, además de considerar a Ana Mato, como ya he mencionado, y a Gema Matamoros[109] partícipes a título lucrativo por el beneficio que supuestamente obtuvieron por los hechos delictivos atribuidos a los imputados Jesús Sepúlveda y Guillermo Ortega. En la misma condición de «partícipe a título lucrativo» se mantiene y se reitera al Partido Popular, que en un principio pretendió ser acusación en el caso, pero también insiste en que, con la supuesta caja B reflejada en los célebres «papeles de Luis Bárcenas», se pagaron sobresueldos y gastos del propio partido. Asimismo, constata la «relación simbiótica» que mantenía con la trama de Francisco Correa, según la denominó el ya mencionado informe de la UDEF, y que al parecer le supuso importantes ganancias.[110]

Con respecto a Ángel Acebes y su supuesta implicación en el entramado de los hechos con la financiación de Libertad Digital,[111] el juez estima que no hay indicios sobre el eventual conocimiento por parte del imputado de que las operaciones de suscripción de acciones de Libertad Digital fuesen llevadas a cabo, entre otros, por Luis Bárcenas a través de su mujer, empleando los fondos opacos que el gerente y tesorero administraba. Todo esto sin perjuicio de que el juez considera indiciariamente acreditadas por los estatutos del Partido Popular la posición del secretario general, de superioridad jerárquica, y su autoridad sobre la actuación del gerente, del que podría racionalmente inferirse «un deber especial de control o de vigilancia en relación a las actividades propias atribuidas al gerente».[112]

Los hechos relatados por el juez se tipifican provisionalmente en once delitos: prevaricación, cohecho, tráfico de influencias, malversación de caudales públicos, fraude a la Administración Pública, falsedad documental, delitos contra la Hacienda Pública, blanqueo de capitales, estafa procesal en grado de tentativa, apropiación indebida y asociación ilícita en el ámbito de la contratación.[113]

En las 205 páginas del auto, Ruz describe toda la operativa desarrollada en torno a Francisco Correa y Pablo Crespo, que durante años lideraron un entramado societario con la participación, entre otros, de tres ex tesoreros del Partido Popular (Luis Bárcenas, Álvaro Lapuerta y Ángel Sanchís), los ex alcaldes Guillermo Ortega y Jesús Sepúlveda, el ex senador Jesús Merino, el ex concejal de Estepona Ricardo Galeote, el ex consejero de la CAM Alberto López Viejo, así como funcionarios y empresarios, etc. El auto los describe como «un grupo jerarquizado y con una estrategia coordinada».[114] Se podría decir que nos encontramos ante una red criminal de corte mafioso.

El auto relata cómo Francisco Correa, que comenzó su actividad a los catorce años como botones turístico, terminó siendo el máximo responsable de la organización, con Pablo Crespo actuando bajo sus órdenes y ejecutando las directrices marcadas por Correa.[115]

En el estudio de los hechos, el juez constata la vinculación que había entre las finanzas de la red desmantelada y las cuentas de Génova 13, y divide la relación entre la trama y el partido en tres fases. En primer lugar, podemos hablar de la génesis de la trama en la década de los noventa, años en que la organización de Correa prestó diversos servicios al PP a nivel nacional, principalmente a través de la agencia de viajes Pasadena. Se trata de los años, como destaca el propio juez, en que «dicha formación política ocupaba el gobierno de la nación», es decir, los años del Gobierno de José María Aznar. Éstos son también los años en que Correa establece los lazos más estrechos con los cargos y dirigentes del PP. Así, Correa comenzó a actuar a través de sociedades en las que colocaba a personas de su máxima confianza, que ejercían de administradores y le gestionaban el patrimonio para ocultar la titularidad real de sus bienes. Fue el momento de la aproximación, la consolidación y el comienzo de la depredación sistemática de lo público con la aquiescencia, el apoyo y la cooperación de sujetos insertos en las estructuras del Partido Popular. A raíz de la fortificación de la relación con el partido, Correa llegó a participar en la preparación de la campaña electoral del PP en las elecciones gallegas de 1999, gestando una estrecha relación con Pablo Crespo, entonces secretario de organización del PP en Galicia. La red se fue especializando en la organización de eventos y campañas electorales del Partido Popular «principalmente a través de la empresa Special Events», al tiempo que aprovechaba sus contactos con personas con responsabilidades orgánicas en el PP para conseguir adjudicaciones públicas. Así, queda constatado en los hechos que el entorno de Correa se encargaba de entregar dádivas en contraprestación a los funcionarios y las autoridades que intervenían para favorecerle en la obtención de negocios para sus empresas.[116] Es decir, Correa fue siguiendo el manual clásico de corrupción a través de las dádivas, el halago, la sumisión y el encadenamiento de favores de todo tipo y nivel, hasta tener «enganchados» a quienes participaban con él y su organización como parte del mismo entramado. El concierto de voluntades fue total, y la omnipresencia de Correa le llevó hasta la boda de la hija del presidente del Gobierno, José María Aznar.[117]

Realmente hay que reconocerle al señor Correa que desempeñó de modo excelente su papel de presunto corruptor, con la ayuda inestimable de los corrompidos. Todos, incluidos los no afectados, lo sabían o lo intuían, pero la impunidad que se respiraba era absoluta. Era lo que se hacía, todos lo hacían, con el mayor descaro, a la vista de todos. Sí, todos fueron culpables, no necesariamente en el ámbito penal —eso ya se verá—, pero sí en el ético. Al fin y al cabo, estamos hablando de políticos que deben llevar la marca de la honestidad en la frente y ser especialmente diligentes. Su obligación es cuidar de los intereses públicos y no de los propios.

El auto judicial detalla como, a partir de las relaciones entabladas con distintos responsables políticos del PP, el grupo de Francisco Correa diversificó el negocio y extendió sus tentáculos a la Comunidad de Castilla y León y la Comunidad de Madrid. Recoge las irregulares adjudicaciones de contratos en los ayuntamientos de Majadahonda (con Guillermo Ortega) y Pozuelo de Alarcón (con Jesús Sepúlveda), a cambio de dádivas percibidas en efectivo o la prestación de servicios (viajes organizados por la agencia Pasadena). Es precisamente por esta relación con los ayuntamientos de Majadahonda y Pozuelo que Ruz considera al PP «beneficiario a título lucrativo», ya que consiguió «ahorrarse» 236.864,32 euros de gastos electorales en ambas localidades. Fue la trama Gürtel la que se ocupó de desembolsarlos.[118] Estas acusaciones fueron recurridas por el PP, pero los indicios del juez Ruz fueron confirmados por la Audiencia Nacional,[119] desestimando los recursos de apelación interpuestos y afirmando que «existen indicios de que el Partido Popular se benefició de las cuantías que los imputados [en referencia a Sepúlveda y Ortega] dedicaron a realizar actividades propias de dicha formación política, la cual tuvo que tener conocimiento de aquellos dispendios, pues repercutió en su propio peculio».

En relación con la Comunidad de Madrid, Ruz considera acreditado indiciariamente que distintas entidades y consejerías llevaron a cabo una contratación pública durante los años investigados «que se apartó de los principios de publicidad, concurrencia, objetividad y transparencia, llevándose a cabo la tramitación de los diferentes expedientes de contratación con infracción de la Ley de Contratos de las Administraciones Públicas». De lo investigado concluye que al menos 348 actos de la CAM fueron adjudicados directa o indirectamente a empresas del grupo Correa. La ocultación de los fondos que se obtenían de forma ilícita de la trama delictiva se realizaba mediante un procedimiento ideado por Luis de Miguel,[120] cuya relación con Correa está en el origen de la trama. Esto sirvió más tarde para que los cargos públicos o los responsables del PP relacionados con Correa intervinieran en operaciones inmobiliarias. «Correa puso a disposición de determinados cargos públicos su propio entramado societario con el fin de ocultar la titularidad y origen de sus fondos.»[121]

La pregunta que surge inmediatamente es dónde estaba la presidenta de la Comunidad de Madrid cuando varios altos responsables de su partido a nivel regional y algunos de sus principales colaboradores (López Viejo) estaban atragantados de corrupción. La responsabilidad política de esta dirigente, que en 2014 aún aspiraba a ser el «motor de regeneración» del PP en Madrid, brilla por su ausencia. El cinismo de Esperanza Aguirre sólo es equiparable al desconocimiento de lo que debe ser el buen gobernante que vela por los intereses de sus ciudadanos en vez de enfrentarse a la policía con la prepotencia propia de quien no acepta que todos somos iguales ante la ley. Algo debería decir la señora Aguirre sobre la corrupción que durante años ha invadido la Comunidad de Madrid, y, desde luego, retirarse prudentemente de la esfera pública de la política.

El auto dedica un apartado a las contrataciones irregulares en la Comunidad de Castilla y León, en las que destaca indiscutiblemente el papel de Luis Bárcenas y de Jesús Merino, que supuestamente recibieron regalos y comisiones a cambio de su actuación como intermediarios con las empresas de Correa. Sin perjuicio de lo que aún se está investigando en el momento de escribir estas líneas, en la llamada «pieza de papeles» se señala que Bárcenas llevó junto con Álvaro Lapuerta una contabilidad paralela o «caja B» del partido político entre los años 1990 y 2008 —cuyo dinero no aparece contabilizado en «los libros contables ni declarados a la Hacienda Pública»—, «nutrida de donativos o aportaciones ajenos a la contabilidad oficial y que de acuerdo a lo indiciariamente acreditado fue destinada: al pago de gastos generados en campañas electorales, al pago de complementos de sueldos a determinadas personas vinculadas al partido y al pago de distintos servicios y gastos en beneficio del Partido político».[122] Se insiste precisamente en una multitud de indicios que demuestran la existencia de dicha caja en la contabilidad del PP, y se resaltan las numerosas «declaraciones de diversos testigos e imputados que reconocen la percepción de entregas de cantidades en metálico y en sobres sin mediar retención tributaria por parte del partido ni aparecer documentadas en la contabilidad remitida al Tribunal de Cuentas».

El juez hace referencia también a los informes de la Agencia Tributaria y de la Intervención General de la Administración del Estado (IGAE) y a los informes periciales de documentos copia, «entre otros», que «correlacionan indiciariamente determinados apuntes reflejados en la contabilidad paralela con operaciones reales ejecutadas como gastos o aportaciones económicas» del PP. A ellos se unen los numerosos análisis efectuados por la UDEF sobre las «entradas y salidas de fondos económicos vinculadas a la contabilidad paralela». Esta contabilidad sí tuvo un reflejo en los apuntes contables de Bárcenas. Paralelamente a la estructura societaria en España, los imputados tejieron otra en el exterior para ocultar y transformar el patrimonio que iban amasando con sus actividades ilícitas, ocultando a la Hacienda Pública su verdadero patrimonio y el origen del mismo. Se constata asimismo que Bárcenas desvió parte de estos fondos en beneficio propio. Aun así, la investigación sobre la contabilidad B del PP pertenece a una pieza separada del sumario, «papeles de Bárcenas», mencionada anteriormente, sobre la que no versaba este auto.[123]

Quedan aún otras piezas que están a punto de concretarse en varios autos judiciales que abrirán el camino a los juicios para determinar la responsabilidad de quienes, desde ya, han protagonizado el mayor escándalo de corrupción política de la democracia. Mientras tanto, por increíble que parezca, altos responsables del PP, como la delegada del Gobierno en la Comunidad de Madrid, atacan ahora a la Justicia por su lentitud, y otros, como el señor Carlos Floriano, afirman que, a pesar del auto del juez y de la acusación del fiscal, el PP es ajeno a toda la trama.[124] Es posible, pero por ahora, y según todos los indicios judiciales, sí está afectado como partícipe lucrativo. Por lo demás, parece que se olvida que todas estas personas eran responsables —algunas de primer nivel— de ese partido, por lo que la responsabilidad penal es la de entonces, pero la política no concluye con la baja del partido, sino con la rendición de cuentas ante los ciudadanos.

La persecución de los jueces por el Partido Popular

La estrategia del Partido Popular ante los indicios de corrupción y los numerosos imputados del partido, tanto en Madrid como en Valencia o en Galicia, ha sido siempre la de una defensa legal numantina. En el libro *El caso Bárcenas*, de Ernesto Ekaizer, se expone con claridad una estrategia de defensa que consiste en personar al partido como «perjudicado» en las distintas causas para poder así estar al corriente de todas las actuaciones judiciales alrededor del caso y buscar la recusación del juez o el traspaso de la causa a tribunales más manejables, con todo lo que ello tristemente implica.

En mi caso, primero el Partido Popular intentó recusarme poniendo en tela de juicio mi imparcialidad y alegando una «enemistad manifiesta contra el partido».[125] No llegó a hacerlo, sino que se querelló por prevaricación contra mí, aunque la querella fue desestimada.[126] Continué llevando el caso, hasta que acordé la inhibición en favor de los Tribunales Superiores de Justicia de Valencia y Madrid, por la presencia de aforados (personas para las que están previstos, en razón de su cargo, tribunales específicos para investigarlas y juzgarlas).

Mi participación en el caso Gürtel parecía haber llegado a su fin, pero el asedio continuó y me encontré con tres causas coordinadas contra mí en el Tribunal Supremo. La primera vino por mi intento de investigar crímenes franquistas contra la humanidad que dejaron más de 150.000 víctimas en las cunetas y fosas comunes y cuyos restos no han sido recuperados, por lo que siguen desaparecidos. La segunda derivaba de la realización de unos cursos en la Universidad de Nueva York de los que nunca percibí, administré ni gestioné un solo dólar, y que ya había sido archivada por el TS, volviéndose a iniciar a pesar de que no existía delito y de que incluso el que se «investigó» arbitrariamente estaba prescrito, como reconoció cínicamente el magistrado Manuel Marchena, hoy presidente de la Sala Segunda, inmediatamente después de ser uno de los que me condenaron. Marchena simultaneó como juez de juicio en Gürtel y como instructor en aquel caso, dictando un auto por el que ordenaba seguir, en medio de la deliberación como parte del tribunal, para luego, días después, archivar; es decir, estuvo más de dos años con la causa abierta, haciendo una investigación prospectiva en la que podría haber adoptado la decisión dos años antes. La tercera derivada era la interceptación de las comunicaciones de los máximos responsables de la trama Gürtel encarcelados con las personas con que se relacionaran, entre las que había abogados imputados, otros ajenos a su defensa y los defensores, para lo que dicté una cláusula de salvaguarda del derecho de defensa. Nunca antes se había dado un caso similar, con tres querellas simultáneas para cuya admisión el Tribunal Supremo cambió su doctrina y la ley, y de la existencia de indicios, que es lo que exige la ley, se pasó a que no era inverosímil que pudiera haber algo. Parecía que las causas estaban planeadas desde el principio para acabar conmigo y así se lo planteé a mi familia y mis amigos, para que se fueran preparando (yo también) para lo que sería la última escenificación de un ajuste corporativo en el que influyeron muchas cosas. Tantas como ausencia de delitos. Al final, se comprobó cuál era la estrategia: jugar con los tiempos, retrasando la causa del franquismo para avanzar con la de Gürtel y dejar en la recámara, por si acaso, la tercera. Por una vez el TS actuó con una «celeridad» encomiable y una sincronización certera, aunque perfectamente previsible: condena en la de las interceptaciones, llegando hasta el insulto en la resolución; absolución, pero con argumentación de condena (incluso un voto particular del magistrado Maza Martín, que pedía la condena), en la causa del franquismo, y archivo por prescripción (dos años después de que esto se supiera) de los cursos en Nueva York. ¿Dónde estaba la prevaricación? Desde luego, en mis actuaciones no.[127] A la hora de dilucidar si se anulaban o no del sumario del caso Gürtel las escuchas ordenadas por mí se produjo un espectáculo dantesco. Francisco José Vieira, presidente del TSJM, y Emilio Fernández Castro propiciaron la anulación de las escuchas. Suárez Robledano, magistrado conservador, mantuvo el pundonor del poder judicial presentando un voto particular en el que justifica la grabación de las conversaciones y recuerda que «hay abogados que cooperan o se involucran en la ejecución a la continuidad de actividades delictivas». Sin embargo, finalmente se decidió anular por dos votos contra uno todas las grabaciones, excepto una. La opinión pública mundial quedó estupefacta ante estos hechos.[128]

El caso Bárcenas, tras su traspaso al Tribunal Superior de Madrid, llegó a manos del juez Antonio Pedreira, a quien en círculos del PP se considera un juez influenciable,[129] algo que intentaron llevar a cabo de mil formas. De hecho, la parte del caso que afectaba a Bárcenas fue archivada provisionalmente,[130] momento en que el PP manifestó su satisfacción. Una satisfacción que duraría bien poco, dado que la Fiscalía Anticorrupción recurrió el archivo ante el TSJM por los indicios de evasión fiscal, cohecho y blanqueo de capitales. El TSJM, sin resolver el recurso, afortunadamente, devolvió el caso a la Audiencia Nacional y al Juzgado Central n.º 5 en el que me había sucedido Pablo Ruz. Hubo una discusión sobre la competencia entre éste y el juez Gómez Bermúdez, que tramitaba una denuncia sobre el mismo caso, pero la sala resolvió en favor del juez Ruz, que era el preferido por el PP.[131] Su instrucción, que dada la dificultad del caso no avanzaba con excesiva celeridad, no molestó inicialmente al Partido Popular. Incluso parecía que Bárcenas y los ex tesoreros anteriores estaban amortizados; de la defensa a ultranza del primero se pasó al «no sé quién es» y «no tiene relación con nosotros».

La estrategia cambió radicalmente una vez que las decisiones del juez fueron las que debían ser: ratificación de las intervenciones telefónicas acordadas por mí; rechazo del PP como acusación y su señalamiento como partícipe a título lucrativo, y entrada y registro en la sede central del partido sita en la calle Génova de Madrid. La cual, por cierto, se adoptó muy tarde, demasiado tarde. A mí no me dio tiempo al existir aforados y tener que inhibirme; al juez del Supremo ni se le ocurrió; al juez Pedreira, tampoco, y el juez Ruz lo hizo al desatender el PP un requerimiento judicial, pero cuando ya casi toda la documentación sobre la contabilidad había desaparecido. De hecho, y por la ineficacia del sistema de enjuiciamiento con aforados cuando el delito se está cometiendo en el mismo momento, el no adoptar medidas cautelares puede perjudicar definitivamente el éxito de la causa. En algunos casos, el aforado se escapa ante los ojos de la policía, sin que ésta pueda hacer nada (fue el caso del presunto miembro de ETA Josu Urrutikoetxea, más conocido como Josu Ternera);[132] otras es el Tribunal Constitucional el que no deja enviar siquiera la documentación a otro país para que se enjuicie allí al presunto responsable de un delito, como en el caso de Silvio Berlusconi, en una interpretación mucho más que discutible en el caso Telecinco, que, a pesar de los esfuerzos de la fiscal, acabó en absolución para los demás acusados;[133] en otros, como el de Bárcenas, era un secreto a voces que disponía de papeles que después aparecieron en la prensa y, por ende, que podían existir elementos probatorios y pruebas, y sin embargo nadie solicitó ni acordó el registro de la sede del PP hasta que fue demasiado tarde. No obstante algo quedó, y con eso se está avanzando en la pieza correspondiente hacia lo que es deseable que suceda, el enjuiciamiento de los responsables máximos.

Perdida la posibilidad de una estrategia de acoso y derribo, Federico Trillo, como director de las actividades y abogado elegido para ese cometido,[134] ha pasado a una mayor sofisticación. Respetando aparentemente a la autoridad judicial, se la remueve del lugar en el que está para que cualquier otro, en una especie de fuga hacia delante, llegue y continúe la actividad judicial; o bien se sitúa a determinados cargos judiciales en los puestos clave para que, cuando hayan de resolverse las causas, se tenga la certeza de que todo está controlado. Esta estrategia de dotación judicial es la más sofisticada y la que mejores resultados produce cuando fracasa la anterior; también se pueden simultanear.

En efecto, en primer lugar se extiende la opinión, debidamente preparada, de que el juez está sometido a un fuerte aislamiento en la Audiencia Nacional, algo que por supuesto es falso, citando fuentes inexistentes o bien armadas; a continuación, con el fin de contribuir a la acción de la justicia y «demostrar» que se está combatiendo la corrupción, el Gobierno, en plena crisis de la Operación Púnica, anuncia una serie de ampliaciones de plantillas judiciales, con la creación de «112 plazas de magistrados, 167 de jueces de adscripción territorial y dos plazas para magistrados en la Audiencia Nacional».[135] Esto significa toda una reorganización de las plazas judiciales en un macroconcurso en el que, entre otros, saldrá la plaza del Juzgado Central de Instrucción n.º 5, que ocupa el juez sustituto Ruz, pero cuyo titular, Miguel Carmona, se jubiló el 31 de diciembre de 2014, lo que obliga a aquél a salir antes de marzo, fecha para la que se hará efectivo el movimiento. Aparentemente se le da espacio para terminar, pero bien sabido es que cualquier planteamiento de recursos o práctica de diligencias puede dilatar la conclusión de los aspectos más importantes de Gürtel, especialmente el de la financiación. Y, en todo caso, dependerá del titular que se incorpore para que aquél siga o no. Es decir, se le ha dejado en una situación que le ha llevado a anunciar que en marzo de 2015 terminaría la instrucción y se marcharía. Ocurra lo que ocurra, da la sensación de que aquí se juega con trampa, y en esta ocasión con el visto bueno del CGPJ.[136]

La Comisión Permanente del CGPJ, integrada por el presidente del TS, Carlos Lesmes, dos magistrados conservadores, dos progresistas nombrados a propuesta del PSOE y una magistrada elegida por la minoría catalana, Mercè Pigem, debía decidir sobre el futuro del juez Ruz.[137] Un posible empate obligaría a Lesmes (conservador) a pronunciarse y quedaría expuesta su opinión. El 26 de noviembre, horas antes de que Rajoy acudiera al Congreso a hablar de transparencia, el juez cerró la instrucción de la primera parte de la causa de Gürtel analizada.

Curiosamente, sin que se pueda demostrar que tuviera relación con lo que estaba sucediendo en el Consejo y el posible empate, se hizo público que la vocal Mercè Pigem habría entrado desde Andorra una suma no superior a 10.000 euros. Aunque estaba dentro de la legalidad, el presidente le pidió su dimisión y ella misma renunció.[138] Su sustituto fue Antonio María Álvarez-Buylla Ballesteros, decano del Colegio de Procuradores de Madrid y propuesto por el PP para entrar en el CGPJ. Álvarez-Buylla estuvo imputado por falsedad en documento público, pero veinticuatro horas antes de la polémica que envolvió a Mercè Pigem, el Juzgado de Instrucción n.º 30 de Madrid archivó la causa.[139] No obstante, el precandidato renunció y entró el siguiente de la lista. Tras presentarse dieciocho candidatos para ganar la plaza del Juzgado de Instrucción n.º 5 de la Audiencia Nacional, el juez José de la Mata parece ser el candidato que se perfila como el sustituto de Pablo Ruz en la Audiencia Nacional, con 27 años de antigüedad en la carrera y los ocho últimos destinado en la especialidad de penal.

Por último, parece interesante, aunque no sorprendente, la actuación del PP, que en los últimos días del mes de diciembre y en este inicio de año electoral (después de tres años de haber hecho bastante poco) se ha puesto la capa de la anticorrupción y la transparencia (véase la Ley 19/2013).[140] Sin embargo, una vez más, cuando afecta o puede afectar a sus intereses, aprovecha su mayoría parlamentaria y fulmina cualquier propuesta de la oposición. En este caso fue la presentada para que prosperara una resolución por la que se «garantice la continuidad en el ejercicio jurisdiccional de aquellos jueces que en la actualidad instruyen procesos de gran complejidad y trascendencia pública como los vinculados a tramas de corrupción política».[141]

El futuro judicial del caso Gürtel

Como ha demostrado el desarrollo de la investigación, el caso ha pasado de la minucia que nos intentaba hacer creer el PP a un complejo entramado que va a producir uno de los casos más voluminosos de los que haya tenido conocimiento la Audiencia Nacional, con un montante económico todavía imposible de calcular. El caso está pendiente de vista oral.[142]

Según el escrito provisional de acusación de la Fiscalía Anticorrupción, que detalla la financiación ilegal del PP durante quince años, se piden en total 42,5 años de cárcel para Bárcenas y 24 años y un mes para su esposa, Rosalía Iglesias. El presunto líder de la trama Gürtel, Francisco Correa, podría ser condenado a 125 años y un mes.

La Fiscalía también ha solicitado que el PP y la ex ministra de Sanidad Ana Mato respondan como partícipes a título lucrativo de los delitos investigados. Mato, en concreto, se habría beneficiado de 28.467 euros en regalos realizados por la red y el 50 por ciento de sus fiestas familiares, mientras que la Gürtel habría sufragado al PP con 328.440 euros, 216.576 en Majadahonda y 111.864 en Pozuelo. Otro ex tesorero de la formación conservadora, Álvaro Lapuerta, se enfrentará a la petición de tres años de cárcel por un delito de apropiación indebida, mientras que su predecesor en Alianza Popular, Ángel Sanchís, tendrá que afrontar otra de ocho años de cárcel por delitos contra la Hacienda Pública, falsedad y blanqueo de capitales.

Por su parte, el ex consejero de Deportes y ex viceconsejero de Presidencia de la Comunidad de Madrid, Alberto López Viejo, se enfrenta a 46 años de cárcel por asociación ilícita, fraude fiscal, malversación, falsedad, cohecho, tráfico de influencias y blanqueo de capitales. Además, tendría que devolver al Gobierno regional un total de 430.228,64 euros: 341.430,82 por el sobrecoste de las facturas cargadas a la red entre 2004 y 2008, 1.825 por la duplicidad de las facturas de la instalación del Belén de la Real Casa de Correos, sede de la Presidencia autonómica, en 2005, y 6.976 por la doble facturación en la adquisición de tres atriles.

La Fiscalía pide para Jesús Sepúlveda, ex alcalde de Pozuelo y ex marido de Mato, quince años y cuatro meses, y para el ex alcalde de

Majadahonda Guillermo Ortega, alias el Rata, cincuenta años y diez meses.

El escrito de acusación también apunta a la responsabilidad civil de un total de 25 personas físicas y jurídicas, entre las que, además de Ana Mato y el PP, se encuentran las empresas de la trama y adjudicatarias, como Sufi, filial de Sacyr.[143]

Es importante recalcar el papel de Esperanza Aguirre, la permanente incógnita en todas las tramas y a quien cita la Fiscalía, pues dirigía el Gobierno que más contratos adjudicó a la trama corrupta.

Cualquiera que sea la sentencia se recurrirá, por lo que aún quedan varios años de tortuoso camino judicial hasta que la sentencia sea firme y pueda cumplirse. La importancia de este caso no sólo estriba en el descubrimiento de una trama de corrupción, sino en que a través de las conversaciones y los documentos intervenidos se ha podido trazar una radiografía del comportamiento de diversas organizaciones públicas, radiografía que no deja en muy buen lugar a los políticos implicados y que muestra con enorme claridad las oscuras relaciones entre la especulación urbanística, los contratos de servicios municipales y autonómicos, la financiación de partidos y el enriquecimiento de políticos corruptos.

El caso Bárcenas 2010

> La vida es un poco como el alpinismo, nunca hay que mirar hacia abajo.[144]
>
> Alexa Johnston

Luis Bárcenas es un gran aficionado al alpinismo, con gran experiencia sobre el terreno, algo muy útil para ubicar su perfil.[145] En este ámbito ha tenido importantes éxitos en ascensiones a los Alpes, si bien también algún que otro fracaso, como en su expedición más ambiciosa, el ascenso al Everest. En 1987 Luis Bárcenas, junto con Luis Fraga (sobrino del fundador de Alianza Popular y ex senador del PP por Cuenca), que también aparece en las cuentas de Suiza y que al parecer tenía a aquél autorizado para su representación en este tema, organizó una expedición en la que demostró su habilidad para conseguir donativos, ya que logró aportaciones de Alianza Popular, Pryca y diversas cajas de ahorros para financiar la ascensión.[146] Además, solicitó al rey don Juan Carlos la presidencia de honor de la expedición. El viaje distó mucho de ser modélico y las rencillas entre los expedicionarios quedaron de manifiesto. La intención del tándem Bárcenas-Fraga era lograr plantar la bandera nacional en la cumbre y que todo el equipo trabajara para ellos, algo que explicó Bixen Itxaso, hoy diputado en el Parlamento vasco por el PSE: «Toda la estrategia estuvo encaminada al triunfo personal de Fraga y Bárcenas, [...] se trató de desgastar a otros escaladores para que ellos fueran quienes estuvieran en mejores condiciones de hacer cumbre».[147] El descenso de la montaña sin llegar a la cima, debido al empeoramiento de las condiciones, fue bastante agónica. Luis Bárcenas tuvo que ser ayudado a bajar, agotado y casi sin vista.[148]

A pesar de todo, Bárcenas mostró su arrojo cuando, al llegar a España, intentó que la Federación Española de Montañismo reconociera a su expedición la apertura de una nueva ruta en la montaña más alta del mundo. El Comité de Expediciones de la Federación Española de Montañismo rechazó las pretensiones de Bárcenas de forma contundente, con frases como «la memoria de la aventura no se ajusta a la realidad».[149] Un adelanto de su futuro en política.

¿Quién es Luis Bárcenas? ¿El escalador tramposo? ¿El tesorero que guarda los grandes secretos de su partido? ¿Un aprovechado que ha desviado fondos ilegales del PP a sus cuentas personales? ¿Un intelectual con profundos conocimientos artísticos? ¿Un oportunista? El Evangelio de Mateo dice de los falsos profetas que «por sus frutos los conoceréis».[150] En este sentido, se puede afirmar que Luis Bárcenas parece ser una compleja mezcla de todas estas facetas. Una persona repudiada por su propio partido (ahora, porque antes de hablar era querido y protegido) a la que le imputan haber acumulado más de 40 millones de euros, pero que, al mismo tiempo, recibió mensajes de aliento por parte del presidente del Gobierno cuando supo de su ingreso en prisión el 26 de junio de 2013.[151]

Bárcenas ha pasado más de un año y medio en la cárcel de Soto del Real. El destino le alcanzó y la misma falta de ética y dudosa moral que demostró durante su escalada al Everest parece que haya presidido una vida de claroscuros, ambiciones y acciones fuera de la ley.

El 6 de febrero de 2009 firmé como juez el auto 275/08-V, que autorizaba a la policía a entrar y registrar el domicilio de Easy Concept Comunicación S. L.[152] Allí se encontró una documentación que vinculaba presuntamente al tesorero del PP con la red de corrupción dirigida por Francisco Correa, conocida policialmente como Gürtel (en alemán, «correa»). Inesperadamente, entre otros valiosos documentos, aparecieron uno que contenía la presunta contabilidad B del Partido Popular y una serie de apuntes contables que parecían indicar la existencia de transferencias de fondos o dádivas de Correa hacia Bárcenas, una relación que éste negó repetidamente en sus diversas declaraciones.[153]

Al mismo tiempo se descubrió que en las anotaciones de las libretas de Correa aparecía un misterioso «L. C.», que resultaron ser las siglas de «Luis el Cabrón»,[154] al que policialmente se identificó como Luis Bárcenas. A partir de la información incautada, y como después se ha demostrado por los informes policiales y las resoluciones judiciales, Bárcenas habría recibido donativos de empresas que obtenían adjudicaciones de contratos públicos, dinero que destinaba a sobresueldos de miembros o simpatizantes del PP, la organización de eventos y todo tipo de gastos, fundamentalmente electorales. Un segundo aspecto del caso Bárcenas es la presunta desviación de fondos derivados de estos donativos a sus cuentas personales. El origen de los fondos está siendo investigado en estos momentos.[155]

Luis Bárcenas es sólo uno de los implicados en la trama. Otro es el ex eurodiputado Gerardo Galeote, que ya tuvo algún problema con una cuenta que, según información periodística de la época, estaba abierta en Luxemburgo y en la que, al parecer, se ingresaba mensualmente dinero procedente de las arcas de la Unión Europea para el pago de asistentes parlamentarios, pero que se destinaba en parte a la financiación del partido.[156] En una de las conversaciones telefónicas que mantiene con Francisco Correa, se oye a éste decir: «Yo le he llevado a Luis a su casa y a Génova 1.000 millones de pesetas por adjudicaciones en la época de Álvarez-Cascos y sé cómo lo ha sacado y el paraíso fiscal donde lo tiene».[157]

Y es que el hecho de que un tesorero del PP esté imputado no es una novedad en el partido. Hasta el momento han sido tres los tesoreros imputados en dos casos de corrupción, Rosendo Naseiro, en el caso que lleva su nombre, y Álvaro Lapuerta y Ángel Sanchís en el mismo caso Bárcenas.[158] La estrategia defensiva del Partido Popular ha sido sonrojante y contradictoria, y ha estado llena de declaraciones que, posteriormente, han resultado ser falsas.

A finales de marzo de 2009, debido a que estaban implicados los diputados autonómicos Alberto López Viejo, Benjamín Martín Vasco y Alfonso Bosch, contra los que, según el tribunal, existían indicios de la comisión de delitos de cohecho y tráfico de influencias,[159] me inhibí del caso. A pesar de las graves implicaciones,[160] el PP reaccionó negándolo todo y colocó a Federico Trillo como responsable de la estrategia de defensa del partido, intentando librar a Bárcenas de la incómoda situación en la que se hallaba.[161] Finalmente, el Tribunal Superior de Justicia de Madrid se declaró competente y el juez Pedreira recibió la responsabilidad de la instrucción del caso.

El juez Pedreira, basándose prácticamente en los indicios que yo había resumido en el auto en el que a finales de marzo de 2009 remití la causa al TSJM, la elevó al Tribunal Supremo el 15 de junio de ese año, que inició el caso contra Bárcenas por delito fiscal y cohecho.[162] El Partido Popular se presentó como acusación particular, treta destinada obviamente a conocer de primera mano las actuaciones judiciales. Más adelante, el 13 de julio de ese mismo año, en una entrevista al diario *ABC* que debe leerse cuidadosamente, Bárcenas negó todas las acusaciones al tiempo que dejaba entender que su persona recibía un claro apoyo del PP.[163]

Continuando con la línea de la negación, a finales de julio, y ante la inminente petición del suplicatorio para imputar formalmente a Bárcenas, el PP desarrolló su «teoría de la conspiración»,[164] con la que pretendía hacer creer a los ciudadanos que todo era fruto de un montaje de la policía. Ante la presión del avance de la investigación, Luis Bárcenas tuvo que dimitir temporalmente como tesorero del PP.[165] Sin embargo, por un pacto secreto que se conoció posteriormente, Bárcenas siguió recibiendo su nómina del partido.[166] Todo parecía indicar que el PP estaba jugando la carta de la prescripción o la disolución del caso por defecto de forma o de pruebas, en un *dejà vu* del caso Naseiro.

En diciembre de 2009 se presentó una querella contra mí para separarme del caso Gürtel en el caso de que éste volviera, como en efecto sucedió, al Juzgado Central de Instrucción n.º 5. Estaba claro que la estrategia era conseguir la nulidad de las actuaciones del caso Gürtel y, por proximidad, las del caso Bárcenas. Sin embargo, el juez Pedreira defendió las interceptaciones de las comunicaciones entre los responsables máximos en prisión y sus interlocutores, que él mismo había prorrogado en su día, y también lo hizo uno de los magistrados del tribunal. En todo caso, Bárcenas fue finalmente obligado a presentar su dimisión definitiva como tesorero del PP el 8 de abril de 2010.[167]

La estrategia de nulidad de las actuaciones pareció funcionar cuando el juez Pedreira dictó auto de sobreseimiento de la causa de Luis Bárcenas el 1 de septiembre de 2010, y el PP realizó manifestaciones de alivio y reivindicación.[168] Federico Trillo llegó incluso a realizar unas grotescas declaraciones: «Ha sido un montaje político, y su principal director ha sido el ex ministro del Interior y candidato socialista, Alfredo Pérez Rubalcaba».[169]

No obstante, en febrero de 2012 llegó la documentación requerida a Suiza mediante una comisión rogatoria, que acreditaba que el caso se había cerrado en falso.[170] Acto seguido, el 14 de marzo de 2012 la exculpación de Bárcenas quedó anulada. El juez instructor del caso Gürtel, que al haber vuelto a la Audiencia Nacional era Pablo Ruz, afirmaba en noviembre de 2013: «El conjunto de elementos bajo análisis [...] permite confirmar, a nivel indiciario, [...] la presunta existencia por parte del Partido Popular de una cierta corriente financiera de cobros y pagos continua en el tiempo al margen de la contabilidad remitida al Tribunal de Cuentas». En otras palabras, que el PP, uno de los principales partidos de España, manejaba una contabilidad B. Es curioso que, vistas las afirmaciones realizadas por el juez instructor, el ex tesorero no viera causa de preocupación y se fuera a realizar un viaje de esquí a Armenia.[171] La actividad judicial no se detuvo, y el juez imputó a Luis Bárcenas por un presunto delito fiscal en junio de 2014 y decretó para él prisión provisional incondicional.[172]

Sin embargo, cuando el caso Bárcenas entró en fase de instrucción, en un intento por confundir a los medios de comunicación, desde el PP se siguió negando tajantemente cualquier avance en el mismo. A pesar de que el partido financiaba la defensa de su ex tesorero, por alguna razón desconocida Luis Bárcenas lanzó una bomba de alcance insospechado: alguien de su entorno entregó a la prensa el diario de entrada y salida de la caja B del PP y *El País* lo publicó el 31 de enero.[173] Por supuesto, el PP y todos sus medios afines salieron en tropel atacando al mensajero y alegando que los papeles eran simples fotocopias, posiblemente falsificadas.[174] Que en ellos se indicaran graves delitos y que de ellos se dedujeran algo más que indicios de la financiación ilegal del PP, no pareció preocupar a nadie. Eran falsos y punto.[175] Unos meses después aparecieron los informes originales, lo que echó por tierra toda la anterior estrategia de negación.[176]

El colmo del esperpento llegó el 24 de febrero de 2013, cuando en una rueda de prensa se preguntó a la secretaria general del PP, María Dolores de Cospedal, por la relación laboral de Bárcenas con el partido: «Vamos a ver, eh, la indemnización que se pactó fue una indemnización en diferido, y como fue una indemnización en difi... en diferido en forma, efectivamente, de simulación de... simulación de lo que hubiera sido en diferido, en partes de una lo que antes era una retribución, tenía que tener la retención a la Seguridad Social que si no hubiera sido... ahora se habla mucho de pagos que no tienen retenciones en la Seguridad Social. ¿Verdad? Pues aquí se quiso hacer, como hay que hacerlo.»[177]

Todo ello para ocultar que Bárcenas estaba en nómina en el PP hasta ese momento, algo que corroboró la sentencia de la titular del Juzgado de lo Social n.º 16 de Madrid. La jueza dejaba claro que el ex tesorero, en ese momento en prisión, continuaba siendo trabajador del PP en situación de excedencia, por lo que no podía «considerarse extinguida la relación laboral» de éste con el PP,[178] desmintiendo así las inconsistentes afirmaciones de la señora Cospedal y estableciendo que Bárcenas no tenía derecho a la indemnización de 905.000 euros que pedía.

Como he dicho, a raíz de las investigaciones que se llevaron a cabo, a finales de junio de 2013 el juez Pablo Ruz dictó el auto en el que decretó la prisión incondicional del ex tesorero —sin fianza— por presuntos delitos contra la Administración Pública, de blanqueo de capitales, estafa procesal en grado de tentativa y falsedad documental en documento mercantil.[179]

El auto argumentaba esta decisión basándose en los nuevos hechos que habían salido a la luz durante la instrucción. En primer lugar, se materializó la imputación de Luis Bárcenas y de su esposa por falsedad en documento mercantil y estafa procesal en grado de tentativa por una cuota superior a 120.000 euros, correspondiente al año 2006. Ambos intentaron justificar la cantidad, primero mediante un contrato de mediación de servicios del año 2004 y más tarde con una compraventa de obras pictóricas supuestamente realizada en 2006. Los documentos aportados como prueba demostraron sin embargo ser falsos, pues aparecían numerosas incongruencias: fechas, firmas falsas y un sospechoso viaje del imputado a Buenos Aires, ciudad en la que permaneció apenas catorce horas y en la que, según explicó, se había reunido con un grupo empresarial del que supuestamente no recordaba el nombre ni ningún otro detalle de los asistentes a la reunión.[180]

Y es aquí cuando se descubre la historia de las inversiones en Argentina, interesante y sofisticado esquema para invertir fondos en el extranjero. Angel Sanchís, tesorero del Partido Popular entre 1982 y 1987 e involucrado en el caso Naseiro, compró en 1978 una finca en Apolinaro Saravia a la que llamó La Moraleja, reflejando así el nombre de la lujosa urbanización en la que se encuentra su residencia madrileña.[181]

Apolinaro Saravia es una pequeña aldea de la provincia de Salta, en Argentina, fronteriza con Bolivia y Chile, muy alejada de los centros de poder. En dicha finca plantó limoneros. Las dimensiones de la inversión son descomunales: unas 27.000 hectáreas, valoradas en más de 250 millones de euros, y es un proveedor importante de Coca-Cola en Latinoamérica. Pero ¿es Bárcenas accionista de La Moraleja de Salta? En la comisión rogatoria al Dresdner Bank, aparecen documentos de Bárcenas en los que declara ser accionista de la explotación de cítricos, pero cuando estos documentos aparecieron en el proceso, el hijo de Sanchís, Ángel Sanchís Herrero, afirmó en un comunicado que Luis Bárcenas no es accionista de la empresa.[182]

¿Por qué Bárcenas entrega al Dresdner Bank documentos diciendo que es copropietario? Sin duda para generarse una imagen de persona solvente ante los ejecutivos de dicho banco, intentando así conseguir más atención para sus jugosas cuentas corrientes. O quizá como consecuencia de los delirios de grandeza de los que esta persona está bien dotada. Sin embargo, es cierto que existe una relación entre La Moraleja y Luis Bárcenas, puesto que en manos del juez Ruz se encuentra un documento firmado por Guillermo Ricardo Vilaseca, notario de la provincia de Salta, en el que se describe la relación que se establece en 2011 entre la explotación agrícola y ConoSurLand S. L., empresa de Luis Bárcenas y su mujer, para actuar como asesor de la explotación.[183]

La policía anticorrupción sospecha que esta relación da pistas sobre un posible esquema de blanqueo de dinero por parte de Luis Bárcenas en el extranjero. Sin embargo, lo que parece más sorprendente de la historia es que en 2012, un año y pico después de haberse iniciado la relación con ConoSurLand, las ventas de cítricos se multiplican por tres. Desconocemos a día de hoy si la finca La Moraleja ha sido una pieza más dentro de los múltiples esquemas delictivos de Bárcenas, pero lo que nos debe hacer reflexionar es su capacidad analítica y para transformar las empresas con las que colabora. La justicia argentina está investigando este caso bajo la dirección del fiscal Carlos Gonella.

En segundo lugar, el auto se remitía a la documentación entregada en ejecución de la comisión rogatoria a Suiza sobre las cuentas y posiciones económicas del imputado o de las estructuras por él utilizadas: la Fundación Sinequanon y Tesedul S. A., y las entidades bancarias Dresdner Bank (actual LGT) y Lombard Odier Darer Hentsch & Cie. De acuerdo con el contenido de esta documentación, el juez consideró que existían suficientes indicios para considerar el delito de blanqueo de capitales y delitos contra la Hacienda Pública: defraudación del IRPF, del impuesto sobre el patrimonio (2002-2003 y 2007) y del IRPF de la esposa de Bárcenas en 2006.[184]

En la documentación remitida por el Dresdner Bank, el juez observó una primera fase de alimentación de las cuentas con dinero en metálico, ingresado en mano por el propio Bárcenas. Según el auto, este dinero provenía en parte de los fondos derivados de las comisiones generadas por su participación en las adjudicaciones de contratos públicos realizados a empresas afines, cuya reconstrucción ha sido objeto de diversos informes. Entre 2000 y 2005, Bárcenas realizó al menos 29 ingresos en efectivo, ascendiendo el monto de la cuenta a 3.897.920,93 euros.[185]

A continuación, el auto destaca una segunda fase de encubrimiento, en la que Bárcenas trató de desvincular el origen de los fondos y dificultar la identificación de su titularidad, realizando inversiones en valores mobiliarios en España (acciones, bonos, fondos de inversión y, en menor medida, inversiones en el mercado de divisas), que generaron en su favor un retorno de 4.243.360,67 euros brutos.[186]

Finalmente, se observaba una tercera fase de encubrimiento de los fondos ya blanqueados, introduciéndolos en el sector de la economía real del que provenían o en otro diferente, como fondos aparentemente legítimos. Se produjeron salidas de dinero vía transferencias hacia cuentas bancarias de las entidades Brixco y Lidmel en Estados Unidos, con traspaso a cuentas abiertas a nombre de la entidad Tesedul en diferentes entidades financieras, utilizando estructuras societarias complejas, actuando a través de sociedades pantalla y apareciendo desvinculadas del beneficiario real. Se constata un aumento desproporcionado del patrimonio del imputado, carente de justificación, a través de negocios jurídicos o actividades comerciales lícitas u operaciones de carácter inmobiliario.[187]

En cuanto a la información que proporcionaban las cuentas bancarias en el Lombard Odier (una de ellas compartida con su esposa), se deducen dos nuevas fases. En la primera, que va desde 1999 hasta 2009, aparece un comportamiento homogéneo, con ingresos en efectivo, transferencias bancarias, abonos mediante bonificaciones y compensaciones, además de inversiones en valores mobiliarios.

El inicio de la segunda fase coincidía con el comienzo del proceso de investigación judicial, en febrero de 2009. De la comisión rogatoria se desprendía así la adquisición de una entidad (Tesedul S.A.) en Uruguay y otra (Granda Global S.A.) en Panamá, así como la creación de una nueva cuenta cuyo titular era la nueva entidad y la transferencia de todos los activos (y los de su mujer) a las cuentas mencionadas. Se realizaron también transferencias de fondos de cuentas del HSBC de Nueva York, cuyos titulares eran el Grupo Sur de Valores y La Moraleja S.A., a Granda Global S.A. Bárcenas intentó justificar estos movimientos calificándolos como inversiones de capital para el desarrollo agrícola en Argentina y forestal en Brasil, en contradicción con las declaraciones del gestor de las empresas, que hablaba de un servicio de asesoramiento de inversiones. Además, se hicieron transferencias al Discount Bank, sin justificación ni detalles, y otras al HSBC, quedando pendiente de confirmación el destinatario (justificadas como labores de servicios de asesoramiento). Se realizaron asimismo disposiciones de efectivo (300.000 euros sólo en 2012), que Bárcenas justificó para gastos corrientes; transferencias a BBI Beyond Boundaries Helsinki INT en Liechtenstein, por un viaje que no se realizó a causa de la retirada del pasaporte al imputado, y, por último, transferencias a Bankia a través de Tesedul, destinadas al pago de la declaración de impuestos.[188] El auto dictó que las declaraciones de Bárcenas con respecto a los nuevos descubrimientos resultaron parciales, inconsistentes y manifiestamente insuficientes, en contradicción constante con las explicaciones de los bancos.[189]

En conclusión, al considerar todo lo anterior y que la mayor parte de su patrimonio estaba en el extranjero, con vistas a asegurar la presencia del acusado a resultas de la causa, así como para garantizar la conservación de las fuentes de prueba evitando su alteración o perturbación por parte del imputado, se dictó prisión incondicional para Bárcenas, que fue recurrida hasta cinco veces.[190]

El último de los autos, de diciembre de 2014, es muy significativo, pues en él Ruz expone que, ante el resultado de las diligencias y comisiones rogatorias que se están realizando con respecto al caso Gürtel, no cabe sino una «necesaria y congruente confirmación» de la medida de prisión.[191] Se refiere el juez al auto del 26 de noviembre de 2014 en el marco de la pieza separada «ÉPOCA 1999-2005», en que se recoge que los hechos atribuidos al imputado Luis Bárcenas pueden ser constitutivos de cohecho, blanqueo de capitales, apropiación indebida, delitos contra la Hacienda Pública y estafa procesal en grado de tentativa. En este auto se describen de forma detallada los hechos que confirman la indiciaria participación delictiva de Bárcenas en diversos proyectos de contratación pública y proyectos con cargos de representación pública.[192] Además, permanece vigente la resolución en la que se acordaba la fijación de una fianza civil por importe de 43.250.000 euros, para responder de eventuales multas, comisos y responsabilidades civiles que hubiere lugar a acordar.[193]

Luis Bárcenas ha cambiado de letrado (Francisco Maroto), que realzó que su cliente «ha mostrado a la sociedad y a los medios de comunicación, a su salida de prisión, lo que es el concepto de dignidad». Una virtud difícil de destacar en uno de los presuntos responsables del mayor caso de corrupción de la actualidad.

Por su parte, el Partido Popular rechazó, en lo que se ha convertido en la defensa del partido, que Mariano Rajoy compareciera ante el Congreso por el caso Bárcenas al considerar que no hay base para ello, y advirtió al PSOE de que, al pedirla, «apadrina» a un «delincuente» y un «mentiroso».[194] El diario *El Mundo* publicó entonces las capturas que muestran una serie de SMS entre Rajoy, Bárcenas y su mujer, Rosalía Iglesias, en los que se ve que el presidente del Gobierno apoyó al ex tesorero hasta meses después de la publicación de los llamados «papeles de Bárcenas».[195]

Las investigaciones del juez prosiguieron y se encontraron correlaciones entre determinadas anotaciones incluidas en los manuscritos contables confeccionados por Bárcenas y determinadas operaciones investigadas en las actuaciones del caso Gürtel. También entre los ingresos declarados en la cuenta de donativos, según la documentación contable aportada por el Partido Popular al Tribunal de Cuentas, y determinados movimientos de capital (pagos) atribuidos a la organización de Francisco Correa Sánchez, imputado en las actuaciones principales, así como entre determinadas anotaciones incluidas en los manuscritos contables confeccionados por el señor Bárcenas, la contabilidad aportada al Tribunal de Cuentas por el Partido Popular y la documentación aportada por la propia formación, en concreto con la cuenta que recoge los ingresos de donativos anónimos, y con la cuenta que recoge los ingresos de donativos nominales.[196]

En la misma línea de ataque, la secretaria general del PP, María Dolores de Cospedal, presentó en noviembre de 2013 una demanda contra Bárcenas en la que pedía 500.000 euros por vulnerar «el honor de sus votantes» con la publicación de los papeles. Considera Cospedal que no sólo ha dañado la imagen de los cargos acusados de recibir sobresueldos, sino también de los «afiliados, militantes, votantes y empleados». De este modo, aseguraban un atrincheramiento claro detrás de la defensa de la falsedad de los papeles. Esta demanda fue rechazada por el Juzgado de Primera Instancia e Instrucción n.º 4 de Toledo por no existir suficientes pruebas;[197] sentencia que recurrió alegando que la filtración de los papeles de Bárcenas a *El País* no pudo realizarse sin su consentimiento.

El 7 de mayo de 2014, el Ministerio del Interior relevó al comisario encargado de investigar el caso Gürtel y el caso Bárcenas, José Luis Gudiña, por José Manuel García Catalán, un comisario que cuenta con la confianza de la cúpula policial renovada recientemente por el Gobierno del Partido Popular.[198]

Sin embargo, toda la información y la lógica del juez Ruz en este caso parecen haberse ido al garete tras el último de los recursos, el cuarto, que la defensa de Bárcenas interpuso ante la Sala Cuarta de la Audiencia Nacional, que ha sido parcialmente admitido, contradiciendo los anteriores autos. Bárcenas ha salido de la cárcel tras pagar una fianza de 200.000 euros y debe comparecer en el juzgado n.º 5 de la Audiencia Nacional los lunes, miércoles y viernes. Se le ha retirado el pasaporte y no puede abandonar el país.[199] El auto argumenta su decisión en la disminución del riesgo de fuga del imputado con base a su arraigo personal, social, familiar y laboral en el país. Todos los bienes y las cuentas de Bárcenas han sido embargados, al menos los conocidos en la investigación, por lo que ha debido acudir a la ayuda de familiares o amigos.

Esta decisión, sumada a la falta de una respuesta contundente por parte del Gobierno (al que le parece absolutamente indiferente que su ex tesorero salga de prisión), produce la amarga sensación de que nada va a terminar como debiera. El PP sigue echando balones fuera, personalizando la culpa en los presuntos «casos aislados» y desmarcándose de todo indicio sostenido en las investigaciones que demuestran la implicación del partido en una de las mayores tramas de corrupción que se han destapado hasta el momento. El mismo día nos enteramos, para más inri, del archivo de la causa contra Esperanza Aguirre por el incidente de tráfico que protagonizó con unos agentes de movilidad. Me pregunto cuán airoso hubiera salido cualquier otro ciudadano de la misma situación.

El caso Bárcenas es tan complejo como grave. El PP ha visto cómo todos sus tesoreros han terminado imputados en distintos casos de corrupción, mostrando el fango en el que está enlodada la política española. Con unas finanzas totalmente desbocadas (más de 60 millones de euros en créditos, de acuerdo con el informe del Tribunal de Cuentas), casi todos los partidos han visto a sus tesoreros implicados en irregularidades, como Daniel Osácar (tesorero de CDC imputado en mayo, y cuya causa fue archivada en agosto), los mencionados Sanchís, Lapuerta, Naseiro y Bárcenas en el PP, Aída Álvarez (del PSOE, condenada y más tarde absuelta, aunque el TS reconoció que dirigió el fraude en el caso Seat), Vicenç Gavaldà (UDC, condenado en el caso Pallerols), Fernando Areal (Partido Popular de Baleares, por blanqueo de capitales en el caso Palma Arena) o Álvaro Llompart (Unió Mallorquina, implicado en el caso Voltor).[200]

A la vista de este desolador panorama, cualquier ciudadano se preguntará cuál es la labor del Tribunal de Cuentas. ¿Cuáles de estos escándalos han sido identificados y levantados por este ente fiscalizador? La respuesta es terrible: ninguno. Claro que lo que hoy sabemos sobre el Tribunal de Cuentas es que tiene más de cien personas con vínculos familiares trabajando allí, un nepotismo institucionalizado y una dirección adormecida y controlada por políticos, por lo que no es sorprendente que en España el problema de la financiación de los partidos sea un tema pendiente desde hace más de veinte años.[201] A la vista de las cuentas fiscalizadas correspondientes a 2012, así como del informe del fiscal, veremos qué acontece.

Los papeles de Bárcenas

> Tras estas otras bullían por el golfo del foso, porque no muestra ninguna el hurto, y cada llama un pecador esconde.[204]
>
> Dante Alighieri

El asunto de «los papeles de Bárcenas» se inició judicialmente hablando a partir de unas diligencias de investigación de la Brigada de Blanqueo del Cuerpo Nacional de Policía. Así, se presentó un informe el 6 de marzo de 2013 en el Juzgado Central de Instrucción n.º 5 de la Audiencia Nacional, que abrió una pieza separada en el marco del caso Gürtel.[203]

En esta pieza separada se investiga la presunta contabilidad B del Partido Popular entre los años 2002 y 2009, cuya responsabilidad estaría a cargo de los que fueron tesoreros de dicha formación política, Luis Bárcenas Gutiérrez y Álvaro Lapuerta Quintero. La *notitia criminis* que en un inicio provocó la elaboración del informe en cuestión había sido la aparición los días 31 de enero y 3 de febrero de 2013 en el diario *El País* de una serie de apuntes manuscritos de carácter contable, presuntamente elaborados por Luis Bárcenas en los que aparecían anotaciones de pagos e ingresos realizados que no figuraban en la contabilidad oficial de aquella formación. Una de las partes personadas en la causa de la Operación Gürtel, en concreto el Partido Socialista Obrero Español de Valencia (PSPV-PSOE), fue la que aportó esa documentación ante el juez y, apoyándose en que en la citada causa existían indicios de que Luis Bárcenas había cobrado cantidades superiores a 1.300.000 euros de la organización liderada por Francisco Correa, en que se habían detectado diversas cuentas en Suiza de su titularidad o de sociedades interpuestas, y en que no le eran conocidos otros medios de vida o actividad profesional más allá de su labor en el partido, solicitó una serie de diligencias, entre las que se encontraban la propia declaración ante el juez de Luis Bárcenas y de su antecesor en el cargo, Álvaro Lapuerta, así como la elaboración de un informe por parte de los técnicos de la Agencia Tributaria.

Previamente, la aparición de muchas noticias en la prensa sobre presuntos sobresueldos a cargos del Partido Popular, así como las declaraciones en el diario *El País* del ex diputado de dicha formación Jorge Trías Sagnier, quien señaló que los referidos pagos existían, habían motivado la apertura de unas diligencias de investigación por parte de la Fiscalía Anticorrupción, en las cuales ya estaban acordadas las declaraciones de los dos ex tesoreros y del señor Trías. Pocos días después de que se señalara la declaración en cuestión, el diario *El País* publicó los famosos apuntes contables y la Fiscalía acordó el 4 de febrero requerir a dicho medio de comunicación para que aportara los originales de los mismos. En esa misma fecha fueron citados los declarantes, y al día siguiente el director del periódico, Javier Moreno Barber, entregó los catorce folios fotocopiados a la Fiscalía, que los incorporó a las diligencias de investigación. En dichas fotocopias, según constaba en la publicación, aparecen con letra perfectamente legible los nombres de altos cargos del PP, como Ángel Acebes, Javier Arenas, Rodrigo Rato o el mismo Mariano Rajoy, y los de importantes empresarios españoles ligados a grandes empresas constructoras, como Luis del Rivero (Sacyr), Juan Miguel Villar Mir (OHL) o Alfonso García Pozuelo (Constructora Hispánica). El 6 de febrero declararon Luis Bárcenas, a quien se le practicó un cuerpo de escritura, y Jorge Trías; al día siguiente se tomó declaración a Álvaro Lapuerta, al que se le practicó también un cuerpo de escritura, para realizar una prueba pericial caligráfica. En su declaración, Jorge Trías vino a decir que unos años antes el propio Bárcenas le había enseñado esos «papeles» manuscritos y le había dicho que se trataba de una contabilidad paralela donde se dejaba constancia de determinados sobresueldos que se pagaban a miembros del partido, que el testigo calificó como «complementos» o «gratificaciones». Trías le había dicho a Bárcenas que era un escándalo pero que no veía nada delictivo. Los dos ex tesoreros, sin embargo, negaron la cuestión y afirmaron que no tenían nada que ver con esos documentos y que, por supuesto, todas las donaciones que se recibían estaban dentro de la legalidad.

La propia Fiscalía solicitó el 12 de febrero, entre otras diligencias, que el Partido Popular facilitara información sobre la cuenta de «Donativos», así como la identificación de las cuentas de ingreso de las donaciones recibidas. El 20 de febrero, los peritos a los que se había encomendado el estudio grafológico concluyeron que con el material recibido no era posible dictaminar la autoría de las anotaciones manuscritas y de las firmas.

El juzgado, por su parte, acordó el 15 de marzo acumular a la pieza separada las diligencias de la Fiscalía y la práctica de diversas diligencias, entre ellas la declaración de los dos ex tesoreros, información al Tribunal de Cuentas, al Partido Popular y a la Agencia Tributaria, y el nombramiento en auxilio judicial, por un lado, de dos técnicos de la Agencia Tributaria para concretar la trascendencia tributaria para el propio Partido Popular y para las personas supuestamente receptoras de dinero aparecido en la contabilidad B, así como su trascendencia jurídico-penal, por otro, dos expertos de la Intervención General del Estado para determinar si se podría establecer vinculación de las cantidades dinerarias supuestamente percibidas por el Partido Popular con adjudicaciones y contratos públicos de los que hubieran salido beneficiadas las empresas relacionadas con las personas que aparecían en los «papeles». Asimismo, se practicó un nuevo cuerpo de escritura de Bárcenas y Lapuerta para la realización de otro informe pericial grafológico.

Previamente, el 28 de febrero de 2013, se había presentado una querella criminal por parte de Izquierda Unida y otras asociaciones contra determinadas personas, básicamente empresarios importantes, que, al aparecer en los apuntes contables, podrían haber efectuado pagos al Partido Popular para obtener la concesión de obras públicas. Esta querella criminal le correspondió por reparto inicial al Juzgado Central n.º 3, que incoó las Diligencias Previas 25/2013. La existencia de esta causa y de la pieza del Juzgado Central n.º 5 provocó un conflicto de competencia entre ambos juzgados, al versar ambos procedimientos sobre los mismos hechos. Finalmente, el 27 de marzo el Pleno de la Sala de lo Penal le concedió dicha competencia al Juzgado Central n.º 5, de manera que ambas causas se englobaron en una.[204]

En fechas posteriores declararon diversas personas presuntamente perceptoras de las cantidades señaladas. Algunas de ellas reconocieron los cobros, como Pío García Escudero, Jaume Matas, Jaime Ignacio del Burgo, Santiago Abascal y Calixto Ayesa. También se procedió a tomar declaración como imputados a los empresarios señalados en los papeles, quienes en su mayoría negaron los pagos, salvo José María

Mayor Oreja (FCC) y Antonio Vilela (Construcciones Rubau). Previamente se habían personado otras acusaciones populares en la causa, como la Asociación de Abogados Demócratas de Europa (ADADE), el PSOE de Valencia y el de Madrid, el sindicato Manos Limpias y el denominado Observatorio para el Cumplimiento de la Declaración de Derechos Humanos (DUH-DESC). El propio Partido Popular había pretendido la personación en la causa como acusación popular, pero el juez desestimó dicha pretensión al considerar que dicha posición procesal resultaba incompatible con el objeto procesal de la causa, al poder ser declarado responsable civil subsidiario, resolución ratificada más tarde por la Sección Cuarta.

Debe destacarse por su importancia la declaración que el propio Luis Bárcenas efectuó el 15 de julio de 2013, días después de que el magistrado juez hubiese decretado su ingreso en prisión por la causa de la Operación Gürtel. En ella, además de reconocer abiertamente la autoría de los apuntes y aclarar numerosos datos sobre los mismos, aportó otra serie de documentos que evidenciarían la existencia de esta contabilidad paralela en el Partido Popular con justificantes de pago y documentación similar. Dichos nuevos documentos fueron igualmente objeto de peritaje, que finalmente ha venido a establecer tanto su autoría en la elaboración de los «papeles» iniciales como en la de los aportados en esa declaración. Bárcenas confirmó entonces, en presencia judicial, que mucha información sobre la contabilidad paralela también se encontraba en los ordenadores que él utilizaba en la sede de la calle Génova. Explicó que comenzó a llevarse dicha contabilidad paralela cuando Rosendo Naseiro era el tesorero del partido y el propio Bárcenas, el gerente.

El imputado aclaró en su declaración que Lapuerta y él mismo eran los que «mantenían» esa contabilidad B y que, lógicamente, los pagos eran en dinero no declarado, extremo que era evidente para todos los que percibían los sobresueldos. También puso de manifiesto que, cuando se temió que se podía registrar la sede del partido con motivo de la causa de la Operación Gürtel en febrero de 2009, le entregó los documentos con la contabilidad B al entonces gerente del partido, Cristóbal Páez, posteriormente imputado por el juez, y que éste los había conservado en su poder durante unos cuatro meses.

Bárcenas llegó a decir que la última entrega de dinero la realizó en marzo de 2010, fecha en la que entregó 25.000 euros a Mariano Rajoy y otros 25.000 euros a María Dolores de Cospedal. En su declaración dejó claro que, con el dinero procedente de las entregas reflejadas en la contabilidad paralela, se hicieron remodelaciones de sedes del partido, como la de Vizcaya, la de La Rioja o la de la propia sede central del PP, así como que sirvieron para financiar algunas campañas electorales, como la de Cantabria e incluso la de la oposición guineana con entregas al propio Severo Moto. También confirmó que algunas entregas estaban directamente relacionadas con el pago de un cohecho por la adjudicación irregular de algunos contratos públicos —como la recogida de residuos en la ciudad de Toledo— por el que, según Bárcenas, el gerente regional del partido en Castilla-La Mancha, José Ángel Cañas Cañada, también imputado, habría recibido 200.000 euros de manos del propio Bárcenas, vinculando en esta entrega a la propia María Dolores de Cospedal, ya que según Bárcenas fue ella misma quien buscó reunirse con el presidente de Sacyr para que éste donara dinero para la campaña.[205]

Bárcenas afirmó en su declaración judicial que había dos formas de recibir el dinero: una de manos del presidente o del secretario general, quien lo entregaba al tesorero y éste se lo entregaba a él, quien a su vez lo guardaba en una caja fuerte en su despacho, o bien, directamente a través de personas «recomendadas» por algún cargo electo del partido que eran recibidas por Lapuerta y en presencia de Bárcenas. En este caso, después de la entrega del dinero, Lapuerta informaba al presidente de la entrega. Aclaró que, normalmente, no se le daba un recibí al donante, pero en algunas ocasiones, en que se ingresaba el dinero en el banco, se le daba al donante una fotocopia del justificante del ingreso. Asimismo le aclaró al juez que cuando la entrega sobrepasaba el límite fijado por la Ley de Financiación de Partidos Políticos, lo que hacían era fraccionar el donativo. Bárcenas también explicó que todos los empresarios que aparecen en los apuntes habían estado en la sede de Génova, donde habían entregado las cantidades reflejadas, y llegó incluso a decir que algunos habían comido con él y que el número de donativos y las cantidades entregadas aumentaban en período electoral. En cuanto a la forma en que se «imponía» al responsable de una administración pública concreta la adjudicación de una determinada obra o contrato público a una empresa determinada, afirmó que Álvaro Lapuerta llamaba a quien fuese y le sugería que «había que quedar bien con esa persona porque es una persona que nos ayuda». En cuanto a los receptores de los sobresueldos, afirmó que se había establecido que siempre los recibieran el presidente, el secretario general y los secretarios.

A la vista de los extremos puestos de manifiesto por Bárcenas, el magistrado juez señaló, entre otras, las declaraciones de Javier Arenas, Francisco Álvarez-Cascos y María Dolores de Cospedal, quienes declararon el 13 y 14 de agosto respectivamente. Los tres altos cargos negaron lo declarado por Bárcenas en relación con haber recibido las entregas de dinero y también negaron haber recibido donaciones de persona alguna en la sede del partido. Días más tarde, el 16 de agosto, el juez requirió al Partido Popular la entrega de los dos ordenadores usados por Bárcenas. El Partido Popular remitió los ordenadores junto con un escrito en que comunicaba al juez que los datos existentes en los discos duros de los mismos habían sido destruidos en abril, siguiendo el protocolo habitual cuando una persona termina su relación laboral con el partido. Asimismo comunicó a requerimiento del juez que el libro de visitas igualmente había sido destruido, motivo por el que el jefe de seguridad del PP también fue citado a declarar como testigo, aunque no dio demasiados datos sobre los motivos de dicha destrucción y denotó una falta de memoria inquietante. En relación con el tema de la destrucción de los discos duros, el magistrado juez se inhibió a los juzgados de Madrid y, en octubre, la magistrada del Juzgado de Instrucción n.º 32 archivó la causa al entender que el Partido Popular no estaba encubriendo ningún delito, puesto que Bárcenas aún no había sido acusado de ninguno. El análisis de los peritos informáticos constató no obstante que el borrado de los discos duros se había practicado en el mes de julio, poco después de que Bárcenas entrase en prisión.[206]

Otra irregularidad en la colaboración del Partido Popular con la investigación, al comprobarse que no había remitido la totalidad de la documentación referente a la remodelación de la sede de la calle Génova de Madrid, requerida en julio, dio lugar a que el juez ordenara en diciembre el registro de dicha sede para intervenir toda la documentación pertinente.[207]

Ese mes de diciembre, después de un escrito presentado al efecto por Izquierda Unida, entre otros, se dictó auto ampliando la querella a otra serie de empresarios que presuntamente también habrían efectuado pagos y estarían reflejados igualmente en los apuntes contables. Entre los querellados se encontraban los ex secretarios generales del PP Francisco Álvarez-Cascos y Ángel Acebes, y trece empresarios, entre ellos Ignacio López del Hierro, casado con María Dolores de Cospedal.[208] En la actualidad hay un total de veinticinco empresarios imputados.

Ya en 2014, en concreto en octubre, ha sido también imputado el ex ministro Ángel Acebes, secretario general del PP entre 2004 y 2008, por su supuesta relación con la compra de acciones de Libertad Digital. En su declaración manifestó que no tenía nada que ver con temas económicos y derivó toda la responsabilidad hacia Lapuerta, si bien el juez mantuvo su imputación de apropiación indebida por omisión.

Recientemente, la Fiscalía Anticorrupción ha presentado al juez varios informes elaborados por la Unidad de Apoyo de la Agencia Tributaria y la Intervención General del Estado sobre la correlación entre ciertos apuntes contables de los «papeles» y la contabilidad oficial del partido. En el transcurso de la investigación todavía no se han podido constatar correlaciones entre los presuntos donativos y la adjudicación de obras o contratos públicos, pero sí que existen indicios consistentes sobre la relación de los apuntes con los pagos a la empresa Unifica por la remodelación de la sede central de la calle Génova y con la compra de las sedes del partido en La Rioja y en Bilbao, así como sobre la utilización del dinero de la caja B para pagar algunas campañas. Todo ello podría dotar de verosimilitud tanto a los apuntes contables de los «papeles» como a la versión manifestada por Luis Bárcenas. El alcance final que la causa pueda tener es todavía una incógnita.

4

La corrupción en las Comunidades Autónomas y Diputaciones Provinciales

Un hecho particular de la corrupción española es la transversalidad de los actos delictivos. Tenemos desde las financiaciones ilegales de los grandes partidos hasta las corruptelas de las organizaciones locales. La proximidad de los políticos a los ciudadanos no ha desarrollado una clase política más limpia o más escrupulosa, sino que, por el contrario, ha generado los casos más cutres y vergonzantes de nuestra larga lista, y una especie de encapsulamiento de élite que al alcanzar la posición se vuelve soberbia y engreída. Una vez ganada la posición, parece que se produjera un encantamiento y el político asume un papel muy alejado de lo que exigiría su compromiso ciudadano. A partir de cierto momento, el pueblo estorba, pasa de serlo todo a no entender nada. En definitiva, una carga con la que hay que contar cada cuatro años, cuando hay que «comprarle» de nuevo su voto. A los políticos —o mejor dicho a determinada clase de políticos— todo se les debe, porque se «sacrifican» por los demás, siempre que los demás se inclinen ante ellos en demanda de apoyo y protección. Adquieren así, aun sin buscarlo, una especie de perfil de *maffiosi* que reparte bondades entre quienes les siguen.

Las trampas electorales siempre han existido. La compra de votos, en especie o en metálico, es una costumbre internacional; buscar fórmulas incluso engañosas para llevar a los mayores a votar, pagar transportes, ofrecer bolsas de comidas, arreglar las carreteras antes de las elecciones, inaugurarlo todo inmediatamente antes de la campaña electoral, prometer tarjetas de compras, de puntos de ahorro o de minutos de teléfono y mil formas más para conseguir votos, son el pan nuestro de cada día. Basta observar las manipulaciones masivas que a veces se producen a través de campañas publicitarias o el uso que se hace de los mismos medios de comunicación, en función de los intereses que entren en juego. En cada país tienen sus técnicas porque lo que se juegan es muy importante, y para algunos no son, desde luego, los intereses de los ciudadanos, sino los propios intereses económicos y la posición de poder que les va a permitir disponer de un amplio presupuesto con finalidades no demasiado claras.

Según los países y el grado de penetración delictiva que padezcan, las organizaciones criminales o las grandes corporaciones van a invertir cuantiosísimas sumas para que gane quien debe ganar y poder seguir haciendo sus negocios, contando, si ello es necesario, con una nómina lo más amplia posible de fieles corruptos que les faciliten el trabajo. Las cifras astronómicas que se gastan en las campañas resultan bochornosas y se prestan a todas las interpretaciones; ninguna de ellas puede ser buena. Vivimos en una especie de democracia de marketing en manos de quienes mueven intereses ajenos a cualquier control democrático. Creo que esas grandes sumas van dirigidas, más que a convencer de las bondades de un programa, a conseguir los suficientes votos para después cumplir con los que te apoyaron. Es cierto que conforme se van descubriendo escándalos de corrupción, a la vez que las necesidades de los ciudadanos evidencian más claramente las desigualdades, el nivel de intransigencia es mayor y el espacio de movimiento de los corruptos es menor.

Todas estas afirmaciones han de entenderse de forma relativa para no caer con la generalización en la pura demagogia. Pero es difícil sustraerse a esta inercia cuando se han visto tantos casos y tantos juegos de mentiras y traiciones. Los políticos han convertido la política en una síntesis de los intereses de una especie de oligarquía, y sólo de vez en cuando cuentan todos.

Que en la mayoría de las profesiones haya tendencia a una sucesión de padres a hijos o dentro de la familia es normal, pero la única en la que quizá no debería existir en democracia es en la política, porque ello es tanto como profesionalizarla, encastarla y convertirla en una especie de patriciado, quedando excluidos todos aquellos que no tengan la suficiente categoría o nivel, no por carencias intelectuales, profesionales o de conocimiento y sabiduría, sino por no pertenecer a esa élite. Cuando surge un movimiento social y comienza a cuestionar ese escenario, saltan las alarmas y las suspicacias, y hay una voluntad a todos los niveles preestablecidos de descalificación y eliminación inmediatas porque, como en una partida de póquer, este nuevo jugador es imprevisible y, además, está decidido a jugar limpio. A partir de ese momento, la palabra «populismo» surge de inmediato de las bocas de quienes nos han conducido a una situación dramática de descrédito de lo político, con un carácter claramente peyorativo y de advertencia a quienes se fíe del mismo. En definitiva, no son los argumentos los que se ponen en juego, sino la negación del derecho a participar en el espacio hasta ahora exclusivo para ellos. Abrir los espacios políticos supone necesariamente más participación y, consecuentemente, más transparencia, credibilidad y confianza. En un espacio así, con una amplia participación ciudadana, donde no sea posible el concierto de intereses espurios, el campo de acción de la corrupción será mucho menor.

De lo nacional a lo autonómico

Cuando se expande la corrupción no lo hace de forma lineal, sino en función de las necesidades de los agentes corruptores o de los espacios en los que mejor se pueden desenvolver, ya sea por las relaciones personales, por los centros de poder a disposición o por mil circunstancias que pueden acomodar al corruptor y al corrompido. Pero, sin lugar a dudas, uno de los espacios en los que está demostrado que puede anidar el bacilo de la corrupción es en los estamentos más cercanos a la ciudadanía. En este sentido, las Comunidades Autónomas —que serían el equivalente de los estados, los departamentos y las provincias federales o de los *Land* o regiones de otros países— son un caso digno de estudio, tanto político como sociológico. ¿Cómo es posible que políticos como Camps, Matas o Pujol, o partidos como Unió, Convergència u otros regionales o nacionales, hayan sido reelegidos una y otra vez a pesar de las graves sospechas de corrupción en primera persona o a nivel colectivo, de las denuncias penales o en los medios de comunicación, o incluso después de la apertura de procedimientos judiciales? Eso sin perjuicio de la presunción de inocencia, claro. Pero es sorprendente que hayan sido reelegidos, o los partidos mayoritariamente votados, por los electores.

¿Alguien le confiaría el cuidado de sus bienes a una persona que se apropiara de ellos, los robara, los escondiera y le dejara en la ruina? Y después de comprobar que esto es así, ¿volveríamos a confiarle ese cuidado? La respuesta es evidentemente que no. Entonces, ¿por qué se vota a quien ha engañado no una sino varias veces y, además, se jacta de ello?, ¿simplemente porque acude a recursos como la desinformación o el compungimiento? Por el contrario, ¿por qué no somos capaces no sólo de desenmascarar a los corruptos, sino de expulsarlos de la vida política con nuestros votos? Se trata, al fin y al cabo, de nuestra supervivencia como pueblo libre; como advirtió Edmund Burke: «La libertad no puede existir mucho tiempo en medio de un pueblo generalmente corrupto».

Perdónenme este pequeño exceso, pero no alcanzo a comprender estas actitudes de complacencia frente a quienes nos manipulan una y mil veces. El cumplimiento de la ley ha podido fallar, los jueces y las investigaciones han podido ser ineficaces, pero que los ciudadanos no reaccionemos con el poder que nos otorga la democracia, permitiendo la impunidad de nuestros administradores, es terrible e impactante.

El Estado de las Autonomías, definido en la Constitución de 1978, es otro de los llamados «triunfos de la Transición». La respuesta a una reclamación histórica de las periferias de la Península que terminó convirtiéndose en norma y generalidad resumida en una frase, «café para todos». Cada territorio de España quedaría enmarcado en una u otra Comunidad Autónoma.

Tras la opresión uniformizadora de la dictadura, la descentralización fue una de las reivindicaciones de una parte de los padres constituyentes. En ese juego de cesiones políticas, se pactó una Constitución monárquica, no confesional y que dejaba la puerta abierta a la sucesiva creación de Comunidades Autónomas. En el capítulo III del título VIII de la Constitución de 1978 se regula la creación y competencias de las Comunidades Autónomas sobre la base del artículo 2 del mismo texto, que reza así: «La Constitución se fundamenta en la indisoluble unidad de la Nación española, patria común e indivisible de todos los españoles, y reconoce y garantiza el derecho a la autonomía de las nacionalidades y regiones que la integran y la solidaridad entre todas ellas».

Esos deseos se inspiraban muy probablemente en el idealismo y la nostalgia de que un territorio pudiera ostentar cierta capacidad de autogobierno basada en sus particularidades históricas, culturales, económicas o geográficas. Existe el convencimiento de que la Administración, cuanto más cerca esté del administrado, mejor desarrollará sus funciones, con mayor eficiencia y de manera más integradora. Seguramente, pocos tenían en mente que las innovadoras estructuras de poder y administración del caudal público se convertirían en un nuevo espacio en el que la escenificación de la corrupción iba a desempeñar un papel fundamental.

Y es que el fenómeno de la corrupción es, además de transversal, poliédrico y multifacético, resultando imposible dibujar un perfil «típico» del corrupto. No se limita al ámbito nacional, sino que se extiende a todos los sectores del poder. Allá donde existe una esfera de mando, subyace la tentación de obtener un beneficio injusto. Las Comunidades Autónomas no podían ser una excepción. En los casos analizados en este capítulo, se podrá comprobar que la corrupción afecta a partidos políticos tanto de derechas como de izquierdas; que salpica tanto a personas de economía humilde como de alto nivel económico; que puede implicar tanto a sindicalistas como a ministros o presidentes de comunidades. De ahí que sea tan difícil definir un perfil del defraudador prototípico.

El nivel de transparencia de las Administraciones es clave para determinar qué nivel de corrupción sufrirá el territorio. Según el Índice de Transparencia de las Comunidades Autónomas (INCAU) 2014,[1] las que cuentan con un mayor índice de transparencia son Castilla y León, Cataluña y País Vasco (100 puntos sobre 100 en los tres casos), y las que ocupan los puestos inferiores son Madrid (65), con la peor puntuación, Murcia (78,8) y Canarias (80). Ahora bien, el conjunto de las Comunidades Autónomas han mejorado sus resultados en comparación con los anteriores informes de 2010 y 2012, respectivamente.

La corrupción no es diferente a nivel autonómico, municipal o estatal. Un corrupto realizará sus actividades en instituciones públicas o donde pueda, buscando siempre una relación coste/beneficio atractiva para sus actividades. Fèlix Millet no se limitó a la Generalitat catalana, sino que presuntamente consiguió (aún se encuentra incurso en un proceso) extender sus actividades al Ayuntamiento de Barcelona. Juan Guerra fue procesado por un desarrollo urbanístico en la localidad gaditana de Barbate desde el despacho de la Delegación del Gobierno en Sevilla. La lista de las veintiocho causas judiciales abiertas contra Jaume Matas va desde el caso Palma Arena hasta inversiones inmobiliarias en Palma de Mallorca. El caso Gürtel igual corrompe ayuntamientos que comunidades Autónomas o partidos políticos nacionales.

El origen de la corrupción, tal y como intento reflejar a lo largo de esta obra, se encuentra en la delgada línea que separa lo público y lo privado. Comisiones por adjudicaciones públicas que posteriormente financian a partidos o enriquecen a comisionistas, sobrecostes en obras civiles que enriquecen a empresas privadas y que proporcionan notables regalías a los políticos que han permitido estos incrementos; la administración arbitraria de capítulos presupuestarios que se manejan con menor control (como los fondos de formación, que parecen ser una barra libre para el uso arbitrario de fondos públicos), etc. Pero la madre de todas las corrupciones se encuentra en los delitos urbanísticos. Las desproporcionadas plusvalías que se generan al modificar los usos del suelo y la facilidad con que los departamentos de urbanismo realizan modificaciones en dichos usos, han generado una industria corruptiva sin parangón.

La corrupción urbanística incumbe sobre todo al ámbito municipal, pero la connivencia de la Comunidad Autónoma correspondiente, alineando políticas y regulaciones e impulsando grandes desarrollos, ha sido clave para generar los ingentes pelotazos que han tenido lugar en los últimos años.

En los casos que se revisan a continuación (unos pocos de una lista casi interminable), se pueden encontrar todos los elementos que caracterizan a la corrupción en nuestro país, desde estructurales (partidos políticos, familiares enchufados, pillos, fondos de formación) hasta pintorescos (drogas, prostitutas, mansiones). Todo ello muestra un cuadro sumamente desalentador. Se puede comprobar con estupor que desde el caso Juan Guerra de 1985 al caso de los ERE en 2010, o desde el caso Naseiro al caso Gürtel o desde el de Banca Catalana al caso Pujol (por ser el último), no se ha avanzado casi nada en la lucha contra la corrupción. La conclusión evidente es que existe una falta de compromiso en las Administraciones autonómicas para acabar con esta lacra.

El precedente andaluz: el caso Juan Guerra

> El mundo no está amenazado por las malas personas, sino por aquellos que permiten la maldad.
>
> Albert Einstein

La llegada de los socialistas al poder en 1982 desató una corriente de optimismo en todo el país. Por fin un Gobierno de izquierdas y un carpetazo a la pesadilla del 23-F, que aquella noche tuvo a todo el país en vela. Por fin llegaban al poder Felipe González y Alfonso Guerra, una generación de políticos jóvenes, con apenas cuarenta años, que iban a revolucionar y modernizar el país. El optimismo era palpable. Como Manuel Vicent decía en diario *El País* dos días después de la victoria socialista por mayoría absoluta: «Felipe González ha sido invitado por el dios gordito a sentarse frente al piloto automático en una pequeña terminal de Occidente. Sólo tendrá que vigilar las agujas y poner un poco de ética, a modo de aceite, para que la máquina funcione con más suavidad. Pero en este país la ética simple aún puede ser revolucionaria».[2]

En Andalucía vimos este triunfo histórico como una oportunidad única de superar un atraso ancestral debido a políticas de discriminación basadas en una estructura clasista propia de la monarquía absolutista y continuadas por el franquismo. La conquista de la autonomía de Andalucía fue tormentosa y definió con claridad la historia contemporánea de esta región. En 1980 se celebró un referéndum para aprobar el desarrollo de la autonomía andaluza basada el artículo 151 de la Constitución española. UCD y los partidos de derechas deseaban el desarrollo de Andalucía a partir del artículo 143, mientras que los de izquierdas apostaban por el 151.[3] En dicho referéndum, UCD y Alianza Popular apoyaron el voto en blanco o en contra, mientras que el PSOE se alineó con el voto afirmativo.[4]

El Gobierno de UCD empleó todo tipo de tretas para obviar el voto afirmativo al referéndum, como impedir que Rafael Escuredo, entonces presidente de la Junta de Andalucía, tuviera espacio en la televisión o apoyando descaradamente la abstención desde los medios oficiales.[5] Pese a todas estas trabas, y a pesar del voto masivo de «muertos» en Jaén y el «no» de Almería, conseguimos que el «sí» triunfara con el 55 por ciento de los votos. Pero aquellas trampas de la derecha dejaron mal sabor durante mucho tiempo e hicieron que la confianza se depositara sucesivamente con mayoría absoluta en el Partido Socialista. Fue en este contexto en el que Rafael Escuredo consiguió ilusionar a una población que mostraba así su rechazo al pasado y sus ansias de progreso y modernización.

A partir de 1982, la situación política fue de una mayoría absoluta del PSOE en Andalucía y en el Gobierno central, gobierno que se lanzó a revolucionar las estructuras políticas de España para conseguir su homologación con el resto de los países de Europa. Andalucía era considerada una región de tipo 1 (inversión prioritaria), y sólo entre los años 1986 y 1988 recibió más de 143.000 millones de pesetas en fondos de cohesión.[6] ¿Logró transformar Andalucía esta lluvia de fondos de la Unión Europea? No es objetivo de este libro debatir la cuestión en profundidad, pero es cierto que, aunque estos fondos permitieron el desarrollo de Andalucía, al mismo tiempo su empleo ha estado trufado de patologías diversas que afectan tanto a la derecha como a la izquierda políticas.

El denominado «caso Juan Guerra», hermano de Alfonso Guerra, vicepresidente del Gobierno y la segunda persona con más poder en España, comenzó con la acción de una mujer despechada y acabó siendo uno de los casos de corrupción más importantes de la época, hasta el punto de costarle el puesto al vicepresidente. Este caso, unido al de los GAL y al de Filesa, que ya se incubaba, acabaría con la imagen idealizada del PSOE, sacaría a relucir una profunda corrupción y rompería el mito de modernización y progreso que el socialismo había prometido traer a la sociedad española.[7]

El caso Juan Guerra nos retrotrae a la literatura de la picaresca, a un *Rinconete y Cortadillo* cutre, en el que una persona sin estudios ni perfil político consigue erigirse en mediador oficioso del Gobierno de la Junta de Andalucía, con el obsceno resultado de que Juan Guerra se convirtiera en una pieza fundamental en recalificaciones, subvenciones y otras muchas operaciones en el territorio andaluz. Este caso muestra un *modus operandi* muy determinado y que se volvería la norma: la defensa a ultranza del imputado desde el partido en el poder y el intento de manipulación de la Justicia (con ataques permanentemente descalificadores del juez Ángel Márquez, instructor del caso), que no terminó hasta 2001 las once causas levantadas contra Juan Guerra.[8] Esto demuestra el escaso interés de los partidos políticos por «limpiar» sus propios partidos y la lentitud de la Justicia española para resolver estos procesos de forma ejemplar y en tiempos razonables.

Sin que hasta la fecha haya quedado aclarado por qué o por orden de quién se llevaron a cabo los intercambios de favores, las corruptelas variadas y un enriquecimiento inusitado, la primera pregunta que surge es: ¿cómo pudo ocurrir todo esto sin que nadie en el PSOE o en la Junta hiciera nada por evitarlo, cuando era notoria la labor que Juan Guerra hacía y la intermediación que ofrecía desde una dependencia oficial? A finales de 1989, el PSOE contrató a Juan Guerra para trabajar en un despacho oficial de la Delegación del Gobierno en Andalucía en calidad de asistente de su hermano, con un sueldo de 129.370 pesetas netas al mes (781 euros).[9] Ante el silencio y con la necesaria connivencia de cuantos le rodeaban, Juan Guerra, según algunos medios, utilizó el despacho para realizar actividades diferentes de las que tenía asignadas, lo que le valió ser imputado en once juicios por los delitos de cohecho, fraude fiscal, tráfico de influencias —que por aquel entonces no estaba tipificado como delito, pero que podía subsumirse en la prevaricación—, malversación de fondos y usurpación de funciones.[10]

El caso Juan Guerra estalló en abril de 1989, cuando su esposa entregó un dossier a Manuel Fraga, presidente de AP, sobre las actividades de su marido, del que se separaría posteriormente. Dicha información fue publicada en la revista *Época* en diciembre de 1989.[11] A principios de enero de 1990, los partidos políticos andaluces, liderados por AP, presentaron en el Parlamento andaluz una iniciativa solicitando la creación de una comisión que investigara las actividades de Juan Guerra. El PSOE cerró filas y negó el escándalo, con lo que la prensa vio un filón que explotó en innumerables artículos.

La importancia de este caso de corrupción, que queda empequeñecido cuando se lo compara con otros asuntos posteriores, estriba en que el protagonista era hermano del vicepresidente del Gobierno, un político que trataba con especial dureza a la oposición y que, por tanto, se había ganado un gran número de enemigos. En segundo lugar, este escándalo representó el primer caso de corrupción de un partido que hasta ese momento parecía inmune a esta lacra.

Los medios se volcaron contra Juan Guerra, lo cual propició una situación de caza y acecho contra su hermano sin parangón en la incipiente democracia. Veinticinco años después, la sociedad española está en proceso de insensibilizarse ante este tipo de campañas. Los ciudadanos parecemos sufrir los efectos de una fuerte anestesia general ante los casos de corrupción (tal vez debido a la sobreexposición que padecemos), pero en aquel momento este caso provocó una gran desazón en el Partido Socialista, y la oposición consiguió forzar un pleno parlamentario en el que Felipe González y Alfonso Guerra tuvieron que dar explicaciones.[12]

El 1 de febrero de 1990 se celebró una comisión de control en la que Alfonso Guerra se enfrentó a todos los partidos de la oposición.[13] Todos los portavoces del Grupo Mixto y el portavoz del Grupo Popular, Francisco Álvarez-Cascos, solicitaron la dimisión de Alfonso Guerra, que, fiel a su carácter, se defendió atacando. Ha quedado para la historia su ofensiva mencionando las continuas peticiones de favores que recibía por parte de diputados del Partido Popular: «Debo decir que yo he recibido peticiones, al margen de las solicitudes reglamentarias, [...] cartas de empresas que han explicado que han pedido oficialmente concesiones de tal o cual cuestión y que solicitan que se le atienda especialmente y que se le conceda lo que se pide. He recibido llamadas telefónicas y he recibido también visitas, y debo decir que en este tema de canales de televisión yo creía no estar facilitando ningún tráfico de influencias de quien venía a verme...».[14]

No obstante, esta comisión de control acabó con buena parte del crédito político de Alfonso Guerra. Pocos días después, Felipe González, que consiguió evitar su comparecencia sobre el caso, hizo la famosa afirmación del «dos por uno»; es decir, que si dimitía Guerra, él lo haría también, y que no pensaba aceptar la renuncia del vicepresidente.[15]

El caso Juan Guerra supuso el inicio de las relaciones entre la prensa y la clase política tal y como las conocemos hoy. Por un lado, la prensa «opositora» inició campañas virulentas contra el Gobierno, mientras la prensa «afín» daba una versión más próxima a la del Ejecutivo. La intensidad de los ataques hizo reaccionar al Gobierno, que interpuso una querella por calumnias contra algunos periódicos, en concreto *ABC* y *El Mundo*.[16]

Para el ciudadano corriente, fue un amargo despertar después de ocho años gloriosos en los que la modernización de España era la prioridad frente al espanto del golpe de Estado del 23-F. Sin duda, puede decirse que fue un drástico y súbito despertar de un sueño falso. Posiblemente, un síntoma de que la democracia estaba alcanzando la mayoría de edad, pero al mismo tiempo un drástico reconocimiento de una realidad bronca y áspera que se convertiría en el escenario cotidiano del juego político de finales del siglo XX y principios del XXI.

La conclusión en 2001 del caso Guerra, tras una larga lista de juicios, fue una condena de dos años de cárcel para Juan Guerra[17] y su socio, Juan José Arenas, por un fraude fiscal de 253.627 euros durante los años 1988 y 1989 en su empresa Corral de la Parra. El caso se cerró con la sentencia del Tribunal Constitucional, rechazando el amparo solicitado en abril de 2001.[18] Recientemente la Agencia Tributaria ha declarado incobrable el crédito por insolvencia de Juan Guerra y, por tanto, la causa ha quedado archivada.[19] Por su parte, Juan José Arenas abonó la totalidad de su deuda.

Además de esta condena por delito contra la Hacienda Pública, Juan Guerra también fue condenado a seis años de inhabilitación en otro de los juicios, en torno a la denominada «trama Fridex» sobre la recalificación de unos terrenos en Alcalá de Guadaira (Sevilla).

Más adelante, el hermano del dirigente socialista resultó absuelto en causas abiertas contra él: la Sala Segunda del Supremo revocó la condena de un año y seis meses de prisión impuesta por la Audiencia de Sevilla en un caso relativo al mencionado uso del despacho en la Delegación del Gobierno en Sevilla,[20] el de Fracosur sobre la compra de unas fincas; en 1992, Juan Guerra fue condenado a un año de prisión por dos delitos de falsedad en documento oficial y por uno de defraudación a la Hacienda Pública, y posteriormente resultó absuelto; la de sus relaciones con distintas empresas relacionadas con la Expo 92 de Sevilla; la de Litomed, sobre el desvío de enfermos de la sanidad pública a una clínica privada,[21] y, por último, la relativa al proyecto de edificación de un hotel de cuatro estrellas en el Puerto de la Plata, en Barbate, por la empresa Construcción Modular Andaluza, de la que Juan Guerra era socio.

En definitiva, el vía crucis judicial de Juan Guerra llegó hasta 2001, y fue un muestrario de los males que contaminan la instrucción judicial de todos los casos de corrupción: a una instrucción controvertida le acompaña un seguimiento en la prensa, muchas veces interesado y sesgado con permanentes filtraciones, fruto de una mala resolución de las relaciones entre la investigación sumarial y el derecho a la información y los límites de la misma en una causa penal; si a ello se le suman las constantes dilaciones, nos dará una media de diez años como poco hasta agotar el último recurso.

Cataluña

El caso Pallerols

> Todo lo que en las condiciones de la vida no se renueva o transforma, o se corrompe o es foco de corrupción.
>
> Nicolás Salmerón

El 11 de mayo de 1997 se fundó la Patronal del Principat d'Andorra (PDP), encabezada por Fidel Pallerols. El 11 de septiembre de ese mismo año, el flamante nuevo presidente de la PDP se entrevistó con el *conseller* de Trabajo de la Generalitat de Catalunya, Ignasi Farreras, y con el líder de Unió Democràtica de Catalunya (UDC), Josep Antoni Duran i Lleida,[22] que habían sido claves para promover su elección como presidente de la PDP.

La historia de cómo consiguió Fidel Pallerols Montoya convertirse en la pieza central del primer caso de corrupción en el que se consideró probada la financiación ilegal de un partido político, UDC, está repleta de intrigas, chapuzas y añagazas un tanto míseras.[23] Fidel Pallerols es un empresario andorrano sin estudios muy próximo a UDC. Su figura fue clave a la hora de articular un mecanismo infalible para la financiación ilegal de Unió, a partir de fondos de la Generalitat de Catalunya destinados a formación, un área que UDC controlaba desde 1980.[24] Es curioso advertir cómo este mecanismo ha venido utilizándose como instrumento de corrupción en otras Comunidades Autónomas de España, como Andalucía o Galicia. La picaresca empleada en la trama corrupta y la zafiedad de su esquema ilegal contrastan, como el cielo y el infierno, con la imagen sofisticada de un Duran i Lleida desayunando en el hotel Palace de Madrid que transmitía un reportaje de *El País* en 2010.[25]

Durante los años posteriores a la Transición se acuñó la frase «oasis catalán» para referirse a la situación de Cataluña, donde se presumía de un régimen democrático más avanzado que en el resto de España, con instituciones asentadas y un profundo respeto a las reglas del juego.[26] Hasta la eclosión de este escándalo, Cataluña se había mantenido al margen de los grandes casos de corrupción. Rumasa, Naseiro, Juan Guerra o Filesa se veían como un problema español y resultaban impensables en una sociedad supuestamente más avanzada como la catalana.

Convergència i Unió (CiU), una coalición formada por la histórica formación Unió Democràtica de Catalunya y el partido creado en torno a Jordi Pujol, Convergència Democràtica de Catalunya, estuvo en el poder ininterrumpidamente desde las primeras elecciones autonómicas en 1980 hasta el año 2003. Un elemento distintivo de la financiación de CiU era el gran número de donaciones anónimas recibidas. Según los datos del Tribunal de Cuentas del año 2012,[27] el 42 por ciento del total de donaciones realizadas en España tuvieron como destino CiU. La diferencia entre CiU y el resto de los partidos no es baladí (por ejemplo, partidos de implantación en todo el territorio, como el PP o el PSOE, obtuvieron por vía de donaciones y durante ese mismo período menos del 28 por ciento y del 9 por ciento, respectivamente). ¿Por qué un partido mucho más pequeño presentaba unas cifras tan desproporcionadas? Esta pregunta debería contestarla el Tribunal de Cuentas (que no ha iniciado hasta el momento ninguna investigación al respecto, pero que lo tendrá que hacer a instancias del fiscal que ha presentado un informe del que se podrían derivar responsabilidades incluso penales), aunque el sentido común nos indique que las donaciones anónimas podrían esconder intenciones ocultas.

Lo que demuestran el caso Pallerols y, en cierta medida, el caso Palau, del que hablaré más adelante, es que estas donaciones no son más que dinero pagado por el sector público en contratos públicos que las empresas adjudicatarias transforman en donaciones anónimas (comisiones) a partidos políticos y sus fundaciones afines.

El concepto de «oasis catalán» se vino abajo cuando el 1 de abril de 1999, en el pleno del Parlament, los partidos de la oposición formularon gravísimas acusaciones contra CiU sobre el fraude de los cursos. Uno de los empleados de Fidel Pallerols le había denunciado por alterar las bases de datos del Departament de Treball con la connivencia de Jaume Pallerols, jefe de informática del mismo departamento[28] (y que en la sentencia definitiva sería exculpado). El oasis se había convertido en desierto y, desde ese momento, se iniciaba la guerra sin cuartel entre los partidos catalanes, con la corrupción como principal arma arrojadiza. Tal y como el periodista catalán Manuel Trallero afirmó hace unos años, «el oasis catalán era un camelo».[29]

Fidel Pallerols, como propietario de la academia CEI y sus filiales Ceifsa, Andsa y Teosa (que compartían el mismo objeto social, llevar a cabo actividades de formación ocupacional subvencionadas por el Departament de Treball de la Generalitat de Catalunya y del Fondo Social Europeo),[30] propició el fraude con los cursos.[31] Hasta el momento, existen otros tres casos similares en Galicia (caso Gerardo Crespo),[32] Madrid (caso Aneri, denunciado por la propia Comunidad)[33] y Andalucía[34] (caso cursos de formación), entre otros,[35] lo que incluso ha llevado a la Unión Europea a congelar en diversas ocasiones la transferencia de fondos a España con destino a estos cursos, debido al escaso o nulo control ejercido sobre el destino final de los fondos.[36]

Según la sentencia de la Audiencia Provincial de Barcelona, en la década de los noventa —en concreto entre los años 1994 y 1999— la Direcció General d'Ocupació del Departament de Treball de la Generalitat de Catalunya promovió programas de formación dirigidos tanto a trabajadores en activo como a parados, con la finalidad de facilitar el acceso, reciclaje y acceso profesional al mercado de trabajo, todo ello para mejorar la competitividad de las empresas.[37] Para el desarrollo de las actividades formativas, la Direcció General se valió de los denominados «centros colaboradores», empresas, entidades o instituciones reconocidas u homologadas como tales por la propia Direcció General d'Ocupació e inscritas en el Censo de Centros Colaboradores bajo los requisitos legalmente previstos.[38]

Estas entidades colaboraban en los programas de la Direcció, supuestamente ofreciendo actividades formativas, mediante cursos de formación. La financiación corría por cuenta de la propia Direcció General y se concedía mediante resolución del conseller de Treball, nutriéndose de fondos públicos provenientes del Departament de Treball y del Fondo Social Europeo. Así, entre los años 1994 y 1995, el Departament adelantaba el 50 por ciento del importe de la subvención del curso y al finalizar la acción, y tras acreditar documentalmente su realización y sus costes, se abonaba el 50 por ciento restante. A partir del año 1996 estos porcentajes pasaron a ser del 75 por ciento al inicio y del 25 por ciento a la finalización de los cursos, y la consolidación de los pagos se materializaba previo informe favorable del director general: «Él personalmente emitía las propuestas de concesión de subvención o, en su caso, de revocación e informaba a la consolidación y pago del primer y segundo tramo de la subvención».[39]

En la práctica, existía un pacto sobre el desvío de en torno al 10 por ciento de las subvenciones concedidas a las empresas de Pallerols, que sería destinado a la financiación de UDC, partido del cual el consejero era militante.[40] Así, con la colaboración de los hermanos Gavaldà (Vicenç Gavaldà ex secretario de organización de UDC, y Lluís Gavaldà, director general de Treball), que resultaron condenados en la sentencia final, y de otras personas procesadas, como Josep Sánchez Llibre (hoy portavoz adjunto de CiU en el Congreso, y que ha ostentado los cargos de senador y de diputado en gobiernos catalanes), se desviaban fondos de formación a las empresas de Pallerols para la realización de cursos que, o bien nunca se impartieron, o bien se realizaron por un coste muy inferior al presupuestado. De hecho, se pudo comprobar cómo el importe de las subvenciones percibidas por estas empresas crecía significativamente año tras año, fruto de los pactos alcanzados entre todos los acusados.[41] Posteriormente, en las bases de datos del Govern se modificaban las actas de asistencia a los cursos para reflejar una presencia de alumnos inexistente y se procedía, o bien a realizar donaciones anónimas a partidos políticos, o bien a sufragar gastos, sobre todo electorales, de UDC en los porcentajes previamente pactados.[42]

Tras un lentísimo inicio de la instrucción, durante el cual UDC negó todas las evidencias, quedaron demostrados una flagrante financiación ilegal del partido y numerosos flecos sonrojantes. Por ejemplo, la cuñada de Duran i Lleida cobraba de la trama mientras trabajaba para Unió como adjunta de organización y, al parecer, también lo hacía en la empresa Gestumer, propiedad de Víctor M. Lorenzo, ex cuñado de Josep Sánchez Llibre.[43] Cuando los datos recabados empezaron a presentar pruebas irrefutables, CiU entró en la fase de aceptación de algunas irregularidades, lo que llevó a Duran i Lleida a comprometerse a dimitir si se demostraba la existencia de financiación irregular, compromiso público que asumió en un acto de militantes en Platja d'Aro el 22 de octubre de 2000, cuando la presión política y social era ya insostenible.[44]

Tras el bloqueo por parte de la UE de todos los fondos de empleo, la crisis se convirtió en una de las principales preocupaciones del Gobierno catalán. Duran i Lleida emprendió una huida hacia delante, solicitando ante el Parlament una investigación completa de todos los fondos de formación, no sólo de los gestionados por UDC. CiU consiguió evitarlo, pero en el proceso la relación entre Duran y el tándem formado por Artur Mas y Jordi Pujol se vio seriamente afectada.[45]

En el año 2003, CiU perdió las elecciones y una coalición tripartita de PSC, ERC e ICV formó gobierno, con lo que la Generalitat de

Catalunya dejó de obstruir la investigación, destapándose todo tipo de irregularidades. Entre los elementos más curiosos figura el hallazgo de un zulo en el domicilio de Pallerols en Andorra en el que se encontraron vídeos incriminatorios de diversos dirigentes de CiU,[46] así como detalles más o menos pintorescos entre la cantidad ingente de documentación incautada, como grabaciones de entregas de dinero a diferentes personas de UDC, facturas de diversas prendas de ropa de lujo, referencias a los importes de las comisiones y un largo, indecente y vergonzoso etcétera.[47]

No obstante, en noviembre de 2005[48] el Tribunal Supremo sobreseyó la causa con respecto a dos aforados implicados, los diputados en el Congreso Josep Sánchez Llibre y Pere Grau. Esto llevó a que la jueza Silvia López Mejía diera carpetazo al caso en diciembre de 2005 por falta de supuestos de hecho constitutivos de delito, dejando sólo algunos asuntos pendientes a Pallerols por delitos contra la Hacienda Pública.[49] La jueza consideró que las donaciones de Pallerols a Unió no constituyeron delito al no acreditarse el conocimiento por parte de Unió del origen de los fondos ni un pacto previo entre la red de Pallerols y las subvenciones de Treball.[50]

La sociedad catalana estaba perpleja. UDC hizo gala de la absolución y realizó todo tipo de declaraciones remitiéndose al refrendo de su inocencia y a la persecución implacable a la que se había visto sometida.[51] Sin embargo, el caso produjo un gran efecto en la ciudadanía, que reclamó justicia. Tan sólo un año después, la Audiencia de Barcelona reabrió el caso al considerar que había pruebas suficientes contra ocho personas del total de las inicialmente imputadas.[52]

Esta instrucción fue mucho más rápida y finalizó en 2008. En 2010 CiU volvió al poder en Cataluña y, tras un sinfín de retrasos, el juicio comenzó en 2013, catorce años después de estallar el caso y casi veinte desde el inicio del fraude. A instancias de Francesc Homs, la fiscalía y la defensa llegaron a un acuerdo para que UDC aceptara su culpa, devolviera lo que se demostró como defraudado y, de ese modo, se evitara el ingreso en prisión de los imputados.[53] La jueza de este juicio fue Teresa Cervelló, cuñada de la actual presidenta del Parlament de Catalunya, Núria de Gispert i Català, miembro de UDC desde 1986.[54]

CiU respiró aliviada y los acusados interpusieron una petición de sustitución de las penas de cárcel por trabajos en beneficio de la comunidad. El fiscal apoyó dicha petición, pero, en un giro inesperado, la Audiencia de Barcelona exigió el ingreso en prisión de los condenados, en un auto de ocho páginas en el que rechazaba la sustitución por trabajos comunitarios.[55] El 23 de mayo de 2014, Pallerols ingresó en prisión.

En cuanto a Duran i Lleida, que se había comprometido a dimitir en caso de que se demostrara la financiación del partido, se valió de una excusa escolástica para no hacerlo; el juez no condenó a UDC por financiación ilegal. Mientras tanto, la reforma del Código Penal que puso fin a la exención de responsabilidad penal de los partidos políticos entró en vigor el 17 de enero de 2013.[56] Claro que, según los tipos del Código Penal aplicables al caso, anteriores a la reforma, un partido político no podía ser imputado por este delito; una persona sí, pero un partido no. A pesar de que la sentencia era categórica y establecía que la financiación ilegal tuvo lugar, CiU carecía de responsabilidad penal, y Duran sólo aceptó la responsabilidad civil, no la penal, que no se podía producir por falta de tipificación del delito. No sería hasta las elecciones europeas de 2014, con el descalabro de CiU, cuando Duran i Lleida anunció su dimisión; una dimisión motivada principalmente por su divergencia con los acontecimientos relacionados con los movimientos de independencia en Cataluña, pero que sin duda fueron la gota que colma el vaso de un pasado lleno de sucesos escabrosos.[57]

El caso Palau

> On ets, Espanya? No et veig enlloc.
> No sents la meva veu atronadora?
>
> Joan Maragall

Una de las canciones más bellas en lengua catalana es el «Cant de la senyera», que compite con «Els segadors» como himno catalán. El «Cant de la senyera» es una composición del maestro Millet (Lluís Millet i

Pagès) de 1896, que estuvo prohibida durante el franquismo[58] y que, al ser entonada de forma espontánea en el Palau de la Música Catalana en 1960, generó los disturbios conocidos como los «sucesos del Palau», que terminaron con la condena de Jordi Pujol a una pena de cárcel por un tribunal militar, detenido como uno de los instigadores de los hechos.[59]

El maestro Millet, fundador de una institución nacional como es el Orfeó Català, es una figura respetada y hasta venerada en Cataluña. Por esta razón, cuando en 1993 Fèlix Millet, sobrino nieto del maestro, fue nombrado presidente de la Fundació Orfeó Català-Palau de la Música Catalana, su nombramiento fue considerado una retribución merecida por los esfuerzos de una familia profundamente comprometida con la causa del *catalanisme*.[60]

Desde este puesto privilegiado, Fèlix Millet impulsó la renovación del Palau a base de patrocinios, contribuyendo a la salud y al desarrollo de la institución como nunca antes se había hecho. Pero lo que la sociedad catalana no intuyó es que, desde el deslumbrante despacho modernista del Palau, Fèlix Millet estaba desarrollando y consolidando una red de clientelismo político, en connivencia con Convergència i Unió, de dimensiones todavía desconocidas, mientras aumentaba su patrimonio desviando fondos a su bolsillo de las donaciones ilegales que se realizaban,[61] incluso a través de talones y dinero en efectivo.[62]

El Palau de la Música es un impresionante edificio modernista obra de Lluís Domènech i Montaner. Se encuentra situado en una pequeña callejuela del barrio antiguo de Barcelona que ofrece poca perspectiva para observar su majestuosidad. Era en este edificio donde Fèlix Millet y su mano derecha, Jordi Montull, director del Palau, recibían a los representantes de las empresas que deseaban adjudicaciones de la Generalitat y donde pactaban las subvenciones a la Fundació del Palau, valiéndose, como explicó la sentencia de la Audiencia Provincial de Barcelona, de «su prestigio y ascendencia moral y de las ventajas que le proporcionaban sus respectivos cargos».[63] En algunos casos se realizaron entregas de cheques o efectivo, cantidades que, por supuesto, no fueron declaradas como parte del precio de las adjudicaciones ni, menos aún, como comisiones entre particulares para la adjudicación de un proyecto para el que dichas empresas, además, no encontraban competidores.[64]

En el año 2002 una nota anónima denunciaba el desvío de fondos del Palau de la Música. La denuncia fue archivada sin que se realizase ninguna investigación.[65] Poco tiempo después, y sin relación con dicho anónimo, la Sindicatura de Comptes de la Generalitat de Catalunya encontró anomalías en la gestión de la Fundació del Palau, pero no fue hasta 2009 cuando la fiscalía de Barcelona presentó una querella por apropiación indebida contra Fèlix Millet, Jordi Montull y varios directivos más por el desvío de dos millones de euros del Patronat del Palau.[66] Como consecuencia de esta denuncia, el 28 de junio de 2009 Fèlix Millet fue destituido de sus cargos en el Patronat así como de la presidencia de Bankpime, después de admitir que había desviado fondos por un importe de 3,3 millones de euros.[67]

En septiembre de 2009, un informe de la Agencia Tributaria concluyó la investigación de este desvío de fondos del Patronat a Convergència Democràtica de Catalunya,[68] estableciendo una relación entre el Palau y la financiación ilegal de partidos políticos. Cuando en octubre se levantó el secreto de sumario, la cifra desviada ascendía ya a más de 35 millones de euros.[69] Empezaron las confesiones y filtraciones de información. Felip Puig, secretario general adjunto de CDC, admitió haber recibido 600.000 euros de la Fundación del Palau, aunque defendió la legalidad de dichos fondos.[70] Àngel Colom, por su parte, declaró que había recibido 72.000 euros, en un solo pago y en forma de talón, para cubrir las deudas de una aventura política frustrada, la creación del Partit per la Independència, que se disolvió.[71]

En junio de 2010, la jueza Míriam de Rosa Palacio, titular del Juzgado n.º 10 de Barcelona, decretó prisión incondicional sin fianza, y los imputados ingresaron en prisión.[72] Estaban imputados por tráfico de influencias y apropiación indebida, pero trece días después se decretó su libertad en un nuevo auto, puesto que ya no existía «riesgo de fuga o de destrucción de pruebas».[73]

Fèlix Millet y Jordi Montull desviaban una parte de estas donaciones a sus cuentas privadas, en cantidades significativas (se les atribuyen, al menos, 27 millones de euros con destino a sus cuentas particulares). Esta rutina corrupta, que parecía bajo control, estalló en el momento en que se intentó una operación urbanística para la construcción de un hotel, con la connivencia del Ayuntamiento de Barcelona, que llegó a otorgar una licencia de dudosa legalidad. La licencia fue denunciada por la ex concejala del distrito barcelonés de Ciutat Vella, Iztiar González. Para conseguir esta autorización, se habían realizado sobornos y ejercido presiones de todo tipo sobre los funcionarios municipales.[74] El hotel hubiera generado unos beneficios inmensos a la sociedad delictiva de Millet y Montull. La sentencia del caso llegó en mayo de 2014.[75]

Los bienes de Montull y Millet fueron embargados en marzo de 2012, dos años después de su excarcelación. Hoy, Millet ha pagado ya más de 5 millones de euros. Por su parte, el juez reclama 3,3 millones a Convergència i Unió, que se vio obligada a presentar un aval contra su sede;[76] la sede del partido que presidía Jordi Pujol, aquel que pisó la cárcel por primera vez por cantar un himno de Joan Maragall con música del maestro Millet. Triste cierre de una historia circular.

Como he mencionado anteriormente, las últimas noticias se produjeron en mayo de 2014, cuando el tribunal de la Audiencia de Barcelona condenó a Fèlix Millet y a Jordi Montull a dos penas de seis meses para cada uno por tráfico de influencias.[77] En esta sentencia se describe, en concreto, el uso de la influencia de la Fundació Palau, representada por Millet y Montull, para conseguir la adjudicación de terrenos públicos de uso cultural, pertenecientes al colegio La Salle. Millet y Montull, representando a la Fundació, firmaron previamente la cesión de todos los derechos de propiedad de los terrenos a la empresa Olivia Hotels S.A., una vez que se llevara a cabo la adjudicación a la Fundació y cambiase su uso. Este convenio, cuyo informe era preceptivo, se ocultó a la sociedad catalana.[78]

El convenio establecía que las fincas, tras doce años de propiedad por parte de la empresa hotelera, podrían cambiar su recalificación a uso residencial. Aquí pesaban los intereses especulativos de Millet y Montull, que se beneficiarían de comisiones —obviamente, no mencionadas en los convenios— por la «gestión» con la Generalitat del cambio de función de los terrenos. Intereses especulativos que se materializaron incluso con la entrega, por parte del representante de Olivia Hotels S.A., de 900.000 euros, en cheques (cinco talones con un valor total de 470.000 euros) y efectivo, para que la Fundació llevara a cabo las gestiones necesarias para obtener los permisos requeridos para la adjudicación de los terrenos, enmascarando la nueva titularidad.[79]

Para la obtención de los permisos necesarios, los condenados se prevalieron del «prestigio y ascendencia moral» de la Fundació en la sociedad catalana, incurriendo en verdades sesgadas y desviando la atención de Ramón García-Bragado y Acín y de Ramon Massaguer Meléndez —concejal y gerente de Urbanismo, respectivamente— a otros pormenores distintos de la existencia de los convenios de cesión a Olivia S.A.[80]

Se consideró, por tanto, probado el delito de tráfico de influencias tipificado en el Código Penal. Sin embargo, la sentencia descartó que Ramón García-Bragado y Acín y Ramon Massaguer Meléndez hubieran incurrido en un delito de prevaricación o en un delito de falsedad documental. Millet fue condenado a una multa de 3.604.857 euros y Montull a una de 901.214,40 euros, así como a una pena de prisión de seis meses y al decomiso de los 900.000 euros recibidos en concepto de dádiva por parte del representante de Olivia Hotels S.A.[81]

A partir de las investigaciones del caso Palau se han segregado una serie de piezas, y además de la mencionada, tenemos la correspondiente a las comisiones ilegales de Ferrovial que financiaron a CDC, aún sin sentencia.[82] Esta pieza está pendiente de juicio oral contra Fèlix Millet y Jordi Montull (con una petición de 27 años de cárcel), Daniel Osàcar (ex tesorero de CDC), Jaume Camps (ex diputado de CDC) y diversos directivos de Ferrovial. Asimismo, imputó a Convergència Democràtica de Catalunya como responsable civil como partícipe a título lucrativo del desfalco del Palau de la Música llevado a cabo por Fèlix Millet y Jordi Montull, que se prevalieron de «la situación de poder absoluto que le otorgaban sus distintos cargos» en el Palau.[83] Aún está pendiente de juicio, pero el juez de instrucción concluye que se trata de un notorio ejemplo de corrupción institucionalizada para intercambiar adjudicaciones de contratos públicos con generosas donaciones que terminan financiando las arcas de varias organizaciones políticas (UDC, Convergència i Unió y, en menor medida, el Partit per la Independència), así como en beneficio particular de los imputados.[84]

En el auto de 47 páginas, el juez describe el *modus operandi* de la trama. Ferrovial ingresaba una donación por «el concepto de patrocinio» a la Fundació Privada Orfeó Català —Palau de la Música—, una de las tres entidades que forman el entramado del Palau de la Música y que controlaba Millet, y ésta los transfería a CDC. El destino final del dinero no tenía nada que ver con la institución cultural.[85]

El auto enumera asimismo las obras que habrían conllevado esta desviación de fondos. De estas obras, la empresa Ferrovial «abonaba, por regla general, una comisión del 4 por ciento del importe de la obra pública adjudicada, y de ese 4 por ciento un 2,5 por ciento se asignaba a Convergència y el 1,5 por ciento restante para Millet y Montull por su intermediación». Éstos se repartían después esas cantidades. Y afirma el auto que el dirigente de CDC «recibió alguna remuneración por su intermediación». Los pagos se hacían «mediante entregas en efectivo a los tesoreros del partido, mediante facturación mendaz por entidades mercantiles que se prestaron a ello y mediante convenios de colaboración aparente suscritos por la Associació Orfeó Català y la Fundació Orfeó Català-Palau de la Música Catalana con la Fundació Trias Fargas, directamente vinculada al partido Convergencia Democrática de Catalunya». En total, según el auto, el partido que lidera Artur Mas hoy en día recibió 5.180.202,37 euros a través de comisiones ilícitas.[86]

El juez instructor del caso acredita, además, que entre 2005 y 2009 Millet, Jordi Montull y Gemma Montull (su hija) desviaron dinero del Palau para realizar obras en sus viviendas, a través de facturas a empresas que finalmente pagaba el Palau de la Música, por un total de 3.175.175,45 euros. Además, el auto afirma que emitieron facturas falsas para enriquecerse con servicios inexistentes entre los años 2008 y 2009 por 1.027.189 euros (sin IVA); se pagaron las bodas de las hijas de Millet (en 2000 y 2002) por 164.269,93 euros, la publicación de un libro de Jordi Montull (*Trenta anys d'il·lusions*, que nada tenía que ver con la institución del Palau) por 19.026,80 euros y «viajes de placer» por todo el mundo (México, Cerdeña, la Polinesia, Tailandia, Kenia, las islas Maldivas y Dubai) por 651.456,59 euros, a lo que hay que sumar otros desvíos de fondos entre 2002 y 2009.[87] La lista es interminable y obscena.

La trama incluiría, además, otra lista de corruptelas: la confección de documentación falsa, operaciones inmobiliarias a través de empresas controladas por Millet y Montull elevando el precio del coste en el mercado libre, y por tanto «enriqueciéndose con el sobreprecio», entre 2004 y 2009, y, por último, fraude a la Hacienda Pública por el impago del IVA del año 2007. «La suma indebidamente devuelta por la Hacienda Pública y recibida por dicha entidad por el ejercicio 2007 asciende a 549.749,31 euros.»[88]

El caso Palau ha mostrado lo peor de una clase dirigente que primero intentó negar el escándalo, a continuación atacó a la Administración de Justicia, amedrentó a los testigos después y, para finalizar, empleó todos los recursos a su alcance para influir en las decisiones de los jueces con el objetivo de evitar condenas o de reducirlas al máximo. Para la sociedad catalana ha supuesto una llamada de atención. En nombre del catalanismo algunos han depredado, y la protección que diversas instancias de la Generalitat desplegaron sobre Millet, por ejemplo rechazando pedir la restitución de 900.000 euros cuando disponía de dicho derecho, ha llevado a la ciudadanía a la conclusión de que la justicia no es igual para todos.[89]

Lo que sucedía en Cataluña era una corrupción sistemática, imposible de ignorar y que, sin embargo, no fue perseguida hasta que en 2009 comenzaron las investigaciones. Pero era *vox populi*; en un pleno del Parlament de Catalunya de marzo de 2005, Pasqual Maragall, nieto del poeta Joan Maragall, acusó a Convergència i Unió, la coalición liderada por Artur Mas, de cobrar comisiones de un 3 por ciento en todas las obras públicas en el territorio catalán. «Ustedes tienen un problema, el tres por ciento», dijo el presidente Maragall en sede parlamentaria, verbalizando así un secreto a voces, el de la presencia de la corrupción a nivel institucional.[90] Artur Mas le pidió que se retractara o retiraría su apoyo al Estatut. Maragall se retractó en la misma sesión, al darse cuenta de la seriedad de la amenaza de Mas. El recorrido del nuevo Estatut estaba siendo tormentoso (un apoyo poco decidido por parte de CiU, la oposición de ERC y un PP indeciso), y el bloqueo de CiU descarrilaría ese tren definitivamente y, con ello, la última esperanza de Maragall de acabar su carrera política con el nuevo Estatut.[91]

Varios años más tarde estalló el caso Palau, que sigue resquebrajando los cimientos del *catalanisme* y exponiendo las conexiones y la triste endogamia de una clase dirigente que ha regido los destinos de Cataluña de forma ininterrumpida desde el *Noucentisme*.

En los casos de financiación ilegal, además de la sustracción de las comisiones que se obtienen para financiar al partido político de que se trate, habitualmente el comisionista retiene una parte para su uso particular, como ocurrió en el recién analizado caso Palau. Pero este tipo de actuación se aprecia en distintos casos. En el caso Filesa, de financiación ilegal del PSOE, la comisionista Aída Álvarez se construyó un chalet de más 200 millones de pesetas, con todo tipo de lujos, sin licencia municipal, en el distrito madrileño de Chamartín, cuyo derribo fue finalmente ordenado.[92] En las conversaciones grabadas en el caso Naseiro queda claro que diversos implicados se repartieron personalmente una parte de las comisiones que no llegaban al partido.[93] En el caso Bárcenas existen 45 millones de euros en Suiza sin explicar.[94] Por tanto, se puede afirmar que en casi todos los casos de corrupción existe la figura del comisionista que, o bien enriquece su patrimonio personal desviando parte de los fondos recaudados ilegalmente para el partido, o bien obtiene una remuneración ilegal por formar parte del esquema defraudatorio.

No resulta por tanto demasiado atrevido afirmar que, para la obtención de donaciones ilegales, los partidos recurren a terceras personas con unos parámetros éticos más que dudosos, poco fiables y menos honorables, y cuyos comportamientos con respecto a las comisiones que reciben son de todo menos comedidos.

Por desgracia, no se trata de un problema aislado, ni en España ni en el mundo. La primera década del siglo XXI presenta una serie de escándalos a lo largo y ancho del planeta, fruto previsiblemente de un crecimiento económico que se creía imparable. En Grecia los escándalos financieros se han sucedido a un ritmo frenético. Ahí están los acuerdos entre Siemens AG y funcionarios del Gobierno griego durante los Juegos Olímpicos de 2004 en Atenas, la controversia Mall Athens o la corrupción que tuvo lugar alrededor del Paranga/Koriopolis.[95] En América Latina la corrupción se extendió a todos los países, implicando a los más altos cargos de la política. El 28 de abril de 2011, el ex presidente de Costa Rica, Miguel Ángel Rodríguez (presidente entre 1998 y 2002), fue condenado y sentenciado a cinco años de prisión por su papel en el caso de soborno de Alcatel/Instituto Costarricense de Electricidad (ICE).[96] Un informe elaborado por el Subcomité Permanente del Senado de Estados Unidos (cuentas en Estados Unidos utilizadas por Augusto Pinochet) en 2005 probó que el dictador ocultaba sus ganancias ilícitas en las cuentas bancarias canalizándolas a través de sociedades *offshore* controladas por miembros de su familia o sus asociados.[97]

En fin, parece bastante paradójico que la Convención de las Naciones Unidas contra la Delincuencia Organizada Transnacional fuera firmada en Nueva York el 15 de noviembre de 2000 y que, tres años más tarde, se aprobara la Convención contra la Corrupción por la Resolución 58/4 de 31 de octubre de 2003, que entró en vigor el 14 de diciembre de 2005, con 140 estados signatarios. Esto provocó un gran número de comunicaciones y reglamentos por parte de la Unión Europea en un intento de frenar la corrupción, el fraude y cualquier otra actividad ilegal, a través de propuestas de medidas preventivas y cooperación de las administraciones de los estados miembros.

El 19 de junio de 2003, como lo hiciéramos en octubre de 1996 en Ginebra, nos reunimos en París catorce jueces y fiscales de diversos países, entre los que se encontraban Eva Joly, Bernard Bertossa, Antonio di Pietro, Juan Guzmán Tapia, Francesco Borrelli, yo mismo, David M. Crane, Hanne Sophie Greve, Peter Eigen, presidente de Transparencia Internacional, Frantisek Janouch, físico, Pius N'Jawe, periodista, y los premios Nobel John Charles Polanyi, Aung San Suun Kyi, Wole Soyinka y Yolanda Pulecio, madre de la entonces rehén de las FARC Ingrid Betancourt (*El País*), y dimos forma a la Declaración de París contra los efectos devastadores de la gran corrupción y la impunidad. El objetivo de esta iniciativa fue «dar un impulso decisivo contra la gran corrupción en los sectores de riesgo (energía, construcción, armamento, aeronáutica, industrias mineras), principalmente en los países occidentales, cuyos bancos y grandes empresas se encuentran en el centro de dichos tráficos», porque «la explosión de los mercados abiertos favoreció prácticas de descuentos y comisiones, que se desarrollaron de manera preocupante hasta el punto de invadir sectores enteros de la economía». Para afrontar estos retos pedíamos: la suspensión de la inmunidad diplomática parlamentaria y judicial durante las investigaciones; la supresión de recursos dilatorios en la cooperación judicial; la prohibición a los bancos de abrir sucursales o de aceptar fondos procedentes de las instaladas en países o territorios que se nieguen o apliquen de una forma puramente virtual la cooperación judicial internacional; la obligación de todos los sistemas de transferencias de fondos o valores de organizar con total transparencia los flujos financieros; la creación del delito de enriquecimiento ilícito y la confiscación de los bienes cuyo origen lícito no pueda ser probado por el beneficiario; la creación del crimen de gran corrupción aplicable a las malversaciones mayores de 10 millones de dólares; la obligación de las empresas de consolidar sus cuentas geográficamente, país por país; la competencia judicial al país donde estén radicadas las sedes sociales de las multinacionales, cuando sus filiales en el extranjero sean sospechosas de corrupción y el país respectivo no quiera o no pueda perseguir el crimen; la puesta en marcha de un comité de vigilancia bancario alrededor de los «dirigentes políticamente expuestos» y de su entorno.[98]

Es curioso que en ese momento la Justicia francesa había prohibido la difusión del libro de Eva Joly sobre el caso Elf, cuya edición española yo prologué posteriormente, y que el día anterior se había aprobado una ley en Italia que impedía cualquier acción judicial contra el entonces primer ministro Silvio Berlusconi. Afortunadamente, el Tribunal Constitucional anuló después esa ley y, gracias a ello, Berlusconi hubo de rendir cuentas ante la Justicia.

Una vez más, la sociedad civil y, en este caso, representantes de la judicatura, la fiscalía y otros ámbitos exigíamos iniciativas que todavía no se han adoptado en la mayoría de los países. La respuesta está, de alguna forma, en este libro. La falta de convicción en esa época y posteriormente en combatir eficazmente la corrupción, porque eso significaría garantizar verdadera igualdad de oportunidades, transparencia y, por ende, ausencia de trampas amparadas en ingenierías financieras, pactos inconfesables de impunidad. Por ello, debe ser esa fuerza social la que haga mover las conciencias y las voluntades para que los márgenes sean cada vez más estrechos.

En concreto, la Decisión Marco 2003/568/JAI del Consejo, de 22 de julio de 2003, relativa a la lucha contra la corrupción en el sector privado, se transpuso en España, con relativa calma, siete años más tarde, el 23 de junio de 2010, a través de la Ley Orgánica 5/2010. Esto supuso una importante modificación del Código Penal y se encuentra en vigor desde diciembre de 2010, reforma de la cual la transposición de la Decisión Marco es uno de los aspectos más importantes.

No obstante, parece que los partidos políticos españoles trabajaran en dos esferas, en universos paralelos. Por un lado, adhiriéndose a iniciativas internacionales de control de la corrupción, y, por otro, desarrollando esquemas más o menos sofisticados para la financiación ilegal de sus partidos, mediante redes de clientelismo que les aseguren la perpetuación en el poder.

Andalucía

El caso de los ERE

> La cáscara y la máscara,
> los cuarteles, los foros y los claustros,
> diplomas y patentes, halos, galas,
> las más burdas mentiras:
> la de la libertad mientras se dobla
> la vigilancia.[99]

Claudio Rodríguez

Decía Cervantes que Sevilla era «amparo de pobres y refugio de dechados, que en su grandeza no sólo caben los pequeños, pero no se echa de ver los grandes».[100] La delincuencia y la corrupción se encuentran íntimamente ligadas a un modo de vida que se inició en el Siglo de Oro y que ha llegado hasta nuestros días.

El pasado no sirve para explicar el futuro, pero, lamentablemente, nos encontramos con situaciones que recuerdan vivamente los engaños relatados cientos de años atrás. Ni la democracia ni la fuerte autonomía andaluza han conseguido modificar prácticas que hace siglos ya tenían lugar.

El caso de los ERE es paradigmático de la corrupción en Andalucía, tiene ramificaciones en distintas áreas del Gobierno andaluz y sigue creciendo día a día, alimentando un sumario gigantesco con un enorme número de implicados. Para entenderlo es preciso glosar la figura de dos personas, Juan Francisco Trujillo y Francisco Javier Guerrero, que forman el núcleo del que nació y creció la trama delictiva.

Juan Francisco Trujillo, chófer de la Junta de Andalucía, y Francisco Javier Guerrero, director general de Trabajo y Seguridad Social, eran bien conocidos en los principales locales de la noche sevillana. De hecho, la prensa no se ha cansado de señalar sus gustos por los bares de copas y la cocaína.[101] Presuntamente, era en estos lugares donde tramaban sus intrigas y disfrutaban de una fiesta continua pagada con subvenciones adjudicadas por Guerrero a Trujillo; el director general llegó presuntamente a adjudicar 1,3 millones de euros a su conductor, que parecía vivir en una juerga sin fin.[102]

Juan Francisco Trujillo representa a la perfección el estereotipo de la picaresca y la corrupción en el siglo XXI. Despreció las leyes y practicó una arbitrariedad que le permitió repartir irregularmente entre sus conocidos y vecinos las subvenciones, como un Robin Hood en versión andaluza.[103] Cabe preguntarse: ¿cómo pudo pasar inadvertido este descontrol al Tribunal de Cuentas andaluz, que supervisa todos los gastos de las consejerías?

¿En qué ha consistido el fraude de los ERE?

La particular forma de instruir de la jueza Alaya está alarmando incluso a los medios de comunicación más conservadores, que, sin menospreciar el esfuerzo que supone este complicado entramado, corre el riesgo de perderse en una instrucción demasiado enrevesada. Otros medios incluso llegan a percibir un «torpedeo» procesal por parte de la defensa de Griñán y Chaves.

Inicialmente, la causa judicial se refería al «proceso de la concesión de las denominadas ayudas socio laborales y ayudas a empresas», llevada a cabo por la Dirección General de Trabajo de la Consejería de Empleo de la Junta de Andalucía, desde el año 2000 hasta el 18 de octubre de 2012.

En este caso de casos, abierto como una especie de pulpo gigante, cuyos tentáculos prácticamente lo hacen inabarcable por el volumen de personas, la variedad de las conductas acumuladas, el tipo de delitos y el volumen de las actuaciones que se recogen en una instrucción bastante compleja que parece no tener fin, la jueza instructora número 6 de Sevilla, Mercedes Alaya, elevó el 12 de agosto de 2014 a la Sala Segunda del Tribunal Supremo una exposición razonada en la que se recogen los elementos o indicios que, en su opinión, podrían dibujar la posible responsabilidad penal de una serie de aforados que ostentaron importantes responsabilidades en la Junta de Andalucía, gobernada por el PSOE desde el inicio de la democracia; a saber, «Manuel Chaves González, José Antonio Viera Chacón y Gaspar Zarrías Arévalo, diputados del Congreso de los Diputados, José Antonio Griñán Martínez, Senador de las Cortes Generales y Carmen Martínez Aguayo, Francisco Vallejo Serrano, Antonio Ávila Cano, Don Manuel Recio Menéndez y D.ª María del Mar Moreno Ruiz, parlamentarios andaluces por las provincias de Sevilla, Jaén y Almería».[104]

Según la exposición razonada de la jueza Alaya, la actuación de la Dirección General de Trabajo de la Consejería de Empleo de la Junta de Andalucía «habría supuesto, sin perjuicio de lo que pudiera resultar de la investigación judicial, la ilegal aplicación de fondos públicos por importe de 855 millones de euros». Esta actuación ilegal eludía el procedimiento legalmente previsto por la Intervención General de la Junta para el otorgamiento de subvenciones y los controles integrados en éste, así como la normativa estatal y autonómica en materia de subvenciones.[105]

Entre los años 2000 y 2001 se creó un fondo para actuar en los casos de conflictos empresariales que generaran extinciones de empleo para su inclusión en los ejercicios 2002-2009.[106] Para agilizar el sistema se diseñó un procedimiento administrativo que utilizaba la denominada «transferencia de financiación», un mecanismo sencillo pero muy opaco que fue usado de forma inadecuada y, como se demuestra en la investigación, de forma totalmente discrecional.[107] Así, como afirma la jueza Alaya en la citada exposición, las transferencias de financiación, «lejos de poder ser utilizadas por la Consejería de Empleo para el pago de las subvenciones concedidas por ella, sólo podían destinarse a equilibrar la cuenta de resultados de las empresas públicas, en este caso del Instituto de Fomento de Andalucía (IFA) y, posteriormente, la Agencia de Innovación y Desarrollo (IDEA) que sustituyó a la anterior». Gracias a este fondo, el director general de Empleo, Javier Guerrero, presuntamente contaba con centenares de millones de los que podía disponer sin control, dado que detentaba la potestad de asignar subvenciones arbitrariamente al permitírselo así, sin necesidad de supervisión, el procedimiento de transferencia de financiación.[108]

Tal como queda constatado en la investigación sumarial, en Andalucía las leyes de presupuestos concedían fondos a la Consejería de Empleo para el fondo de los ERE, que eran posteriormente transferidos a la IDEA.[109] A continuación, esta sociedad pública pagaba a las aseguradoras que subvencionaban los pagos de los ERE. Javier Guerrero decidía a quién debía transferir fondos la citada agencia. Por ejemplo, incluyó a su suegra en un ERE de la empresa SOS Cuétara (430.000 euros)[110] o asignó a su chófer una subvención de 1,3 millones de euros,[111] llegando a abrir una «ventanilla» en la que recibía a peticionarios y desde la que, de forma arbitraria, admitía aquellos casos que creía más necesarios (o más amigos) en los ERE que se estuvieran preparando con IDEA.[112]

Es decir, una empresa con una condición económica complicada acudía al despacho de Javier Guerrero y explicaba su situación. Como director general de Empleo, Guerrero concedía la ayuda sin apenas comprobación e incluso, en caso de que hubieran acudido a él con alguna situación personal complicada, añadía a personas que no se encontraban en la plantilla de la empresa afectada, para que obtuvieran las indemnizaciones provenientes de los fondos públicos.

En el año 2005, la Intervención de la Junta advirtió de la ilegalidad del procedimiento y lo notificó a la Consejería de Empleo. Incomprensiblemente, por la razón que fuera, la cadena de responsabilidades se interrumpió o no funcionó y nadie hizo nada para que cesara esa situación ni ordenó que se investigaran las irregularidades, lo que en principio podría sugerir un evidente descontrol en ese ámbito de responsabilidad tan sensible.

Según la investigación de la jueza, que ella misma pone de manifiesto en la exposición razonada elevada al TS, habría una tercera etapa en la actuación presuntamente delictiva, con dos momentos diversos: «el primero, el ejercicio 2010, en el cual desapareció del Presupuesto de la Consejería de Empleo, las transferencias de financiación a IDEA, pese a lo cual se siguieron concediendo subvenciones sociolaborales de forma manifiestamente irregular. El segundo, desde el 1 de abril de 2011 hasta el 17 de octubre de 2012, tiempo en el que se dictaron dos Órdenes por la Consejería de Empleo, una en 2011 y otra en 2012, aprobando las bases reguladoras de ayudas de la misma naturaleza y la convocatoria respectiva, en las que se regularía el procedimiento adecuado para su concesión, obviando no obstante los límites impuestos por la legislación estatal para este tipo de ayudas. El final de esta etapa comenzó el 18 de octubre de 2012 cuando entró en vigor el Decreto-Ley 4/2012, en el cual se adoptaron medidas extraordinarias, encomendadas por el Parlamento Andaluz, destinadas a contribuir a la financiación pública de las ayudas sociolaborales concedidas o comprometidas en la etapa anterior».[113]

Debe quedar claro para el lector, en éste y en todos aquellos casos en los que aún no se haya dictado sentencia, que a todos los imputados o las imputadas les afecta y beneficia el principio constitucional de presunción de inocencia (art. 24.2 de la CE). Ello significa que existen indicios de responsabilidad penal, pero no pruebas definitivas que rompan la vigencia de aquel principio. Sólo después del juicio oral, y tras una sentencia, se podrá afirmar si la persona afectada es responsable penal definitiva o no, y sólo después de que se agoten los recursos, que lo es en firme. Por tanto, debe tenerse en cuenta que, más allá de la historia que se cuenta y de las anécdotas que concurran, la trama tiene tanta trascendencia e impacto social que, sin negarlos, ha de ser abordada con prudencia. Pero hay conductas que, sin ser penalmente reprochables, sí lo son políticamente y deben ser asumidas con celeridad para evitar el deterioro de la vida pública española. En esta cadena, tienen una responsabilidad importante los medios de comunicación y el tratamiento que hagan de sus hallazgos en las informaciones que produzcan.

La jueza Alaya inició la investigación judicial en el año 2010, constatando que las cantidades defraudadas eran enormes. En los dos años el importe total ascendió a 136 millones de euros, 50 millones por comisiones a las empresas mediadoras (como Vitalia y Uniter), otros 70 millones por ayudas a empresas que no reunían las condiciones adecuadas y 12,3 millones más por la incorporación de intrusos en los ERE.[114]

El grupo de imputados, que hasta la fecha asciende a 266 personas,[115] es de corte vertical y afecta a todos los estratos de la clase política andaluza. En el caso están implicados una pluralidad de actores de lo más diverso: cargos políticos de la Junta (consejeros, directores generales, etc.); empresas intermediarias en los ERE, como Vitalia y Uniter; sindicatos como UGT; el presidente de Unicaja, Braulio Medel; la que fuera consejera de Economía, Magdalena Álvarez; el ex presidente de la caja de ahorros el Monte de Piedad... hasta una limpiadora que participó irregularmente en un ERE fraudulento.

El Tribunal Supremo, en un auto del 13 de noviembre de 2014, consideró que los hechos, tal y como los describe la jueza, podrían presentar caracteres de los delitos de prevaricación y malversación de fondos públicos, pero recalcó que será el instructor el que decida si hay indicios de delito de los aforados.[116] Es decir, lo que el Tribunal Supremo hizo en esta resolución fue valorar *prima facie* si se daban los elementos necesarios para examinar su competencia (existencia de aforados) y, a partir de ahí, habilitar al magistrado de la misma sala designado como juez instructor para que decida si existen o no indicios. Por tanto, técnicamente los imputados lo son para que puedan defenderse, pero aún no se ha decidido si se reclamará el suplicatorio al Parlamento para continuar el proceso contra ellos y con la intención de juzgarlos. Habrá que esperar por tanto a las diligencias que aquél practique y, especialmente, a las declaraciones de los afectados, que ya han sido llamados a declarar a partir del 14 de abril como imputados, por una mera providencia, sin hechos relatados en un auto (como debería de haberse hecho para respetar las garantías constitucionales) a fin de no interferir en las elecciones andaluzas de marzo. Con esto, el magistrado Alberto Jorge Barreiro, ha conseguido el efecto contrario, que toda la campaña se centre sobre este tema y sin que los citados puedan defenderse, ni en el Tribunal Supremo, ni ante la jueza Alaya. Realmente, una vez más, la decisión no es precisamente un ejemplo de garantías procesales.

Los beneficiarios de los ERE se pueden clasificar, según la investigación de la jueza Alaya, en varios grupos. En primer lugar, las aseguradoras que participaron en el esquema y que, sin competencia, manejaban las subvenciones, como las mencionadas Vitalia o Uniter,[117] que presuntamente se quedaban con el 25 por ciento de lo percibido en concepto de comisión, y que a su vez se repartían con UGT; en segundo término, los repartos con diferentes bufetes de abogados y, en tercer lugar, los beneficiarios individuales, que fueron irregularmente incluidos en los ERE o que recibieron subvenciones sin tener derecho a ellas por no haber realizado siquiera una prestación laboral.[118]

Este caso presenta una radiografía clara que diagnostica, aparentemente, una metástasis en el modelo de subvenciones y clientelismo político de la Junta en ese momento. De su tamaño y alcance se puede deducir la gravedad de la enfermedad, por cuanto desde el organismo afectado se banalizan hasta tal punto comportamientos que infringen abundantes tipos penales, como prevaricación, cohecho, malversación de caudales públicos, asociación ilícita, blanqueo de capitales, falsedad documental, delito contra la Hacienda Pública, etc., que uno tiene la impresión de que la falta de conciencia entre lo lícito e ilícito ha llegado hasta tal punto que sólo por la creencia de hallarse uno en lo más estrictamente privado de lo público se podría entender, y con dificultad, lo que presuntamente ha sucedido a lo largo de una serie de años en la Administración andaluza.[119] Por supuesto que habrá que esperar a la resolución judicial del caso, lo cual es complicado por las dimensiones de la causa, pero, de momento, el deterioro del propio sistema político es de tal envergadura que será difícil restañarlo. Y ésta es una responsabilidad de quienes han permitido esta situación, en la que de nuevo ha primado la impunidad sobre la rendición de cuentas y la transparencia.

Deben destacarse, sin embargo, en este punto dos formas bien diferentes de afrontar esta importante crisis de credibilidad política. Los anteriores presidentes de la Junta de Andalucía no supieron o no quisieron afrontar la responsabilidad que les correspondía, mientras que la actual presidenta, Susana Díaz, ha convertido la transparencia en un valor en desarrollo en su mandato. Quizá por ello y por la ineficaz estrategia que el Partido Popular sigue en Andalucía, sin comprender la idiosincrasia de un pueblo que ha sufrido y sufre mucho por las políticas neoconservadoras que aquél aplica a nivel nacional, el Partido Socialista ha mantenido y aumentado su mayoría en las últimas elecciones europeas, a pesar de sufrir el mayor escándalo de corrupción que se conoce en esta Comunidad Autónoma.[120] En todo caso, una vez más, como ha acontecido en otros lugares de España, hasta la fecha la corrupción sólo produce la pérdida de votos del partido implicado, pero sin que ésta se transforme en un aumento de los votos al resto de los partidos. Como se dice en otro lugar de esta obra, la ideologización de los votantes puede llevar a una ceguera respecto de los males que los comportamientos corruptos suponen para la propia convivencia democrática.

El caso Mercasevilla

El de los ERE no es el único caso de presunta corrupción que se investiga en Andalucía. La grabación que dio origen al caso Mercasevilla, avalada por el TSJA, no sólo es una prueba de un evidente cohecho, sino de comportamientos tan obscenos —y llevados con tanta naturalidad— que, a los primeros minutos, uno puede llegar a pensar que tal falta de ética no puede ser más que fruto de una mala broma.[121]

La investigación en torno a los presuntos fraudes que rodean a la empresa municipal Mercasevilla abrió cuatro procedimientos. En primer lugar, la instrucción por cohecho que conllevó la condena del ex director general de la empresa, Fernando Mellet, del subdirector general, Daniel Ponce,[122] y de Antonio Rivas (ex delegado provincial de Empleo de la Junta de Andalucía), primero por la Audiencia de Sevilla y luego confirmada por el TSJ de Andalucía.[123] Fueron condenados «por solicitar 450.000 euros a cambio de otorgar a un grupo empresarial la concesión de la explotación de una Escuela de Hostelería cuya instalación se iba a materializar mediante una subvención de 900.000 euros concedida por la Consejería de Empleo de la Junta de Andalucía. La subvención se concedió a la Fundación Socio-Asistencial Mercasevilla, que a su vez es una entidad instrumental de Mercasevilla, S.A., sociedad municipal que fue creada para la gestión en régimen de municipalización de los servicios de mercados centrales mayoristas y matadero de Sevilla».[124] Sin embargo, Antonio Rivas fue posteriormente absuelto en casación por el Tribunal Supremo, que consideró que durante el proceso había sido vulnerada su presunción de inocencia.[125]

En segundo lugar, dio origen al caso conocido como «los terrenos de Mercasevilla», que investiga presuntas irregularidades («concurso fraudulento») en la venta de unos terrenos propiedad de la empresa municipal, en la que presuntamente se favoreció a la empresa Sanma, filial de la constructora Sando. La instrucción lleva cinco años en curso. A principios de diciembre de 2014, la Sección Primera de la Audiencia Provincial de Sevilla estimó un recurso de la fiscalía que anuló el auto en el que la jueza Alaya imputó por este presunto fraude a dieciséis personas, entre ellas al ex primer teniente de alcalde de Sevilla, Antonio Rodrigo Torrijos (IU), y al ex asesor del grupo socialista Domingo Enrique Castaño. Según el informe de la Fiscalía, Alaya sumó al procedimiento, una vez concluida la instrucción, documentación aportada por dos imputadas y ordenó nuevas diligencias. La Audiencia, por tanto, ordenó que se retrotrajeran las actuaciones al trámite anterior del auto, que daba por concluida la instrucción y que convertía las diligencias previas en procedimiento abreviado,[126] y la jueza Alaya volvió a dictar auto de transformación para Antonio Rodrigo Torrijos, para quien el fiscal pide pena de cárcel,[127] y otras quince personas, entre las que se encuentra de nuevo Fernando Mellet.[128]

Un tercer caso es el que se refiere a la gestión del ERE solicitado por Mercasevilla, presentado y ejecutado por el mercado central de abastos de Sevilla en el año 2007. Un ERE que fue declarado nulo por utilizar el mecanismo de forma fraudulenta, ya que la empresa Mercasevilla «no puede acordar indemnizaciones que superen con mucho los límites legales, mucho menos como en este caso en el que se pretendía pactar estas indemnizaciones pero no pagarlas sino que fueran financiadas por la Junta».[129] A partir de esta investigación se descubrieron numerosas prejubilaciones falsas que dieron lugar a la apertura del caso de los ERE analizado.

En una última causa, se imputa a los antiguos dirigentes de la empresa Mercasevilla por delitos de prevaricación y malversación en la adjudicación de la gestión de una guardería. La investigación estaba siendo dirigida por el Juzgado de Instrucción n.º 7, que lo remitió a la jueza Alaya por su conexión con los casos que instruye en torno a la empresa municipal. Por esta causa está imputado de nuevo Fernando Mellet, quien, presuntamente, adjudicó la concesión administrativa de la referida guardería «sin tener competencias delegadas para ello, sin seguir procedimiento alguno y sin respeto a los principios de publicidad y concurrencia».[130]

La Fiscalía ha pedido, además, abrir una nueva causa por las presuntas falsedades en las facturas de Mercasevilla.[131]

Cursos de formación

No acaban aquí los casos relacionados con la Junta de Andalucía, pues todavía tenemos el caso del fraude de los cursos de formación, actualmente en investigación (Operación Edu), que ha resultado en varias detenciones en distintas provincias y en el que están imputados el ex consejero de la Junta Ángel Ojeda y el ex consejero de Empleo Antonio Fernández (también imputado en los ERE), entre otros. La operación investiga las presuntas irregularidades detectadas en la obtención de subvenciones por parte de determinadas personas físicas y empresas en los planes de promoción de empleo ejecutados en el Servicio Andaluz de Empleo (SAE) de la Junta de Andalucía. La UDEF estima que la cifra aproximada de la estafa asciende a más de 2.000 millones de euros.[132]

Como el caudal que no cesa, pero ahora en el ámbito sindical, está el caso de las ayudas y subvenciones a UGT en Andalucía, en el marco de la Operación Cirene. El Gobierno de Susana Díaz elevó en octubre a 15,3 millones de euros la cantidad que solicitaba que devolviera el sindicato por los procedimientos de revisión de las subvenciones de UGT-A iniciados y tramitados por la Consejería de Economía, Innovación, Ciencia y Empleo, por presuntas irregularidades y falta de justificación en dichas ayudas.[133] Este asunto conllevó la detención de catorce personas en Sevilla, Jaén y Madrid,[134] entre ellas el ex vicesecretario general de Administración y Recursos Humanos de UGT-A, Federico Fresneda, que fuera responsable de las finanzas del sindicato.[135]

Finalmente, aunque quedan bastantes, la Operación Enredadera (el caso Madeja) es una investigación que se refiere a las irregularidades en los contratos a Fitonovo y los supuestos pagos y regalos a ex altos cargos del Ayuntamiento de Sevilla a cambio de contratos irregulares, y en la que fueron detenidas treinta y dos personas en distintas provincias a lo largo y ancho del país.[136] La jueza ha pedido al fiscal que se pronuncie acerca de si debe enviar la investigación a la Audiencia Nacional por afectar a varias provincias.[137] Se ha ordenado, además, el ingreso en prisión de Antonio Rodríguez Jurado, ex gerente de Adif en Sevilla, que cobró 428.000 euros en «mordidas» y que podría dejar la prisión si abona una fianza de 90.000; de Enrique José Finch Ramos, directivo de Adif Córdoba a quien la jueza acusa de haber cobrado en comisiones 1.004.624 euros entre los años 2003 y 2012, y del ex jefe del Servicio de Carreteras de la Diputación Provincial de Sevilla, Carlos Podio.

Baleares

En el mes de agosto de 1995, me desplacé como juez central de instrucción hasta Palma de Mallorca para dirigir la detención del grupo de ETA que tenía la intención de atentar contra el rey, con un rifle de mira telescópica acomodada para tener un mayor alcance y cuya oscilación sobre el blanco a seiscientos metros no era mayor a un par de centímetros. Entré junto con la policía en el piso en el que estaban armados los terroristas Iñaki Rego (el padre ya había sido detenido en el barco *La Belle Poule*) y Jorge García Sertucha, y aquélla, en una acción fulgurante, detuvo a ambos; yo mismo, en presencia del fiscal

Jesús Santos, bajé de lo alto de un armario una olla exprés bomba. Hasta ese momento pensaba que en esas maravillosas islas no pasaba nada malo ni sucio, porque parecía que estaban protegidas por el mar Mediterráneo. Por lo que relato a continuación, estaba equivocado, o quizá la podredumbre comenzó después si exceptuamos el caso Calvià, por el que en 1993 fueron condenados dos militantes del PP por el intento de soborno a un concejal del PSOE para que diera la alcaldía de ese municipio al Partido Popular.

El caso Palma Arena/Matas

> Va de Palma a Calvià,
> de Llucmajor a Andratx,
> de Matas a Camps,
> y la Munar
> suma y sigue,
> al final es al ciudadano normal
> al que se persigue.[138]

En una interpelación parlamentaria realizada el 21 de septiembre de 2004 en el Parlament de les Illes Balears, se oyeron frases de este estilo: «Los siete que fueron al Rasputín estaban como locos por ir allí. Estando en un hotel de primera categoría como el Kempinsky, no hay nadie que por la noche se le ocurra salir si no se le ofrece algo especialmente atractivo para su gusto. Como decía el *conseller* en la Comisión de Turismo, dadas las condiciones meteorológicas de nieve, lluvia fuerte e intensa y frío propio de febrero [...] la pregunta se hizo y quedó en el aire: ¿quiénes fueron las otras seis personas a las que se pagaron con fondos públicos los gastos del prostíbulo?, ¿qué miembros de la expedición estuvieron en el Rasputín? Es la pregunta que todos nos hacemos».[139]

El club Rasputín está considerado como uno de los locales de *striptease* más sofisticados de Moscú. Se anuncia como un local de karaoke, pero en realidad se trata de un burdel espectáculo en el que se ofrecen saunas turcas, finlandesas o japonesas. Cualquier servicio adicional debe negociarse directamente con las bailarinas del establecimiento.[140]

El 26 de febrero de 2004, el Real Club Deportivo Mallorca jugaba un partido de ida de la UEFA League contra el Spartak de Moscú. Al Govern de les Illes Balears, aprovechando la celebración del partido, se le ocurrió entonces la idea de preparar un viaje para la promoción turística balear. Una parte de la comitiva (siete personas, Jaume Matas entre ellos) decidió ir al club Rasputín[141] para celebrar la victoria del RCD Mallorca sobre el Spartak de Moscú por dos goles a cero. El recibo de esta «fiesta» se pasó como gasto de representación y apareció entre los gastos de la expedición a Rusia en una inspección rutinaria. El Partido Socialista Balear realizó entonces una interpelación en el Parlamento y el tema se debatió en sede parlamentaria. Matas reconoció haber estado en el local, pero, según sus propias palabras: «Me fui el primero y solo al hotel». El presidente hizo dimitir a Carlos Alia, director general de Turismo de las Baleares, pero el revuelo provocado por la visita perduró durante mucho tiempo en la política isleña.[142]

El caso Palma Arena, que consta de 28 piezas (una el caso Nóos, que veremos más adelante) y en el que sólo se han dictado hasta la fecha dos sentencias (la última en febrero de 2015, en la que el Tribunal Supremo confirma la multa impuesta y pago del importe del cohecho pasivo impropio de Matas al cobrar a un hotelero por el contrato ficticio de su esposa, cuando en realidad ocultaba una pura y simple donación disfrazada de salario por el trabajo de ésta), es la demostración perfecta de cómo Jaume Matas, *president* en ese entonces de la Comunidad balear, actuaba con una falta total de escrúpulos, con un deprecio evidente por cualquier principio ético y estético del servicio público, adornando las tretas con detalles caricaturescos y casi humorísticos: compras suntuarias con billetes de cien euros, lujo decadente en palacetes o la contratación de periodistas de cabecera.[143]

El PP siempre había ganado las elecciones en Baleares. Sin embargo, en las de 1999, tras un reguero de escándalos que acabarían con el *president* Gabriel Canyelles declarado culpable por una serie de delitos ya prescritos, el PP perdió la mayoría absoluta y Francesc Antich consiguió una mayoría alternativa, desplazando al PP a la oposición.

La izquierda gobernó durante cuatro años y Jaume Matas fue llamado a Madrid para tomar posesión de la cartera de Medio Ambiente en el Ejecutivo de José María Aznar. En 2003 Matas consiguió recuperar el mandato en una legislatura en la que la corrupción se desató de forma galopante.[144]

En las elecciones de 2007 perdió de nuevo la presidencia, dejando por segunda vez el Gobierno en manos de Francesc Antich, que empezó a levantar las alfombras y descubrió un enorme sobrecoste en la construcción del pabellón multideportivo Palma Arena.[145] El *conseller* de Deportes del Govern Balear, del Partido Socialista, lo denunció entonces en el Parlamento. Tras esta denuncia, en agosto de 2008 el Juzgado n.º 3 de Palma de Mallorca inició la investigación judicial de este caso —que se convertiría en el caso Matas—, en el que, junto con él, otras muchas personas resultaron imputadas.[146]

Hay que decir que la etapa durante la que Matas ostentó la cartera ministerial en Madrid le sirvió para descubrir los entresijos del poder con mayúsculas, mostrando un arrojo notable en temas tales como el Plan Hidrológico, que sacó adelante en 2001 sin consenso, enfrentándose a una gran oposición y mediante una serie de acciones de muy dudosa rentabilidad, sobre todo las referentes al trasvase del Ebro. El discurso pronunciado por Matas sobre este plan fue redactado por el periodista Antonio Alemany.[147] El plan sería modificado en 2005 por el Gobierno de José Luis Rodríguez Zapatero.[148]

Cuando Matas retomó el poder en las islas en el año 2003, ya había dejado por el camino cualquier escrúpulo que hubiera podido tener en el pasado, desencadenando una actividad febril en el Gobierno autonómico, sin ningún complejo y con escaso respeto a la legalidad, y, tal como se descubrió posteriormente, completamente orientada a su enriquecimiento personal. Para todo ello, en el más estricto sentido de propaganda goebbeliana, el Gobierno se hizo con el apoyo de un sector de la prensa, a través del periodista Antonio Alemany y del periódico *El Mundo-El Día de Baleares* que, con su nuevo director, Eduardo Inda, se convertiría en el arma propagandística de Matas y su Gobierno. Así, ante la derrota electoral de Matas en 2007 afirmaba que «el electorado no se ha portado como una sociedad centrada, moderada y liberal olvidando la eficacia y moderación que ha regido el gobierno de Matas». Quizá sería que, por esta vez, el pueblo se dio cuenta mucho antes que la Justicia de lo que estaba sucediendo y decidió dar la oportunidad a otra formación.

Antonio Alemany no sólo escribía los discursos de Matas, sino que simultaneaba los artículos alabando la labor del Ejecutivo balear en el periódico de Pedro J. Ramírez con el ataque continuado a sus opositores. Alemany estaba en la nómina de *El Mundo*, pero para recompensar su trabajo «extra» Matas, según las investigaciones judiciales, se saltó todos los controles posibles y entre 2003 y 2007 entregó hasta casi medio millón de euros a las empresas del que era columnista Antonio Alemany. Con ello adquirió el dudoso privilegio de ser condenado, en el primer juicio de la serie Matas,[149] a tres años y nueve meses de prisión por prevaricación, falsedad, malversación de caudales públicos y tráfico de influencias.[150] Por esta sentencia, la Audiencia de Palma condenó también a seis años de cárcel a Jaume Matas por considerarle culpable de malversación, prevaricación, falsedad documental y fraude a la Administración, delitos que suman una condena de cinco años y tres meses, a los que se añaden nueve meses más por tráfico de influencias.[151] Es la primera pieza penal que llega a juicio de las veintiocho que integran el caso Palma Arena, y que investigan la supuesta gestión corrupta y el enriquecimiento personal de Jaume Matas.

La Audiencia Provincial de Palma de Mallorca señala en su sentencia como hechos probados que la ex jefa de gabinete de Matas, María Umbert (absuelta), «convenientementete asesorada», expuso a Alemany que su contratación para la redacción de los discursos del presidente balear sólo era viable a través de un contrato menor o de su designación como asesor del presidente. Alemany rechazó ambas, según recoge la sentencia, «sea porque el máximo a percibir a través de un contrato menor era el de 12.000 euros sea porque su contratación como asesor personal, aun cuando de mayor dotación, ni le era satisfactoria profesionalmente ni le era rentable económicamente, pues quería seguir manteniendo su colaboración tanto como articulista con el periódico *El Mundo/El Día de Baleares*».[152] Por lo tanto, establecieron un acuerdo: Alemany presentaría facturas por sus servicios, no por trabajos singulares realizados, sino englobados en facturas mensuales, por importe de 2.000 euros. Como señala la sentencia, «interesado como estaba el señor Matas en los servicios del señor Alemany, para que el periodista pudiera seguir con su trabajo como articulista haciendo crónica político-social (lo que indirectamente, por afinidad ideológica con el Partido Popular iba a comportar naturalmente un beneficio, sea al partido o al Presidente)», Matas decidió «acudir a alguna estratagema que garantizara aquellos objetivos», algo que quedaría a cargo de las cuentas de las Islas Baleares. Así, Jaume Matas, «con la colaboración fundada de otras personas [...], concibió la idea de arbitrar un concurso público» impulsado por un órgano de la Administración bajo el control del presidente, que por la vía de urgencia permitiera restringir al máximo la concurrencia de licitadores, y que participara en este concurso una empresa de total confianza, «a la que se le facilitaría la máxima información previa para colmar sobradamente la oferta, y que a su vez fuese de la confianza de Alemany». Aquí es donde entra el empresario Miguel Romero de la Cerda, condenado a un año y un mes, al que Matas «rogó» que se presentara, «explicándole que su único objeto era el de pagar al señor Alemany, que ya estaba al tanto de todo».[153] El contrato se llevó a cabo según la voluntad de Jaume Matas, y, según la Audiencia Provincial, bajo esta fórmula fraudulenta se acordó el pago de más de 110.000 euros entre los años 2003 y 2005. Más tarde, el director general de Matas emitió un informe «donde, faltando a la verdad», indicó que el contrato se estaba ejecutando satisfactoriamente y propuso una prórroga por un plazo de diecinueve meses, por un importe total de otros 87.243 euros hasta 2007, es decir, un total entre 2003 y 2007 de más de 197.000 euros.[154]

«Matas influyó sobre otro funcionario», indica la sentencia. Joan Martorell, ex director general de Comunicación, fue condenado por la Audiencia Provincial de Palma de Mallorca a un año y seis meses, indicando que Matas, «sea prevaliéndose de su cargo como presidente del Govern, sea prevaliéndose de su relación jerárquica sobre el mismo (en tanto funcionalmente dependía de la Presidencia) para posibilitar el dictado de una resolución que económicamente iba a beneficiar al señor Alemany».

Contra esta sentencia interpusieron recurso de casación ante el Tribunal Supremo, que finalmente en julio de 2013 rebajó la pena de seis años a nueve meses. El Supremo consideró, aun dando por ciertos los hechos probados por la Audiencia Provincial de Palma de Mallorca, que todo fue una estratagema para evitar que Alemany tuviera que cumplir la Ley de Incompatibilidades balear, que los servicios objeto de discusión sí se prestaron y, por lo tanto, no se cumplían los requisitos para calificarlo de delito.[155]

En julio de 2014, el ex presidente balear y ex ministro Jaume Matas ingresó en la cárcel.[156] El único antecedente que existía hasta entonces era el de Barrionuevo, sentenciado a una pena de diez años, de los que sólo pasó tres meses en prisión (se le indultó parcialmente por el Gobierno del Partido Popular y se le confirió el tercer grado), tras haber sido condenado en 1998 por el secuestro del ciudadano francés Segundo Marey, realizado por los Grupos Antiterroristas de Liberación (GAL).

El 31 de octubre de 2014, tan sólo tres meses después de su ingreso, Matas salía de la cárcel tras obtener el tercer grado penitenciario,[157] una polémica decisión cuando se conoció que la Junta de Tratamiento no era partidaria de concederle el tercer grado, sino el segundo. A pesar de ello, la Dirección General de Prisiones concedió este beneficio al *president* en lo que los distintos medios y partidos calificaron como un «indulto encubierto».[158] Ante esta situación, el Juzgado de Vigilancia Penitenciaria n.º 1 de Valladolid emitió un auto en el que revocaba esta decisión, que fue recurrida en apelación por la defensa de Jaume Matas. Sin embargo, en un duro auto de diecisiete páginas, la Audiencia de Palma de Mallorca desestimó el recurso, dudando de su rehabilitación y reinserción social y devolviéndole a la cárcel,[159] porque «la pretensión del tratamiento penitenciario no es otra que la de hacer del interno una persona con la capacidad y la intención de vivir respetando la Ley Penal», y porque «resulta indiscutido que el penado no asume su responsabilidad, actitud que permite cuestionarnos seriamente que se trate de persona rehabilitada y reinsertada».[160]

Pero el culmen de la corrupción en aquella legislatura, inicialmente tan provechosa para el *president*, como posteriormente problemática desde el punto de vista judicial, fue el caso Palma Arena. Parecía que las pequeñas corruptelas no eran suficientes y, para demostrarlo, se diseñó una gran trama que le permitió estar a la altura no ya social (era el presidente) sino económica de la *jet set* balear. Para hacerlo necesitaba recaudar una gran cantidad de fondos de forma rápida e indetectable. El instrumento empleado para lograrlo fue el proyecto del velódromo Palma Arena.

La tradición mallorquina de campeones de ciclismo en pista, que arranca con Guillermo Timoner y llega a Joan Llaneras, hizo fácil reclamar para Palma de Mallorca el título de capital del ciclismo en pista. Por ello se planteó la construcción del templo de esta disciplina deportiva, el velódromo. Con esta idea, y para organizar el campeonato del mundo de 2007, el Govern balear, bajo la presidencia de Matas, puso en marcha el proyecto de construcción del velódromo Palma Arena, presupuestado inicialmente en 27 millones de euros, contratando para ello al arquitecto alemán Ralph Schürmann, experto en la construcción de este tipo de instalaciones.[161] Una gran inversión para dotar a Palma de Mallorca de una infraestructura merecida y largamente esperada.

Pero algo fue mal y en el año 2006 Schürmann fue despedido tras producirse graves desavenencias, culpando al arquitecto de los sobrecostes y retrasos que habían provocado un significativo aumento del presupuesto en varios tramos, hasta llegar a los 110 millones finales, 83 millones más de lo originariamente presupuestado.[162] El intento de cargar la responsabilidad sobre Ralph Schürmann fracasó porque el prestigio de este arquitecto es planetario (ha construido las principales infraestructuras de ciclismo del mundo) y porque sus sucesores fueron finalmente procesados en una de las causas derivadas del Palma Arena, llegando a pactar con el juez el pago de una multa, tras aceptar la culpabilidad, así como otras penas menores por delito fiscal.[163]

El caso Palma Arena empezó, pues, como un asunto de sobrecostes de un proyecto público mal presupuestado y mal gestionado, pero se convirtió en una Hidra de mil cabezas. A partir de la instrucción judicial empezaron a segregarse causas hasta llegar a más de treinta.[164] Las principales se podrían clasificar en tres grandes grupos: en primer lugar, las causas relacionadas con los delitos de malversación de caudales públicos y similares (Antonio Alemany, Calatrava, Palma Arena, etc.); en segundo lugar, las causas directas abiertas contra Jaume Matas (blanqueo de dinero, enriquecimiento ilícito, contratación fraudulenta de su esposa, la compra de su palacete, etc.), y finalmente, por su relevancia, la causa del Instituto Nóos, la famosa pieza 25, en la que aparecen imputados entre otros, y pendientes de juicio, Iñaki Urdangarin y su esposa, la infanta Cristina, cuñado y hermana respectivamente del actual jefe del Estado, el rey Felipe VI.

La causa 25 se inició en febrero de 2006, cuando el diputado socialista en el Parlament balear Antoni Diéguez difundió que el Govern, entonces presidido por Jaume Matas, había pagado 1,2 millones de euros al Instituto Nóos para que celebrara en Palma de Mallorca, en noviembre de 2012, un foro sobre turismo y deporte,[165] y que, en su opinión, la magnitud del encargo no merecía el abono de tal cantidad. La noticia pasó sin pena ni gloria, pero el caso fue creciendo hasta involucrar a la Corona española y convertirse en uno de los casos de corrupción más relevantes de la democracia, por la trascendencia de las personas afectadas y la institución perjudicada (véase el capítulo 6).

¿Qué puede mover a un servidor público, con un sueldo más que razonable y con unas perspectivas de futuro espléndidas, a empezar a gastar dinero público en un reloj Cartier de 12.894 euros, en un Rolex con brillantes y esfera de nácar de 23.000 euros, o a comprar un coche Mini pagando con billetes de 500 euros? Las actividades de enriquecimiento ilícito de la familia Matas eran zafias en extremo, y a los investigadores no les resultó muy complicado descubrir el rastro de dinero en metálico y de gastos suntuarios que rozaban el ridículo. Una casa antigua en el centro de Palma de Mallorca, el palacete de Sant Feliu, valorado en más de 5 millones de euros y por el que Matas dice haber desembolsado 980.000, fue la gota que colmó el vaso. Matas había estado derrochando a manos llenas en lo que parecía una operación de blanqueo de inmensas cantidades de dinero.[166]

El antiguo *president* había protagonizado una carrera fulgurante: *president* de las Islas Baleares, luego ministro y de nuevo *president*, se codeó con lo más granado de la sociedad balear y conoció a los reyes y a las numerosas personalidades que pasaban por Mallorca.[167] Su actividad corrupta, desvergonzada y gigantesca, ya reconocida en sentencia y a falta de que concluyan todas las investigaciones, se desplegó de forma tan grosera por esa idea de impunidad total en la que se han movido cierto tipo de políticos que, con sus conductas protegidas y defendidas hasta el último momento por las estructuras a las que pertenecían, han enfangado la política como instrumento de cohesión y desarrollo democrático y participativo desde el franquismo hasta ahora. No basta con los casos descubiertos en estos casi cuarenta años de democracia, sino que, a día de hoy, representantes políticos, empresarios y otros individuos con la misma falta de ética estarán urdiendo otros casos de corrupción con los que continuarán insultando a toda una sociedad que se esfuerza en salir adelante día a día, restregándonos su suciedad en nuestras caras, obligándonos a limpiar esa lacra a través de la Justicia, si es que ésta en alguno de sus estratos no cede y nos abandona hasta el próximo escándalo. ¿Cuántos más faltan por salir a la luz? ¿Cuántas cuentas ocultas todavía están por conocerse, cuántos de los que adoctrinan a la sociedad están tan limpios como para que podamos tomarlos como referentes y creer en su discurso? Hay quien dice que no es bueno que existan referentes morales ni ejemplos que seguir; pero pienso que las buenas prácticas son necesarias. En algún momento leí en la prensa que algunos de los políticos españoles en prisión por corrupción se someterían a capacitaciones de rehabilitación para su reincorporación a la vida social cuando llegue el momento. Me parece bien que sea así, frente al cinismo y la soberbia de quienes creen que están por encima del bien y del mal, pero esas capacitaciones deberían extenderse a un ámbito mayor: a toda la esfera pública.

En el año 2013, tuve la ocasión de visitar una cárcel (por llamarla de alguna forma) en la ciudad de Wukro, en Etiopía, de la mano de Ángel Olaran, un padre blanco de Hernani que entrega su vida por los demás como un verdadero héroe moderno en esa alejada tierra abisinia. Estuve hablando con presos por corrupción —algún que otro alcalde y funcionarios—, por malversaciones de unos 500 y 800 euros, condenados a penas de diez y quince años de cárcel en unas condiciones paupérrimas en las que tener un jergón de paja es todo un lujo y en que, para trabajar en los telares, tienes que hundirte en una especie de cubículos en el suelo hasta la cintura. Ante una cámara de televisión y a mis preguntas, reconocían sus delitos y aceptaban la condena y que tenían que cumplirla porque le habían fallado a la comunidad. Seguidamente, hablé con la jueza y con el fiscal anticorrupción, y quedé tan impresionado por su labor que, desde entonces, tanto personalmente como a través de FIBGAR, la fundación que presido, ayudamos a la justicia de esa parte de Etiopía, pobre pero de una dignidad impresionante, a combatir la corrupción y mejorar los medios de los que no disponen, tan elementales como conseguir parasoles para celebrar las audiencias de juicio. Hasta que personas como Jaume Matas, o cualquier otra autoridad o funcionario, alcancen a comprender que en esta vida un servidor público no está moralmente autorizado a hacer algo que roce siquiera la pureza y limpieza que debe regir la función pública, y que con su actitud nos corrompe a todos en alguna medida, no tienen derecho a obtener un beneficio. El indulto popular y judicial para la corrupción debe ser imposible. Ningún argumento será suficiente para disculpar estas acciones.

Pero no sólo los citados están inmersos en procesos de corrupción en esta Comunidad Autónoma.[168] Otro personaje relevante de la política mallorquina, Maria Antònia Munar, la otrora todopoderosa presidenta del Parlament y del Consell de Mallorca, actualmente en prisión, se caracterizaba por su desparpajo a la hora de lucir lujosos complementos de coste astronómico, abrigos de pieles, bolsos de marca y joyas.[169] Ésta era la marca de estilo de esta política condenada en total a once años y medio de cárcel por los casos Maquillaje y Can Domenge.[170]

En cuanto a Matas, sus delirios de grandeza podrían llegar a costarle caro.[171] Ya ha recibido una condena de nueve meses de cárcel que está cumpliendo.[172] Por su parte, el Tribunal Supremo desestimó el recurso de Matas por cohecho, ratificando la multa —de tres meses de multa con cuota diaria de 100 euros— a la que fue sometido por sobornar a un hotelero para que éste le diera un sueldo de 3.000 euros al mes a su mujer sin que ejerciera trabajo alguno. Los hechos se llevaron a cabo durante el año 2007, en los que la señora Maria Teresa Areal recibió en total 42.111,13 euros netos. Pero aún le quedan dos docenas de causas pendientes que van acercándole al juicio oral. Entre los casos más importantes segregados del inicial Palma Arena que le están esperando destacan, el caso del Palacio de la Ópera, en el que se ha archivado la denuncia contra Calatrava pero se mantiene la imputación de Matas; los gastos electorales de la campaña del PP de 2007 ocultados intencionadamente; los contratos para estudios del Govern adjudicados al bufete Estudios Jurídicos y Procesales, cuya causa también ha sido archivada para los abogados implicados en el caso, pero no para Matas; la contratación irregular de su mujer sin que existiera prestación de servicio alguna; las obras en el polideportivo Príncipes de España de Palma y el chalet de Pepote Ballester, que también ha sido imputado como colaborador en el caso Nóos; el caso de los arquitectos del velódromo Palma Arena y las facturaciones de la empresa de los hermanos arquitectos García-Ruiz en el mismo proyecto del velódromo.[173]

Y hay más: la adjudicación de la demolición de unas naves, accesos viales y cerramiento del pabellón; los pagos de la maqueta del velódromo; el pago irregular (sobresueldo) al gerente de la construcción del Palma Arena; la contratación de la campaña de publicidad del Mundial de Ciclismo, de la que se deduce una posible financiación irregular del PP; el patrocinio del Mundial de Ciclismo por parte del Instituto Balear con un convenio irregular firmado con la empresa Nimbus; la contratación del ex director general de Deportes del Consell de Mallorca, Antoni Palerm, a través de empresas que facturaron al Consell; el fraccionamiento de contratos para hacer posible la contratación directa; el cobro de comisiones en la construcción del velódromo; el sobrecoste en la adjudicación del marcador del velódromo; la facturación por concepto «ayudas al ciclismo»; las facturaciones entre Nimbus y la empresa de los arquitectos del velódromo; las facturaciones de la empresa Ludópolis contra la sociedad de los hermanos arquitectos; otras facturaciones contra la sociedad de arquitectura; facturaciones de Nimbus Publicidad contra diversos organismos públicos; prácticas consideradas blanqueo de capitales, y la famosa pieza 25 del caso Nóos.

A pesar de todo, aún quedan numerosos interrogantes en el tintero. El juez Castro ha abierto una nueva pieza exclusiva del caso Palma Arena —ya van 28— en la que investigará la supuesta financiación ilegal del PP balear. Y parece que Matas no ha tirado la toalla.

Hace dos años consiguió salvar, en el último momento, la subasta judicial de su palacete. Por arte de birlibirloque, el Banco de Valencia levantó la licitación.[174] La explicación del porqué es confusa (el Banco de Valencia autorizó un aval de 4 millones de euros a Jaume Matas para detener la subasta), por lo que parece que no hay ninguna intención de devolver el dinero distraído.

A lo largo de este breve repaso, se constata que han bastado poco más de treinta años de historia autonómica para poner a los cargos con capacidad de tomar decisiones en la cúspide de la corrupción política, a la misma altura que la de carácter nacional. Las Comunidades Autónomas no sólo han acortado las distancias entre la Administración Pública y el ciudadano, sino que también le han restregado la obscenidad de la corrupción más de cerca. La creación de nuevas estructuras de poder ha de ir siempre acompañada de la instauración de los debidos controles que eviten la tentación y, finalmente, el enriquecimiento injusto.

MADRID

La operación Punica Granatum

> El peor delito que puede cometer un político es utilizar un cargo público para enriquecerse, por eso me siento especialmente satisfecha de haber sido al menos en una parte muy importante la causante de que este caso se destapara.[175]

Esta afirmación de Esperanza Aguirre, cuando era presidenta de la Comunidad de Madrid, me hizo reflexionar sobre el descaro con el que algunos políticos se desenvuelven (hoy, 24 de febrero de 2015, escuchando a Mariano Rajoy en el Congreso de los Diputados, en el debate del estado de la nación, anotando sus «éxitos» al frente del Gobierno, pero sin autocrítica alguna, he vuelto a sentir el vahído y la náusea que me da cuando detecto a quienes mienten por profesión y se conforman con llamar patético al oponente, sin dar respuestas reales y factibles a los ciudadanos) ante la indiferencia de la gente por las barbaridades y mentiras que se les ocurren, dando por hecho que esto es la política y que todo está permitido para salir del paso. El cinismo fue una corriente filosófica que se hizo famosa en la antigua Grecia por sus diatribas contra la corrupción y por la defensa de lo frugal frente a la abundancia. Esperanza Aguirre debió de quedarse sólo con otra de las características de los cínicos, las salidas de tono y las excentricidades. Desde luego, habiendo sido instructor del caso Gürtel, no me consta en absoluto la colaboración de la señora ex presidenta de la Comunidad «gruyere» de Madrid y ahora precandidata ofrecida a alcaldesa de la capital hispana. Lo que sí nos consta a mí y a toda la sociedad española es que la estrecha guardia de corps que la rodeaba estaba repleta de presuntos corruptos que defraudaron la confianza de la ciudadanía como lo ha hecho, y, en mayor escala, quien les nombró.

Así, como el caudal que no cesa, el año 2014, apenas un mes antes de la entrada de Carlos Fabra en la prisión de la localidad madrileña de Aranjuez, nos ofreció el enésimo acto de esta tragedia que determinados personajes nos están haciendo vivir en este país llamado España. El juez Eloy Velasco, a requerimiento de la Fiscalía Anticorrupción, emitió el 27 de octubre diversas órdenes de detención que fueron ejecutadas por la Unidad Central de la Guardia Civil (UCO) contra Francisco Granados, ex consejero de Presidencia y de Justicia e Interior de la Comunidad de Madrid en la época de Esperanza Aguirre,[176] y contra medio centenar de personas más, entre las que se contaban varios alcaldes de diversos municipios de Madrid. El juez instructor afirma en el auto por el que Francisco Granados (cuyo apellido es el origen del nombre en latín del granado, *punica granatum*) ingresó en prisión que éste es titular de «algunas de las cuentas» sobre las que las autoridades suizas han comunicado que existen sospechas de «blanqueo de capitales agravado», y que habría beneficiado en materia de contratación pública y urbanismo a su amigo y empresario David Marjaliza y a otros como José Luis Huerta.[177] Para ello formó parte de la trama de tráfico de influencias, que utilizó en beneficio propio. Diversas operaciones inmobiliarias inducen a sospechar que los bienes que las integraban fueron la contraprestación que recibió de los empresarios.[178]

Francisco Granados había dimitido previamente, en febrero de 2014, como diputado del PP en la Asamblea de Madrid y como senador tras hacerse público que había tenido una cuenta bancaria en Suiza al menos entre 1996 y 2000.[179] Con desparpajo y confianza, afirmó ese mismo mes que el dinero de esa cuenta en Suiza procedía de su «actividad privada» y que era «absolutamente limpio».[180]

En el auto del 29 de octubre de 2014, el juez Velasco describe una realidad muy distinta, identificando una trama de intereses y favores de carácter eminentemente económico que conectaba a las instituciones públicas con empresas de la red, detallando el papel que cada uno de los implicados desempeñaba y señalando a Francisco Granados y al empresario David Marjaliza (cuya entrada en prisión también decretó) como los diseñadores de la misma, que implicaba también a sus cónyuges y a la sociedad Sheraton Trading S. A.[181] En su auto el magistrado afirma: «se deduce que el origen de los fondos aflorados en las cuentas suizas pueden proceder de conductas delictivas vinculadas a la promoción urbanística y a la contratación administrativa».[182]

David Marjaliza, un constructor, fue expulsado de las Nuevas Generaciones del PP a finales de los años noventa por supuestas «prácticas ilegales». A pesar de su expulsión, Marjaliza siguió frecuentando las sedes del partido, en especial la de Valdemoro, donde Francisco Granados fue alcalde entre 1999 y 2003.[183] Según la resolución judicial, aparece también como titular de cuentas en Suiza sospechosas de blanqueo, y el instructor lo considera «cabeza de un amplio entramado empresarial, núcleo de una organización criminal cuya actividad está vinculada a actuaciones administrativas como promociones urbanísticas, contratos públicos o concesiones administrativas, habiéndose aprovechado de sus amplias relaciones personales y políticas, para lograr las adjudicaciones irregulares tanto para sus propias empresas como para terceros, recibiendo una comisión por su actuación»; un complejo entramado empresarial diseñado, presuntamente, para ocultar los beneficios lícitos e ilícitos de su actividad empresarial y dificultar la vinculación con las adjudicaciones que recibía en concierto con autoridades públicas y funcionarios corruptos.[184]

Como en todas las tramas de corrupción, es importante destacar el papel de los intermediarios: «Estas mismas investigaciones han puesto de manifiesto que las mismas se han realizado a través de una red de tráfico de influencias apoyada por un entramado empresarial que hace uso de su capacidad de influencia actuando como conseguidores para terceras empresas a cambio de una comisión pactada, resultando tales empresas adjudicatarias de contratos de varios ayuntamientos de la Comunidad de Madrid, del Instituto de Turismo y del Instituto de Fomento de la Región de Murcia, de la Diputación de León y de múltiples ayuntamientos, etc., siendo el *modus operandi* para obtener ilegalmente contratos y servicios siempre el uso de influencias y la corrupción de ediles municipales, funcionarios y técnicos, a cambio de dinero o ventajas particulares», que instrumentaban «procedimientos de contratación pública concertados con empresas de la órbita de los investigados, influyendo éstos a lo largo de todo el expediente de contratación desde su preparación y redacción hasta la valoración de las ofertas y la adjudicación. Dichos contratos han alcanzado los 100.000.000 euros en el precio estimado del contrato siendo adjudicados por largos períodos de tiempo».[185] En todo este proceso «las autoridades municipales se han plegado a los intereses de los investigados hasta el punto de incurrir en facturación falsa, falsear informes técnicos que reflejarían actuaciones que en realidad no se han realizado o adjudicar trabajos sin contrato previo».[186]

Uno de los «conseguidores» de la trama era Alejandro de Pedro Llorca, empresario, para quien el juez decretó prisión provisional incondicional, al considerarlo como la «cabeza» de otro importante entramado de tráfico de influencias, alternativo al de Marjaliza que, presuntamente, prestaba servicios en internet para «prestigiar» a las autoridades políticas que, por no poder ser objeto de contratación administrativa, eran pagados mediante procedimientos irregulares, sirviéndose de contratos públicos con otro objeto. De esta forma, el imputado abría una red de contactos con autoridades que le facilitarían la contratación en otros sectores (para sí o para otros) en Murcia, León y Madrid.[187]

Entre los ayuntamientos implicados, los autos señalan los de Valdemoro, Parla, Collado Villalba, Móstoles, Torrejón de Velasco, Casarrubuelos y Serranillos del Valle, así como el Instituto de Turismo de la Región de Murcia, el Instituto de Fomento de la Región de

Murcia, la Comunidad Autónoma de Madrid, la Diputación de León y el Ayuntamiento de Almendralejo, en Badajoz.[188]

En la investigación judicial, se hace referencia a la empresa Cofely España, que llevaba gran parte de la trama corrupta destapada.[189] Cofely España, filial de la multinacional francesa GDF Suez, era la compañía sobre la que todo pivotaba y la que se benefició de la mayoría de las adjudicaciones públicas. De este modo, los políticos que presuntamente formaban parte de la trama cobraban comisiones de hasta el 2 y el 3 por ciento de cada contrato, al más puro estilo de CiU durante sus años de gobierno en Cataluña. Por este procedimiento, Cofely pudo haber cobrado más de 170 millones de euros de las Administraciones Públicas implicadas, principalmente ayuntamientos de la Comunidad de Madrid.[190]

Sólo en el Ayuntamiento de Móstoles, en el que la mesa de contratación del consistorio adjudicó el pasado 9 de mayo de 2014 un contrato de más de 6 millones de euros a Cofely, se recibió una adjudicación por un importe superior a 70 millones de euros. El director general de Fulton Servicios Integrales, empresa competidora con Cofely para la adjudicación del contrato, Luis Romero, calificó la adjudicación de «verdadera estafa y fraude», pues en la apertura de las condiciones técnicas los técnicos municipales informaron de que Fulton había presentado la mejor oferta y, además, con una rebaja del 10 por ciento sobre el precio inicial. Tras los informes, la empresa supuso que había ganado el contrato, pero el Ayuntamiento de Móstoles evitó la reunión mediante evasivas y más tarde alegó que la oferta presentada contenía valores desproporcionados. Dalkia Energía y Servicios, la otra competidora, fue también descartada por un error en la previsión de ingresos anuales. Romero llegó a insinuar la relación de un ex concejal del Ayuntamiento de Madrid, Miguel Ángel Villanueva, con Cofely (pues casualmente trabajaba ahí), e impugnaron la decisión ante el Tribunal Administrativo de Contratación Pública ¿Y qué hizo este tribunal? ¡Terminó multando a Fulton con 1.600 euros!

En el caso de Parla, a Cofely se le adjudicó un contrato de servicios para determinadas instalaciones energéticas, de una duración de quince años y por un importe global de 54,7 millones de euros. En el municipio de Collado Villalba, esta empresa recibió el mismo contrato, también por un período de quince años, a cambio de 42 millones de euros.

La lista de presuntos delitos imputados se extiende a casi toda la tipología de los preceptos que el Código Penal dedica a la criminalidad económica y contra la Administración Pública: blanqueo de capitales, contra la Hacienda Pública, falsificación de documentos, delitos fiscales, cohecho, tráfico de influencias, malversación de caudales públicos, prevaricación, revelación de secretos, utilización de información confidencial, negociaciones prohibidas a funcionarios, fraudes contra la Administración y organización criminal.[191] Una mezcla a la que sólo le faltan unos granos de sal para que sea un exquisito cóctel de corrupción. Nada que envidiar a la mafia.

Por no discriminar al resto de las Comunidades Autónomas (si no aparecen no es porque no exista corrupción en ellas, sino porque es imposible nombrarlas a todas), haré un rastreo superficial de los casos que afectan a Asturias, Murcia, Aragón, Navarra y País Vasco. Y más adelante, unas páginas especialmente dedicadas a Carlos Fabra.

Asturias

En Asturias, el caso Marea, sin demasiada cobertura mediática, se refería a una supuesta trama de corrupción dentro de la Administración del Gobierno de Asturias, durante el mandado de Vicente Álvarez Areces. Lo que comenzó siendo una investigación a una funcionaria acusada de hacer contrataciones irregulares de obras, derivó en la imputación del ex consejero de Educación, José Luis Iglesias Riopedre, de la ex jefa de Compras de su consejería, María Jesús Otero, y de dos empresarios.

Murcia

Una comunidad gobernada por el mismo partido (el PP) desde el año 1995, y por el mismo presidente desde esa fecha hasta el verano de 2014 —Ramón Luis Valcárcel—, parece el escenario perfecto para la generalización de las conductas ilegales o al menos irregulares. Y así lo señala un estudio de julio de 2013: Murcia es la Comunidad Autónoma con más casos de corrupción por número de municipios.[192] Entre éstos destacan: el caso Limusa en Lorca, en el que el fiscal, en su escrito de calificación, relataba infinidad de irregularidades, entre las que destacaban importantes pagos de «servicios sexuales en clubes de alterne»; el caso Tótem, en el que el TSJ ha condenado a Juan Morales, alcalde del PP en Totana durante ocho años, por liderar una trama de corrupción y tratar de enriquecerse con las comisiones millonarias que solicitaba por impulsar proyectos urbanísticos, o el caso Umbra, surgido en octubre de 2010, en el que los imputados están acusados de haber beneficiado al propietario del Real Murcia mediante un Plan General de Ordenación Urbana del Ayuntamiento de Murcia. En total, el Ayuntamiento de Murcia habría dejado de ingresar más de 300 millones de euros.[193] Pero a los casos se suman las supuestas presiones políticas que se ejercen sobre los fiscales. No se puede ignorar la última reunión extraordinaria que convocaron los fiscales de Murcia, en febrero de 2015, rechazando «cualquier tipo de injerencia política en el desarrollo de sus funciones constitucionales» y demandando el «respeto» a su función por parte de los poderes públicos, algo que sin duda debería darse por sentado. Al parecer, Vicente Martínez-Pujalte, diputado nacional del PP, no considera oportuno que se realicen determinadas investigaciones en la región de Murcia y pretende preguntar a la Fiscalía sobre si es «normal» que se presenten muchas denuncias sobre una persona para que luego queden archivadas, así como sobre los gastos que conllevan estas investigaciones para el erario público. Él lo llama la «judicialización de la política». Resulta curioso que olvide preguntar sobre la «politización de la justicia». Desde luego estas declaraciones le hacen un flaco favor al PP, imputado ya en numerosos casos de corrupción.

Aragón

En Aragón hay que destacar la Operación Molinos, cuyo juicio podría ver la luz a finales de este año 2015. Han sido siete años de instrucción y hay 41 imputados, entre los que se encuentra la alcaldesa de La Muela. Entre los delitos tenemos cohecho, tráfico de influencias, fraude de subvenciones, falsedad, exacciones ilegales, prevaricación, blanqueo de capitales, negociaciones prohibidas a funcionarios y fraude fiscal. El juez instructor señala que la alcaldesa y su familia recibieron más de 18 millones en comisiones ilegales o de fraudes al fisco. Una trama a la que se sumaron, presuntamente, ex concejales y empresarios de la construcción que están imputados.[194]

Navarra

En Navarra destaca el caso Egüés, en el que se investiga la posible comisión de irregularidades en el Ayuntamiento del Valle de Egüés. La Cámara de Comptos destaca determinadas irregularidades: «En primer lugar, una adjudicación realizada a un empresario que formaba parte de la mesa de contratación. En segundo lugar, la adjudicación de un proyecto técnico de promoción de viviendas antes de iniciar el proceso de selección». Además, el órgano fiscalizador alertaba de que se «favoreció al socio privado» desde el ayuntamiento o de que se emitieron facturas «sin que respondan a un gasto ejecutado o a un servicio prestado».[195]

País Vasco

En el Norte, que goza de la presunción de sufrir menos corrupción que el resto de España, podríamos hablar del caso De Miguel, en el que están imputados una treintena de ex cargos públicos y orgánicos del PNV, y que lleva cinco años de instrucción judicial. La investigación comenzó con la denuncia de Ainhoa Alberdi, propietaria del 50 por ciento de Urbanorma Consulting hasta que compró a su socio, el constructor Jon Iñaki Echaburu (PNV), el otro 50 por ciento. En la denuncia declaró que la adjudicación del proceso de ampliación del parque tecnológico de Miñano estaba amañada para beneficiar a Echaburu, quien debía pagar una comisión para Alfredo de Miguel (número dos del PNV de Álava). Y no sólo eso, sino que la denunciante asegura que, una vez que adquirió el ciento por ciento de la empresa, los acusados vinieron a reclamarle la mordida, una suma que cifra en 100.000 euros.[196] La última de las noticias incumbe al proyecto Hiriko —una iniciativa para dar vida a un coche eléctrico en el País Vasco—, que supuestamente recibió un total de 14,7 millones de euros de las arcas del Estado y 2,7 millones de la Administración vasca que al final no sirvieron para poner en el mercado ese coche eléctrico. El Juzgado de Instrucción n.º 3 de Vitoria admitió a trámite la querella presentada por la Fiscalía de Álava contras seis empresarios, entre los que se encuentran dos diputados del PNV, a los que se acusa de delitos de malversación de caudales públicos, falsedad documental, fraude a la Administración, fraude de subvenciones públicas, apropiación indebida y blanqueo de capitales.

Melilla

En la ciudad autónoma la corrupción ha superado incluso a Murcia. El 72 por ciento de los integrantes del Ejecutivo de la ciudad autónoma —el propio presidente Imbroda y siete de sus consejeros— están implicados en un sumario por corrupción. Y una vez más tenemos de todo, aunque el principal imputado se empeñe en llamarlo «simples irregularidades administrativas», de demostrarse los hechos contaríamos con la supuesta desaparición de 4.000 ejemplares de un libro editado entre 2009 y 2011 por el Gobierno bajo el título *Melilla y su judaísmo*, que costó al erario público 70.000 euros, así como contrataciones irregulares, supuestas irregularidades detectadas en una convocatoria de subvenciones a asociaciones juveniles en el año 2007. Demasiado tiempo para investigar y fijar los hechos imputados.

Diputación Provincial: el caso Fabra

El fuero para el gran ladrón, la cárcel para el que roba un pan.[197]

Pablo Neruda

¿Cuál es la probabilidad de que toque el Gordo de Navidad? Una entre 100.000 números, o el 0,00001176 por ciento. ¿Y cuál es la de que te toque la lotería de Navidad cuatro veces (o siete o nueve, según otras fuentes)? Pues esta probabilidad resulta casi imposible de calcular. Se desconoce cuántos décimos o premios concretos ha ganado Carlos Fabra, pero las probabilidades que se manejan son mucho menores que las de que te caiga un rayo en España, y pocos de nosotros conocemos a alguien a quien le haya caído uno.[198]

De pequeño, a veces me escapaba en plena tormenta a los riscos de las montañas de Torres, mi pueblo, para comprobar las posibilidades de que me cayera un rayo; otras veces me arrojaba desde el muro para ver si me rompía el brazo derecho y evitar que mi padre (a quien tanto echo de menos) me hiciera trabajar en el campo. Nunca me cayó un rayo, sólo me mojé y me magullé contra las piedras y seguí trabajando, como tantos niños de mi generación. En cuanto a la lotería sólo juego en Navidad, por costumbre. Nunca me ha tocado ni siquiera la pedrea; pero sí he visto muchos décimos premiados a lo largo de mi vida, principalmente en manos de delincuentes, ya fueran económicos o narcotraficantes, aunque no lo había visto en manos de un político. En fin, la suerte es «caprichosa».

A veces hay que aplicar el principio de la navaja de Ockham, que dice que «en igualdad de condiciones, la explicación más sencilla suele ser la correcta», por lo que podríamos pensar: ¿qué es más fácil, que Carlos Fabra tenga una suerte sobrenatural, o bien que sean otras explicaciones mucho más sencillas relacionadas con la compra de décimos premiados? Lo dejo a su elección.

Carlos Fabra es Castellón y Castellón es Carlos Fabra. Allí presidió la Diputación Provincial durante dieciséis años y el PP durante veintidós, tal y como lo hicieron su padre, su abuelo, su bisabuelo, los hermanos de su bisabuelo y su tío tatarabuelo. Su estilo chulesco y su control absoluto de los resortes del poder de la provincia han dejado una tierra quemada, un aeropuerto vacío con una estatua horripilante y una dinastía que continúa en su hija, Andrea Fabra, que se hizo relativamente famosa por sus declaraciones inapropiadas en el Congreso.[199]

El caso de corrupción que rodea al ex presidente de la Diputación Provincial de Castellón, Carlos Fabra, tiene su origen en dos querellas presentadas en 2003 por el empresario Vicente Vilar, propietario de la firma Naranjax y, hasta entonces, amigo suyo. En ellas se denunciaba el cobro de dádivas (constitutivo de delito de tráfico de influencias y cohecho) por parte del ex presidente a cambio de favorecer a su empresa en la comercialización de productos sanitarios.[200] A pesar de que el fiscal consideraba que los hechos quedaron objetivamente acreditados, Fabra fue finalmente absuelto por falta de pruebas.[201] En junio de 2006, la Audiencia Provincial de Castellón condenó a Vicente Vilar a diez años de prisión por agredir sexualmente, robar y retener ilegalmente a su ex esposa, Montserrat Vives, que también estaba implicada en la trama Naranjax. Esta condena fue confirmada en mayo de 2007 por el Tribunal Supremo.[202]

A raíz de la querella por el caso Naranjax, en 2004 el Juzgado de Instrucción n.º 2 de Nules ordenó iniciar una investigación sobre Fabra, pero no fue hasta mayo de 2009 cuando el Juzgado de Instrucción de Nules dictó acto de incoación de procedimiento abreviado contra Fabra, su esposa, la ex esposa de Vicente Vilar, Montserrat Vives, y el ex alto cargo ministerial Domingo Cadahía por falsedad documental.[203] Según el relato que la jueza presentó en el auto, Fabra formó parte de una trama que, «con ánimo de lucro, falsificó cuños, análisis químicos, sellos y firmas presentándolos, a sabiendas de su falsedad, ante el Ministerio de Agricultura con el fin de agilizar y obtener las autorizaciones», y vender así «diversos plaguicidas procedentes de una empresa asiática que no reunían los requisitos legales para su comercialización en España». La Fiscalía Anticorrupción pidió dos años de cárcel para Fabra, al tiempo que solicitaba el sobreseimiento de las actuaciones contra Montserrat Vives y Domingo Cadahía. La Audiencia Provincial de Castellón dictó más adelante el sobreseimiento provisional de la causa abierta contra Fabra y su ex mujer, dejando la causa aún abierta contra la ex mujer de Vicente Vilar, Montserrat Vives.[204]

Entretanto, en julio de 2008 la Agencia Tributaria interpuso una querella por fraude fiscal al apreciar movimientos de dinero sospechosos desde 1999 a 2004, así como una cuenta con cerca de dos millones de euros de la que no se conocía el origen y que no había declarado a Hacienda.[205] Fabra tuvo la desfachatez de reírse de los españoles justificando dichas cantidades con el hecho de haber ganado la lotería en varias ocasiones.[206]

En febrero de 2009 salieron a la luz unas grabaciones en las que el presidente se jactaba de haber colocado a un sinfín de personas en numerosas instituciones públicas a cambio del voto, «un voto cautivo» según sus propias palabras.[207] Además, la diputación que él presidía llegó a editar un libro en el que negaba el golpe militar de 1936 y en el que aseguraba que «Francisco Franco colaboró a partir del 18 de julio con las demás fuerzas sublevadas con el fin de dar a España un régimen de justicia, paz y armonía para todos los españoles».[208] A pesar de todo, Mariano Rajoy y el PP seguían encontrando razones para considerar a Carlos Fabra «un ciudadano y un político ejemplar».[209] Tampoco esta afirmación es tan extraña, ya que el presidente del Gobierno ha apoyado a personas de su partido en ocasiones similares, como en el caso Gürtel.

Al parecer, a la tarea de la corrupción nunca le falta un chófer.[210] Durante la instrucción del caso contra Carlos Fabra, los distintos chóferes del imputado declararon como testigos y admitieron que éste les daba sobres cerrados con dinero para ingresarlo en el banco.[211]

En mayo de 2010, el Banco de España descubrió 3,7 millones de euros pertenecientes al clan Fabra cuyo origen tampoco pudo ser explicado ni por el propio Fabra ni por sus familiares.[212] Más adelante, en junio, y tras unas elecciones en las que el PP ganó por mayoría aplastante, la Sección Segunda de la Audiencia Provincial el 23 de diciembre de 2010 dictó auto (aclarado por otro del 13 de enero de 2011) de sobreseimiento libre y archivó tres de los cuatro delitos contra la Hacienda Pública al no darle efecto interruptivo de la prescripción a un informe pericial ordenado por la autoridad judicial. Aun así, ordenó que el juzgado de Nules continuara con las investigaciones respecto de las acusaciones de tráfico de influencias y cohecho.[213]

Utilizando el mismo estilo que el presidente de Cataluña, Jordi Pujol, con respecto a la retirada de las acusaciones contra él en el caso Banca Catalana, Fabra acusó al mundo de estar sufriendo «una persecución por encima de lo que se puede soportar».[214] Por su parte, el Partido Popular manifestó su satisfacción, «aunque no ha sido una sorpresa ya que siempre hemos defendido la inocencia de nuestro presidente provincial».

En enero de 2011, la Fiscalía Anticorrupción y la acusación popular, asumida por la Unión de Consumidores, interpusieron un recurso de casación ante el Tribunal Supremo, cuya Sala Segunda, el 21 de noviembre de 2011, dejó sin efecto el auto de sobreseimiento libre y ordenó que continuara el procedimiento.[215] En este caso no se produjeron las respuestas del Partido Popular de diciembre de 2010.

La Audiencia Provincial de Castellón dictó sentencia definitiva el 25 de noviembre de 2013, condenando a cuatro años de cárcel a Carlos Fabra por cuatro delitos contra la Hacienda Pública en el marco del caso Naranjax.[216] Tras los recursos de casación, el Tribunal Supremo dictó sentencia el 23 de julio de 2014, confirmando la pena de cuatro años por fraude fiscal de 700.000 euros y una multa de 1,4 millones de euros, que el condenado dijo no poder pagar debido a la falta de recursos.[217] Carlos Fabra ya ha confirmado que recurrirá ante el Tribunal Constitucional y ha pedido, por fin, su baja en el Partido Popular.[218]

Además, la sentencia del Tribunal Supremo ratifica lo establecido por la Audiencia Provincial, según la cual detrás de los movimientos bancarios existe obviamente una pretensión de ocultación del origen de los ingresos: «Tales prácticas, en esa frecuencia y envergadura (599 ingresos de más de tres millones), se compadecen más con pretensiones de ocultación del origen de las rentas, antes que con cualquier exótica costumbre o modo de actuación de un usuario de banca». También destaca la «singular desproporción» entre la renta declarada y sus ingresos, y reitera que sólo «fuentes ocultas» pueden ser la causa de los ingresos de Carlos Fabra.[219]

Un dato cuando menos interesante y que le lleva a uno a preguntarse sobre la integridad e independencia del sistema judicial es que, desde el año 2003, en la Audiencia Provincial de Castellón se sucedieron nueve jueces y cuatro fiscales, en un extraño y curioso *modus operandi* que implicaba la renuncia del juez a la hora de realizarse el juicio.[220] De hecho, el Tribunal Supremo admitió que el tiempo de tramitación de la causa había sido «realmente extraordinario» y que, desde luego, se podía atribuir únicamente a un «comportamiento obstaculizador de los investigados».[221] Durante los diez años que ha durado el proceso, el imputado no ha dejado de recibir el apoyo de su partido y, más en concreto, de la Diputación de Castellón.[222]

Tras la sentencia condenatoria, a Fabra se le permitió un mes de vacaciones antes de su cita con la Audiencia Provincial el 3 de septiembre de 2014, fecha en la que se decidió suspender la ejecución de la pena (su entrada en la cárcel) a la espera de la decisión que el Gobierno tomase acerca de la petición de indulto realizada por el señor Fabra. Su entrada en prisión se produjo por fin el día 30 de noviembre, en el centro penitenciario de Aranjuez, aunque sigue sin pagar los 1,4 millones de multa que la sentencia de 2013 le obliga a abonar. Cerca de doscientos ciudadanos se dieron cita para celebrar con cava este ingreso —que llega con indudable retraso—, al grito de «¡Nos ha tocado el gordo!».[223] En este caso, la justicia ha sido igual para todos, aunque después de diez años es difícil asumir esa regla, en especial cuando las dilaciones han sido intencionadas. Una vez más se cumple la máxima de Al Capone, a quien la Justicia estadounidense no consiguió condenar por ningún delito de los múltiples y más graves cometidos, pero sí por delito fiscal.

El caso Fabra pone también de manifiesto la importancia negativa de las redes políticas familiares, ya mencionadas en otro capítulo, y la extensión de éstas en el tiempo y en el espacio provincial, hasta el punto de casi convertir a la provincia en un pequeño reino de taifas dominado por intereses cruzados donde la dependencia vicarial respecto del máximo dirigente es casi total. Sólo cuando el prisma, en este caso desde el Tribunal Supremo, y la fuerza de la sociedad civil se activan, se obtienen resultados positivos.

5

La corrupción municipal

Los bolsillos de los gobernantes deben ser de cristal.

Enrique Tierno Galván

El nivel de corrupción y sus consecuencias

España es uno de los países con más corrupción de la Unión Europea, y ha sido criticado y amenazado en numerosas ocasiones con la retirada de unos fondos que, según indicios bien fundados, acaban en manos de distintas tramas de corrupción.[1] Una corrupción casi sistemática que afecta a todos los ayuntamientos, sin distinción de signo político.[2] El ya mencionado Informe de Lucha contra la Corrupción de la Unión Europea, de febrero de 2014, revela que entre 1996 y 2009 los medios de comunicación se hicieron eco de 5.144 casos de corrupción que afectaron a 600 municipios.[3] Otro de los aspectos señalados en este documento es la escasa lucha contra la impunidad de los implicados en las tramas de corrupción, cuyos frutos en España se dedican fundamentalmente a la financiación de partidos políticos, algo que posibilita, según la Comisión, la abundante presencia de políticos en los consejos de administración de las cajas de ahorros.[4] El mayor foco de corrupción es el desarrollo urbanístico. Nada que no se supiera ya, pero que ni se combate ni parece que haya ánimo de combatir por parte de las fuerzas políticas, que resultan altamente beneficiadas.

La Ley de Transparencia, que debería aliviar la desesperada situación española, se ha convertido en un paso en falso, una máscara «que carece de claros castigos para los infractores, deja mucho margen a la discrecionalidad de los funcionarios y no reconoce el derecho a la información de los ciudadanos», según la ONG alemana Transparencia Internacional.[5]

Pero los problemas van más allá de los gastos injustificados del erario público y del aumento de la riqueza de unos pocos. Con instituciones a todas luces ineficaces, la credibilidad de España como Estado de derecho está en juego, al ver mermada su imagen en el exterior. En el último informe del Consejo de Europa, publicado en enero de 2014, se indicaba la politización de las instituciones como principal causa de la corrupción rampante en España.[6] El informe realiza además once recomendaciones, dirigidas fundamentalmente a los órganos judiciales, los fiscales, los diputados y los senadores, sugiriendo la necesidad de objetivar criterios para el nombramiento de los cargos más altos en la judicatura. Un buen ejemplo de ello podría ser el Tribunal de Cuentas, el supuesto encargado de la fiscalización del sector público y del enjuiciamiento de la responsabilidad contable, que fue incapaz de sacar a la luz la financiación ilegal del PP en el caso Bárcenas, y que tiene contratados a más de un centenar de familiares de personas relacionadas con la institución.[7]

El informe europeo sugiere que España «reconsidere» la forma de selección y la permanencia en el cargo de los miembros de la Fiscalía General del Estado. También recomienda que se incremente la transparencia de las comunicaciones entre el fiscal general del Estado y el Gobierno.[8]

En cuanto a los diputados y senadores, el documento exige que se establezca y se respete un «código de conducta» accesible para el público, con normas que regulen y limiten la relación entre los representantes electos y los grupos de presión que tratan de influir en los procesos de las cámaras.[9]

La corrupción municipal

La teoría dice que, cuanto más cercano sea el Gobierno a los ciudadanos, más control se puede ejercer sobre él. Según esta afirmación, los ayuntamientos deberían tener un comportamiento impecable. Sin embargo, por múltiples razones, en muchos ayuntamientos la regla es la falta de transparencia y el aprovechamiento personal o corporativo. El funcionamiento de las corporaciones locales desde la llegada de la democracia nos presenta la más variada gama de actividades irregulares, ilícitas y corruptas que quepa imaginar. La capacidad corruptora del sector público sobre el privado, exigiendo condiciones, comisiones, regalos, pagos, etc., así como la del privado sobre el público, ofreciendo esas mismas dádivas o ventajas a cambio de determinadas decisiones que quebranten la protección del medio ambiente, el orden urbanístico, la calificación del suelo, las explotaciones de bienes y cualesquiera otros servicios que pueda prestar el municipio, han sido y son una constante.

Más de cinco mil casos denunciados (cabe suponer que en realidad hay más) en otros tantos municipios en toda España, ponen de manifiesto que el fango más espeso de la corrupción está en el ámbito local, cuando debería ser el más puro. El comportamiento de las corporaciones municipales, sobre todo el relativo a la contratación pública y a operaciones urbanísticas, la construcción y las calificaciones ambientales, ha dejado un reguero de violaciones flagrantes de la confianza que los ciudadanos depositan en sus gobernantes. Y el «éxito» de los corruptos en sus objetivos se basa primordialmente en la incapacidad de control por parte de la ciudadanía, que deriva de la opacidad de las administraciones locales que impiden ser escrutadas por sus administrados. En este sentido, el informe de la Comisión Europea sobre la incidencia de la corrupción en los países miembros señala el local como uno de los ámbitos y sectores más proclives a la corrupción.[10]

El Índice de Transparencia de los Ayuntamientos mide el nivel de transparencia de los 110 mayores consistorios de España.[11] El informe examina la información que los ayuntamientos hacen pública en relación con un total de ochenta indicadores repartidos en seis áreas: información sobre la corporación municipal; relaciones con los ciudadanos; situación económico-financiera; contrataciones y costes de los servicios; urbanismo, obras públicas y medioambiente, y el cumplimiento o no de los indicadores exigidos por la Ley de Transparencia.

La metodología es sencilla: se otorga un punto si la información del indicador está publicada en la página web del ayuntamiento y cero puntos si no lo está. Los ayuntamientos que han obtenido la máxima puntuación han sido los de Alcobendas, Bilbao, Gandía, Gijón, Oviedo, Ponferrada, Sant Cugat del Vallès y Torrent. Estos ayuntamientos son los que más información ponen a disposición de sus ciudadanos. En el polo opuesto se encuentra el Ayuntamiento de Ciudad Real, que ocupa el último lugar, con quince puntos, seguido de los de Teruel, Telde y Talavera de la Reina.

El área de transparencia en la que más ayuntamientos obtienen un cero (es decir, no hacen pública esta información) es en «contrataciones y costes de los servicios». En esta área se usan cuatro indicadores en los procedimientos de contratación: a) ¿se informa sobre la composición, forma de designación y convocatorias de las mesas de contratación?; b) ¿se publican las actas de las mesas de contratación?; c) ¿se publica la lista y/o la cuantía de las operaciones con los proveedores, adjudicatarios y contratistas más importantes del ayuntamiento?; d) ¿se publica el coste efectivo de los servicios financiados con tasas o precios públicos?

En España hay doce ayuntamientos que no facilitan ningún tipo de información sobre estas cuestiones. Son los de Algeciras, Badalona, Benidorm, Cáceres, Córdoba, Elche, Guadalajara, Huelva, Jaén, Las Rozas, Leganés y Pontevedra.

En el área presupuestaria (transparencia económico-financiera), en la que se examinan indicadores como la información contable y presupuestaria, los ingresos y gastos y las deudas municipales, llama la atención que ocho ayuntamientos no faciliten ninguna información. Son los de Alcalá de Guadaira, Ciudad Real, Granada, Huelva, Mijas, Telde, Teruel y Zamora.

Pero hay lugar para la esperanza, y parece que los ayuntamientos buscan lograr mayores niveles de transparencia. Así, desde 2008, cuando sólo Bilbao obtuvo la calificación de sobresaliente, hasta 2012 han obtenido esta calificación 33 ayuntamientos. Y ya sabemos que, a mayor transparencia, menor corrupción.

La corrupción en torno a los desarrollos urbanísticos es posiblemente la que ha generado más dinero, hasta convertirse en un modo de vida para muchas personas y una forma de actuar para muchas corporaciones municipales. «No hay riqueza inocente», como dice Rafael Chirbes en su novela *Crematorio*, probablemente el retrato más fiel y descarnado de la realidad de las relaciones entre los ayuntamientos, el desarrollo urbanístico, los constructores y la corrupción.[12]

La corrupción urbanística se remonta a los tiempos del franquismo. Un buen exponente de esto es el caso Malaya, a partir del cual se puede trazar una línea continua hacia el pasado que llega hasta el desarrollo de la urbanización madrileña de Los Ángeles de San Rafael, construida por Jesús Gil y Gil en los años setenta. Desde entonces, y hasta estos últimos años, la corrupción municipal ha campado por sus anchas, sobre todo con el desarrollo de la burbuja inmobiliaria.

La Ley 6/1998 promulgada por el Gobierno de José María Aznar propició la liberalización del suelo en España, para poder así resolver de una forma rápida el déficit de vivienda que existía en aquel momento. Pero fue un intento fallido. Sus efectos fueron parcialmente derogados en 2001 por el Tribunal Constitucional mediante su sentencia 164/2001, que consideró la inconstitucionalidad de algunas de sus disposiciones porque invadían parte de las competencias de las Comunidades Autónomas y de los ayuntamientos. El fallo fue fruto de los recursos interpuestos por el Parlamento de Navarra, por 84 diputados del PSOE, IU y el Grupo Mixto, y por el Consejo de Gobierno de la Junta de Extremadura.[13] En la práctica, al asignar y ampliar algunas de las competencias urbanísticas de los ayuntamientos, contribuyó a extender la corrupción urbanística.

El modelo es el clásico. En primer lugar, se acuerda en la sombra dónde se va a desarrollar el plan urbanístico. Después el poseedor de esta información compra el suelo a precio de suelo rústico. Más adelante, el ayuntamiento cambia la calificación del suelo y lo desarrolla, y, finalmente, el afortunado propietario del suelo, ahora urbanizable, lo vende con unas increíbles plusvalías. Durante el proceso se generan enormes comisiones que deben blanquearse, para lo que se utilizan distintas estrategias, como la compraventa de bienes o instrumentos monetarios del tipo de vehículos e inmuebles; la creación de empresas fantasma cuyo único fin en la práctica es el lavado de ese dinero; la fragmentación de grandes sumas en cantidades más pequeñas para que las transacciones pasen inadvertidas, o incluso la compra de billetes de lotería premiados (método habitual, como ya hemos visto). Juan Antonio Roca (caso Malaya) llegó a declarar ante el juez que había ganado la lotería en ochenta ocasiones.[14]

Ninguna Comunidad Autónoma se salva de tener casos de corrupción urbanística a nivel municipal.[15] A pesar de que este comportamiento es conocido por todos, a pesar de la burbuja que ha generado, a pesar de todos los casos identificados, pueden contarse con los dedos de una mano los ayuntamientos que han sido intervenidos tras comprobarse comportamientos corruptos. Esto muestra una lamentable falta de voluntad política, basada principalmente en el aprovechamiento que se obtiene del cobro de comisiones generadas por las plusvalías que se reparten amigablemente entre corporaciones, partidos y políticos.

Se conocen casos a lo largo y ancho del país, cada uno de ellos con distintas consecuencias. En apariencia, sólo son la punta de un iceberg de tramas que, en su mayor parte, se esconde aún bajo la superficie. En Andalucía se puede citar el caso Carboneras, por el que en base a una modificación municipal impulsada por Cristóbal Fernández, alcalde de Carboneras (PSOE), la playa virgen del Algarrobico se convirtió en un terreno urbanizable. En esta playa se levantó un monstruoso hotel, el primero de los ocho que estaba previsto edificar, un proyecto que se completaba con 1.500 apartamentos y varios campos de golf. En noviembre de 2006 el alcalde fue condenado a seis meses de inhabilitación por delito electoral, pero fue indultado por el Gobierno y volvió a ser elegido alcalde.[16]

En Chiclana (Cádiz), se desmanteló una trama de corrupción en la que participaban técnicos del ayuntamiento y agentes inmobiliarios. Ofrecían a los propietarios de parajes urbanos no urbanizables la gestión de la venta del terreno. Para ello, los dueños de dichos terrenos les entregaban un poder notarial mediante el cual obtenían vía libre para actuar, que les permitía dividir la finca en secciones. Garantizaban la existencia de viviendas que en realidad no estaban construidas, estableciendo que se habían edificado cuatro años antes, para eludir así responsabilidades penales o económicas. El delito de construcción ilegal sobre dichos parajes prescribe a los cuatro años. El arquitecto imputado, Joaquín Pallí Selga, ha sido condenado en varias ocasiones por el mismo delito.[17]

En Canarias encontramos, entre otros, el sonado caso de Miguel Zerolo, alcalde de Santa Cruz de Tenerife por Coalición Canaria, imputado por el Tribunal Superior de Justicia de Canarias por supuesta prevaricación y malversación de fondos públicos. El regidor presuntamente hizo que el ayuntamiento pagara 52,7 millones de euros (una cantidad tres veces superior al valor real) por unos terrenos en la playa de las Teresitas, que además pertenecían al consistorio desde hacía ya treinta años. Tras la compraventa, el suelo fue recalificado y posteriormente vendido para beneficio de los gestores, que obtuvieron cuantiosas plusvalías.[18] Hasta agosto de 2014, el caso de Miguel Zerolo lo investigaba el Tribunal Supremo, al haber sido promovido por su partido, Coalición Canaria, al Senado y haber devuelto el resto de la causa en marzo de 2013 a Tenerife respecto de los demás imputados. Pero, como el mismo Tribunal Supremo le ha condenado por prevaricación urbanística a ocho años de inhabilitación, perdió el aforamiento y deberá ser enjuiciado por la Audiencia de Tenerife.[19]

En Torrevieja (Alicante), la corrupción llegó a ser responsable del accidente de una niña de dieciséis años que quedó tetrapléjica, debido a la construcción ilegal del paseo marítimo Juan Aparicio, que se realizó en una zona de dominio público e incumpliendo la Ley de Costas. Eso motivó una sanción económica, porque el tribunal entendió que el ayuntamiento era el responsable de la seguridad de la zona. Por otra parte, el ex alcalde del mismo municipio, Pedro Ángel Hernández Mateo, fue condenado a tres años de prisión por la adjudicación fraudulenta de la contrata de recogida de basuras.[20]

En noviembre de 2013, Rafael Vázquez Abal, ex gerente de Urbanismo y arquitecto municipal de Sanxenxo (La Coruña), y su asesora, Ana Belén Louro País, fueron acusados por los delitos de cohecho (aceptación de sobornos), prevaricación urbanística y tráfico de influencias.[21]

La capital de España tampoco se ha salvado de esta lacra y dispone de sus propios casos de corrupción. Se puede citar, por ejemplo, la dimisión del ex director de Urbanismo, Enrique Porto, después de haber sido acusado de tener intereses personales en el desarrollo del Plan Urbanístico de la localidad madrileña de Brunete.

En Baleares destaca el caso Palma Arena, que ya se ha analizado, y del que se deriva el importante caso Nóos. Si sólo fuera éste, que ya es de gran envergadura, nos quedaríamos tranquilos, pero la magnitud de los escándalos de presunta malversación de dinero público y la alta cifra de implicados son impresionantes. Tenemos el caso Andratx, un escándalo por el que en el año 2009 Eugenio Hidalgo (PP), por construirse un chalet ilegal en el municipio, y Jaume Massot (PP), por su colaboración en el delito, ingresaron en prisión tras la confirmación de las condenas por el Tribunal Supremo.[22] Tenemos el caso Bitel-2, que afectó al gerente de la empresa pública de informática del Gobierno de las Islas Baleares Bitel (Baleares Innovación Telemática, S.A.) durante el segundo mandato de Matas, Damià Vidal Rodríguez. El 21 de diciembre de 2012 la Audiencia de Palma condenó a cinco años de prisión a Vidal, por los delitos de malversación de fondos públicos, fraude a la Administración, prevaricación y cohecho. El 14 de marzo de 2014 ingresó en prisión tras ser confirmada su condena por el Tribunal Supremo, que consideró probado que desfalcó 700.000 euros públicos entre 2003 y 2007.[23] Podríamos seguir con el caso Bomsai, que sigue en instrucción, el caso Bon Sosec, el caso Funeraria, el caso Ibatur Pasarela, el caso Over Marketing, el caso Peaje, el caso Picnic, el caso Pitiusa, el caso Plan Territorial... o el mencionado caso Rasputín, con el que abro el caso Palma Arena.

Cataluña se encuentra ahora en el punto de mira, no sólo por la corrupción rampante en las más altas esferas, sino también por las corruptelas a nivel municipal. A finales de julio de 2014 se conocía la noticia: el Juzgado de Instrucción n.º 1 de Sabadell imputaba a 44 alcaldes de diversos municipios catalanes (que en algún momento u otro habían formado parte de la Federación Española de Municipios y Provincias) por haber presuntamente cobrado sobresueldos durante los años 2011 y 2012.[24] Se trata de una pieza que se deriva del caso Mercurio y que se ha separado finalmente en 31 piezas. La causa principal trata el presunto delito de cohecho del que Jordi Soriano, ex concejal de PP en el Ayuntamiento de Sabadell, sería el principal responsable, al haber recibido dádivas de diversos empresarios por la obtención de adjudicaciones, en particular las de la ampliación del cementerio de Sabadell, la licencia de mejora de la finca de Ca n'Ustrell, las obras en Fira Sabadell y el centro cívico de Can Llong, así como la recalificación de una finca en Palau-Solità i Plegamans.[25]

Entre las personas imputadas en la causa de los 44 alcaldes hay 23 del PSC, 4 de CiU y el resto de ERC, ICV-EUiA y el PP.[26] El gran número de implicados induce sin duda a creer que todo el arco político catalán sabía y aprobaba el cobro de sobresueldos por parte de sus alcaldes. No sorprende que PSC y CiU, empleando la técnica habitual de defensa, hayan negado toda implicación y declarado su absoluta inocencia y la corrección en sus actuaciones.[27] Cabe mencionar también la presunta implicación de tres diputados (por tanto aforados) del Parlament de Catalunya, Carles Pellicer (CiU), Josep Cosconeda (ERC) y Manuel Reyes (PP); de la diputada en el Congreso Teresa Jordà (ERC), así como del secretario general de la Federació de Municipis de Catalunya (FMC), Adolfo Moreno Sansano, que, por su condición de aforados, deberán ser citados por el Tribunal Superior de Justicia de Cataluña.[28]

La parálisis por parte de los partidos políticos ante hechos de esta naturaleza es similar en todas las formaciones. Ahora por fin parece que empieza a haber algunas reacciones que van más allá de lo meramente cosmético, pero el fango de la corrupción está tan extendido que las medidas adoptadas se quedan viejas a golpe de nuevos escándalos. Curiosamente, lo que se busca, es lógico, es la dimisión del implicado, pero cuando ésta se produce parece que se acabara el problema. La tranquilidad se restablece y no se hace nada. Y la protección continúa en función de la relevancia del cargo de que se trate y del «daño» que pueda causar. La ausencia de percepción del alcance de la corrupción y de lo que ésta significa en el mundo de la política es memorable. Cuando se imputan delitos relacionados con la corrupción, parece evidente que la presunta responsabilidad penal se refiere al tiempo en el que se cometieron los hechos, pero la responsabilidad política se extiende tanto al tiempo en el que se redujo el caso como al que se mantenga cuando haya condena. Es decir, la política es una responsabilidad doble o permanente hasta que cesen el comportamiento corrupto y sus efectos.

Un ex presidiario conocerá al dedillo los vericuetos del sistema penitenciario y judicial español, pero eso no le hace apto para dirigir la policía; lo mismo puede decirse de algún responsable del área de urbanismo de algún ayuntamiento. Las luchas intestinas en los ayuntamientos por hacerse con la concejalía de Urbanismo son un clásico en todos los municipios, y el control de dicha concejalía lo ejercen con frecuencia personas que mantienen relaciones «incestuosas» con promotoras, constructoras u otros actores del negocio del desarrollo urbanístico. Casos como el del titular del área de Urbanismo de Sanxenxo, procesado por construir su casa en un entorno protegido, abundan a lo largo y ancho del territorio español.[29]

Pero, sin duda, los dos casos más sonados de corrupción municipal en España han sido el caso Malaya, en Marbella, y el caso de Francisco Hernando, el Pocero, en Seseña.

Marbella y la corrupción: de Gil al caso Malaya

> El dinero, usted ya lo sabe, es como el agua; por muy limpio que sea su origen, al correr pasa por muchos lodazales y no llega siempre limpio a nuestras manos. Cuando se manejan intereses, no se está siempre con la conciencia tranquila.[30]
>
> Jacinto Benavente

Los precedentes

Todos tenemos nuestra historia personal. La mía respecto a Marbella comenzó cuando estaba de magistrado en el Juzgado de Primera Instancia e Instrucción n.º 3 de Almería (1984-1987). Era *vox populi* en la costa mediterránea que Marbella, en todos los ámbitos, municipal, judicial, empresarial, era un territorio «comanche», es decir, un lugar donde todo estaba permitido y donde el dinero era el rey.

A primeros de junio de 1987 giré visita de inspección al juzgado de Primera Instancia e Instrucción n.º 1 de Marbella en mi función de inspector delegado del Consejo General del Poder Judicial. La parte general de mi informe de junio de 1987 al CGPJ afirmaba textualmente: «No quiero cerrar este epígrafe sin expresar mi preocupación por el hecho de no existir un férreo control por parte del señor juez y el secretario sobre la práctica de diligencias fuera de la sede del Juzgado, así como sobre los procedimientos civiles y parte de los penales, lo que constituye un caldo propicio para la existencia de corrupción y corruptelas en una zona de tanto desarrollo económico como es Marbella. Sería muy necesario adoptar alguna solución de urgencia. Caso contrario pueden producirse, en cualquier momento, graves consecuencias para la Administración de Justicia y calidad de la misma».[31] Después de ese informe, las medidas adoptadas fueron escasas o nulas. Cuando se tomaron algunas, ya habían comenzado a estallar los escándalos. En lo personal, fue una de mis primeras decepciones ante el funcionamiento del CGPJ (después vendrían algunas más, siempre relativas a la poca decisión de este organismo en la defensa de la independencia de los jueces) y la clara falta de voluntad del mismo para actuar de forma inmediata y contundente (salvo contadas excepciones, entre las que rescato al vocal Juan José Martínez Zato y al jefe del Servicio de Inspección Ignacio Sierra). Eso motivó que solicitara mi traslado al Juzgado Central de Instrucción n.º 5, donde tomé posesión el 16 de febrero de 1988. En aquel momento se tendrían que haber adoptado medidas mucho más enérgicas ante lo que era ya un secreto a voces; la corrupción anidaba en Marbella y sus huevos estaban casi incubados y dispuestos para alumbrar la hidra que nacía de la suciedad de unas instituciones cooptadas por el flujo de dinero sin control que reinaba en la zona entre jeque y jeque, traficantes de armas, mafiosos, especuladores y una *jet set* que poco tenía que ver con la gente sencilla que, como siempre, es apartada de cualquier interés en su beneficio.

Jesús Gil

El 15 de junio de 1969 se derrumbó el techo del restaurante del complejo turístico de Los Ángeles de San Rafael, sepultando a 58 personas. El responsable del desarrollo urbanístico de Los Ángeles de San Rafael, Jesús Gil y Gil, fue condenado a cinco años de cárcel por imprudencia temeraria. Sin embargo, el Gobierno de Francisco Franco le indultó tras dos años, durante los cuales había disfrutado de una posición privilegiada en la cárcel: usaba su celda de despacho, se hizo cargo del economato, continuó con sus negocios (recibía a empleados y proveedores en la misma prisión) y disfrutaba de menús de lujo.[32] Cuando recobró la libertad, no se olvidó de aquellos que le habían favorecido durante su estancia obligada entre rejas y les colocó en puestos de gestión de Los Ángeles de San Rafael. Para más inri, hoy la urbanización sigue en manos de la familia Gil, y sigue siendo uno de los principales y más activos núcleos urbanísticos de la zona. El mecanismo utilizado para la construcción del complejo se adelantó a su tiempo, reuniendo todos los elementos de un desarrollo urbanístico vinculado a la corrupción municipal, con técnicas pioneras de marketing para un producto mal ubicado y peor construido.

En 1965 Jesús Gil adquirió una finca de 700 hectáreas a la hermana del duque del Infantado, en plena sierra de Guadarrama, a 23 kilómetros de Segovia y a 72 de Madrid. Su objetivo era diseñar una urbanización que le hiciera millonario. Como se trataba de terrenos rústicos, tan sólo pagó 4 millones de pesetas a los ayuntamientos de Vegas de Matute y El Espinar. En esos terrenos desarrollaría el sueño de una ciudad de miles de viviendas. Urbanismo de Segovia paralizó la obra, pero Gil consiguió desbloquearla contratando y repartiendo dinero a las personas adecuadas.[33] A los proveedores les pagaba en «especie» con parcelas en la urbanización; imprimió folletos informativos para captar clientes, y en Madrid llevó a cabo una campaña de marketing invasivo y efectivo, de puerta a puerta.[34]

El accidente del restaurante fue el resultado claro de una obra sin control de calidad alguno, con materiales de ínfima calidad y en la que se asumieron riesgos absurdos (el cemento no había fraguado todavía).[35] Pero desde luego es fácil reconocer en esta urbanización el modo de operar que en los «años del ladrillo» se convirtió en una forma habitual de trabajar en toda España.

El GIL

Jesús Gil salió de prisión pagando 400 millones de pesetas e inició una carrera que le llevó a ser conocido en toda España. En 1987 compró el Club de Fútbol Atlético de Madrid, que aún está en manos de su familia. Pero, sin duda, su acción más relevante consistió en el ataque, conquista y corrupción de Marbella. A principios de los años noventa, el municipio marbellí padecía numerosos problemas. El anterior paraíso ya no era tal. La sobreexplotación de la construcción, el desorden urbanístico y el desgobierno habían provocado que las propiedades de la ciudad perdieran valor año tras año. Sin embargo, Jesús Gil, con una sagacidad proverbial, sabía que la ciudad podía resultar un filón en sus manos. Con este propósito fundó el GIL (Grupo Independiente Liberal), siglas que casualmente respondían a su apellido y a las pretensiones de su ego: un partido populista y liberal, totalmente entregado a su figura. Con un programa berlusconiano (lo que se necesite, donde se necesite) y con un tono directo y llano, consiguió ganar las elecciones de 1991. En la memoria de todos permanece aún la horripilante visión televisiva del alcalde en un jacuzzi, rodeado de las televisivas jóvenes *mama chicho* en biquini, entonando el discurso populista que le valió el triunfo en las elecciones haciéndose con 25 concejales.[36]

Jesús Gil fue como una especie de «zorro» en el gallinero. Gracias a tres mayorías absolutas consecutivas, entre 1991 y 2002 consiguió el instrumento perfecto para sus manejos especulativos urbanísticos. Pero, a pesar del control total que ejercía sobre el ayuntamiento, lo que caracterizó a su período de gobierno fue un total desprecio por las normas municipales.[37] El flamante alcalde cambió el plan de ordenación urbanística, enajenó fincas municipales para efectuar desarrollos urbanísticos y subcontrató a sus propias empresas servicios locales, además de un sinfín de otras corruptelas.

El caso Atlético

El Juzgado Central de Instrucción n.º 6 de la Audiencia Nacional abrió una instrucción, conocida como el «caso Atlético». Jesús Gil fue acusado y condenado por la Audiencia Nacional, siendo ya alcalde de Marbella, por un delito de apropiación indebida de un alto volumen de acciones del club en perjuicio de todos los demás accionistas (se quedó con 2.000 millones de pesetas en acciones pero nunca abonó el dinero), si bien el Tribunal Supremo, en sentencia del 4 de junio de 2004, declaró la prescripción del delito. Además, constató la extinción de la responsabilidad penal por haber fallecido Jesús Gil y, en materia de responsabilidad civil, quedaron sin efecto la devolución de las acciones del Atlético de Madrid y el reembolso del IVA que el club hubiera abonado por los contratos simulados. Sin embargo, se mantuvo en la sentencia la obligación de reponer la situación contable al estado anterior a la firma, cuando se reflejaba una deuda de Jesús Gil con el club de 2.700 millones de pesetas, debiendo estar y pasar por esta reposición su hijo Miguel Ángel Gil Marín, por sí mismo, así como a los herederos de Jesús Gil y Gil.[38]

El caso de las camisetas

Un ejemplo palpable y por el que resultó condenado fue el caso conocido como «de las camisetas», al referirse a la publicidad de Marbella que lucían las camisetas del equipo. Gil, ya presidente del Atlético de Madrid, decidió concurrir a las elecciones municipales de Marbella, que se iban a celebrar en 1991, encabezando las listas del GIL. Antes de las elecciones decidió que los jugadores de su club lucieran en los partidos la palabra «Marbella». Esta propaganda electoral no tenía la autorización del Ayuntamiento de Marbella ni había sido consultada con sus órganos rectores. En junio de 1991, fue elegido alcalde de Marbella. La publicidad se mantuvo en las camisetas, y acabó provocando la denuncia de una concejala socialista por el presunto desvío de 450 millones de pesetas del ayuntamiento al Atlético de Madrid. Tras el procedimiento correspondiente, la Audiencia de Málaga, en sentencia del 10 de octubre de 2000, le condenó a veintiocho años de inhabilitación para ser alcalde y por tráfico de influencias (cuatro delitos de prevaricación y dos de tráfico de influencias, en el «caso de las camisetas»). El 5 de abril 2002, el Tribunal Supremo confirmó la sentencia de la Audiencia de Málaga.[39]

El final de la escapada

Jesús Gil, mediante nuevas y agresivas campañas de marketing y de «limpieza» de la ciudad, consiguió que las propiedades en Marbella aumentaran su valor en el mercado y que esta ciudad recuperara una especie de glamour que Palma de Mallorca le estaba arrebatando. El paso de Jesús Gil por la prisión casi se volvió algo normal en esos tiempos, a pesar de lo cual, y hasta el final, siempre se autotituló el mejor y más grande alcalde de Marbella.[40] Con las manos libres y una mayoría más que absoluta, total en la corporación, dispuso a su gusto de la ciudad durante once años mientras saqueaba sin control, incumpliendo un buen número de leyes y siguiendo fielmente el manual populista que guió a Berlusconi en Italia. Sus continuos escándalos y su oposición a la política «tradicional» lo hacían simpático a los ojos de los residentes de Marbella. No obstante, el desarrollo acelerado al que sometió a la ciudad terminó por colapsar el modelo y sumergir a la localidad en una espiral de problemas.

La aventura como alcalde de Jesús Gil concluyó, a pesar de haber sido reelegido presidente de su partido, cuando el Tribunal Supremo confirmó la sentencia citada del 5 de abril de 2002. El 24 del mismo mes dimitió como alcalde.[41] En el camino quedaban una serie de escándalos y una perversión de la política al servicio de intereses particulares que hicieron de ésta un negocio descarado, restregándonoslo a todos, con la colaboración clara y palpable de quienes masivamente le votaron y de la inactividad de las autoridades autonómicas y nacionales de la época, que permitieron durante demasiados años la deriva y el descrédito manifiesto de Marbella. Años más tarde, esto desembocaría en una especie de aquelarre final con el resto del equipo en el caso Malaya, en el que quedarían de manifiesto el magma de fango y suciedad de una corrupción amamantada durante años y expandida a todos los niveles.

El caso Malaya

Alrededor de Jesús Gil, nacieron y crecieron los principales involucrados en el caso Malaya: Julián Muñoz, alcalde de Marbella; Montserrat

Corulla, testaferro; Marisol Yagüe, alcaldesa de Marbella; Juan Antonio Roca, asesor del área de Urbanismo de Marbella (e inmensamente rico); Isabel García Marcos, primera teniente de alcalde de Marbella (PSOE), y muchos otros.

Parece un empeño imposible encontrar un político marbellí que no sucumbiera a la corrupción entre los años 1990 y 2007. Desgraciadamente, la historia reciente de la localidad malagueña es un compendio completo de las prácticas de corrupción que han tenido lugar en ayuntamientos diseminados por todo el territorio nacional.

Las primeras investigaciones del caso Malaya comenzaron en noviembre de 2005, con el fin de destapar una densa red de asociaciones que encubría numerosas actividades delictivas (cohecho, malversación de caudales públicos, prevaricación, tráfico de influencias) llevadas a cabo de forma casi sistemática por los principales dirigentes del Ayuntamiento de Marbella, importantes empresarios y abogados. Durante la instrucción se habló de 2.400 millones de euros blanqueados. Hasta 95 personas resultaron imputadas, lo que provocó la necesaria disolución del consistorio.[42] El jefe de la trama era el ex asesor de Urbanismo del fallecido Jesús Gil, Juan Antonio Roca. Según el escrito de acusación de la Fiscalía Anticorrupción, Roca desarrolló toda una estructura criminal para hacerse con el control político del gobierno municipal y obtener beneficios económicos.[43]

La trama contó con ramificaciones en otras ciudades de España, como Málaga, Madrid, Huelva, Cádiz, Murcia, Granada, Córdoba, Sevilla y Pamplona. Sin duda este caso ha puesto de relieve la gravedad del sistema clientelar, y ha allanado el camino para una sucesión casi ininterrumpida de investigaciones sobre otros posibles asuntos de este calibre en decenas de ayuntamientos españoles.[44] La duración del caso Malaya y su complejidad demuestran la necesidad de incrementar los recursos de la Justicia y la formación de los miembros de la judicatura para enfrentarse a estos megaprocesos con herramientas suficientes.[45] Casi dos años de juicio en la Audiencia de Málaga y medio año para dictar sentencia el Tribunal Supremo («por el volumen y la especial complejidad») se unen a los casi diez años que ha durado la tramitación total del caso para empezar a ejecutarse.

La investigación del caso Malaya puede dividirse en varias fases. La primera empezó en marzo de 2006 y condujo a la detención de 29 personas y la incautación de bienes por un valor de 2.600 millones de euros. La segunda fase (Operación Malaya II) se llevó a cabo poco más tarde, el 27 de junio de 2006, en las ciudades de Málaga, Granada, Córdoba, Sevilla, Madrid y Pamplona, y se imputó a unas treinta personas.[46] La tercera y última fase (Operación Malaya III) condujo a la detención de once personas acusadas de blanqueo de dinero y cohecho.[47]

Se trata de una trama muy compleja, no sólo porque implica numerosos tipos penales relacionados con la corrupción, sino también porque se trata de una red en la que están incluidas casi un centenar de personas, entre las que se encuentran, por ejemplo, Tomás Reñones, ex segundo teniente de alcalde del Ayuntamiento de Marbella y antiguo jugador del Atlético de Madrid, cuando Gil era presidente del club; Rafael del Pozo, ex jefe de la Policía Local marbellí; Jaime Hachuel Fernández, ex jefe de seguridad de la Casa Real; José María González Caldas, presidente entre 1996 y 1998 del Sevilla F. C.; Fidel San Román, empresario de la plaza de toros de Las Ventas; Rafael Gómez, Sandokán, uno de los constructores más conocidos de Andalucía y propietario del parque de atracciones Tívoli World y del Hospital Internacional Xanit, ambos en Benalmádena, y concejal y jefe de la oposición en el Ayuntamiento de Córdoba, o Manuel González Sánchez-Dalp, constructor y ganadero, apoderado del diestro Francisco Rivera Ordóñez.[48]

La sentencia del caso Malaya llegó a principios de octubre de 2013 y, debido a su extensión, se dividió en cinco tomos.[49] Durante el proceso, que se prolongó durante 199 sesiones, no faltaron alusiones a Jesús Gil, que había fallecido tan sólo unos meses antes de que comenzara la investigación.[50] Es importante aclarar que el objeto de las pesquisas, según los propios escritos de la acusación, era investigar el posible delito de cohecho entre empresarios, no la sustracción de fondos que pudiera derivarse del erario público. De hecho, el Ayuntamiento de Marbella sólo resultó condenado al pago, por responsabilidad civil, de 1.385.995,2 euros por la operación urbanística «Vente vacío», en la que se vendieron derechos urbanísticos «a la baja».[51] Según la sentencia, quedaba probado que la concesión de las licencias se decidía entre Roca, que ejercía como jefe de toda la trama, y los sucesivos dirigentes del Ayuntamiento de Marbella.[52]

Una de las razones de la extensión de la sentencia es que debía resolver sobre las 53 cuestiones previas planteadas por las defensas de los imputados, que alegaban la vulneración de casi todas instituciones procesales previstas en la Ley de Enjuiciamiento Penal. El tribunal resolvió diligentemente sobre todas y cada una de ellas, resultando en un interesante «tratado sobre derecho procesal» en el que se confirma la doctrina existente, que establece que, para que las acciones de la instrucción sean nulas, o parcialmente nulas, éstas deben provocar una indefensión real y efectiva.[53]

Con respecto al fallo, lo más destacado desde la óptica de la opinión pública es que, entre defunciones, fugas y absoluciones, casi la mitad de los acusados (43 personas, que en algunos casos vieron como se retiraba su acusación) no fueron condenados.[54] Para la otra mitad de los imputados en la trama se redujeron considerablemente las penas solicitadas por la fiscalía, en muchos casos llegando incluso a recibir penas de privación de libertad de apenas unos meses de duración que, en condiciones normales, no se cumplirán en prisión. La pena más alta fue para Juan Antonio Roca, que resultó condenado a once años de prisión.[55]

La explicación técnica de un fallo calificado por la opinión pública como benevolente, que alimenta la sensación de impunidad en la sociedad, reside supuestamente en los escritos de las acusaciones, que han carecido del rigor técnico y procesal requerido en cuanto a la calificación de los hechos con respecto a un determinado tipo penal, basándose en meros indicios y no en pruebas fehacientes; en la imposibilidad de establecer una relación entre las dádivas y determinados actos administrativos, y, en algunos casos, por la aplicación de la atenuante por «detención irregular» (cuando la detención se prolonga más de 72 horas). Queda, cuando escribo estas líneas, el último acto de este caso, que es la sentencia del Tribunal Supremo. La leeremos juntos cuando salga, pero será muy relevante, especialmente si responde no sólo a los criterios jurídicos de rigor, sino también a la necesidad de dirección y fijación de criterios tan contundentemente claros y nítidos como ilícitos fueron los comportamientos delictivos. Realmente la sociedad española lo necesita.

Dada la extensión y complejidad del caso Malaya, en este análisis me limito a examinar las figuras más representativas, a los hechos más flagrantes y de mayor peso. Así, Juan Antonio Roca ha sido condenado a once años de cárcel por los delitos de cohecho pasivo continuado, blanqueo, fraude y prevaricación, y al pago de una multa de 240 millones de euros. Su mujer y su hija fueron absueltas al retirarse las acusaciones contra ellas, pero no su cuñado, Antonio Jimeno, sobre el que recayó una pena de tres años y tres meses de prisión.[56] Como establece la sentencia, Roca ejerció como alcalde de hecho durante años, mientras que los concejales «se aquietaban a sus tejemanejes».[57]

Juan Antonio Roca representa un interesante caso de megalomanía en el ámbito de la corrupción patria. Fue gerente de la empresa municipal marbellí Planeamiento 2000 entre 1992 y 2003, una empresa de la cual percibía 200.000 euros anuales mediante un contrato de trabajo que no le exigía más que asistir un par de días a la semana a su puesto y que, gracias a las comisiones ilegales y el fraude a Hacienda, le proporcionó un patrimonio de más de 210 millones de euros.[58] Cuando tras su imputación la policía registró su casa, se encontraron animales disecados (un hipopótamo, una cabeza de elefante), innumerables cornamentas de distintas razas de ciervos de todo el mundo o el detalle de un cuadro de Joan Miró en el cuarto de baño.[59] Los descubrimientos de la policía dejaron con la boca abierta incluso a colaboradores próximos a Roca, puesto que se le requisaron yates, avionetas y hasta un helicóptero, por lo que era evidente que su fortuna superaba lo imaginado (de hecho, era la cuarta persona más rica de España).[60]

Roca era en realidad el factótum de Marbella. No se podía realizar una recalificación, negocio o contrato sin su aquiescencia, lo que le hacía imprescindible. Para llegar a serlo, necesitó de la connivencia y ayuda de los distintos alcaldes de Marbella, quienes, en su proceder, se comportaron más como subordinados de Roca que como responsables ante los ciudadanos que los habían elegido. Entre ellos podemos destacar a Julián Muñoz (elegido alcalde en 2003, destituido el mismo año mediante una moción de censura y detenido en 2006) y

Marisol Yagüe (que sustituyó a Muñoz en 2003 y fue alcaldesa hasta 2006, año de su detención). Es decir, que además de concejales y diversos cargos, dos alcaldes sucesivos han sido procesados y condenados en el marco de la Operación Malaya.

Marisol Yagüe, alcaldesa de Marbella casi hasta la disolución del consistorio en 2006, fue condenada a seis años y nueve meses de cárcel y al pago de una multa de más de dos millones de euros por un delito de cohecho continuado pasivo para acto injusto no realizado, malversación, alteración de precio de subasta y fraude.[61]

A Julián Muñoz, también ex alcalde y ya en la cárcel por un delito de blanqueo de capitales e imputado en otros procesos relativos a la ordenación del territorio, prevaricación y cohecho, le correspondieron sólo dos años de prisión por fraude y dieciséis meses de inhabilitación, quedando absuelto del delito de cohecho y de los otros delitos que se le imputaban.[62]

Isabel García Marcos, primera teniente de alcalde, fue sancionada con una multa de 700.000 euros por dar una licencia irregular para construir diez viviendas.[63] Juan Hoffmann, conocido y descrito por la Fiscalía Anticorrupción como el testaferro internacional de Roca, blanqueaba fondos a través de una estructura societaria en Suiza, y por ello fue condenado a pagar 22 millones de euros de multa.

Cuatro años de prisión por blanqueo es lo que el tribunal dictó para la abogada Montserrat Corulla, considerada por la Fiscalía Anticorrupción como la principal testaferro de Roca y abogada en la sociedad inmobiliaria Condeor S. L. En 2002, cuando Roca fue detenido en el marco del llamado «caso Saqueo 1», se incautó una carpeta con documentación manuscrita en la que aparecían diversas referencias a «Montse» y en las que Roca le daba instrucciones a la abogada.[64]

En cuanto a los concejales, Carmen Revilla, que confesó haber recibido sobornos por parte de Juan Antonio Roca, fue condenada a dos años de prisión por un delito continuado de cohecho pasivo por acto injusto no realizado y a una pena de inhabilitación especial para cargo público durante cinco años, además de a una multa de 90.000 euros.[65] Por la aceptación de esos mismos sobornos, se dictó una pena idéntica para María José Lanzat, ex edil del Partido Andalucista y ex delegada de Turismo de la Junta de Andalucía, además de una multa de 48.000 euros.

Por su parte, Tomás Reñones, ex jugador del Club Atlético de Madrid y ex edil de Deportes del Ayuntamiento de Marbella, resultó condenado a dos años de prisión por un delito de cohecho pasivo para acto injusto no realizado, a cinco años de inhabilitación para el ejercicio de cargo público y a 320.000 euros de multa, a lo que se sumó una nueva pena de dos años de prisión por su actuación en la operación «Vente vacío»[66] y otros dos años de inhabilitación.[67] Durante el interrogatorio Reñones reconoció que durante el gobierno de Marisol Yagüe ésta le había entregado sobres con dinero, que pensó que se debían «al aumento de competencias que asumía», creyendo que se trataba de «un premio por su trabajo».[68]

Jesús Ruiz Casado, Genaro Briales y Francisco García Lebrón, responsables de la empresa promotora y constructora Aifos, fueron condenados a tres años de prisión por cohecho y fraude. Esta empresa, relacionada con diversas tramas de corrupción, fue la responsable de la construcción del hotel Guadalpín, en el que en 2003 la tonadillera Isabel Pantoja adquirió con una rebaja del 33 por ciento un apartamento por unos 353.000 euros, cuando el saldo total de las cuentas de sus sociedades era de tan sólo 15 euros y en sus cuentas personales no existía cantidad suficiente para hacer frente al pago de la citada suma. La acusación se basó en este hecho para acusar a la cantante de ayudar al ex alcalde Julián Muñoz, entonces su pareja, a blanquear dinero y para argumentar que la rebaja en el precio del apartamento, una copia de cuya escritura se halló en un trastero de Roca, hizo las veces de dádiva para Julián Muñoz por los favores urbanísticos.[69]

Por su parte, a José Ávila Rojas, uno de los promotores clave de la trama y de las construcciones ilegales más emblemáticas de la época de Jesús Gil, considerado uno de los socios de Roca y que ya está cumpliendo condena por otros delitos, le correspondió una pena de tres años y ocho meses de prisión por un delito continuado de cohecho y por blanqueo de capitales, pues quedó demostrado que pagaba por las licencias de construcción en las que desarrollaba su negocio o su propio chalet.[70] La Fiscalía Anticorrupción pedía para él once años de prisión y 55 millones de euros de multa.

En cuanto al empresario Rafael Gómez, Sandokan, concejal del Ayuntamiento de Córdoba en el período 2011-2015 (cargo del que no dimitió a pesar de la condena, y hasta se ofendía cuando se le recriminaba su permanencia en el poder), fue condenado a seis meses de prisión sustituible por multa de doce meses y al pago de una multa de 150.000 euros.[71] A través de su sociedad Maras Asesores, Gómez abonaba a Juan Antonio Roca cantidades de dinero que después se repartían entre los concejales.[72]

José María González de Caldas, ex presidente del Sevilla Fútbol Club, fue condenado a ocho meses de prisión y al pago de una multa de 30.000 euros por cohecho activo.[73] El nombre del empresario se encontraba registrado más de cuarenta veces en llamadas realizadas al despacho de Juan Antonio Roca, en la contabilidad de las cuentas y en una permuta llevada a cabo con el Ayuntamiento de Marbella en 1997, de la cual se benefició el ex asesor de Urbanismo.[74]

Rafael Gómez anunció su voluntad de concurrir como candidato para ocupar la alcaldía de la capital cordobesa en las elecciones municipales de mayo de 2015. Y lo hizo a pesar de haber sido condenado a seis meses de prisión en el caso Malaya, y de estar imputado por no pagar 70 millones de euros en impuestos y pese a ser el mayor deudor del propio Ayuntamiento de Córdoba, debido al impago de una multa de 20 millones de euros por la construcción de unas naves ilegales. De momento, la Ley Electoral actual no impide que se presente a los comicios locales, porque esta ley sólo califica como inelegibles a los condenados a penas de inhabilitación para el ejercicio de cargo público (que no es el caso), o bien si hubiera sentencia firme sobre la condena privativa de libertad por seis meses. Pero Gómez (y la propia Fiscalía Anticorrupción) recurrió ante el Tribunal Supremo la sentencia del caso Malaya y no sabemos si llegará a tiempo.

En conclusión, el caso Malaya contiene una lectura importante: aunque sea considerado el mayor caso de corrupción de la historia reciente de este país en el ámbito municipal, es tan sólo una pequeña muestra del inmenso escenario de corrupción en el que están inmersos los ayuntamientos, y pone en entredicho el sistema de derecho español y la credibilidad internacional de nuestro país.

Entre otros casos relevantes, destaca la causa contra José María del Nido, ex presidente del Sevilla FC, procesado y condenado por prestar servicios de asistencia jurídica al ayuntamiento por un valor superior a los 6 millones de euros entre los años 1997 y 2003. Lo más curioso es la defensa que, desde diferentes instancias del mundo del fútbol, se planteó para evitar su ingreso en prisión, algo que demuestra claramente que, aunque la corrupción es el asunto que más preocupa a la ciudadanía después del paro, el fútbol puede movilizar más masas.[75] Cuando un personaje tan popular como Del Nido es condenado, los propios ciudadanos son capaces de convocar una manifestación multitudinaria de apoyo al presidente del club de fútbol.[76]

El caso el Pocero

En contraposición a la grandeza del caso Malaya, tenemos el popular caso del Pocero, una persona que consiguió hacerse con una de las mayores fortunas del país a base de negocios poco claros conocidos y apoyados por todos aquellos que le rodeaban.[77]

From boom town to ghost town[78]

Cuando en 2005 algunos testigos afirmaron haber visto al presidente de Castilla-La Mancha en el yate *El Clarena*, propiedad de Francisco Hernando Contreras, alias el Pocero, muchos se quedaron asombrados. ¿Qué podían tener en común ambos personajes para pasar unos días juntos?[79] Lo que sí estaba claro era la afición de Francisco Hernando por los grandes yates: de su última adquisición, *El Clarena II*, un yate de más de setenta metros de eslora, con helipuerto, cinco habitaciones y una suite de setenta metros cuadrados, se deshizo en 2010 a cambio de casi 58 millones de euros.[80]

La historia de Francisco Hernando parece sacada de una novela costumbrista. Nacido en Madrid en junio de 1945, apenas aprendió a leer y escribir, pues para poder subsistir hubo de empezar a trabajar desde muy pequeño.[81] Sin embargo, la falta de estudios no frenó su éxito profesional. En las décadas de los sesenta y setenta desarrolló un negocio de construcción de alcantarillas, en el que desplegó sus habilidades empresariales de forma un tanto polémica, ya que tuvo un roce con la ley y fue detenido por hurto y apropiación indebida de 10 millones de pesetas.[82]

En los años ochenta empezó su carrera de constructor y desarrolló su actividad en diversos municipios madrileños, como Boadilla del Monte, donde tenía una planta hormigonera que el alcalde Aquiles Aparicio ordenó cerrar en 1991. El Pocero, mostrando su carácter, fue a la gasolinera de Aparicio y en una airada conversación le dijo: «Sal, que te voy a matar». Tras esta discusión, Francisco Hernando terminó con una denuncia por amenazas y una condena a pagar una multa de 30.000 pesetas.[83]

Fue en 1992, en Villaviciosa de Odón, cuando realizó su operación más polémica hasta entonces. Compró 400.000 metros cuadrados no urbanizables e intentó conseguir su recalificación. La alcaldesa de Villaviciosa, María del Pilar Martínez López, no transigió y denunció a Francisco Hernando por amenazas. La causa se archivó, pero el periódico subvencionado por el Pocero sí fue condenado por vejaciones a la edil.[84]

La compra de los terrenos le arruinó, aunque su suerte pronto cambió. Empezó a dedicarse a la construcción, con el apoyo de Ricardo Romero de Tejada, alcalde de Majadahonda entre 1989 y 2001, y secretario general del PP de Madrid entre 1996 y 2004 (asimismo imputado en la Operación Gürtel y en el escándalo de las tarjetas *black*), y a partir de ese momento planeó su más ambiciosa y megalómana operación, la urbanización de Seseña, que los ha hecho tristemente famosos a él, al pequeño municipio y a la Junta de Castilla-La Mancha.[85]

Seseña es un pequeño municipio de Toledo que linda con la Comunidad de Madrid y que en el año 2000 no tenía más de cuatro mil habitantes.[86] En este pueblo, el alcalde socialista, José Luis Martín Jiménez (1999-2003), aceleró un plan urbanístico a la carta para la urbanización de Francisco Hernando. Curiosamente, en 2002, año en el que se aprobó el plan de una macrourbanización para 13.500 viviendas que sumarían 40.500 habitantes al censo del municipio, este alcalde, con un sueldo declarado de 26.000 euros, realizó inversiones por valor de más de 150.000.[87]

El alcalde fue quien dio luz verde al proyecto, pese a contar con informes autonómicos desfavorables y carecer de las evaluaciones imprescindibles, requisitos legales exigidos por la regulación urbanística provincial. Con todo, el 13 de marzo de 2003 el pleno del Ayuntamiento de Seseña aprobó la urbanización con los votos del PSOE, y la masiva recalificación de casi dos millones de metros cuadrados fue aprobada el 8 de mayo de 2003, diecisiete días antes de las elecciones municipales.

La urbanización tenía vía libre, pero el resultado de las elecciones de 2003 dio un vuelco al equilibrio de fuerzas en Seseña. Izquierda Unida las ganó con cinco diputados y el Partido Popular y el PSOE empataron a cuatro diputados.[88] El alcalde socialista fue sustituido por Manuel Fuentes, de IU.

Francisco Hernando continuó moviéndose con pericia en las aguas procelosas de la política e incluso llegó a recibir, de manos de Eduardo Zaplana, la medalla al Mérito en el Trabajo.[89] Sin embargo, finalmente se topó con un obstáculo, Manuel Fuentes, al que tachó públicamente de ser «el único alcalde honrado».[90] Fuentes emprendió una cruzada contra la urbanización, mientras que tanto el PP como el PSOE se desmarcaban de cualquier iniciativa y daban alas a la masiva construcción de la urbanización que se estaba levantando junto al pueblo.

Finalmente, en 2006 la realidad se impuso. La urbanización de Seseña no tenía garantizado el suministro de agua y no estaba en condiciones de habitabilidad, mientras que el alcalde no cejaba en su oposición al proyecto.[91] Tras diversas denuncias de Manuel Fuentes, la Fiscalía Anticorrupción se vio abocada a intervenir y comenzaron las investigaciones sobre la urbanización. Francisco Hernando, que ya había demostrado en el pasado tener poca paciencia con los alcaldes que se oponían a sus proyectos, se mostraba claro y seguro. Sus actuaciones habían sido generalmente aceptadas: «Un alcalde no es quién para decirme cómo tengo que construir en mi casa».[92] Y paradójicamente comenzaron a precipitarse las demandas contra el alcalde de Seseña por parte de Francisco Hernando.

A pesar de los esfuerzos del Pocero y de su hijo por defender su inocencia en las actuaciones, el cerco se fue estrechando con el tiempo. En 2006, la diputada Isaura Navarro, de IU-ICV, empezó a indagar sobre la concesión de la medalla al Mérito en el Trabajo en 2004. El Ejecutivo fue incapaz de concretar las razones que motivaron la concesión de tal honor, lo que demuestra que fue absolutamente arbitraria.[93]

En 2009, la realidad truncó los sueños del Pocero. El alcalde incorruptible, Manuel Fuentes, sumado al estallido de la burbuja inmobiliaria, terminaron con los proyectos de la urbanización, cuyas construcciones acabaron en manos de los bancos que tan alegremente las habían financiado.[94] Francisco Hernando comenzó entonces una batalla judicial contra Manuel Fuentes, acusándole de calumnias y de ser el responsable del fracaso de su inversión.[95] Éste resistió heroicamente las estocadas del constructor y consiguió salir indemne a costa de un gran esfuerzo personal.[96]

Finalmente, tras ocho años de instrucción, en abril de 2014 el Juzgado de Instrucción de Illescas abrió un procedimiento abreviado contra el anterior alcalde, José Luis Martín Jiménez, sus hijos y sus socios por los presuntos delitos de prevaricación y blanqueo de capitales. Francisco Hernando actualmente no está incluido en ese procedimiento.[97] Mientras los escándalos se suceden y la Justicia se plantea aún la posible imputación de Francisco Hernando por sus relaciones con el imputado José Luis Martín Jiménez en la construcción de la urbanización fallida, ya nadie quería aparecer en el yate del Pocero, y éste desapareció de la vida social española, emprendiendo una aventura empresarial de dudosa viabilidad en Guinea, que finalizó de forma abrupta cuando Teodoro Obiang, el presidente, no respaldó los planes megalómanos de construcción de 40.000 viviendas en el país africano.[98]

La historia del enriquecimiento masivo de Francisco Hernando contiene todos los tópicos del desarrollismo económico español: corrupción municipal, materiales de baja calidad, partidos políticos de todos los colores que toman parte en las componendas, dinero a mansalva y connivencia de unos bancos que no evalúan el riesgo y un producto final de ínfima calidad, caro, sin imaginación y ubicado en lugares imposibles (como Seseña, sin accesos, sin agua y a casi 40 kilómetros de Madrid).

A Francisco Hernando le hicieron creer que podía con todo: medallas del PP, cruceros con políticos en su yate, logro de recalificaciones aparentemente imposibles... Una carrera que parecía no tener techo y que intentó reconducir contratando a Alfredo Urdaci como jefe de prensa.[99] Lo cierto es que esta incorporación estelar no aportó mucho ni con ella consiguió el reconocimiento que esperaba.

El caso del *Pocero* debería hacer que la ciudadanía se preguntara seriamente hacia dónde miraban las directivas de los partidos mientras se realizaban dudosas operaciones de recalificación y urbanización totalmente desmesuradas; cómo es posible que se prestasen cantidades ingentes de fondos a operaciones que no estaban totalmente cubiertas por la legalidad vigente, o por qué los mecanismos de intervención de la Junta de Castilla-La Mancha no actuaron cuando ya está construida una ciudad de veinte mil viviendas y han transcurrido casi diez años. Entender las respuestas y actuar en consecuencia podría ayudar a España a pasar página. Mientras tanto, en Seseña el número de pisos vacíos desciende lentamente.[100] ¿Será de nuevo la política de los hechos consumados?

El caso Pretoria

> El Poder Judicial es el nervio de la libertad, de todos los engranajes políticos es el que se corrompe y el que se gasta menos, porque actúa al descubierto y no se detiene nunca.
>
> Saint-Just

Durante los años ochenta, en cualquier inauguración en Cataluña la plana mayor de CiU cortaba cintas, ya fuera una carretera, un polideportivo, un mercado o cualquier inversión más o menos afortunada. En la foto siempre aparecía el triunvirato sagrado de la política catalana, Jordi Pujol, Macià Alavedra y Lluís Prenafeta.

Si Macià Alavedra fue la mano derecha de Jordi Pujol, portavoz de CiU en numerosas legislaturas y consejero de Industria y Economía, a Lluís Prenafeta se le podría considerar su mano izquierda, secretario de Presidencia del Gobierno catalán. Ambos políticos formaron parte del círculo íntimo de Pujol, influyendo notablemente en la política catalana de los años ochenta y noventa. En la segunda mitad de los años noventa, tras abandonar la política, los dos pasaron a desempeñar cargos cómodos y bien remunerados: uno presidía Abertis Logística o Kern Pharma, y el otro era presidente del *think tank* catalán Fundació Catalunya Oberta. Su contribución a la construcción de la política catalana y su posición de liderazgo dentro de ella eran incuestionables, incluso a pesar de verse salpicados de forma lateral por algunos escándalos, como cuando se hicieron evidentes sus relaciones con el financiero Javier de la Rosa o en el mismo caso Banca Catalana.

Toda esta reputación estalló por los aires el 29 de octubre de 2009, tras una operación policial llevada a cabo con el nombre en clave Pretoria dirigida por mi juzgado, en la que ordené la prisión de Macià Alavedra y Lluís Prenafeta, dejando a la sociedad catalana en estado de conmoción.[101] Junto con ellos fueron detenidos diversos cargos municipales y un ex diputado autonómico.

La reacción de CiU fue unánime y previsible. «Ataque contra Cataluña, honorabilidad de los procesados y persecución planificada.» Artur Mas, en el acto de presentación del segundo volumen de las memorias de Pujol afirmó que «ha sido más que evidente» que se ha «condenado previamente» a los detenidos, lo cual debería llevar a una reflexión, porque «se han vivido bastantes casos en Cataluña de gente condenada socialmente que después han sido exculpados o absueltos por los tribunales».[102]

Además, se acuñó el término «pena de telediario» para calificar la condena social que significa aparecer esposado en los medios (algo que no debería haberse producido y que tuvo lugar sin conocimiento ni orden por parte del juzgado, como quedó acreditado), y en los medios catalanes se habló de una operación anticatalana. En el mismo acto Mas dijo: «se habla de una trama entre socialistas y CiU porque así se convierte a Cataluña en una ciénaga y un estercolero».

Esta trama organizó presuntamente numerosas operaciones con el *modus operandi* clásico de la corrupción urbanística municipal. Se compraban terrenos sin valor, se recalificaban y posteriormente se vendían con la obtención de generosas plusvalías, un esquema poco imaginativo pero sin duda efectivo. Todas las operaciones investigadas se produjeron en el área de influencia de Barcelona, en el conocido como «cinturón rojo».

La investigación y la instrucción del caso Pretoria que hace cinco años abrí y dirigí llevó a la detención, entre otros, del ex alcalde del PSC de Santa Coloma de Gramenet, Bartomeu Muñoz, del ex diputado del Partido Socialista Luis Andrés García Sáez y de destacados ex dirigentes de CiU y consejeros de Jordi Pujol, Lluís Prenafeta y Macià Alavedra. Como destaca Carlos Jiménez Villarejo, tiempo antes, en el caso Banca Catalana, «gracias al apoyo que recibieron de los fiscales generales del Estado y del PSOE, la fiscalía no pudo emprender acciones penales contra ellos».[103] Una muestra más que, unida a los procesos en los que están envueltos los miembros de la familia Pujol, es el fiel reflejo de la impunidad que ha cubierto las acciones de la corrupción, sin nada que envidiar a una mafia profesionalizada. Ha sido finalmente el juez Ruz quien, en su auto del 18 de diciembre de 2014, ha afirmado que queda «indiciariamente acreditada la existencia, desde al menos el año 2000 hasta el mes de octubre de 2009, de una trama dirigida a la realización de labores de intermediación o influencia en adjudicaciones públicas vinculadas a diversas operaciones urbanísticas desarrolladas en el ámbito municipal de determinadas localidades de Cataluña, en concreto en la provincia de Barcelona, bajo la intervención principal del imputado Luis Andrés García Sáez [...]», y dispone como imputadas a once personas.[104]

Insisto, han hecho falta cinco años para poder acusar a estas personas en un procedimiento con un juicio que aún no se sabe cuándo se llevará a cabo. Se calcula que esta red defraudó unos 45 millones de euros a los ayuntamientos barceloneses de Santa Coloma de Gramenet, Badalona y Sant Andreu de Llavaneres.[105] La Justicia sigue corriendo como la tortuga detrás de la liebre; esperemos que como en la fábula la tortuga, aunque despacio, llegue a la meta.[106] La complejidad y lentitud de estos procesos constituyen, como afirma Villarejo, una descalificación en sí misma de la reforma propuesta por el Partido Popular, que pretende imponer un sistema de plazos a la investigación judicial. Las tramas corruptas no tienen fronteras y gozan de una sofisticación cada vez mayor, elaborando tramas empresariales imposibles y ocultando los beneficios en paraísos fiscales que no colaboran con facilidad con la Justicia. Sólo en este caso se han dirigido trece comisiones rogatorias (a Suiza, Andorra, Portugal, Reino Unido, Costa Rica y Estados Unidos), resultando indispensable la cooperación judicial entre países, que sigue necesitando de comprensibles plazos y tiempos. Limitar las instrucciones e investigaciones no llevará, por tanto, más que a la chapuza y a resultados mediocres.

Tras el auto, se publicó el escrito del Ministerio Fiscal para este caso, corroborando y apoyando las investigaciones realizadas por el juzgado.[107] El escrito pide penas de prisión para once personas, entre las que se encuentran los citados: seis años y diez meses para Macià Alavedra y Lluís Prenafeta, ocho años para el cerebro de la trama, Luis Andrés García Sáez, Luigi, ex diputado autonómico del PSC, y diversas penas para el resto de los colaboradores, como el alcalde de Santa Coloma Bartolomé Muñoz, del PSC. Los delitos considerados son blanqueo de capitales, cohecho y tráfico de influencias, entre otros, y solicita multas y decomisos por una cantidad de 93,71 millones de euros.[108]

En el entorno de la corrupción generalizada que se ha manifestado en el último año, este caso parece «menor», sin embargo, tanto por la relevancia de sus dos principales encausados como por el hecho de tratarse de una colaboración transversal entre diversos partidos políticos sin importar las siglas. Curiosa forma de colaboración.

Resultan interesantes las palabras del editorial de *La Vanguardia* del 29 de octubre de 2009: «Hay que aplaudir el celo de la autoridad judicial ante la sospecha de irregularidades y presuntos delitos, sin condenar a nadie por adelantado, ni dañar de manera irreversible su honorabilidad. Cabe esperar, en este sentido, que las personas detenidas no acaben sufriendo una condena mediática que, al final, no guarde proporción con la imputación o acusación del juez instructor».[109] Creo que cumplí con mi obligación de juez instructor de esta causa, en la fase inicial y mientras estuve al frente del Juzgado Central n.º 5 de la Audiencia Nacional.

Hoy en día, tras el caso Pujol y los numerosos casos que han aflorado por toda la geografía nacional, este escrito parece un tanto irrelevante. Ya no hay nadie en la política catalana (o española) que pueda mantener un manto de honorabilidad ante la gravedad de todos los hechos delictivos que continúan apareciendo.

6

La Familia Real

> Las virtudes se pierden en el interés como los ríos en el mar.
>
> LA ROCHEFOUCAULD

Con la Transición se reinstauró la monarquía parlamentaria, tal y como la conocemos hoy, pero los partidos políticos y las clases dirigentes intentaron blindar dicha monarquía con un manto de opacidad. La opacidad es un elemento clave para que los comportamientos fuera de la legalidad prosperen y, junto con un sentido servil y de vasallaje de una parte de la sociedad española, está en la base de algunos comportamientos de corrupción que hemos visto.

Por el hecho de ocupar una posición de privilegio en el esquema institucional de un país no se tiene mayor merecimiento, ni se debería tener más reconocimiento que aquel que cada uno merece en función de lo que hace o deja de hacer y del mérito que le acompañe. Un sistema que permite que parentescos o amistades sean una palanca, jamás será un país serio.

En España son ancestrales el amiguismo, el enchufismo, el servilismo o el sometimiento en función del favor que te hagan o que pidas. La deuda, no de gratitud, sino de interés, te marca para siempre. Antiguamente, se pedía al señorito o terrateniente, al señor cura, al político de turno y al empresario opulento que controlaba la economía o las finanzas. Hablar con un político, salvo en campaña electoral o en mítines políticos en los que todos los asistentes saben a lo que van, es casi misión imposible, y conseguirlo con un banquero, un financiero o un gran industrial, rematadamente difícil.

Ahora bien, si el interlocutor es «yerno de», «padre de», «hijo de», «esposo de», «amigo de», «paisano de», siempre habrá una mano amiga dispuesta a ayudarte y luego a sujetarte hasta que se resarza del favor. Ésta es una cultura anclada en nuestros ancestros y que es difícil de cambiar.

Recuerdo una anécdota ocurrida en 1993, poco antes de que se cerraran las listas de candidatos al Parlamento, que me dejó marcado porque me hizo comprender lo que es disponer de poder político. Estando con José Bono, presidente de Castilla-La Mancha, alguien le llamó y al parecer era el diputado que había ido de número uno por Cuenca, para presentarle las quejas, casi llorando, porque le habían puesto de número dos y eso, ante las perspectivas de aquella campaña —que en ningún caso iba a dar mayoría absoluta—, significaba quedarse fuera, con un panorama familiar preocupante. Finalmente no supe si se quedó en el puesto o no, pero el presidente le dijo: «No te preocupes, alguna salida te buscaremos». Es decir, si no entrabas en la lista, siempre habría un puesto en otro ámbito. Mucho tiempo después, alguien me dijo que el yerno del rey Juan Carlos, Iñaki Urdangarin, estaba en múltiples consejos de administración y pregunté si estaba cualificado para todos ellos. La respuesta fue: «No, pero es el yerno del rey»; seguí insistiendo y le pregunté: «Pero ¿se lo pidió alguien?», y me respondió lo obvio: «¡Hombre, algunas cosas no hace falta pedirlas, se dan!».

Así que la influencia y su tráfico siguen siendo un instrumento válido en nuestro país para hacer fortuna. Asumir que si no te ofreces estás fuera de lugar, y que eso te puede perjudicar, es ya en sí mismo un comportamiento corrupto; no saber negarse a una petición que quien tiene la máxima responsabilidad, en cualquier ámbito, no debería hacer, es ofrecerte a cualquier otra manipulación que pueda producirse o asumir una posición propicia a lo venal o a cualquier otro aprovechamiento o exigencia.

La pregunta de por qué tanto administraciones públicas como empresas de reconocido prestigio cayeron en el absurdo engaño de la Fundación Nóos, puede tener varias respuestas o componentes de todas las posibles: o bien los que apoyaron la fundación en la que estaban la infanta Cristina y el yerno del rey querían congraciarse con alguien, o bien buscaban obtener influencia con alguien o no quedar descolocados si otros lo hacían, o bien pretendían sacar algo a cambio de esa aportación. Incluso alguno, es posible, creyera en la labor social que la fundación hacía y quería contribuir, sin más pretensiones, a la labor filantrópica.

Quien ocupa la más alta magistratura de un Estado o está próximo a ella tiene la obligación ineludible de ser transparente y honesto a carta cabal, y, si no, debe marcharse porque no sirve como ejemplo al pueblo que dice servir. Desgraciadamente, son demasiados los ejemplos de malos gobernantes y de malos jefes de Estado y peores familiares o allegados, además de aquellos que revolotean como una corte de parásitos de las prebendas del poder. No hace falta identificar a nadie, pero si existe una institución que debe ser transparente, ésa es la Jefatura del Estado (y, por ende, la familia que participa del reconocimiento legal y, si se lo gana, social). Cualquier negocio que se hiciera en ese ámbito, cualquier gestión de empresa, cualquier participación, debería ir acompañada de la correspondiente autorización de control. En fin, son cosas que costarían bastante poco y que dignificarían a quienes ejercen el poder, más en los tiempos que corren.

En este sentido, recuerdo que una vez le pregunté a Adolfo Suárez por qué tanto el presidente del Gobierno como el rey vivían en la Edad Media, aislados del pueblo al que sirven, sin puertas abiertas a los ciudadanos para que éstos comprueben qué hay detrás de los muros de los ministerios y de los palacios de gobierno. Me dijo, alguna vez lo pensé, «que por medidas de seguridad». Sin embargo, no es difícil concluir que hay maneras de conjugar la seguridad con una política de trasparencia a todos los niveles. En todo caso, tampoco es tan trascendente, si ese enclaustramiento no degenerara en un encapsulamiento opaco respecto de los ciudadanos.

A lo largo de la historia podemos destacar casos de corrupción y verdadera traición imputables al monarca. Ningún historiador español pasa por alto el recuerdo que dejó Fernando VII, apodado el Rey Felón por sus actos corruptos y de mal gobierno. Es cierto que una institución de tan larga trayectoria histórica tiene al tiempo y a su propio pasado jugando en su contra; es imposible no cometer errores. La exposición de esos errores y felonías es más palpable en el pasado, cuando el rey gozaba de un verdadero poder ejecutivo. Al rey se le juzgaba entonces de manera completamente diferente a la actual. Se le calificaba según su buen o mal gobierno. Pero hoy el monarca ya no gobierna, reina. Sus potestades quedan limitadas, y su representación del Estado debe ser refrendada por el Gobierno. Es un árbitro y moderador simbólico de los poderes del Estado y los partidos políticos.

Puesto que las responsabilidades del monarca han cambiado, también son diferentes las exigencias de la ciudadanía. Ningún ciudadano verá culpa en el rey por una crisis económica, pero sí que considerará con severidad el hecho de que su actitud no sea de empatía con el sufrimiento ciudadano ni encaje con el sentimiento general de la sociedad. No se le podrá reclamar la vigilancia de la transparencia de las cuentas de los partidos políticos, pero sí demandará transparencia y una actitud inmaculada en su actividad y en la de su familia. El rey no gobierna y, por tanto, no se le exigirá como a un gobernante; pero sí que reina, y se le pedirán cuentas como rey que es penalmente irresponsable, pero cuya falta de ética puede romper al país.

Alguien puede decir que el rey tiene la desventaja de que su mandato normalmente se va a dilatar en el tiempo y de que deberá cargar con su propia responsabilidad y con la de los actos de los suyos, frente al esquema republicano, en el que el presidente de la República ocupa un cargo personalísimo, no transmisible a un heredero, y responde por sus actos y nada más; no existe una «Primera Familia» de la República. Por eso, en el caso de la monarquía, la sucesión de la corona de padre a hijo y la exigencia de ejemplaridad imponen exigencias suplementarias. El privilegio de no ser votado y conservar el trono de por vida o hasta la abdicación se transforma en un perjuicio. La frescura democrática del presidente de la República le demanda rendir cuentas desde su puesto durante el tiempo de exposición al público. El rey ha de mantenerse en guardia desde que es dueño de sus actos, antes incluso de ser rey, y también de los actos de quienes le rodean. Vive con una constante obligación *in vigilando*.

Así las cosas, la monarquía de hoy, a diferencia de la de ayer, debería cumplir, como ya he apuntado, con dos aspectos clave para perdurar en las sociedades avanzadas: transparencia y ejemplaridad. Sobre ambas cualidades la monarquía española ha sido puesta en entredicho recientemente.

Los presupuestos de la Familia Real se hacen públicos desde 2011, pero de forma muy poco fidedigna, pues no se consignan la totalidad de sus gastos. De hecho, podemos denominar la publicación de sus presupuestos como una transparencia «translúcida»; un avance desde la opacidad previa, pero claramente insuficiente para sostener a esta institución de una forma sana y moderna. Muchos auguran avances en el nivel de transparencia de la Casa Real durante los próximos años, y esa parece ser la intención de Felipe VI, ya que es una cuestión de creciente y justo reclamo social y de supervivencia de la institución misma. Pero queda una cuestión pendiente y cuyo alcance desconocemos: las posibles aportaciones privadas, que, como ha sucedido en el caso que abordaré, pueden estallar en cualquier otro momento.

En lo que a la ejemplaridad se refiere, el rey Juan Carlos recibió justos reproches en los últimos años, y ahí están las encuestas para verificarlo: Botsuana, los rumores sobre su vida privada, su falta de perfil público y, sobre todo, los problemas internos en su familia, al menos mientras esa cohesión familiar se mantenga. Pero, realmente, el torpedo a la línea de flotación real ha sido el caso Nóos, protagonizado por el marido de la infanta Cristina, Iñaki Urdangarin.

El impacto de este caso en la credibilidad de la monarquía española es difícil de valorar, pero la abdicación de Juan Carlos I en su hijo Felipe VI, en junio de 2014, puede arrojar luz sobre la desafección que ha cundido en la opinión pública española como resultado de las filtraciones sobre el caso Nóos. ¿Conseguirá Felipe VI liberarse del estigma de las acciones imputadas a su cuñado y a su hermana? Es una incógnita que no se puede despejar en este momento. El éxito del nuevo rey dependerá, entre otras cosas, de su capacidad para ofrecer una imagen de integridad conviviendo con los juicios, sentencias y recursos, y exigiendo en su momento las responsabilidades que le corresponden como jefe de la Casa Real.

El caso Nóos

Se tiró al suelo; al dentrar
le dio un empellón a un vasco
y me alargó un medio frasco
diciendo: «Beba cuñao».
«Por su hermana», contesté,
«que por la mía no hay cuidao».[1]

José Hernández

Barcelona se volcó con los XXV Juegos Olímpicos y los dioses fueron generosos devolviendo a la ciudad mucho más de lo que podrían haber imaginado su alcalde, Pasqual Maragall, o el presidente del Comité Olímpico Internacional, Juan Antonio Samaranch. En la ciudad de los prodigios tuvo lugar un milagro que convirtió a Barcelona en una de las ciudades de moda en el mundo, un destino imprescindible en la Europa del siglo XXI. Fue en esta ciudad donde se conocieron la infanta Cristina de Borbón y un Iñaki Urdangarin anónimo salvo para los aficionados al balonmano.[2]

Cualquiera que circule en su automóvil por la Barcelona postolímpica sabe que toda la ciudad tenía ya una obsesión por el orden circulatorio, lo que ocasionaba que las infracciones se pagaran caras. Conducir por el carril bus, un giro prohibido o un estacionamiento incorrecto suponían una sanción segura, ya que los policías municipales barceloneses daban unas muestras de celo casi germánico. En este entorno, el ciudadano Urdangarin, todavía no emparentado con la Casa Real, se movía con un desprecio total por las convenciones sociales y las normas de tráfico.[3] Acumulaba multas y no pagaba tasas tan elementales como el IBI, mostrando tanto una incauta irresponsabilidad incívica como una escasa mentalidad financiera, ya que las multas al final se pagan, y con notables sobrecostes derivados de intereses y sobrecargos.

El deportista Iñaki Urdangarin intentaba terminar con cierta dificultad la carrera de empresariales cuando conoció a Cristina de Borbón, lo que cambiaría su vida. En agosto de 1997, al hacerse público el noviazgo, un informante anónimo, posiblemente alguien con acceso a las bases de datos del Instituto Municipal de Hacienda, envió un informe a la Federación de Asociaciones de Vecinos de Barcelona (FAVB). En dicho documento se describían con todo lujo de detalles que Iñaki Urdangarin adeudaba 476.310 pesetas por el impago de diecinueve multas, los impuestos de circulación que no pagaba desde 1993 o el mismo impuesto de bienes inmuebles de su piso, del cual adeudaba las cantidades correspondientes a los ejercicios de 1996 y 1997.[4] Este informe no causó demasiado revuelo, pues los grandes medios informativos no le dieron gran cobertura. Sin embargo, la Casa Real, siempre tan pendiente de su imagen y tan poco amiga de los escándalos, obligó a Urdangarin a saldar sus deudas con el fisco barcelonés. El escándalo se evitó y apenas una revista de poca tirada como *El Triangle* publicó el informe.[5]

La boda se celebró con todos los fastos en Barcelona, y Urdangarin pasó a ser duque de Palma. La Casa Real, deseosa de blanquear el currículo universitario del nuevo miembro de la familia, consiguió que se matriculase en Esade, donde se graduó con el título de licenciado en administración de empresas, para hacer después un MBA. Fue en Esade donde conoció a Diego Torres, un profesor menorquín experto en el mundo del patrocinio. En el libro de Esade que describe la escuela y a sus profesores, la ficha biográfica de Diego Torres lo reseña como «profesor asociado del Departamento de Política de Empresa de ESADE y Director del *Strategy Innovation Lab*. Sus áreas de especialización son la Estrategia Competitiva y las Estrategias de Patrocinio, Mecenazgo y Responsabilidad Social».[6] Diego Torres era, pues, un experto en mecenazgo y esponsorización. Resulta más que dudoso que lo fuera en responsabilidad social, teniendo en cuenta los sucesos posteriores.

Los antecedentes

Es probable que Diego Torres viera un filón en el duque de Palma. Como experto en la materia, sabía que el patrocinio deportivo vende ilusión, intenta que la gente corriente se vea reflejada en la imagen triunfadora de un deportista o un equipo de éxito, fomentando valores como la belleza física y el triunfo. Todo ello se concentraba en grandes dosis en el duque de Palma: deportista olímpico laureado, atractivo, simpático y capaz de haber enamorado a una infanta de España. Todo un diamante en bruto que, adecuadamente pulido, sería capaz de generar inmensos negocios.

Y así, en 1999 Diego Torres y el duque de Palma fundaron el Instituto Nóos, con el objetivo de impulsar acciones de patrocinio público y privado en el mundo del deporte.[7] Su éxito fue total. De pronto comenzaron a lloverles propuestas y proyectos, tanto por parte de la empresa privada como del sector público. Volkswagen-Audi abonó, durante tres años, más de 430.000 euros por sus trabajos; Telefónica, 406.000 euros; Repsol YPF, 275.856 euros, y la SGAE, 401.843 euros. Otras sociedades, como Abertis, Miguel Torres, Adecco, Iberia, Toyota, Europcar, Joyería Tous, Bancaja, Sol Meliá, Sa Nostra, PWC, Iberdrola, Air Europa, Roig Grupo y Timberland España, también desembolsaron cantidades. Su proyecto empresarial parecía no tener techo.[8]

Los duques de Palma adquirieron un palacete en Pedralbes valorado en más de seis millones de euros, mediante un préstamo de 1,2 millones de euros por parte del rey y una hipoteca millonaria de La Caixa.[9] El palacete pasó a pertenecer entonces en un 50 por ciento a cada uno de los cónyuges. Teniendo en cuenta que ese año Iñaki Urdangarin había declarado unos ingresos de tan sólo 36.000 euros, es difícilmente comprensible que se le concediera una hipoteca tan alta: ningún ciudadano normal hubiera podido acceder a una hipoteca de varios millones de euros con un salario que no llegaba a los 40.000 euros al año.[10]

En 2004, Urdangarin fue nombrado vicepresidente del Comité Olímpico Español, y todo parecía indicar que el cuñado del actual rey era un triunfador en los negocios y en la vida.[11] Su futuro no parecía tener límites. Sin embargo, detrás de esa fachada se estaban cometiendo irregularidades tan básicas como el pago en B del salario de sus empleados domésticos, o tan notorias como lucrarse a costa del erario público mediante turbios trapicheos con sus empresas.[12] Así ha acabado en la situación en la que se encuentra actualmente, imputado por malversación, prevaricación, falsedad documental y tráfico de influencias, y a punto de sentarse en el banquillo. También su esposa, la infanta Cristina, se ha visto imputada por fraude fiscal y blanqueo. Contra ambos está abierto el juicio oral.

A la vista de los correos electrónicos publicados a lo largo de la instrucción del caso, Diego e Iñaki desarrollaron un estrecho compañerismo. El duque le comentaba sus conquistas y devaneos amorosos, además de compartir confidencias sobre los incautos que les ofrecían las subvenciones y chistes sobre otros miembros de la Familia Real.[13] Como guinda, Urdangarin desarrolló un plan muy próximo al fraude para evitar el pago de impuestos y de ese modo poder llevar a cabo el blanqueo del dinero obtenido mediante las subvenciones. Esta acción involucraba a la infanta. El matrimonio creó una empresa familiar, Aizoon, propiedad al 50 por ciento de Cristina de Borbón, cuyos intereses se cruzaban de forma más bien confusa con el Instituto Nóos de Urdangarin y Diego Torres.

En 2005 se celebró el Illes Balears Forum, por cuya organización el Gobierno de Jaume Matas pagó 1,2 millones de euros al Instituto Nóos,[14] una cantidad desorbitada que no se reflejó en el resultado final del evento, de dudoso nivel y sin ninguna repercusión. Posiblemente este acontecimiento, tan gratificante momentáneamente para el Instituto Nóos, supuso el punto de inflexión de la organización, pues todo el procedimiento judicial en el que están imputados Iñaki Urdangarin y Diego Torres se inició con esta adjudicación, dando el pistoletazo de salida al desprestigio de la Casa Real.

El comienzo

A principios de 2006, el diputado socialista en el Parlament balear Antoni Diéguez analizó los gastos e inversiones del Gobierno autonómico, descubriendo el cuantioso pago por el mediocre evento del foro que tan sólo había durado tres días, y lo denunció en el Parlament balear. Esta acusación generó un cierto revuelo, pero careció de relevancia penal, pues no se inició proceso alguno. Antes del foro, que tan rentable había sido para el Instituto Nóos, ya se había celebrado el

Valencia Summit, un evento similar en la Comunitat Valenciana, que se celebró tres años seguidos por encargo del ayuntamiento de Rita Barberá y en el que también se gastaron más de 1,2 millones de euros, sin que ello hiciese saltar ninguna alarma en los mecanismos de control de la Comunitat o del ayuntamiento.[15]

A pesar de la escasa repercusión mediática que en aquel momento tuvo el caso, la Casa Real se percató inmediatamente del posible alcance de la denuncia realizada en el Parlament balear y pidió a Urdangarin el cese en su actividad mercantil.[16] Se le instó a poner tierra de por medio y se le consiguió un puesto de consejero de Telefónica en Estados Unidos.[17] Este nombramiento le permitió trasladarse con su familia a Washington D. C. en el año 2009.[18]

El juez y la instrucción

Lo que posiblemente no conocía la Casa Real era el alcance real de la actividad de los duques de Palma y de Diego Torres en el Instituto Nóos y en Aizoon, como tampoco podía imaginar que un juez de Palma, José Castro, un profesional íntegro, paciente, serio, independiente, campechano y con la diligencia y la capacidad profesional para instruir con mano de hierro y guante de seda, iniciaría uno de los casos que más presiones e interferencias ha sufrido en la historia reciente de España.[19]

El juez Castro comenzó la instrucción del caso Palma Arena en 2007, a partir de la denuncia de un diputado socialista. Durante la instrucción, que se separaría en veinticinco causas independientes, apareció en un registro una carpeta medio vacía, con un par de documentos relativos a un convenio del Govern Balear con el Instituto Nóos, por el que se aprobaba el gasto del millón de euros para la organización del Fórum del Deporte. Sin embargo, no aparecieron ni la justificación ni el control del gasto de la partida.[20]

El juez Castro, con el pleno apoyo del fiscal Pedro Horrach, inició a partir de este documento aislado una investigación con muchos e inesperados resultados. Se registraron las oficinas de Nóos, se acumularon documentos y, finalmente, se llamó a declarar al duque de

Palma. Esta primera declaración en 2011 enviaba una señal clara a su entorno: el juicio iba en serio y el juez pretendía llegar hasta el final.[21]

Otro elemento que empujó hacia el abismo a los duques de Palma fue la colaboración con la Justicia de su íntimo amigo Pepote Ballester, regatista, oro olímpico y perteneciente al círculo más próximo al actual rey Felipe VI. Ballester había sido fichado por Jaume Matas para servir de enlace con la Familia Real. El deportista ocupaba el puesto de *conseller* de Deportes del Govern Balear desde 2003, y en 2009 fue detenido por el caso Palma Arena. En 2011 el fiscal Horrach logró cerrar un acuerdo de colaboración con Ballester que permitió hallar pistas importantes para el avance de los casos Nóos y Palma Arena, con notas pintorescas, como peleas por facturas emitidas por el instituto.[22]

Ante la Justicia, Urdangarin cometió un error de bulto, que suele repetirse especialmente en todos aquellos casos en los que la soberbia puede sobre la lógica, al subestimar la capacidad y profesionalidad del juez, y utilizar una estrategia totalmente separada de la de Diego Torres. El magistrado imputó a la esposa de Torres, Ana María Tejeiro, en 2011, momento en el que Torres intentó establecer una estrategia conjunta. Urdangarin, posiblemente pensando que él conseguiría salir bien parado del proceso debido a su posición en la Familia Real, no sólo no se coordinó con su socio sino que, en un escrito ante el juez, se mostró contrario a la desimputación de la mujer de Torres.[23] Éste fue el dramático error de Urdangarin, una decisión que enfureció a Diego Torres y que provocó la ruptura entre los dos antiguos amigos y socios. Quizá hubiera sido el momento adecuado para la negociación; es decir, la oportunidad para reponer lo defraudado, actuar conjuntamente e intentar llegar a un pacto con la fiscalía.[24] El entorno de la Casa Real criticaba también la elección del abogado de Urdangarin, al que consideraban inadecuado y sin experiencia para una situación tan delicada.[25] Pero con la relación rota, Diego Torres inició una estrategia de destrucción de la reputación de Iñaki, del rey y de la infanta, publicando los correos electrónicos que acercarían pasito a pasito a Cristina hacia la imputación. Todo ello con un impacto irreparable en la imagen y trayectoria de la Casa Real, que aún hoy no se puede evaluar por completo.

El único objetivo de Diego Torres era que su esposa dejara de estar imputada, y el 17 de abril de 2012 desveló tres correos electrónicos que implicaban al rey Juan Carlos.[26] Las defensas de los dos antiguos socios se reunieron de nuevo, sin lograr ningún avance. Diego Torres detonó la segunda bomba en enero de 2013, al revelar que una amiga de Juan Carlos I, Corinna zu Sayn-Wittgenstein, estuvo involucrada en el Valencia Summit y sacar a la luz una notable familiaridad en el trato entre el duque y Corinna.[27] La tercera tanda de correos fue multidisciplinar y estaba destinada fundamentalmente a desprestigiar al duque de Palma, que, con considerable mal gusto, firmaba sus correos como «el Duque em-Palma-do».[28] Este conjunto de correspondencia, además de revelar la personalidad infantil del duque, parecía descubrir que Urdangarin tenía una vida privada azarosa y que criticaba de forma imprudente a miembros relevantes de su entorno. Pero cuando ya parecía que todo el daño posible estaba hecho, las siguientes entregas se centraron en la infanta Cristina, intentando demostrar su participación en la administración de las empresas y dando así argumentos sólidos para su imputación.

Sólo el juez podrá comentar las presiones que pudo haber, pero aparentemente existieron. No sólo mediáticas, para lo cual se puede y se debe estar preparado, sino también algunas procedentes de instituciones oficiales: declaraciones, opiniones o claras referencias al magistrado y su forma de instruir. Se usaron como arma arrojadiza sus discrepancias con el fiscal Pedro Horrach, que durante toda la instrucción había estado muy sincronizado con el juez, pero que comenzó a oponerse a la instrucción. El fiscal cambió de parecer y planteó todo tipo de argumentos para liberar a la infanta de la imputación, perdiendo en algún momento esa posición equidistante de defensa de la legalidad que debe caracterizar al órgano acusador público en el proceso penal.[29]

El juez imputó a la infanta en abril de 2013.[30] No obstante, esta medida fue revocada por un auto de la Audiencia Provincial del 7 de mayo de 2013, al estimar el recurso de apelación directa que el fiscal interpuso contra aquella resolución del juez.[31] Mientras tanto, el fiscal general del Estado, Eduardo Torres-Dulce, en una clara interferencia, declaró públicamente que la infanta no debería ser imputada, al igual que el propio presidente del Gobierno, que expresó su deseo y convicción de que la infanta no fuera imputada.[32]

El 7 de enero de 2014 el juez Castro, en un extenso y razonado auto, imputó de nuevo a la infanta Cristina, sosteniendo, en referencia a la anterior revocación, que «los reveses jurídicos forman parte de la profesión» y que no pretendía entrar en los motivos de la misma, pero concluyendo de forma clara y meridiana que ahora sí había «indicios racionales» para la nueva imputación. De este modo, la infanta Cristina fue llamada a declarar en concepto de presunta autora de un delito de fraude fiscal y de blanqueo de capitales. La resolución destacaba, por ejemplo, que el matrimonio pudo haber pagado letras de hipotecas o comprado varios bienes inmuebles con dinero ilícito procedente de Nóos, e indicaba que, de liquidarse la sociedad Aizoon, todas estas actividades «revertirían en un 50 por ciento» a ella.[33]

El 8 de febrero de 2014 tuvo lugar la declaración de la infanta, en la que intentó esclarecer su participación en el esquema defraudatorio de Iñaki Urdangarin.[34] No obstante, sus argumentos no debieron de convencer al juez, por cuanto éste dictó, el 25 de junio de 2014, la resolución por la que se abre el procedimiento y se comunica a las partes para que pidan el sobreseimiento o acusen, dando por cerrada la fase de investigación.[35]

Aunque las actuaciones de la fase de instrucción, según la Ley de Enjuiciamiento Criminal, son reservadas para el público en general y sólo accesibles a las partes, una vez que las copias están en manos de éstas, lo normal es que las hagan llegar a los medios de comunicación; en este caso fue el diario *El Mundo* el que hizo públicas las declaraciones de Cristina, con insistentes respuestas evasivas y negativas sobre su vinculación con el Instituto Nóos y sus actividades.

Tanto es así que el magistrado Castro señala en su auto que esta declaración de la infanta no sirvió para «vencer imprecisiones» y que su actitud «se aproximó en la práctica más al ejercicio del derecho a no prestar declaración que al de hacerlo», alegando en muchas de las preguntas ignorancia o falta de memoria, o bien desviando responsabilidades.[36] El juez expresó su asombro ante la actitud de la infanta, quien, a pesar de que se le mostraba en las preguntas la vía para argumentar las respuestas, no acudió al derecho a no declarar, sino a unas réplicas y silencios que imposibilitaron al instructor para «desvalorizar los indicios incriminatorios», desconociendo si ello se debió a «la confianza, veneración o amor que profesaba a su marido» o a las posibles repercusiones penales.[37] Dicho sea con el máximo respeto, ésta es una valoración que, desde mi punto de vista, resta fuerza a los indicios que se afirman existentes.

Aparentemente, en la instrucción se habrían producido actuaciones procesales, por alguna de las partes e incluso por los peritos designados para evaluar la posible defraudación a la Hacienda Pública por parte de la infanta Cristina, tendentes a la exculpación de aquélla, en línea con las opiniones de diferentes instituciones.[38] Sin embargo, el juez señala que la imputada habría facilitado a su esposo Iñaki Urdangarin los medios para delinquir.[39]

La resolución

En resoluciones anteriores del caso Nóos, el juez había señalado en diversas ocasiones que con su imputación pretendía «brindar» a la infanta «la oportunidad de facilitar explicaciones» sobre los indicios de delito que se apreciaban en la investigación derivados de su conducta.[40] Según el auto del 7 de enero de 2014, la infanta Cristina disponía en los años investigados de tres tipos de ingresos: un sueldo que le pagaba la Fundación La Caixa (rendimientos de trabajo), la cantidad que le correspondía en el reparto del dinero destinado a la Casa Real (actividades económicas) y rendimientos de capital inmobiliario en concepto de reparto de dividendos. Sobre los dos primeros «nada induce a pensar» que hubiera habido irregularidades. Sin embargo, sobre el tercer tipo de ingreso, éstas podrían existir.[41]

La infanta Cristina era socia al 50 por ciento de Aizoon S. L., una empresa que «nunca» repartió dividendos desde que se fundó en 2003; por tanto, ni ella ni su marido tuvieron que declarar nada en sus declaraciones de IRPF. Sin embargo, sí parece que usaron el dinero de la empresa para hacer frente a numerosos gastos, entre ellos algunos de carácter personal que, según el auto, «disfrazaron» como gastos derivados de la actividad de la empresa aunque «ni por asomo» eran objeto de los gastos de la sociedad. El juez declara que Aizoon era una «sociedad pantalla con disfraz mercantil» y que su contabilidad «distaba mucho de ajustarse a la realidad». Si se hubieran repartido los beneficios de manera oficial, como debería haberse realizado, se «habrían incrementado ostensiblemente las bases imponibles de las declaraciones de IRPF». Además, al imputar gastos personales como si fueran de la empresa (destaca además, a modo de ejemplo, que Cristina sólo efectuó «dos compras por importe superior a 3.005,06 euros con cargo a su propio peculio»), se lograban reducir los beneficios de la misma y «minorar la base del impuesto de sociedades». Esto lo define el juez Castro como el «doble efecto fiscal defraudatorio».[42]

El auto señala que la empresa Aizoon tenía como función «servir como cauce para el reparto de los beneficios que obtenía ilícitamente por demás Nóos». También facturaba «servicios personalísimos» que Iñaki prestaba (Castro duda de la existencia de algunos de estos servicios) a entidades y que no se declaraban. Aizoon, en definitiva, creó «un patrimonio familiar a repartir por mitad» e hizo «uso de incentivos fiscales». El juez va más allá y se pregunta por qué Iñaki, al estar casado en régimen de separación de bienes, no creó «una sociedad limitada unipersonal» y mantuvo al margen a Cristina de sus negocios. Es más, ambos se repartían temporalmente la presidencia de la entidad y contrataban personal a sabiendas de que los contratados nunca habrían de prestar servicios para la sociedad.[43]

Según resolución judicial, además, existe una «facturación cruzada» entre varias empresas de la red Nóos, Aizoon e Intuit, de Diego Torres. En particular se mencionan tres «facturas controvertidas» que se imputaron fiscalmente como «gastos generados» y deducibles de Aizoon, que el juez considera irregulares y que superarían los 120.000 euros. Hacienda dice que ese dinero no se repartió con nadie, pero el juez incide en que la infanta era dueña del 50 por ciento de Aizoon y que, meses después de que se fundara Aizoon, Nóos cambió sus estatutos y la infanta entró como vocal. Aun así, el juez sigue separando los delitos cometidos en Aizoon de los contratos gestionados desde Nóos.[44]

Con respecto a la infanta, el auto determina que «resulta imposible determinar» qué cantidades la infanta podría haber supuestamente defraudado a Hacienda y si éstas son superiores a 120.000 euros en cada ejercicio (límite para el delito fiscal). Sin embargo, dice expresamente que es «escasamente probable» que lleguen a tanto. Uno de los problemas con los que se encuentra el juez es que la práctica totalidad de los gastos no están ni a su nombre ni al de Iñaki, pero parece lógico, expresa el juez, que ella estuviera detrás en ciertas estancias en hoteles, comidas o gastos de fiestas infantiles. Un ejemplo es que uno de los viajes cargados a Aizoon «coincidió al parecer con un acto institucional a cargo de la Fundación La Caixa». A nombre de la infanta sólo constan un total de unos 28.000 euros en ocho años.[45]

Por todo esto, el auto aprecia una clara intención defraudatoria en Aizoon y la clara «colaboración silenciosa» de la infanta Cristina, que se lucró y además facilitó los «medios para que lo hiciera su marido». El juez insiste en que parece imposible que se le pasasen «por alto» ciertos gastos (como una celebración de una comunión) que no abonaban ni ella ni Iñaki y que, sin embargo, abonaba Aizoon. Entre los gastos que se le imputan a la sociedad participada por el matrimonio se encuentran viajes, alojamientos, tíquets de aparcamiento, consumiciones en bares y restaurantes (incluso del extranjero), alquiler de vehículos, gastos de tintorería, un casco de moto, muebles, una vajilla, material escolar, celebraciones familiares, cursos de salsa y merengue, asesoramiento y *coaching* «especialmente para Cristina», contratación de servicio doméstico, equipamiento para un «despacho fantasma», etc. Estos gastos personales, dice el auto, «debieron ser declarados como rendimientos de capital inmobiliario».[46] Recuerda el juez, además, que «en la contratación de los empleados de hogar intervino personalmente Doña Cristina de Borbón, anunciando a los aspirantes, cuya situación irregular en España conocía aquélla, que de ser contratados se les abonarían sus salarios en negro, accediendo a documentar las relaciones sólo cuando, tras su verbal y efectiva contratación, los empleados se lo pidieron para obtener el permiso de residencia pero haciendo figurar entonces como empresa contratante a Aizoon». Por todo ello, el magistrado considera que la infanta podría ser responsable de «idear un sistema de contratación ficticia de personal que permitiera a sus sociedades hacerse acreedoras a unos beneficios fiscales consistentes en la libertad de amortización del artículo 109 del texto refundido de la Ley del Impuesto de Sociedades». El personal oficialmente contratado por Aizoon era inexistente y su única función consistía en figurar para que la empresa pagase menos impuestos. A cambio, el matrimonio pagaba una comisión a estos trabajadores ficticios que les permitía acumular varios meses de cotización en la Seguridad Social. Así, una vez despedidos de su trabajo inexistente, pasaban a cobrar irregularmente el paro.[47]

Destaca, por ejemplo, que el matrimonio pudo haber pagado letras de hipotecas o comprado varios bienes inmuebles con dinero ilícito procedente de Nóos, y recuerda que, si en algún momento «se liquida la sociedad [Aizoon]», todas estas actividades «revertirían en un 50 por ciento» en ella.[48]

El auto constata la presunta «derivación de fondos de la sociedad» y reprocha que, si hubiera tenido algún «interés», la infanta hubiera sabido fácilmente que Aizoon compartía domicilio fiscal con otras empresas de la red Nóos. En conclusión, el juez encuentra prácticamente imposible que los delitos imputados a Urdangarin se hubieran cometido «sin el conocimiento y aquiescencia de su esposa», aunque mirara «hacia otro lado». Castro recuerda que ella y su marido «se repartían temporalmente la presidencia» de Aizoon y que había determinados movimientos entre cuentas que compartían que tenía que conocer.[49]

El juez pone como ejemplo de la participación de la infanta Cristina en la trama el autoalquiler ficticio del palacete de Pedralbes y que fue urdido por la hermana del rey junto con su marido para pagar menos impuestos. «Aparentemente alquilaron parte de su vivienda familiar a Aizoon, S. L., facturándole mensualmente cada uno un alquiler cuando es sabido que dicha entidad carecía de estructura llamada a ocupar ese espacio.» El documento al que alude el magistrado está firmado por Cristina de Borbón por duplicado, tanto en calidad de arrendadora como de arrendataria; esto es, como representante de su sociedad Aizoon y como copropietaria de la lujosa vivienda barcelonesa.[50]

Todas estas prácticas fraudulentas sólo se explican, a juicio del magistrado, al mediar Urdangarin y su esposa en lo que él mismo denomina «un presunto plus añadido de codicia». «Nada de esto era necesario para consumar el aprovechamiento de los beneficios obtenidos de los delitos contra la Administración pública que precedieron.» Y «sólo» la referida codicia les «impulsó a cometer los delitos contra la Hacienda Pública previstos y penados en el artículo 305 del Código Penal». Entre los ejemplos de la participación directa de Cristina de Borbón, el juez señala la «compraventa ficticia» de acciones de la constructora Mixta África por valor de 150.000 euros, que la infanta firmó el 29 de junio de 2007 y que en realidad fueron un regalo.[51]

El juez, además, pone en evidencia la defensa «numantina» de los abogados respecto a la imputación y que «en realidad» lo que hacen es «declarar por ella» mediante la expresión de valoraciones personales en sus escritos. También manda un mensaje a la fiscalía, que según el auto «se empecina en el debate de si [la infanta] es culpable o inocente», y afirma que es «absurdo» pedir pruebas de cargo y objetivas en un auto de imputación. El juez reconoce por último la «eficacia y seriedad» de la Agencia Tributaria a pesar de que discrepe de algunos de sus informes.[52]

El auto deja abierta la posibilidad de que, en caso de ser no responsable penal, la infanta podría ser considerada partícipe lucrativa, una figura que se está poniendo reiteradamente de manifiesto en muchos de los casos analizados en este libro.[53]

Por último, el auto del 25 de junio de 2014 mantiene 16 imputaciones de las 32 que se realizaban en el auto del 7 de enero.[54] La clave de este último estriba en que el «diseño» de todo el entramado empresarial inicial de Iñaki Urdangarin y Diego Torres se realizó, en lo que a Aizoon se refiere, con el «conocimiento y el apoyo» de la infanta, un apoyo que «persistió en el tiempo» y para «rentabilizar» el matrimonio del primero con la infanta Cristina.

Iñaki Urdangarin aparece imputado por tres delitos de prevaricación administrativa, dos delitos de malversación de caudales públicos, tres delitos de fraude a la Administración, tres delitos de tráfico de influencias, un delito de estafa en concurso junto con otro de falsificación de documentos mercantiles, y dos delitos de fraude fiscal. El juez hace hincapié en la intervención de Iñaki a la hora de cerrar contratos con entidades públicas y en que «el anuncio del respaldo que le brindaban las altas personalidades vinculadas, cada una a su manera, con la Casa Real» era algo que «determinaba a sus interlocutores», cargos públicos que eran «escasamente escrupulosos» con la ley. El beneficio obtenido se derivaba supuestamente a sociedades que cruzaban facturas entre sí.[55] La Fiscalía Anticorrupción anunció en diciembre de 2014 que prevé solicitar entre diez y diecinueve años de cárcel para Iñaki.[56]

A Diego Torres se le imputan los mismos delitos, aunque en el caso del fraude fiscal es sólo uno. Hay una contradicción en el auto respecto al delito de falsedad en documento oficial. En la parte que se refiere a «antecedentes del hecho», el juez explica que ese delito se imputa sólo a Jorge Vela y a Elisa Maldonado (página 121 del auto), pero en la parte final el juez parece atribuirles también este delito a Iñaki Urdangarin, a Diego Torres y a otros cinco imputados.[57]

El resto de los imputados son: Jaume Matas, José Luis Ballester, Gonzalo Bernal, Juan Carlos Alía, Miguel Ángel Bonet, Ana María Tejeiro, Marco Antonio Tejeiro, Miguel Tejeiro, Luis Lobón, José Manuel Aguilar, Jorge Vela, Elisa Maldonado y Mercedes Coghen.[58]

Las empresas implicadas en la trama delictiva son dieciocho.[59] Nóos y su heredera, la Fundación Deporte, Cultura e Integración Social, percibieron 4,5 millones de euros de fondos públicos que no se han justificado, e identifica al menos seis negocios en los que habrían participado estas empresas: en el patrocinio del equipo ciclista Illes Balears y en la creación de la oficina del proyecto; en la contratación del seguimiento del equipo ciclista Banesto-Illes Balears; en los convenios de colaboración entre el Instituto Nóos, la Fundación de Turismo Valencia Convention Bureau y Ciudad de las Artes y las Ciencias S. A.; en el convenio para el diseño de la candidatura de los Juegos Europeos «pretendidamente» a celebrar en Valencia; en los convenios para los eventos Illes Balears Forum, y en «los llamados donativos» procedentes de la Fundación Madrid 2016.[60]

En cuanto a la imputación de la infanta, el 7 de noviembre de 2014 la Audiencia de Palma confirmó por unanimidad la imputación de Cristina de Borbón y Grecia por delito fiscal, aunque no por blanqueo de capitales, resolviendo de este modo los catorce recursos de apelación presentados por las partes personadas en el caso Nóos al escrito con el que el juez Castro concluyó la instrucción el 25 de junio de 2014.[61]

El 22 de diciembre de 2014, mientras sonaba el aburrido mantra de la lotería nacional, entre las agudas voces de los niños de San Ildefonso saltó la noticia: el juez Castro sentará a la infanta Cristina en el banquillo de los acusados por un delito de colaboración necesaria en la defraudación fiscal de su marido, Iñaki Urdangarin. Sólo está acusada por Manos Limpias, que ejerce la acusación popular, y reclama una pena de ocho años de prisión y una multa de 2,6 millones de euros. Castro considera que su papel fue imprescindible para que éste defraudase hasta 337.138 euros a Hacienda a través de Aizoon.[62]

El fiscal

De este modo, el juez Castro ha desoído los alegatos defensivos (extraños dada la abundancia de indicios de los que el juez dispone en los autos) del fiscal anticorrupción Pedro Horrach, que pide para Urdangarin dieciocho años, de la abogacía del Estado y de los letrados de Cristina.[63]

Así, de momento ha fracasado la estrategia de contención de daños, basada en asegurar ante el juez un desconocimiento completo de las actividades de su esposo (más de quinientas veces afirmó en su declaración «no lo sé, no me acuerdo»). Sólo la acusación popular ha formulado acusación, no el fiscal, por lo que es posible que se aplique, o por lo menos se debata, la «doctrina Botín». Si se aceptara esa doctrina, el caso se archivaría para la infanta; si no, habrá juicio para ella. La Audiencia Provincial tiene la palabra.

El juez, en su auto de apertura de juicio oral, defiende una sugerente interpretación del bien jurídico en los delitos contra la Hacienda Pública, porque «lo pagamos todos» y «esto fuerza a plantearse la naturaleza del delito contra la Hacienda Pública como atentado a un bien jurídico colectivo de interés general y que por tanto no vulnera un bien jurídico individual, que pudiera ser propio y exclusivo de la AEAT».[64] Con esta línea argumental, Castro defiende la no aplicación de la doctrina Botín a la imputación de la infanta y que el juicio prosiga con tan sólo la acusación popular. Conviene recordar, además, que esa doctrina no suscita unanimidad y que ha sido objeto de numerosas matizaciones.

El fiscal Horrach, por su parte, afirma que no existe una mínima prueba de cargo indiciaria y objetiva de la participación de Cristina de Borbón en los presuntos delitos contra la Hacienda Pública atribuidos a Iñaki, aparte de la participación de la infanta en un 50 por ciento en la sociedad Aizoon, y concluye en su informe de forma contundente que «las meras conjeturas o sospechas no constituyen títulos válidos de imputación» y que «no hay un solo elemento de prueba que vincule a Cristina de Borbón con actividades delictivas, propias o ajenas». Luego hace suyas las palabras del juez Castro en su auto de marzo de 2012 (en el que rechazaba imputar a la infanta) para afirmar: «Todo ello, sin perjuicio de las responsabilidades civiles que, en su caso, puedan derivarse respecto de Doña Cristina de Borbón al amparo de lo establecido en el artículo 122 del Código Penal (participación a título lucrativo)».[65]

Dejando a un lado la figura de la infanta, otras dieciséis personas serán llamadas a juicio. Para Iñaki Urdangarin, que presuntamente utilizó el Instituto Nóos y entidades satélite para saquear fondos de instituciones públicas de Baleares, Valencia y Madrid, y que está acusado por tráfico de influencias, malversación, prevaricación, fraude, estafa, falsedad, delitos contra Hacienda y blanqueo de capitales, la Fiscalía pide una condena de 19,5 años de reclusión y Manos Limpias, una de 26,5 años.

A Diego Torres se le cita como presunto autor de delitos de prevaricación, fraude, tráfico de influencias, malversación, contra Hacienda, falsedad, estafa, falsificación y blanqueo. Se enfrenta a penas de entre 16,5 años (fiscalía) y 22,5 años (Manos Limpias).

Jaume Matas está acusado de delitos de prevaricación, malversación, fraude y tráfico de influencias, presuntamente cometidos por contratar con Nóos al margen de la legalidad. Podría ser condenado a once años de cárcel.

El resto de los incluidos en la lista de Castro son Ana María Tejeiro, esposa de Torres, Marco Antonio Tejeiro y Miguel Tejeiro, cuñados de Torres, Salvador Trinxet, asesor fiscal de Urdangarin y Torres y presunto colaborador en la creación de la trama empresarial que tenía por objetivo evitar al fisco sus ingresos, José Luis «Pepote» Ballester, ex director general de Deportes del Govern Balear, Gonzalo Bernal, ex director de la Fundación Illesport de Baleares, Juan Carlos Alía, ex director del Instituto Balear de Turismo (Ibatur), Miguel Ángel Bonet, ex secretario del Ibatur, Luis Lobón, ex secretario de Turismo de la Comunidad Valenciana, José Manuel Aguilar, ex director de la Ciudad de las Artes y las Ciencias de Valencia, Jorge Vela, ex director del Instituto Valenciano de Finanzas, Elisa Maldonado, ex responsable jurídica de la Ciudad de las Artes y las Ciencias de Valencia, y Mercedes Coghen, ex consejera delegada de la candidatura olímpica Madrid 2016.[66]

En todo caso, la magnitud del escándalo es tal que posiblemente fue una de las razones por las que el rey don Juan Carlos abdicó la corona en su hijo. El príncipe de Asturias fue proclamado rey Felipe VI el 19 de junio de 2014, y el 26 de junio se aprobaron las enmiendas al aforamiento del rey Juan Carlos, con sólo los votos del PP y apenas un día después de la imputación de su hija.[67]

El rey

En su discurso de proclamación, el nuevo rey Felipe VI dijo textualmente: «Un Rey, en fin, que ha de respetar también el principio de separación de poderes y, por tanto, cumplir las leyes aprobadas por las Cortes Generales, colaborar con el Gobierno de la Nación, a quien corresponde la dirección de la política nacional, y respetar en todo momento la independencia del Poder Judicial».[68] A nadie se le escapó la aplicación práctica de sus palabras. El nuevo monarca aseguró su intención de respetar la independencia de la Justicia en su reino, y para ello era preciso desmarcarse del caso que hoy incumbe a su hermana y su cuñado. De la actitud del rey y del desenlace del caso Nóos dependen la salud, la credibilidad y el futuro de la institución. El pueblo, que respeta la presunción de inocencia de quien corresponda, no admite más excusas. Desde hace tiempo demanda ejemplaridad y transparencia.

7

La corrupción bancaria y entre privados

> Quienes tienen mucho nunca se olvidan de defender sus intereses. Negarse a usar cifras rara vez favorece a los más pobres.
>
> THOMAS PIKETTY

Con esta inquietante pero rotunda frase concluye Thomas Piketty su obra *El capital en el siglo XXI*. Realmente, los relatos que a continuación se van a esbozar son la historia viva de una relación totalmente asimétrica en la que la abundancia de los que más tienen o más administran se opone a la falta de los que menos tienen y dependen de los primeros. En esta relación, la corrupción en la primera parte del binomio puede hacer aún más difícil la situación, y de ahí que la sociedad civil deba interesarse mucho más en la administración del dinero y exigir con fuerza la transparencia y participación que se nos debe.

Quizá se nos había olvidado que en este país hubo hace bien poco grandes crisis empresariales y bancarias que afectaron a la propia estabilidad económica del sistema, como las de Rumasa o Banesto en los años ochenta y noventa, pero tampoco han sido menores las que les siguieron en los primeros años del siglo XXI (BBV y BBV Privanza Bank o las cuentas secretas de Jersey, Eurobank del Mediterráneo, entre otras), que quedaron al descubierto con la crisis económica de 2008, afectando gravemente a la credibilidad del sistema y, por ende, a la propia gobernanza democrática. Muchos escándalos implican a entidades económico-financieras, algunos de cuyos cargos se convierten en agentes dinamizadores de la corrupción al haber utilizado los fondos depositados para finalidades diferentes de las previstas en la normativa legal, con graves perjuicios para los depositantes que hayan sido ajenos a toda la situación.

He tratado, hasta este punto, de analizar la corrupción en España como un fenómeno transversal en todos los estratos de la Administración, desde la central hasta la municipal o local. El balance es descorazonador, puesto que, como conclusión preliminar, podemos convenir en que la corrupción está fuertemente arraigada en todas las administraciones. Pero la corrupción no surge por sí sola, sino que tiene una serie de dinamizadores que constituyen los vehículos para que los tentáculos de la misma lleguen y arraiguen allá donde pueden crecer. Los corruptores pueden adoptar muchas formas y pieles cambiantes y camaleónicas, o a veces no tienen el menor recato en actuar en función de la depravación o falta de ética de quien la practica. Para que exista la corrupción es necesario que exista un corruptor, y en una economía como la española, fuertemente dependiente de la banca, se encuentran casos relevantes en el estamento bancario.

Nuevamente vamos a comprobar cómo se mantiene la relación entre el sector público y las entidades financieras a través de la designación de políticos y personas de partidos y sindicatos en los consejos de administración de las entidades financieras y bancarias. El paso por la política era como una especie de capilla tras la que eras candidato a servir al partido desde la iniciativa privada, en particular desde la bancaria. Ése era el modelo de las cajas de ahorro, que de esta forma se convertían en una especie de correa de transmisión de las formaciones políticas y con las mismas mayorías.

Este solo hecho ya debería haber hecho sonar todas las alarmas, a no ser que conviniera que fuera así para facilitar los movimientos económicos de los partidos y los flujos dinerarios que iban destinados a ellos, sin demasiada fiscalización por parte de nadie del nivel de endeudamiento y mucho menos del órgano fiscalizador, el Tribunal de Cuentas, cuya conformación era la menos indicada para un organismo de control, como ya se ha puesto de manifiesto en otras partes de esta obra.

De nuevo, la falta de transparencia y responsabilidad (en el sentido anglosajón de *accountability*) en los órganos de dirección de bancos y cajas, y la pasividad de los máximos órganos de control (Banco de España y Comisión Nacional del Mercado de Valores), nos han llevado a liderar el ranking de inyecciones de dinero público en el sector financiero. Es decir, dinero de todos los ciudadanos, que simultáneamente sufren una de las situaciones más desesperadas, con un aumento de la desigualdad y una reducción de los derechos y las prestaciones. Queda clara la ineficacia de un sistema en el que la falta de transparencia contable y financiera y de información compartida les impide participar de una auténtica democracia económica. «Sin derechos reales de intervención en las decisiones (como el derecho de voto de los asalariados en el consejo de administración) la transparencia no sirve para mucho. La información debe nutrir a las instituciones fiscales y democráticas; no es un objetivo en sí. Para que la democracia llegue un día a retomar el control del capitalismo, se debe partir del principio de que las formas concretas de democracia y del capital siempre tienen que estar reinventándose.»[1]

La cuestión que muchos expertos se plantean es si es posible lograr ese control, o, lo que es lo mismo, si las estructuras económicas y políticas afectadas permitirán el control y el acceso de los ciudadanos a los recursos estratégicos. Desde luego, «la disposición y la convicción son factores imprescindibles para cambiar las cosas. Todos hemos sido partícipes en alguna medida de la situación actual... y debemos reflexionar sobre el papel desempeñado por la corrupción generalizada, social, política, judicial y económica en la crisis actual».[2]

Sin duda, las mismas exigencias que debe cumplir la Administración deberían imponérsele a la banca, aumentadas si cabe con la responsabilidad que tiene el sistema bancario cuando el impacto producido por los desastres económico-financieros que lo afectan han llegado a representar, según algunos, más del 8 por ciento del PIB.[3]

Después de los desastres económicos que hemos vivido y de la ausencia de previsión de la crisis y sus consecuencias, con el añadido de las mentiras vomitadas al respecto por políticos y grandes financieros sobre la situación real del país, es muy dudoso que la ciudadanía pueda confiar en los que generaron la propia crisis como los más idóneos para sacarnos de ella si no se producen una depuración y limpieza sin precedentes.

Las explicaciones que dan los expertos insisten en las causas técnicas de la crisis pero huyen y a veces ni siquiera mencionan la palabra «corrupción», como si esta fuera algo que surge después y no en la misma génesis de aquélla. Lo cierto es que si hacemos un análisis de cada uno de los escándalos nacionales e internacionales, vemos como los mecanismos se repiten, y, en muchos casos, esas personas e instituciones han sido las que han tomado decisiones o se han aprovechado de ellas, y, a menos que tengan un trastorno bipolar, si actúan venalmente en un ámbito, también lo pueden hacer en el otro. Creo que ahora más que nunca, como sucediera en la crisis de 1929 en Estados Unidos, procede hacer esa reflexión y, a partir de ahí, sacar las conclusiones y reorientar la dirección de las decisiones. No es necesario ser economista para hacer una valoración ética de lo que ha sucedido y afirmar que es posible hacer las cosas de un modo diferente. Ya no valen las explicaciones que se dan para seguir defendiendo los denominados «paraísos fiscales», instrumentos creados por la economía capitalista para encubrir sus propias carencias, un espacio en el que, sistemáticamente, han ido cayendo personas privadas, públicas, bancarias, corporativas, de toda clase y categoría.

Recuerdo una anécdota que pone de manifiesto la falsedad de los argumentos para defender la existencia de este tipo de lugares en pleno siglo XXI. El ejemplo se produjo en una de las grandes investigaciones que se llevaron a cabo en el juzgado del que yo era titular en el año 2002, en el marco de la investigación penal sobre el BBV, en particular en la pieza que se denominaba «BBV Privanza Bank». La pieza se refería a las cuentas secretas que allí existían y que investigábamos la Fiscalía Anticorrupción y el juzgado, y que tanto resultado dieron desde entonces hasta ahora. La discrepancia surgió con el fiscal general de la isla de Jersey, en el canal de la Mancha, William J. Bailhache, que se negaba a facilitar los datos reclamados porque, según la interpretación que hacía del Convenio Europeo de Derechos Humanos, se interferiría en la privacidad de los clientes. Le respondí que era inadecuada la sugerencia de que el Reino de España podría estar incurriendo en el incumplimiento del Convenio Europeo de Derechos Humanos y le indicaba que «velar por la correcta aplicación del sistema tributario tiene perfecto encaje en las excepciones contempladas en esa declaración» y que «la adquisición de productos fiduciarios *offshore* permite ocultar la identidad del que percibe una renta y la evasión de los impuestos españoles» porque la confidencialidad se estaba otorgando a una entidad que «hace figurar accionistas y consejeros distintos de los reales que actúan como personas interpuestas de quienes verdaderamente están tras ellas». Y le ponía como ejemplo que el banco ofertaba *trusts* (fundaciones) que «no hacían pública la escritura de constitución y por tanto ocultaban la identidad del fideicomitente, violentando los elementos jurídicos del *trust* al facilitar su revocación con una flexibilidad absolutamente extraña en este tipo de instituciones».

Para demostrar aún más la inocuidad de la excusa, mi petición de cooperación del Trust Discretional Standard aparecía en la página 46 del *Manual de productos fiduciarios* localizado durante el registro del BBVA en Madrid, que el banco ofrecía para asegurar la transmisión sucesoria de un patrimonio, fundamentalmente de activos situados fuera del país del cliente y no incluidos en su testamento, libres de impuestos. Es decir, se invitaba directamente a los clientes residentes en España a evadir el impuesto sobre sucesiones cuando realizaran adquisiciones patrimoniales *mortis causa* e, implícitamente, a ocultar la preterición de aquellos herederos que ostentando derechos legales no tuvieran conocimiento de la estructura fiduciaria. Los impresos utilizados para abrir cuentas bancarias estaban redactados en español, y al ser los clientes españoles residentes en España, era la Hacienda Pública española la que resultaba defraudada.

Finalmente, sobre la confidencialidad que exigía el fiscal, le contesté que era cierto que se trataba de un principio rector esencial, pero que el derecho a la intimidad no tiene, ni puede tener, un carácter absoluto e incondicionado, puesto que está matizado por preceptos también de rango constitucional, como el artículo 31 de la Constitución española, en el que se recoge la obligación «de todos» a contribuir al sostenimiento de los gastos públicos mediante un sistema tributario justo. Después de reconocer la envergadura del caso, prestó la colaboración pedida, pero se pusieron de manifiesto las dificultades y el tiempo perdido, durante el cual se pudieron seguir efectuando las operaciones irregulares. En tales cuentas, según se comprobó después, se habrían producido operaciones relacionadas con la financiación de alguna campaña política en un país latinoamericano.

Si causaron sorpresa estos hechos y otros similares que se analizarán aparte, en los últimos años la indignación popular se ha vuelto mucho más intensa ante la crisis económica y las ayudas que muchas entidades han recibido del erario público. Siguen apareciendo e investigándose casos de compra de voluntades políticas, blanqueo de dinero, cuentas secretas, artificios contables, indemnizaciones desorbitadas y balances artificialmente hinchados. Pero ¿se está haciendo todo lo posible? ¿Se está llegando o se va a llegar al fondo?

En este sentido, no son de extrañar las acusaciones realizadas por la Asociación de Inspectores de Hacienda sobre la actuación de la cúpula del Banco de España, supervisor del sistema bancario, de la que afirma que «la forma habitual de reacción ante los indicios de delito es mirar hacia otro lado».[4] También denuncia la fuerte y nada sorprendente injerencia de los políticos y de la banca en el supervisor.

De entre los cientos de casos existentes en este ámbito, sólo voy a repasar los más escandalosos, sin que por ello se quiera restar importancia al resto.

El caso Rumasa

> La sangre se hereda, el vicio se apega.[5]
>
> Mateo Alemán

José María Ruiz-Mateos inició su actividad empresarial en Jerez de la Frontera en 1961, al frente de la empresa familiar de vinos Ruiz-Mateos, S.A. En 1962 creó la sociedad Financiera Rumasa, que en 1968 pasó a llamarse Rumasa S.A.[6]

Rumasa era una sociedad controlada por la familia Ruiz-Mateos, pero quien realmente estaba al mando era José María Ruiz-Mateos, que poco a poco fue dando forma al holding Rumasa. Este holding estaba integrado por cientos de empresas controladas por Rumasa, que era la accionista principal y mayoritaria de las firmas que integraban el grupo. Del holding formaban parte empresas pertenecientes prácticamente a todos los sectores económicos, desde el vitivinícola, en el que llegó a ocupar el primer lugar en la producción de vinos de Rioja y de Jerez, hasta el de la construcción con Hispano Alemana de Construcciones S.A. (Hispacosa), la quinta empresa del sector, o el turístico con Hotasa, que desarrollaba su actividad a través de 34 hoteles, sin olvidar el sector comercial con la desaparecida Galerías Preciados.

Rumasa también se expandió en el ámbito internacional a partir de 1973 con la adquisición de distintas empresas radicadas en el extranjero. Una sociedad domiciliada en Panamá, Inversora Americana S.A., y otra constituida en las Antillas Holandesas, Multinvest N.V., controlaban este nuevo grupo de empresas.

La práctica empresarial de Rumasa S.A. consistía en la adquisición de empresas que estaban en crisis o en mala situación económica. A partir de 1975, el Banco de España comenzó a advertir riesgos en las prácticas de Ruiz-Mateos. Sus advertencias se centraban en el excesivo volumen de créditos concedidos por los bancos de Rumasa a las empresas del grupo, muchas de ellas en difícil situación financiera, asumiendo el banco la posible pérdida. En definitiva, con el dinero que los ciudadanos depositaban en los bancos del grupo se hacía frente a las pérdidas de muchas de las empresas de Rumasa, con el riesgo, muy elevado, de que este dinero no pudiera ser devuelto a los depositantes. Estas prácticas y otras irregularidades detectadas determinaron que a lo largo de los años se incoasen contra los bancos controlados por Rumasa múltiples expedientes por la Inspección del Banco de España.

Al tiempo que se tramitaban estos expedientes, el Banco de España requería insistentemente a José María Ruiz-Mateos para que realizase una auditoría externa que permitiera conocer la verdadera situación financiera de Rumasa S.A. Finalmente, no sin oposición de Ruiz-Mateos, la auditoría se realizó en 1981, y extrajo conclusiones muy negativas sobre el estado de la empresa: entre otros muchos datos, señaló que a 31 de diciembre de 1982 las pérdidas acumuladas por Rumasa eran de 346.092 millones de pesetas; las deudas con la Seguridad Social que pudieron ser comprobadas ascendían a 19.967 millones de pesetas, y las adeudadas a la Hacienda Pública, sólo por las cantidades retenidas a cuenta del IRPF, ascendían a 24.041 millones de pesetas.

El resultado de esta auditoría fue determinante para la expropiación de la totalidad de las acciones de Rumasa S.A., de 18 bancos y de 209 sociedades. La expropiación se realizó el 23 de febrero de 1983 mediante el Real Decreto-Ley 2/1983, que acordó que el Estado tomase posesión inmediata de las sociedades expropiadas asumiendo las facultades de dirección y administración.

Este real decreto dictado por el Gobierno fue respaldado por el Congreso, que más tarde aprobaría la Ley 7/1983, de 29 de junio. Esta ley ordenaba la expropiación de Rumasa S.A. por causa de utilidad pública e interés social, para garantizar la estabilidad del sistema financiero y los intereses legítimos de los depositantes, trabajadores y terceros.

La forma elegida por el Gobierno para llevar a cabo la expropiación, el real decreto, dio lugar a una amplia discusión sobre su adecuación al caso. Al fin y al cabo, el real decreto es una norma que dicta el Gobierno *motu proprio*, con unos límites claros establecidos en su regulación constitucional.[7] La polémica fue zanjada por el Tribunal Constitucional al decidir, por el voto de calidad del presidente, la constitucionalidad de la ley, bendiciendo así la actuación del Gobierno.[8] La Comisión Europea de Derechos Humanos, organismo al que acudió Ruiz-Mateos, también se pronunció rechazando las quejas de parcialidad del Tribunal Constitucional, de indefensión y de discriminación, aunque admitió la queja relativa a la duración excesiva del procedimiento ante el Tribunal Constitucional y la alegación de falta de equidad en el procedimiento, por no haber sido oído el expropiado en la tramitación de la cuestión de inconstitucionalidad.[9] El Tribunal Europeo de Derechos Humanos confirmaría más adelante el criterio de la Comisión.[10]

No sólo la actuación del Gobierno y del Tribunal Constitucional fue objeto de revisión, sino que también lo fue la actividad de José María Ruiz-Mateos al frente de Rumasa. Esta investigación judicial se inició en 1983 y concluyó catorce años después con una sentencia absolutoria.[11] A lo largo de esos años hubo tiempo para todo: disfraces de Superman y de abeja, la agresión a Miguel Boyer y la huida de

Ruiz-Mateos, quien un mes después de la expropiación se trasladó a Londres, de donde volvió a huir tras ser reclamado por la Justicia española. Ruiz-Mateos sería detenido meses después en el aeropuerto de Frankfurt. Fue extraditado un año y medio después desde Alemania para ser juzgado por los tribunales españoles.

A pesar de que se dictó sentencia absolutoria, el proceso Rumasa puso sobre la mesa algunas de las prácticas empresariales irregulares que Ruiz-Mateos había cometido en su gestión del grupo, como por ejemplo:

- La ocultación de pérdidas económicas de los bancos del grupo mediante artificios contables, como anotaciones de supuestas cantidades pendientes de cobro o la creación de falsas cuentas de crédito. Se crearon un total de diecisiete cuentas con créditos ficticios contra empresas supuestamente deudoras, por un valor total de 1.766.600.000 pesetas.
- La existencia de una doble contabilidad. En Rumasa, aparte de la contabilidad oficial se llevaba otra privada, interna e informal, para dar a conocer la situación financiera «real» de Rumasa a los socios (todos ellos familiares de Ruiz-Mateos). En esta contabilidad privada se realizaron anotaciones que inflaban arbitrariamente el valor del activo de la sociedad para compensar las pérdidas.
- La elaboración de facturas falsas. Para revalorizar los bancos comprados por Rumasa que se encontraban en dificultades económicas, se hicieron anotaciones contables correspondientes a supuestas obras de reparación o reforma de los edificios donde radicaban las oficinas bancarias, con la finalidad de elevar el valor del inmueble. Estas obras eran ficticias, pues no se ejecutaban. Para ello fueron expedidas certificaciones y facturas falsas por un importe total de 880.800.000 pesetas.
- La elusión del pago de impuestos y de las cotizaciones a la Seguridad Social. A partir de 1978, se dieron órdenes de que se liquidase a Hacienda únicamente una parte del IRPF retenido a los empleados o a los inversores. El grupo siguió esta estrategia durante los cinco años anteriores a la expropiación

debido a la falta de liquidez de la mayoría de las empresas. En total, la deuda tributaria de las empresas de Rumasa por falta de liquidación del IRPF ascendía, a 23 de febrero de 1983, a 5.238.319.589 pesetas.

- Por orden de José María Ruiz-Mateos, tampoco se liquidaban de forma completa y regular las cuotas de la Seguridad Social. A 23 de febrero de 1983, la deuda con la Seguridad Social de 97 empresas del total de las expropiadas, y de otras 57 empresas del grupo no incluidas en la expropiación, era de 10.874.607.441 pesetas.

Los tribunales no apreciaron que estas conductas fueran delictivas, en esencia porque faltaba el elemento del perjuicio a terceros en los delitos de falsedad y de estafa.[12] En cuanto a las cantidades defraudadas a la Seguridad Social y a Hacienda, Ruiz-Mateos no podía ser juzgado por delito fiscal debido al acuerdo de extradición aprobado por las autoridades alemanas.

El caso Rumasa dio lugar a multitud de procedimientos judiciales no sólo en España,[13] sino también fuera de nuestras fronteras. Probablemente, las sentencias más significativas son la del juez Peter Gibson, de la Alta Corte británica (11112 de 1986), y la de la jueza June Green de Estados Unidos (29 de enero de 1991). En ambas resoluciones se da la razón al Estado español y los jueces relatan múltiples irregularidades en la gestión del grupo antes de ser expropiado, irregularidades que coinciden con las cometidas al frente del holding español.[14]

Tras su absolución por el caso Rumasa, se siguieron y se siguen contra Ruiz-Mateos un rosario de procedimientos penales por su proceder al frente de otras empresas. Así, por ejemplo, en 2005 fue condenado a tres años de prisión como autor de un delito de insolvencia punible en relación con la compra de la empresa Mundo Joven S.A.[15] Ruiz-Mateos adquirió en 1998 esta empresa, que se hallaba en situación de quiebra. Al efectuar esta compra, Ruiz-Mateos asumía el activo y el pasivo (sus deudas, acreedores y los procedimientos judiciales). Lejos de reflotar la sociedad y continuar con sus actividades, y dado que la había comprado por el precio simbólico de 600 pesetas, tres días después de su compra sacó del activo de la sociedad el bien de mayor valor, la planta comercial tercera de la calle Alcalá n.º 22 de Madrid, para ponerla a salvo de los acreedores de Mundo Joven S.A. y para obtener, en su beneficio y en el del resto de sus colaboradores, 185 millones de pesetas, frustrando así la posibilidad de cobro de los acreedores de Mundo Joven S.A.

Nueva Rumasa

El último escollo judicial de Ruiz-Mateos, aparte de su omnipresencia como acusación popular en múltiples procedimientos judiciales y como denunciante en otros tantos a lo largo de veinte años, es el caso Nueva Rumasa, que está siendo juzgado en la actualidad por la Audiencia Nacional, que investiga una presunta estafa de los administradores de la empresa (la familia Ruiz-Mateos) por la comercialización entre 2009 y 2011 de los llamados «pagarés de empresa». La Fiscalía Anticorrupción estima que la familia Ruiz-Mateos captó un total de 385,3 millones de euros de 4.110 inversores mediante la emisión de pagarés de trece empresas del grupo Nueva Rumasa. De las trece sociedades emisoras de pagarés, ocho no han pagado ninguna cantidad a sus 1.208 inversores.[16]

El juez investiga el desvío del dinero recaudado mediante los pagarés a sociedades domiciliadas en Suiza y en paraísos fiscales como Belice o las Antillas Holandesas, entre otros. Los Ruiz-Mateos emitieron estos pagarés afirmando que iban a destinar las inversiones a la expansión del negocio. Parece que no fue así, dado que la compañía se encuentra actualmente en fase de liquidación.

Todo ello sucedió a pesar de las advertencias de las autoridades monetarias, en este caso de la Comisión Nacional del Mercado de Valores (CNMV), que desde mayo de 2009 advirtió de los riesgos que presentaba la comercialización de estos pagarés (advertencias realizadas el 22 de mayo, el 24 de septiembre, el 15 de octubre y el 23 de diciembre de 2009).[17] La CNMV ponía el acento tanto en la publicidad de los pagarés ofertados, que podía inducir a equívoco, como en la falta de garantías, control y supervisión, recomendando contar con asesoramiento profesional previo a quienes estuviesen pensando adquirir tales pagarés.[18]

Mientras tanto, continuaba el reguero de noticias y procedimientos judiciales contra la familia Ruiz-Mateos:

- El Juzgado de Instrucción n.º 20 de Barcelona investiga a José María Ruiz-Mateos y a sus seis hijos varones por dos presuntos delitos contra la Hacienda Pública, con los que pueden haber defraudado 4,2 millones de euros en la venta de unas fincas en Algaba (Sevilla) en 2007 (Europa Press, 1/2/2013).
- El Juzgado de Instrucción n.º 16 de Madrid ha ordenado incoar diligencias previas tras la querella criminal presentada por Begoña Ruiz-Mateos, una de las siete hijas del fundador de Nueva Rumasa, contra sus seis hermanos varones por los supuestos delitos de estafa, apropiación indebida, administración desleal, insolvencia punible, blanqueo de capitales y alzamiento de bienes, entre otros (Europa Press, 18/10/2012).
- Javier Ruiz-Mateos, uno de los hijos del empresario José María Ruiz-Mateos, ha sido imputado por estafar presuntamente unos 12 millones de euros al grupo empresarial de la familia Hoz en la compra de una sociedad hotelera, habiendo derivado las responsabilidades hacia su padre al aseverar que fue éste quien llevó a cabo todas las negociaciones (Europa Press, 15/3/12).
- La jueza Alaya impone una fianza de 8,7 millones de euros a los seis hijos de Ruiz-Mateos por los ERE fraudulentos.[19]

Parece difícil, cuando no imposible, poner fin a esta historia, que en algunos momentos se ha cruzado intensamente con la política, bien buscando favores o influencias, bien ofreciéndolos o bien denunciándolos.

El caso Banca Catalana y los Pujol

> A vegades és necessari i forçós
> que un home mori per un poble,
> però mai no ha de morir tot un poble
> per un home sol.[20]
>
> Salvador Espriu

En su libro *Música celestial. Del mal llamado caso Millet o caso Palau*, el periodista Manuel Trallero cita un panfleto escrito por Jordi Pujol en 1960 que recoge esta afirmación: «El general Franco, el hombre que pronto vendrá a Barcelona, ha elegido como instrumento de gobierno la corrupción».[21] En una entrevista sobre este libro, el autor reflexiona sobre la cita del que llegaría a ser el *president* de la Generalitat de Catalunya, no ajeno al mal que apuntaba: «Fue una gran aportación teórica de Pujol para tratar de explicar la ya por entonces larga supervivencia de la dictadura. Y sin embargo, la corrupción ha estado presente en los años de su largo mandato».[22] Pero la historia se construye a lo largo de toda una vida, y ahora habría que preguntarle al señor Pujol qué opina de su propia posición y de los engaños personales y políticos sobre la corrupción propia y de su entorno. No me resisto a contarles una anécdota que viví en primera persona con el *president* Pujol en septiembre de 1997 en São Paulo (Brasil), con motivo de una reunión sobre la situación económica mundial que organizó el World Economic Forum. Cuando nos saludamos en el hotel donde se celebraba el encuentro, hablamos del caso Sogecable, en el que recientemente yo me había abstenido en la recusación del juez Gómez de Liaño, de la Diada, que se celebraba al día siguiente, y de unas declaraciones un tanto polémicas que había hecho sobre Cataluña. A renglón seguido me preguntó: «A ver, juez Garzón, ¿cómo está el tema de la corrupción en España?». Me sorprendió la pregunta, pero le di mi opinión sobre la difícil situación en ese momento y le expuse que la corrupción era una constante que no se acababa, principalmente por falta de interés en los políticos. Me dijo que tenía razón, que ni el PSOE ni el PP hacían nada para mejorar y que en Cataluña no existía ese problema. En ese momento no pude evitar recordar el caso Banca Catalana, pero tuve mala suerte porque la conversación se cortó ahí al marcharse el Molt Honorable a su panel. Sobran las palabras.

Los Pujol

Jordi Pujol ha representado el ideal de Cataluña durante sus más de veinte años de presidencia. Su compromiso con la nación catalana, su trabajo incansable y su clarividencia en el Gobierno de la nación le permitieron traspasar las barreras del reconocimiento para convertirse en un símbolo, que la historia colocaría posiblemente junto a Francesc Macià o Lluís Companys. Pero en julio de 2014 ocurrió lo impensable: Jordi Pujol declaró que durante treinta y cuatro años había ocultado al fisco una cantidad indeterminada de dinero. La honorabilidad del *president* estalló en mil pedazos y, con ella, Cataluña se sumió en la estupefacción más profunda.

La declaración se produjo tras dos años de insinuaciones y publicaciones sobre el clan Pujol y sobre viajes clandestinos del primogénito del ex líder de CiU con bolsas llenas de billetes de 500 euros a Andorra (donde se le encontró una cuenta con 3,7 millones de euros).[23] El 25 de julio de 2014, el que fuera presidente de la Generalitat catalana durante veintitrés años emitió un comunicado en el que declaraba la existencia de un patrimonio (cuya cantidad no especificaba) no regularizado en el extranjero, supuestamente procedente de las actividades económicas de su padre, Florenci Pujol. Según el comunicado, el ex presidente aceptó la herencia tan sólo cinco meses antes de su entrada en política, y no tuvo tiempo, en los treinta y cuatro años transcurridos desde entonces, de regularizar este dinero.[24] Una noticia que ha dejado a la sociedad catalana sumida en un profundo estupor y que ha enrarecido aún más el ambiente de la política nacional, en pleno auge del independentismo liderado por CiU y ERC.

En su declaración, el ex presidente intentaba exculpar a sus siete hijos y a su mujer de cualquier responsabilidad, inmolándose con la seguridad de que a sus ochenta y cuatro años no pisará una prisión.[25] Sin embargo, la inocencia de sus vástagos está en cuestión, puesto que, como si se tratase de un culebrón venezolano, Jordi Pujol hijo está ante la Audiencia Nacional por las declaraciones y la denuncia de su ex pareja María Victoria Álvarez, que asegura que la fortuna de la familia Pujol no proviene de la herencia de Florenci Pujol, sino de las comisiones recibidas por la adjudicación irregular de obras públicas. Algo habitual y, desgraciadamente, nada sorprendente en estos días, y que se ve por el momento confirmado en el informe del Cuerpo Nacional de Policía, que asegura que el patrimonio de Jordi Pujol hijo tiene su origen en la «corrupción política». Por supuesto, en este informe también aparecen ciertas operaciones ligadas a la especulación inmobiliaria. En una operación cuyo autor intelectual se considera que es Jordi Pujol Ferrusola, Mercè Gironès (su ex mujer) adquirió dos fincas que consiguió vender a los cuatro años, por un valor muy superior al precio de compra, a una empresa llamada Promopalamós. La policía explica que esta elevación del precio de los terrenos obedeció a que se cambió la calificación, casualmente, un mes antes de la venta de las fincas por parte del matrimonio, pasando de ser suelo rústico no urbanizable a suelo urbanizable. Por último, el informe investiga las inversiones millonarias del hijo de Pujol en Argentina, con claros tintes políticos y en las que, una vez más, Mercè Gironès aparece como titular de las acciones y autora ficticia de las operaciones.

El 30 de julio de 2014, la magistrada Beatriz Balfagón incoó diligencias previas tras las investigaciones que comenzaron a raíz de las declaraciones del *president* Pujol, y el 11 de diciembre de 2014 emitió un auto en el que imputaba a Jordi Pujol, su mujer, Marta Ferrusola, y tres de sus hijos (Marta Pujol Ferrusola, Mireia Pujol Ferrusola y Pere Pujol Ferrusola).[26] Los cinco comparecieron el 27 de enero de 2015 para declarar sobre el origen de sus cuentas en Andorra, la supuesta herencia del abuelo Florenci Pujol.[27]

En el auto, para justificar la medida la magistrada explica que los imputados regularizaron los fondos de Andorra (más de 3 millones de euros, una cantidad «desorbitada»), cuyo origen se desconoce y debe ser investigado, porque «puede no derivar de las fuentes lícitas de renta de esas personas». La ausencia de presentación de documentación sobre el testamento o la aceptación de la herencia paterna es, para la jueza, «sospechoso».[28]

La magistrada Beatriz Balfagón recuerda que los indicios de corrupción política «no aparecen concretados ni resultan evidentes ni palpables». El auto, de cuatro páginas, señala que no puede demostrarse que el dinero «procede del cobro de comisiones ilegales por la adjudicación de obras», por lo que «habrá que aguardar al avance de la instrucción». Y, en ese sentido, insistió en la práctica de la comisión rogatoria, librada inicialmente en agosto de 2014 a las autoridades de Andorra.[29]

Ante el archivo de una causa abierta contra Jordi Pujol en Liechtenstein por un presunto delito de blanqueo de capitales, la magistrada Beatriz Balfagón libró en su auto una nueva comisión rogatoria a las autoridades de Liechtenstein a fin de que informen sobre las actuaciones que se siguen por la Princely Court of Justice, comisión que está pendiente de resultado.[30]

A todo esto, el enfado del *president* es memorable cada vez que se le acusa de tener relación con la corrupción, ajustándose al guión que, en una especie de ritual, escenifican todos y cada uno de los imputados, hasta que dejan de hacerlo y asumen sus conductas.[31]

En este punto, recuerdo una anécdota ocurrida durante la investigación del secuestro de un ciudadano francés a manos de los GAL en el sur de Francia, ya citado en este libro. Estando la causa bajo secreto, y sin conocimiento ni autorización mía, aunque sí del ministro Belloch, el imputado Julián Sancristóbal, que había sido director de la Seguridad del Estado, grabó desde la prisión de Alcalá Meco una especie de declaración, emitida poco después en el telediario de TVE de las tres de la tarde, en la que me acusaba de una conspiración contra los imputados de acuerdo con el diario *El Mundo* y, específicamente, con su director. Seis meses después, pidió declarar ante mí y me relató todos los entresijos del caso, su participación y la implicación de altos mandos de Interior en el secuestro. Es decir, el mismo *modus operandi* que se produce en la mayoría de los casos de corrupción: negación en primer término, evasivas a las preguntas e incluso enfado ante las acusaciones a continuación, como si los hechos que corroboran las dudas sobre su supuesto comportamiento impecable no tuvieran nada que ver con la realidad, y reconocimiento o comprobación final de los hechos.

Jordi Pujol Ferrusola, el mayor de los hijos de Pujol, y su ex mujer, Mercè Gironès, están imputados en el caso Adjudicaciones, por un presunto delito de blanqueo de capitales y otro contra la Hacienda Pública.[32] El juez Pablo Ruz, de la Audiencia Nacional, es quien lleva a cabo la investigación. Al parecer, entre 2008 y 2012 el primogénito movió 55 millones de euros que procedían de paraísos fiscales como Suiza, Luxemburgo, Andorra y Liechtenstein. El informe se basa en determinadas operaciones mercantiles ligadas a la adjudicación de un complejo de tratamiento de residuos en Tivissa (Tarragona) en las que se constata indiciariamente una «confusión de intereses», por el traspaso de activos, de los que él sería el titular, como asimismo de las plusvalías y donde Mercè Gironès también está imputada por blanqueo de capitales.

En sus declaraciones, el imputado Pujol Ferrusola negó que tuviera cuentas bancarias en el extranjero y la señora Gironès reconoció tener una cuenta en Miami (Estados Unidos) y haber tenido una cuenta bancaria en Luxemburgo.[33] Sin embargo, el auto concluye que «el imputado Jordi Pujol Ferrusola ha dispuesto de la cantidad de 2.435.000 euros, depositada en la Banca Privada de Andorra a favor de la sociedad editorial mexicana Anzuelos Soluciones S.A. de C.V. mercantil cuya actividad declarada es la de "comercializadora en general", siendo que al parecer su principal accionista es la mercantil FINCEN S.A., empresa de nacionalidad mexicana con un objeto social declarado amplio: editorial, agropecuario, cultural, forestal y comercialización».[34]

En el auto se imputa a nueve personas más.[35] No consta, continúa el auto, «la relación que pudiera tener el imputado con la mercantil mexicana Anzuelos Soluciones S.A. de C.V, ni la razón por la que los fondos fueron remitidos a la misma. Lo que sí consta en el procedimiento son las declaraciones del imputado en las que negó tener fondos en el extranjero y sin embargo se conoce esa disposición de fondos en Andorra. También consta en el procedimiento que tal disposición de fondos se realizó el 4 de agosto, después de haberse expedido la correspondiente Comisión Rogatoria a Andorra, concretamente por resolución de fecha 29 de julio de 2014».

Una vez más, la maquinaria de la justicia se ha puesto en marcha. Las imputaciones contra las empresas de Jordi Pujol Ferrusola y contra su ex mujer se mantienen; las que se han formulado contra Oriol Pujol Ferrusola, el más pequeño de los hijos, por tráfico de influencias en el caso de las ITV, también avanzan.[36] En una resolución reciente, la Sala Civil y Penal del Tribunal Superior de Justicia de Cataluña acordó declararse competente para instruir esta causa, al apreciar indicios de corrupción (supuesto amañamiento de un concurso de estaciones de ITV).[37] Según el escrito de la fiscalía, se sospecha que cobró comisiones por beneficiar a un empresario amigo interesado en las deslocalizaciones de fábricas que dejaban Cataluña. Su mujer, Anna Vidal, cobró 700.000 euros del principal empresario de la trama, Sergi Alsina, por el soporte político que el hijo de Jordi Pujol ofrecía a la red corrupta.[38]

Oriol Pujol, que tuvo que abandonar su escaño parlamentario en Cataluña y la secretaría general de Convergència Democràtica de Catalunya, el partido que fundó su padre, también está siendo investigado por el juez Santiago Pedraz, del Juzgado Central de Instrucción n.º 1 de la Audiencia Nacional, por supuestos delitos de blanqueo de capitales y contra la Hacienda Pública.[39] En este proceso (caso oficinas del Santander) se halla imputada una hija del ex ministro de Trabajo y ex presidente de la Comunidad Valenciana, Eduardo Zaplana, cuyo marido, Luis Iglesias, también imputado, era socio de Oleguer Pujol y fundador de la gestora Drago Capital.

Pedraz y la fiscalía tienen el foco puesto sobre siete operaciones inmobiliarias realizadas por empresas con las que Oleguer Pujol colaboró. Entre las operaciones que se investigan, figuran la compra a título personal de 1.152 oficinas del Banco Santander, por un valor de 2.117 millones de euros, la adquisición de edificios de Bankia, la compra de un hotel en Canarias y varias operaciones realizadas entre la empresa Longshore y Prisa División Inmobiliaria. También investigan sobre las ampliaciones de capital entre sociedades (residentes fiscales en España y no residentes), inversiones que para la fiscalía no parecen tener financiación suficiente.[40]

Banca Catalana

Los casos que se están abriendo contra la familia Pujol traen a la memoria el proceso de Banca Catalana, que alteró la convivencia entre

España y Cataluña en 1982. Para entender lo que ocurrió entonces hay que ir treinta y dos años atrás, justo tras la intervención de Banca Catalana por el Banco de España, cuando el caso inició su andadura judicial.

«La observancia de la ley es la verdadera grandeza y a la vez servidumbre de la práctica de la abogacía. Respecto a la ética profesional de los abogados en particular, lo más correcto es acudir al mandato constitucional que se deriva de la tutela judicial efectiva. Desde mi perspectiva como abogado estoy obligado, he dicho bien, obligado, a poner al servicio de la posición de mi cliente todos, repito, todos, los medios y recursos legales de los que tenga conocimiento y estén a mi alcance.»[41]

Así hablaba Joan Piqué i Vidal, abogado de Javier de la Rosa en el caso Torras y de Jordi Pujol en el caso Banca Catalana. Después de todo lo acontecido y de su propia condena a siete años de prisión por prevaricación y cohecho en el caso Estevill, analizado más adelante, estas declaraciones provocarían hilaridad si no fuera por la gravedad que conllevan al provenir de alguien que, como abogado, debería cumplir esa máxima (y no mofarse de ella con el ejemplo contrario). También ejemplifican la íntima relación entre el poder y los delitos económicos en la «ciudad de los prodigios» en los años ochenta y noventa. Evidentemente, un cliente no es culpable de los delitos de su abogado, pero estas coincidencias no dejan de mostrar relaciones no demasiado ejemplares y, por supuesto, nada casuales.

El caso Banca Catalana se enfocó como un ataque a Cataluña desde el poder central al calor de titulares como «¡Cataluña atacada!».[42] El catalanismo se rasgó las vestiduras y el caso se recuerda como un ultraje del Gobierno central contra la vana pretensión catalanista de lograr un banco propio. De hecho, en octubre de 2009 Artur Mas atribuyó los ataques políticos que recibía por el caso Palau a una operación de desgaste contra el proyecto catalanista que lidera, realizada por el poder central, al igual que ocurrió con el caso Banca Catalana.[43]

Los orígenes de Banca Catalana no dejan de ser polémicos. En el número 15 de la angosta y decadente calle Clivillers, en Olot, todavía puede observarse un escudo en una casa señorial. En esa misma casa, en 1904, Salvador Dorca y Jordi Bracons crearon Dorca y Compañía, un pequeño banco local que Salvador Dorca dirigió hasta su muerte en 1927, momento en el cual pasó a sus hijos Joan, Alfred y Claudi.[44] En 1947 empezó a operar como Banca Dorca S.A., y se instaló en la calle Sant Esteve de Olot.

Según algunos testimonios Florenci Pujol, padre de Jordi Pujol, se había especializado en ser una especie de mediador para ayudar a empresarios catalanes a sacar dinero del país, fundamentalmente hacia Suiza. Por ello, en el *BOE* del 9 de marzo de 1959 apareció en una relación de 872 personas señaladas por evadir dinero a través de la banca suiza.[45]

En 1959, Florenci Pujol y David Tennembaum adquirieron la Banca Dorca, algo que tuvo que hacerse mediante un testaferro debido a sus problemas con la justicia, y a finales de 1960 abrieron la primera sucursal en Barcelona, gracias a la compra por traspaso de la sucursal de la Banca López Quesada.[46] En abril de 1961 ampliaron el capital social a 15 millones de pesetas y trasladaron la sede social del banco de Olot a Barcelona. En ese momento cambió el nombre de la entidad y nació Banca Catalana. Su objetivo era contar con un grupo financiero fuerte, que estuviera en primera línea de la carrera de los Pujol y que fuera parte del motor impulsor de la expansión industrial y económica de Cataluña. Durante las décadas de los sesenta y setenta, y como consecuencia de la Ley de Ordenación Bancaria, un tímido intento del Gobierno franquista para ordenar la caótica banca española, Banca Catalana pasó por una etapa expansionista, y llegó a abrir oficinas en Valencia, las Islas Baleares, Bilbao, Zaragoza y Madrid.[47]

En esa etapa logró absorber bancos como el de Expansión Comercial de Capellades, el Banco Mercantil de Manresa y el Banco de Barcelona. En paralelo integró al Banco Industrial de Cataluña, con carácter de socio mayoritario. También, a petición del Banco de España, se hizo cargo del Banco de Gerona en el año 1975 y del Banco Industrial del Mediterráneo en el año 1979.[48] Jordi Pujol ocupó la dirección de la entidad hasta 1977, cuando decidió dedicarse a la vida política. En definitiva, puede decirse que, en 1981, Banca Catalana era el primer grupo bancario de Cataluña y el décimo de España, y llegó a abrir delegaciones en Londres, París y México.[49]

En este punto merece la pena hacer una reflexión. En la historia de España se han producido numerosas crisis bancarias que han tenido que resolverse mediante la intervención estatal. Podemos enumerar unos cuantos casos más o menos conocidos: el de la Banca Garriga Nogués (en la que estuvo implicado De la Rosa), Rumasa (implicada la familia Ruiz-Mateos), Bankia (implicados Miguel Blesa, Rodrigo Rato y otros), Banco de Valencia (con José Luis Olivas), Banesto (con Mario Conde), etc. Viendo esta lista se podría afirmar que nos encontramos ante un sistema, el bancario, lleno de riesgos, y que en España ha ocasionado pérdidas gigantescas. Es inexplicable que este problema, que por su importancia y recurrencia se muestra como un asunto clave en la marcha económica del país, no haya recibido la atención debida.

Pues ¿cómo se hunde un banco? Un banco se compone de pasivos (depósitos) y activos (créditos e inversiones). En principio, la crisis en un banco puede originarse en los pasivos, con retiradas masivas de depósitos por una repentina falta de confianza de los depositantes. También puede tener origen en los activos, debido a un deterioro de los activos crediticios o de las inversiones. En general, las crisis en las entidades bancarias españolas no se han producido por parte del pasivo, ya que nunca se han dado retiradas masivas de depósitos, sino que el origen de las crisis bancarias se ha producido generalmente debido al deterioro de los activos, bien sea por cambios bruscos en la situación económica, o bien por una gestión incompetente o delictiva.

El papel del regulador en el sistema bancario debería ser clave, puesto que, tal y como hemos podido experimentar durante las distintas crisis que han azotado a nuestro país, en todas ellas el que finalmente paga es el Estado, es decir, todos los contribuyentes. El regulador debería procurar que los bancos, a través de inspecciones, auditorías, información y transparencia, sigan unas reglas de gestión del riesgo y de cualificación del balance que eviten los riesgos a los que se enfrentan. No obstante, como hemos podido observar a lo largo de la historia —y por desgracia seguimos observando hoy en día—, los organismos reguladores en España adolecen de graves deficiencias por su sumisión al poder político de turno, y al final su mala praxis la pagamos todos.[50] Tal y como dijo el presidente de la Comisión Europea, José Manuel Durão Barroso, en una rueda de prensa en junio de 2014, las prácticas de la banca española (categoría en la que se incluyen las cajas de ahorro) han generado un agujero que ha requerido una línea de ayuda de la UE de 100.000 millones de euros, aunque algunas fuentes citan unas necesidades de capital que llegan al 25 por ciento del PIB.[51]

¿Cuál es el origen concreto de estos agujeros? Cada caso de banco quebrado tiene en su haber operaciones con orígenes distintos, pero podemos describir, en una somera lista, un conjunto de operaciones que ejemplifican el descalabro de los gestores bancarios, la incapacidad de los mecanismos internos de auditoría de los mismos bancos y la evidente incompetencia de los órganos reguladores. Veamos algunas operaciones: Bancaja asume un riesgo de 357 millones de euros con el Valencia Club de Fútbol; Caja Madrid asume un riesgo de 1.200 millones de euros con Martinsa-Fadesa, la mayor propietaria de suelo urbanizable de Madrid; inversiones fraudulentas de Banesto en Isolux, Oil Dor y otros; Caja Madrid Crédito concede 76 millones de euros al Real Madrid para la compra de Cristiano Ronaldo, y un largo etcétera.[52]

No es difícil concluir que la banca española ha sufrido siempre tanto un déficit de regulación como un exceso de libertad a la hora de asumir riesgos, así como una abundancia inusitada de aventureros en sus órganos de dirección, lo que ha generado crisis sucesivas que, a lo largo del tiempo, han aumentado en volumen y alcance, culminando en la actual crisis bancaria.

En la década de los setenta, la banca española atravesaba por una de las crisis más importantes hasta la fecha. Entre 1977 y 1985 desaparecieron más de la mitad de los 110 bancos que operaban en España. En su mayoría estaban recién creados, o habían sido adquiridos por personas adineradas o que aspiraban a aumentar su patrimonio y que, generalmente, no tenían ninguna experiencia en la gestión de un banco.[53] En medio de este panorama se creó el Fondo de Garantía de Depósitos de las Entidades Bancarias (FGDEB). La idea era que el fondo controlara y saneara los bancos en dificultades, y luego los subastara entre un abanico de gestores privados con un capital suficiente y, sobre todo, con un alto nivel de profesionalidad. La otra vía de saneamiento fueron los procesos de absorción directa de algunos bancos por otros.[54] El propio FGDEB hizo una importante aportación de más de 1.000 millones de euros para el saneamiento de unos veintiún bancos.[55]

En ese contexto, en 1979 La Caixa adquirió el 7 por ciento de Banca Catalana bajo las condiciones de un pacto avalado por dos sociedades filiales de la misma, con intereses al 14 por ciento anual acumulados en el caso de recompra. Luego se hipotecaron algunos edificios y la negociación con La Caixa dio un nuevo aire de tranquilidad a Banca Catalana. Pero, a finales del mismo año, el riesgo total de La Caixa con Banca Catalana llegó a rozar los 6.000 millones de pesetas.[56]

Ante esta situación, el Banco de España comenzó una inspección y en 1982 la agencia Europa Press hizo públicos datos confidenciales que aludían a una posible suspensión de pagos de Banca Catalana.[57] Esto hizo saltar las alarmas y la información fue publicada por todos los medios de comunicación. Las colas en las distintas sucursales no se hicieron esperar y Banca Catalana se encontró con un serio problema de liquidez. Desde el Banco de España se nombró un nuevo consejo de administración que envió informes poco alentadores advirtiendo sobre la urgencia de inyectar fondos. Es más, el nuevo equipo solicitó de inmediato una auditoría por parte de una empresa sólida y seria.[58] Se eligió a la auditora Price Waterhouse. Lo que se supo es que las cifras superaban lo esperado y que el agujero iba en aumento, llegando a alcanzar los 130.000 millones de pesetas. Esa situación superaba con creces los temores del Banco de España.

En septiembre de 1982, el Banco de España tuvo que intervenir Banca Catalana manteniendo el mismo consejo de administración y designando un equipo interventor, bajo la presidencia de Juan Antonio Ruiz de Alda, que a su vez era el presidente del Fondo de Garantía de Depósitos de las Entidades Bancarias (FGDEB). Tras la intervención del Banco de España, el grupo fue traspasado a un consorcio integrado por toda la banca española y su gestión fue encomendada al Banco de Vizcaya, que se ofreció a ello a cambio de una opción de compra, adquiriendo finalmente el 89 por ciento de las acciones de Banca Catalana.[59]

Tras ese proceso, el diario *El País*, el 17 de mayo de 1984, justo antes de las elecciones en Cataluña, anunció en portada que la Fiscalía General del Estado estaba terminando de elaborar una querella contra Jordi Pujol y el resto de los directivos de Banca Catalana. Lo cierto es que, con la intervención del Banco de España, desaparecieron los ahorros de muchas familias y de miles de pequeños inversores, sin que sucediera lo mismo con el dinero de algunos administradores de la entidad.

Los fiscales Carlos Jiménez Villarejo y José María Mena presentaron unos días más tarde una querella contra los directivos de Banca Catalana por tres supuestos delitos de apropiación indebida, falsedad en documentos públicos y manipulación para alterar el precio de las cosas. En concreto, se les acusaba de la compra irregular de valores inmobiliarios, con dinero de la «caja B», para financiar diferentes operaciones no regulares de la entidad.

Jordi Pujol acababa de ganar las elecciones autonómicas y, con muy buen manejo político, tuvo la destreza de convertir aquella querella en una maniobra de Madrid contra Cataluña, «en el mal perder de los socialistas» que los diarios catalanes tildaron de «sabotaje»: «Nos quieren confiscar la victoria y la honorabilidad», y afirmaciones semejantes.[60]

En octubre de 1984, el fiscal Jiménez Villarejo interrogó durante casi dos horas a Jordi Pujol sobre el caso Banca Catalana, en el Pati dels Tarongers de la Casa dels Canonges.[61] Al interrogatorio, que se realizó íntegramente en catalán, asistió el abogado defensor de Pujol, el procesalista Joan Piqué i Vidal. Los fiscales también sostenían, entre otros hechos, que Pujol y el resto de los consejeros se habían repartido 516 millones de pesetas en dividendos entre 1974 y 1976, época en la que el banco ya sufría pérdidas sustanciales. Ambos fiscales, pertenecientes a la Unión Progresista de Fiscales, realizaron una investigación que duró tres años. Pero en noviembre de 1986 el pleno de la Audiencia Territorial de Barcelona decidió, por 33 votos a favor y 8 en contra, exculpar al presidente de la Generalitat de cualquier tipo de responsabilidad en la gestión de Banca Catalana.[62]

El resto de las imputaciones se mantuvieron hasta que la Audiencia Provincial de Barcelona decretó el sobreseimiento definitivo del sumario en febrero de 1990, dado que no encontró indicios suficientes para que dichas actuaciones fueran constitutivas de delito, sino que consideró que lo que se produjeron fueron más bien «desaciertos de gestión».[63]

Jordi Pujol, experto en repartir las responsabilidades entre todos menos a él, atribuyó al Ministerio Público «una inmensa mala jugada» del PSOE, que se encontraba a la cabeza del Gobierno. Lluís Prenafeta, con quien Artur Mas empezó su carrera, y que era el secretario general de la Presidencia durante el mandato de Pujol, incluso montó una manifestación de apoyo al presidente.[64]

Tras la exculpación del presidente y, más adelante, del resto del consejo de dirección del banco, la sociedad catalana respiró aliviada. Sin embargo, los razonamientos de la sentencia de archivo «a la carta» son de difícil asimilación. Por un lado, se exculpó a los imputados al considerar que la apropiación indebida no fue tal, ya que no aumentó el patrimonio de los imputados. Hoy, después de los últimos descubrimientos policiales, eso podría cuestionarse, así como que la caja B existente en el banco se llevaba por una cuestión de «operatividad» del mismo.[65] El archivo se acordó y se mantuvo, pese a que los recursos presentados por los fiscales demostraban, en contra de la tesis del tribunal, que el comportamiento de la cúpula de Banca Catalana se basaba en un posible enriquecimiento personal. La resolución de la sala sólo habló de una gestión imprudente, pero no delictiva.[66]

Cuando escribo estas palabras, se desconoce cuál será el destino judicial final del clan Pujol, pero sí puedo decir que cuando Jordi Pujol me preguntó en São Paulo aquel septiembre de 1997 cómo estaba la corrupción en España, está claro que él tenía más información y más cercana que yo sobre el particular. En todo caso, la calidad moral de CiU, tantas veces proclamada, ha sido dinamitada. La ética del Molt Honorable se ha volatilizado, quedando afectada también la de su abogado, Piqué i Vidal, y la de sus fieles colaboradores, Lluís Prenafeta y Macià Alavedra; mientras, la sede del partido está embargada por el caso Palau.[67] Una triste realidad de una dinastía clave en la Cataluña de la Transición.

El caso de los Albertos: la historia del caso Urbanor

> Quienes creen que el dinero lo hace todo, terminan haciendo todo por dinero.
>
> Voltaire

La del caso Urbanor es la historia de un engaño. Imagínese usted que encarga a su socio la venta de su coche. Éste lo vende por 9.000 euros, pero a usted le dice que lo ha vendido por 6.000 y se queda con los 3.000 euros de diferencia. Esto es exactamente lo que hicieron Alberto Cortina y Alberto Alcocer con la venta al grupo KIO de 125.000 metros cuadrados de terreno propiedad de la empresa Urbanor. Estos terrenos se ubicaban en la plaza de Castilla de Madrid, donde en la actualidad se alzan las llamadas torres KIO.

Alberto Cortina era el presidente de Urbanor y, junto con Alberto Alcocer, eran los titulares del 40 por ciento del capital social de la empresa. El resto de las acciones pertenecían a Promotora de Negocios Astor, con un 32 por ciento, y a Construcciones San Martín y Horwitz Corporation, con un 14 por ciento respectivamente.[68]

Entre los meses de octubre y noviembre de 1987, Alberto Cortina y Alberto Alcocer llegaron a un acuerdo con los representantes del grupo KIO (Kuwait Investment Office) en España, entre los que se encontraba Francisco Javier de la Rosa Martí. El acuerdo consistía en que los Albertos compraban al grupo KIO acciones del Banco Central y el grupo KIO se hacía con su participación en Urbanor.[69]

A partir de este acuerdo comenzó el engaño. Alberto Cortina y Alberto Alcocer convocaron a una reunión al resto de los socios de Urbanor. En ella les informaron de que había un grupo inglés, del que no dieron más datos, que estaba interesado en comprar los solares que la empresa poseía en la plaza de Castilla, y los socios de Urbanor les encomendaron la venta de estos terrenos.[70]

Tres días después de esta reunión se formalizó en Londres el acuerdo de venta, en el que intervinieron Enrique Sarasola y Javier de la Rosa, en representación de los intereses de KIO en España.[71]

A su regreso de Londres, los Albertos hicieron creer a los socios de Urbanor que habían vendido los terrenos por un precio muy inferior al real y les explicaron que, para el buen fin de la operación, era necesaria la venta de al menos el 95 por ciento de las acciones de Urbanor. Esto no era cierto, pero para convencer al resto de los socios les entregaron un documento inauténtico. El beneficio económico que lograron tras la operación fue cuantioso. El precio que los Albertos habían pactado con KIO era de 231.000 pesetas el metro cuadrado, y a los socios de Urbanor les dijeron que habían vendido por 150.000 pesetas el metro cuadrado. Los Albertos se embolsaron la diferencia y, con este dinero, compraron al grupo KIO su paquete accionarial del Banco Central, tal y como habían pactado inicialmente con el grupo.[72]

En definitiva, el verdadero interés de los Albertos era hacerse con un paquete accionarial del Banco Central, propiedad del grupo KIO. Para ello necesitaban dinero, y lo obtuvieron mintiendo a los socios de Urbanor y vendiendo la sociedad al grupo KIO. El engaño no sería descubierto por los perjudicados hasta que la compañía entró en suspensión de pagos, lo que sucedió en diciembre de 1992.

Han sido necesarios veintiún años de periplo judicial para que este caso quede definitivamente cerrado.[73] Los perjudicados, los socios minoritarios de Urbanor, presentaron una querella contra los Albertos el 6 de enero de 1993, a punto de cumplirse el plazo de prescripción. Teniendo en cuenta los delitos por los que se formulaba la acusación, el plazo de prescripción era de cinco años, y dicho plazo empieza a correr desde la fecha de comisión de los hechos.[74] En este caso esa fecha era el 7 de enero de 1988, día en que se firmó la venta de las acciones de los socios minoritarios de Urbanor. Luego el plazo concluía el 7 de enero de 1993, es decir, un día después de la presentación de la querella.

La Audiencia Provincial de Madrid, órgano que resolvió en primera instancia, entendió sin embargo que los hechos estaban prescritos.[75] El Tribunal Supremo, en casación, entendió lo contrario y condenó a Alberto Cortina y Alberto Alcocer a tres años y cuatro meses de prisión como autores de un delito de falsedad y de estafa.[76]

Cinco años después, el Tribunal Constitucional anuló esta sentencia y estableció de manera definitiva la prescripción de los delitos.[77] Según la sentencia, la prescripción se interrumpe en el momento en que se dicta la resolución judicial que da inicio al procedimiento y en la que se atribuya la presunta participación en un hecho delictivo, lo que, en este caso, sucedió una vez transcurrido el plazo de prescripción, por lo que los Albertos fueron finalmente absueltos.

Cerrada así la vía penal, sólo quedaba la opción de reclamar en la vía civil, y los perjudicados lograron una resolución final favorable a comienzos de 2014.[78] De acuerdo con esta sentencia, Alberto Cortina y Alberto Alcocer están obligados a indemnizar a los socios de Urbanor con unos 11 millones de euros.[79]

He dicho que el Tribunal Supremo condenó a Alberto Cortina y Alberto Alcocer a más de tres años de prisión como autores de un delito de falsedad y estafa.[80] ¿Qué hicieron entonces? Intentaron lograr la anulación de la sentencia condenatoria por todos los medios, legales e ilegales, y para ello no sólo recurrieron al Tribunal Constitucional y solicitaron su indulto, sino que también firmaron un contrato para la obtención de falsas pruebas exculpatorias. Este encargo se lo hicieron a los hermanos Arnaiz, con quienes los Albertos pactaron que, en el caso de que finalmente se lograra la anulación de la sentencia del Tribunal Supremo, los hermanos José María y Francisco Javier Arnaiz del Barco recibirían más de cuatro millones de euros.

Cumpliendo con este encargo, a comienzos del mes de abril de 2003 Gloria Álvarez, amiga de uno de los hermanos Arnaiz, acudió a la Fiscalía General del Estado y presentó una denuncia en la que aportó la copia de una carta que supuestamente había recibido de manera anónima. Esta carta afirmaba que tres testigos cuya declaración había sido relevante para la acreditación de los hechos por los que habían sido condenados los Albertos habían mentido en el juicio, es decir, habían cometido un delito de falso testimonio. Por supuesto, la carta era falsa; había sido confeccionada ex profeso.

En el mes de mayo la denuncia de Gloria Álvarez fue remitida por la Fiscalía General del Estado al fiscal jefe del Tribunal Superior de Justicia de Madrid, y se abrió una investigación en los juzgados de la capital por un presunto delito de falso testimonio.[81]

Esta estrategia no tuvo éxito. El procedimiento penal quedó archivado por no haber quedado probado que los testigos hubieran mentido, y los Albertos fueron condenados junto con todos los que habían participado en la elaboración y desarrollo de este plan. La Audiencia Provincial de Madrid los condenó a varios meses de prisión y les impuso una multa como autores de un delito de acusación y denuncia falsa y de estafa procesal intentada.[82] El Supremo confirmó esta condena.[83]

El 7 de mayo de 2013 el Gobierno denegó el indulto, pero ninguno de los dos entró nunca en prisión. Ahora han vuelto a aparecer en Senegal, con la creación de una nueva entidad, el Banco de Dakar en Senegal.[84] Veremos qué nos depara su nueva aventura empresarial.

El caso Javier de la Rosa-Kio

> Cuanto mayor la riqueza, más espesa la suciedad.
>
> John Kenneth Galbraith

Si hablamos de Javier de la Rosa resulta obligado hacer una referencia inicial a su padre, Antonio de la Rosa, que protagonizó uno de los casos de corrupción más escandalosos de la década de los setenta, el caso de la Zona Franca de Barcelona. El Consorcio de la Zona Franca de Barcelona era una institución pública, controlada por el ayuntamiento, dedicada a la compra de terrenos para la construcción de polígonos industriales. Antonio de la Rosa, abogado del Estado y antiguo capitán franquista de la Legión, dirigía esta institución desde 1963, pero lejos de beneficiar a la ciudad de Barcelona con su gestión, se procuró un importante beneficio económico personal, dejando a su salida de la dirección un agujero contable en la entidad de casi 7.000 millones de pesetas.

El ayuntamiento descubrió que, entre 1975 y 1978, la entidad había comprado 119 fincas por 1.200 millones de pesetas. De estas fincas 72 no existían, y por el resto se había pagado un precio muy superior al de mercado. El padre de Javier de la Rosa, para eludir cualquier tipo de responsabilidad, huyó de España en 1980, cuando comenzaron las primeras detenciones de los implicados.[85] Finalmente, el delegado del Estado en el Consorcio fue condenado a veintitrés años de prisión y dos socios y colaboradores de Antonio de la Rosa, a dos años de prisión cada uno.[86]

Antonio de la Rosa regresaría años después a Barcelona, una vez que los delitos hubieron prescrito y no era posible exigirle ninguna responsabilidad.[87] Se cuenta que había huido a Francia en el maletero del coche de su abogado, Joan Piqué i Vidal, letrado defensor de Jordi Pujol en el caso Banca Catalana y que años después sería condenado, junto con el juez Luis Pascual Estevill, a siete años de prisión por extorsionar a empresarios catalanes a cambio de su puesta en libertad.[88]

Francisco Javier de la Rosa Martí llegaría más lejos que su padre, aunque, a diferencia de éste, sí tuvo que responder ante la Justicia.

El caso KIO

Probablemente, el caso más conocido en el que se vio envuelto Javier de la Rosa fue el caso KIO. Kuwait es un emirato árabe que, en la década de los ochenta, basaba su economía en el petróleo. La actividad petrolera reportaba al Estado kuwaití unos enormes beneficios económicos, parte de los cuales invertía en el extranjero. Se estima que en los años ochenta las inversiones realizadas en Europa y Estados Unidos por Kuwait alcanzaron los 100.000 millones de dólares.

Para llevar a cabo estas inversiones, Kuwait operaba a través de la agencia oficial de inversiones Kuwait Investment Office (KIO), que tenía su sede en Londres y era dirigida por miembros de la familia real kuwaití. KIO utilizaba sociedades instrumentales radicadas en paraísos fiscales, especialmente en las Antillas Holandesas, y cuentas corrientes en bancos suizos, para no aparecer como inversor y obtener un trato fiscal más favorable.

En el año 1984, KIO comenzó a invertir en España a través de dos de sus sociedades holandesas. Una de sus primeras inversiones fue la adquisición de la compañía Industrias del Papel y la Celulosa S.A. (Inpacsa), empresa intervenida por el Banco Garriga Nogués, perteneciente al grupo Banesto. Así es como KIO entró en contacto con

De la Rosa, que en esa época era directivo del Banco Garriga Nogués y formaba parte de su consejo de administración.[89]

A finales del año 1986, KIO decidió aumentar sus inversiones en España y adquirió Torras Hostench S.A., una empresa dedicada a la industria del papel que se encontraba en suspensión de pagos. Esta sociedad llegó a convertirse en un auténtico holding, que en 1989 pasó a denominarse Grupo Torras S.A. y en 1992 protagonizó la mayor suspensión de pagos conocida hasta la fecha en España. El grupo tenía un déficit patrimonial de 150.000 millones de pesetas debido a la actuación fraudulenta de sus gestores, que descapitalizaron el grupo en su beneficio.

Por la gestión fraudulenta del Grupo Torras resultarían condenados Javier de la Rosa, que ostentaba el cargo de vicepresidente tercero del grupo; Jorge Núñez Lasso de la Vega, consejero delegado y miembro del consejo de administración; Juan José Folchi Bonafonte, abogado del Estado en excedencia y letrado con despacho profesional en Barcelona, que ya había prestado servicios de asesoría a Inpacsa y que era también el encargado de la asesoría del Grupo Torras, y Manuel Prado y Colón de Carvajal, que no mantenía ninguna vinculación profesional con el grupo pero que, gracias a los fuertes vínculos personales y económicos que le unían con De la Rosa, obtuvo importantes beneficios económicos.

Javier de la Rosa y sus colaboradores se sirvieron de una maraña de sociedades instrumentales mediante las cuales se hicieron con los fondos del Grupo Torras; compañías como Wardbase Ltd., Pincinco Ltd., Oakthorn Ltd., Croesus..., que darían nombre a las distintas operaciones objeto de investigación judicial.

Wardbase

La primera condena para De la Rosa llegaría en el año 2002 con el caso Wardbase Ltd., una sociedad creada a principios de 1989 en Londres con domicilio en el paraíso fiscal de la isla de Jersey y que, en septiembre de ese mismo año, fue adquirida por un experto inglés en paraísos fiscales con el que había contactado Juan José Folchi Bonafonte, letrado asesor del Grupo Torras.[90] El único objeto de esta sociedad era facilitar el desvío al extranjero de fondos del Grupo Torras.

La Justicia española condenó a Javier de la Rosa a cinco años y seis meses de prisión, a Jorge Núñez Lasso de la Vega a cuatro años y seis meses de prisión y a Manuel de Prado y Colón de Carvajal a dos años de prisión. Los hechos que sustentaron la condena fueron el desvío de 2.000 millones de pesetas del Grupo Torras a una cuenta en Suiza a nombre de una sociedad vinculada a Manuel de Prado y Colón de Carvajal. Para justificar el desvío de dinero se confeccionó un contrato simulado de arrendamiento de servicios, de acuerdo con el cual la sociedad Wardbase se obligaba a prestar el asesoramiento necesario al Grupo Torras para la puesta en marcha de una planta papelera en Bélgica, cobrando por este servicio 2.000 millones de pesetas. La realidad era que Wardbase carecía de infraestructura para prestar este asesoramiento y que, en su lugar, desde 1988 era otra empresa la que realizaba esta labor. Lo único cierto del contrato era el compromiso adquirido por el Grupo Torras de llevar a cabo la construcción de una planta papelera en Bélgica, que debía entrar en funcionamiento en 1992.

En cualquier caso, se cumplió el contrato y se llegó al fin pretendido, y en abril de 1992 se efectuó el pago y 1.900 millones de pesetas fueron a parar a una cuenta del banco Sogenal de Ginebra a nombre de una sociedad vinculada a Manuel de Prado, que recibió el dinero de acuerdo con lo que había pactado con Javier de la Rosa.

Oakthorn I y II, Pincinco y Quail

Cuatro años después, en junio de 2006, llegó la segunda condena por el caso KIO. Javier de la Rosa fue condenado a seis años de prisión, Jorge Núñez Lasso de la Vega a cinco años, Juan José Folchi Bonafonte a tres años y ocho meses, y Manuel Prado y Colón de Carvajal a un año.[91]

Al igual que Wardbase, Oakthorn y Pincinco eran sociedades instrumentales domiciliadas en Jersey y controladas por De la Rosa y sus colaboradores. Pincinco era del mismo ciudadano británico que adquirió Wardbase y que también figuraba como apoderado de Oakthorn. Quail había sido constituida en 1986 en Barcelona y De la Rosa era su presidente.

La forma de proceder en el caso de las operaciones Oakthorn I y II y Pincinco fue la misma; estas sociedades se utilizaban para transferirles importantes cantidades de dinero del Grupo Torras, con la apariencia de préstamos cuya no devolución se ocultaba en la contabilidad. Las salidas de fondos se justificaban mediante contratos de gestión o servicios inexistentes, y la devolución de los fondos se ocultaba en la contabilidad mediante operaciones de venta de activos de sociedades y el caso de Pincinco, una compleja operación de ampliación de capital.

En la primera de estas operaciones, Oakthorn I (julio de 1989), la sociedad Torras Hostench London (filial inglesa del Grupo Torras) transfirió a la sociedad Oakthorn 55 millones de dólares en concepto de «préstamo». Desde esta sociedad se efectuaron una serie de transferencias, entre ellas una de 5 millones de dólares en favor de Javier de la Rosa. En la segunda operación, Oakthorn II (junio de 1990), el préstamo desviado fue de 50 millones de dólares. De esta cantidad, Javier de la Rosa Martí se quedó con más de 15 millones de dólares.

En la operación Pincinco (octubre de 1990 a diciembre de 1991), Torras Hostench London constituyó un depósito de 300 millones de dólares en un banco suizo como garantía de un préstamo que este banco había concedido a Pincinco. Para dar apariencia de legalidad y ocultar el desvío, se diseñaron y se elaboraron toda una serie de documentos falsos, de forma que éstos creaban una secuencia simulada de actos jurídicos que carecían de toda veracidad y que sólo tenían por objeto permitir las disposiciones patrimoniales e impedir su descubrimiento. Jorge Núñez Lasso de la Vega recibió 181 millones de pesetas, Manuel de Prado y Colón de Carvajal, 80 millones de dólares y Juan José Folchi, un millón y medio de dólares.

En el caso de la operación Quail, los hechos resultan más sencillos. De la Rosa, ocultando al Grupo Torras su vinculación con la sociedad (de la que era presidente), logró que le fuera adjudicada a Quail la gestión financiera y de las operaciones bursátiles de Torras, para lo cual suscribió una serie de contratos en los que se pactó una retribución en favor de Quail muy superior a la que en ese momento se cobraba en el mercado por este tipo de asesoramiento.

La investigación judicial puso de manifiesto que con estas operaciones no sólo se lucraron Javier de la Rosa y sus colaboradores, sino que también favorecieron económicamente a terceros que recibieron parte del dinero desviado del Grupo Torras. Las razones de estos pagos no fueron aclaradas. No obstante, quedó probado que Ernesto de Aguiar Borrás[92] recibió 137.500 dólares; José María Huguet Torremade,[93] 137.500 dólares; José Carlos Calderón Oya,[94] 470.000 dólares; Manuel Guasch Molins,[95] 150.000 dólares; Narciso de Mir Faura,[96] 1.100.000 dólares y Enrique Sarasola Lerchundi,[97] 1.100.000 dólares.

Croesus

Éste fue el último de los casos enjuiciados, y Javier de la Rosa y el resto de los acusados resultaron absueltos. El Tribunal Supremo anuló la sentencia dictada por la Audiencia Nacional y, en contra del criterio mantenido por ésta, absolvió a los acusados al entender que los hechos habían prescrito.[98] La diferencia radicaba en la determinación del plazo de prescripción. La Audiencia estimó que los hechos eran constitutivos de un delito continuado, por lo que, al ser mayor la pena, el plazo de prescripción pasaba a ser de diez años. Sin embargo, el Tribunal Supremo no apreció esa continuidad delictiva, por lo que el plazo de prescripción se redujo a la mitad, a cinco años.

No obstante, y a pesar de la absolución, quedó probado que se desviaron fondos del Grupo Torras por un total de 27,4 millones de dólares y que se los repartieron entre Javier de la Rosa y Enrique Sarasola Lerchundi. En el año 1988 el dinero fue a parar a una cuenta en Suiza perteneciente a una sociedad de la que era titular Sarasola. Días después, desde esa cuenta se hizo un pago de casi 6 millones de dólares a De la Rosa.

De la Rosa utilizaría Croesus Ltd., una sociedad puramente fiduciaria (sin contenido real) creada en 1988 en Gibraltar, para dar apariencia de legalidad a la salida del dinero. Así, se articuló la documentación precisa para aparentar que Croesus había recibido un préstamo de 25 millones de dólares de Torras Hostench London, mediante la cual la operación quedaba parcialmente justificada.

La gestión de Javier de la Rosa al frente del Grupo Torras no sería la única que le acarrearía responsabilidades penales. Igualmente conocidos fueron el caso Gran Tibidabo y el de la trama de los inspectores de Hacienda.

Gran Tibidabo

Como en el caso del Grupo Torras, Javier de la Rosa también resultó condenado por la descapitalización de la compañía Gran Tibidabo, en concreto por la apropiación indebida de 68 millones de euros.[99] En este caso los perjudicados fueron unos nueve mil pequeños inversores de la empresa.

La compañía Gran Tibidabo S.A. se constituyó a principios de 1991 mediante la fusión de las sociedades Consorcio Nacional del Leasing y Tibidabo, controladas por Javier de la Rosa, por lo que asumió la presidencia de la compañía recién creada. La gestión de Javier de la Rosa al frente de Gran Tibidabo se caracterizó por el aprovechamiento discrecional de los bienes de la compañía en su beneficio particular.

Así, por ejemplo, las sociedades vinculadas a De la Rosa, como Quail o Nueva Madrugada, tenían plena disponibilidad de los fondos de Gran Tibidabo y, bajo la apariencia de un contrato de cuenta corriente, recibían dinero sin control. En otras ocasiones, las disposiciones de fondos se disfrazaban de negocios de diversa índole y complejidad, si bien en la mayoría de los casos se sacaba dinero contra la entrega de pagarés sin garantía a nombre de las sociedades instrumentales de De la Rosa.

Con este dinero se realizaron diversos negocios de los que se lucraban el propio De la Rosa o bien terceros con quienes mantenía relaciones provechosas al margen de la compañía, como por ejemplo Manuel Prado y Colón de Carvajal, que a finales de 1991 obtuvo fondos para financiar una operación inmobiliaria de su sociedad Expovillas por un importe de 1.500 millones de pesetas a cambio de unos bienes inmuebles cuyo valor real era apenas la mitad. Javier de la Rosa fue condenado a tres años de prisión y Manuel Prado, a tres meses.

Inspectores de Hacienda

A finales de los años noventa se destapó una trama de corrupción en la que empresarios sobornaban a ex cargos e inspectores de Hacienda de Cataluña para que hicieran la vista gorda en las inspecciones a sus sociedades.[100] La trama implicaba a cargos relevantes de la Inspección Regional de Tributos de Cataluña, que se encargaban de los procedimientos de inspección fiscal de importantes empresas y grupos con una facturación superior a los 1.000 millones de pesetas.

Estos inspectores no sólo hacían la vista gorda, sino que además asesoraban a los empresarios y participaban en actividades inversoras comunes que se canalizaban a través de sociedades instrumentales en las que colocaban de forma opaca, sin declararlos al fisco, los beneficios de su actividad delictiva. Es decir, los inspectores depositaban sus ganancias ilícitas en cuentas en Suiza para que las autoridades fiscales no supieran de su existencia y no tener que tributar por ellas. Juan José Folchi (letrado asesor del Grupo Torras) era la persona encargada de llevar, traer y gestionar el dinero en Suiza.

Resultaron condenados el ex jefe de la Inspección de Hacienda en Cataluña, José María Huguet Torremade, a trece años de prisión; Manuel Abella, que era el funcionario encargado de las inspecciones del grupo de empresas de José Luis Núñez, a once años, y el inspector regional adjunto de Hacienda Roger Bergua, a nueve. También fueron condenados los empresarios que llevaron a cabo los sobornos, entre ellos José Luis Núñez, al que se le impuso una pena de seis años de prisión. De la Rosa fue absuelto, pues no quedó demostrado que conociera los pagos que realizó el letrado asesor del Grupo Torras, Juan José Folchi, quien sí fue condenado, a siete años y seis meses de prisión.

Tras el juicio quedó demostrado que Juan José Folchi pagó a José María Huguet 800.000 dólares y 1.701.372,37 euros, con la finalidad de que no se descubrieran ni se regularizaran los riesgos fiscales de las sociedades instrumentales del Grupo Torras, para ocultar el fraude a Hacienda.

Todos los casos relacionados con De la Rosa y Prado y Colón de Carvajal estuvieron rodeados de un halo de intriga por la proximidad que el segundo había tenido con la Casa Real. De la Rosa amenazó en diversas ocasiones con tirar de la manta; en una ocasión, junto con Folchi, incluso pretendieron hacerlo conmigo durante la tramitación del caso Telecinco, en el que el primero estuvo imputado. Lo que le dije fue claro y tajante: «Si tiene datos y documentos o cualquier otro elemento probatorio que demuestren actividades delictivas, preséntelos y ratifíquese en la denuncia». Nunca lo hizo, aunque eran *vox populi* los intentos de filtración y las advertencias de que hablaría. Finalmente entró en prisión y comenzó a cumplir condena a finales de febrero por el caso Wardbase.

Los casos Mario Conde

> Aún al hombre necio y rudo labrador
> dineros le convierten en hidalgo doctor;
> cuanto más rico es uno, más grande es su valor,
> quien no tiene dineros no es de sí señor.
>
> Y si tienes dinero, tendrás consolación,
> placeres y alegrías y del Papa la ración,
> comprarás paraíso, ganarás la salvación:
> donde hay mucho dinero, hay mucha bendición.[101]
>
> Arcipreste de Hita

Es posible afirmar que la actual crisis del sistema financiero tuvo su precedente en lo ocurrido con Banesto, hasta hace poco el rescate financiero más importante de la historia de España.

El término «rescate bancario», que ahora nos resulta tan familiar, no lo era en 1993. Ese año el Banco de España acordó la intervención de Banesto debido a la situación financiera que presentaba la entidad.

Banesto acumulaba entonces un agujero patrimonial de 503.000 millones de pesetas, consecuencia de la gestión de Mario Conde y su equipo.[102]

La historia comenzó con la llegada de Mario Conde a Banesto. Gracias a su cargo de vicepresidente logró, en noviembre de 1987, que el consejo de administración (el órgano de gobierno del banco) delegara en él todas las facultades administrativas, salvo las que no podían ser delegadas por imperativo legal. Un mes después Mario Conde asumió la presidencia del banco, y seis años después él y su equipo serían destituidos por la intervención del Banco de España.[103]

Alan Greenspan, que durante casi veinte años fue el presidente de la Reserva Federal de Estados Unidos bajo gobernantes tan dispares como Ronald Reagan, George Bush, Bill Clinton y George W. Bush, en su libro *La era de las turbulencias* describe perfectamente el perfil ejecutivo de Mario Conde.[104] Greenspan reflexiona sobre la evolución del gobierno corporativo en Estados Unidos desde el siglo XIX y principios del XX, cuando los accionistas, muchos de ellos mayoritarios, participaban de forma activa en la gestión de las empresas, hasta que, con la evolución de las instituciones financieras, la posesión de acciones pasó a ser una cuestión de inversión y no de propiedad activa: «De forma imperceptible, el gobierno empresarial pasó del control de los accionistas al del director general [consejero delegado en nuestro derecho]. A medida que los accionistas se implicaban cada vez menos, los directores generales empezaron a recomendarles cuadros de consejeros a los que al cabo de poco se limitaban a dar el visto bueno. El gobierno empresarial democrático se había metamorfoseado en una especie de autoritarismo. El director general entraba en la sala de juntas, explicaba el nuevo programa de inversión de capital de la empresa y se dirigía a su director financiero para que lo corroborase. Después, sin una deliberación digna de tal nombre, el consejo de administración aprobaba el proyecto». Por todo lo anterior, añade Greenspan, «no debería ser motivo de extrañeza el que, como sucede con todos los autoritarismos, la falta de una adecuada transparencia en la gestión corporativa haya engendrado abusos».

Lo que para Greenspan era tan obvio, para la sociedad española de 1993 fue todo un escándalo. Las primeras advertencias del Banco de España sobre la preocupante situación financiera de Banesto llegaron en 1992. Ese año la Inspección del Banco de España detectó que existía un déficit de provisiones (cantidades que el banco está legalmente obligado a tener para afrontar eventuales pérdidas) de más de 100.000 millones de pesetas, de los que más de 50.000 millones eran difícilmente recuperables (cantidades de dudoso cobro que el banco había prestado).

Se reiteró esta misma advertencia en los meses de junio y septiembre de 1993. Para tratar de solucionar la situación de riesgo de quiebra, se iniciaron conversaciones para la elaboración de un plan, pero no fue posible. El Banco de España entendía que Banesto tenía unas necesidades de capital de más de 500.000 millones de pesetas. Por ello, el 28 de diciembre de 1993 el Consejo Ejecutivo del Banco de España acordó la sustitución de todos los miembros del consejo de administración y el nombramiento de un equipo gestor provisional.

Se inició así el proceso de saneamiento del banco. El Fondo de Garantía de Depósitos tendría que cubrir el rescate «debido a los agujeros y desfases contables derivados de la conducta de los acusados».

El caso Argentia Trust

Uno de estos desfases lo constituyó el conocido caso Argentia Trust[105] por la desaparición de 600 millones de pesetas de los fondos de Banesto. Este caso supuso la primera condena de Mario Conde. La investigación judicial de estos hechos se inició antes de la intervención del Banco de España, en septiembre de 1993, y como consecuencia de una denuncia anónima.

Casi cuatro años después Mario Conde fue condenado por disponer de 600 millones de pesetas de Banesto, en favor de una entidad, Argentia Trust, situada en un paraíso fiscal y sin que hasta la fecha se sepa cuál fue el destino final del dinero. La operación se realizó de la siguiente manera. En junio de 1990, la sociedad instrumental de Banesto, Banesto Industrial Investment Ltd., residente en el paraíso fiscal de Gran Caimán, obtuvo un beneficio de algo más de 700 millones de pesetas.

Pocos días después, Mario Conde llamó al entonces director general de Banesto diciéndole que le iba a hacer llegar una factura que debía pagarse con cargo a Banesto Industrial Investment. Esta factura llegó entre los días 10 de julio y 2 de agosto de 1990. En ella figuraba que el pago había sido aprobado por la Comisión Ejecutiva del banco (algo que no era cierto) y que se emitía por trabajos realizados de carácter jurídico, financiero y de marketing (algo que tampoco era cierto). Se hizo el pago de los 600 millones sin que quedara rastro del mismo en la contabilidad.

A pesar de que la sentencia califica la factura «de una puerilidad rayana en el absurdo», surtió efecto y los 600 millones desaparecieron del banco.[106] Es muy gráfica la sentencia cuando dice: «Esta práctica, denominada por algunos ingeniería financiera, no es más que una añagaza, similar en cuanto a sus resultados al que se apodera de 600.000.000 pesetas de la caja de un banco, de la que tiene llave por ser administrador y se los lleva a su bolsillo. Aquí no toma el dinero materialmente, pero lo pone a buen recaudo a su disposición».

Mario Conde fue condenado a una pena de seis años de prisión y doce meses de multa, con la obligación de indemnizar al banco con 600 millones de pesetas.

El Tribunal Supremo revisó la sentencia vía recurso y rebajó la condena a cuatro años de prisión, al estimar que no había quedado probado que Mario Conde hubiera cometido un delito de falsedad y que, aunque el contenido de la factura fuera falso, no había prueba de que el documento lo fuera.[107] Por lo que, de acuerdo con el Código Penal, la «falsedad ideológica» (contenido incierto) no era penalmente sancionable.

El caso Banesto

Un año después de la intervención del Banco de España, en el mes de noviembre de 1994, se inició la investigación judicial del caso Banesto, que ostentó el honor de ser el juicio más largo celebrado en España hasta el caso Malaya, la trama de corrupción marbellí ya analizada.

En marzo de 2000 la Audiencia Nacional dictó sentencia poniendo fin a dos años de juicio y tres de compleja investigación.[108] Como destacaría el Tribunal Supremo en la sentencia de casación que puso fin al caso, en un solo proceso se acumularon todas las operaciones fraudulentas que pudieron detectarse a lo largo de la investigación judicial y que fueron objeto de acusación por parte del fiscal y de las acusaciones.[109] Ello condujo a la celebración de un macroproceso que, como explica la sentencia, dejó en un segundo plano conductas que, si se hubieran investigado en profundidad, podrían haber sido objeto de acusaciones específicas e individualizadas.[110]

Al carácter de macroproceso habría que sumar la complejidad, como ocurre en este tipo de delitos económicos, por la utilización de empresas domiciliadas en despachos profesionales situados en paraísos fiscales o en países que autorizan la opacidad de los datos de los titulares reales. Algo que, sin duda alguna, como hemos visto a lo largo de todos los casos de corrupción, favorece la impunidad y facilita que el beneficiario final quede oculto.

La Audiencia Nacional distingue en su sentencia nueve operaciones, que son objeto de un análisis individualizado.[111] Esta sentencia fue confirmada por el Tribunal Supremo el 29 de julio de 2002, que además agravó las condenas.[112] Aludiré a las más llamativas.

1. *Desaparición de 300 millones de pesetas, en los meses de febrero y marzo de 1989*

En este caso, al igual que en el caso Argentia Trust, Mario Conde dispuso de 300 millones del banco,[113] sin autorización de los órganos de administración, para fines ajenos a la entidad. Mario Conde comunicó al director general de Banca Comercial, que también era el encargado de las relaciones del banco con los partidos políticos, que tenía que hacerse un pago de 300 millones de pesetas a don Adolfo Suárez, ex presidente del Gobierno, por un servicio que éste había prestado ante el Banco de España.

El director general de Banca Comercial dispuso lo necesario para lograr la retirada de esta cantidad de dinero de la oficina de Banesto del paseo de la Castellana. Esta entrega de dinero debía tener carácter confidencial y se acordó que no debía hacerse de la forma acostumbrada (en sacos con el anagrama del banco), sino en bolsas sin signo distintivo alguno. En febrero y marzo de 1989 se realizaron dos entregas de dinero de 150 millones de pesetas cada una, a una persona desconocida cuya identidad no pudo ser determinada.

La Audiencia Nacional absolvió a Conde porque consideró que los hechos estaban prescritos.[114] Sin embargo, el Tribunal Supremo no lo entendió así y le condenó por un delito de apropiación indebida a una pena de seis años y un día de prisión y a indemnizar a Banesto con 300 millones de pesetas.[115]

2. *Desaparición de 1.556 millones de pesetas: Operación Cementeras*

Banesto tenía participación en el capital social de un grupo de empresas que operaban en el sector cementero, el Grupo Valenciana.[116] A finales de 1989 los accionistas, entre ellos Banesto, decidieron conjuntamente finalizar su participación en este grupo. En el curso de esta operación de liquidación, Mario Conde y Arturo Romaní, vicepresidente de Banesto, valiéndose de un complejo entramado de sociedades interpuestas, sustrajeron de Banesto 1.556 millones de pesetas que colocaron en sociedades controladas por ellos. Con este dinero los acusados adquirieron una serie de fincas tanto en Sevilla como en Mallorca. Se les impuso una pena de cuatro años y dos meses de prisión y la indemnización a Banesto de 1.556 millones de pesetas.

3. *Estafa de 1.776 millones de pesetas: Operación Centro Comercial Concha Espina y Operación Oil Dor*

Mario Conde, Arturo Romaní y Rafael Pérez Escolar, consejero del banco, lograron mediante engaño que Banesto invirtiera junto con el Grupo Dorna en el centro comercial La Esquina del Bernabéu, en Madrid, con la única finalidad de procurarse un beneficio personal.[117]

Esta inversión era un negocio arriesgado, altamente inseguro. Hicieron creer al banco que consistía en la adquisición de un paquete de acciones, cuando en realidad lo que el banco adquiría eran participaciones cuya titularidad era de Mario Conde y su equipo, que éstos habían recibido gratuitamente, sin contraprestación.

De la misma forma actuaron los personajes citados con motivo de la entrada de Banesto en la sociedad Oil Dor. Banesto autorizó la inversión en la compañía Oil Dor y compró el 50 por ciento del accionariado de la sociedad, a 300.000 pesetas por acción (6.000 millones de pesetas). Lo que en realidad compró Banesto en esta operación fueron las acciones de Conde, Romaní y Pérez Escolar por un precio treinta veces superior al que éstos habían pagado. Los acusados obtenían una rentabilidad del 3.000 por ciento, ocultando, por supuesto, esta circunstancia a la corporación de la que eran administradores.

Serían condenados por estafa a una pena de seis años de prisión cada uno y a indemnizar al banco con la cantidad de 985.016.900 pesetas por el caso de La Esquina del Bernabéu, y con 895.000.000 pesetas por el de Oil Dor.

4. *Sustracción de Banesto de 1.344 millones de pesetas: Carburos Metálicos*

Nunca quedó probada la participación de Mario Conde en esta operación.[118] Banesto y Air Products habían firmado un contrato el 4 de abril de 1990, sobre 672.000 acciones de Carburos Metálicos, interviniendo Arturo Romaní en representación de Banesto. Como consecuencia de este contrato, Banesto debería haber ingresado 1.344 millones de pesetas, lo que no sucedió. Esta cantidad fue a parar a una cuenta en Suiza.

Fueron condenados el vicepresidente del banco, el consejero Pérez Escolar y el financiero Jacques Hachuel a cuatro años de prisión cada uno. El Supremo agravó a diez años la condena a Escolar.

5. *Sustracción de 1.550 millones de pesetas: locales comerciales*

Esta operación fue realizada por Fernando Garro, director general del banco, quien, con motivo de la realización de distintas operaciones inmobiliarias, ocultaba a la entidad los verdaderos costes de adquisición.[119] Garro ordenaba que el banco realizara pagos por un precio muy superior al realmente pagado, haciendo suya la diferencia.

Se efectuaron un total de seis operaciones de adquisición de locales, entre los meses de febrero de 1989 y diciembre de 1990. Como consecuencia, Banesto pagó indebidamente la cantidad de 1.550 millones de pesetas, que fueron a parar al patrimonio del director general. Fue condenado a la pena de seis años de prisión y al pago de una multa.

6. *Artificios contables*

Las cuentas del Banco Español de Crédito no expresaban la verdadera situación económica de la empresa.[120] La información societaria ofrecida a terceros mediante los documentos contables era inexacta. La Audiencia Nacional absolvió a los acusados, al entender que, de acuerdo con el anterior Código Penal, esta conducta no era sancionable, en la medida en que no había quedado probado que los administradores acusados ocultaran conscientemente estas alteraciones al Banco de España y a los servicios de auditoría externa. Esta interpretación no fue compartida por el Tribunal Supremo, que entendió que un presidente y un consejero delegado de una entidad financiera asumen una responsabilidad directa y principal sobre la autenticidad de las cuentas sociales, lo que les convierte en autores de las alteraciones falsarias. Por ello, Mario Conde y el consejero delegado Enrique Lasarte fueron condenados a cuatro años de prisión.[121]

En total Mario Conde fue condenado por apropiación indebida, estafa y falsedad a veinte años de prisión y a indemnizar a los accionistas estafados con un total de 22,6 millones de euros. Cumplió casi diez años de prisión, con polémica judicial incluida. La jueza de vigilancia penitenciaria María del Prado Torrecilla resultó sancionada por presionar a sus compañeros jueces para que dieran un trato de favor al recluso Mario Conde.[122]

En noviembre de 2006, el Comité de Derechos Humanos de la ONU emitió un dictamen, a raíz de una queja de Mario Conde, en el que expresó que España había vulnerado el Pacto de Derechos Civiles y Políticos de Nueva York. El Tribunal Supremo había aumentado la pena de Mario Conde, sin disponer de una segunda instancia que pudiera revisar este agravamiento. El dictamen, sin embargo, constató que el tribunal había examinado «extensa y detenidamente la valoración de las pruebas», pues analizó los más de 170 motivos de casación esgrimidos por la defensa de Conde, que alegaban además que «las pruebas decisivas» para su condena no fueron revisadas.

En suma, la intervención de Banesto tuvo un coste para la entidad de casi 2.000 millones de euros en saneamientos, que se pagaron con recursos propios del banco. El Fondo de Garantía de Depósitos asumió una pérdida de unos 600 millones de euros más. En total, unos 2.520 millones de euros.

En la primera junta de Banesto celebrada tras la intervención, el 26 de marzo de 1994, los accionistas decidieron aprobar la «acción social de responsabilidad» contra los antiguos administradores para lograr que se les declarase responsables civiles del daño causado a Banesto. Los accionistas perseguían no sólo que reintegrasen la totalidad del agujero, sino también los 120.202 euros de sanción que el Ministerio de Hacienda había impuesto a la entidad. Sin embargo, en mayo de 2012 la junta general de accionistas decidió renunciar al ejercicio de estas acciones, entendiendo que los costes de la reclamación iban a ser más elevados de lo que podían obtener.[123]

Mientras todo el proceso de Banesto se sustanciaba judicialmente, la presencia del caso en los medios de comunicación compitió con los mecanismos de ataque y desprestigio que pusieron en marcha Mario Conde y determinados medios de comunicación contra el Partido Socialista, intentando pactar de forma artera y secreta, según se publicó en la prensa de la época, a cambio de no hacer públicos determinados datos y documentos y de no implicar a ciertas instituciones del Estado. Lo cierto es que lo que ha quedado son los fríos datos de las sentencias relatando la actividad delictiva reiterada por la que Conde fue condenado.

La pregunta que inevitablemente surge es por qué merece menor reproche social la delincuencia económica o de guante blanco que otro tipo de delitos. Será porque no hay violencia o porque no la vemos. Tal vez si entendiéramos que este tipo de acciones afectan al conjunto de la sociedad nuestra mirada cambiaría, y es que, con cargo a nuestros impuestos, se salvan bancos gestionados por responsables que sólo han tenido en cuenta su beneficio personal. Banesto costó el 0,3 por ciento del PIB.[124]

El caso Santander

> Lo que me preocupa no es que me hayas mentido, sino que, de ahora en adelante, ya no podré creer en ti.
>
> FRIEDRICH NIETZSCHE

Uno de los efectos de la Transición, posiblemente no deseados por la ciudadanía, fue la creación de un sistema fiscal desde cero. Miguel Boyer fue el pionero con su reforma fiscal, con la reordenación de los impuestos indirectos y la creación del IVA (esencial para la entrada de España en la Unión Europea) y una profundización en la Ley Tributaria de 1963, que, parcheada, duró hasta 2003.

La España que se encontraron estos primeros gobiernos democráticos era un país en el que colectivamente no se pagaban demasiados impuestos, con unas leyes confusas y una falta completa de mentalidad por parte de la ciudadanía de que hay que pagar impuestos para exigir servicios. Esto provocaba un fraude estructural y transversal a toda la sociedad española.

Tanto Miguel Boyer y Carlos Solchaga primero como Rodrigo Rato, Pedro Solbes o Cristóbal Montoro posteriormente, lucharon con mayor o menor eficacia, pero con bastante empeño, por modificar esta particularidad española, fruto de un modelo franquista en el que pagar impuestos era algo de «poco listos». La modernización nos trajo una exigencia tributaria a nivel europeo a la que los españoles no estábamos acostumbrados.

Hubo numerosos juicios relevantes a personalidades públicas (famosos de las revistas del corazón) que empezaron a cambiar las conciencias, como el famoso juicio y posterior condena a Lola Flores por no haber pagado impuestos durante un buen número de años en los ochenta.

En este entorno, una serie de bancos, entre los que se encontraba el Santander, idearon unos productos financieros sofisticados que eran opacos al fisco (la titularidad del fondo estaba en una zona gris entre el cliente y el banco, lo que permitía eludir la identificación fiscal). Estos productos fueron detectados y perseguidos por las autoridades fiscales, y generaron varios procesos a los bancos que los vendieron.

El Santander, a diferencia de los otros bancos, no negoció un pago con Hacienda e incluso incurrió en prácticas «dudosas», llegando presuntamente a inscribir las cesiones de crédito a nombre de fallecidos para eludir así la responsabilidad fiscal de los mismos.[125] Esta estrategia generó el desarrollo de una causa contra el Banco Santander, que duró más de diez años.

En la Semana Santa de 1992 salió a la luz pública el caso de las cesiones de crédito (primas únicas), productos bancarios opacos puestos en circulación por el Banco Santander (el también llamado «caso Botín»). El auto de apertura de juicio oral de la jueza Teresa Palacios es de 2006. El juicio comenzó en noviembre de ese mismo año, y en él estaban acusados cuatro directivos del Banco Santander, entre ellos el presidente, Emilio Botín, y veinte clientes de la entidad.

En el auto de apertura de juicio oral, la jueza Teresa Palacios acusó a los directivos del Santander de un delito continuado de falsedad en documento oficial, tres delitos continuados de falsedad en documento mercantil y otros treinta contra la Hacienda Pública, pese a que el Ministerio Fiscal y el abogado del Estado solicitaron su sobreseimiento en varias ocasiones.[126] Esta ausencia de acusación pública (Ministerio Fiscal) y particular (abogado del Estado) dio lugar a que la Sección Primera de la Sala de lo Penal de la Audiencia Nacional acordara el sobreseimiento libre en un auto del 2 de diciembre de 2006 y a que naciera la denominada «doctrina Botín», que viene a establecer que la acusación popular, para que se pueda determinar la apertura de juicio oral, deberá ir acompañada o de la acusación particular (perjudicados) o del fiscal. El 17 de diciembre de 2007, la Sala Segunda del Tribunal Supremo ratificó esta doctrina.[127]

En 2012 la acusación popular retiró, por un acuerdo extrajudicial con el abogado del Banco Santander, el recurso que tenía interpuesto en el Tribunal Constitucional, quedando así desierto el recurso y archivada la demanda. La sentencia del Tribunal Supremo, y por ende la doctrina sentada, quedó definitiva y firme.

Esta causa hizo correr ríos de tinta, por cuanto gran parte de la doctrina del alto tribunal y de la ciudadanía española la consideró un cabo que se le echó a Botín para salvarle, con éxito. Al margen del resultado final de la misma y de las dudas que suscita la «no acusación del Ministerio Fiscal», cuando el fiscal que lo representaba sí que quería hacerlo, la ausencia de pacto cuando la causa se encontraba en el Tribunal Constitucional hubiera determinado que se entrara en el fondo del asunto, que bien lo merecía. Hechos que conozco bien, porque viví en directo la polémica y la fortaleza de la jueza Palacios cuando acordó la apertura del juicio oral, sin acusación pública que la apoyara.

En todo caso, el Tribunal Supremo no aplicó esta doctrina cuando me juzgó a mí por la investigación de los crímenes franquistas, en que tampoco existía acusación pública, ni se la aplicaron al *lehendakari* Juan José Ibarretxe ni al consejero Juan María Atutxa (el caso anterior), sino que cambió la que había fijado para estos casos. Al menos estéticamente, deja mucho que desear este cambio de criterio, así como el pozo del olvido en el que cayó el caso en el Tribunal Constitucional (casi cuatro años para que el recurso quedara desierto). Sin duda querían decir lo que dijeron en ambos casos y por la calidad de los acusados, pero la ciudadanía se quedó sin saber qué había detrás de las cesiones de crédito.

El caso Telecinco

> A cualquiera que se descubra en un fraude vergonzoso, no se le volverá a creer incluso si dice la verdad.
>
> Fedro

Este procedimiento se inició en 1997 por posibles delitos de falsedad y contra la Hacienda Pública en el Juzgado Central de Instrucción n.º 5 de la Audiencia Nacional, en virtud de una denuncia presentada por la Fiscalía Especial para la Represión de los Delitos Económicos contra 38 personas.[128] Los hechos enjuiciados afectaban a la práctica empresarial de Gestevisión Telecinco S.A., Publiespaña S.A., Gran Tibidabo S.A. y otras empresas relacionadas con ellas por su vinculación accionarial o de actividad mercantil.

Los hechos enjuiciados se centraban en la compraventa de diferentes paquetes accionariales de Gestevisión que tuvieron lugar entre los años 1989 y 1995. Estas transmisiones de acciones, según la denuncia, podían suponer no sólo una infracción de lo dispuesto en la ley reguladora de la televisión privada, sino también un fraude a Hacienda de más de 90 millones de euros.[129] Así lo entendieron la fiscalía y la abogacía del Estado. La sentencia concluyó que, a pesar de que determinadas actuaciones sí habían vulnerado la ley reguladora de las televisiones privadas, los hechos no eran constitutivos de delito fiscal.

Tanto la tramitación como el enjuiciamiento fueron muy escabrosos y llenos de ataques y acusaciones por parte de algunos imputados, que incluso llegaron a formular denuncias y querellas contra mí por las decisiones tomadas; las cuales, dicho sea de paso, fueron ratificadas por la Audiencia Nacional, aunque a lo largo de la instrucción, como suele ser habitual en determinados espacios, casos y medios, en función de la tendencia de cada cual, se acusa por sistema al juez de todas las incidencias e incluso de la condena o la absolución. Es algo a lo que estaba acostumbrado, pero no deja de ser una manipulación a los ciudadanos y una clara coacción a quienes ejercen la labor de juez de instrucción. El juez tiene la obligación de instruir y hacerlo con respeto a las normas procesales y con todas las garantías. Normalmente, todas sus actuaciones suelen ser revisadas y controladas en virtud de los recursos por el tribunal de apelación, y, si algo no es correcto, este órgano lo anula o lo revoca y se clarifica el supuesto, de modo que el procedimiento sigue o se archiva. También es misión del juez la búsqueda de indicios racionales de criminalidad, así como incluir aquellos elementos probatorios que favorezcan a los imputados. Una vez completada la instrucción, se continúa el procedimiento o se archiva el mismo.

En el caso que nos ocupa, el procedimiento fue sumamente complejo, con todas las acciones procesales de parte de las defensas en contra de las decisiones que se tomaban en el juzgado; todas y cada una de las decisiones fueron adoptadas con el más exigente rigor garantista, e incluso en algún caso se repitió alguna diligencia, como la declaración del que, hasta el momento del inicio de la causa, era presidente de la Organización Nacional de Ciegos Españoles. Según los indicios acumulados, los presuntos delitos y autores aparentaban ser responsables de las conductas que se les imputaban. En ningún momento la sentencia hizo una crítica de la instrucción, sino que, a pesar de la contundente acusación del fiscal y del abogado del Estado, no consideró que los hechos fueran delictivos o no quedaron debidamente probados en el juicio oral, en el que ni tiene ni puede tener participación el juez de instrucción y en el que se practica realmente la prueba.

En este caso, uno de los imputados fue Silvio Berlusconi, quien compareció ante mí, en mi despacho, para a prestar declaración. De aquella comparecencia me queda el recuerdo del carácter muy especial del mismo, sus respuestas fluidas y el hecho de que le tuve que llamar la atención para que se sentara correctamente, así como la anécdota de que compareció maquillado. En ese momento no caí en las razones de ello, pero las comprendí cuando después lo vi en la puerta de la Audiencia Nacional haciendo declaraciones ante las cámaras de televisión. Previamente había estado en Milán para tomarle declaración, pero no quiso comparecer. Lo que sí me adjudicó, desde entonces hasta ahora, fue que, según él, formo parte de la «internacional roja de jueces», en la que incluía a todos los que en cualquier país le investigábamos por presuntos delitos relacionados con la corrupción.

En el caso español, y dado que era parlamentario en la Asamblea del Consejo de Europa, el Tribunal Supremo cursó el suplicatorio (requisito necesario para que le levantaran la inmunidad parlamentaria) correspondiente a dicho organismo, donde al parecer había estado traspapelado él mismo durante más de un año. No obstante, en 2001 ganó las elecciones en Italia y asumió como primer ministro. Ante esa nueva situación, acordé remitir la causa a los fiscales italianos para que siguieran allí la investigación. El Tribunal Constitucional español, en una sentencia más que discutible, decidió que no se podía mandar ni un solo documento, aplicándole una inmunidad extensiva que le protegió desde España lo que en Italia no le cubría. Una vez más, habría que esperar bastantes años para que Silvio Berlusconi rindiera cuentas ante la Justicia italiana, como hicieron algunos de sus hombres de confianza. En el caso Berlusconi, se emplearon todos los instrumentos contra la Justicia italiana para impedir cualquier acción judicial contra el señor Berlusconi, tanto desde los medios de comunicación, controlados por aquél, como desde el mismo Gobierno, controlado por Forza Italia. Pero finalmente tuvo que dimitir y responder. Ha costado más de veinte años.

El caso Bankia y las preferentes

> Más que por la fuerza, nos dominan por el engaño.
>
> Simón Bolívar

En España, las cantidades con las que se ha pagado o indemnizado a los ejecutivos en los últimos años han sido desorbitadas, al satisfacer las cláusulas blindadas, los *bonus* o los sueldos multimillonarios de los responsables bancarios y de las grandes multinacionales.[130] Está claro que pensar y generar beneficios es mucho más rentable que trabajar para que otros lo hagan. Probablemente, algunos dirán que estas prácticas las impone el mercado para conseguir tener a los mejores; pero no es cuestión de si cobran mucho o cobran poco en relación con los trabajadores medios de un banco o de una multinacional, sino de lo desorbitado de esas cantidades, como astronómicas son las sumas que se obtienen por actividades que no son productivas sino meramente especulativas, debido a la sobrevaloración que se hace de las transacciones internacionales con productos de primera necesidad o básicos para el consumo humano.

La especulación se ha convertido en una de las actividades más lucrativas y menos sancionadas de la economía mundial. Determinadas prácticas, como las que tienen lugar en la Bolsa de Chicago o de cualquier otra parte del mundo, donde se especula con el precio de las materias primas y en las que, en cuestión de horas, un kilo de trigo multiplica exponencialmente su valor más de un 20 por ciento, desde la apertura de la operación hasta el cierre de la misma, sólo y exclusivamente por la actividad de los intermediarios físicos o electrónicos, son inaceptables y delictivas cuando en el camino dejan a miles y probablemente millones de personas sin acceso a ese alimento básico y expuestas a morir de hambre por esa subida de los precios.

La misma dinámica podemos encontrar cuando se trata de medicamentos. Por ejemplo, hoy día en España existe un debate sobre si el Estado suministra o no el principio activo sofosbuvir, comercializado como Sovaldi y con el que podría curarse la hepatitis C de los más de setecientos mil enfermos que la padecen. La cuestión es que se dice que no hay dinero suficiente en la sanidad española para sufragar ese coste, y sin embargo sí lo hay para la fabricación de armas, en la que España es una de las principales exportadoras del mundo, o lo hay para realizar inyecciones de capital en el sector financiero. Desafortunadamente, las políticas capitalistas han tratado de marginar cada vez la participación del Estado, abandonando la línea de un capitalismo responsable en el que el equilibrio de derechos en juego sea una realidad. Los resultados de esa política no han mejorado en absoluto la calidad de vida de los ciudadanos que más lo necesitaban.

La pobreza es una abstracción incluso para los pobres, pero los síntomas de un empobrecimiento colectivo son evidentes, como dice Tony Judt.[131] Autopistas en mal estado, puentes que se hunden, ciudades arruinadas, escuelas fracasadas, desempleados, trabajadores mal pagados y sin protección... Todo sugiere una situación caótica, sin amparo legal o fruto de un desentendimiento preocupante por parte del Estado que nos hace muy difícil hablar de ello, al obtener siempre la misma falta de respuestas y soluciones. Algo está fallando seriamente y no se quiere ver ni profundizar en ello. Un problema viene a tapar otro o se genera, si no existe, una situación que distraiga al ciudadano normal que día a día espera que esto cambie y que no percibe que, realmente, está siendo cazado en una maraña de la que ya no podrá salir por medios propios. Mientras tanto el mundo sigue girando, como decía la canción que cantaba Jimmy Fontana, y los gastos públicos para reparar esa ausencia de inversión productiva se restringen cada vez más.

La desigualdad lleva en sí misma el germen de la corrupción, por cuanto facilita que los controles se relajen o no existan y enfrenta a la sociedad consigo misma. Es posible que en un primer momento no se perciba con nitidez, pero con el avance de los acontecimientos se vuelven más evidentes, hasta masticarse, las diferencias, y el culto que se profesaba en tiempos de abundancia al que más tenía, en tiempos de escasez desaparece, y aquellas diferencias se vuelven insoportables cuando ves en las aceras las colas de gente esperando la ayuda alimentaria de caridad. En el mes de enero de este año (2015) observé una escena que me sobrecogió: una persona africana de no más de veintiocho o veintinueve años me saludó en francés, porque debió de reconocerme, y vi cómo se agachaba ante la compuerta de un contenedor verde en la plaza del Rey, a espaldas del Retiro, y tras introducir la mano derecha, sacar una serie de prendas de vestir que comenzó a probarse y luego ponerse una que le iba bien, dejó las otras y se marchó con una sonrisa. Me quedé un rato en la acera sin moverme, hasta que otra persona se acercó al mismo sitio e hizo la misma operación. Al llegar a mi casa y ver el guardarropa, donde hay prendas que no utilizo desde hace tiempo, volví a pensar en el consumismo atroz al que nos han sometido las grandes productoras de moda y en cómo nos manipulan con las marcas «más prestigiosas», las cuales en algunos casos están hechas con trabajo esclavo en cualquier país del mundo al que la comida no llega porque el especulador de la Bolsa de Chicago eleva el precio; ni la prenda de vestir tampoco, porque la vende la casa en la Quinta Avenida de Nueva York a un precio altísimo, mientras que un edificio de Bangladesh se hundió en 2013 dejando bajo los escombros a 1.127 muertos y más de 2.500 heridos, poniendo al descubierto una red de esclavitud y de corrupción en la que estaban implicadas algunas empresas occidentales, cuya responsabilidad está por definir, pero que demuestra el desinterés por el cumplimiento de los estándares mínimos de derechos humanos aplicados a modo de cláusula a las corporaciones empresariales.

Bankia

¿Qué hubiera ocurrido si a los más de 187.000 preferentistas de Bankia, antes de invertir su dinero, la entidad les hubiera informado exhaustivamente de que, junto con la alta rentabilidad que les ofrecían, también podían perder todo su dinero y que no podrían disponer de él cuando lo necesitaran? La respuesta parece obvia, al menos para los miles de pequeños ahorradores a quienes se les colocó este producto.

Las participaciones preferentes son un producto financiero de carácter complejo y de riesgo elevado que puede generar rentabilidad, pero también la pérdida del capital. Presentan similitudes con las acciones, pero a diferencia de éstas no confieren ninguna participación en el capital social ni derecho de voto. Tienen carácter perpetuo, por lo que no puede rescatarse el dinero a conveniencia. No cotizan en Bolsa y para adquirirlas o enajenarlas hay que entrar en un mercado secundario organizado donde no se garantiza la liquidez inmediata, ya que puede que no haya ningún comprador.[132]

Las participaciones preferentes no son un producto nuevo; nuestra legislación permite su emisión y negociación desde 1998. Según datos de la Comisión Nacional del Mercado de Valores, entre enero de 1998 y diciembre de 2012 se emitieron 115.283 millones de euros entre más de tres millones de suscriptores.

Hasta el año 2008 los suscriptores no tuvieron ningún problema para recuperar su dinero, fundamentalmente porque el valor nominal de las participaciones coincidía con su valor de mercado. A partir de 2008 comenzaron los problemas. Como consecuencia de la crisis económica y de la situación de las entidades de crédito, que veían muy limitadas sus vías de financiación, con el mercado interbancario de financiación prácticamente cerrado, los bancos y las cajas de ahorro acudieron al instrumento de las participaciones preferentes de forma generalizada para obtener liquidez. De acuerdo con los datos proporcionados por la CNMV, el importe de las emisiones brutas de participaciones preferentes en 2009 fue de 12.960 millones de euros, una cifra escandalosa si se compara con los 1.246 millones de euros emitidos en 2008 o los exiguos 225 millones de euros de 2007. En mayo de 2011, el volumen de preferentes en manos de pequeños ahorradores era de 22.000 millones de euros.

Estas participaciones preferentes se colocaron mayoritariamente a pequeños ahorradores a través de las sucursales de toda la vida, donde se les ofertaban como una alternativa a los depósitos a plazo y se les aseguraba que se trataba de instrumentos con una rentabilidad muy superior y con una liquidez inmediata. Los preferentistas no tuvieron conocimiento de la verdadera naturaleza del producto hasta que solicitaron la disposición del dinero y se dieron cuenta de que no obtenían la rentabilidad prometida ni podían recuperar su dinero, viendo así traicionada su confianza en el sistema bancario y en las personas que les vendieron las participaciones preferentes.

Para el defensor del Pueblo, la legislación protectora de los pequeños ahorradores y los mecanismos de control preventivo encomendados tanto al Banco de España como a la CNMV resultaron ineficaces.[133] Para esta institución, las entidades vendieron participaciones preferentes sin ofrecer la información suficiente sobre sus características y riesgos, captando los ahorros de inversores minoristas conservadores que no comprendían su funcionamiento.

Muchos afectados acudieron a los tribunales de justicia y, si bien es cierto que no siempre se ha resuelto de la misma forma, se puede afirmar que hay una tendencia general a considerar nulos los contratos en los casos en los que no se dio la debida información al adquirente. En esta línea, la Justicia civil ha actuado anteponiendo la protección de las víctimas a cualquier otro interés.

En el ámbito penal se siguen actuaciones en la Audiencia Nacional, en el caso Bankia. En este procedimiento se examinan las distintas actuaciones (orquestadas y verificadas al mismo tiempo en toda España) de las siete cajas finalmente agrupadas en Bankia. La Audiencia Nacional investiga la venta de preferentes y su negociación en el mercado secundario, en el que se manipularon los precios dándoles un valor muy superior al que tenían. En definitiva, se vendieron masivamente a los pequeños ahorradores productos de nulo valor financiero con la finalidad de sanear las cajas que iban a conformar una nueva entidad, Bankia, que iba a ser inscrita como banco y que tenía que salir a Bolsa, lo que requería una apariencia necesaria de solvencia que era irreal, a costa de los más débiles, los clientes, los ahorradores y los pensionistas.

A raíz de los sinsentidos que rodearon a la entidad, en junio se publicaba que la Fiscalía Anticorrupción investigaba los posibles delitos societarios en gestión de la fusión y salida a Bolsa de Bankia.[134] Y los ciudadanos, en lo que se ha convertido ya en un símbolo de protesta a nivel mundial, la plataforma 15M, hicieron lo propio. En la asamblea de Barcelona (la llamada «acampada 15M») del 13 de mayo de 2012, primer aniversario del 15M, se creó la plataforma cuyo fin fue precisamente la creación de una suscripción popular para costear la querella que se presentaría más adelante contra los consejeros de Bankia.[135] UPyD se adelantó y lo hizo tres días antes que la plataforma, el 11 de junio de 2012. El partido se querelló contra los consejeros de Bankia y BFA por presuntos delitos de estafa, apropiación indebida y falsificación de cuentas anuales, en conexión con delitos societarios, administración fraudulenta y maquinación para alterar el precio de las cosas. La plataforma lo hizo por delitos de falsedad contable y estafa mercantil. Más tarde, el 14 de abril de 2014, también lo haría Izquierda Unida.

El juez de la Audiencia Nacional Fernando Andreu dictó en julio de ese año el auto en el que asumía investigar las acciones de los miembros de los consejos de administración de Bankia y su matriz, el Banco Financiero y de Ahorros (BFA).[136] Entre ellos están el ex vicepresidente del Gobierno Rodrigo Rato, el ex presidente de la Comunidad Valenciana José Luis Olivas y el ex ministro Ángel Acebes, los tres del PP, así como otros banqueros y miembros del PP, PSOE e Izquierda Unida. La mayoría de los imputados están siendo defendidos por ex magistrados del Tribunal Constitucional, del Supremo o de la Audiencia Nacional, abogados del Estado y fiscales.[137] La instrucción trata de dilucidar cómo es posible que el cuarto mayor banco español pasara de publicar unos beneficios de 304 millones a necesitar meses después un rescate estatal de 23.465 millones (unos 500 euros por ciudadano). El juez Fernando Andreu y la Fiscalía Anticorrupción consideran que existen indicios de una «defraudación» que «habría producido, o podido producir, una grave repercusión en la economía nacional», así como un «perjuicio para una generalidad de personas» de España.

En cuanto a las preferentes, llegaron a la vía penal mediante un auto dictado por el juez en junio de 2013, en el que declaraba que no se trata de investigar si «el producto o los productos financieros de alto riesgo comercializados fueran legales, que lo eran, sino si en su comercialización y negociación se ocultó la verdadera situación de las entidades participadas por los preferentistas y el verdadero riesgo en que se incurría al invertir en dichos productos». En este sentido, fue la CNMV la que denunció en un informe remitido a la Audiencia Nacional las «malas prácticas» de Bankia en las operaciones con preferentes entre clientes fuera del mercado secundario con el fin de aparentar que la cotización de estos productos era estable. Y es aquí donde podemos encontrar un comportamiento abiertamente delictivo. En opinión del juez Andreu, la comercialización de estos productos debe ser objeto de investigación «desde el momento en el que se está advirtiendo de una necesidad de captación de compradores, de una deliberada falta de información a los clientes y de un claro conflicto de intereses». Recuerda, además, que el hecho de que estas actuaciones estén siendo objeto de investigación judicial «no es ni puede servir de excusa para crear espacios de impunidad» y que «ni se limita, ni se perjudica, por el hecho de incoarse un proceso penal en averiguación de si las conductas denunciadas son constitutivas de delito, los derechos indemnizatorios de los posibles perjudicados por tales hechos, a quienes en todo caso se les abre una vía más para la satisfacción de sus derechos, sin cegarse aquellas que ya están en su mano».[138]

Al día siguiente se publicó el auto que admitía la querella interpuesta por un cliente de Caja Madrid que adquirió títulos por valor de 535.000 euros, acordando celebrar una vista para decidir si se debía embargar a Bankia o fijar para la entidad una fianza de responsabilidad civil por la venta de participaciones preferentes.[139] El querellante declaró que en 2010 adquirió deuda subordinada de Caja Madrid por un importe de 500.000 euros por recomendación de la entidad y que, meses después, la misma le sugirió que comprara participaciones preferentes de la Serie II emitidas por Caja Madrid en 2009. Para ello vendió los activos que mantenía en deuda subordinada y fue adquiriendo en sucesivos momentos las preferentes, hasta el mencionado total. En este sentido, la querella planteaba el embargo de los 535.000 euros, «la incautación preventiva de fondos de las querelladas, Caja Madrid, Bankia o Caja Madrid Finance Preferred [...] en cantidad igual al menos a lo estafado» o «la inmediata prestación de fianza por la cantidad de 900.000 euros».[140]

Pero es que las actuaciones presuntamente delictivas que se imputan a los responsables de Bankia por el caso de las preferentes, o la gestión fraudulenta de la entidad, se han ampliado a la vista de los nuevos hechos que van entrando en la investigación. En octubre de 2014 se hacía pública la noticia que desvelaba los sucios manejos de una directiva que se aprovechó de la posición que ostentaban en el consejo de administración en beneficio propio y en detrimento de los clientes de la entidad, sin cobertura legal que lo justificara. Sólo la prepotencia, la pérdida de percepción de lo lícito sobre lo ilícito y la aparente impunidad en la que siempre se movieron han permitido esta serie de acciones que, finalmente, han salido a la luz.[141]

Los consejeros y altos directivos de Caja Madrid y de Bankia, a la que se le inyectaron 17.959 millones de euros del Mecanismo Europeo de Estabilidad (Mede) más otros 4.465 millones del FROB en 2013, gozaron durante al menos diez años, entre 2003 y 2012, de tarjetas de crédito con cargo a la entidad crediticia, llamadas popularmente «tarjetas *black*», a las que supuestamente cargaron gastos personales por valor de 15,5 millones de euros.[142] Estas tarjetas fueron otorgadas por Caja Madrid y Bankia al margen de la cuenta habitual de gastos de representación, y, según los datos de los informes dados por la misma empresa, el dinero se destinó a la financiación de vacaciones, joyas y restaurantes. No contentos con este crédito ilimitado, también extrajeron dinero en efectivo de cajeros automáticos, al menos 2,1 millones de euros. Entre los beneficiarios figuran el ex presidente de Caja Madrid, Miguel Blesa, su sucesor en Bankia, Rodrigo Rato, ex vicepresidente del Gobierno, ex ministro de Economía y ex presidente del Fondo

Monetario Internacional (FMI), así como consejeros nombrados por PP, PSOE, IU y CC. OO. La información y las ulteriores consecuencias están ahora en el procedimiento judicial del caso Bankia, en el que el 16 de octubre de 2014 el juez atribuyó, presuntamente, a Miguel Blesa y a Rodrigo Rato la plena responsabilidad de este sistema.[143]

Según las diligencias previas que se están practicando en el Juzgado Central de Instrucción n.º 4, queda constatada «la existencia de unas tarjetas de crédito proporcionadas por Caja Madrid inicialmente y después por Bankia a algunos de sus Consejeros y Directivos fuera del circuito ordinario de otorgamiento de tarjetas de empresa de la entidad, bajo la responsabilidad del miembro del Comité de Dirección, D. Ildefonso Sánchez Barcoj». Además, señala la «inexistencia conocida de soporte contractual (en el contrato de trabajo o mercantil), previsión estatutaria o decisión de los órganos de gobierno, sobre la existencia de esas tarjetas». Los importes son, a la vez que escandalosos, manifiestamente innecesarios: «245.200 euros cargados a Bankia en los años 2011 y 2012» y «15.249.300 euros cargados a Caja Madrid entre los ejercicios 2003 y 2012». Los informes añaden que «la utilización de esas tarjetas [...] no aparece conectada con los gastos de representación o relacionados con actividades profesionales de los disponentes» y que, además, «no consta [...] que los tenedores de esas tarjetas hayan declarado las sumas como percibidas en sus declaraciones correspondientes (IRPF, ISOC...)».[144] En definitiva, estamos una vez más en presencia de la escenificación en el fango de la impunidad más ramplona, del «aquí no pasa nada».

El auto que determina la posible responsabilidad civil de Miguel Blesa (cuya virtud para ser designado presidente de Caja Madrid, aparte de sus conocimientos técnicos, era ser amigo de José María Aznar), señala que hay «indicios racionales y bastantes» de que el ex presidente de Caja Madrid «habría consentido, aceptado y propiciado el uso indebido de los fondos de la entidad, mediante la atribución y uso en provecho propio, y mediante la entrega de tarjetas de crédito a miembros del Consejo de Administración, lo que supuso la percepción por parte de estas personas de cantidades en concepto distinto del retributivo, no justificadas ni contractual ni funcionalmente, sin que existiera precepto estatutario o reglamentario, disposición contractual o acuerdo alguno formalizado, ni órdenes o decisiones adoptadas por ningún directivo en las que se encuentre soporte o sustento que justifique la existencia, la entrega y la operativa de dichas tarjetas, y sin que se produjera por parte del imputado control o supervisión alguna respecto a los gastos que el uso de dichas tarjetas de crédito generaron».[145] Esta conducta la califica el auto, *prima facie*, de delito continuado de administración desleal. Además, considera que «el mero transcurso del tiempo que se necesita para llegar a la resolución definitiva se presume ocasión de peligro suficiente» para que se adopten medidas cautelares, ya que existen factores que determinan su necesidad, como lo son la «gravedad y complejidad de los hechos aparentemente delictivos» que se persiguen en el proceso, y «la evidencia de que aún se está lejos de cerrar la instrucción».[146] Así, el juez señala que la fase de juicio oral no se encuentra en absoluto cercana y que el «temor a la inoperancia final de un proceso investigador de tal dimensión no requiere de una justificación adicional diversa de la que deriva de la propia naturaleza y contenido de la actuación ilícita que se investiga». Por ello, el magistrado juez requiere una fianza de 16 millones de euros, cantidad que en base a la documentación aportada fue objeto de disposición con tarjetas objeto de la presente pieza separada por aquellos a quienes bajo su dirección y consentimiento fueron entregadas y durante el tiempo en que ocupó el cargo de presidente de la entidad (12.664.600 euros) habiendo establecido dicha suma aumentando la misma conforme a los factores que establece la Ley de Enjuiciamiento Criminal y procediendo al embargo de sus bienes en cantidad suficiente para alcanzar dicha cantidad en un plazo de tres días en caso de que no se presente la fianza.[147]

Por supuesto, la defensa de Blesa interpuso un recurso a esta fianza alegando desconocimiento del uso que realmente se hacía de las tarjetas. En su declaración como imputado, el 15 de octubre de 2014, Blesa sostuvo que las llamadas «tarjetas *black*» eran un «complemento retributivo» a los consejeros que venía amparado por distintos acuerdos del consejo de administración de Caja Madrid. El recurso ha sido rechazado por la Audiencia Nacional, que afirma de forma categórica, además de la tendencia natural del imputado a entorpecer el procedimiento, que «basta escuchar la audición de la declaración prestada por el Sr. Blesa ante el Juez Instructor para comprobar que la petición del Ministerio Fiscal se efectuó de manera razonada en aquel acto».[148] Además, con respecto a las tarjetas la sala niega la interpretación que hace Blesa de estas actas: «Ninguno de los acuerdos adoptados y reflejados en las citadas actas autoriza el pago por parte de la entidad a los consejeros y directivos [...] de otros gastos que no sean los derivados de gastos de viaje y representación». Y añade: «Resulta pues evidente que en aquellos consejos en ningún momento se aprobó el abono de gastos de los consejeros de carácter personal y ajenos al ejercicio de sus funciones dentro de la entidad o la entrega a los mismos de tarjetas a tales fines». Finalmente, el órgano judicial advierte de que «es fácil percibir» que el caso de las tarjetas *black* supuso un «perjuicio real y efectivo, primero para Bankia y después para el Fondo de Reestructuración Ordenada Bancaria (FROB)». El fondo de rescate tuvo que inyectar cerca de 24.000 millones de euros para reflotar la entidad.[149]

La desmesura de los gastos del señor Blesa con dinero que no era suyo es paradigmática por su zafiedad y descaro. En total, y a falta de otras informaciones o datos, Miguel Blesa gastó 436.700 euros con estas tarjetas, a una media anual de 54.600 euros, mucho más de lo que cualquier español gana al año. Gastó 76.642 euros en hoteles de todo tipo, entre ellos 3.299 euros en un establecimiento de la cadena Ritz-Carlton, 6.021 euros en joyas (su preferida era la madrileña Joyería Suárez), un total de 3.405 euros en artículos de Louis Vuitton, 9.000 euros en un safari en África, 10.000 euros en vino, entre otros.[150]

En el momento de escribir estas líneas, la policía está investigando si Miguel Blesa dispone de cuentas y sociedades en el extranjero después de que se cumpliera el plazo de tres días dado por el juez instructor y no se cubrieran los 16 millones de euros que se le impuso de fianza. El ex presidente de Caja Madrid sólo había presentado al juez como bienes embargables la póliza de seguros, que él mismo valoró en 15 millones, y un chalet de la exclusiva urbanización de La Florida, que adquirió en 2010, tras abandonar su cargo, por algo más de 2 millones. El juez investigó y procedió al bloqueo de forma paralela, mediante la herramienta «punto neutro judicial», de sus propiedades y cuentas, y aun así no se llegó a los 16 millones, razón por la que se comenzó con las investigaciones policiales en el extranjero.[151]

Rodrigo Rato, ex presidente de Bankia y, no lo olvidemos, ex ministro de Economía y ex presidente del Fondo Monetario Internacional, realizó 519 compras con cargo a Caja Madrid (ropa, bebidas alcohólicas, perfumes, instrumentos musicales y restaurantes de lujo) por una cantidad de 99.041 euros. Llegó a fundir en cinco noches 2.162 euros en «clubes, bares, salas de fiesta» con la tarjeta.[152]

Además de las compras, entre finales de febrero de 2012 y el 7 de mayo de ese mismo año en que dimitió, el entonces presidente de Bankia llegó a retirar en metálico 16.000 euros, a un ritmo de 1.500 a la semana. El sábado 5 de mayo, el mismo día en que el ministro de Economía, Luis de Guindos, le convocó en el ministerio ante la delicada situación de la entidad y la necesidad de un nuevo plan de saneamiento y recapitalización, Rato retiró sus últimos 1.000 euros, y el día de la dimisión-cese pasó un último cargo a la tarjeta *black* de 341,63 euros de una cena. Según consta en el desglose de gastos, Rato cargó en un solo día a su tarjeta *black* gastos de 3.547 euros en bebidas alcohólicas y casi 1.000 en una zapatería. Comenzó a utilizarla a partir del 22 de febrero de 2012, precisamente cuando estalló la «guerra» con Bancaja. Hasta esa fecha sólo había utilizado el plástico VIP en una ocasión, para disponer de 1.000 euros.

El auto que determina la posible responsabilidad civil de Rodrigo Rato aplica el mismo razonamiento que en el caso de Blesa, afirmando la existencia de «indicios racionales y bastantes» de que el imputado como presidente primero de Caja Madrid y luego de Bankia «habría consentido, aceptado y propiciado el uso indebido de los fondos de la entidad».[153] Del mismo modo que a Blesa, se le atribuye un delito continuado de administración desleal, y también como hizo con Blesa, le impone una medida cautelar, la fianza, en función de la cantidad que, según la documentación, fue la dispuesta por las tarjetas durante el período que ocupó el cargo de presidente, es decir, 3 millones de euros. Rato sí pudo hacer frente a los 3 millones de la fianza mediante un aval bancario que le concedió el Banco Sabadell.[154]

Mientras tanto, el último informe del perito Antonio Busquets Oto no hace sino confirmar los indicios contenidos en la investigación, que los gastos efectuados con esas tarjetas no se declararon ni se tributó por ellas.[155] Además, tampoco se mencionaron estas tarjetas en el folleto de salida a Bolsa de Bankia ni en las memorias anuales de Caja Madrid, BFA y Bankia, así como tampoco aparecieron menciones en los informes de gobierno corporativo, no se informó de ellas a la Comisión de Nombramientos y Retribuciones, ni aparecieron en la información individualizada sobre la remuneración de los consejeros que se realizó el 30 de diciembre de 2011 en cumplimiento de la circular 4/2011 del Banco de España. Tampoco tuvieron conocimiento de ellas la auditoría interna ni los auditores externos. Además, el informe expone que la «inmensa mayoría» de los 12 millones de euros gastados entre 2003 y 2012 «corresponden claramente a gastos personales». Esto supone un claro incumplimiento de la Ley de Cajas de Ahorro de la Comunidad de Madrid.[156]

Este escándalo, en el marco de una de las peores crisis de la historia de España, no es más que una muestra de la «adicción al dinero», de la avaricia de las personas con acceso a un poder y unos privilegios muy por encima de lo que a duras penas se puede imaginar un ciudadano medio. La misma avaricia de un gran número de bancos de inversión que hizo que se crearan alegremente productos financieros de alto riesgo que luego sacaron a la venta con valores ficticios que crecieron hasta crear una burbuja de dimensiones gigantescas y consecuencias globales. Sin embargo, las consecuencias en nuestro país no vinieron tanto por el estallido de la burbuja en Estados Unidos, sino por la burbuja que ya habíamos generado nosotros de forma original y artesanal: la burbuja inmobiliaria que surgió a finales de los años ochenta, se formó y se consolidó en los noventa, y estalló en los primeros años del nuevo siglo, ante la parálisis de los presidentes de Gobierno, presidentes autonómicos, consejeros, alcaldes y concejales, cuando no con la participación de varios de ellos. En esa dinámica estuvieron implicados banqueros de uno u otro nivel, que otorgaron créditos, condonaron deudas y favorecieron proyectos, en una especie de pacto de ilicitud concertada y opaca. El auto de Bankia llegó en febrero de 2015, y en él el juez Fernando Andreu confirma las sospechas en torno a la salida a Bolsa de la entidad: ésta se hizo falseando la información sobre la situación real, inflando artificialmente en 544 millones los recursos propios, falseando sus cuentas al ocultar unas pérdidas de 2.083 millones, otorgando información falsa en el folleto informativo dirigido a pequeños accionistas. Así, el auto fija una fianza de 800 millones de euros de forma solidaria a la entidad y la antigua cúpula directiva compuesta por Rodrigo Rato, Francisco Versú, José Manuel Fernández Norniella y José Luis Olivas. Además, el auto cuestiona el papel del Banco de España y la Comisión Nacional del Mercado de Valores, cuyas responsabilidades pasan precisamente por la detección de este tipo de fraudes.

La pregunta que surge es: ¿qué hacía el consejo de administración, que paralelamente a su pasividad estaba bien dispuesto a recibir las tarjetas *black* de gastos?; ¿por qué aceptaba las operaciones de dudosa rentabilidad que llevaron a la caja a una situación económica comatosa? Es decir, el amor por el dinero no sólo fue la guía de los ex presidentes de la entidad, sino que se transformó en la característica de todo ejecutivo que tuviera cierto poder para frenar ese sistema a todas luces ilegal. Lo más reprochable es que no sólo hubo ejecutivos entre los beneficiarios, sino también consejeros nombrados en función de cuotas políticas y sindicales. Como ya he dicho, se puede encontrar a miembros del PP, PSOE, IU, UGT, CC. OO. y CEIM. Nadie suspendió o prohibió esta práctica, ni siquiera cuando la entidad bancaria ya estaba en la UCI, e incluso quien llegó para salvarla la hundió un poco más y continuó con las mismas prácticas presuntamente corruptas.

Probablemente, estos responsables económicos, financieros y políticos, a la hora de rendir cuentas judiciales, no tendrán la conciencia de haber actuado ilícitamente, sino que más bien considerarán que lo que hicieron era algo debido por su dedicación a la causa pública y el beneficio de los ciudadanos. Pero el desprecio por dicha causa está en la base de todos estos comportamientos. De momento, lo que han conseguido es que la comunidad social haya perdido la confianza institucional, y recuperarla es muy difícil. Es preciso por ello que ese actuar conjunto, esa voluntad indomable, en forma de regeneración, del que hablaba Gandhi se ponga en marcha en una sociedad maltrecha como la española.

Desde luego, lo primero que se nos viene a la mente es echar a todos aquellos que han participado en este desastre. Pero lo emocional tiene que dar paso a lo racional, y debemos actuar con firmeza pero también con inteligencia. Realmente, en ese cambio social que necesitamos debemos escuchar a los discrepantes, a quienes cuestionan el sistema. El seguidismo y la sumisión a lo que algunos llaman la «casta» ya no pueden ni deben tener cabida en este nuevo tiempo de democracia transparente y participativa. El debate no debe dilucidarse en un círculo cerrado de participantes, sino en un ágora de confrontaciones cívicas donde se debatan las soluciones frustradas o fracasadas con las divergentes o nuevas. De esa confrontación, y no de la exclusión, obtendremos las respuestas.

Ya sabemos que el dinero ha degradado a las instituciones y que muchos representantes políticos se han hundido en el fango de la corrupción pero, precisamente por ello, además de limpiar, debemos crear una alternativa diferente con la que no sólo reivindiquemos los cambios legislativos pertinentes. Eso lo vienen haciendo desde hace décadas, y hasta ahora han sido meros arreglos cosméticos. Reivindicar que aquellas normas adecenten nuestro maltrecho sistema es necesario, pero ya no basta con ello. Hay que cambiar la sociedad, y para ello debemos preguntarnos qué estamos dispuestos a dar o pagar por una buena sociedad en la que se cuantifique como valor económico todo aquello que es despreciado por el actual sistema. ¿Por qué unos deben poseer más derechos que otros en función de dónde se encuentren en el ranking de riqueza? ¿De dónde surge la idea de que no se ha de retribuir a la sociedad más que por el hecho de poseer algo que sólo has ganado con el trabajo de otros muchos que no perciben más compensación que la de su salario? ¿Dónde está escrito que deba tener un estatus superior quien hace de intermediario en una inversión que aquel que crea con su trabajo la base para que esa inversión se produzca? Es tiempo de la revolución de la indignación activa. No podemos seguir sometidos a los criterios oportunistas de quien maneja los hilos de esta sociedad a la que han prostituido con la corrupción.

Para cambiar las cosas se debe cambiar la actitud, pensar de otra forma, actuar de forma diferente, uniendo esfuerzos en los diferentes ámbitos de actuación. La participación es fundamental, la confrontación pacífica y la denuncia deben ser contundentes; todas ellas son básicas en la elaboración de este nuevo discurso. Servirnos de las nuevas tecnologías para la diversión o la acumulación de información no es suficiente, sino que debemos encontrar otro modelo de discurso al modo de los clásicos y los mecanismos para que el combate frente a fenómenos como el de la corrupción sea efectivo en un nuevo espacio de encuentro y participación. Se impone, como dice Ignacio Ramonet en *La catástrofe perfecta*, el doble interrogante de si está llegando el capitalismo a su fin y cuánto durará la crisis. Desde luego, la globalización atañe a todo el sistema financiero y, por lo tanto, a toda la esfera de la economía internacional. En las cumbres internacionales anteriores a la crisis de 2008 se hablaba de «refundar el capitalismo», y lo que deberíamos plantearnos con Ramonet es que esa refundación será difícil, como estamos comprobando, si no se da un mayor control a los ciudadanos sobre los recursos estratégicos de los estados y sobre las decisiones económicas que conciernen a sus vidas.[157] Tal refundación se presenta como una misión imposible si los estados no demuestran intransigencia hacia los comportamientos corruptos. La disposición y la convicción son factores imprescindibles para cambiar las cosas. Todos hemos sido partícipes en alguna medida de la situación actual.

Precisamente por esa responsabilidad compartida, el futuro no se puede construir sin tomar como base lo que nos enseñó el pasado: tanto los logros como los fracasos nos deben enseñar que el destino no está escrito y que cada tiempo necesita unas medidas y unas actitudes diferentes. Permanecer inalterable cuando el mundo cambia y evoluciona es una torpeza, porque al poco tiempo no sabrás ni dónde estás ni qué sucede a tu alrededor.

8

La corrupción policial

> Los terroristas se deslizan a través de «manos engrasadas»; los explosivos utilizados por los rebeldes chechenos para tomar el control de un teatro repleto de personas en Moscú el año pasado llegaron a su destino con la sola ayuda de numerosos sobornos. A raíz de la crisis, que dejó 129 rehenes muertos, los investigadores encontraron que el autobús que llevaba la carga de 120 kilos de explosivos había sido detenido por la policía en al menos cincuenta ocasiones en puestos de control entre la capital chechena, Grozni, y Moscú. La policía, en lugar de registrar el autobús, preguntaba: «¿Sabes el precio?». «Claro que sí», respondía el conductor, pagaba un soborno y seguía adelante.[1]
>
> MICHAEL HERSHMAN

Si usted hubiera sido víctima de un caso de corrupción, ¿a quién acudiría?, ¿en qué institución confiaría? Ésta fue una de las preguntas realizadas por la Comisión Europea en un estudio realizado sobre la percepción de la corrupción.[2] La respuesta reveló que más del 70 por ciento de los ciudadanos confiarían en los tribunales y en la policía, lo que contrasta con el escaso 6 por ciento que otorgarían su confianza a los representantes políticos.

Esta misma percepción es la que refleja el informe elaborado por la organización Transparencia Internacional en lo que a España concierne.[3] Los partidos políticos se llevan la peor nota y son considerados los más corruptos, mientras que la policía se queda en una nota media, un 3,1 en una escala del 1 al 5.

Lo que aquí nos interesa, la corrupción de la policía, es una cuestión de enorme trascendencia para los ciudadanos. ¿Qué alternativas quedan cuando no podemos confiar en los encargados de protegernos? El gran problema es el menoscabo que supone la corrupción policial en la percepción ciudadana del Estado de derecho y de su confianza en las instituciones. Es difícil plantearse un escenario peor que el de una comunidad que, ante un conflicto, una agresión o un delito, no se ponga en manos de las fuerzas de seguridad oficiales. Si quienes se relacionan directamente con la sociedad civil traicionan su confianza, los pilares y cimientos del orden y de la convivencia pacífica amenazan con venirse abajo. La sociedad debe poder confiar en la policía; de otro modo se abriría una brecha de enorme impunidad en la que cada cual decidiría resolver sus problemas tomándose la justicia por su mano y los malhechores delinquirían libremente.

La gravedad del hecho no reside en que la policía pueda ser corrupta. Cualquier sector de la sociedad puede tener la tentación de corromperse. La fuente de conflictos proviene de la existencia de organizaciones criminales que delinquen empleando el cargo, los medios, los instrumentos, las armas, los documentos o la información propios de la autoridad policial. Es decir, la corrupción policial supone un soporte ideal para la delincuencia de las bandas organizadas que se nutren de sus medios y de la impunidad que les proporciona.

La práctica, además, ha demostrado la dificultad de descubrir e investigar estas tramas, no sólo porque funcionan como auténticas organizaciones criminales en las que prima por encima de todo la *omertà*, sino también porque conocen los medios de investigación. Así, quien rompe el silencio y denuncia estas prácticas asume el riesgo de quedar estigmatizado frente a la corporación policial; «los trapos sucios se lavan en casa». En este sentido, es esencial la creación de un sistema que proteja al denunciante de las más que probables consecuencias que sufrirá si actúa conforme a la moral y la ley.[4]

Las tipologías de corrupción en los organismos policiales, sean estatales (Cuerpo Nacional de Policía y Guardia Civil), autonómicos (Ertzaintza, Mossos d'Esquadra) o locales, son múltiples y variadas, y van desde las extorsiones y las amenazas hasta el cohecho por funcionarios policiales a locales de hostelería, bares u otros negocios.

En muchos casos, para que una organización criminal pueda nacer y pervivir en el tiempo, es necesaria la realización de actividades logísticas, de apoyo, de información y de seguridad por parte de determinados miembros de los cuerpos y fuerzas de seguridad del Estado. En la mayoría de las operaciones vinculadas al crimen organizado suele haber funcionarios, que de una u otra forma, están implicados y realizan alguna de las actividades de cobertura para la organización. Por ejemplo, en la llamada Operación Pitón contra el narcotráfico que se llevó a cabo en 1991 y 1993, y que dirigí yo mismo en Andalucía, Marruecos e Italia, aparecían varios guardias civiles y policías. También es relativamente frecuente que aparezcan ex agentes o funcionarios policiales jubilados y migrados a las organizaciones criminales.

Por supuesto, los GAL, aunque recibieron condenas por delitos específicos como en el caso Lasa y Zabala; todos aquellos en los que ha habido condenas por torturas; el caso Faisán, conocido como el del «chivatazo» (revelación de secretos), en el que imputé a dos mandos policiales y al ex director general de la policía (los dos primeros resultaron condenados) y otros son casos en los que se puede hablar de corrupción en un sentido amplio, aunque no haya condena por este tipo de ilícitos. Al fin y al cabo, se trata de comportamientos fuera de la ética y de las obligaciones que competen a los funcionarios públicos como tales.

En todo caso, puede decirse que en España se han ido perfeccionando los servicios de asuntos internos y las unidades de contrainteligencia, que han asumido con altos grados de eficacia la investigación de los casos de corrupción en los cuerpos y fuerzas de seguridad del Estado.

Tampoco resultan ajenos al problema los servicios de inteligencia, que sin ser cuerpos policiales tienen una labor altamente delicada para la seguridad del Estado. En este sentido, en los años noventa, hubo en nuestro país tres casos muy delicados y escandalosos que afectaron al entonces llamado Cesid, cuyo heredero es el actual CNI. El primero de ellos, que dio mucho que hablar, fue el de las escuchas aleatorias a personalidades españolas (incluido el jefe del Estado). El juicio del caso Perote por las escuchas del Cesid se tuvo que repetir en la Audiencia de Madrid después de que el Tribunal Constitucional anulara la sentencia para que lo juzgaran magistrados «que no tuviesen comprometida su imparcialidad». En abril de 2005, la Audiencia absolvió al director general del Cesid, el teniente general Emilio Alonso Manglano, y a cinco técnicos, y condenó únicamente a Alberto Perote por el caso de las escuchas. Según la Audiencia, el llamado «gabinete de escuchas» estaba dotado de medios para obtener datos de otros servicios de información que pudieran realizar su actividad en territorio nacional, así como datos de terrorismo, blanqueo de dinero, etc. Pero Perote, jefe de ese departamento, «asumiendo que tal actividad hubiera de quebrantar la intimidad de los afectados», controló «una multiplicidad de conversaciones de diferentes personas». El Tribunal Supremo ratificó la condena del coronel Perote en octubre de 2006.[5]

El segundo caso se refirió a las escuchas realizadas por el Cesid sobre la sede de Herri Batasuna cuando este partido aún era legal, en 1998. El Tribunal Supremo absolvió en abril a los ex directores generales del centro, Emilio Alonso Manglano y Javier Calderón, de los delitos de interceptación ilegal de comunicaciones telefónicas en la sede de HB en Vitoria, por los que habían sido condenados a tres años de prisión. El Supremo explica que las condenas se dictaron sobre «conjeturas» de carácter «débil e indeterminado» y no sobre verdaderos indicios delictivos. La sentencia mantiene la pena de dos años y seis meses para el agente del Cesid que grabó las conversaciones desde el piso superior a la sede de HB.[6]

El tercero fue el caso Oñaederra, miembro de ETA asesinado por los GAL, finalmente sobreseído sin autor conocido por la Sala de lo Penal de la Audiencia Nacional. En ese caso, que llevé yo, fueron llamados a declarar como imputados altos responsables del centro como consecuencia de los llamados «Papeles del Cesid», relacionados con el coronel Alberto Perote, funcionario de aquellos servicios hasta su expulsión en 1995. Un tribunal militar condenó a Perote por revelación de secretos en 1997, aunque el Tribunal Europeo de Derechos Humanos cuestionó la sentencia por falta de imparcialidad.[7]

En todo caso, España no ha sido uno de los países más afectados por la corrupción policial, y menos en los últimos años. Ha habido problemas como la mala praxis, la escasez de medios y, a veces, claras intenciones delictivas con posiciones netamente fuera del ordenamiento jurídico, como aconteció en el caso Ucifa, pero, gracias a la intervención de la Justicia y de la propia Administración, se ha conseguido corregir esas actuaciones y se puede decir que hoy la corrupción policial no destaca especialmente y que, además, la labor de los investigadores que hacen frente a esa lacra es muy meritoria.

No puede decirse lo mismo de otros países en los que la corrupción, como el crimen organizado, penetra hasta la base de las instituciones policiales, bien porque aún guardan estigmas de la dictadura, como en Argentina, bien porque la incidencia del narcotráfico ha sido y es potentísima, como en Colombia, Centroamérica o México, o bien porque el crimen organizado de corte mafioso mantiene a sueldo a determinados policías, funcionarios y políticos (la Cosa Nostra, las Yakuzas, las Tríadas, las mafias rusas, etc.), en función del interés que tenga en cada momento. El poder corruptor del dinero y de otros servicios asoma en casos como el de los prostíbulos, que luego veremos.

El caso Ucifa

> El primer signo de la corrupción en una sociedad que todavía está viva es «el fin justifica los medios».
>
> Georges Bernanos

Asuntos Internos

A finales de la década de los ochenta, el caso del Nani hizo que se creara en España la Unidad Policial de Asuntos Internos. El Nani era un joven delincuente de veintinueve años, que fue visto por última vez con vida el 12 de noviembre de 1983 en las dependencias de la antigua Dirección General de Seguridad (DGS) de Madrid, en la Puerta del Sol, cuando estaba detenido. Más de treinta años después, su cuerpo todavía no ha aparecido. Estos hechos fueron enjuiciados por la Sección Cuarta de la Audiencia Provincial de Madrid, en septiembre de 1988, que acabó con la condena de tres policías nacionales, los inspectores Victoriano Gutiérrez Lobo y Francisco Aguilar González y el comisario Javier Fernández Álvarez, a penas de veintinueve años de reclusión.

Por su parte, el joyero santanderino Federico Venero, testigo del caso y desde 1981 confidente de la policía, denunció una red de corrupción policial en la que implicó a seis funcionarios de policía en atracos, tráfico de drogas y tráfico de armas. El asunto terminó con la absolución de los agentes y con la condena de Venero por tenencia ilícita de armas.[8]

Unidad Central de Investigación Financiera Antidroga

A raíz de estos hechos, creció la preocupación sobre los cuerpos y fuerzas de seguridad del Estado y se creó la Unidad de Asuntos Internos de la Guardia Civil. En el segundo semestre de 1991 estalló el caso Ucifa (Unidad Central de Investigación Financiera Antidroga), que tuvo una amplia repercusión mediática por la naturaleza de los hechos investigados (el pago con drogas a los confidentes e importaciones provocadas de cocaína) y por las personas implicadas, altos mandos de la Guardia Civil.

La Ucifa era la unidad de élite para la persecución e investigación del narcotráfico y el blanqueo de dinero. En esta unidad funcionó una organización criminal entre 1988 y 1991 dirigida por altos mandos de la Benemérita, el coronel Francisco Quintero y el comandante José Ramón Pindado.

La organización se dedicaba a provocar la importación de alijos de cocaína; cien kilos en el caso Coterillo, en el que aprovechando una operación controlada se provocó la importación de dicha sustancia desde Colombia, propiciando además la pérdida de 100 millones de pesetas que se habían entregado en un cheque que llegó a los dueños de la cocaína. El caso se tramitó en mi juzgado y lo vi tan extraño que ha sido la única vez que he ordenado una libertad en dependencias policiales sin haberle siquiera tomado declaración. Como tiempo después se comprobaría, todo había sido un montaje con la única finalidad de acumular méritos por la supuesta incautación de alijos de droga. Los propios mandos de la Guardia Civil que estaban en la Ucifa entregaban cocaína a los confidentes a cambio de información, traficando aquéllos con las sustancias recibidas por los funcionarios, que previamente la sustraían de las incautaciones realizadas en otras operaciones.

El juicio contra los miembros de esta organización tuvo lugar en la Audiencia Nacional en 1997. Terminó con sentencia condenatoria para seis oficiales y agentes de la Guardia Civil a penas de entre uno y nueve años de prisión.[9] La sentencia fue ratificada por el Tribunal Supremo.[10]

En el juicio, la declaración de uno de los agentes de la Guardia Civil que integraban la organización fue muy descriptiva, asegurando que existía en las dependencias de la unidad un fondo común de droga «para pagar confidencias [...] si un confidente llegaba y daba noticias, pues se le entregaba un gramo, dos gramos, tres gramos».[11]

Los hechos se conocieron gracias a la denuncia de dos arrepentidos, un guardia civil y un empresario. Tras esta primera confesión ante la autoridad judicial, dos miembros más del grupo siguieron su ejemplo, declarando ante el juez lo que sabían.

En la sentencia se describe el modo de actuar de esta organización, en la que, por encima de todo y de forma casi obsesiva, primaba la consecución de objetivos a costa de lo que fuera. El objetivo era lograr méritos, ya fuera introduciendo droga en el vehículo de un compañero o trayendo cocaína de Colombia. Para ello, se pagaba con droga a los confidentes o se falseaban atestados; todo era válido.

Un ejemplo fue la Operación Picos, descrita en la sentencia, que se inició en enero de 1988, cuando un operativo de la Ucifa se desplazó a Pamplona con el objetivo de controlar a unos guardias civiles que supuestamente estaban relacionados con el tráfico de drogas. Como las investigaciones no obtuvieron ningún resultado, el teniente coronel en ese momento al mando de la Ucifa dijo que aquello tenía que salir bien «por cojones».[12] Y, en efecto, así fue. El operativo se desplazó de nuevo a Pamplona y coló 25 gramos de hachís y 0,5 gramos de heroína en el vehículo de un compañero guardia civil. Objetivo cumplido.

En 1990 la organización, valiéndose de sus confidentes-colaboradores, y de las relaciones de éstos con individuos colombianos dedicados al tráfico de drogas, ideó y consiguió la introducción en España de más de 140 kilos de cocaína, que se realizó mediante envíos sucesivos. En todas estas operaciones la organización, para dar una apariencia de legalidad a lo que hacían y atribuirse los méritos de la incautación de la droga, falsificaba los atestados que se entregaban a la autoridad judicial.

La organización se quedaba con parte del alijo en todos los envíos de droga para así pagar a sus colaboradores. Como dice la sentencia, se detraía para la organización la cantidad necesaria para pagar a los colaboradores-confidentes que habían facilitado los contactos necesarios para poder realizar los envíos de cocaína.[13]

Tal era el desprecio de esta organización por el ordenamiento jurídico que en diciembre de 1988 registraron un domicilio sin autorización judicial. Hay que recordar que la inviolabilidad del domicilio es un derecho fundamental reconocido por la Constitución en su artículo 18. Valiéndose de las llaves que un sospechoso había dejado abandonadas en su huida, procedieron a entrar en su domicilio. Como no encontraron nada, buscaron en el trastero, donde, esta vez sí, hallaron 180 gramos de heroína y un revólver. Trasladaron lo hallado del trastero al domicilio del sospechoso, solicitando a continuación autorización judicial para realizar el registro. El afectado, al que se le conculcaron sus derechos fundamentales, resultaría después condenado como autor de un delito de tenencia ilícita de armas y contra la salud pública.

Igualmente escandaloso resultó lo ocurrido en abril de 1989. En este caso, el juez había autorizado el registro de un domicilio. En su interior se encontraron dos pistolas. Pues bien, mintiendo sobre el resultado de esta operación, se quedaron con una pistola que llevaron a las dependencias de la Ucifa, donde desapareció.

El caso Ucifa constituye el ejemplo más palmario de toda la historia de cómo no se debe ni se puede desarrollar la investigación de la criminalidad organizada. Los funcionarios condenados traspasaron los límites, cometieron delitos sin justificación alguna, cuestionaron la lucha contra el tráfico de drogas, que tanto trabajo nos estaba costando en esa época, y acabaron con la propia unidad especializada, que tardó mucho tiempo en recuperarse. Además, toda la investigación estuvo sembrada de las peores tácticas que se puedan ver en una película de serie B. Trampas procesales, denuncias, querellas, artificios concertados de las defensas, acciones de varios abogados muy alejados de la ética profesional a pesar del alto grado académico de algunos, falsedades, persecuciones y utilización de medios de comunicación, algunos de los cuales «debían» favores a alguno de los miembros o a sus protectores, en contra del juez (que era yo) con el único fin de anular la instrucción.[14] No obstante, la sentencia dejaría claro que esas acciones resultaban «inconcebibles» e «inexistentes los alegados comportamientos ilícitos del instructor», lo que evidentemente no tuvo la misma repercusión mediática, por no decir que ninguna.[15]

La investigación fue estrictamente judicial y realizada bajo la reserva y el secreto más estrictos, ante la certeza de que, de haber trascendido a los mandos de la Guardia Civil o a cualquier otra instancia, habría sido «bombardeada» de inmediato. Desde que el juez Carlos Bueren comenzara a tomar declaración a uno de los arrepentidos, Ramón de Temple Llopis, y luego pasara a mí la instrucción por ser más antiguo el caso de Ramón Coterillo, el primer envío provocado de cocaína desde Colombia por la Ucifa, hasta que prácticamente ordené las detenciones de los funcionarios, conseguí llevar el caso en secreto y haciendo una investigación estratégica que consiguió evitar cualquier fiscalización por parte de quien tenía medios para ello. No intervinieron funcionarios de la Guardia Civil ni de la policía, sólo el que estaba adscrito al juzgado y que había realizado con igual eficacia las investigaciones en la primera fase de los GAL. Los datos los reclamaba sin que supiera a qué procedimiento correspondían; todas las indagaciones iban lentas y las dilataba en el tiempo para que no se relacionaran unas con las otras; mantenía «tiempos muertos» en los que aparentemente no se hacía nada, pero sí lo hacíamos tanto el fiscal Pablo Contreras como yo; encargué la tramitación del caso a Paloma, una funcionaria ejemplar, como el resto de los funcionarios del Juzgado Central de Instrucción n.º 5 (Mar, Estrella, Miguel Ángel, Pilar, Jesús, Vicente, Sonia, José María y todos los demás) con los que he tenido la suerte de trabajar durante mi tiempo de instructor en la Audiencia Nacional. Sin su colaboración y flexibilidad de horarios no se hubieran conseguido rematar tantas investigaciones judiciales contra el crimen organizado. Tan sólo unos días antes de llevar adelante la operación, avisé a la Unidad de Contravigilancia, que dirigían el coronel Ángel López, un excelente oficial, y el honesto capitán Julián Hernández del Barco. A los dos les persiguieron dentro del cuerpo policial, hasta el final de sus días en el primer caso y negándole el pan y la sal al segundo en su ascenso profesional hasta el retiro, simplemente porque cumplieron con sus obligaciones como servidores públicos al ejecutar las órdenes de la autoridad judicial. Igualmente, el director general de la Guardia Civil, Luis Roldán, cumplió en este caso con su deber al acatar la orden judicial de entregar toda la documentación respecto de todos los casos de la Ucifa. La noche en que se practicaron las detenciones, y junto con el fiscal y la eficientísima secretaria judicial, Natalia Reus, me trasladé en persona a la Dirección General de la Guardia Civil, en la calle Guzmán el Bueno de Madrid, para presenciar la práctica de las diligencias, en lo fue el primer registro de esta dependencia por un juez, obteniendo las evidencias de los delitos cometidos por unos funcionarios que, con sus acciones, degradaron a los miles de guardias civiles y policías que en España se juegan la vida por proteger a los ciudadanos desde la legalidad.

El caso prostíbulos de Castelldefels

> La corrupción lleva infinitos disfraces.
>
> Frank Patrick Herbert

Otro caso muy conocido de corrupción policial fue el de los prostíbulos de Castelldefels. En este caso la realidad superó la ficción de cualquier película de cine negro: mandos policiales a sueldo de una organización que se dedicaba a explotar sexualmente a mujeres en una suerte de mafia de trata de personas que se enriquecía impunemente mientras crecía el imperio de los burdeles. En aquella ocasión, la obtención de grandes sumas de dinero fácil resultó demasiado tentadora para los agentes implicados. La sentencia de la Audiencia de

Barcelona se dictó en el mes de mayo de 2014, y pone de manifiesto la complejidad de la trama, que abarca hechos delictivos cometidos entre 2002 y 2009, con más de 20 acusados y 79 delitos imputados.[16]

Se trataba de una organización policial encargada de proteger a los dueños de dos prostíbulos de la localidad catalana, de forma que los funcionarios implicados avisaban de cuándo se iban a producir inspecciones y controles policiales, y los dueños de los locales preparaban el escenario para evitar pérdidas económicas, el deterioro de su imagen y el desabastecimiento de mujeres resultado de estas inspecciones. A cambio, los policías obtenían pagos directos, regalos y otros beneficios, como el acceso al club y a sus servicios de bar, y habitaciones de forma gratuita.

Se entienden mejor los intereses económicos en juego y las cifras manejadas por los implicados a la vista de los siguientes datos.[17] Uno de estos establecimientos, el Club Saratoga, que empleaba a 54 mujeres, obtenía unos ingresos diarios de 15.729 euros, cifra que se multiplicaba por tres en el Club Riviera, que lograba unos ingresos de 43.500 euros diarios; es decir, en un año obtenía 16.200.000 euros.

Las inspecciones habían acarreado en más de dos ocasiones a estos establecimientos sanciones por encima de los 200.000 euros, además de la detención e identificación de las mujeres, que en su mayoría se hallaban en situación irregular y a quienes se les abría el correspondiente expediente de expulsión.

Ante este panorama, en el año 2002 se inició una dinámica de colaboración entre los propietarios y la policía. Esta cooperación consistía en, o bien omitir las intervenciones, o bien proporcionar información de primera mano sobre las que se programaban, lo que permitía al club preparar con antelación las visitas ocultando a la mayoría de las mujeres que se encontraran en situación irregular, todo ello con la correspondiente retribución a sus informantes.

Los favores a los policías se materializaron de muy diferentes formas, y en concreto mediante entregas periódicas de dinero en efectivo que oscilaban entre los 3.000 y 6.000 euros al mes.

También se ocuparon de sufragar las necesidades de los hijos de los agentes. Por ejemplo, haciéndose cargo de los costes de una operación de la hija del inspector jefe de policía, por un importe de 6.000 euros, o asumiendo el coste del tratamiento psiquiátrico del hijo de otro de los funcionarios implicados, llegando a pagarle una cura de desintoxicación en el extranjero. Hubo además obsequios clásicos, como relojes valorados en más de 3.000 euros, viajes para la familia y los consabidos regalos de Navidad (la caja de botellas de vino y el jamón).

La sentencia dictada por la Audiencia Provincial de Barcelona, que aún no es firme (los condenados han recurrido ante el Tribunal Supremo), condenó a penas de prisión de seis años al comisario jefe de policía, Luis Gómez, y a dos inspectores jefe de la Policía Nacional, Abundio Navas y Javier Martín Pujal, y a diez años y medio a los propietarios de los clubes Saratoga y Riviera, Carmelo Sanz y Raúl Pascual.

El caso de la «banda del puerto»

> A menudo escucho que os referís al hombre que comete un delito como si él no fuera uno de vosotros, sino un extraño y un intruso en vuestro mundo. [...] Mas yo os digo que de igual forma que ni una sola hoja se torna amarilla sin el silente conocimiento del árbol todo, tampoco el malvado puede hacer el mal sin la oculta voluntad de todos vosotros.
>
> Jalil Gibran

Otro asunto que tuvo gran resonancia no sólo en Barcelona sino en toda España fue el conocido como «la banda del puerto».[18] En este caso se investigó el robo de cuatrocientos kilos de cocaína en el puerto de la Ciudad Condal por parte de unos delincuentes comunes que habían sido previamente advertidos por la policía judicial de la entrada de este cargamento.

El caso se puede resumir como sigue: A finales del año 2004, el Departamento Estadounidense Antidroga (DEA) tuvo conocimiento de la existencia de un alijo de más de mil kilos de cocaína oculto en un contenedor de gambas congeladas que se hallaba en el puerto de Barcelona. Un mes después, un grupo de delincuentes asaltó el contenedor y se llevó la droga. Los delincuentes supieron de la existencia de la cocaína por la información que les facilitó un miembro de la Unidad Técnica de Policía Judicial del puerto. Vendieron la droga y dieron su parte a los guardias civiles implicados.

A raíz de esta investigación, se destapó la existencia de un grupo policial que actuaba desde 1999 y que desarrollaba acciones como asaltos a narcotraficantes. Resultó implicado el teniente coronel de la Guardia Civil Alfonso López Rubio, si bien su posible responsabilidad penal quedó en nada al haber prescrito los hechos.

En el juicio, celebrado durante 2012, se sentaron en el banquillo, además de siete guardias civiles acusados de dar protección a los delincuentes, dos ex inspectores del Cuerpo Nacional de Policía, acusados de suministrar a los delincuentes información confidencial.

La Audiencia de Barcelona dictó sentencia absolviendo a los agentes de policía por falta de pruebas y condenando a los delincuentes. Esta sentencia, sin embargo, fue declarada nula por el Tribunal Supremo, de modo que la Audiencia de Barcelona está obligada a dictar una nueva resolución.[19] El Tribunal Supremo estimó que la sentencia de la Audiencia Provincial de Barcelona incurrió en errores de forma y de fondo. De forma porque existen evidentes contradicciones entre lo expuesto en la declaración de hechos probados y lo narrado en la fundamentación jurídica. Incurre la sentencia también en errores de fondo al no haber tenido en cuenta y no haber valorado una prueba válida.

El caso Coslada

> Vamos a invertir primero en educación, segundo en educación, tercero en educación. Un pueblo educado tiene las mejores opciones en la vida y es muy difícil que lo engañen los corruptos y mentirosos.
>
> José Mújica

En Coslada (Madrid) saltó en 2008 la Operación el Bloque, que se refería a acusaciones que pesaban sobre gran parte de la Policía Local:

asociación ilícita, tenencia de armas, extorsión y blanqueo de capitales. La instrucción comenzó a raíz de la denuncia, presentada por varias prostitutas, de que varios policías, vestidos de uniforme y con coches oficiales, acudían al polígono industrial, donde requerían sus servicios y mantenían relaciones sexuales con ellas sin pagarles. Cinco años más tarde la instrucción se ha cerrado con doce imputados. Sin embargo, han quedado archivadas, por falta de pruebas, las imputaciones a diecinueve agentes que estaban acusados de asociación ilícita, fraude, agresión, relaciones sexuales con prostitutas, consumo de estupefacientes y cohecho, entre otros. El auto es un manual de corrupción policial, casi una película de Hollywood a la española, en el que se relatan hechos vergonzantes. Por ejemplo, que Ginés Jiménez Buendía, ex jefe del cuerpo de policía, presuntamente obligó a un empresario a «cubrir unas pintadas frente a la piscina municipal, en las que se podía leer "Ginés, cabrón"», o que el 13 de septiembre de 2006 la dueña de un restaurante donde Jiménez «había tenido desencuentros por el precio de una cena» fue amenazada con una pistola en la sien por Ginés al tiempo que le decía: «Tienes que dejar el bar o te mato».[20]

Valoración

A pesar de lo anterior, si atendemos a las cifras, los cuerpos y fuerzas de seguridad del Estado ostentan un índice bajo de corrupción. De un colectivo de unos 170.000 funcionarios, el número de agentes del orden que en 2009 estaban en prisión, la mayoría por corrupción, era de 230.[21]

Sin embargo, es difícil conocer la realidad a la vista de la falta de transparencia del Ministerio del Interior, que no facilita estadísticas sobre los asuntos investigados por las unidades de asuntos internos. Desde luego, se ganaría en confianza si la transparencia se abriera camino en la impenetrabilidad de ese misterio.

El caso 4F («Ciutat morta»)

> Es bien cierto que la idea de que la verdad siempre triunfa sobre la mentira es una de esas mentiras agradables de escuchar, que los hombres se repiten una y otra vez hasta convertirla en lugar común, por mucho que la experiencia lo contradiga. La historia está llena de momentos en que la verdad ha sido silenciada por la persecución. Y, si bien no la ha suprimido para siempre, ha conseguido que sea obviada durante siglos.
>
> John Stuart Mill

La noche del sábado 17 de enero de 2015, el programa más visto en Cataluña fue un documental en el Canal 33, *4F Ciutat morta*, sobre un caso de corrupción policial y municipal ocurrido en Barcelona el 4 de febrero de 2006.[22] Canal 33 tuvo picos de audiencia superiores al 22 por ciento, cuando su audiencia media no sobrepasa el 1,5 por ciento.

¿Qué hacían más de medio millón de catalanes pegados al televisor la noche del sábado viendo este documental? En medio de un estupor generalizado, asistían a la descripción de un caso atroz en el que el silencio de los medios y la brutalidad de los hechos describen una ciudad totalmente alejada del famoso oasis catalán.

Los hechos descritos en el documental son los siguientes. El día 4 de febrero de 2006, la policía municipal de Barcelona intentó realizar un desahucio en el Palau d'Alós, en la calle Sant Pere més Baix de Barcelona. Dicho desahucio se realizó en medio de la resistencia de los ocupantes del edificio y un policía resultó gravemente herido, con un fuerte golpe en la cabeza. El alcalde, Joan Clos, manifestó que un policía había sido herido por una maceta, aunque posteriormente se retractó de esta versión e indicó que fue por el lanzamiento de una piedra.[23]

Los guardias detuvieron a un grupo de okupas que estaban en la calle y los llevaron con diversas contusiones al hospital del Mar. Aproximadamente a la misma hora, ingresó en ambulancia en dicho hospital Patricia Heras, una psicóloga que acababa de sufrir un leve accidente de bicicleta en el Parc de la Ciutadella. En el hospital los guardias parecieron reconocer en ella a una okupa y la detuvieron junto con su novio, que la acompañaba.

Tanto Patricia Heras como su novio fueron procesados y condenados por diversos delitos en un juicio que se llevó a cabo en 2008 y que fue denunciado por Amnistía Internacional. De hecho, recibió la visita de observadores internacionales como Nora Cortiñas, de las Madres de la Plaza de Mayo.

La Vanguardia y otros medios catalanes, defensores de la presunción de inocencia en otros casos, condenaron anticipadamente a los detenidos, publicando artículos en contra de la presencia de observadores internacionales. En el juicio declararon tanto el conductor de la ambulancia que llevó a Patricia al hospital como los peritos, que intentaron demostrar que el lanzamiento de una piedra no pudo ocasionar los daños al policía y que éstos tuvieron que ser provocados por una maceta desde una altura considerable. Sin embargo, el informe policial al que se refería Joan Clos en su rueda de prensa de febrero de 2006 ha desaparecido, y el resto de las pruebas fueron desestimadas, por lo que Patricia fue condenada e ingresada en prisión junto con otras tres personas. El testimonio de dos testigos, los guardias urbanos Víctor Bayona y Bakari Samyang, fue clave para la condena de los acusados.

En un permiso carcelario Patricia Heras se suicidó y dejó la siguiente nota: «Mi reino está inerme y envenenado como todo mi ser... Me sé vencida». Éste es un caso complejo con numerosos puntos no explicados y con claros aspectos dudosos. En primer lugar, tanto Bayona como Samyang fueron condenados posteriormente por torturas y denuncias falsas, en un oscuro caso de detención ilegal de un mulato, Yuri Jardine, que resultó ser el hijo del embajador de Trinidad y Tobago en Noruega.[24] En segundo lugar, el juez no tuvo en cuenta las declaraciones del conductor de la ambulancia ni de los peritos, que mostraron la imposibilidad de causar las lesiones con el lanzamiento de una piedra. Por último, el informe de la maceta que citó Joan Clos desapareció de las bases de datos policiales, punto que no pudo ser corroborado ya que el alcalde no declaró en el juicio. Por su parte, el informe del Síndic de Greuges ve irregularidades en los hechos que tuvieron lugar en febrero de 2006. Tres de los detenidos tuvieron que ser atendidos en urgencias y los informes médicos correspondientes no se incluyeron en el atestado policial. Además, uno de los jóvenes tuvo que recibir puntos de sutura por heridas y contusiones producidas mientras estaba bajo custodia de la Guardia Urbana, por lo que se denuncia que no se cumplieron los protocolos internacionales en materia de prevención de malos tratos a los detenidos y que «existe la certeza de que ni la Guardia Urbana ni los Mossos d'Esquadra abrieron investigación interna alguna para esclarecer la consistencia de las denuncias de malos tratos que diversos de los detenidos denunciaron ante la jueza». También denuncia la desaparición del libro de registros y custodia de detenidos de la Guardia Urbana de febrero de 2006, justo el mes en que se produjeron los hechos.

Estos hechos son sumamente preocupantes, al poner sobre la mesa la presencia de indicios de la posible connivencia entre un poder público que presuntamente encubre un caso de violencia y tortura policial tras unas detenciones cuanto menos irregulares; un poder judicial que podría haber enviado a prisión provisional a detenidos que presentaban signos de haber sido torturados, privándoles de la libertad durante dos años sin esclarecerse de qué se les acusaba y condenándoles —incluida a Patricia Heras, que ni siquiera estaba presente en el lugar de los hechos— a cuatro años de prisión basándose exclusivamente en los testimonios de los policías; y, por último, unos medios de comunicación empeñados en omitir los hechos: TV3 desestimó la compra de la película incluso tras ser premiada y posteriormente la emitió previa censura. (Unos hechos inexplicables que parecen haber sucedido en un país sin estado de derecho.) No obstante, parece que el Ministerio Fiscal, ha dicho que no procede la reapertura del caso.

9

La corrupción en la Iglesia

> Los gobiernos que quieren mantenerse incorruptos han de preocuparse, en primer término, de mantener incorruptas las ceremonias religiosas y venerarlas incesantemente.
>
> MAQUIAVELO

La corrupción es algo socialmente reprochable. Incluso aquel que la practica suele caer en la hipocresía de apuntar con el dedo al resto de los corruptos, ocultando bajo siete llaves su propia corrupción. Ese reproche es eminentemente social además de jurídico. Supone la ruptura de las reglas cívicas más básicas. En el plano legal, como hemos visto hasta ahora, el legislador nacional e internacional ha intentado con mayor o menor éxito subsumir las acciones corruptas más dañinas en la ley para castigarlas, desarrollar un tipo legal, una acción reprochable con su respectiva consecuencia o castigo intentando ser aséptica, científica y técnica. En la aplicación de la ley no debe hallarse venganza ni pasión. Tanto mal haces a la comunidad, tanto habrás de pagar. En las religiones existe, sin embargo, un elemento suplementario, la moral religiosa.

Existen diferencias importantes entre la moral religiosa y la legalidad. La norma jurídica está diseñada para que un poder coercitivo persiga el delito e imponga y ejecute un castigo. Sin perjuicio de que la conducta perseguida por la ley también tenga su propio reproche moral, en el plano religioso el daño tendrá que depurarse ante Dios. Si la ley es el reflejo de la sociedad y su moralidad particular, se podría decir que todo lo que es ilegal suele ser también inmoral, pero no todo lo inmoral para un colectivo es necesariamente ilegal. Existen actitudes que el Estado no se detendrá a perseguir. Son aquellos actos que según las distintas confesiones dañan nuestra alma y ofenden a Dios. Pero mientras dicha ofensa no dañe a la sociedad en su conjunto, el legislador suele pasarlas por alto, por entender que pertenecen a la conciencia y la vida privada de cada individuo.

Aquellos que hablan en nombre de la religión predican la moral, aunque a veces ellos mismos practican una doble moral. Es por ello por lo que la corrupción cometida por el religioso parece ser doblemente reprochable. Por un lado, en términos jurídicos o sociales laicos. Pero, por otro, en términos morales y religiosos. Es decir, al corrupto se le señalará con el dedo por corrupto. No obstante, al corrupto y religioso se le señalará además por hipócrita. Porque no hace lo que dice ni dice lo que piensa. El cinismo del predicador parece imperdonable para sus seguidores precisamente por el componente moral de sus enseñanzas. El individuo ateo corrupto ha de responder ante el Estado, el creyente lo hará también ante Dios, y el predicador… ése se someterá al juicio de los anteriores además de al de sus propios seguidores.

Como decía, la moralidad está en todas las religiones y casi toda moral habla de corrupción. Aquí la corrupción no es delito sino pecado, y se depura de muchas maneras: en un confesionario ante un sacerdote para los católicos, en meditación y oración individual pidiendo perdón y expresando la intención de enmienda entre judíos y musulmanes, o haciendo algo bueno para equilibrar el karma para budistas e hinduistas. Está reconocido en el judaísmo, el cristianismo, el islam, el budismo, el hinduismo…, probablemente en toda confesión que incorpore su propia definición del bien y del mal.

Los textos sagrados del judaísmo, de los que tanto beben los cristianos, contienen versículos explícitos que condenan la corrupción. El libro del Deuteronomio, en el capítulo 16, verso 19, exhorta: «No tuerzas el derecho; no hagas acepción de personas, ni tomes soborno; porque el soborno ciega los ojos de los sabios, y pervierte las palabras de los justos».[1] Adicionalmente, la ley mosaica, en su séptimo mandamiento, declara: «No robarás». El rabino que cometa soborno se enfrentará entonces a la ley, a Yahvé, pero también a la comunidad judía que, desilusionada, verá cómo un líder moral yerra contradiciendo las enseñanzas que predica.

El islam aglutina una larguísima lista de preceptos que el buen musulmán habrá de seguir. Se ordenan en dos grandes libros, el Corán y la Sunna. El Corán es la palabra misma de Dios sin interferencia humana más que la aséptica transmisión del arcángel Gabriel a Mahoma y de este último al mundo. La Sunna tiene una naturaleza distinta; es una compilación de dichos y hechos del Profeta. Está compuesta por los llamados «hadiz», y los propios estudiosos admiten que su fiabilidad depende de cada caso. El Corán, repartido en suras y aleyas, llega a decir: «No os devoréis la hacienda injustamente unos a otros. No sobornéis con ella a los jueces para devorar una parte de la hacienda ajena injusta y deliberadamente».[2] En el mismo capítulo indica: «Pero, apenas te vuelve la espalda, se esfuerza por corromper en el país y destruir las cosechas y el ganado. Alá no ama la corrupción».[3] La repetición de preceptos anticorrupción no acaba ahí; más adelante, en otro capítulo, aclara: «Entre las generaciones que os precedieron, ¿por qué no hubo gentes virtuosas que se opusieran a la corrupción en la Tierra, salvo unos pocos que Nosotros salvamos, mientras que los impíos persistían en el lujo en que vivían y se hacían culpables?».[4] Estos preceptos seleccionados revelan que Alá detesta la corrupción, se condenan la prevaricación y el soborno, y hasta se habla del elemento económico, del lujo y de lo superfluo.

El hinduismo ha sido interpretado por los occidentales como una religión con elementos que facilitan la corrupción. Diseña una sociedad de castas en la que cada individuo, por nacimiento, tiene un lugar en la comunidad del que no podrá escapar si no es por la muerte y su eventual reencarnación. Los actos buenos y malos tendrán su castigo y recompensa en la siguiente vida, pero, mientras estemos en ésta, cada uno tendrá su lugar con privilegios o desventajas. Un contexto social tan encorsetado y en el que la impunidad está tan respaldada por la resignación religiosa de ser bueno, sumiso y esperar a la vida siguiente, parece ser un escenario idóneo para la corrupción. No en vano, India, el mayor país hinduista, ocupa la nonagésima cuarta posición del ranking mundial de percepción de corrupción de 2013 publicado por Transparencia Internacional.[5]

Sin embargo, esta realidad presagiaba un profundo cambio con la aparición en la escena política de Arvind Kejriwal y su partido Aam Aadmi Party (AAP), que se podría traducir como «Partido del Hombre Común». Su formación política es el resultado de un movimiento ciudadano que nació a finales de 2011 en repulsa de la corrupción, los abusos y los vicios de la clase dirigente india. El 28 de diciembre de 2013 se convirtió en el gobernador de Delhi tras obtener 28 de los 70 escaños en las elecciones. No fue el partido más votado, ya que el conservador Bharatiya Janata Party le sacó cuatro escaños de ventaja, pero con la ayuda como bisagra del histórico Partido del Congreso alcanzó el poder con un claro objetivo, luchar contra la corrupción. Los analistas explican que una de las claves de su triunfo se basa en haber sido capaz de establecer puntos de contacto con quienes se sienten repelidos por los grandes partidos tradicionales, atravesando barreras tan profundamente arraigadas en India como son la religión, las castas y las clases sociales.[6]

Desafortunadamente, la política es compleja y 49 días después Kejriwal se vio obligado a dimitir al no lograr que se aprobase una ley anticorrupción en la asamblea. La lucha contra la corrupción era su propuesta estrella.[7] Un fracaso así le pasó factura. Aunque la conclusión de este impulso pueda ser desalentadora, es en realidad una fuente de energía que demuestra cómo algunas posiciones que se muestran inalcanzables no son del todo imposibles.

En el contexto europeo, por muy cosmopolita que puedan ser las grandes capitales del Viejo Continente, el resto de las religiones permanecen cubiertas por un halo de exotismo. La Iglesia católica representa especialmente el referente moral de muchos europeos del Mediterráneo. Una institución milenaria no puede pasar por la historia sin haber caído en fracasos, incongruencias y cinismos. El creyente y el ateo han visto durante siglos a la Iglesia predicar con la letra y la palabra, pero no siempre con los hechos. Independientemente de los casos de pureza, entrega y altruismo de misioneros, párrocos y creyentes practicantes, la Iglesia católica tiene que soportar la pesada losa que supone la contradicción del que no hace ni piensa lo que dice.

Los lectores de medio mundo se escandalizaron al leer titulares de prensa denunciando abusos sexuales en iglesias de Estados Unidos,

América Latina y Europa, grandes reformas palaciegas en Alemania, intrigas en el seno de la curia en Roma, presuntos blanqueos de capitales en la banca vaticana, antiguas relaciones con la mafia y, a nivel local, en España, la aparición de astronómicas cantidades de dinero en manos de una tal Gescartera. Una institución sustentada sobre los cimientos de un discurso moral, de grandes exigencias y de condena rotunda del pecado, termina siendo examinada por una sociedad que rechaza ser juzgada sin antes fiscalizar al propio juzgador. Los medios de comunicación y la opinión pública no agacharon la cabeza. Exigen una conducta impecable por parte de aquel que señala con el dedo. Desean ver un anuncio del Evangelio basado más en los hechos o testimonios de amor y menos en las condenas. El pecado, como he dicho antes, no es de persecución legal, aunque pueda ser algo habitual. Pertenece al terreno de la conciencia y la moral. Quien condene el pecado no puede ser pillado pecando.

«Con frecuencia noto que se identifica corrupción con pecado. En realidad, no es tan así. Situación de pecado y estado de corrupción son dos realidades distintas, aunque íntimamente entrelazadas entre sí.» Son las palabras que Jorge Mario Bergoglio, actual papa Francisco, escribía en el libro *Corrupción y pecado* (Publicaciones Claretianas, 2013). Continuaba así: «Nos hará bien volver a decirnos unos a otros: ¡pecador sí, corrupto no!, y decirlo con miedo, no sea que aceptemos el estado de corrupción como un pecado más. Pecador, sí». El Papa pretendía disociar nuestra naturaleza humana como pecadores de la de los hombres que han convertido el pecado de la corrupción en su verdadera condición de vida. Para él, todo ser humano yerra porque desde su origen no hay nadie que sea perfecto. Todos somos pecadores y nos anima a admitirlo. También nos empuja a renunciar a estar corrompidos o a ser corruptos. Podremos cometer errores, pero jamás se debería admitir que nuestra naturaleza es de por sí corrupta.

Los analistas y medios de comunicación han atribuido en tiempo récord grandes hazañas a un nuevo Papa que parece haber reformulado la actitud que desde hace siglos llevaba manteniendo la Iglesia católica. Algunos dicen que predica el amor y el perdón ante la audiencia y que limpia el auditorio por dentro, empezando por los que salen al atril. Es un inmenso reto reconducir una institución que cuenta en su historia con algunas etapas especialmente oscuras sobre las bases de la condena a la corrupción que en la propia Biblia viene contemplada.

Pero la corrupción en el seno de la Iglesia sigue siendo una amarga realidad. Los inmensos caudales que maneja y la cercanía con ciertas áreas de poder en algunos países la mantienen rodeada de la tentación que pone a prueba a todo hombre. Pero no sólo se debe hablar de corrupción en temas económicos, sino también de los casos de corrupción de menores (los abusos sexuales) que están escandalizando al mundo y, por supuesto, a España, y en los que el papa Francisco tiene una difícil tarea por delante. Y, además, en lo que se refiere a las finanzas, algunas de las decisiones del papa Francisco, están siendo claves en este sentido. Recientemente, el 20 de febrero de 2015, en su homilía de los viernes, dijo con total claridad y contundencia: «Quien va a misa todos los domingos, comulga, da limosnas, o incluso envía un cheque para ayudar a la Iglesia, pero luego paga mal, o lo hace en negro, sin depositar la contribución para que [las personas] tengan acceso a la sanidad, a la jubilación, está usando a Dios para encubrir la injusticia; y eso es un pecado gravísimo». O: «La cuaresma no es no comer carne y hacer cualquier cosita, y después hacer crecer el egoísmo, la explotación del prójimo, ignorar a los pobres; no es buen cristiano aquel que no hace justicia con las personas que dependen de él».

El caso Gescartera

> La corrupción es como una bola de nieve, una vez que echa a rodar se hace cada vez más grande.
>
> Charles Caleb Colton

En España, uno de los escándalos de corrupción financiera más sonados de la primera década del siglo XXI salpicó también a la Iglesia. Por supuesto, me refiero al caso Gescartera. Si bien es cierto que no se trataba en puridad de un caso de corrupción en el seno de la jerarquía eclesiástica, dejó en evidencia el poderío económico de la institución, su viveza a la hora de especular con el capital y un presunto acceso a información privilegiada.

La entidad Gescartera Dinero, Sociedad Gestora de Carteras S.A. se presentaba como una sociedad que prestaba servicios de asesoramiento y gestión en múltiples materias, entre ellas la jurídica, laboral, fiscal, económica, financiera, contable y de administración de fincas. En su origen, fue constituida por Antonio Camacho Friaza, su padre y otros dos socios como sociedad de valores el 5 de mayo de 1992, y así constaba en la Comisión Nacional del Mercado de Valores (CNMV). En 2001, sin embargo, se convirtió en una agencia de valores. En un principio, Antonio Camacho poseía 1.050 de las 1.500 acciones que componían el capital social. Fue designado consejero delegado y su padre, presidente del consejo de administración. Con el tiempo se procedió a una serie de ampliaciones de capital en la entidad, en las que Antonio Camacho siempre mantuvo su posición de accionista mayoritario.

Desde su creación, Gescartera estaba, tal y como indica la ley, bajo la supervisión de la CNMV, que desde 1993 hasta 2001 llevó a cabo hasta cinco actuaciones de inspección. Desde el principio se encontraron anomalías que fueron levantando sospechas cada vez más sólidas. En la penúltima inspección, realizada en 1998, se desvelaron una serie de irregularidades: un desfase patrimonial y una falta de liquidez evidenciada por la incoherencia entre el saldo ascendiente de casi 5.700 millones de pesetas y el que efectivamente se registraba en ese momento en la cuenta, 1.200 millones pesetas; el uso de cuentas globales de gestión de patrimonio de clientes, cuando el patrimonio entregado por cada cliente debe depositarse en una cuenta de valores individual con poder de disposición por parte de la agencia de valores y cuyo titular ha de ser el cliente, permitiéndole saber en cualquier momento el estado real de su inversión; la detección de disposiciones en efectivo a través de talones bancarios cobrados en caja sin justificación aparente, etc., todo ello acompañado de una actitud obstruccionista a la investigación por parte de Gescartera.[8]

Las dudas sobre la liquidez real de la entidad y la posible lesión al patrimonio de los clientes se fueron haciendo más profundas tras un incidente con el Arzobispado de Valladolid, que evidenció la falta de control e individualización de las cuentas al demostrarse la complejidad de reconocer la existencia de 1.000 millones de pesetas que el Arzobispado había depositado y que no estaban contabilizados, y que además habían sido devueltos subrepticiamente ante la intensidad de la supervisión sobre la entidad.[9]

En abril de 2001, la quinta actuación inspectora terminó con la intervención de la empresa y el consiguiente cese de las actividades de Gescartera Dinero Agencia de Valores, que ya no era una sociedad de valores, tras comprobar la documentación bancaria que arrojaba la imagen real de la entidad.[10]

La relación de Gescartera con sus clientes venía recogida en el llamado «Contrato de gestión de carteras», cuyo objeto dotaba de extensas facultades a la entidad sobre la inversión de sus clientes, que no se limitaban a la mera administración sino que abarcaban verdaderos actos de disposición. Las cláusulas de este contrato no fueron más que una pantalla sobre la que aparentar una actividad ilícita incompatible con el apoderamiento dinerario y de los títulos-valores que se ejecutaron en la entidad.[11]

Entre las funciones de la agencia estaba la captación de personas dispuestas a invertir su capital. El éxito de Gescartera a la hora de acumular clientes sólo se explica por el buen posicionamiento social de sus directivos, que contaban con una nutrida red de contactos, especialmente Antonio Camacho, que sabía relacionarse con políticos, financieros, cargos militares e incluso obispos. Todo parecía ir sobre ruedas hasta que se descubrió que el dinero que debía ser diligentemente invertido iba quedando paulatinamente mutilado mediante pagos por comisiones y por la custodia de aquellas hipotéticas operaciones en el mercado bursátil.[12] A lo largo de la sentencia se establecieron los hechos probados por los que se reconoce a la entidad como una simple fachada para llevar a efecto, de manera sistemática, premeditada y persistente, el desapoderamiento de los capitales y valores invertidos por los clientes. Se señalaba además a Antonio Camacho Friaza como el núcleo de la ideación y principal mentor de la actividad de desapoderamiento y desvío de fondos, que resultó en un agujero de 50 millones de euros.[13]

La lista de afectados rondó las cuatro mil personas. No obstante, fue un grupo de grandes inversores el que propició la especial cobertura mediática. Así, se suelen citar la Mutualidad de la Policía, la Fundación ONCE —que era titular de un 10 por ciento de Gescartera—, la Asociación de Huérfanos de la Guardia Civil y hasta un total de treinta órdenes religiosas que desembolsaron 1.885 millones de aquellas pesetas en inversiones. Que estas cifras salieran a la luz cayó como un jarro de agua fría sobre la Iglesia española. Muchos de sus organismos destinados a la realización de obras de caridad quedaron en evidencia al participar en el juego de la especulación de los mercados, la bolsa y la inversión. Parecía que estábamos reviviendo aquel pasaje del Evangelio en el que Jesús, enfurecido, arrojaba fuera del templo a los mercaderes, sólo que ahora los mercaderes eran los propios representantes de la Iglesia. Una Iglesia que llevaba tiempo enfrentándose a las críticas más o menos simplistas por el oro, el arte y el patrimonio histórico del Vaticano. Ahora tenía que dar la cara por el origen, el destino y el porqué de unas cifras tan astronómicas.

Desde el primer momento, a ojos de la opinión pública, la Iglesia no recibió el mismo trato que el resto de los afectados. Sin haber caído *a priori* en ninguna actividad delictiva, sí que parecía poco ético amasar esa cantidad de dinero para reinvertirlo una y otra vez. Una Iglesia que predica la pobreza y la caridad queda en entredicho al desvelarse su fortuna y el uso que se le da a la misma. El Arzobispado de Valladolid exigía al juzgado ser tratado como un afectado más, obviamente en la fijación de la indemnización.[14] No era el único cliente adscrito a la Iglesia. Habría que añadir las diócesis-obispados de Palencia y Astorga, además de varias órdenes religiosas. Sin embargo, la posición del Arzobispado de Valladolid se convirtió en la más compleja debido a su ecónomo, Enrique Peralta. El clérigo, que administraba los bienes de la diócesis bajo la autoridad del obispo, estaba en el punto de mira de todos por su arrojo al invertir en Gescartera pero, sobre todo, por lanzarse a retirar todo el capital posible ya en 1999. Las presunciones se dirigían a un posible acceso a información privilegiada que le hubiera dado a entender el peligro que corría el patrimonio de la diócesis tras el sistemático desapoderamiento. El letrado del Arzobispado de Valladolid aseguró entonces que la actitud de Enrique Peralta era la normal de un ciudadano asustado al ver que la CNMV emprendía actuaciones sobre Gescartera, incluso un par de años antes de su intervención.[15] En febrero de 2003, tan sólo cuatro meses después de la llegada a la diócesis de Valladolid del nuevo arzobispo, Braulio Rodríguez, el ecónomo Enrique Peralta fue relevado por su presunta información privilegiada en el caso Gescartera.[16]

El 26 de marzo de 2008 se hizo pública la sentencia de la Audiencia Nacional que a través de 592 folios dirimió el asunto Gescartera. Con este veredicto se condenó a varios acusados, entre ellos a Antonio Camacho, apoderado y máximo accionista de Gescartera, reconocido como la mente pensante del fraude. Camacho recibió una pena de once años por apropiación indebida y falsedad documental; tres años y medio para Pilar Jiménez-Reyna; diez años y medio para José María Ruiz de la Serna; nueve años para Aníbal Sardón; seis años y medio para Francisco Javier Sierra de la Flor y tres años de cárcel para dos empleados de La Caixa, José Alfonso Castro Mayoral y Miguel Carlos Prats. Tuvo además repercusiones políticas, al detonar la apertura de una comisión parlamentaria de investigación y la ulterior dimisión de Pilar Valiente, presidenta de la CNMV y de Enrique Jiménez-Reyna, secretario de Estado de Hacienda y hermano de la presidenta de Gescartera, que, habiendo sido exculpado en el proceso penal, renunció a su cargo cuando se conoció que, antes de que se produjera la intervención de Gescartera, contactó con Camacho a solicitud de su propia hermana.[17]

El Banco Vaticano

En la actualidad, son otros los casos y otro el talante de las autoridades eclesiásticas. Es el asunto de los constantes rumores y escándalos de corrupción en el Banco Vaticano, cuyo nombre oficial es Instituto para las Obras de Religión.

El 28 de junio de 2013, monseñor Nunzio Scarano fue detenido por orden de la fiscalía de Roma. Se le acusaba de los delitos de corrupción y fraude. Las sospechas se fueron concretando en el presunto diseño de un mecanismo de blanqueo de capitales por el que se simulaban generosas cantidades de dinero como donaciones para los pobres. Las responsabilidades y obligaciones de Scarano se circunscribían a la contabilidad por la que se administraban los bienes del Vaticano. Las sospechas que indujeron a la fiscalía a tomar tan polémica y mediática decisión se relacionan con la presunta entrada en el país de varios millones de euros procedentes de Suiza, y cuya pertenencia y origen no eran del todo transparentes. Tan sólo tres días después, Paolo Cipriani y Massimo Tulli, director y subdirector respectivamente del Banco Vaticano, o Instituto para las Obras de Religión, tomaron la decisión de renunciar a sus cargos. En este contexto, el recién elegido papa Francisco procedió a crear una comisión con el objetivo de investigar el asunto y conocer la situación jurídica y las actividades del Banco Vaticano, que se veía cada vez más mellado tras años de sospechas y acusaciones en torno a un supuesto blanqueo de capitales.[18] En octubre de 2013 se publicó por vez primera un balance anual, el del año 2012, que anunciaba un beneficio neto de 88,6 millones de euros, de los que 54,7 pasaron a engrosar las arcas de la Iglesia. Ese mismo mes, y continuando en la dirección de la lucha contra la corrupción, el papa Francisco dio el visto bueno a una ley que tiene por finalidad asegurar la transparencia del Banco Vaticano, cuyas finanzas serán además auditadas por Ernst & Young. Finalmente, el papa Francisco instauró dos organismos nuevos, una Secretaría y un Consejo para la Economía, para vigorizar el control de las finanzas en lo que parece ser una firme lucha contra la corrupción.[19]

Las instituciones religiosas, sea cual sea su confesión, se enfrentan al fin y al cabo a las mismas tentaciones que el resto de los mortales. Lo que resulta imperdonable es la notoria hipocresía por la que se condena a unos y se hace la vista gorda con otros. Hay mucho por hacer y arreglar en este ámbito, y agrada ver cómo comienzan a salir a la luz figuras que reclaman esa nueva dirección. No obstante, mientras la religión pase por las manos de los hombres, será muy difícil imaginarse una confesión inmaculada y libre de toda corrupción.

10

La corrupción en la Administración de Justicia

> Hallen en ti más compasión las lágrimas del pobre, pero no más justicia, que las informaciones del rico. Procura descubrir la verdad por entre las promesas y dádivas del rico como por entre los sollozos e importunidades del pobre. Cuando pudiere y debiere tener lugar la equidad, no cargues todo el rigor de la ley al delincuente; que no es mejor la fama del juez riguroso que la del compasivo. Si acaso doblaras la vara de la justicia, no sea con el peso de la dádiva, sino con el de la misericordia.[1]
>
> MIGUEL DE CERVANTES

LA JUSTICIA

Los poderes del juez están estrictamente relacionados con los valores de la justicia, la verdad y la libertad.[2]

El Poder Judicial constituye uno de los tres poderes del Estado democrático. La Constitución española dedica el título VI al Poder Judicial y, dentro del mismo, incluye los dos ámbitos principales de ese poder, los jueces y magistrados y el Ministerio Fiscal, así como también el órgano de gobierno de los jueces, el Consejo General del Poder Judicial, que, como bien se expresa, no es un órgano jurisdiccional sino de gobierno.

Dentro de la Administración de Justicia, no sólo se incluyen los órganos antes mencionados, sino también el cuerpo de secretarios judiciales y el de funcionarios de la Administración de Justicia, así como los abogados, como colaboradores de la Administración de Justicia, y los procuradores, institución típicamente española de representación procesal de las partes en litigio. También podría decirse que los notarios, registradores y abogados del Estado entran dentro de ese conjunto de instituciones colaboradoras de la Administración de Justicia, en tanto en cuanto desarrollen actividades relacionadas con la misma en cualquiera de sus ámbitos. La Carta Magna dedica el título IX al Tribunal Constitucional, que, si bien no forma parte de la Administración de Justicia en sentido estricto, incide directamente en la misma a través del recurso de amparo contra las resoluciones de los jueces y tribunales en los casos en que corresponda de acuerdo con la ley.

El Poder Judicial tiene por misión garantizar la existencia del Estado de derecho y asegurar la correcta aplicación del mismo, de modo imparcial, justo, equitativo y eficaz.[3]

La Justicia, en el marco de una sociedad moderna, no sólo debe ser justa, sino que además debe garantizar la dignidad de las víctimas, impulsando con sus resoluciones la erradicación de la impunidad. Sin olvidar que esta perspectiva surge en cada país y se proyecta a través de instituciones democráticas firmes, como la justicia, hacia esferas internacionales.

Trabajar bajo los estándares de la ley y la ética es el norte que debe guiar a un juez. El apego de los jueces a la legalidad y la defensa de la misma son la garantía democrática que los ciudadanos tienen para la protección de los derechos por parte de aquél.

Corrupción y corruptelas

> El que seduce a un juez con el prestigio de su elocuencia, es más culpable que el que le corrompe con dinero.
>
> Cicerón

Vista así la justicia queda claro, como ya he dicho, que uno de los presupuestos indispensables para el funcionamiento de la misma es la independencia y la imparcialidad del juez. Estos presupuestos son exigibles al Estado y a los jueces, quienes deben observar un comportamiento ético.

La actuación judicial ha sido una preocupación constante en la historia. *Las Siete Partidas* de Alfonso X exigían en su título 4 que fueran hombres buenos: «Los juzgadores que hacen sus oficios como deben tienen nombre con derecho jueces, que quiere tanto decir como hombres buenos que son».

No en vano, el delito de prevaricación es uno de los más antiguos. Ya en la etapa final de la República romana se articularon mecanismos para evitar el abuso de poder de la magistratura, a través, por ejemplo, del derecho de retorsión o de la *Lex Cornelia de iurisdictione*, para que los pretores no se apartaran de lo prometido. Así hasta nuestros días.

El actual Código Penal español regula, además de los tipos delictivos en los que los jueces pueden incurrir como cualquier ciudadano, el delito de prevaricación judicial cuando es cometido por los jueces en el título de las transgresiones que atentan contra la Administración de Justicia. Implica dictar una resolución injusta a sabiendas (es decir, con conocimiento de ello) o por desconocimiento grave del ordenamiento jurídico, por imprudencia grave.

Probar la corrupción judicial es muy complicado salvo que sea especialmente burda (y aun así; para ejemplo el caso Bardellino, al que luego me referiré). Por lo demás, también concurren otras circunstancias que hacen muy difícil que se dicten sentencias condenatorias por delitos cometidos por los jueces. Quizá alguno pueda decir que cómo pretende dar ejemplo de moralidad alguien que ha sido condenado por prevaricación por el TS y que por ello debería encabezar este capítulo. No rehúyo el reconocimiento de una sentencia condenatoria en mi contra por haber ordenado la interceptación de las comunicaciones en prisión entre los responsables máximos de la red criminal Gürtel y quienes les visitaran, entre ellos abogados partícipes en la presunta acción criminal investigada y otros que podían servir de enlace exterior para que la actividad delictiva continuara, algo que obviamente estaba aconteciendo, como demostraron después las autoridades judiciales suizas. Creo que aquella decisión estaba ajustada a derecho, existía desconexión de antijuridicidad absoluta entre dicha decisión y el ejercicio del derecho de defensa supuestamente violado, cuando, por el contrario, se hizo todo lo necesario para protegerlo, por quien tenía potestad de hacerlo, el juez. Nunca se limitó dicho derecho ni jamás se utilizó por mí dato alguno; la actuación procesal fue impoluta y así lo sigo defendiendo, como sigo esperando los acontecimientos procesales en ese caso, que poco a poco van demostrando la arbitrariedad de aquella decisión, cuyo resultado fue el apartamiento de la carrera judicial por once años, sin justificación de ningún tipo. Quien tiene el mando se puede permitir ser injusto, y si además hay acuerdo, la ecuación es cerrada y perfecta. Nadie va a cuestionar la decisión jerárquicamente más elevada (si escupes al cielo, te cae la saliva), sobre todo si tienes la intención de escalar profesionalmente. Y un ataque a la independencia y a la libertad de interpretación judiciales, hecho desde arriba, conlleva la impunidad para quienes lo hacen y el castigo para quien lo sufre.

Simplemente, para dejar constancia de la realidad de las cosas y de lo que no se quiso ver en el juicio por el TS, quiero compartir con ustedes un par de detalles. La Sala de lo Civil-Penal del TSJ de Madrid no determinó la nulidad de todas las interceptaciones de las comunicaciones acordadas por mí en el centro penitenciario respecto de Francisco Correa, Pablo Crespo Sabaris y Antoine Sánchez, sino de parte de algunas de ellas, y lo que ordenó fue una expurgación (extraer algunas) de dichas partes. Es más, en un auto posterior del juez Ruz, del 7 de octubre de 2013, confirmado después por la Sala de lo Penal de la Audiencia Nacional, se determinaban las específicas diligencias de investigación en las que se apreciaba una conexión natural de antijuridicidad con dichas comunicaciones dejadas sin efecto y fijaba las diligencias que sí se mantenían. Curiosamente, el juez afirma con total contundencia: «Que, como indica el Ministerio Fiscal, la única diligencia que de forma evidente aparece causalmente conectada con las medidas de intervención de las comunicaciones declaradas ilícitas, y expresamente derivada de tales diligencias, es la consistente en la entrada y registro en las celdas de los imputados entonces en prisión provisional Francisco Correa Sánchez y Pablo Crespo Sabaris, acordada por auto de 6 de mayo de 2009 —junto con otro posterior y ampliatorio del primero, también de fecha 6 de mayo de 2009—».

(Yo había dejado el caso a finales de marzo de ese año, y a partir de ese momento asumió la competencia Antonio Pedreira, que fue quien dictó esa resolución y a quien no se le molestó en absoluto, ni hubo jamás la intención de imputarlo. Una sentencia condenatoria como la del Tribunal Supremo del 9 de febrero de 2012 debería necesariamente, a no ser que sólo se pretendiera acabar conmigo, haber deducido testimonio contra el juez que ratificó, prorrogó a partir del material obtenido, entró por dos veces en la celda de los imputados.) El auto del juez Ruz añade: «Que por el contrario, y como se dijo más arriba, habiendo comenzado la intervención de las comunicaciones en cuestión en fecha 18 de febrero de 2009, no cabe apreciar la existencia de adicionales diligencias practicadas durante la instrucción que, con posterioridad a dicha fecha, se encuentren afectadas de nulidad o ilicitud por apreciarse en ellas conexión natural de antijuridicidad con las diversas intervenciones de comunicaciones dejadas sin efecto en la presente Pieza». Después de esta resolución y de la que la ratificó, con todos los elementos a la vista, aquellos que el Supremo se negó a admitir como pruebas solicitadas por mí, uno se queda inerme ante los acontecimientos que sucedieron, a los que haré referencia en el capítulo correspondiente.

Cuando los casos se refieren a la propia corporación, salvo que estés fuera del círculo judicial conservador o progresista que te podría proteger, es difícil que salgas herido, porque las actuaciones se acomodan a la línea oficial correspondiente. Esto no quiere decir que se cometan actos ilícitos, sino que ni siquiera se da lugar a ello; sencillamente, se hacen méritos para que el grupo político respectivo te favorezca en un nombramiento, en una posición o en cualquier otro espacio en el que se te pida participar. En definitiva, es difícil que los casos lleguen a juicio si se puede evitar el escándalo. En muchas ocasiones, los temas se solucionan en los respectivos órganos jurisdiccionales, bien por el propio instructor, bien a instancias del fiscal, bien por recursos, bien por declaración de nulidad de las resoluciones, etc. En el caso comentado, ni hubo advertencias reiteradas (caso Liaño), ni hubo oposición del fiscal (caso Elpidio) ni discrepancia alguna con la legalidad. El delito se creó en la sentencia *ad hominem* (específicamente para el condenado).

La mayoría de las ocasiones en que la corrupción hace mella en la profesión judicial, los jueces no tienen que ser «tocados» por los corruptores, sino que aquéllos se ofrecen a través de decisiones, favores, intereses ideológicos, amistad u otras posibilidades que impliquen reconocimiento oficial, posición, puestos en el escalafón, destinos de confianza, etc. Muchos son los ámbitos en los que esto se desarrolla. Recuerdo cómo determinado catedrático de derecho penal de la Universidad Complutense de Madrid, cuando solicité, sin ningún apadrinamiento, incorporarme como profesor asociado al departamento de derecho penal, rápidamente se puso en contacto conmigo para «venderme» el favor. El hecho no se llegó a consumar porque yo sabía que era el único aspirante y que ya se había decidido la plaza en mi favor, de modo que así se lo dije. De no haberlo sabido, tendría que estarle agradecido por «el favor». En otras ocasiones, la aproximación se hace por la vía de las publicaciones, los cursos, los seminarios, las conferencias y los congresos científicos, muchas veces en lugares tan exóticos que, para el español medio, son atractivos y, desde luego, alejados de lo que el bolsillo de un funcionario se puede permitir. Creo que el 99 por ciento de los viajes que he hecho para dar conferencias, además de no agotar el tiempo de permanencia en el lugar, no le han costado un euro al Estado. Nunca disfruté de la «semana caribeña» de la que gozan algunos altos representantes judiciales, ni he realizado tours bajo la excusa de viajes profesionales. Conseguir viajes y congresos de este tipo, cuando son satisfechos por bufetes de abogados, procuradores u otras empresas o colectivos con los que luego tienen relación profesional, es inmoral y probablemente delictivo, pero es algo que hoy día se sigue practicando con la mayor tranquilidad. Para comprobarlo, sólo hace falta mirar los avisos y publicidad de los actos de este tipo que se anuncian u ofertan en Madrid o en cualquiera otra capital del país.

Recuerdo una anécdota en el marco del proceso Gürtel, cuando ya estaban abiertos los tres casos contra mí en el Tribunal Supremo, que demuestra lo que digo. Dos abogados de los que estaban personados en la causa, en ese momento en el Tribunal Superior de Justicia de Madrid, me dijeron, después de hablar de un asunto que se tramitaba en mi juzgado: «Bueno, Baltasar, nos vamos a ver a tus "amigos" del TS porque vamos a invitar al magistrado… al congreso que todos los años organizamos en Marbella y al que asiste siempre». Siguieron andando unos pasos, a la vez que les acompañaba inmediatamente detrás hacia la puerta, y antes de salir se volvieron para añadir: «Eso sí, cobrando. No como tú, éstos sí cobran». Si no fuera porque me he tragado muchos sapos en mi vida, hubiera vomitado en ese preciso instante.

En el mismo sentido, un día un compañero fiscal me dijo: «Baltasar, ¿por qué no buscas en internet el instituto X, patrocinado por las principales empresas y bancos de España y que se dedica a temas de derecho, conferencias y publicaciones, y compruebas quién está?». Lo hice, aunque con desgana, y comprobé que algún que otro magistrado del Alto Tribunal estaba entre los que cobraban emolumentos a cargo de ese instituto, y que, además, entre ellos había algunos de los que me estaban juzgando y que algunos de esos bancos y entidades supuestamente habían tenido y tenían importantes casos en ese tribunal. Quizá a esto se le dé tan poco valor como a los trajes de Camps, pero para la ética por la que se debe regir el Poder Judicial frente a la sociedad tiene gran importancia, porque puede dar una idea de un perfil no muy ético de quienes están resolviendo sobre nuestro futuro.

Otro campo es el de la preparación de oposiciones de acceso a los diferentes cuerpos judiciales, por jueces, secretarios y fiscales. Esa «ayuda» económica siempre ha existido; en B, por supuesto, aunque en muchas ocasiones supone una entrada incluso más importante o a la par que el propio sueldo.

Recuerdo el caso de un magistrado del Tribunal Supremo que estaba fuera de España y al que le llegó la noticia de que había sido designado presidente de un tribunal de oposiciones. Contestó por telegrama diciendo que se excusaba porque preparaba a opositores. El tema parecía lógico salvo por un pequeño detalle: según el estatuto del Tribunal Supremo, los componentes del mismo son incompatibles con cualquier actividad de este tipo. El tema se resolvió discretamente, como siempre se hacen estas cosas, sugiriéndole que no rehusara y dando por no recibido el telegrama. Desconozco si la práctica prosigue, aunque algún indicio tengo de que sí.

Para dar esas clases, algunos —hoy ya no tanto— han utilizado las horas de trabajo y la sede del órgano judicial, de la fiscalía o la secretaría, con asistencia y atención de los funcionarios, atrasando o modificando comparecencias o actuaciones oficiales. En su día hubo un amago de investigación porque algunos alumnos hasta hacían proyectos de resoluciones; se saldó con alguna advertencia, como siempre sin demasiado ruido.

La práctica de minutar sentencias para sacar asuntos adelante también se extendía (no sé si todavía es así) a los abogados. Recuerdo que en una sustitución que hice hace tiempo, en un juzgado cuando pedí que me pasaran algunos procedimientos para poner las sentencias, porque había un gran atraso, me dijo el oficial: «No se preocupe, ya me encargo yo». Como vio que me había quedado con cara extraña, me dijo: «Bueno, si quiere usted le dejo la minuta, es que así trabajamos aquí. Unas veces las hago yo y otras nos ayudan los letrados». Le agradecí el ofrecimiento y las elaboré yo. Tengo que decir que, en honor a la verdad, el funcionario hacía mejores sentencias que el magistrado sustituido.

Entre los años 1989 y 1993, preparé en mi domicilio a algunos alumnos que querían estudiar oposiciones para ingresar en la Escuela Judicial. Decidí desde el primer momento declarar a Hacienda los honorarios que me abonaban, ante la sorpresa y cierta indignación de algunos compañeros a los que se lo comenté. La razón del enfado de mis colegas era que si yo hacía aquello, cuando nadie lo hacía, nos dejaría a todos en evidencia. No dejaba de ser cierto, pero cada uno tiene la escala de valores que tiene. Lo cierto es que, cuando me presenté a las elecciones generales en 1993, los ataques de los admonitores oficiales de los medios de comunicación, en particular de algunos, fueron atroces. Se lanzaron contra mí con uñas y dientes, como después lo siguieron haciendo periódicamente, en función de los intereses a los que sirvieran en ese momento. Uno de los ataques fue que yo estaba dando clases de oposiciones y que no declaraba el dinero a Hacienda. El tema era perfecto… de ser cierto. El aparentemente incorruptible juez Garzón no lo era tanto. Recuerdo que me llamó Felipe González para comentarme que iban a sacar esa información, creo que en la revista *Tribuna*. Le respondí con contundencia: «Es falso y además es exactamente al contrario» (obviamente, quien lo hubiera filtrado pensó que, como todos practicaban el sistema de cobrar en B, también yo lo hacía). Le añadí: «Felipe, como preveía que podrían atacar, la declaración de Hacienda la he presentado con certificación notarial de la fecha para que no puedan decir que hemos hecho trampa corrigiéndola». Se quedó sorprendido y concluyó: «Me dejas tranquilo». Al despedirme (estaba terminando de almorzar en el restaurante Los Remos, en la carretera de La Coruña, con Pepe Bono, poco antes de salir hacia Lugo de precampaña en apoyo de Ventura Pérez Mariño, que se presentaba por esa provincia) le advertí, refriéndome a Filesa: «Son otros los problemas que tienen que preocuparte, no yo». A pesar de demostrar con documentos la falacia de la información, la periodista no renunció a sacarla, diciendo que sólo había declarado parte de los honorarios. Han sido tantas las añagazas y las trampas que es difícil relatarlas todas. Basta decir que, incapaces los «intermediarios» de conseguir el objetivo, se ofreció la cabeza a quien podía cortarla y la cortó. Innecesariamente, pero lo hizo.

Otro de los escenarios frecuentes son los agasajos e invitaciones a actos de representación social que cuestan dinero y que no se pagan, espectáculos como las corridas de toros, teatros, palcos de fútbol, etc. Debo decir que durante un tiempo yo también caí en esa dinámica, si bien a partir de un momento determinado eliminé toda presencia en esos eventos si no era pagando mi entrada correspondiente. Pero aún sigo viendo a cargos judiciales de las más altas instancias, junto a políticos, banqueros, empresarios, periodistas, gratis total, en esos palcos y escenarios y luego deben resolver sobre los intereses de quienes les invitaron.

Finalmente, por terminar de alguna forma esta enumeración, no descubro nada si afirmo la existencia en España de la inveterada costumbre de la recomendación, lo cual es un mecanismo claro de corrupción y de cadena de favores. Así, se recomienda al hijo, a la hija, al primo, al hijo del vecino, a quien conoce por encargo de alguien, al portero y diablo que lo pida, y, además, en muchos casos se cobra, de alguna forma, por ello, Todo el mundo recomienda a todo el mundo. Hacerlo es asumir en sí mismo un comportamiento éticamente reprochable. Recuerdo que, cuando me presenté a las oposiciones en 1980, me negué a que se me recomendara. Tampoco tenía a quién. Pero el preparador me dijo: «Debes hacerlo porque así estás en igualdad de condiciones con los demás». Como no tenía a quien acudir, lo hice al padre de un compañero de derecho que era magistrado en Sevilla, don José Muñoz, y luego, cuando aprobé, me mostró la carta de uno de los miembros del tribunal que le decía: «Enhorabuena, no hizo falta ayudar a tu patrocinado. Estuvo brillante». Creo que la vergüenza de ir recomendado hizo que estudiara y que apretara más, pero siempre le he dado vueltas a ese hecho y a que no es ético ese compadreo que después he visto muchas veces, hasta hoy.

Pero la historia es caprichosa, y allá por el año 1991 accedí a formar parte de un tribunal de oposiciones de jueces. Una tarde, ninguno de los opositores, cinco en total, estaba para aprobar el primer ejercicio eliminatorio. Así lo habíamos hablado el abogado del Estado, el catedrático de derecho civil y yo. No hubo problema con cuatro de los opositores, pero cuando se planteó el voto sobre la última candidata, el abogado del Estado cambió el voto y se sumó al presidente y otro vocal fiscal para aprobarla. Yo me enfadé muchísimo, especialmente porque la razón para aprobar a la opositora era su filiación paterna y materna, y amenacé con abandonar en ese momento el tribunal. Finalmente, como la votación estaba perdida dije: «Sólo si se aprueba a los cinco no me retiro». Ésa fue la decisión. En el segundo ejercicio, la candidata favorecida y uno más aprobaron con suficiencia. Fue la única vez que formé parte de un tribunal de oposiciones. La «casta», expresión que ya utilicé en el libro *Un mundo sin miedo* (Plaza & Janés, 2005), ha seguido creciendo, pero no con mi colaboración.

Recuerdo también otra anécdota que ejemplifica cómo se valoran los méritos en este país cuando de nombramientos judiciales se trata. En 2004 solicité la plaza de presidente de la Sala Penal de la Audiencia Nacional. Sin duda, tenía el mejor expediente en los temas propios de la competencia de la Audiencia y la antigüedad (salvo otro candidato que era más antiguo que yo, que se cayó por otras razones). En varias votaciones obtuve la mayoría, pero fue insuficiente ante la oposición de los vocales nombrados por el Partido Popular y finalmente se le confirió la plaza al tercero en discordia. Cuando pasó el tiempo, uno de los vocales, que no me había votado, que vino a la Sala de la Audiencia Nacional me dijo, al reclamarle yo una explicación: «¡Ah! Pero ¿a ti te interesaba la plaza? ¡Cómo no fuiste a pedirlo y hablar con los vocales!». Me quedé estupefacto. Quizá por ello remató para mi tranquilidad: «Bueno, en todo caso no ibas a ser elegido por tu postura en la guerra de Irak» (yo había escrito un artículo muy duro contra los presidentes Aznar y Bush por su participación en la guerra, y había intervenido, junto con mi hija María, en un acto público multitudinario en contra de la guerra en la Puerta de Alcalá, en el que habíamos leído un manifiesto en contra de la guerra). Es decir, que por ejercer la libertad de expresión no pudieron sancionarme en aquella ocasión, pero me la guardaron para cuando pedí el nombramiento. La parcialidad y la falta de transparencia en las designaciones son algo muy grave.

Algo similar me sucedió cuando solicité la plaza de presidente de la Audiencia Nacional en 2009. Varios de los vocales nos dijeron tanto a mí como a los periodistas que mi programa era el mejor y mi exposición, la más completa. Sin embargo, tan sólo obtuve un voto, y por toda explicación (obviamente confidencial) se me informó de que era absurdo que aspirara a ese cargo habiendo incoado el procedimiento para investigar los crímenes franquistas y la trama Gürtel. La verdad es que yo mismo era consciente de que me había jugado todas mis posibilidades con aquellas decisiones. Pero estoy orgulloso de no haber renunciado a mis convicciones. Cómo sería que se convenció a un magistrado del Supremo para que se «degradara» para ir a la Audiencia Nacional (órgano inferior jurisdiccionalmente).

Creo que las discusiones del CGPJ y las deliberaciones de los tribunales, modificando la ley, deberían ser transparentes para que los ciudadanos pudieran saber cómo es el proceso lógico jurídico hasta llegar a la conclusión de la sentencia. Algunos tribunales lo hacen; no en España, desde luego, sino, por ejemplo, la Corte Suprema de México, entre otros.

Obviamente, los casos que se relatan a continuación no son un buen ejemplo de lo que debe ser un Poder Judicial regido, además de por las leyes, por la altura ética de sus componentes, pero es necesario ponerlos como ejemplo de lo que no debe ser. El devenir de los casos ha sido distinto, según el supuesto y según el tema y el interés en darle una salida u otra.

El caso Bardellino

> «¿Qué saben ustedes de la mafia?» «La verdad es que nada o casi nada», respondimos. «Pues sepan que un mafioso jamás viaja de vacaciones, de modo que si en España hay alguno, es que está tramando algo.»[4]
>
> Jordi Bordás y Eduardo Martín de Pozuelo

Quizá el caso más conocido de corrupción judicial, por la implicación que en él tuvieron un juez del Tribunal Supremo y un fiscal de la Audiencia Nacional, que había firmado el «visto» a la libertad del mafioso, fue el conocido como «caso Bardellino». Posteriormente sería promovido al TS. En noviembre de 1983, se ordenó la detención de uno de los jefes de la Camorra napolitana, llamado Antonio Bardellino, junto con su lugarteniente Raffaele Scarnato y dos de sus hombres. Según la información suministrada por la Justicia italiana, era uno de los eslabones principales en la distribución de la droga entre Latinoamérica y Europa, y estaba acusado de asesinato en el país transalpino. El titular del Juzgado Central de Instrucción n.º 5, Francisco Castro Mije, ordenó el ingreso en prisión a efectos de extradición. Aprovechando un permiso por enfermedad, el juez sustituto Ricardo Varón Cobos, titular del Juzgado Central n.º 1, ordenó la puesta en libertad del mafioso, previo pago de una fianza de 5 millones de pesetas, el 31 de enero de 1984, que fue inmediatamente constituida. La Justicia italiana quedó impactada y absolutamente perpleja ante esta decisión. Como después se descubriría, a través de la esposa de Bardellino y la novia de Scarnato, y quienes éstas buscaron para aproximarse al objetivo y previo pago de 10 millones de pesetas, el que hizo la mediación para que Varón Cobos tomara la decisión fue el magistrado del Tribunal Supremo Jaime Rodríguez Hermida, que al parecer mantenía lazos sentimentales con la mujer a la que aquellas dos habían acudido para acercarse al magistrado.[5]

Después de haber sido suspendidos de funciones, sorprendente y hasta escandalosamente, el 5 de mayo de 1986 la Sala Segunda del Tribunal Supremo absolvió a ambos magistrados por tres votos contra dos (los magistrados que votaron a favor de la absolución fueron José Hijas, que se jubiló al día siguiente, Antonio Huerta y Fernando Cotta, y en contra Juan Lator y Luis Vivas). Posteriormente, en 1986, el CGPJ expulsó por vía disciplinaria a ambos jueces, pero Varón Cobos fue reintegrado a la Audiencia Nacional por el Tribunal Supremo. Sin embargo, respecto de Rodríguez Hermida, en 1993 el Consejo se negó a rehabilitarle porque su indignidad para el ejercicio de la función judicial no podría jamás cesar. En 1994 el TS rechazó su recurso, en 1997 el TC rechazó el amparo y en 2000 el Tribunal Europeo de Derechos Humanos inadmitió la demanda al no considerar que el supuesto maltrato judicial alcanzara entidad suficiente ante los hechos no menos graves de los que fue declarado responsable (haber presionado al juez Varón para la puesta en libertad de Bardellino).[6]

Inicio de la lucha judicial contra la corrupción

Lo cierto es que, aparte del susto del golpe de Estado del 23 de febrero de 1981, en mis primeros años como juez (1981-1987) una de las actividades principales que me ocuparon en los destinos donde presté servicios fue la de limpiar de corruptelas y vicios adquiridos la praxis de los juzgados de aquella España inmediatamente posterior a la Transición. Los órganos judiciales funcionaban con las cantidades que las partes aportaban, especialmente en la jurisdicción civil. Era raro no ver que los abogados «engrasaban» los procedimientos para que se adelantaran, para que avanzaran de posición y el embargo se hiciera con carácter preferente respecto a otro, con lo cual se inscribía antes en el registro de la propiedad y el acreedor disponía a partir de ese momento, aunque su pleito hubiera entrado después, de preferencia en el cobro (*prior in tempore, potior in iure*, «primero en el tiempo, primero en el derecho»). Había verdaderos especialistas en esta pequeña corrupción, que reportaba o podía reportar buenos beneficios a los funcionarios que la practicaban. Desde el comienzo, realicé una especie de labor detectivesca, metiéndome en todos y cada uno de los despachos, sacando y ordenando por fecha los procedimientos, y establecí un registro riguroso, y la prelación iba acorde con la real presentación sin que pudiera alterarse. Supervisaba personalmente cada una de las salidas y las dietas que se pagaban para que no se repitieran los cobros; exigía comprobar las relaciones que había con los procuradores y los abogados; inicié investigaciones internas en el juzgado; denuncié las malas prácticas de algunos abogados denunciándolos a los colegios respectivos; prohibí que hubiera dinero en el juzgado; investigué el abuso que se hacía de la justicia gratuita; rebajé las cuantías de las reclamaciones para evitar embargos generales que se utilizaban con ánimo de extorsión del deudor; declaré la nulidad de las cláusulas de adhesión a los contratos bancarios y de grandes compañías y prohibí que los funcionarios trabajaran en algunos despachos de procuradores y abogados. Afortunadamente, en los destinos que estuve conseguí, con la colaboración de aquellos que tenían claros los límites, descubrir a quienes los traspasaban y acabar con las prácticas corruptas. Se hubo de abrir algún que otro procedimiento por cobros indebidos, pero se acabó con la mala praxis.

Posteriormente, durante el año que estuve en la inspección en el CGPJ, fui el inspector delegado más joven de España, y asumí la de los tribunales y juzgados de Andalucía. No me dio tiempo a visitarlos todos, pero las inspecciones realizadas fueron exhaustivas, papel a papel y procedimiento a procedimiento, descubriendo las corruptelas y poniéndolas a disposición del CGPJ para que actuara, lo que no siempre hizo. Quiero decir con esto que los jueces que entramos con la Constitución española llegamos sin que nadie nos dijera lo que debíamos hacer; sólo estuvimos veinte días efectivos en la Escuela Judicial antes de que nos «arrojaran» sin paracaídas a los respectivos destinos. La comunicación entre nosotros, el apoyo y el ánimo mutuos, hicieron que supliéramos lo que el legislador no hizo, ni siquiera pretendió llevarlo a cabo. Desde el principio fue una labor artesanal. La vocación —eso que tantos afirman como algo negativo— y el deseo de contribuir a la consolidación democrática de nuestro país, que tan frágil parecía, hicieron que asumiéramos con entusiasmo y sin límite de horas de trabajo una responsabilidad en la que estábamos bastante solos. De alguna forma, aquella generación de jueces y fiscales, con nuestras diferencias, hicimos lo que debíamos hacer y contribuimos a cambiar la Administración de Justicia en España. También muchos secretarios y funcionarios de la misma estuvieron dispuestos a hacerlo, y con todo ello avanzamos.

Sin embargo, ese esfuerzo no se vio acompañado de una mayor atención política a la Justicia, no para utilizarla sino para hacerla más fuerte, con más medios y, por ende, con más posibilidades de avanzar en el combate contra la criminalidad. Ni tampoco, como ya he dicho, de una decisión clara de combatir la corrupción. Sencillamente no existió, no se tuvo en cuenta, porque no era un tema prioritario. La impunidad del franquismo se consolidó también en el campo de la corrupción política. Es decir, conseguimos ir limpiando la corrupción judicial, pero fue inabordable, al menos con sistematicidad, la corrupción política. No podía ser de otro modo cuando el semillero principal de esa corrupción estaba en la financiación irregular de los partidos políticos, extremo que, hasta el día de hoy, sigue sin regularse.

El caso de los subasteros

> Dejar de luchar, por culpa de la corrupción que hay a tu alrededor, es como cortarte el cuello porque hay barro fuera.
>
> Nicolae Jorga

Si hay un caso en el que se resuman todo lo que he reflejado antes y la época a la que se refiere, es el que se conoció como el de «los subasteros», que se tramitó en Madrid aunque tuvo muchos reflejos en el resto de España. De hecho, se puede considerar el precedente de la corrupción ocurrida en el ámbito de la Administración de Justicia. En este caso, los corrompidos fueron funcionarios públicos que recibían la conocida como «astilla», una cantidad de dinero que los empleados públicos percibían simplemente por hacer bien su trabajo o por acelerar o retrasar la tramitación de determinados procedimientos judiciales en beneficio de la organización conocida como el «clan de los subasteros», que actuó entre los años 1980 y 1987 en los juzgados de Madrid. Esta organización se repartía los pisos que a diario se subastaban en los juzgados, lograba hacerse con ellos por un precio muy bajo y los vendía después por un precio muy superior. Que un piso saliera a subasta en un juzgado de Madrid significaba en la mayoría de los casos que su propietario no había podido afrontar el pago de la hipoteca.

Con la ley en la mano, las subastas eran públicas y cualquier ciudadano podía acudir y pujar, pero la realidad era que ninguna persona ajena a la organización lograba la adjudicación de ningún bien. En el caso de que un tercero ajeno acudiera a la subasta, los subasteros, previamente organizados, pujaban hasta hacerle desistir. La subasta siempre estaba pactada de antemano; antes de entrar en el juzgado, los subasteros se reunían y se repartían los bienes que ese día salían a subasta, acordaban un precio y todos ellos respetaban el pacto. Esta práctica era conocida con el nombre de «subastilla».

Para lograr su objetivo, no dudaban en emplear todo tipo de métodos, bien coaccionando a los inquilinos de pisos embargados para que se marcharan, o bien engañando a los incautos propietarios de los pisos que habían sido embargados, y que en ocasiones acudían a la subasta para intentar recuperar su vivienda. La organización, en estos casos, no dudaba en pedirles dinero a cambio de no quedarse con el piso. El resultado era que no sólo obtenían dinero del anterior propietario, sino que también se hacían con el bien, enterándose después el propietario, cuando le llegaba la orden de desalojo.

Lo que pone de manifiesto este caso es que la opacidad siempre favorece la corrupción. De esta manera, el oscuro mundo de las subastas se veía favorecido por el hecho de que los bienes a subastar se anunciaban únicamente en los tablones de los juzgados y había que saber moverse para tener acceso a esta información. En la actualidad, un portal único de internet recoge todas las subastas judiciales de bienes muebles e inmuebles, lo que hace mucho más difícil esa especie de pacto entre delincuentes.

El caso Estevill

> A mi lado izquierdo, oí como ruido de alguno que nadaba y vi a un juez, que lo había sido, que estaba a medio del arroyo lavándose las manos, y esto hacía muchas veces. Llegué a preguntarle que por qué se lavaba tanto y díjome que en vida, sobre ciertos negocios, se las habían untado y que estaba porfiando allí por no parecer con ellas de aquella suerte en la residencia universal.[7]
>
> Francisco de Quevedo

El caso Estevill ha sido hasta la fecha el caso más grave de corrupción judicial ocurrido en España. A este juez le fueron suficientes cuatro años de ejercicio judicial para ser considerado el paradigma de la corrupción judicial.

La conducta de Luis Pascual Estevill encaja como un guante en la definición de «corrupción» contenida en el *Diccionario de la Real Academia Española de la Lengua*, entendida como la práctica consistente en la utilización de las funciones y medios de las organizaciones, en especial las públicas, en provecho económico o de otra índole de sus gestores.

Luis Pascual Estevill era un conocido abogado barcelonés que con cincuenta y seis años de edad accedió a la carrera judicial a través del comúnmente conocido como «cuarto turno», reservado para juristas de reconocida competencia con más de diez años de ejercicio profesional.

En el mes de julio de 1990 comenzó su carrera en los juzgados de Terrassa (Barcelona), en los que permaneció algo más de un año, hasta finales de 1991. De ahí se trasladó a los juzgados de Barcelona, haciéndose cargo del Juzgado de Instrucción n.º 26 hasta finales de 1994. En noviembre de ese año fue nombrado vocal del Consejo General del Poder Judicial a propuesta de Convergència i Unió. El CGPJ sería su último destino, ya que en noviembre de 1996 fue condenado por un delito de prevaricación y detención ilegal.

Su primera condena le llegó el 4 de julio de 1996. A Estevill le fueron suficientes diecisiete días del mes de septiembre de 1994 para cometer un delito continuado de prevaricación y tres delitos de detención ilegal. Lo que hizo se resume en que dictó una resolución arbitraria, injusta, carente de motivación y sin sustento probatorio que supuso la privación de libertad injustificada e ilegal de tres querellados.

Para entender la forma de actuar del señor Estevill, merece la pena realizar un resumen de lo ocurrido entre los días 5 y 22 de septiembre de 1994. El magistrado Luis Pascual Estevill se hizo cargo, por estar de vacaciones su compañero del Juzgado de Instrucción n.º 10 de Barcelona, de una querella presentada por Banesto por delitos de estafa y alzamiento de bienes. En su escrito Banesto solicitaba, entre otras cosas, la declaración como testigos de Enrique Marugán y Lorenzo Rosal.

El día 7 de septiembre, Estevill recibió en su despacho la visita del representante legal de Banesto, que acudió por causas que sólo los interesados deben conocer. Tras esta visita, y al margen de lo que ya había decidido su compañero, el magistrado encargado del caso, Estevill acordó admitir la querella, escuchar a los querellados y citar como imputados a los propuestos como testigos por Banesto.

El 9 de septiembre, no todos los querellados comparecieron, y el juez decidió citarlos para dos días después, el domingo 11. Ese día Enrique Marugán no acudió, ya que residía en Brasil y no le era fácil acudir al llamamiento judicial con tanta premura. Sus familiares trataron de justificar documentalmente esta circunstancia ese mismo día en el juzgado, pero el juez no admitió ninguna justificación y decretó su búsqueda, detención e ingreso en prisión.

Tras ese auto de prisión, vendrían otros tres más contra tres de los querellados. Resoluciones que, en palabras de la sentencia, carecían de la más mínima justificación, de motivación y de sustento probatorio, y que significaron la privación de libertad de los afectados por un período de 52 horas.

En enero de 1995, la querella de Banesto fue archivada por no ser los hechos constitutivos de delito. En 2009, catorce años después, Alfredo Sáez, que en el año 1994 era el presidente del consejo de administración de Banesto, fue condenado como autor de un delito de acusación falsa.[8]

La sentencia estimaba que la querella de Banesto obedecía «al único propósito de recuperar unos créditos, de la forma que fuere, sin empacho alguno en formularla contra personas físicas que nada debían, como artificio de presión, de amedrentamiento, para que respondieran por lo que nunca habían avalado, aprovechándose además [en el momento actual ya no existe duda de ello, y de lo que representaba] de la presencia temporal, por sustitución a causa de las vacaciones de su titular, del ex juez en el Juzgado número 10 de Barcelona, que como ya se ha dicho, fue condenado por estos hechos».[9]

En este punto surge la pregunta: ¿cuál era el interés de Estevill? Los perjudicados por la actuación del juez, Enrique Marugán y Lorenzo Rosal, sostenían que Estevill actuó movido por un ánimo de venganza, por animadversión personal. Esta animadversión se remontaba a los tiempos en que el juez ejercía la abogacía y era asesor de la familia Rosal. Según los perjudicados, Marugán fue requerido por Rosal para que analizase una serie de inversiones, realizadas por su madre a instancias de Pascual Estevill y que acabaron siendo ruinosas. Marugán observó numerosas irregularidades en las operaciones y provocó, con su informe, la destitución de Estevill como asesor de la familia.

A nadie se le escapa la dificultad de probar si el juez actuó o no por venganza personal. Lo que sí es cierto es que efectivamente existió esa vinculación profesional y que en un determinado momento cesó.

Al tiempo que se tramitaba este primer procedimiento penal contra el juez, dentro del CGPJ se desató una agria polémica entre los vocales partidarios de su destitución como vocal y los contrarios a adoptar dicha medida. Hubo dimisiones de por medio y acusaciones de favores ofrecidos por Estevill a vocales del Consejo para obtener votos a favor de su «no cese».[10] Finalmente, su destitución como vocal del CGPJ no se produjo. En esa época, Luis Pascual Estevill ostentó el honor de ser el primer vocal del Consejo contra el que se seguían actuaciones penales.

En plena tormenta en el seno del CGPJ, la Fiscalía Especial para la Represión de los Delitos Económicos y para la Corrupción interpuso una querella contra Estevill por los delitos de cohecho y prevaricación, entre otros.

Los hechos por los que la fiscalía se querelló se basaban en que el juez Estevill, en connivencia con otros acusados, entre los que se encontraba el abogado Joan Piqué i Vidal, durante los años en los que ejerció como juez (1990-1994) se dedicó a extorsionar a diversos empresarios. Les exigía el pago de importantes sumas de dinero u otros favores para evitar su ingreso en prisión.

Resulta muy gráfica la expresión que para definir la trama utilizó Estevill en su declaración en el acto del juicio. El juez, atribuyendo la responsabilidad principal al abogado Piqué i Vidal, dijo que éste había montado una «tienda de libertades».

Lo cierto es que estas prácticas llegaron a generar entre el empresariado catalán un «clima de miedo», como manifestó en el juicio el ex consejero de Economía de la Generalitat Macià Alavedra; clima generado por las órdenes de prisión preventiva decretadas por el juez contra varios empresarios y directivos.

Resulta igualmente descriptivo el relato contenido en los hechos probados de la sentencia.[11] Este relato analiza siete casos en los que quedó demostrado que el juez extorsionó a los implicados.

El primero es el caso Nutrexpa-Idapsa, que se inició en el año 1991 (adviértase que Estevill no llevaba ni un año ejerciendo como juez). En las diligencias de este caso, se investigaba la adquisición de facturas falsas que simulaban operaciones mercantiles ficticias con el fin de defraudar a Hacienda.

Durante la investigación, en un trayecto que realizaban en coche el abogado (Piqué i Vidal) y el juez (Estevill), el abogado le dijo al juez que ese asunto era del todo idóneo para obtener dinero, dada la gran solvencia de los empresarios. Por ello acordaron que podían conseguir 25 millones de pesetas para el juez y una cantidad no inferior a los 6 millones para el abogado, en concreto 6.111.000 pesetas, debiendo la parte del juez ser ingresada directamente en su cuenta bancaria en Suiza. El dato bancario de esta cuenta a nombre del juez fue facilitado por intermediarios en un sobre anónimo, que también contenía las instrucciones sobre el modo de efectuar la entrega del dinero.

Tras el ingreso de los fondos, el juez cambió de actitud con los acusados, manteniendo a partir de entonces con los mismos, como se recoge en los hechos probados, un «talante amable, ya exento de la acritud de anteriores declaraciones», y no acordó su ingreso en prisión.

El segundo caso es el de Macosa. El juez llegó a un acuerdo con el denunciante para que éste interpusiera la denuncia el día en que el juez estuviera de guardia, para así poder hacerse cargo de la investigación. En el transcurso del proceso el juez tomó declaración a los imputados, a quienes, como medida de presión, les preguntó sobre cuestiones ajenas a la investigación que no aparecían en la denuncia y que afectaban a los extremos a los que eran más sensibles los querellados.

Con esta misma finalidad de extorsionarles e infundirles temor, el 30 de noviembre de 1992 Estevill dictó autos de prisión contra dos de los gestores de Macosa, que constituyeron, en palabras de la sentencia, «un alarde de una desproporción máxima».

Tras dictar estas resoluciones, se puso en conocimiento del resto de los acusados que el asunto se solucionaría de inmediato pagando 100 millones de pesetas, que se tendrían que depositar en Suiza a la mayor brevedad.

El juez finalmente obtuvo 50 millones de pesetas, que ingresó en su cuenta del país helvético. Y nueve días después de haber acordado la entrada en prisión, el 9 de diciembre de 1992, dejó sin efecto su propio auto.

No siempre fueron cantidades económicas lo obtenido. En el caso Pryca, iniciado en 1993, aparecía implicado el consejero delegado de Pryca y director para Europa de Carrefour, a quien le había sido impuesta la medida cautelar de comparecer semanalmente en el juzgado. El afectado vivía en París, y tener que desplazarse a España cada siete días le suponía un perjuicio evidente.

El juez lo sabía, como también conocía las relaciones de las sociedades Carrefour y Pryca con la Banca March. Lo que hizo en este caso fue concertar un encuentro con el jefe de la asesoría jurídica de la Banca March. En el transcurso de este encuentro, el juez le dio a entender que podía establecer un régimen de comparecencias judiciales más benigno para el consejero delegado de Pryca si colocaba a su hija en los servicios jurídicos de la Banca March. Y así sucedió.

Tras este encuentro, el juez puso fin a la obligación del consejero delegado de comparecer semanalmente. Resolución que, en palabras de la sentencia, «se dictó con la espuria finalidad reseñada y con plena conciencia de su arbitrariedad e injusticia».

En otras ocasiones, el beneficiario fue un íntimo amigo del juez, el joyero Rogelio Roca, que obtuvo siete millones y medio de pesetas de dos de los imputados en unas actuaciones seguidas contra la Promotora Vulcania, S.A.

Pero también se dio el caso de que el juez no lograra obtener ningún pago, como en el asunto que afectó al empresario catalán José Felipe Bertrán de Caralt. En el acto del juicio este empresario explicó[12] que «todo el tiempo, por todas partes me decían "arréglalo con Piqué, arréglalo con Piqué". Todo parecía preparado para que tuviera un abogado que se llamara señor Piqué». A pesar de que este empresario no nombró a Piqué i Vidal como su abogado, tras una reunión que mantuvieron el letrado y el juez, Estevill se dirigió al que en ese momento era el letrado de Bertrán de Caralt y, cogiéndolo del brazo, lo condujo a un lugar más apartado, donde le susurró si sería posible que su cliente efectuara una entrega de 50 millones de pesetas en Suiza, a lo que el letrado respondió que lo consultaría.

A pesar de lo relatado, en su informe final el fiscal alegó que no se había podido descubrir todo, es decir, que cabía la posibilidad bastante certera de que existieran más casos de corrupción en los que estuviera involucrado Estevill.

El juez fue condenado a las penas de nueve años y cuatro meses de prisión, quince años y cuatro meses de inhabilitación y una multa de 1.803.036,31 euros, por los delitos de prevaricación judicial continuada, cohecho, detención ilegal y alzamiento de bienes.

A esta condena habría que sumar otra de siete años de prisión por la comisión de tres delitos contra la Hacienda Pública y defraudar más de 100 millones de pesetas.[13]

Estevill entró en prisión para cumplir la condena y tres años después obtuvo el régimen abierto —tercer grado—, que le obligaba a dormir en prisión de lunes a viernes, pudiendo permanecer el resto del tiempo fuera del penal.

El abogado Piqué i Vidal, que fue condenado a siete años de prisión, obtuvo la libertad condicional tres años después de su ingreso. Con todo, a finales de 2013 se inició contra Piqué i Vidal el mayor proceso seguido hasta la fecha en España por delito de blanqueo de capitales.

Lo verdaderamente llamativo del caso Estevill, además de la ejecución continuada de hechos delictivos, es que todos los que pertenecíamos a la carrera judicial estábamos convencidos de que su nombramiento era una decisión de Convergència i Unió para quitarse de encima al meritado juez que con sus delitos tenía amedrentados a los empresarios y de que luego lo dejó caer. Así era el estilo pujolista.

El caso Urquía

> Las leyes con que juzgas, ¡oh Batino!,
> menos bien las estudias que las vendes;
> lo que te compran solamente entiendes;
> más que Jasón te agrada el Vellocino.
>
> El humano derecho y el divino,
> cuando los interpretas, los ofendes,
> y al compás que la encoges o la extiendes,
> tu mano para el fallo se previno.
>
> No sabes escuchar ruegos baratos,
> y sólo quien te da te quita dudas;
> no te gobiernan textos, sino tratos.
>
> Pues que de intento y de interés no mudas,
> o lávate las manos con Pilatos,
> o, con la bolsa, ahórcate con Judas.
>
> Francisco de Quevedo[14]

El juez Urquía ingresó en la carrera judicial en 1999. Estuvo destinado en los juzgados de Vélez (Málaga) y Talavera de la Reina (Toledo) y a comienzos del año 2005 llegó a Marbella, donde se hizo cargo del Juzgado de Instrucción n.º 2. El año de la llegada de Urquía a Marbella resultó clave en la investigación y persecución de las principales redes de corrupción de la ciudad, que lograron en menos de un año atrapar al juez.

A comienzos de 2006, Urquía quería comprarse una casa en la lujosa urbanización marbellí de Azalea Beach. Como ayuda para esta compra pidió dinero a Juan Antonio Roca, que a cambio obtendría de él un trato de favor. En aquella época, la televisión local de Marbella, Telemar, se encontraba transmitiendo un programa de televisión titulado *Misión imposible: Operación JAR*, que trataba sobre las actividades de Juan Antonio Roca, investigadas por el Juzgado Central de Instrucción n.º 6 de la Audiencia Nacional.

Juan Antonio Roca entendía que ese programa atentaba contra su honor e imagen, motivo por el que decidió presentar una denuncia solicitando su suspensión. La presentó el día en que el juez Urquía se encontraba de guardia, para que fuera él quien resolviera su petición.

Al día siguiente, el 15 de marzo de 2006, Urquía dictó una resolución admitiendo la denuncia y suspendiendo la emisión del programa de televisión; requirió a la emisora para que se abstuviera de emitir dicho reportaje bajo apercibimiento de cierre y precinto de las instalaciones.

Esa misma mañana, y tras los apercibimientos del juez, el denunciado (propietario de la cadena de televisión) y su abogado se entrevistaron con el juez y le explicaron que la denuncia presentada por Juan Antonio Roca estaba mal planteada. La ley exigía la presentación de una querella (no de una denuncia) y la justificación de haber intentado llegar a un acuerdo en vía civil (acto de conciliación), requisitos que no cumplía la denuncia de Juan Antonio Roca.

Advertido de su error, el juez dictó a continuación una nueva resolución anulando la anterior (dictada pocas horas antes) y acordó en su lugar el levantamiento de la suspensión del programa y el archivo de la denuncia. Tras esto, sobre las 14.50 horas, Urquía, a través de un intermediario, llamó por teléfono a Roca para explicarle lo ocurrido y darle instrucciones de lo que debía hacer si quería que el programa de televisión no fuera emitido.

Y así sucedió. Juan Antonio Roca presentó una querella al día siguiente y el juez acordó nuevamente la suspensión del programa. Quince días más tarde, Roca ingresaría en prisión como consecuencia de la Operación Malaya. Ante esta circunstancia, Urquía, tras la solicitud del denunciado, acordó el archivo de la causa y el levantamiento de la suspensión del programa, lo que así ocurrió.

Podemos decir que esta trama fue descubierta casi por una casualidad, y es que Juan Antonio Roca tenía intervenido el teléfono en la Operación Malaya, lo que posibilitó que la conversación con el juez Urquía en la que le informaba de los trámites que tenía que realizar fuera conocida por la policía. Resulta inevitable preguntarse cómo habría continuado esta historia si Juan Antonio Roca hubiera formulado bien su denuncia. Cabe la posibilidad de que el pago de los favores judiciales hubiera quedado impune.

Urquía fue condenado por el Tribunal Superior de Justicia de Andalucía a las penas de una multa de doce meses e inhabilitación durante diez años por delito de prevaricación judicial, y a dos años de prisión, una multa de 73.800 euros e inhabilitación durante siete años por el delito de cohecho.[15]

Esta condena fue sustancialmente rebajada por el Tribunal Supremo, que entendió que el juez no había cometido un delito de prevaricación.[16] Estimó el Alto Tribunal que en este caso la «injusticia» de la resolución dictada por el juez Urquía (la admisión de la querella y la suspensión del programa de televisión) lo era por razones de forma, no de fondo. Y, para estos casos, sólo los defectos procesales «que consisten en absoluta falta de competencia o en inobservancia de esenciales normas de procedimiento» son constitutivos de prevaricación judicial, no alcanzando este delito «la mera ilegalidad».

En este caso los defectos formales, que eran la falta de competencia (aún no se le había adjudicado el conocimiento del escrito de querella cuando el juez resolvió), el incumplimiento del requisito del acto de conciliación —ya que ni siquiera se había señalado día para su celebración—, y el hecho de haber acordado la suspensión sin haber escuchado al querellado y al Ministerio Fiscal, no constituían defectos formales importantes, estimando causa suficiente que pudieran existir razones de urgencia para acordar la suspensión del programa, puesto que así lo denunciaba Roca.

Por ello el Supremo entendió que no había cometido un delito de prevaricación y le absolvió por esta causa. La absolución tuvo como consecuencia la condena por un delito de cohecho de menor gravedad, lo que supuso una considerable rebaja de la pena.

Así, de los dos años de prisión y diecisiete de inhabilitación inicialmente impuestos, la sanción quedó rebajada a veintiún meses de suspensión de su cargo y una multa de 73.800 euros. Lo que sí implicó esta condena fue la suspensión en el ejercicio de sus funciones, algo que fue determinante para que se desencadenaran los acontecimientos que acabarían con su carrera judicial.

Antes de ser suspendido, Urquía, entre otros casos, se hallaba investigando la Operación Hidalgo, seguida por un delito de blanqueo de capitales.[17] El mismo día en que se produjo la suspensión de Urquía, acudió a la Guardia Civil uno de los damnificados por la actuación del juez en la Operación Hidalgo denunciando prácticas extorsionadoras. Esta denuncia y la investigación que siguió le acarrearon la segunda condena, que supuso el fin de su carrera judicial.

Los hechos fueron los siguientes. Entre los meses de abril y junio de 2007, Urquía y dos amigos suyos, que también resultaron condenados, Igor Mier y Arnaud Fabrice Albouhair, ofrecieron un trato de favor judicial a algunos de los investigados en la Operación Hidalgo a cambio de sumas de dinero. En los hechos probados de la sentencia se explica detalladamente la forma de actuar de los acusados.[18]

Los amigos de Urquía, Igor Mier y Arnaud Fabrice Albouhair, se pusieron en contacto en varias ocasiones con el empresario David Shamoon, propietario del hotel Puente Romano e imputado en la Operación Hidalgo, y con su hijo, Daniel Shamoon. Les propusieron conseguir que el juez Urquía levantara el embargo que pesaba sobre sus propiedades y, en especial, sobre el lujoso hotel Puente Romano, cuya venta interesaba al empresario. A cambio de esta gestión, los amigos de Urquía solicitaron más de 5 millones de euros. Llegaron a celebrar hasta siete encuentros para negociar un posible acuerdo, que finalmente no cuajó.

En el curso de estas negociaciones, uno de los amigos del juez hizo saber a Daniel Shamoon que «los problemas por los que atravesaba su padre con motivo de la intervención judicial de sus empresas en la Operación Hidalgo podían arreglarse a cambio de la entrega por su parte de cinco millones seiscientos mil euros, a realizar en Praga, donde la familia tenía inversiones».

En el acto del juicio, Daniel Shamoon relató que mantuvo al menos siete encuentros con Igor Mier. «Igor sabía que teníamos un precontrato de venta del Puente Romano y que si no lo vendíamos se ejecutaría una penalización de diez millones de euros. Me pidió 5,6 millones de euros para evitar que siguiera el proceso y para desbloquear el embargo del hotel [...]. Me dijo que el juez Urquía era su amigo y que le ayudaría».

Según consta en la sentencia, Igor Mier le dijo a este testigo que «quien me manda, sabe muy bien lo que hace»; «si arregláis esta cosa, te garantizo que en Marbella no tendréis ningún problema judicial nunca»; «lo que entra en el Juzgado yo te lo puedo hacer llegar a controlar».

Con ello trataba de convencer a los afectados de que lo mejor que podían hacer era pagar. Los amigos del juez ofrecían demostraciones de su credibilidad y de su posibilidad de influir en el proceso revelando a los afectados datos pertenecientes al sumario y que sólo el juez podía conocer.

Para entender los intereses económicos en juego, basta decir que el administrador judicial nombrado por el juez percibía por su labor unos ingresos de 500.000 euros mensuales y el 1 por ciento del importe de las transacciones que se llevaran a efecto.

No se llegó a probar, no obstante, que en estas operaciones hubiera existido un acuerdo entre el juez Urquía y sus amigos Igor Mier y Arnaud Fabrice para llevar a cabo estos actos.

Lo que sí quedó probado fue la recepción por el juez de 60.000 euros a cambio de la libertad de tres de los acusados. Uno de los amigos del juez, Arnaud Albouhair, se puso en contacto con Azan Khan, imputado en la Operación Hidalgo, y le dijo que todo se podía arreglar a cambio de dinero. Azan Khan entregó la cantidad de 60.000 euros a cambio de su libertad provisional, la de su esposa y la de su sobrino, tras lo cual el 2 de mayo de 2007 Urquía dictó tres autos acordando la libertad provisional con fianza de Azan Khan, su esposa y su sobrino. La prisión provisional había sido adoptada apenas trece días antes, el 19 de abril de 2007.

Urquía fue condenado por estos hechos, como autor de un delito de prevaricación por los autos de libertad dictados el 2 de mayo de 2007, a la pena de doce meses de multa e inhabilitación durante diez años, y por el delito de cohecho a la pena de dos años de prisión, una multa de 60.000 euros, e inhabilitación especial durante siete años.

Después de que se dictara esta sentencia, Urquía solicitó su reingreso en la carrera judicial al haber cumplido su primera condena (veintiún meses de suspensión). El Tribunal Supremo resolvió en favor del juez, reconociéndole el derecho a integrarse de nuevo en la carrera judicial.[19] Sin embargo, esta posibilidad no se llevaría a efecto, siendo finalmente expulsado de la carrera judicial tras hacerse firme la condena por el soborno en la Operación Hidalgo.

Con lo sucedido en este caso se hace difícil, cuando no imposible, rebatir a quienes afirman que los intereses corporativos y la endogamia familiar se mantienen vivos en la judicatura. Urquía es hijo de juez; su padre fue presidente de la Audiencia Provincial de Alicante. Quizá nunca tendría que haber sido juez. Sería bueno saber cómo se produjo ese desarrollo en este profesional hasta que llegó a la judicatura.

Como en todos los casos de corrupción en el ámbito público, los corruptos confunden los intereses generales a los que sirven con sus propios intereses, siendo de una enorme gravedad que esto suceda en el ámbito judicial. No sólo por el descrédito de la Administración de Justicia, que pone en jaque a la democracia, sino también porque el juez interviene y decide sobre la libertad y sobre los demás derechos y obligaciones de personas físicas y privadas, pudiendo tener sus decisiones gravísimas consecuencias para los justiciables y su patrimonio, a veces con carácter irreversible.

Al hilo de las recomendaciones del Consejo Consultivo de los Jueces Europeos, el Consejo General del Poder Judicial, en su reunión de la Comisión Permanente del 9 de abril de 2014, acordó la constitución de un grupo de trabajo que debe presentar al CGPJ un Código Ético de la Carrera Judicial.[20] Existen precedentes, como el Código Ético italiano, adoptado el 7 de mayo de 1994 por la asociación de los magistrados italianos. Este código constituye un instrumento de autocontrol del cuerpo generado por los propios jueces.

En la misma línea, se ha firmado un convenio marco de colaboración entre el CGPJ y la organización no gubernamental Transparencia Internacional España.[21] Esta organización de ámbito internacional está dedicada a combatir la corrupción y a propiciar la apertura informativa de las instituciones públicas.

Se apuntan como objetivos de este convenio aplicar una política de transparencia en el funcionamiento del Consejo y garantizar el cumplimiento de rendición de cuentas. Lo único que podemos desear es que tenga una plasmación efectiva en la práctica y que no se quede en una mera declaración de intenciones, aunque mucho tendría que cambiar el funcionamiento del CGPJ para que la transparencia y la rendición de cuentas sean una realidad. No hay que remontarse mucho en el tiempo para encontrar un ejemplo contrario a las intenciones que ahora se anuncian; seguro que a todos nos viene a la memoria el famoso caso del presidente del Tribunal Supremo y del CGPJ Carlos Dívar, que tuvo que dimitir en 2014 tras el escándalo que aconteció después de que saliera a la luz el uso de fondos públicos para finalidades privadas.[22] Este caso tuvo gran trascendencia mediática, después de la denuncia del vocal del CGPJ José Manuel Gómez Benítez sobre aquella disposición de fondos, y provocó que el presidente presentara su dimisión y se jubilara de la carrera judicial.

En cualquier caso, habrá que observar atentamente las nuevas intenciones del CGPJ, pues nos jugamos la credibilidad de la Justicia. La confianza y el respeto hacia los jueces son las garantías de la eficacia del sistema jurisdiccional; los justiciables perciben la conducta del juez en su actividad profesional como un factor esencial de la credibilidad de la institución.

Sin olvidar nunca que el poder del juez le es conferido con el fin de hacer justicia a través de la aplicación de la ley y de garantizar que cada persona disponga de los derechos y/o de los bienes a los que tiene derecho, y de los que pudiera verse injustamente privada.

El caso Gómez de Liaño

> Sra. Teasdale: Su Excelencia, ¡pensé que se había ido!
> Chicolini: ¡Oh, no!, yo no irme.
> Sra. Teasdale: ¡Pero yo lo vi con mis propios ojos!
> Chicolini: Bueno, ¿a quién va a creer, a mí, o a sus propios ojos?
>
> Chico Marx y Margaret Dumont[23]

Sopa de ganso, considerada una obra maestra y una de las mejores producciones de los Hermanos Marx, es una comedia de enredo absolutamente anárquica e hilarante. Pues bien, el caso Sogecable tiene todos los elementos de una comedia de enredo clásica. Una denuncia absurda por parte de un conocido periodista franquista contra el medio de comunicación más importante de España, *El País*; un juez buscado a la medida; la compañera sentimental del juez, con lazos familiares con el denunciante; un Gobierno, el de José María Aznar, que odiaba al grupo Prisa, y una serie de intereses económicos y políticos de determinados periódicos, periodistas y empresarios de las telecomunicaciones que vieron realizados sus sueños de acabar con dos de sus enemigos ancestrales, Jesús de Polanco y Juan Luis Cebrián, próximos al PSOE. El juez, después de una instrucción delirante y de ser advertido sistemáticamente por la Sala de lo Penal de la Audiencia Nacional para que cerrara el caso y desatender las decisiones del órgano jurisdiccional superior; una recusación contra el juez, en la que yo me inhibí por haber conocido por fuera del procedimiento toda la trama en la que se vio envuelto el juez, a pesar de haber sido avisado, y la decisión del juez Ismael Moreno Chamarro, que estimó la citada recusación. Finalmente, varias querellas ante el Tribunal Supremo y una sentencia condenatoria por tres delitos de prevaricación. Petición de indulto, concesión meteórica del mismo a pesar del informe contrario de la sala Segunda del Tribunal Supremo y estimación parcial de la demanda en Estrasburgo por no haberse garantizado la independencia e imparcialidad del tribunal, ya que habían participado en «actos de instrucción».[24] Finalmente, el juez Javier Gómez de Liaño no se reincorporó, y desde entonces ejerce la abogacía.

Jaime Campmany era un periodista conocido por sus columnas de opinión en *ABC*, que con un uso excelente del sarcasmo intentaba reflejar a diario la insustancialidad del progresismo contra la solidez de la derecha. Fue denunciado varias veces por delitos contra el honor, fundamentalmente durante la etapa en la que dirigió la revista *Época*. Su faceta posiblemente menos conocida, pero más relevante, fue la etapa durante la cual ostentó la presidencia del Sindicato Nacional del Espectáculo, en 1974, período en el que se encarceló a una serie de artistas, entre los que se encontraba Joan Manuel Serrat.

También es conocida su relación con Mario Conde como antiguo socio periodístico.[25] Durante su etapa de director de *Época*, presentó una denuncia ante la Audiencia Nacional contra Sogecable, propietaria de Canal + (propiedad de Prisa, editora de *El País*), acusándola de haber utilizado indebidamente los depósitos en garantía (23.000 millones de pesetas) de los abonados.[26] Esto suponía haber incurrido en los supuestos delitos de apropiación indebida, estafa y falsedad en documento mercantil.[27] Por mor del «azar», la denuncia cayó en manos del juzgado de instrucción que llevaba el juez Gómez de Liaño, cuya compañera sentimental era cuñada de un hijo de Jaime Campmany con quien meses antes había compartido unas vacaciones en la Lombardía italiana.[28] El juez declaró secretas las diligencias inmediatamente, y requirió la lista de abonados de Canal +.[29] Al día siguiente, incoó diligencias penales contra Sogecable y Canal +. Casualmente, el grupo de comunicación demandado había puesto al descubierto meses antes determinadas actividades de su hermano, Mariano Gómez de Liaño, abogado y socio de Mario Conde en el caso Banesto.[30]

El fondo de la demanda (el uso indebido de los depósitos) no parecía tener mucho recorrido, ya que el uso contable que realizaba Sogecable de las fianzas no parecía apartarse del que hacían otras empresas en el mercado español, como por ejemplo Repsol Butano, que tenía en ese momento casi 30.000 millones de pesetas en su balance en el epígrafe de fianzas.[31] Y podría extrapolarse al uso que hacen los mismos bancos de los depósitos de sus clientes.

A pesar de la fragilidad de los argumentos, los medios afines al Gobierno del Partido Popular se lanzaron en tromba publicitando este proceso a los cuatro vientos con especial ahínco contra los querellados y miembros del Consjeo de Administración.[32] La operación mediática intentó generar un estado de opinión contra el grupo Sogecable, sobre la endeble base mencionada, en una campaña colectiva que parecía estar orquestada desde sectores próximos al Gobierno de Aznar, tal y como apuntó el mismo *ABC* unos años después y como Luis María Anson había puesto de manifiesto a cuantos quisieron escucharlo.[33]

Gómez de Liaño había tenido, hasta la denuncia de Sogecable, una trayectoria polémica, incluso cuando ocupó una vocalía en el Consejo General del Poder Judicial entre 1990 y 1996. Liaño fue propuesto para el puesto por el Partido Popular, pero durante el período en que ocupó el cargo sus votos, salvo casos excepcionales, se integraban en el cupo socialista. Como excepción tenemos el día en que apoyó el nombramiento como presidente de la Sala Segunda del Supremo del ultraconservador Fernando de Cotta y Márquez de Prado, tío de su compañera sentimental, que debutó en el cargo intentado retrasar la vista del antejuicio al juez Pascual Estevill. También protagonizó un incidente en los juzgados de la plaza de Castilla que levantó cierto revuelo y protesta por su mediación en un caso determinado relacionado con una persona, al parecer amiga suya.[34] Al entonces vocal del CGPJ le pareció oportuno enviar su versión de los hechos a todos los jueces de España por correo comercial urgente, incurriendo en unos gastos de más de un millón y medio de pesetas que los vocales conservadores no dudaron en señalar como malversación de caudales públicos. La entonces vocal a propuesta del PSOE María Teresa Fernández de la Vega lideró una curiosa colecta a la que concurrieron los demás jueces del cupo socialista. Liaño se salvó de posibles implicaciones judiciales.[35]

Durante la instrucción del caso contra Sogecable, Gómez de Liaño dictó varias resoluciones cuyas medidas cautelares finalmente le llevaron al banquillo por prevaricación. En primer lugar, por su insistencia en mantener el secreto del sumario cuando el 13 de mayo de 1997 la Audiencia Nacional anuló la medida, por «irrazonable, innecesaria, desproporcionada e inadecuada».[36] Ante ello, Liaño pidió al fiscal Ignacio Gordillo y a las demás acusaciones personadas en la querella contra Sogecable que expusieran su opinión sobre la actuación de los tres magistrados que le obligaron a levantar el secreto de las actuaciones, por si hubieran incurrido en delito o falta. Esto fue obviamente reprobado por las asociaciones judiciales más representativas. En segundo lugar, por la prohibición a los directivos de Sogecable de salir del país, decisión que la Audiencia Nacional también anuló.[37] Además, Gómez de Liaño impuso una fianza de 200 millones de pesetas a Jesús de Polanco cuando ya sabía que los responsables de Sogecable no habían incurrido en delito alguno. Es más, un informe de los peritos de Hacienda designados por Gómez de Liaño ya había concluido que no existían indicios de que Sogecable hubiera incurrido en ninguno de los delitos objeto de la investigación abierta por el juez.[38] Por último, la Audiencia Nacional anuló la decisión del juez de requerir la lista de abonados de Canal + por afectar a la libertad de información.

La Sala de lo Penal de la Audiencia Nacional acudió al Consejo General del Poder Judicial por la «extraña actitud» de Liaño al «replicar las resoluciones» de la misma sobre el procedimiento contra Sogecable. El juez, en respuesta, volvió a declarar el secreto parcial de las diligencias abiertas contra Sogecable, exactamente dos días después de que la Audiencia Nacional le obligase a levantarlo.[39] Ante la actuación del juez, la Sala de lo Penal de la Audiencia Nacional revocó sus resoluciones y el Poder Judicial le abrió expediente disciplinario y le impuso una multa de 350.000 pesetas por falta muy grave.[40] Gómez de Liaño recurrió la sanción ante el Tribunal Supremo y el Constitucional, que ratificaron lo dictado por la Audiencia Nacional.

Finalmente, se celebró el juicio en la Sala Segunda del TS, en el que tuve que comparecer como testigo, curiosamente a propuesta de la defensa. El interrogatorio de la letrada Dolores Márquez de Prado fue algo inverosímil. Cuando yo tenía tomada la decisión, después de una larga reflexión, de ser lo más descriptivo posible y no incisivo, me sometió a un interrogatorio de fiscal en vez de abogado defensor, lo que me obligó a rebatir punto por punto lo que afirmaba, relatando las advertencias que le había hecho sobre las decisiones que había tomado; que no había delito; las conversaciones que mantuve con ella y con él en el mismo sentido, y a pesar de ello continuó. Como una maza fue golpeando a su defendido, en una actuación que aún hoy día no puedo comprender. El Supremo condenó a Gómez de Liaño a quince años de inhabilitación y a una multa de 540.000 pesetas por un delito continuado de prevaricación tras un juicio.[41] En el auto en el cual me abstenía de resolver la recusación de Gómez de Liaño solicitada por Juan Luis Cebrián, yo ya había explicado que tenía conocimiento extraprocesal de reuniones y encuentros en los que se discutió cómo prolongar todo lo posible la causa abierta contra Sogecable en la Audiencia Nacional y en los que se trataron aspectos relacionados con el fondo de las querellas, la forma de apoyar la acción inicial a través de otras acciones, la necesidad de que el procedimiento debía pervivir el mayor tiempo posible en una labor prospectiva, aun cuando no existiera base para ello, y la conveniencia de tomar medidas de prisión respecto de alguno de los querellados.[42] A raíz de este auto, el fiscal general del Estado, Jesús Cardenal, presentó una denuncia en la que fuimos imputados Gómez de Liaño, Navarro Estevan, García-Trevijano, Neira y yo mismo, y que el juez del Tribunal Supremo, después de tomarnos declaración, archivó.[43] Durante el juicio contra el juez Gómez de Liaño por prevaricación, Jaime Campmany (*Época*), Pedro J. Ramírez (*El Mundo*) y José Antonio Zarzalejos (*ABC*) pidieron su absolución.

Tres días después de la condena, Gómez de Liaño solicitó su indulto. «Admito que mis resoluciones pudieron ser erróneas», argumentaba, pero «es un trozo de historia, una parte minúscula de mi historia de juez».[44] Es interesante ver cómo los fiscales trataron la imputación y posterior condena contra Gómez de Liaño y la que se siguió contra mí trece años más tarde. En ambos casos el Tribunal Supremo se opuso al indulto (Gómez de Liaño recibió, sin embargo, un indulto en el año 2000 por parte del Gobierno Aznar que le permitía volver a la carrera judicial, con la condición de no incorporarse a la Audiencia Nacional durante veinticinco años), pero la actitud y los argumentos del fiscal difirieron sobremanera en los dos casos.[45]

En el año 2012, el Tribunal Supremo me sentó en el banquillo por prevaricación en relación con las interceptaciones de las comunicaciones que ordené en el interior del centro penitenciario sobre los máximos responsables de la red criminal Gürtel. La acusación particular, compuesta por Francisco Correa, cabecilla de la red corrupta Gürtel, Pablo Crespo, su lugarteniente, e Ignacio Peláez, abogado del imputado señor Ulibarri, reclamaron entre diez y diecisiete años de inhabilitación por intervenir sus comunicaciones en prisión. Estas intervenciones las había ordenado en 2009, después de que (como recoge de hecho la sentencia del Supremo) la policía me informara de que los abogados de los «máximos responsables» de la red corrupta podían estar «facilitando el blanqueo y la ocultación de importantes cantidades de dinero».[46] Dos fiscales anticorrupción, además de los dos que pidieron mi absolución en el caso, avalaron la legalidad de estas intervenciones, así como el juez del Tribunal Superior de Madrid, Antonio Pedreira, y otro magistrado de la Sala Civil y Penal del TSJM que, de hecho, las prorrogó cuando me sucedió en la instrucción del caso Gürtel, que hoy sigue en curso en el Juzgado de Instrucción n.º 5. Curioso resulta que ni los fiscales ni Antonio Pedreira recibieran por ello reproche alguno y que el Supremo rechazara además su declaración en el juicio.[47]

En mi caso, contrariamente a Liaño, no solicité el indulto. Fue Medel, la asociación que agrupa a quince mil magistrados, jueces y fiscales de la UE, quien lo hizo en mayo de 2012. La Ley de Indulto establece en su artículo 19 que cualquier persona puede solicitar el indulto de un penado. Medel puso en evidencia «la severidad desproporcionada» de la pena que se me impuso, e hizo hincapié en el resto de mi trayectoria, que como juez del Juzgado de Instrucción n.º 5 de la Audiencia Nacional me llevó a la investigación de casos en la lucha contra el terrorismo, el narcotráfico, lesa humanidad, etc.[48]

Es en el análisis que hizo la fiscalía (el fiscal José María Luzón en el caso de Liaño y el fiscal Antonio Narváez en el mío) de la trayectoria de aquellos para los que se demandaba un indulto —es decir, el análisis de las «razones de justicia, equidad o utilidad pública» que la ley exige—, donde el caso de Gómez de Liaño y el mío propio difieren. En el caso de Gómez de Liaño, el fiscal realizó un informe favorable al indulto basándose en «la notoria trayectoria profesional» del ex juez y el «clamor popular» a su favor. Luzón se refería también al arrepentimiento, pero para decir que éste no era necesario a la hora de considerar el indulto. «Ha mantenido la absoluta creencia de estar actuando legalmente, de modo que no es exigible.» Sin embargo, el fiscal Narváez sí le dio mucha importancia al facultativo arrepentimiento en su informe desfavorable a mi indulto. «Sigue entendiendo que obró conforme a derecho [...] no ha exteriorizado muestra alguna de arrepentimiento.» Desde luego, exigir ese arrepentimiento es en sí mismo un nuevo mecanismo que se añade sin base a la condena recibida. Finalmente, de hecho compara, en un ejercicio forzado y exagerado, la inhabilitación del juez con la pena de muerte. Y en el caso de la trayectoria, su análisis es el contrario; mi trayectoria poco importaba. Sus «méritos personales y profesionales anteriores a la condena impuesta [...] son irrelevantes a los efectos de solicitar el indulto». Narváez no compara, en mi caso, la inhabilitación con la pena de muerte, pero en cambio asegura que mi indulto «iría contra la democracia», pues «en un Estado democrático y de derecho, las sentencias han de ser acatadas y ejecutadas en su integridad».[49] Una doble vara de medir que nos lleva a reflexionar sobre la independencia de nuestro Tribunal Supremo y los efectos que estas resoluciones arbitrarias pueden tener sobre ese Estado de derecho que dice defender. No debe olvidarse, en un libro como éste, que en el cambio de criterio de la fiscalía concurría un pequeño cambio. Cuando la fiscalía estuvo de acuerdo conmigo tanto en la investigación como en el juicio, el fiscal general del Estado era Cándido Conde-Pumpido, y cuando Narváez emitió su informe ya había sido nombrado por el Partido Popular el nuevo fiscal general, Eduardo Torres-Dulce. En todo caso, supongo que el fiscal Narváez, promocionado en el mismo gobierno, no pensará que actué contra la democracia cuando gracias a mis investigaciones penales, con todas las garantías, en el Juzgado Central de Instrucción n.º 5 de la Audiencia nacional, él pudo pedir y apoyar de forma contundente la ilegalización de Batasuna por su vinculación con ETA y que gracias a aquellas, el TEDH, avaló y ratificó la medida. O quizá es que tenemos una idea bien diferente de lo que es la democracia.

Los jueces, como cualquier otro estamento de esta sociedad nuestra, cometen errores, actos injustos o simplemente delitos. Como poder independiente, y para evitar que el Poder Legislativo o el Ejecutivo presionen al Judicial, el organismo responsable de controlar a los mismos jueces se encuentra dentro del Poder Judicial; es decir, el CGPJ es el responsable de controlar las actuaciones judiciales.

A partir de un análisis de la información que ofrece el CGPJ, entre 2005 y 2009 se produjeron 4.962 demandas contra jueces, de las que 4.850 se archivaron o no admitieron, y 77 acabaron en sentencias condenatorias.[50] De estos números se podría concluir que la existencia de errores en la impartición de justicia en España es bajísima. Tan baja que parece altamente sospechosa.

Por ello es notable, en los casos que se analizan más adelante, la prisa y el ahínco que los órganos de control judicial se han tomado para enjuiciar y retirar de «la circulación» a los jueces cuando presuntamente toman resoluciones *contra natura*. Parece que cuando un juez se adentra en determinados temas, en concreto la corrupción de los poderosos, su actuación será escrutada y juzgada con una lupa de aumento.

Los dos casos que se analizan a continuación son el lento proceso contra Coro Cillán, que tardó más de catorce años en ser finalmente apartada de la judicatura, no sin haber dado pábulo sin ningún rubor al esperpento de la teoría conspirativa del 11-M,[51] y el caso de Elpidio Silva, que fue apartado de forma acelerada y súbita de la carrera judicial en el momento en que puso en aprietos al presidente de la extinta Bankia. La lectura del voto particular de la sentencia que lo apartó diecisiete años de la judicatura es interesante y la comparación de los tiempos de ambos casos, curiosa.

El caso Coro Cillán

> No es tan culpable el que desconoce un deber como el que lo acepta y lo pisa.
>
> Concepción Arenal

La primera sanción que recibió Coro Cillán por una falta grave (dictar sentencias con un retraso injustificado) se remonta a 1999. Sin embargo, es principalmente conocida por reabrir en falso el caso del 11-M, al que dio carpetazo el Tribunal Supremo en febrero de 2013, no admitiendo a trámite el recurso de la Asociación de Víctimas del 11-M, que, alabada por los medios de comunicación más conservadores, se querelló contra el comisario Juan Jesús Sánchez Manzano, acusándole, sin aportar ninguna prueba, de haber ayudado a la perpetración de los ataques de los trenes de Atocha e impedido el esclarecimiento del atentado.[52] Una investigación que ya se había desarrollado y cuyos resultados eran conocidos por todos, aunque algunos aún siguen refutando en la dinámica «teoría de la conspiración» que desarrolló determinado partido.[53]

Siendo ya cuestionable la apertura de una instrucción sin pruebas y jaleada solamente por determinados medios, en una orquesta de sinsentidos, la jueza Cillán se hallaba a su vez en esos momentos en el centro de una investigación que implicaba a la sala Moma 56, una discoteca situada en la calle de José Abascal, considerada una de las salas más selectas de Madrid. La denuncia la puso uno de los propietarios de la discoteca, acusando a Cillán de colaborar con sus socios para conseguir el traspaso del establecimiento.

Los hechos establecen que en septiembre de 2011, a raíz de una denuncia (en la que se pedían el precinto del local y un cambio de administradores) de uno de los socios de la discoteca, Alberto Vos, contra otro de éstos, Fernando Robes, Cillán, que estaba de guardia, acordó que se precintara el establecimiento en contra del criterio del fiscal, que alegaba una falta de comprobación de los hechos denunciados. Y no sólo eso, sino que Cillán siguió tramitando el asunto en vez de enviarlo a otro juzgado, como recogen las normas de reparto de asuntos vigentes entre juzgados de instrucción. Al día siguiente, nombró a un administrador judicial y dos días después nombró a otros tres administradores, entre ellos Francisco Javier Caballero, con un sueldo de 2.500 euros. La fiscal que estaba de guardia el primer día, Soledad García, alegó que Caballero era su «amigo íntimo».[54]

La sentencia del Tribunal Superior de Justicia de Madrid dio por probados estos hechos, dictando que las medidas adoptadas por Cillán «no eran sostenibles jurídicamente mediante ningún método aceptable de interpretación de la ley, ni cumplían los mínimos parámetros de motivación, constitucionalmente exigible». En consecuencia, el tribunal condenó a Cillán a una pena de inhabilitación de quince años para ejercer cualquier cargo público, al haberla encontrado culpable de un delito de prevaricación en la administración judicial de la mencionada discoteca. Igualmente se la condenaba a dieciocho meses de multa a razón de 15 euros diarios.[55] La sentencia fue confirmada más tarde por el Tribunal Supremo.[56]

Administración de Justicia

Un caso parecido es el que implica a la jueza de lo mercantil de Badajoz, Esther Sara Vila, por favorecer presuntamente a su marido a través de nombramientos al mismo u otros amigos como administradores concursales de empresas en quiebra. La jueza ya acumula cuatro denuncias ante el CGPJ. Simultáneamente, la UDEF investiga otros hechos como parte de una trama corrupta de administradores concursales que organizaban foros —generalmente en hoteles de lujo y en régimen de todo incluido— a los que acudían los jueces de lo mercantil que más tarde adjudicaban los concursos mejor remunerados. Y es como un caudal que no cesa. No sé sabe en qué quedará la última revelación (*El País*, 23 de febrero de 2015) sobre pagos por parte de la empresa Indra a jueces, fiscales y secretarios en Madrid a instancias de la Comunidad madrileña a cambio de asesorar un proyecto tecnológico (Iusmadrid) para introducir mejoras informáticas en los juzgados. El desembolso, según la publicación habría sido de 200.000 a 32 funcionarios (incluido el presidente del Tribunal Superior de Justicia de Madrid) y por trabajos de asesoramiento. No se tienen elementos suficientes, pero, desde luego, cuando menos es éticamente reprochable esta conducta y faltaría ver si alguno de estos funcionarios ha intervenido en casos relacionados con esa empresa, directa o indirectamente o se puso como condición tal separación. Asimismo, sería interesante saber cómo se han declarado esas cantidades a la Hacienda Pública. El tiempo lo dirá, si bien queda un sabor amargo, una vez más, de que donde más pulcritud debe haber también salpique el fango.

Elpidio Silva

La corrupción de las mejores cosas da lugar a lo peor.

David Hume

El primer juez de instrucción que investigó los manejos de Miguel Blesa al frente de Caja Madrid y que envió a prisión al imputado fue Elpidio Silva.[57] Sin embargo, el acusado se convirtió en acusador y logró sentar al juez en el banquillo por haberle enviado a prisión y haber intervenido los e-mails que recibió o envió desde el servidor de la entidad financiera a consejeros y directivos de su equipo.

Aunque constituyó noticia de segundo nivel para los medios de comunicación, repletos de titulares por el contagio del ébola y las tarjetas opacas de Bankia, el 6 de octubre de 2014 el Tribunal Superior de Justicia de Madrid (con el voto particular del presidente del tribunal, Arturo Beltrán, partidario de absolver a Silva) dio la razón a Blesa y «condenó al juez Elpidio José Silva Pacheco a diecisiete años y medio de inhabilitación por un delito de prevaricación y dos contra la libertad individual. Además, la Sala le condenó al pago de veintiún meses y un día de multa con cuota diaria de diez euros y a abonar 10.000 euros a Gerardo Díaz Ferrán [ex presidente de la CEOE y preso desde diciembre de 2012 por el vaciamiento de Marsans] en concepto de daños morales».[58]

Según la sentencia,[59] «el acusado trasmutó el objeto del proceso, trasformando lo que era la denuncia inicial en una verdadera causa general contra Blesa. Y poco importa aquí el nombre y relevancia mediática del investigado, pues las reglas y garantías del proceso son aplicables a cualquiera, sin que pueda discriminarse por criterios que vulneran el principio de igualdad ante la Ley». Añade que el juez Silva «acopió un montón de diligencias de investigación, que luego serían declaradas nulas por la Audiencia Provincial, a partir de una conexión forzada e inexistente de causas penales, instruida en secreto y frente a la cual los recursos se tramitaban con gran retraso, facilitando de ese modo una instrucción ilegal en la que se investigaba algo distinto a lo que constituía el origen de las actuaciones procesales [...]

en una frenética actuación judicial reveladora de que en aquel juzgado no había otro tema que el popularmente conocido como "caso Blesa"». Así, queda acreditado, siempre según la sentencia, que no es firme, «el dolo único de castigar por su gestión a Blesa, encontrando algún delito con independencia de que la causa contra él se iniciara por la concesión de un préstamo a Díaz Ferrán. Hasta materializarlo en conseguir meterlo en prisión, se hizo a través de numerosas actuaciones que supusieron un plan preconcebido aprovechando la ocasión que brindaba la instrucción en cuestión». Además, la sentencia afirma que había una connivencia entre la acusación popular, Manos Limpias, y el juez, y declara que esto «supone uno de los más reprochables modos de conducción de un proceso, al patentizar una desigualdad que atenta frontalmente contra el principio de igualdad de partes, [...] una de las formas más execrables de parcialidad en la que puede incurrir un juez que, por definición, ha de comportarse de modo imparcial respecto a cualquier causa que le toque asumir por las normas de competencia y reparto».[60]

El voto particular de Arturo Beltrán establece que las acciones de Elpidio Silva pueden explicarse «al margen del derecho penal sin necesidad de calificarse como delito, por deplorable que ésta sea», poniendo en evidencia, además, que el Ministerio Fiscal nunca recurrió *motu proprio* ninguna de las resoluciones que considera prevaricadoras (en algunas ocasiones se adhirió a los recursos de Blesa y Díaz Ferrán). Así, concluye el voto particular, «se hace difícil que alguien [el fiscal del caso] percibiera con claridad como delictiva la conducta del juez y no la combatiera».[61] Además, con respecto a la consideración del delito contra la libertad individual, alude, por ejemplo, a la fuga del ex director de la Guardia Civil, Luis Roldán, señalando que «en la práctica diaria son centenares las veces que cada mes los tribunales de apelación acuerdan la libertad provisional de quien ha recurrido ante ellos la prisión preventiva, sin que ello traiga para quien la acordó consecuencia penal alguna». Asimismo, considera que los dos autos de prisión provisional comunicada contra Blesa están largamente fundados. Algo que parece difícilmente discutible ante los escandalosos datos que está proporcionando la instrucción del caso de Bankia ya analizado.

La sentencia está pendiente ante el Tribunal Supremo.

11

La corrupción de otros colaboradores de la Administración de Justicia

> Cuanto más corrupta una sociedad, más numerosas las leyes.
>
> EDWARD PAUL ABBEY

La relación de casos de corrupción por profesiones sería interminable. De una forma u otra, cada persona tiene en su mano corromperse o facilitar la corrupción de otros, utilizando los mecanismos que le proporciona su propia posición o trabajo. En este sentido, una profesión como la de abogado, sometido a unas normas deontológicas preestablecidas, con una serie de normas legales que le imponen una especial diligencia, debería estar exenta de estas tentaciones. Sin embargo, no siempre es así, y muchos profesionales del derecho cruzan la frontera y se ponen al servicio del crimen o de las redes criminales, e incluso las forman a modo de empresas criminales dotándolas de protección jurídica. La dinámica es muy diversa e irá en función de lo que necesite cada una de esas organizaciones. Por ejemplo, en el caso Gürtel se ha visto que en un momento determinado son algunos abogados y el asesor financiero los que construyen presuntamente el entramado, asesoran, aconsejan o ejecutan las operaciones. En ese momento, el abogado que lo hace sabe que está en el ámbito de la ilicitud.

En nuestro país, un ejemplo paradigmático ha venido de la mano de los letrados que han constituido lo que en el argot de la organización terrorista ETA se denomina «el frente de *makos*» («presos»), enmarcados en organismos alegales como Gestoras Pro Amnistía, declarada ilícita. Su responsable máximo era el abogado Chema Matanzas, que fue condenado, junto con otros, por pertenencia a banda armada.

Otro caso es el de los letrados que asesoran en las operaciones de blanqueo de dinero procedente de actividades delictivas, principalmente del narcotráfico (fue clásico en el narcotráfico gallego el caso del abogado Pablo Vioque, detenido por mí en 1997, y luego condenado) y aquellos otros que desarrollan su trabajo en el marco de los paraísos fiscales, cuya misión es disimular o esconder las operaciones de tránsito o depósito de dinero procedente del crimen organizado, el tráfico de armas, la financiación del terrorismo o cualquier otra actividad delictiva, como puede ser la evasión fiscal. La operativa, en estos casos, se pretende proteger con el argumento de que lo que realmente se hace es cumplir con el deber de abogado asesorando operaciones estrictamente financieras, sin participar de la trama delictiva. Obviamente, este argumento, aunque comprensible y aceptado durante mucho tiempo por los tribunales, ya no es asumible. Las mayores operaciones delictivas que afectan al ámbito económico financiero han sido diseñadas milimétricamente por expertos en derecho, o bien han sido disimuladas aprovechando las discrepancias o discordancias de las normas jurídicas vigentes en un país u otro. La creación de un sistema específico para situar fondos y depósitos deslocalizados en paraísos fiscales desde España fue el subsistema de las grandes fortunas españolas y de grandes empresas al ingresar en esos territorios sedes, sucursales, cuentas personales, etc., asesorados por la entidad bancaria matriz en España. Esta dinámica comisiva se ha puesto de manifiesto en el caso de BBV Privanza Bank, que se investigó a partir de la entrada y registro que practiqué en el BBVA el 26 de mayo de 2000, después de encontrar los apuntes a mano de una serie de personas, cuentas y un manual de operaciones financieras, al que ya me he referido en otra parte de esta obra. Como consecuencia de esas anotaciones y de la información que finalmente se obtuvo, se han seguido importantes causas penales por defraudación fiscal que han concluido con sentencias de conformidad o reconociendo la deuda y satisfaciéndola a la Hacienda española y, en algún caso, con la tramitación actual por delito fiscal.

En todos estos casos, han participado expertos contables, economistas, fiscalistas y abogados que han elaborado toda la ingeniería para proteger de eventuales descubrimientos y de las futuras indagaciones de la Fiscalía Anticorrupción y la Justicia de esos entramados construidos para llevar a cabo la elusión de las obligaciones fiscales de esos ciudadanos o empresas en España. Basta con observar varios de los casos en los que enormes fortunas como las de los antiguos directivos de BBV, alguna de los máximos responsables del Banco Santander; grandes empresarios; el propio ex tesorero del Partido Popular; varios miembros de la familia Pujol Ferrusola, con la «herencia» de Jordi Pujol, a la cabeza, u otros políticos, empresarios o financieros de los últimos treinta años en España, para afirmar que se han realizado bajo el asesoramiento de expertos legales.

Para prevenir estas conductas ilícitas, la Ley de Prevención del Blanqueo de Capitales de 2010 y su Reglamento de 2014, así como las normas del Consejo General de la Abogacía, establecen normas de obligado cumplimiento muy exigentes para los abogados que intervengan en este tipo de asuntos.

La definición en la Constitución (artículo 24 de la CE) y en los convenios internacionales (el Convenio Europeo de Derechos Humanos o la Declaración de Derechos Humanos de 1948, el Pacto de Derechos Civiles y Políticos de 1966, la Convención Interamericana de Derechos Humanos, la Carta Africana de los Derechos Humanos y de los Pueblos, entre otros) del derecho de defensa es un logro de la humanidad y no debe ni puede restringirse. Salvo en muy contadas ocasiones, la libre elección de abogado defensor no puede estar limitada temporalmente, y cuando lo sea, debe garantizarse la asistencia letrada, por ejemplo en los casos de incomunicación o por terrorismo, y siempre con control judicial; incluso en estos casos esa limitación debe desaparecer), salvo en los supuestos en los que se traspasen los límites de la legalidad, porque en esos supuestos el abogado pasa a ser un miembro más de la organización.

Todos somos iguales ante la ley, pero las obligaciones que competen a unos colectivos o a otros, en función de la naturaleza de los asuntos que asuman, serán más o menos severas. Ya se ha examinado la corrupción judicial y hemos visto cómo los jueces pueden caer en las redes de la corrupción, y lo mismo ocurre con otros profesionales como los abogados y los notarios, que en muchas ocasiones, por su conocimiento de la ley, saben cómo actuar al margen de ella y que también muchas veces son reclamados para dar cobertura legal a prácticas que no lo son. Desde esta perspectiva, una reflexión se nos antoja inevitable: ¿es más reprochable que estos profesionales lleven a cabo prácticas corruptas? Debe tenerse en cuenta que estos profesionales, además de burlar la ley, vulneran la ética profesional.

Abogados

En este apartado abordaré aquellos casos en los que estos profesionales han obtenido beneficios del poder público. Sin duda el caso más escandaloso tuvo lugar en el Ayuntamiento de Marbella, a la sombra de la mayor trama de corrupción pública ocurrida en España. No en vano se considera a un abogado, José Luis Sierra, el ideólogo jurídico de toda la trama de corrupción.

Este abogado trabajaba para Jesús Gil desde la década de 1980. Ambos llegaron al Ayuntamiento de Marbella en 1991, tras lograr la mayoría absoluta en las elecciones municipales, y Sierra fue el hombre de confianza de Jesús Gil hasta 1999, año en que saltaría a la luz pública el primer caso de corrupción en el que ambos se verían implicados, el conocido como «caso de las camisetas». Jesús Gil resultó condenado a 24 años de inhabilitación y el letrado José Luis Sierra salió absuelto.[1] Sin embargo, en 2009 Sierra fue condenado por desviar 22 millones de euros de fondos públicos del Ayuntamiento de Marbella entre los años 1991 y 1995,[2] en connivencia, entre otros, con Juan Antonio Roca (caso Saqueo I). José Luis Sierra perdió la confianza de Jesús Gil en el año 1999, lo que provocó su salida del ayuntamiento y la llegada del letrado José María del Nido en su lugar.

El caso de las minutas de Marbella

> Un letrado bien frondoso de mejillas, de aquellos que con barba negra y bigotes de buces traen la boca con sotana y manteo, estaba en una pieza atestada de cuerpos tan sin alma como el suyo. Revolvía menos los autores que las partes, tan preciado de rica librería, siendo idiota, que se puede decir que en los libros no sabe lo que se tiene. Había adquirido fama por lo sonoro de la voz, lo eficaz de los gestos, la inmensa corriente de las palabras en que anegaba a los otros abogados. No cabían en su estudio los litigantes de pie, cada uno en su proceso como en su palo, en aquel Peralvillo de las bolsas. Él salpicaba de leyes a todos.[3]
>
> Francisco de Quevedo

Tras la celebración del juicio, quedó probado que José María del Nido se enriqueció a costa del erario municipal marbellí en más de 2.700.000 euros mediante la presentación de minutas ficticias, con el beneplácito y el acuerdo de Julián Muñoz, quien alcanzó la alcaldía de Marbella tras la inhabilitación de Jesús Gil.

Ambos llevaron a cabo conductas de expolio de las arcas municipales, de tal forma que se pagaron sumas exorbitantes por actuaciones profesionales improcedentes o innecesarias de José María del Nido. Así, por ejemplo, por un contrato del 3 de julio de 2001 el abogado logró una retribución mensual de 48.000 euros. También se pasaban minutas a costa del erario público por trabajos no realizados. Incluso a la esposa de José María del Nido se le encomendó un asunto profesional por el que facturó al Ayuntamiento de Marbella la cantidad de 130.000 euros. Todo esto por trabajos que podían haber sido realizados por funcionarios cualificados con los que ya contaba el Ayuntamiento de Marbella.

Hasta tal punto José María del Nido ostentó una posición de poder en el ayuntamiento que llegó a utilizar en beneficio propio las dependencias municipales, daba órdenes a funcionarios y técnicos municipales e incluso visaba minutas de otros contratados o intermediaba en el reparto de materias entre los concejales. Tal actuación pone de manifiesto un desprecio por lo público en beneficio de su interés privado.

Si nos preguntamos por qué se llegó a esta situación, la respuesta es clara: se inutilizaron todos los posibles sistemas de control y fiscalización. En el Ayuntamiento de Marbella existía un absoluto descontrol del gasto municipal, así que no funcionaron los mecanismos de control del uso de fondos públicos. Pero ¿cómo se llegó a esto? Durante el gobierno de Jesús Gil, y por idea del abogado José Luis Sierra, se constituyó un entramado de sociedades municipales que dio lugar a una situación de opacidad y falta de transparencia absolutas. Con este sistema de sociedades municipalizadas, se buscaba huir de los mecanismos de control establecidos por el derecho, lo que derivó en un absoluto descontrol sobre el destino del dinero del ayuntamiento.[4]

Así, por ejemplo, el interventor municipal planteó realizar un control de la actividad de dos de estas sociedades y, además de no permitírselo, se le abrió un expediente por deslealtad, suspendiéndole de empleo y sueldo mediante decreto dictado por Julián Muñoz. En definitiva, se inutilizaron los mecanismos de fiscalización y control y, como en todos los casos de corrupción se confunden los intereses generales con los propios, se utilizaron las instituciones públicas no en interés de todos, sino en interés de unos pocos.

Resulta obligatorio recordar aquí que, tras su condena, José María del Nido promovió una petición de indulto que resultó respaldada por la mayoría del mundo del fútbol.[5] Firmaron a favor del indulto veintinueve de los cuarenta presidentes de la primera y la segunda divisiones, el presidente de la Federación Española de Fútbol y el presidente de la Liga de Fútbol Profesional. ¿Cómo es posible que se respalde una petición de indulto de alguien que se ha enriquecido a costa del dinero público y que representa lo contrario al *fair play*?

En la actualidad, José María del Nido está pendiente de un nuevo juicio también derivado de su actuación en el Ayuntamiento de Marbella, el caso Fergocon.[6] La fiscalía solicita once años de prisión por una supuesta obtención ilegítima de dinero público. En este caso también están acusados dos hermanos de José María del Nido, que estaban al frente de la sociedad Fergocon. El fiscal estima que esta sociedad fue constituida para canalizar el traspaso de bienes de propiedad municipal en favor de la familia Del Nido y de Julián Muñoz, por medio de la adjudicación de obras realizadas sin conocimiento ni autorización del pleno o de la comisión.

Si resulta condenado por este caso de corrupción, ¿asistiremos a una nueva petición de indulto?

El caso Funeraria

> Don falso abogado predicador, que de ambas las partes llevastes salario, véngasevos miente cómo sin temor volvistes la foja por otro contrario.[7]
>
> Anónimo

Si en el caso anterior examinábamos la manera de hacerse con dinero público, en éste, el caso Funeraria, no se lleva a cabo materialmente ninguna sustracción de caudales públicos, pero sí que se beneficia a un particular mediante la adjudicación de una empresa pública. El caso Funeraria constituyó el mayor escándalo de corrupción ocurrido durante el mandato de José María Álvarez del Manzano al frente del Ayuntamiento de Madrid (1989-2003).

Los hechos fueron los siguientes. El que entonces era primer teniente de alcalde del ayuntamiento, Luis María Huete, tenía un asesor de su confianza, el abogado José Ignacio Rodrigo Fernández, que le asesoraba, entre otras cuestiones, sobre asuntos públicos. El caso se inició en 1992, cuando Luis María Huete decidió iniciar los trámites para privatizar parcialmente la Empresa de Servicios Funerarios de Madrid. El ayuntamiento había adquirido la sociedad siete años antes. El señor Simón Viñals, concejal de Sanidad en aquel entonces, pidió a las juntas de distrito el cierre del resto de las funerarias privadas para así obtener el monopolio en el sector. A pesar de la falta de competencia en el sector, la empresa sufría enormes pérdidas y, por si fuera poco, tenía una deuda de 2.274 millones de pesetas con el ayuntamiento. Antonio Moreno, ex concejal de Personal y Régimen Interior, se encargó de la organización del concurso para volver a privatizar la empresa, y Luis María Huete llevó a cabo la privatización y adjudicación de esta empresa municipal en exclusivo beneficio de José

Ignacio Rodrigo Fernández, que, por el módico precio de 100 pesetas (unos 0,60 euros), logró hacerse con el 49 por ciento de la empresa municipal. El precio que tendría que haber pagado, en atención al valor que tenía la empresa municipal, era de 1.236 millones de pesetas. Tan sólo unas semanas después de la privatización parcial, Huete propuso la condonación de la deuda que mantenía con el ayuntamiento, pues supuestamente la empresa estaba en quiebra. Tan sólo un par de años después, la empresa gozaba de unos beneficios de 6 millones.

El proceso judicial se dilató durante quince años, pero finalmente se les condenó como autores de un delito de prevaricación («tan grave desaguisado, descaradamente favorecía a una entidad privada sin motivo o justificación»).[8] Luis María Huete (PP) lo «pudo haber evitado y no lo evitó». Por eso, lo condenó a dos años y un día de inhabilitación para ocupar cargo público. Pero la condena llegó algo tarde, pues Huete tiene setenta y nueve años y lleva cinco apartado de la política. La sentencia absolvió al resto de los nueve imputados, entre ellos a Simón Viñals y Antonio Moreno.

Joan Piqué i Vidal

> Cuando pasan lista en el Senado, los senadores no saben si contestar «presente» o «inocente.»
>
> Theodore Roosevelt

No son nuevas las noticias de corruptelas que rodean a los abogados y consejeros de los Pujol. Es decir, «se sabía», era *vox populi*, que con el *govern* de Pujol existía una total impunidad que ha llenado los bolsillos de la familia y de unos cuantos más. Los abogados de Jordi Pujol fueron los que idearon los entresijos que han hecho rico a su hijo, es decir, los que dieron vida a la empresa de su hijo que investiga el juez Ruz. La principal empresa de Jordi Pujol Ferrusola, Iniciatives Marketing i Inversions S.A., fue creada por testaferros, entre quienes encontramos a Joan Piqué i Vidal, uno de los defensores del caso Banca Catalana.

Las actuaciones de Joan Piqué no se limitaron al asesoramiento de la familia Pujol, sino que podemos encontrarle al lado del financiero o estafador Javier de la Rosa, cerca del juez extorsionador Luis Pascual Estevill, en la defensa de Prenafeta, Planasdemunt y Casino, en casos como el de Millet y un largo etcétera.

Piqué i Vidal fue encarcelado en septiembre de 2006 para cumplir una condena de siete años por el caso Estevill (analizado en el anterior capítulo) de sobornos a empresarios, a los que el abogado y el juez Luis Pascual Estevill exigieron dinero a cambio de no encarcelarlos o de acordar su libertad.

Joan Piqué i Vidal acabó con sus huesos en la cárcel tras una carrera trufada de estafas, chanchullos, una estrecha relación con corruptos y una absoluta falta de escrúpulos. Pero ¿cómo se logra evadir la justicia cuando las acciones ilegales son tantas, tan variadas y tan públicas? Quizá responder a esta cuestión ayudaría a entender la idiosincrasia del funcionamiento de las élites en España. Quizá ayudaría a entender mejor la política catalana de los últimos cuarenta años. El filósofo Reyes Mate dice a este respecto: «De Estevill lo que desasosiega no es que prevaricara tanto, sino que nadie de los que debieran hacerlo dijera basta cuando era un clamor la existencia de un juez corrupto».[9]

Joan Piqué llevaba a cabo sus actividades delictivas, como la participación en la trama de extorsión de Pascual Estevill, mientras daba lecciones de ética en su puesto de profesor de derecho procesal en la Universidad de Barcelona o frecuentaba a la élite catalana de la política y los negocios.[10] Su paso por la cárcel no lo ha estigmatizado, sino que a los ochenta y tres años está relanzando su bufete Piqué y Abogados, del que nunca ha dejado de ser accionista.

El caso Ballena Blanca

> Si alguna vez ve saltar por la ventana a un banquero suizo, salte detrás. Seguro que hay algo que ganar.
>
> Voltaire

La operación que dio inicio al caso se llevó a cabo en 2005, contra una extensa red de blanqueo de capitales con ramales en Estados Unidos, Canadá, Rusia, Turquía, Argelia, Irán y Marruecos. El despacho profesional de abogados de Fernando del Valle de Marbella actuaba como el centro neurálgico de la red. En él se canalizaban inversiones millonarias al parecer procedentes de grupos relacionados con el crimen organizado, dedicados al narcotráfico, tráfico de armas, prostitución, secuestros, ajustes de cuentas, homicidios y estafas. La red, con la que presuntamente colaboraban tres notarías, estaba compuesta por más de mil sociedades con sede en Gibraltar, Isla de Man, Panamá e Islas Vírgenes Británicas, que invertían preferentemente en el sector inmobiliario de la Costa del Sol. El valor de los bienes incautados en España fue de unos 250 millones de euros. Fueron detenidas unas cincuenta personas de distintas nacionalidades.

La investigación judicial se saldó con diecinueve procesados, y finalmente la Audiencia de Málaga condenó a solo cinco de los imputados. El Tribunal Supremo, sin embargo, dejó reducida a la mínima expresión la sentencia de la Audiencia de Málaga, alegando que la suma que el abogado defraudó a Hacienda es inferior a la cantidad que le atribuyó la Audiencia, dejando un solo condenado con una pena que pueda llevarle efectivamente a la cárcel, el letrado Fernando del Valle, finalmente condenado a cinco años y seis meses de prisión. Los otros cuatro condenados tienen penas inferiores a los dos años, por lo que no irán a la cárcel si carecen de antecedentes penales.[11] A raíz de la condena, el abogado Fernando del Valle ingresó en la prisión de Alhaurín de la Torre y presentó un recurso de amparo al Tribunal Constitucional.[12]

El caso Murcia

Desafortunadamente los casos de corrupción no cesan, como tampoco deben hacerlo su denuncia y persecución. La presunción de inocencia ampara a todos, pero cuando la agresión afecta a menores se vuelve especialmente despreciable. ¿Qué se puede decir cuando el profesional que debe garantizar la defensa y protección de las personas atropella sin miramientos los derechos de una menor, utilizándola para su disfrute personal como si de un objeto se tratara? El 22 de enero de 2015, los periódicos daban la noticia del arresto por parte de la policía de 29 personas en la región de Murcia acusadas de formar parte de una red que prostituía a niñas, una «mercancía» con la que ganaban más que con mujeres de más edad.

A las niñas les prometían 50 euros a cambio de dar masajes a hombres mayores. Nada más. La realidad era otra. Eran niñas, sobre todo latinoamericanas, captadas en discotecas de la capital. Los proxenetas cobraban 200 euros por el «uso» de las criaturas, doce adolescentes, ocho de ellas de nacionalidad boliviana, paraguaya y ecuatoriana y cuatro españolas, que fueron liberadas de la red.

La acusación para los catorce detenidos presuntos miembros de la trama mafiosa que captaba a las niñas fue de corrupción de menores y delito relacionado con prostitución; delitos que también se imputaron a quince clientes que habían pedido menores de edad o que se acostaron con ellas sabiendo que lo eran. En sus teléfonos incautados por la policía guardaban fotos de las menores y pruebas de sus tratos con los proxenetas.

Entre los clientes figuraban cuatro abogados. Es decir, profesionales dotados de un código ético por el que se comprometen a hacer valer la ley. ¿Recordaron la ley cuando cerraron ese «contrato» abominable? ¿Pasó por sus mentes que las niñas a las que estaban atropellando tenían derechos? Indudablemente borraron el concepto de víctimas de su ideario. Con esa falta de vergüenza y esa ausencia de moral, perpetraron el delito.

¿Qué dirá el Ilustre Colegio de Abogados de Murcia? ¿Analizará este asunto el Consejo General de la Abogacía? Deberían hacerlo, porque si no exigimos respeto por la legalidad, la ética y los valores en las personas que desempeñan estas funciones, vitales para la sociedad, de velar por la justicia, la corrupción tiene una vez más vía libre. Esperemos que esta vez el corporativismo no tape la vergüenza del sufrimiento infligido a unas inocentes.

Notarios

> Un hombre de Estado es el que pasa la mitad de su vida haciendo leyes, y la otra mitad ayudando a sus amigos a no cumplirlas.[13]
>
> Noel Clarasó

Si hay un sector que en nuestro país ha albergado la corrupción, como ya se ha visto, ha sido el urbanístico, y para entender este fenómeno resultan esclarecedores los datos publicados por el diario *El Mundo* en el año 2006.[14] De acuerdo con esta información, sólo en 2005 se construyeron en España ochocientas mil viviendas; en diez años (1995-2005) la superficie edificada en nuestro país aumentó en un 40 por ciento; los planes aprobados para 2006 preveían la construcción de un millón y medio de viviendas y más de trescientos campos de golf; entre el 35 y el 40 por ciento del presupuesto de los ayuntamientos procedía del sector urbanístico, y un tercio de los billetes de 500 euros de la Unión Europea circulaban por territorio español.

Esta situación se tradujo en lo que todos hemos conocido: cifras récord de compra y venta de inmuebles, hipotecas a bajo interés que financiaban no sólo la compra de la vivienda, sino también su reforma, los muebles y el coche, y la búsqueda y captura de suelos rústicos para lograr su recalificación. Sin duda, esa burbuja que se materializó en un urbanismo salvaje ha alentado las tramas de corrupción.

En este caldo de cultivo actuaron los notarios. Estos profesionales, en su calidad de fedatarios públicos, dan testimonio de los hechos, actos o negocios en los que intervienen y de las personas que los hacen, y velan también por la legalidad del acto o negocio jurídico.

Lo cierto es que aunque existen casos de notarios implicados en tramas de corrupción urbanística, como ha ocurrido en las localidades de Lorca (Murcia)[15] y Ciempozuelos (Madrid),[16] podemos decir que se trata de casos excepcionales.

Lo que nos ha enseñado la situación vivida es que podemos exigir y reclamar un papel más activo de estos profesionales en la vigilancia de la legalidad, a efectos no sólo de controlar las tramas de corrupción urbanística, sino también de evitar las pequeñas corruptelas que actúan en perjuicio de los ciudadanos (pensemos, por ejemplo, en la imposición del notario por la entidad bancaria). De ahí que, como propone el Consejo General del Notariado, debamos exigir que los notarios se aseguren de que los intervinientes no firman ningún documento que no entiendan, que no permitan fijar un precio inferior al real ni abonar cantidades no documentadas, la posibilidad de analizar las escrituras públicas con carácter previo a su firma, la posibilidad de elegir notario y reclamar un mayor control de la legalidad, por ejemplo, prestando más atención a los tipos de interés «suelo» y «techo».[17]

La información que se publica sobre los abogados, los notarios y demás actores de la Justicia, los conflictos y las denuncias deontológicas y sanciones que se presentan contra ellos, es casi nula. Siendo cierto que el abogado tiene libertad en su actividad profesional, no debe entrar en el «todo vale». Es una actividad corporativa y cada letrado debe ejercer una cierta lealtad hacia su profesión. Según establece el Código Deontológico de la Abogacía Española en su preámbulo, son principios fundamentales de la profesión la independencia, la dignidad, la integridad, el servicio, el secreto profesional y la libertad de defensa. Junto con ellos, la honradez, probidad, rectitud, lealtad, diligencia y veracidad son virtudes que deberían apreciarse en el actuar de los letrados.

12

La corrupción y los medios de comunicación

> Cuando se descubrió que la información era un negocio, la verdad dejó de ser importante.
>
> Ryszard Kapuściński

Esta idea de Kapuściński no es nueva; ya en 1988 Noam Chomsky y Edward S. Herman plantearon que los medios de comunicación se dedicaban a reflejar la percepción del mundo de los grupos de poder en lugar de a descubrir la verdad.[1] Así, la corrupción en los medios de comunicación no es tanto la aceptación de sobornos, dádivas o actividades ilegales (como en el resto de los sectores), sino más bien falta de independencia y transparencia a la hora de obtener y difundir la información y hacerlo verazmente, su principal responsabilidad. Las relaciones existentes entre los medios y los intereses económicos y políticos no hacen más que oscurecer la transparencia.

La opacidad de las relaciones entre poderes y medios, sumada al sesgo informativo de muchos medios de comunicación, favorecen esa impresión. En la misma línea, el periodista Gervasio Sánchez se lamenta de que los periodistas y los medios hayan dejado de lado la esencia del periodismo en favor de intereses empresariales.[2]

La superficialidad, la falta de contrastación de las fuentes, la manipulación, cuando no la falsedad, han anidado en el denominado «periodismo de queroseno», que antepone el fin a los medios o, incluso, fabrica aquél para obtener la rentabilidad empresarial o el poder quemando principios, códigos y todo lo que se oponga a aquel espurio objetivo.

Lo cierto es que en la actualidad los medios se han convertido en empresas cada vez más poderosas y diversificadas, y estas empresas lo que en definitiva buscan, además de las inversiones que tengan —que muchas veces nada tienen que ver con la comunicación—, es vender un producto (lectores, espectadores) a unos clientes, es decir, empresas, a través de los anuncios. Este panorama se complica si tenemos en cuenta la actual situación de crisis económica por la que atraviesan los medios de comunicación (especialmente los escritos).

¿Cómo ser independiente si muchos medios han sido rescatados por bancos? ¿Podemos esperar que estos grupos mediáticos nos cuenten la verdad y sean independientes? La realidad nos demuestra que en el conflicto entre interés corporativo e información, la balanza siempre se inclina en favor del interés empresarial. Es lo que David Randall llamaba «la dictadura de los gerentes frente a los directores» o la «hegemonía de la economía de los medios sobre los deberes informativos de los mismos, es decir, el medio concebido exclusivamente como negocio».

La independencia editorial de cualesquiera intereses políticos, económicos o religiosos no debería anular la ideología de un periódico ni de quienes lo hacen, sino potenciar el sagrado fin de la información razonable y razonada buscando la verdad de forma irrenunciable, y marcando el límite sagrado del interés informativo por encima del publicitario o empresarial. Esa independencia no sólo debe proclamarse, sino que también debe protegerse, y para ello deben proveerse condiciones dignas de remuneración al periodista por su talento, no por la recomendación o el favoritismo, que le pueden hacer venal y parcial. La búsqueda de la verdad y el interés público para, a través de una información de calidad, contribuir a la formación de una sociedad que pueda asumir con mejores herramientas la toma de decisiones y los retos de su destino, son la base ética en la que debe apoyarse el ejercicio del derecho humano a la libertad de expresión e información a través de los medios de comunicación.

De esa forma podrá desarrollar su función con dignidad, eficiencia y libertad, respetando el derecho de los ciudadanos a recibir una información veraz, con separación radical entre lo que es opinión, apoyada siempre en la solidez de los hechos, y la rigurosidad ineludible de la información contrastada y veraz; con honradez profesional, huyendo de acusaciones sin pruebas o que atenten contra el honor o el prestigio de personas e instituciones.

El derecho a la información, como derecho básico en una sociedad moderna, propicia el ejercicio de los demás derechos al facilitar la participación en procesos de decisión y salvaguardar la dignidad humana. Es decir, el periodismo independiente y libre debe contribuir a la conciencia de la sociedad y ser el instrumento de vigilancia del poder para determinar el grado de cumplimiento de los derechos fundamentales y sus estructuras.

Un código ético para un medio de comunicación con el poder potencial que éste despliega, se convierte en el eslabón básico de una empresa de esta naturaleza y nos obliga a tener muy presentes las palabras de Joseph Pulitzer, que muchos medios han olvidado, sobre la responsabilidad del periodista en el ejercicio de la profesión: «Una prensa libre debería luchar siempre por el progreso social, nunca tolerar la injusticia o la corrupción, luchar contra la demagogia de cualquier signo, nunca obedecer a intereses partidistas, oponerse siempre a las clases privilegiadas y a todas las sabandijas de la sociedad, mostrar siempre compasión con los pobres y permanecer siempre fiel a la defensa del bienestar público».

En línea con este pensamiento, resulta incuestionable que los periodistas constituyen uno de los valores fundamentales para la protección de la sociedad y sus derechos. Su labor de denuncia de las arbitrariedades, de los abusos de poder, de los crímenes masivos, de la corrupción, de la vinculación del poder con el narcotráfico; su labor de investigación y auxilio a la justicia, les hacen elemento indispensable para la protección integral de los derechos de los ciudadanos.

«Ética» y «responsabilidad» son conceptos que deben estar presentes en toda iniciativa para ganarse la credibilidad a base de la honestidad profesional, y no del escándalo, potenciando valores básicos en esta sociedad globalizada que nos ha tocado vivir.

Por ello, en palabras de la que fuera alta comisionada para los Derechos Humanos, Mary Robinson, una opinión y una información secuestradas adormecen y evitan conocer el grado de incumplimiento y el respeto de los derechos fundamentales por parte del Estado y sus estructuras; además, constituiría el vehículo idóneo para la impunidad y para la corrupción.

Tradicionalmente, se ha considerado que una de las funciones de la prensa era la de denunciar y dar a conocer los abusos que pudieran cometer los poderes del Estado, y, así, se ensalzaba el papel de la prensa como vigilante del poder. Esta función de control social ha quedado absolutamente en entredicho, y se puede decir que, en la actualidad, el tratamiento de la noticia obedece a una línea editorial, cuando no a un interés partidista.

Un ejemplo claro se recoge en el estudio llevado a cabo por Antón R. Castromil,[3] que durante la campaña electoral de las elecciones autonómicas y municipales de 2011 analizó lo publicado por los diarios *El Mundo*, *ABC*, *El País* y *Público* entre los días 15 de abril y 25 de mayo de 2011, llegando a la conclusión de que los periódicos se habían alineado claramente con un partido político determinado. No resulta sorprendente su conclusión de que *El Mundo* y *ABC* apoyaban al PP y atacaban al PSOE, mientras que *El País* y *Público* ensalzaban a los socialistas y atacan a los populares.

Otro ejemplo lo tenemos el 9 de febrero con respecto al sueldo del actual presidente. Mientras el diario *ABC* nos daba el titular «Rajoy gana como presidente un tercio menos que en la oposición», el diario *El País* destacaba que «Rajoy se subió el sueldo un 27 por ciento en crisis». Dos visiones distintas de un mismo hecho, ambas ciertas, pero que ensalzan un determinado trozo de la realidad y silencian otro, en función de los condicionantes políticos y económicos de los medios que comunican. Una transformación sutil que manipula al lector con el interés por respaldar una determinada línea ideológica.

Ya he mencionado por otra parte, en varias ocasiones, el caso Telecinco, que yo mismo instruí.[4] En él, la fiscalía y la abogacía del Estado consideraron que los acusados, junto con otros, como el ex presidente italiano y propietario del grupo empresarial Fininvest, Silvio Berlusconi, presuntamente «elaboraron un entramado jurídico-negocial ficticio» para encubrir «la violación» de la Ley de Televisión Privada y «violar la ley tributaria». No obstante, la sentencia fue absolutoria.

Y, por último, un ejemplo quizá más denigrante de lo que no debe ser un periodismo ético y democrático es el que dio determinado sector de la prensa española en torno a los ataques terroristas del 11 de marzo de 2004. Determinados medios de comunicación no tuvieron escrúpulo en alinearse con una mentira conveniente al Gobierno de José María Aznar. No es mi intención realizar un exhaustivo estudio de lo ocurrido en esos días, pero, como expresa el estudio llevado a cabo en la Universitat Jaume I, los medios de comunicación asumieron la campaña electoral que los partidos no pudieron llevar a cabo a causa del atentado.[5]

La conclusión anterior puede parecernos obvia. Ahora bien, ¿qué consecuencias tiene esta adscripción partidista si pasa de ser puntual a una constante? La primera parece clara: los medios dejan de cumplir su función de contar la verdad y de controlar al poder. La segunda es que los ciudadanos tienden a elegir los medios en función de su afinidad ideológica y, por último, que los lectores van a creer lo publicado por «su periódico» y no lo publicado por el «contrario», al que considerarán interesado o tendencioso.

Esto, en materia de corrupción, nos parece especialmente preocupante, pues son los medios los que permiten al ciudadano tener conocimiento de la corrupción y, en definitiva, formarse una opinión. Discernir.

Lo anterior nos lleva a plantearnos si en el tratamiento informativo de la corrupción prima la información rigurosa o el criterio ideológico. A esta pregunta responde Palmira Chavero en su estudio sobre la cobertura mediática del caso Gürtel realizado a lo largo de tres años (2008-2011).[6] Las conclusiones a las que llega hablan por sí solas.

En primer lugar, concluye que *El País* colocó el caso Gürtel como su segundo tema más importante y que *ABC* lo desplazó hasta los últimos rangos (el sexto tema de los diez más importantes). En segundo lugar, en cuanto al tratamiento del tema, *El País* responsabilizó al PP desde el momento en que el caso saltó a la luz, postura que ha mantenido y que comparte con *El Periódico de Catalunya*. Y en el extremo opuesto se sitúa *ABC*, que presentó el caso como «una estrategia de Garzón en connivencia con el PSOE para atacar al PP», al que siempre exoneraba de responsabilidad.

Frente a este posicionamiento enfrentado, nos encontramos con el tratamiento del diario *El Mundo*, que en un principio situó el caso como una campaña «de acoso de Garzón» contra el PP y que a partir de la primavera de 2009, cuando se levantó el secreto del sumario, se fue desvinculando de la teoría conspirativa hasta abandonarla definitivamente a finales de ese mismo año, si bien se limitó a reconocer una responsabilidad parcial del PP valenciano que no afectaba a todo el partido, bajo la idea de que se trata de una actuación corrupta de algunos dirigentes que, como Camps, se habían emborrachado de poder hasta caer en el mesianismo.[7]

En definitiva, los medios ofrecieron dos relatos distintos: la prensa conservadora (*El Mundo*, *La Vanguardia*) asumió la responsabilidad del PP, pero trató de reducir el daño que le pudiera ocasionar al partido a través de la asociación corrupción/clase política, en la que tienen cabida tanto PSOE como PP, mientras que para la prensa progresista (*El País*, *El Periódico de Catalunya*) la corrupción quedó asociada al PP, único y completo responsable.

Junto con lo anterior, una aproximación comparativa entre el caso Gürtel y el caso de los ERE revela las diferencias entre la prensa de distinta tendencia. En este sentido, si *El País* publicó 66 noticias contrarias al PP a lo largo de todo el proceso Gürtel (entre febrero de 2009 y mayo de 2011), *ABC* atacó al PSOE hasta en 41 noticias durante un período notablemente inferior (desde finales de 2010 a mayo de 2011).

Se puede pensar que estos datos no son novedosos y que es algo que todos sabemos. Ahora bien, lo grave es la conclusión que se extrae de esta realidad: que, al final, determinado tipo de prensa o, mejor dicho, ciertos medios de comunicación no defienden la transparencia informativa, sino las posiciones de un partido político determinado y los intereses corporativos que detenten en el caso concreto. En estos casos la información pasa a ser un producto de segunda categoría. Los medios de comunicación afectados se convierten en un actor más de la política, en un punto de conexión entre los partidos políticos y sus votantes, en un medio de control del poder que ejercen y en un instrumento más de sus campañas políticas, campañas que se convierten en diarias y no ya por períodos electorales.

Lo anterior se observa, mucho más nítido si cabe, en la televisión y la radio, en las que, en función de los intereses políticos en juego y la mayoría de la que dependan los consejos de los medios públicos, comienza el baile de puestos directivos y subordinados. En casos como el de Canal Nou, han existido condenas pactadas en el caso Gürtel, con campañas financiadas ilícitamente, y sólo después de que fuera evidente el cierre del medio, comenzaron a aflorar las presiones y los comportamientos poco transparentes y manipuladores.

Pero también se han comprobado casos en los que el periodismo ha dejado de ser ese baluarte de protección de los derechos de los ciudadanos y se ha plegado al interés del momento primando el interés político o empresarial. Lo hemos visto en el caso Matas en Baleares, en el que, según el viento político y según el apoyo recibido se informa o se opina de una forma u otra. Asimismo, resulta llamativa la campaña tan obscena que se desarrolló en España durante más de siete años con la denominada «teoría de la conspiración» para sostener, a través de supuestos técnicos o «falsos periodistas de investigación», una teoría delirante que daba por hecha la participación de ETA en los atentados terroristas de Madrid del 11 de marzo de 2004. Maridaje que se escenificó de forma grosera, ante la manipulación consentida, salvo alguna excepción, que rectificó inmediatamente, y la imposición del entonces presidente del Gobierno José María Aznar, y que nos condujo al ridículo internacional. A pesar de las pruebas practicadas en el juicio oral y la sentencia condenatoria proferida, algunos siguieron con una información amalgamada, sesgada y poco rigurosa sobre teorías descabelladas que muchas veces se trufaban con el insulto a los supuestos enemigos y amparados en la «dictadura del micrófono».

No han sido menores los alineamientos de algunos medios con el crimen puro y duro, bien como en el caso del periódico *Egin* en relación con ETA, cuyos máximos responsables marcaban la línea editorial de un periódico que quedó como un instrumento al servicio de la organización; o bien como el periódico *Ya* cuando estuvo vinculado al letrado José Emilio Rodríguez Menéndez, paradigma de lo que no debe ser un abogado en ejercicio, y a ciertos individuos relacionados con la investigación de los GAL y los fondos reservados, pasando a ser un instrumento planetario de ataque y descalificación, injurias y calumnias de jueces, fiscales y enemigos políticos.

No debe eludirse tampoco la falta de ética profesional cuando hablamos de los denominados «juicios paralelos» en las causas criminales. Es cierto que el conflicto entre investigación penal e información no está resuelto al confrontarse dos derechos fundamentales relacionados con el ejercicio imparcial y sin interferencias de la justicia y la necesidad de información sobre lo que es noticia para la sociedad. No hemos sido capaces de hallar la vía para satisfacer ambos intereses, perfectamente legítimos. El mal entendimiento del principio de presunción de inocencia y la estigmatización sin matices hacen que las personas que comparecen ante el juez sufran un prejuicio que puede contaminar el ejercicio de la jurisdicción.

Los temas antedichos no entran necesariamente en el ámbito jurídico penal de los delitos relacionados con la corrupción, pero no todos los comportamientos a los que se les puede otorgar el calificativo de «corruptos» tienen que ser delitos tipificados en el Código Penal. Estas conductas son reprochables éticamente, porque niegan la propia esencia del verdadero periodismo y amparan la impunidad.

Libertad de expresión frente a seguridad nacional

> Aquellos que sacrifican libertad por seguridad no merecen tener ninguna de las dos.
>
> Benjamin Franklin

No se puede concluir este capítulo sin hacer referencia a uno de los conflictos que más polémica ha generado siempre y que está próximo al ámbito de la lucha contra la corrupción y a la práctica de la misma contra periodistas o medios de comunicación incómodos o independientes.

Vivimos en una sociedad globalizada que se rige por las reglas no escritas de la comunicación en red universal. Los mecanismos de comunicación, los instrumentos de difusión y la masividad de las informaciones en la Red han desbordado todas las previsiones, y la utilización de los mismos se ha vuelto indispensable para todos y cada uno de los miembros del género humano. Y al ser esto un hecho notorio, se pone de manifiesto aún más la necesidad de que los estados protejan los derechos más fundamentales de sus ciudadanos.

Pero lo cierto es que algunos estados, a través de sus servicios de inteligencia y agencias de información, han sucumbido a la tentación de colocar el ojo de control y conocimiento no para proteger el secreto de las comunicaciones y la fluidez de éstas, sino para invadir terrenos que claramente suponen una vulneración o limitación de tales derechos, bajo la excusa de que con dicha limitación se protegen otros valores de suma importancia, como la seguridad nacional o de la ciudadanía. El problema se agrava cuando la protección de la seguridad nacional en detrimento de derechos fundamentales propios de una sociedad democrática se extiende más allá de las fronteras del propio Estado que las instaura, bien mediante coaliciones en la lucha en favor de la seguridad de la ciudadanía, también conocida como la «lucha contra el terror», o bien mediante presiones implícitas, de carácter económico o político.

Frente a este tipo de coaliciones y/o presiones, los estados que, además, han suscrito distintos convenios internacionales de protección de los derechos humanos y que, por lo tanto, están vinculados por los mismos, se ven en la tesitura de o incumplir tales obligaciones internacionales o sucumbir a los dictados de otros estados más poderosos y, en tal caso, soportar ataques inaceptables desde un punto de vista jurídico y ético en democracia (por ejemplo, el sufrido por el presidente de Bolivia, Evo Morales, porque los servicios de inteligencia norteamericanos decidieron y varios países europeos aceptaron, violando normas de respeto diplomático, que en el avión presidencial en el que viajaba de Moscú a La Paz iba Edward Snowden).

En la historia reciente se han producido varios ejemplos más, de alcance universal, que han puesto en cuestión que el objetivo de esos estados sea proteger la libertad de expresión y la libre obtención de la información y garantizar el derecho a difundir esa información. Éste es el caso de Wikileaks y Julian Assange.

El fenómeno de los *whistleblowers*, al que ya me he referido, va anejo a la evolución de la globalización de la información y a los nuevos paradigmas que la Red está consolidando. Normalmente, la información que revelan los *whistleblowers* es sensible, bien por su contenido o bien porque su acceso está limitado, y por ello algunos gobiernos identifican el término *whistleblower* con el de «espía». Esto contradice la doctrina de la Comisión Interamericana de Derechos Humanos cuando afirma que «los denunciantes de irregularidades (*whistleblowers*) son aquellos individuos que dan a conocer información confidencial o secreta a pesar de que tienen la obligación oficial, o de otra índole, de mantener la confidencialidad o el secreto y que divulgan información sobre violaciones de leyes, casos graves de mala administración de los órganos públicos, una amenaza grave para la salud, la seguridad o el medio ambiente, o una violación de los derechos humanos o del derecho humanitario, y deberán estar protegidos frente a sanciones legales, administrativas o laborales siempre que hayan actuado de "buena fe"».

Siguiendo esta misma línea, en la Declaración Conjunta de 2006, los relatores para la libertad de expresión afirmaron que «no debe atribuirse responsabilidad a los periodistas que publican información clasificada o confidencial cuando no hayan cometido ilícito alguno en obtenerla. Corresponde a las autoridades públicas proteger la información legítimamente confidencial que manejan». Un ejemplo reciente de esto ha sido la decisión del Gobierno estadounidense de utilizar la Ley de Espionaje de 1917 para procesar a quienes han filtrado a la prensa información oficial de carácter sensible o clasificada. Y todo ello pese a que, como señala Chomsky, la razón de clasificar información rara vez es para proteger la seguridad nacional.[8] En esta «guerra contra los *whistleblowers*» que, bajo la excusa de proteger esa seguridad nacional, ha desencadenado el Gobierno de Estados Unidos, lo que realmente debe plantearse es si el objetivo último que se busca no es tanto proteger al Estado como inmunizarlo del escrutinio de su pueblo, permitiéndole actuar con toda impunidad y limitación de los derechos más elementales de su pueblo.

Los relatores especiales sobre libertad de expresión de la ONU y la OEA, en una declaración conjunta de junio de 2013, afirman tajantemente que bajo ninguna circunstancia los periodistas, integrantes de medios de comunicación o miembros de la sociedad civil que tengan acceso y difundan información reservada sobre este tipo de programas de vigilancia, por considerarla de interés público, pueden ser sometidas a sanciones ulteriores. Por otra parte, una persona vinculada al Estado que, teniendo la obligación legal de mantener confidencialidad sobre cierta información, se limita a divulgar al público aquella que razonablemente considere que evidencia la comisión de violaciones de derechos humanos (*whistleblowers*), no debe ser objeto de sanciones legales, administrativas o laborales siempre que haya actuado de buena fe, de conformidad con los estándares internacionales sobre la materia. Cualquier intento de imponer sanciones ulteriores contra quienes revelan información reservada debe fundamentarse en leyes previamente establecidas, aplicadas por órganos imparciales e independientes, con garantías plenas de debido proceso, incluyendo el derecho de recurrir el fallo. La imposición de sanciones penales debe ser excepcional, sujeta a límites estrictos de necesidad y proporcionalidad.

El tema de la información «reservada» o «secreta» fue objeto de un pronunciamiento específico por la Corte Interamericana en otro ámbito relacionado con el acceso a la información por los ciudadanos, a saber, la aportación de información sobre violaciones graves de derechos humanos a las autoridades judiciales y administrativas encargadas de adelantar los procesos correspondientes a su esclarecimiento y a la administración de justicia frente a las víctimas. En el caso Myrna Mack Chang contra Guatemala, la Corte Interamericana estableció que el Ministerio de la Defensa Nacional se había negado a proporcionar algunos documentos relacionados con el funcionamiento y la estructura del Estado Mayor Presidencial, necesarios para adelantar la investigación sobre una ejecución extrajudicial. El Ministerio Público y los jueces de la nación habían solicitado reiteradamente dicha información, pero el Ministerio de Defensa Nacional negó la entrega invocando el secreto de Estado regulado por el artículo 30 de la Constitución guatemalteca. Según el criterio de la Corte Interamericana, «en caso de violaciones de derechos humanos, las autoridades estatales no se pueden amparar en mecanismos como el secreto de Estado o la confidencialidad de la información, o en razones de interés público o seguridad nacional, para dejar de aportar la información requerida por las autoridades judiciales o administrativas encargadas de la investigación o proceso pendientes».

El ejemplo más representativo de que Estados Unidos no sigue el criterio internacional de derechos humanos es el caso Bradley (Chelsea) Manning, un(a) soldado que decidió denunciar algunas de las violaciones de derechos humanos e irregularidades cometidas en las guerras de Irak y Afganistán por las autoridades estadounidenses, a las que tuvo acceso. Manning fue juzgado por un tribunal militar por, entre otros cargos, ayudar al enemigo, y fue condenado a 20 de los 22 cargos que se le imputaban, entre ellos el de haber vulnerado la Ley de Espionaje. Aun así, pese a que ha sido condenado a 35 años de prisión, no fue finalmente condenado por el delito más grave de ayudar al enemigo. Y es que lo cierto es que la fiscalía no logró determinar cuál había sido el daño que había causado a la seguridad nacional tras la divulgación de estos documentos.[9]

Por el contrario, lo que ha quedado claro es que dichas filtraciones contribuyeron a informar debidamente a la ciudadanía de la existencia de vulneraciones de derechos humanos por parte del Estado. Así queda demostrado en el vídeo, conocido como *Collateral Murder*, del ataque aéreo estadounidense que causó la muerte de Noor-Eldeen y Chmagh, dos trabajadores de la agencia de comunicación Reuters en Irak. Dicho vídeo, posteriormente difundido por un medio de comunicación, desmontó la versión oficial del Pentágono del incidente.[10] Esta acción quedaría claramente protegida por la legislación internacional en materia de derechos humanos, como resalta el Tribunal Europeo de Derechos Humanos, entre otros, en el caso *Sunday Times contra el Reino Unido* al afirmar que el artículo 10 de la Convención Europea de Derechos Humanos (CEDH) garantiza no sólo la libertad de la prensa de informar al público, sino también el derecho del público a estar debidamente informado.[11]

El caso Manning resultó además paradigmático por cuanto, en el mismo, el fiscal declaró en el acto de juicio oral no hacer diferencia alguna entre una fuente que suministra información a Wikileaks (un medio de comunicación novedoso por cuanto es una plataforma que recibe y difunde información) o a otro medio de comunicación, como el *New York Times*. Desde luego, esto tiene su lógica dentro de dicha política irracional, por más que algunos medios más tradicionales se nieguen a admitirlo: en ambos casos se está ejerciendo la libertad de expresión e información. Pues bien, desde el Departamento de Justicia se han tomado muy en serio tales afirmaciones, siendo varios los ejemplos recientes en los que se ha iniciado la persecución criminal. Así, el pasado mayo de 2014, la agencia Associated Press denunció que el Departamento de Justicia había accedido al registro de al menos veinte líneas telefónicas entre abril y mayo de 2012 para averiguar la fuente que filtró actividades antiterroristas del Pentágono en Yemen. Una semana después se supo que el Departamento de Justicia y el FBI accedieron en 2010 a los correos electrónicos de James Rosen, el corresponsal jefe de Fox News en Washington, con el objetivo de conocer la identidad de su fuente sobre un ensayo nuclear que Corea del Norte estaba preparando.

Nos hallamos ante un concepto de seguridad nacional devaluado, que no responde al interés general, sino al particular de quien lo diseña, y que violenta derechos fundamentales de los ciudadanos a la intimidad, a la libertad de expresión, de acceso a la información y distribución de la misma.

Una opinión pública libre e informada es condición esencial para prevenir, perseguir y sancionar la corrupción, y lo mejor que el periodismo puede ofrecer a la democracia es hacer que el poder rinda cuentas, con independencia de los poderes económicos y políticos. Hay más probabilidades de que exista y aumente la corrupción cuando los corruptos tienen menos visibilidad mediática. El conocimiento de los casos de corrupción permite la exigencia de responsabilidades, pero si esa realidad está influenciada por el color de uno u otro partido político, los ciudadanos (que no pueden acceder directamente a dicha realidad) no podrán nunca realizar un control serio de los abusos y las malas prácticas del poder.

13

El precio de combatir la corrupción

> Es cierto que todavía no me han matado. Es que no han rizado el rizo. Mi cuenta con la Cosa Nostra permanece pendiente. Sé que sólo podré saldarla con mi muerte, natural o no.[1]
>
> Giovanni Falcone

«El kilogramo de juez está muy barato y el de Garzón tirado de precio, de modo que cuídate.» Este mensaje lo recibí en una carta sin remite y con matasellos de Cibeles, Madrid, sin más datos y entre el correo que día a día me pasaban los agentes judiciales del Juzgado Central de Instrucción n.° 5, dos semanas después de que se conocieran las primeras imputaciones del caso Gürtel. De este tipo de cartas me llegaron muchas a lo largo de los años en que estuve trabajando en la Audiencia Nacional. «Rojo de mierda, antes Franco y ahora el Partido Popular. Al final te ajustaremos las cuentas.» Era el canon que había que pagar por hacer tu trabajo. Alguien tenía que hacerlo.

Apostar por corromper al juez es la primera medida que cualquier delincuente u organización criminal afectada intenta hacer cuando se las tiene que ver con la justicia, pero, como ya he dicho, ese proceso suele comenzar mucho tiempo antes. Los procedimientos de «compra» son lentos y nunca o casi nunca directos. Serán regalos, lisonjas, premios adornados de glamour, pero financiados con la finalidad de estar a buenas con el estamento judicial, y destacarán la gran labor que el premiado hace. La verdadera intención aparecerá después. Pero, al igual que hay algunos que aceptan ese juego, hay muchos jueces, fiscales y funcionarios que se resisten a esas lisonjas y añagazas que ocultan trampas para elefantes que, antes o después, se activan para anular o controlar al juez. Si éste se niega o las rechaza, desaparece de las listas de personas de interés para quienes extienden día a día las redes de la corrupción. El segundo paso, una vez que no surte efecto el anterior, ya es más serio, porque se pasa a la presión personal, familiar, directa o indirecta. Por supuesto, junto a este índole de acciones están las de tipo personal y aisladas.

Contabilizar las amenazas y las iniciativas para acabar con una persona, en este caso con un juez o fiscal que combate el crimen organizado, el terrorismo o la corrupción, puede ser muy complicado, pero les aseguro que son abundantes los casos, y además siempre siguen un rito no escrito pero que se cumple a rajatabla y llega al nivel que le interese a quien lo promueve o hasta donde pueda, si le dejan o lo ayudan. De todas formas, de las amenazas o advertencias que llegan de fuera te sabes y te puedes defender; incluso de los atentados terroristas te puedes librar, pero lo que es más difícil es salir indemne del «fuego amigo». Cuando el mecanismo corporativo se pone en marcha es muy difícil detenerlo, máxime si viene de arriba.

En todos los casos, la acción, venga de donde venga, tiene un contenido inicialmente visceral que se corresponde con la motivación que mueve a aquellos ciudadanos que, normalmente al calor de las informaciones más o menos «calientes» de determinados líderes, periodistas u opinadores ilustrados (aquellos que saben de todo y apenas conocen nada), expresan lo que sienten e incluso lo verbalizan a través de una carta o una opinión en internet con su nombre. Éstos me merecen todo el respeto, por muy en desacuerdo que pueda estar con ellos. Luego están los que aprovechan el anonimato para insultar, opinar, criticar, facilitar datos, etc. Éstos son despreciables por su cobardía, porque ocultan su identidad y, así protegidos, atacan o descalifican a otros. Es el tipo de persona que cuando se escribe sobre alguien, sea un juez, un fiscal, un policía, etc., dicen: «Te digo esto, pero no reveles mi nombre». Escudarse en el anonimato es algo que me repugna.

Más tarde llegan las admoniciones o los consejos aparentemente bienintencionados, pero que ocultan cargas de profundidad y una advertencia más o menos tácita: «No te metas en esto, que no vas a salir bien parado», o «Van a por ti». Cuando estas advertencias se producen, está claro que quien las transmite participó y sin embargo no fue capaz de contestar, pero sí de trasladarte la zozobra a tu ánimo porque, a partir de ese momento, creerás que en cualquier instante, por una razón o por otra, pueden realmente ir a por ti. Esta situación suele ser interna y genera en quienes la sufren una tensión evidente; a veces consiguen el objetivo y el caso se cae. Por arte de magia, lo que antes estaba claro comienza a no serlo, y aquello de lo que se estaba seguro ya es cuestionable. Finalmente se archiva. Esta fase suele ir acompañada coordinada o coincidente (elijan ustedes, porque hay de ambas clases) de una feroz campaña mediática en la que la «caverna» lanza una especie de jauría que chilla estridentemente hasta ensordecerte. Ahí ya resultan afectados la familia, el entorno y la propia seguridad cuando te mueves por la calle.

Recuerdo una anécdota, de las tantas que me han acontecido a lo largo de los años, que ocurrió en la calle Atocha cuando investigaba los GAL. Alguien se me acercó y me increpó repitiendo las mismas palabras que esa misma mañana había leído en un medio de comunicación que estaba en contra de la investigación. En otra ocasión durante esa misma investigación, un día llegó mi hija María del colegio —no tendría más de diez años— con un recorte de periódico que el padre de una compañera le había dado a su hija para que se lo entregara a la mía y me lo hiciera llegar. Era un recorte de *ABC* en el que se me atacaba por aquella investigación.

Otro día, en pleno barrio de Salamanca, un hombre bien vestido se me acercó y me insultó porque estaba investigando el franquismo. Me dijo algo así como: «Rojo de mierda, deja en paz a los muertos y a Franco y ve a por los de ETA». Cuando los funcionarios que venían conmigo le pidieron que se identificase los denunció, se fue a la Cope y luego al Consejo General del Poder Judicial contra mí. Yo ni abrí la boca, no merecía la pena. En 2005, en otra ocasión, la extrema derecha quemó el coche del novio de mi hija exactamente a la puerta de mi domicilio. Los guardias que estaban de vigilancia no vieron nada; como tampoco vieron nada cuando en febrero de 1995, en pleno fragor de la imputación y encarcelamiento de Rafael Vera por su participación en el secuestro de Segundo Marey, entraron en mi domicilio y dejaron dos cáscaras de plátano en la cama de la alcoba matrimonial. Un mes después, en la Semana Santa de ese año, cuando estaba preparando el auto de procesamiento de la misma causa, volvieron a penetrar en el domicilio con ánimo de robar el sumario de los GAL; también envenenaron a Gina, mi perra, que perdió un ojo. En esa época me interceptaron las comunicaciones y me mandaban las grabaciones a casa. Desde el Ministerio del Interior, un grupo especial de la policía inició una investigación ilegal para tratar de vincularme con una supuesta mafia policial y acabar con mi carrera; a pesar de que contaban con el patrocinio de una alta autoridad, conseguí descubrir el artificio y neutralizarlo: llamé directamente a esa autoridad y le advertí de que no iba a consentir más interferencias en mi trabajo. Pero siguió el acoso y con la aquiescencia del diario *ABC*, que se aprestó a publicarlo con clara mala fe sin siquiera preguntarme, se urdió un montaje afirmando que un viaje familiar que había hecho a República Dominicana en 1992 me lo había financiado el Ministerio del Interior con cargo a fondos reservados. La finalidad era evidente: si yo estaba investigando esos fondos y se conseguía probar que los había utilizado, se me podría atacar y neutralizar. En menos de ocho horas conseguí demostrar la falsedad del montaje, aportando todas y cada una de las facturas que demostraban cómo había pagado todos los gastos.

En ese mismo marco, trataron también de acusarme de haber cobrado fondos reservados en la campaña electoral de 1993. Denuncié el hecho y pedí que se abriera una investigación ante el fiscal general del Estado, Carlos Granados, para que procediera contra todos aquellos que fueran responsables del uso de fondos reservados. No hizo nada en ese momento. Lo mismo ocurrió con unas obras que en 1990 se hicieron en mi domicilio (al igual que en el de otros magistrados y fiscales de la Audiencia Nacional y otros del Tribunal Supremo) en función del riesgo de sufrir un atentado terrorista. Demostré la existencia de los expedientes de obra publicados en el *BOE* y con ello contrarresté la campaña, que a pesar de todo continuó. Más tarde, durante la tramitación de la causa por el secuestro de Segundo Marey, el mismo grupo policial seleccionado redactó un atestado policial con testigos falsos (dos prostitutas que afirmaron que había estado consumiendo cocaína) y llegaron incluso a presentarlo en la Audiencia Nacional, donde el juez Gómez de Liaño tomó declaración a los falsos testigos ante el estupor del fiscal Enrique Molina. Tiempo después, los diferentes responsables policiales que habían participado en esas espurias iniciativas me lo contaron y me pidieron excusas por lo que los superiores, al máximo nivel, les habían obligado a hacer.

Estas anécdotas son sólo parte de las que acontecieron y hacen referencia a los casos que se han citado en esta obra. Otras, mucho más serias, no las relato para no aburrirles demasiado. Basta decir que cuando a finales de los años ochenta comenzamos a investigar en serio el narcotráfico, las amenazas se presentaron de forma inmediata y seria, hasta el punto de que tuve que dar orden a todas las entidades bancarias españolas para que no aceptaran ningún depósito que no fuera previamente reconocido por mí; o cuando se descubrió la preparación de un atentado con bomba por parte de narcotraficantes en los bajos de la casa de la aldea de Galicia adonde iba con mi familia a pasar las vacaciones veraniegas. A partir de 1994, no pudimos volver allí por seguridad. Recuerdo también cómo, ya en el año 2006, saltó una noticia que me llamó poderosamente la atención: los servicios secretos italianos habían tenido intervenido mi teléfono —me imagino que se refería a la época en que investigué a Berlusconi en el caso Telecinco—, como también los de otros cien jueces europeos progresistas que investigaban casos de corrupción; mucho tiempo después, y ya trabajando como abogado de Wikileaks y Julian Assange, en 2013 nuevamente aparecieron mis correos y las claves de acceso a los mismos en documentos de los servicios de inteligencia de Estados Unidos (por esto sí existe una causa abierta en Argentina). Por supuesto, todas estas penurias y miserias van en el sueldo. Como decía el juez Falcone, sé que mi deuda con el crimen organizado y con los terroristas no está saldada y que en algún momento alguien querrá borrar esa omisión acabando conmigo, pero jamás van a impedir que haga lo que debo si creo que es acorde con la ley y mis convicciones.

De alguna forma, sí que consiguieron la eliminación profesional como juez, y lo hicieron después de 55 intentos. Ése fue el número de querellas y denuncias instrumentales, sin contar las planteadas arbitrariamente en el CGPJ, que me interpusieron a lo largo de mi vida profesional como juez. Un buen compañero que sufrió la presentación de una querella de este tipo lo pasó mal porque había «marejada de fondo» en su contra, y un día me dijo: «Baltasar, no sé cómo has aguantado lo que te han hecho y además estás bien. A mí me han presentado una y estoy jodidísimo». Como era de esperar, esa querella se archivó. Todas las «querellas» iban dirigidas, obviamente, a eliminarme como juez. Sólo destacaré la planteada en 1995 por Rafael Vera, ya mencionada, por investigar los fondos reservados. Afortunadamente, el Tribunal Supremo de la época no sólo no vio delito sino que llegó a decir (el magistrado José Antonio Martín Pallín) que lo delictivo sería precisamente no investigar esos fondos o gastos.

Cuando comenzó mi camino judicial ante el Tribunal Supremo con la admisión de la primera querella por la investigación de los crímenes franquistas, yo sabía que aquello no iría a ninguna parte porque era una interpretación alucinante de la Sala de Admisiones, que en ese momento cambió la doctrina de admisiones de querella y, de ser necesarios los indicios racionales de criminalidad, pasaron a que sólo bastaba con que la conducta no fuera inverosímil. Pero, precisamente por ese cambio, advertí que tenían la clara intención de terminar de una u otra forma con mi actividad judicial. Y así fue, tres causas perfectamente armonizadas en su tramitación consiguieron el objetivo. La concatenación de hechos fue tan clara y tan organizada que parecía que los señalamientos para convocarme ante los instructores estuvieran sincronizados. La denegación de pruebas se convirtió en una norma; la falta de información de los hechos imputados, también. Recuerdo que le pedí al magistrado Marchena, hoy presidente de la Sala Segunda, que me informara de mis derechos y de los hechos que se me imputaban (exigencia legal y obligación ineludible). Me contestó: «Dígame si quiere contestar o no». Yo le respondí: «Sí quiero declarar, pero quiero que me diga de qué se me acusa, porque no lo sé». No conseguí que me lo dijera. Tiempo después, comprendí por qué no lo hizo: si me hubiera comunicado la imputación concreta, como hizo casi dos años después en el auto de transformación del procedimiento, en plena deliberación de la sentencia por la interceptación de las comunicaciones en prisión de los cabecillas de Gürtel, en la que él mismo participó simultáneamente, tendría que haberla archivado, entre otras cosas, por prescripción. ¿Ustedes piensan que la sala hizo algo en contra de esa aberrante resolución contraria a derecho, dictada por un miembro de esa sala? Sí, lo hicieron: la confirmaron. Tal cual. Lean cualquier sentencia del Alto Tribunal sobre garantías y derechos, y luego compárenla con este caso y me dicen que piensan.

Esto demuestra, entre otras cosas, que es muy difícil que alguien que presuntamente actúe sin sujeción a la legalidad en ese tribunal vaya a ser corregido por sus pares. De hecho, las dos únicas resoluciones que conseguí que me fueran favorables (dos recusaciones) se acordaron en una sala general y con los votos de quienes estaban fuera de la Sala Penal. De nuevo, cuando recusé en el caso de las interceptaciones a los cabecillas de Gürtel a los magistrados Varela y Marchena, porque eran los instructores de las otras dos causas, una viva aún en ese momento (la de los cursos de Nueva York) y la otra sin juzgar, la decisión se tomó en el seno de la sala y, nuevamente, fue rechazada. Percibí desde mucho tiempo antes que la decisión estaba tomada y me dediqué a prepararme anímicamente para el momento de la sentencia. Ésta se produjo el 9 de febrero de 2012, y su notificación subrepticia demuestra la corrupción de la burocracia. No se respetó ni uno solo de los requisitos de la ley para comunicarme la sentencia. En un pasillo y casi a oscuras vi el fallo condenatorio. En ese momento, todas mis convicciones sobre la imparcialidad y la independencia judicial se vinieron abajo de golpe y sentí en carne propia el poder de la corporación y de la «casta». No obstante, esa sensación duró poco, porque luchar por la justicia es un principio y un sistema de vida y hacerlo por las víctimas, una obligación. No les guardo rencor a quienes me condenaron, pero aún sigo buscando las razones últimas y me asusto con sólo pensarlo.

El catálogo de jueces y fiscales que han sido perseguidos, denostados, sancionados, condenados y sometidos a proceso es amplio, y de una u otra forma se ha mantenido en el tiempo. En casi todos los casos, antes o después pasa factura. En todas las grandes causas se comienza cumpliendo fielmente el guión establecido. La parte interesada o el grupo o partido al que le afecte el caso vertirá comentarios del siguiente tenor (meramente indicativo y sin pretensión exhaustiva): «Es un juez poco fiable»; «¡Juez socialista!»; «¡Juez parcial!»; «Fiscal que cumple las órdenes del Gobierno»; «Fiscal que no sabe lo que lleva entre manos»; «¡Juez estrella!»; «Juez al que le encantan los medios de comunicación»; «¡Juez exhibicionista!»; «Mal instructor que engorda las causas y no sabe investigar»; «Tiene amistades peligrosas, actúa por venganza, tiene intereses políticos, es rojo»; «Dilata las causas, altera el reparto, tiene intereses en el caso»; «Violenta los derechos de las partes»; «Es un nazi, interroga como los nazis»; «Menosprecia a los imputados, les obliga a entrar esposados»; «Presume la condena, está politizado, quiere cambiar el sistema político»; «Es un corrupto, servil, y además se somete al dictado de sus patronos»; «Blanquea dinero, tiene cuentas en el extranjero, tiene líos amorosos»... Todas estas expresiones están en algunos medios de comunicación o han sido dichas en tertulias radiofónicas o televisivas por expertos, políticos, opinadores, etc.

Por el contrario, y escenificando la primera fase de adulación, habrá otros que dirán: «¡Excelente juez!, serio, comedido, discreto»; «Un jurista de primera categoría, trabajador, tenaz, no le gustan las cámaras».

Ante estas dos vertientes de lisonja y ataque, que son parte de la misma estrategia, apenas nos impacta la fungibilidad de quienes en un momento concreto te denostan, en otro te elevan a los altares y viceversa, en función de los intereses que defiendan y a quién se deban en ese instante. Desde luego, es tal el nivel de descrédito que da asco remover ese fango maloliente, pero es lo que tenemos. Ahora bien, nada de esto ocurre por casualidad; las acciones contra quienes investigan casos de corrupción, crimen organizado o gran delincuencia son siempre similares y reiteradas, y responden a un objetivo claro que controla el que dirige la estrategia. Por ejemplo, cuando estalló el caso Gürtel se reunieron todos los responsables del PP, escenificándolo en aquella foto colectiva de febrero de 2009; obviamente, aquella escenificación era un mensaje de unión y de fuerza frente a la «conspiración» del « juez Garzón con Rubalcaba». Buscaban desacreditar desde ese momento la investigación y neutralizar sus efectos al principio; actuaron de forma perfectamente coordinada en el ámbito judicial, con iniciativas conocidas o secretas o desconocidas, pero ciertas; se habló en cada parcela con quien se tenía que hablar; se hicieron los movimientos adecuados para hablar en cada organismo implicado, como debía ser. Si había que limpiar un ordenador, se hacía; si había que iniciar una campaña hasta cargarse a un ministro de Justicia que no tenía arte ni parte en el tema, se ejecutaba con la colaboración torpe del propio Gobierno. Además, se utilizaron medios de comunicación afines para acabar con la credibilidad del juez y de la policía y, de esa manera, conseguir crear un ambiente favorable a los imputados y negativo para los jueces y fiscales, salvo que dictaran resoluciones adecuadas.

Es decir, lo que se estaba produciendo era una estrategia de neutralización a toda costa de los operadores judiciales, buscando un tribunal o juez a la carta, y para ello se movieron todos los peones. Aparentemente, lo consiguieron y estuvieron tranquilos por un tiempo, pero rápidamente, cuando las resoluciones comenzaron a ser adversas, el «comité de estrategia» decidió reanudar sus acciones, utilizando de nuevo a todos los peones. Lo más chocante de esto es que todos lo vemos y lo asumimos, e incluso nos divierte lo que va a suceder porque conocemos el juego que cada uno va a desarrollar. Esto, en sí mismo es participar de un sistema que está tocado en sus cimientos. Hasta se saben los porcentajes de las votaciones judiciales y quién va a emitir un voto particular o no. En el caso que nos ocupa, y durante una fase importante del proceso, no hubo recato en mantener reuniones con los operadores judiciales fuera de la sede judicial. Mientras tanto el CGPJ estuvo ausente o despreocupado.

Por el contrario, el mencionado Consejo estuvo muy diligente cuando solicité mi traslado a la fiscalía de la Corte Penal Internacional (CPI) de La Haya en abril de 2010. Cuando se señaló el pleno para decidir sobre mi petición de servicios especiales el 14 de mayo de ese año, el juez del Tribunal Supremo Varela, para evitar que pudiera marcharme a la CPI sin el estigma de la suspensión de funciones, dictó siete resoluciones en unas horas y, solapando unas con otras, también incluyó el auto de apertura de juicio oral para que el CGPJ, que estaba esperando a que esto tuviera lugar, acordara mi suspensión, alterando el orden del día. La ejecución se consumó, y todos los que así lo buscaban tuvieron la foto en la que bajaba suspendido por las escaleras de la Audiencia Nacional. Después de casi dos años, en los que las paralizaciones estratégicas fueron la norma para dar tiempo a que el proceso de las intervenciones de la comunicaciones llegara al mismo nivel y de esa forma se celebrara antes, se me absolvió; nadie les devolverá a los justiciables —ni a mí tampoco— los casi dos años de suspensión. Estaba claro que la actividad no era delictiva ni podía serlo, pero se ejecutó el libreto.

El sistema siempre ha operado no sólo en España, sino en cualquier país en el que jueces independientes se han enfrentado al crimen organizado, el terrorismo, la gran delincuencia y la corrupción. Los ejemplos son tan abundantes como los grandes casos que se han planteado. En Italia han sido impactantes los acontecidos tanto en la lucha contra el crimen organizado (asesinato de los jueces Giovanni Falcone, Paolo Borsellino, Rosario Livatino y otros muchos) como en el combate contra la corrupción (los fiscales de Milán, que enfrentaron la Operación «Mani pulite» a comienzos de los años noventa: Antonio di Pietro, que sufrió una tremenda persecución, con varios registros domiciliarios incluidos, Gerardo Colombo, J. Franco Casselli, Francesco Borrelli y Luigi Orsi); en Francia, Eva Joly, perseguida por su investigación en el caso Elf, Renaud van Ruymbecke, firmante del Appel de Genève, perseguido por sus investigaciones sobre la corrupción en el Ministerio de Justicia, Eric Halpen, perseguido por la investigación del caso Chirac, Germain Sangelin, por sus investigaciones sobre blanqueo, el fiscal Bernard Bertossa y los jueces Kasper Ansermet y Paul Perrodain, atacado por los depositantes de fondos en Ginebra (Suiza); el juez Luis Manglano por el caso Naseiro; el juez Marino Barbero por el caso Filesa; los fiscales Carlos Jiménez Villarejo y José María Mena por Banca Catalana (Villarejo fue eliminado de la Fiscalía Anticorrupción por el fiscal general del PP, Jesús Cardenal); Juan Carrau, fiscal de los casos del presidente balear Jaume Matas; el juez Ángel Márquez, del caso Juan Guerra; el juez Gómez de Liaño por su investigación del caso Lasa y Zabala; la fiscal Carmen Tagle, que fue asesinada por ETA; el juez Castro, instructor del caso Nóos por la imputación de la infanta Cristina de Borbón; la jueza Alaya por su investigación de los ERE en Andalucía; la jueza Jazmín Barrios, perseguida por juzgar al dictador Ríos Montt en Guatemala; el juez de la Corte Suprema de Argentina Raúl Zaffaroni, que tuvo el valor, junto con otros muchos, de plantar cara a la impunidad en su país; el fiscal general de Bahía Blanca (Argentina) Hugo Omar Cañón, que se enfrentó al presidente Carlos Menen y no aplicó los indultos a los represores; el juez Juan Guzmán Tapia, por la investigación y procesamiento de Augusto Pinochet; el fiscal antiterrorista José Luis Vasconcelos, de México, muerto en acto de servicio; la Corte Suprema de Colombia y el que fuera su presidente, Augusto Ibáñez, que se enfrentaron al presidente Álvaro Uribe y, en condiciones absolutamente adversas, encabezaron la investigación y condena de los responsables de la parapolítica en ese país, y otros muchos jueces, fiscales, abogados, defensores de derechos humanos y periodistas, españoles y extranjeros, que han dado su vida o han sido perseguidos por un ideal de justicia independiente, imparcial y transparente, constituyendo la línea de vanguardia frente a la criminalidad y quienes la practican, con decisión y sin miedo para proteger de la arbitrariedad y la injusticia a los ciudadanos y ciudadanas.

14

Medidas para combatir la corrupción

Hay que señalar la facilidad con la que los hombres se corrompen y se vuelven perversos, aunque originalmente fueran buenos y bien educados.

MAQUIAVELO

Colgamos a los ladrones de poca monta, pero a los grandes ladrones los elegimos para cargos públicos.

ESOPO

Para la investigación de los datos que recoge este libro, junto con el equipo de la FIBGAR (Fundación Internacional Baltasar Garzón, a quien agradezco su ayuda) he tenido que leer y procesar miles de páginas de la historia judicial reciente de nuestro país, a través de autos, informes, dictámenes y sentencias judiciales y documentos de hemeroteca. Después de esa lectura apasionante de una parte de la historia española que se conoce poco, se narra mal y se manipula de forma consciente, me queda un poso amargo y desalentador. Son demasiados casos a lo largo de demasiado tiempo. La apabullante cantidad de procesos abiertos, concluidos, archivados o sobreseídos ha conseguido incluso insensibilizar a una sociedad que ya da por sentado que el sistema contamina todos los sectores de la realidad política, económica y judicial, y que, por ende, piensa que nada va a cambiar.

Ahora, cuando este libro se encuentre en sus manos, quizá ya estén en vigor las flamantes nuevas medidas anticorrupción en España. Será una nueva oportunidad para cambiar definitivamente las cosas;

pero también puede ser una tremenda frustración si no se transforman en acciones concretas. No sólo hay que cambiar las normas, sino también las mentes de quienes las tienen que aplicar y cumplir. El nivel de exigencia frente a la corrupción debe ser máximo, porque si así no fuera el golpe necrosaría la democracia española.

¿Y qué es lo que puede influir en un mayor o menor desarrollo de esta corrupción? ¿Por qué unos países son más corruptos que otros? Según un estudio dirigido por el profesor Jordi Sardà, de la Universitat Rovira i Virgili, en colaboración con el Sindicato de Técnicos del Ministerio de Hacienda (Gestha), España, con un 19,2 por ciento, forma parte del grupo de países que presenta una mayor economía sumergida de entre 31 países europeos y otros 5 de la OCDE (con datos recogidos entre los años 2003 y 2013).[1] De los países de su entorno más inmediato, sólo Italia, Portugal y Grecia presentan valores superiores a los españoles, muy lejos de países como Alemania (13,1 por ciento), Francia (10,8 por ciento) o Gran Bretaña (10,1 por ciento). El estudio analiza las variables que pueden influir en la existencia de una mayor o menor economía sumergida. En general, no se percibe una relación clara con la carga impositiva, pero sí entre el paro y la economía sumergida (a mayor tasa de paro, mayor tasa de economía sumergida). El informe también relaciona la economía sumergida con el índice de desarrollo humano (IDH), con la transparencia de los países (que está fuertemente relacionada con la corrupción) y con su nivel educativo (qué porcentaje de estudiantes han superado estudios secundarios). En definitiva, se observa que a mayor nivel de desarrollo humano y transparencia, menor nivel de economía sumergida. La relación entre el nivel de enseñanza y el tamaño de aquélla no está tan clara. Sin embargo, cuando se analiza la variable de la construcción, parece que ésta ha desempeñado un papel relevante en la determinación del volumen de economía sumergida, especialmente en el período comprendido entre 2004 y 2007. Se podría decir, además, que aquélla ha seguido la evolución del ciclo económico español.

Como pueden observar en este libro, la corrupción está presente en todos los sectores y regiones. Así lo confirma la «Encuesta sobre fraude y delito económico. Resultados en España de PricewaterhouseCoopers». El 56 por ciento de los encuestados españoles declararon haber sufrido en su organización al menos un tipo de delito económico a lo largo del período de referencia de la encuesta, lo que supone un incremento del 7,6 por ciento respecto de la encuesta que PwC realizó en 2011. Cabe destacar que el resultado es muy inferior tanto en Europa (con un 34,5 por ciento) como a escala global (con un 36,7 por ciento). Además, un 40 por ciento de los participantes españoles indicaron haber sufrido más de diez delitos económicos en su organización. En sus conclusiones, la auditora señala que este incremento puede estar relacionado con el aumento de la concienciación y las medidas para la detección del fraude. Del 50,6 por ciento de los encuestados españoles que declararon haber sufrido algún tipo de fraude en el período de la encuesta, el 75 por ciento afirmó haber sido objeto de algún caso de apropiación indebida de activos. Asimismo, un 25,4 por ciento indicaron haber detectado algún caso de soborno y corrupción y un 19,2 por ciento, haber sufrido algún delito de manipulación contable.

La sorpresa, e incluso las lágrimas, que muestran algunos representantes políticos ante la aparición de casos que afectan a personas cercanas producen sonrojo. Cuando Mas llora por Pujol, Esperanza Aguirre lo hace por Granados o Tomás Gómez se muestra desolado y conmocionado por el alcalde de Alcorcón, José María Fraile, es comprensible humanamente, pero produce indignación ciudadana verlo escenificado en público ante acciones presuntamente delictivas.[2] Por el contrario, debería imponerse una reflexión sobre lo que hicieron aquéllos para evitar que los ciudadanos tengan el convencimiento de que la corrupción ha sido y es tolerada por los partidos. Sólo así podrán convencer a los ciudadanos de que el interés principal de los políticos sigue siendo el servicio público.

El informe GRECO recomienda adoptar un código de conducta parlamentaria sobre la prevención de conflictos de intereses, los regalos y los intereses financieros, así como la introducción de reglas en la relación entre parlamentarios y grupos de presión.[3] Además, pide ampliar la independencia efectiva del Consejo General del Poder Judicial, incluir criterios objetivos para nombrar a altos funcionarios judiciales y revisar el método de selección del fiscal general del Estado. El informe afirma que, a pesar de las medidas, la «percepción de la independencia del fiscal general del Estado es preocupante» y pide esfuerzos para que la Fiscalía General del Estado «sea y parezca imparcial, objetiva y libre de toda influencia o injerencia externa». También recomienda adoptar un código deontológico para jueces y fiscales.

El Parlamento europeo, por su parte, estima que la lucha contra la corrupción requiere un marco legislativo uniforme y coherente para golpear en el corazón económico de la delincuencia organizada y fortalecer la cooperación policial y judicial a escala europea e internacional.[4] Se debe promover una Administración Pública más ágil y flexible y, en consecuencia, menos permeable a la corrupción, intensificando la transparencia. Para ese organismo, es necesaria una política más responsable, con medidas como que los condenados por sentencia firme por un delito de corrupción no puedan desempeñar cargos en los órganos de la UE ni presentarse como candidatos a las elecciones, al menos en el ámbito europeo, aunque sería deseable la implantación de esta medida a escala nacional. Resulta indispensable una justicia penal más rápida y creíble, e impedir que la comisión de un delito siga siendo un negocio lucrativo. Se debe crear y poner en marcha una Fiscalía Europea Anticorrupción y contra la criminalidad económica y financiera. Por último, se debe promover un espíritu empresarial más sano, un sistema bancario y una actividad profesional más transparentes, en la medida en que el secreto bancario puede ocultar las ganancias ilícitas procedentes de la corrupción, el blanqueo y la delincuencia organizada.

En definitiva, podríamos concretar ciertas líneas de actuación (problemática, estrategias actuales, propuestas) basadas en su mayoría en la prevención y dejar en un segundo plano la punición, pues está claro que ésta no funciona o, al menos, hasta ahora no ha disuadido. Pero ninguna medida servirá si no existe la intención de cumplirla. Los parches valen de poco si no se soluciona la causa del escape. En definitiva, de poco sirven las medidas meramente cosméticas y enfocadas a achicar el agua con un cubo en un barco que se hunde. Y por ahí empezaré mi primera protesta y mi primera propuesta.

1. *El anuncio constante de medidas meramente cosméticas y la falta de aplicabilidad de las mismas: la exigencia de responsabilidad política*

Si uno observa la historia de España, los progresos en materia de prevención y lucha contra la corrupción coinciden con la salida a la luz de escándalos que remueven la conciencia ciudadana. Y no hace falta, desgraciadamente, irse tan lejos. Mariano Rajoy, cinco años después de estallar el caso Gürtel y defender a pies juntillas la falta de responsabilidad de su partido, a pesar de las resoluciones judiciales que lo contradicen, decidió, en el momento de escribir estas líneas, dar un paso (uno sólo) al frente en la lucha contra la corrupción, elaborando un paquete de medidas que anunció como el antídoto definitivo de la quimera corruptiva española.[5]

Sin embargo, esta reacción tardía del presidente no parece que convenza mucho a los españoles, quizá porque, desde la Transición hasta ahora, estamos muy escaldados con unas veinte leyes relacionadas con el combate de la corrupción que ahora se muestran insuficientes. Esto me recuerda lo que el magistrado de Milán Piercamillo Davigo dice en su libro *La giubba del Re* citado por Carlo Alberto Brioschi: «El simple hecho de hacer menos espeso el actual amasijo normativo probablemente ayudaría a disminuir los abusos de ley y redimensionar el sistema de las autorizaciones y de las licencias en la misma dirección. Quizás no fuera mala idea si no fuera porque, al contrario, ejemplos más recientes han visto multiplicarse los esfuerzos del Parlamento en ulteriores y a menudo confusas intervenciones legislativas en las más diversas materias conexas a la administración de justicia, con frecuencia dictadas por intereses de parlamentarios particulares. En un Estado corrupto, se hacen muchísimas leyes, sostenía con razón Tácito».[6]

¿Por qué las medidas no funcionan? En mi opinión, como ya he mantenido en varias partes de esta obra, la lenidad que las caracteriza produce una sensación o certeza de impunidad que se extiende desde el franquismo hasta la actualidad. Esta afirmación no se contradice con los casos judiciales resueltos, sino que se refuerza. Sólo en casos muy puntuales y con esfuerzos titánicos se han conseguido condenas bastante capitidisminuidas, y con una oposición muy activa por parte de los partidos y del Gobierno de turno, así como con unos criterios excesivamente formalistas que han transmitido la falta de eficacia frente al fenómeno, hasta ahora en que parece que se ha tocado a rebato.

Como señala Transparencia Internacional, uno de los mayores problemas en España no es la falta de medidas, sino la falta de independencia de los órganos y unidades encargados de gestionar el combate contra la corrupción dentro del sector público, como la Oficina de Conflictos de Intereses, que es el órgano que se encarga de combatir la corrupción en la Administración central.[7] El Gobierno pretende reforzar esta oficina convirtiéndola en una dirección general dependiente del Ministerio de Hacienda, con lo que resultaría mucho más fácil nombrar y cesar al funcionario encargado de dirigirla en función de los intereses políticos del Gobierno. ¿Qué sentido tiene esta medida? Realmente debería de crearse una agencia independiente, que orgánicamente rinda cuentas ante el Congreso, con autonomía e inamovilidad, un responsable nombrado por un tiempo determinado y causas tasadas de remoción; organismo en el que deberían participar los ciudadanos a través de comités debidamente establecidos y con competencias de investigación y actuación en todas las instituciones, sin perjuicio de las competencias de la Fiscalía y de la Justicia.

«La responsabilidad política frente a la corrupción se rige por unos parámetros distintos a los penales y administrativos, operando sin necesidad de que exista un pronunciamiento previo en estas esferas.»[8] La dinámica general es que éste sea una consecuencia de aquéllos sin que se espere a una resolución definitiva (como se comprobó con la dimisión de Ana Mato) y en otros operará *ex ante*, es decir, antes de que se produzca el pronunciamiento, teniendo en cuenta los mecanismos de calidad que se hubieran empleado para la elección del cargo (sus cualidades objetivas), los controles sobre el cargo durante su desarrollo (la ausencia de tales sería suficiente para exigir responsabilidades), los impedimentos para la averiguación de los comportamientos irregulares (oposición a la creación de comisiones de investigación o a la entrega de datos relevantes, obstaculizar la labor judicial; véase el caso Gürtel), la inacción en la actividad investigadora (impidiendo que la policía investigue, no dando instrucciones precisas al fiscal general del Estado, entorpeciendo su labor) o el recurso injusto a la «razón de Estado» para ocultar o proteger el interés particular de determinados servidores del Estado (por ejemplo, la no investigación de los fondos reservados cuando ha existido desvío ilícito de los mismos).

A la hora de exigir responsabilidades políticas se ha de estimar la actitud de complacencia, rechazo o desidia que quienes ocupan el Gobierno tienen frente a la corrupción. Es decir, no puede valorarse de igual forma la actitud de quien asume que el fenómeno existe y trata de atajarlo con duras medidas independientemente del coste político de esta labor (algo inusual en los gobiernos que se han sucedido desde la dictadura), que la de quien, negando los hechos, lo que busca no es acabar con el problema, sino controlar la situación y taponar ciertos boquetes para que el barco no se hunda, con la esperanza de que no se abra uno nuevo y así poder prolongar la detentación del poder (véase de nuevo la actitud del PP en Valencia en los casos analizados). La excusa, tantas veces oída, suele ser garantizar la estabilidad y gobernabilidad del país.

Obviamente, en todos los casos (beligerancia, complacencia, rechazo o desidia) es necesario que se creen las normas adecuadas para combatir la corrupción pública de los servidores públicos y la de los políticos. Pero mientras un comportamiento beligerante, que no ha sido la norma, busca encontrar los defectos del sistema para acabar con ellos y consolidar uno nuevo que limpie los recovecos que favorezcan los comportamientos irregulares de la institución afectada y del sistema en sí mismo, la actitud pasiva cede frente a la presión de los acontecimientos, los medios y la tendencia del futuro voto. Como hemos podido observar a lo largo de estas páginas, ningún escándalo (sea cual sea su envergadura y cobertura mediática) ha servido para atajar el mal de la corrupción desde su raíz. Por el contrario, después de cada escándalo, el Gobierno de turno, especialmente si resulta afectado, se atrinchera en una actitud defensiva con el único objetivo de mantenerse en el poder y salvar unas futuras elecciones. Como describe Javier Pradera, «el empobrecimiento del lenguaje político, que enmohece la capacidad para captar la realidad, analizar los problemas y proponer explicaciones, ha ensanchado las fronteras de la corrupción hasta incluir en su seno cualquier desviación de los titulares de cargos públicos respecto al recto ejercicio de sus competencias».[9]

El paquete de medidas anticorrupción anunciado por Rajoy en 2014 llega tarde (y, casualmente, a seis meses de las elecciones municipales y autonómicas) y sin consenso con el resto de los partidos. Algunas de las medidas anunciadas son oportunas, pero no dejan de ser un *déjà vu*, un paquete de medidas que no resuelven el problema de la corrupción, mucho más complejo, enraizado y profundo de lo que aquellas medidas traslucen. Esta decisión es una especie de maquillaje que evita la necesaria cirugía para acabar con esta lacra. Es decir, se niegan a asumir el riesgo que comporta la labor de limpieza porque temen que la responsabilidad se extienda directamente a ellos, por cuanto motivaron y consintieron un ejercicio relajado y prepotente del poder, y una ausencia de controles eficaces, o porque propiciaron la idea de que lo público era una prolongación de lo privado y, como consecuencia de ello, favorecieron el anquilosamiento de la Administración Pública, convirtiéndola en una máquina ineficaz, que apenas sirve para retroalimentarse, o porque influyeron, activa o pasivamente, directa o indirectamente, en el deterioro de determinadas instituciones clave para el funcionamiento del Estado.

El Gobierno, y en general los partidos políticos, tienen el deber de reconstruir la confianza que han perdido ante los ciudadanos, que no votantes, y la fórmula es sencilla. Los integrantes de estos grupos deben demostrar que no tienen un apego al poder o al cargo concreto que desempeñan por encima del interés público. Es decir, que no se sienten irreemplazables. Deben manifestar claramente un interés ineludible en el sostenimiento del interés público como objetivo que lograr sobre el personal o propio. Y, por supuesto, que el control de la actividad política y del Gobierno continúe tras las elecciones y, además, se anime desde el mismo poder. De esta manera pueden quizá reconquistar a los ciudadanos y acabar con la creencia, bien fundamentada, de que todos los políticos son corruptos.

Es incuestionable que la actitud social frente a la corrupción debe cambiar, pero es más urgente que lo haga la de aquellos que ostentan el poder, pasando de una actitud de ignorancia consciente al compromiso enérgico frente a la misma. Es sin duda la responsabilidad que les corresponde, pues son parte de la causa y expansión del fenómeno, no sólo por acción, sino especialmente por la negligencia en el establecimiento de controles que hubieran imposibilitado la corrupción en un primer lugar o por la omisión en el desarrollo de los mismos.

2. *La clase política y su sentimiento mesiánico: la necesaria despolitización de la Administración*

La corrupción política es la negación absoluta del servicio público y extiende sus tentáculos a la Administración y al resto de los sectores, convirtiéndose en la corrupción de la burocracia que nos agarra para no soltarnos. ¿Cómo alguien que tiene la potestad y el deber de legislar y gobernar la nación se involucra en tramas destinadas al enriquecimiento personal? Si dejamos a un lado el repudio ético de quien así actúa —y hay numerosos ejemplos en muchos países—, la respuesta no puede ser otra que la de la impunidad. De ahí que sea acertado obligar a reintegrar el dinero defraudado como mínima compensación por lo depredado y que sea un requisito que tener en cuenta para salir de prisión aquellos que cumplan condena. Aunque con cuidado de no convertir la privación de libertad como pena en una especie de la extinta prisión por deudas.

Nuestro sistema político favorece la consolidación de la corrupción. El hecho de que no existan límites de mandatos electorales puede convertir la política, como ya hemos dicho, en una profesión y en un reparto de puestos como medio de vida para siempre. La permanencia por un máximo de dos legislaturas airearía los órganos del Legislativo y del Ejecutivo. En este sentido va dirigida una de las propuestas del nuevo partido político Podemos, que propone una limitación a dos mandatos, ocho años, con posible extensión a doce años en casos excepcionales (aunque, desafortunadamente, sólo hablan de cargos europeos). El PSOE, por su parte, propone esta limitación de dos mandatos sólo para el presidente del Gobierno. El resto de los partidos no mencionan ninguna limitación a ningún cargo en sus propuestas. He dudado a la hora de decidirme, pero creo firmemente que, después de dos mandatos, el riesgo de corrupción es mayor y los controles se vician o se relajan. Las representaciones políticas tienen que ser cada vez más abiertas y participativas.

A esto tenemos que añadir la politización que el sistema produce sobre la Administración, a causa del poder del que gozan los partidos políticos sobre la designación de empleados públicos. En España, que haya un cambio en el Gobierno significa que habrá cambios en la Administración, que se llenarán de nuevos empleados designados a dedo por el partido político ganador. Además, la cadena de toma de decisiones políticas está dominada por aquellos elegidos, lo que supone que su objetivo principal sea conservar ese poder, es decir, ayudar a ganar las siguientes elecciones. Todo ello crea el caldo de cultivo perfecto para la corrupción.

El PSOE, en sus propuestas para combatir la corrupción, incluye la «modificación del procedimiento para la designación de miembros de órganos constitucionales y otros órganos cuya designación corresponde a las Cámaras (Tribunal Constitucional, Consejo General del Poder Judicial, Tribunal de Cuentas, Defensor del Pueblo y sus Adjuntos, Corporación RTVE) y organismos reguladores (Banco de España, Comisión Nacional del Mercado de Valores, Comisión Nacional de los Mercados y de la Competencia...)».[10] El PSOE presenta, además, un procedimiento por el que deberían seguirse las designaciones. En primer lugar «una convocatoria pública de las vacantes a cubrir», seguida de una «evaluación de la competencia e idoneidad de los candidatos por un Comité Asesor de composición profesional variable cuyos miembros serían designados para cada ocasión por sorteo entre los propuestos proporcionalmente por los grupos parlamentarios al inicio de cada legislatura y, para la primera designación, en el mes siguiente a la aprobación de la norma. Los informes serían públicos». Añade además la necesidad de «sesiones de audiencia en las correspondientes comisiones del Congreso y, en su caso, del Senado».

El PP, por su parte, sólo habla de los «requisitos para el acceso y ejercicio del cargo», en los que considera que es suficiente con que sean exigibles unos «requisitos de idoneidad para ser nombrado alto cargo, entre ellos la ausencia de antecedentes penales relativos a determinados delitos», además de «una declaración responsable para ser nombrado Alto Cargo que será remitida a la Oficina de Conflicto de Intereses».[11] Un poco escaso para la dimensión de la problemática que nos concierne, aparte de que me lleva a preguntarme sobre lo que puede considerar «responsable» un partido político con tres de sus últimos tesoreros imputados en uno de los mayores casos de corrupción de la historia de la democracia española. Además, añade que son necesarias «mayores exigencias para la creación de Organismos Públicos», pero tampoco concreta cuáles. Sólo especifica que se exigirán razones justificadas para la contratación, inexistencia de duplicidades, disposición de medios, así como un plan de actuación sometido a seguimiento, de forma que, si desaparecen las razones que lo motivaron, el puesto deberá ser extinguido.

Por mi parte, me parece evidente la necesidad de una profesionalización de los cargos técnicos y que los dirigentes políticos tengan restringido —¡o al menos controlado!— el nombramiento y cambio de los funcionarios. Éstos deben regirse por un estatuto en el que consten sus obligaciones y derechos en el ejercicio de su función. A esto habría que añadir, además, una «limpieza» de las Administraciones Públicas, alejándolas de su politización. Un cargo político, un nuevo alcalde por ejemplo, a la hora de designar asesores, además de un límite que no podría ir más allá de dos, debería estar controlado en cuanto a la solvencia y calidad de los mismos. Los miembros de la Administración con un horizonte ilimitado son menos propensos a aceptar sobornos y más proclives a denunciar tramas delictivas que aquellos que disponen de un futuro incierto que depende de unas próximas elecciones. Esto no implica tampoco que todos los empleados públicos sean contratados por un sistema de oposición. De hecho, en los países menos corruptos, como Suecia o Nueva Zelanda, esta forma de contratación ha desaparecido. Se trata de crear empleo que se rija por una ley laboral como la de cualquier otro trabajador, basado en competencias, aptitudes y méritos. Esta línea de actuación influiría definitivamente en la despolitización de la función pública.

3. *Falta de transparencia en el aparato burocrático del Estado: establecimiento de duros mecanismos de control y técnicas de evaluación y de gestión privadas en la Administración*

Ello supone afrontar definitivamente la reforma en profundidad de la Administración Pública. Como expuse hace muchos años (1994) en el Prólogo que escribí para *Guía de la corrupción*: «Las grandes burocracias terminan siendo un instrumento de desorganización, hasta el punto de que podamos hablar de la corrupción o incluso podría hablarse de la dictadura de la burocracia que nos controla y embarca en una espiral interminable de fracasos permanentes, sobre todo en países cuyas culturas no aprecian el esfuerzo y la disciplina, y producen el efecto de convertirse en notables instrumentos de manutención de la misma burocracia. Si acaso un día fueron reflejo de racionalidad, como quería Weber, a partir de cierto momento son la propia imagen de la irracionalidad».[12]

El problema de la burocracia es que corroe «la mayoría de las buenas intenciones políticas y ha transformado los Estados en montañas de papel, incompetencia y caldo de cultivo para el tráfico de influencias, el soborno y otros comportamientos corruptos». Se desvirtúa en profundidad el «servicio público», que cada vez tiene menos de servicio y está menos enfocado al público. Tal llega a ser el grado de ineficacia que se puede afirmar, como lo hace Georges Lapassade, que «si la mayor parte de los ministerios y secretarías se cerrasen, casi nadie se daría cuenta».[13]

Una de las soluciones más efectivas contra la opacidad de la burocracia en las instituciones pasa por los mecanismos de cooperación y control por parte de los administrados. La legitimidad democrática se traslada a los valores de aquellos que han de percibirla, es decir, los ciudadanos. En este sentido, el Estado será legítimo si el sistema de valores socialmente aceptado lo considera como tal. Se hace necesaria de este modo la instauración de mecanismos de acceso y evaluación continuados por parte de la ciudadanía, como lo es la creación de un Consejo de Participación Ciudadana, un organismo que fomente un nivel de participación elevado en los diferentes ámbitos de la Administración y el desempeño de la función pública, elegido directamente y constituido por ciudadanos y que pueda tener una actuación activa en temas como la justicia, la economía, la contratación pública, determinadas transacciones financieras, la educación o la sanidad y el combate contra la corrupción. Ya se han superado los tiempos de minoría de edad política de los españoles, y ahora se impone una participación efectiva de los mismos.

En este sentido, no existen propuestas por parte de los partidos políticos. Sólo Podemos plantea algo parecido, pero de forma más puntual y difusa, en el sentido de apoyar a las personas, asociaciones y grupos inmersos en procesos de denuncia de los abusos y fraudes cometidos por las entidades bancarias y las grandes empresas de los sectores estratégicos.[14] Además, entre sus propuestas concernientes a la privatización de las empresas, que desea limitar, propone el requisito del referéndum para que sea la ciudadanía quien tenga la última palabra sobre la venta de activos que son de su propiedad.

Urge asimismo la creación de un Portal de Transparencia real y efectivo, condiciones que no cumple el actual y mediocre portal creado por el Gobierno de Mariano Rajoy. En él deberían estar reflejados y accesibles de forma sencilla al ciudadano la relación de todos los empleados públicos, sus categorías y sueldos, así como todos aquellos que cobren de organismos dependientes del Gobierno, de sus autonomías o de entes locales (tribunales, universidades, empresas públicas, televisiones, etc.), ya sean funcionarios, políticos o asesores. En este portal, el ciudadano debería tener acceso asimismo a todos los gastos relacionados con viajes, dietas, llamadas telefónicas, tarjetas, etc., todo ello acompañado, por supuesto, de sanciones que castiguen y responsabilicen al implicado en una irregularidad. El PP, por su parte, otorga la responsabilidad de la regulación y control de los cargos públicos (declaraciones de actividades, bienes y derechos al inicio y al cese del ejercicio, control de la situación patrimonial del alto cargo al final de su mandato) a la Oficina de Conflicto de Intereses, una oficina que, como ya he mencionado anteriormente, carece de la independencia que es necesaria y exigible a una institución con estas funciones.[15]

Las propuestas del PSOE se quedan a las puertas de una verdadera transparencia, proponiendo medidas algo difusas y sin duda necesitadas de una mayor concreción. Así, habla de una «reducción de los límites del derecho de acceso a la información pública», pero no propone requisitos para la limitación o medidas de control que puedan hacer efectivo ese deseo tan encomiable. También propone una «publicidad activa específica de los procesos de adjudicación de campañas de publicidad institucional» y «sobre los acuerdos sobre suelo y ordenación urbana».[16]

Otra de las consecuencias ineludibles que provoca la falta de transparencia es el despilfarro de los recursos públicos. No se trata de gastar menos, sino de gastar más eficazmente. Para evitar el derroche se deben diseñar mecanismos legales y eficaces que controlen el gasto público impidiendo que el recurso excesivo al mismo favorezca la aparición de espacios de impunidad o cuando menos favorecedores de comportamientos irregulares a través de las inversiones públicas, los sistemas de contratación, etc. La introducción de técnicas de gestión privada permitiría conseguir una Administración mucho más eficaz y operativa, dinamizando y racionalizando su funcionamiento, haciendo desaparecer un buen número de servicios obsoletos o que sólo sirven para alimentar el aparato burocrático o de base para la corrupción. El funcionario debe tener la responsabilidad y la autonomía necesarias para alcanzar objetivos a través de técnicas de gestión, tácticas y estructuras establecidas con una lógica enfocada a la eficiencia de los recursos. Es ineludible la motivación del personal de la Administración y el estímulo de sus iniciativas, dotándolo, como he mencionado, de una cierta autonomía de gestión apropiada para expandir y fiscalizar la utilización de los recursos organizativos, financieros, humanos, materiales e informativos. Por supuesto, este mayor esfuerzo debe ser recompensado con un sueldo adecuado a las responsabilidades. Se debe huir de las reformas precipitadas y guiadas por la oportunidad política, como viene ocurriendo hasta el momento, que no son sino ejemplo de una grave falta de rigor y de proyecto político en esta materia. No se trata de privatizar el servicio público y desmantelar el Estado, como algunos han pretendido con la excusa perfecta de la crisis, sino de dotarlo de lo mejor del sector privado: incorporación de las nuevas tecnologías, simplificación de los trámites administrativos, adecuación de los servicios a los estándares internacionales, etc.

Es interesante la propuesta del Grupo Mixto que aboga por un «reforzamiento de la función fiscalizadora del Tribunal de Cuentas sobre el sector público, las instituciones y las formaciones políticas, con el fin de vigilar el buen uso de los recursos públicos».[17] Queda fijar el concepto de «buen uso» y el procedimiento por el que se puede llevar a cabo esta función, aunque para ello sería necesario en primer lugar garantizar la independencia de una institución cuya reputación se ve dañada constantemente. Además, me parecen interesantes las propuestas que hablan de imponer sanciones económicas imperativas por el Tribunal de Cuentas del Estado y sus equivalentes autonómicos; la imposibilidad de que los ayuntamientos que no presenten sus cuentas anuales cobren subvenciones; la generalización de la implantación telemática de rendición de cuentas; la simplificación del procedimiento establecido para los ayuntamientos con menos de cinco mil habitantes, y el reforzamiento de las auditorías y la fiscalización de la gestión de los recursos públicos, que serán obligatorias en el caso de procesos judiciales que afecten a la Administración.

El PP habla de una «limitación y control sobre los gastos de representación» y de una «prohibición de tarjetas de crédito a cargo de la Administración para pago de gastos de representación del alto cargo, así como de una Regulación del Inventario de Entidades del Sector Público Estatal, Autonómico y Local». En ninguno de los casos habla de mayores concreciones, por lo que me temo que se tratará de nuevo de medidas cosméticas sin una mayor repercusión.

En mi opinión, a su vez, todos estos mecanismos de control permanente deben ser controlados de forma periódica por el Parlamento y por el Consejo de Participación Ciudadana.

4. *La falta de ética: cumplimiento de los códigos de ética del empleado público*

Por supuesto, una Administración debe estar dirigida por una organización pública creíble y transparente a la que se asocien, sin excepciones, los estándares más exigentes y puros de honestidad e integridad. Si se preguntara a cualquier funcionario que citara tres artículos de los que rigen el comportamiento de los empleados públicos, seguramente no sabría hacerlo.

Aristóteles afirmaba con contundencia en su *Ética a Nicómaco* que «es deber de los gobernantes formar a los ciudadanos en la virtud y habituarles a ella».[18] Pero si aquéllos son, precisamente, los que rompen con los estándares que exigen, ¿qué legitimidad y credibilidad pueden tener a la hora de proponer y exigir el cumplimiento de cualquier medida? Frente a esta doble moral, la ciudadanía en general puede sorprenderse y quedarse inmóvil, indignarse y protestar, o rebelarse y actuar frente a cualquier formación política que diga defender y practicar la ética y la virtud, y que simultáneamente engañe, se aproveche o defraude al fisco y se lucre ilícitamente. Ese partido, esos líderes, esos gobernantes, han tenido en sus manos miles de ocasiones para evitar, combatir y erradicar una corrupción que conocían, pero torticeramente se adaptaron a la misma y fueron cómplices, cuando no partícipes, de la degradación de una sociedad a la que deberían haber defendido. Por ello, ahora, cuando parece que ha llegado la «hora de la regeneración» y tantos responsables políticos se envuelven en la bandera de la limpieza, me surge la profunda sospecha de que, una vez más, están jugando con las cartas marcadas y sólo apuestan, cueste lo que cueste, por mantenerse en el poder.

Cuando a principios de los años noventa, escribí en el prólogo de *Guía de la corrupción* que «el comportamiento de todo gobierno debe ser ejemplo a seguir por todos los funcionarios públicos» y que «si este ejemplo ético falta o se cuestiona, las exhortaciones que pueden dirigirse desde el mismo o los inferiores perderán la fuerza del compromiso y de la convicción de quien emanan y serán incumplidas [...] instaurándose lo que, de generalizarse la desidia, supondría la pérdida de los elementos e idealismo que atraían a algunos al ejercicio de aquella función, reduciéndose el tono moral de la fuerza del trabajo ante la falta de reconocimiento no tanto económico sino de prestigio social», no pensaba que iba a tener tanta actualidad, veintiún años después, en nuestro país.[19] Dos décadas de lucha contra la corrupción y nos estamos volviendo a plantear las mismas cuestiones y prioridades. Verdaderamente deprimente, si no fuera porque tenemos la fortaleza para seguir combatiendo por aquello que creemos justo.

Es obligación de todos el fomento de una cultura organizativa intolerante con los conflictos de intereses mediante un código ético con normas claras en el marco legal y mecanismos adecuados de rendición de cuentas, con sanciones y procedimientos adecuados para exigir el cumplimiento. Algunos partidos, como UPyD, hablan en este sentido de reforzar la exigencia de responsabilidad por mala gestión a los cargos públicos al frente de sociedades o entes públicos; otros, como el PP, hablan de la creación de un sistema de alerta temprana de conflictos de intereses. Nuevamente la duda asalta al observador cuando esta formación no especifica cómo se pondría en marcha este sistema y qué medidas tomaría la Oficina, en su caso.

5. *Los* lobbies*: de la improbable erradicación a la necesaria regulación*

En España está instalada la creencia de que «el dinero compra influencia en la política», algo que no ocurre en los países anglosajones, donde *lobby* y corrupción no están necesariamente ligados. España obtiene un lamentable suspenso en materia de transparencia con respecto a la actuación de los *lobbies* o grupos de presión, con una nota del 21 por ciento.[20]

Los *lobbies* actúan en todos los ámbitos en los que se cruzan intereses económicos o financieros, convirtiéndose en demasiadas ocasiones en campos de tráfico de influencias. Actúan sobre el Poder Legislativo y sobre el Ejecutivo, sobre todo en España, donde la mayoría de las leyes son presentadas a iniciativa del Gobierno. La propuesta para regular la actividad de los *lobbies* fue retirada de entre las medidas propuestas por el actual Gobierno de Rajoy; tal decisión resulta un tanto sospechosa. Parece más bien, precisamente, que la influencia de estos *lobbies* ha sido la causa de la inexistencia de una regulación eficaz y transparente de este fenómeno que acompaña al sistema político de cualquier país democrático. En definitiva, la cuestión no es tanto que haya grupos que apoyen determinadas iniciativas o vigilen la ejecución de otras, sino la ausencia de una regulación específica que nos permita identificar cuáles son los intereses que persiguen, cómo se financian y a costa de qué se produce la intervención. Es interesante en este sentido la propuesta del Grupo Mixto ante la Mesa del Congreso de crear un registro de los grupos de control o *lobbies* y un registro de reuniones y la redacción de un código ético.[21]

Un registro público de los *lobbies*, en el que se publiquen los presupuestos y gastos efectuados por los lobbistas, sería sumamente oportuno; como lo sería que las instituciones públicas aseguren la publicación de información de las reuniones entre lobbistas y funcionarios públicos, de la documentación enviada por estos grupos a las instituciones públicas, de las agendas de los cargos públicos y las actas de las reuniones con los grupos, de los documentos presentados o distribuidos durante una reunión en que se baraje la toma de una decisión pública, de las aportaciones y evaluaciones de las consultas públicas, de los documentos consultados y utilizados para la toma de decisiones y del registro de entrada al Congreso y a las oficinas clave del Gobierno.

En esta línea, es también indispensable crear un «control de puertas giratorias», es decir, establecer un período mínimo por el cual ex cargos públicos no puedan ejercer funciones de lobbista sobre aquellos asuntos que gestionaban desde lo público. En España este tipo de medida ya existe, pero en la práctica no se cumple.

6. *El frustrante resultado de las investigaciones: la necesaria mejora de la eficacia de las normas jurídico-penales*

En el ámbito jurídico-penal, uno de los déficits principales ha sido la defectuosa e incompleta regulación de los delitos relacionados con la corrupción. Por de pronto, la propia inexistencia del delito de corrupción supone un hándicap para la definición contextual de los demás tipos penales. Asimismo, destaca la ausencia de tipificación penal de la financiación ilícita o irregular de los partidos políticos y agrupaciones, así como la propia valoración de las conductas jurídico-penales de aquellos que financian a los mismos. Todos los partidos proponen en este sentido la tipificación del delito de financiación ilegal de los partidos políticos.

Es cierto que resulta inaplazable la inclusión en el Código Penal de los delitos de soborno y de enriquecimiento ilícito, y que se castigue el incremento patrimonial de las autoridades y los funcionarios públicos y de las personas directamente relacionadas con el cargo políticamente expuesto, producido durante el período de su mandato, cuando no puedan justificar la causa de este incremento, así como la inclusión del delito de omisión o falsedad de la contabilidad y el patrimonio social de los partidos políticos y de los cargos públicos, el aumento de las penas y tiempos de prescripción, la revisión de conductas penales ya existentes y las cláusulas de agravación (UPyD, Podemos, PSOE, Grupo Mixto, PP, según los casos). También es imprescindible una profunda modificación de la Ley de Enjuiciamiento Criminal que otorgue la instrucción penal a los fiscales y que regule eficazmente la protección de los denunciantes y testigos, así como los mecanismos adecuados de investigación que impidan el aprovechamiento tramposo de los mismos para dificultar la investigación. Pero igualmente resulta esencial dotar la lucha contra el fraude fiscal de un mecanismo legal adecuado para garantizar una mayor eficacia, con una policía fiscal en la Agencia Tributaria en la que se integrarían unidades especializadas de la Policía Nacional y de la Guardia Civil, junto con las Unidades Operativas de Vigilancia Aduanera. Todas ellas mantendrían su dependencia orgánica respectiva, bajo la dependencia funcional de la Oficina Nacional Antifraude. Por último, sería deseable el establecimiento de responsabilidad económica subsidiaria para las instituciones financieras cuya colaboración sea precisa para operaciones de blanqueo de capitales y ocultación de bienes y capitales en España o en el extranjero, incluidos los paraísos fiscales, con los recursos procedentes de acciones delictivas como las señaladas en el punto primero.[22]

Creo que habría que abogar por la imposibilidad del efecto liberatorio del pago. La actual regulación penal permite eliminar el delito de un contribuyente si regulariza lo defraudado. En 2013 se reformó el Código Penal (artículo 305) y se permite a los evasores de capitales, si satisfacen la deuda y reconocen el daño causado antes de que transcurran dos meses desde el inicio de las actuaciones judiciales, eludir la responsabilidad penal. Esta medida, además de ser de dudosa eficacia, contribuye a instaurar una sensación —cuando no certeza— de impunidad en este tipo de conductas.

Otro problema son las dilaciones en los procesos judiciales, sobre todo si se trata de delitos complejos, que requieren una serie de cálculos previos por parte de la Agencia Tributaria y una instrucción a fondo con criterios de derecho tributario. La agilidad procesal que se pretende a través de la conexidad (PP) puede convertirse en un arma de doble filo que lleve a la chapuza judicial, como el plazo de tres años para la instrucción penal de estos casos. Las causas de las demoras y dilaciones no son del gusto del juez de instrucción, sino que radican en la falta de medios. Una fijación de los plazos puede provocar sobreseimientos y cierres en falso, por lo que habrá que diseñar un proceso en el que se aúnen eficiencia, seguridad jurídica y eficacia procesal, proveyéndose de mecanismos como la Oficina de Gestión y Recuperación de Activos derivados del delito para facilitar la recuperación de los activos mediante la introducción de presunciones y la modificación de la carga de la prueba.

Otro tema especialmente delicado es el referido a la ausencia de normas claras sobre la concesión de indultos. Después de 145 años de vigencia, la ley debe ser modificada. Con carácter general, creo que los delitos de corrupción no deben indultarse y, desde luego, debe ser una decisión fuera de la discrecionalidad del Gobierno. Lo tendrá que aprobar un comité o un organismo especializado en el que se valoren las diferentes opciones, escuchando a todas las partes, incluidos el Gobierno y el tribunal, pero con una serie de requisitos previos que demuestren que el efecto del delito cesó y que se han producido las reparaciones correspondientes.

En cualquier caso, se deben implantar normas jurídico-penales y jurídico-administrativas eficaces. Es decir, normas que, con vocación agotadora del campo de acción, describan adecuadamente las conductas y establezcan las sanciones disciplinarias, penales y económicas que procedan en justa correspondencia con la gravedad del hecho cometido y la trascendencia del mismo para el servicio público. Las propuestas de los diferentes partidos políticos son muy variadas y tanta profusión de normas nos pueden asfixiar, por lo que debe quedar claro que la finalidad debe ser la ausencia de presencia de personas en el ejercicio de la función pública que desmerezcan el sentido de la misma. Los límites podrán ser más o menos laxos, pero no debe quedar ninguna duda de aquella máxima de limpieza y transparencia.

Como ya he afirmado, es conveniente que se establezca un mecanismo que garantice el suministro de informes al Parlamento en los que se describan las actividades de la Administración enfocadas a la lucha contra la corrupción y «en los que se ponga de manifiesto las dificultades con las que se hubieren encontrado en el desarrollo de su labor o los esfuerzos realizados por el poder ejecutivo (sea cual fuere) para obstruir las investigaciones».[23] De esta manera, el Parlamento tendría un conocimiento dilatado del progreso en materia de corrupción y, a su vez, podría exigir que se removieran los obstáculos que en aquella labor se estuvieran produciendo.

7. *La opacidad beneficia la corrupción: prohibición de los paraísos fiscales*

Carece de sentido que un alto porcentaje del capital mundial se encuentre en países con una política de secreto bancario. Son los denominados, eufemísticamente, «paraísos fiscales». La cuestión es más sangrante si ese capital procede en gran medida de los beneficios ilegales que propicia el tráfico de armas, el tráfico de drogas, el crimen organizado en general y, específicamente, la corrupción. La sola existencia de paraísos fiscales no sólo aprueba sino que incita a la ocultación del dinero; es casi como animar a la comisión de actividades ilegales que merman el resultado de una justicia igualitaria. Es por ello que «la exigencia de una justicia eficaz, eficiente y transparente, hace necesaria la abolición sin concesiones de estos paraísos fiscales y la prohibición de que las corporaciones financieras españolas trabajen con estos paraísos fiscales».[24] En este sentido van las propuestas de Grupo Mixto, que añade la necesidad del «no reconocimiento» de personalidad jurídica a las sociedades constituidas en paraísos fiscales para intervenir en el tráfico mercantil español.

Desde hace más de diez años, la Unión Europea viene tratando de ponerse de acuerdo en esta materia y no acaba de conseguirlo, probablemente porque son muchos los intereses creados por algunos países miembros. Ello revela que interesa más el negocio que la transparencia, percibiéndose el doble rasero según interese al actor que intervenga.

La propuesta de derogar el secreto bancario y establecer una norma vinculante para todas las entidades financieras establecidas en Europa que obligue a facilitar a las Administraciones Públicas toda la información respecto de sus clientes, cualquiera que sea el país en el que operen directamente o a través de filiales (de Podemos), es una medida de especial interés que iría unida al establecimiento de sanciones por infracciones muy graves para las entidades y jurisdicciones que no colaboren y a la obligatoriedad para todas las empresas multinacionales y sus filiales de rendir cuentas de sus actividades en términos globales y desglosadas por países.

8. *Falta de controles y opacidad: la transparencia debe ser la regla en todos los ámbitos, especialmente en la Administración de Justicia*

Como hemos podido comprobar a lo largo de esta obra, los diferentes casos han sido una amalgama de iniciativas privadas y públicas, de políticos sin escrúpulos y de delincuentes más o menos profesionales, sofisticados o zafios, por lo que puede decirse que los controles o no han existido o han sido indebidamente omitidos. Resulta urgente poner en práctica medidas proactivas que abran las puertas y las cuentas del Estado en todos sus estamentos a los ciudadanos a través de mecanismos informáticos, de modo que todos sepan qué se está haciendo y cómo se financia el funcionamiento de aquél. Existen medios que ya se han puesto en marcha en otros lugares y que han sido efectivos para rebajar el índice de corrupción.

El Índice de Percepción de la Corrupción 2013 de Transparencia Internacional advierte de que el abuso de poder, los acuerdos clandestinos y el soborno continúan devastando a sociedades en todo el mundo. Más de dos tercios de los 177 países incluidos obtuvieron una puntuación inferior a 50, en una escala de 0 (percepción de altos niveles de corrupción) a 100 (percepción de muy bajos niveles de corrupción).

En este índice, Dinamarca y Nueva Zelanda comparten el primer lugar como los países con un índice más bajo de percepción de la corrupción, con una puntuación de 91, mientras que Afganistán, Corea del Norte y Somalia ostentan los índices más elevados de corrupción. España ocupa un lugar intermedio, el cuadragésimo puesto, con una puntuación de 59. Este informe revela que en España existe la percepción de que la corrupción ha disminuido a lo largo del último año (2012-2013). Discrepo de esta afirmación, pues pienso que actualmente la preocupación real por la corrupción ha aumentado. Según el CIS, sigue siendo el segundo tema de preocupación después del paro.

En el ámbito de la corrupción pública, nuestro país muestra un índice muy bajo respecto a los ciudadanos que han pagado un soborno en el último año, menos de un 5 por ciento. Lo que sí llama la atención es el elevado porcentaje (66 por ciento) de ciudadanos que en nuestro país estiman que las decisiones de las Administraciones Públicas dependen de las relaciones de poder y/o los contactos, lo que nos sitúa a la cola de los países de la OCDE (ocupamos el puesto 24 de un total de 28). En general, y también en nuestro país, los partidos políticos son vistos como la institución más corrupta.

Por su parte, el *Global Competitiveness Report 2014-2015*, publicado en septiembre de 2014, ratifica lo que vienen mostrando los indicadores del CIS y los informes de Transparencia Internacional. España tiene un grave problema de corrupción. Sigue manteniéndose en el puesto 35 de los 164 países que se analizan en el informe, pero suspendemos en muchos de los aspectos que se estudian. Se trata de un puesto inaceptable dada la supuesta posición de España entre los países líderes y dado su tamaño. Pero es que en cuanto a los índices de «corrupción» nos encontramos en el vergonzoso puesto número 80 de los 164.

España obtiene un 2,2 sobre 7 en el indicador de «confianza de los ciudadanos en los políticos», y en el apartado relativo a «pagos irregulares y sobornos en contratos públicos y licencias» obtenemos un 2,9 sobre 7, otro suspenso. Pero es que suspendemos también en «ética y corrupción», «protección a la propiedad intelectual», «independencia de la Justicia», «despilfarro en el gasto público», «calidad del sistema educativo», «relación entre salarios y productividad», «políticas de contratación y despido» o «retención del talento». Los datos son especialmente preocupantes, y son la muestra de una sociedad y un sistema deficitarios y necesitados de un cambio de actitud profundo y definitivo. Según el *Estudio sobre las diferencias regionales de la calidad gubernativa en la Unión Europea* del año 2012 a escala nacional, España se sitúa en el puesto número 13 de los 27 estados miembros.[25]

La transparencia contribuye a la rendición de cuentas y frena la corrupción, y es clave para que las Administraciones Públicas se sientan escrutadas. Cualquier ciudadano debe tener acceso a todos los contratos públicos, así como a todas las adjudicaciones y todas las actas de reuniones. Cualquier documento que describa el Gobierno local o estatal debe estar a disposición de los ciudadanos, del contribuyente, de aquel que financia el sistema, del dueño al fin y al cabo de todas las instituciones y del dinero público: el pueblo. Todas las fundaciones, partidos u otros organismos que reciben subvenciones públicas deben ser totalmente transparentes. Se debe recuperar la idea del «servicio público» en las Administraciones del Estado, la idea de que cualquier céntimo de euro que salga del contribuyente debe ser respetado, declarado y justificado, siendo las Administraciones simples mediadoras para el bien común, no una caja de ahorros en la que se pueda meter la mano libremente (regulación transparente de los contratos con prohibición de fraccionamiento injustificado de los contratos; regulación de la publicidad institucional, del régimen de subvenciones públicas y de todos los documentos relativos a los procedimientos y decisiones de contratación y de urbanismo; declaración explícita de conflicto de intereses en cada modificación urbanística de todo aquel que participe en el proceso; depósito de declaraciones de bienes de los componentes de la Administración Pública; creación de un registro público de recalificaciones; incorporación en los expedientes urbanísticos de la historia registral de las transacciones que sobre los suelos afectados se hayan realizado en los diez años anteriores; dedicaciones exclusivas; web informativas, etc.).[26]

Sin embargo, la transparencia que se pretende en algunas formaciones políticas nuevas, surgidas de iniciativas ciudadanas, no son las normas habituales de los partidos tradicionales o de las Administraciones, o al menos no lo han sido hasta ahora.[27] Existen demasiados espacios opacos por los que la transparencia se esfuma, pero quizá el caso más grave sea el que se refiere a la Administración de Justicia. Se ve a menudo como el juez o magistrado se relaciona con las partes y con los organismos públicos y privados, y acepta reconocimientos o presentes y remuneraciones por trabajos conciliados de forma más que discutible. Todas estas costumbres, que carecen de regulación, emponzoñan de forma evidente la imparcialidad de los que son administradores y responsables de impartir justicia. Y esto se produce especialmente en sus más altas esferas, lo que es bastante más preocupante. El CGPJ no ha considerado aún entrar a fondo en este problema, «pero cuando lo haga, deberá ser con unos mecanismos que sean validados por la ciudadanía y no por los intereses corporativos de unos o de otros».[28]

Se debería así completar un código ético, ya anunciado por el CGPJ, «con normas que garanticen la transparencia a través de mecanismos de control y participación ciudadana que alejen cualquier duda o sospecha de corrupción».[29] Además, es necesario defender la absoluta transparencia de todas las actividades de los tribunales, instituciones y sus integrantes, respecto de sus actividades internas y respecto de aquellas que los relacionan con el resto de los poderes e instituciones. Por supuesto, como he manifestado en distintas ocasiones, es necesaria una regulación que prohíba e impida la cooperación, intervención o colaboración de los miembros de la judicatura «en iniciativas con financiación privada y en determinadas iniciativas públicas».[30] Ello debe ir acompañado «del establecimiento de mecanismos y protocolos de conocimiento público que permitan a los abogados o a los litigantes hacer averiguaciones acerca de las decisiones que les parecen haberse demorado indebidamente».[31]

Uno de los pilares del paquete de medidas debería ser una Ley de Transparencia efectiva, porque la vigente, propuesta y aprobada por el Gobierno de Mariano Rajoy, presenta numerosas lagunas y problemas.[32] En primer lugar, la ley no incluye un concepto de transparencia abierto «por defecto», ya que permite que se pueda denegar el acceso a información pública por muchas causas, como los intereses económicos o la seguridad del Estado, conceptos demasiado amplios y difusos, que pueden tener como resultado un uso arbitrario de la información que se les debe a los ciudadanos, como viene ocurriendo hasta ahora. Es también altamente criticable el silencio administrativo que impone una conducta activa al ciudadano para ejercer su derecho a la información; es decir, si la Administración no responde a su petición, su única oportunidad es acudir a los juzgados contencioso-administrativos, en los que se debe pagar a un abogado y abonar las tasas correspondientes.

La ley prevé, además, sanciones a políticos y funcionarios infractores, por lo que estamos de nuevo ante el mismo y conocido problema: no se trata de la falta de medidas, sino de la falta de su efectiva aplicación. Y la sanción y reparación —nos guste o no— son una parte ineludible para la eficacia de cualquier ley. En todos los casos, el corrupto es conocedor de que su actitud es ilegal, dañina y contaminante, por lo que la mera imposición de medidas sin sanción, como hemos visto hasta ahora, no es efectiva.

Además, el organismo encargado de gestionar las peticiones de acceso, el Consejo de Transparencia y Buen Gobierno, adolece desde su nacimiento de un déficit de independencia, porque lo nombra el Gobierno. En cuanto los periodistas soliciten datos que puedan ser calificados como «peligrosos» para determinados intereses, lo más probable es que se rechacen estas peticiones, y también los recursos que se puedan interponer contra esta decisión.

Asimismo, la publicación del patrimonio de las Administraciones Públicas se ciñe sólo a los bienes inmuebles, y por lo tanto deja fuera la mayor parte del patrimonio de la Administración en concepto de bienes muebles, derechos y demás.

A pesar del Portal de Transparencia, los ciudadanos siguen sin tener acceso a una información completa sobre empresas públicas, instituciones del Estado y órganos reguladores. Insisto en la opacidad del Tribunal de Cuentas, que paradójicamente es el órgano con la misión de controlar las cuentas de los partidos políticos, de los sindicatos y de todo ente de la esfera pública. Es inadmisible el «carácter reservado» de las actas de los consejos de gobierno del Banco de España, que podrían explicarnos, por ejemplo, si hubo o no conciencia en ese órgano de que la salida a bolsa de Bankia constituía un fraude de carácter masivo. O podría hablar de la opacidad sobre los expedientes que investiga la Comisión Nacional del Mercado de Valores, los plazos que maneja o las sanciones que, como ya he dicho, carecen de la entidad suficiente para tener un efecto disuasorio para las empresas que se saltan las normas.

9. *Existencia de injerencias y otros intereses que el público ignora: garantía de una total independencia del Poder Judicial*

La independencia judicial en el ejercicio de la función jurisdiccional es un principio fundamental para la Administración de Justicia en la totalidad de su concepto y para el correcto funcionamiento del Estado de derecho, y tiene por función asegurar la no injerencia de otros sujetos (poderes del Estado, CGPJ o jueces de instancias superiores) en el desarrollo del trabajo del juzgador, salvo a través de un sistema de control jurisdiccional preestablecido por la ley. Vista así, la independencia judicial es responsabilidad de todos aquellos que influyen en la administración de la justicia, pero sobre todo «debe ser el primer valor que el propio juez defienda».[33] Esta independencia asegura la imparcialidad del juez, es decir, su autonomía real e inasequible al control de cualquier otro propósito que no sea la impartición de justicia.

Si este compromiso y asunción de responsabilidad no existen, el juez pierde el referente de justicia que se le presume, siendo vulnerable a cualquier tipo de injerencia, a la acción intrusiva de las partes, a la dependencia de cualquier actor interno o externo (sobre todo por parte de aquellos que detentan el poder) con interés en una determinada resolución. Es su responsabilidad legal, ética y propia de su cargo como garante de la justicia; es el juez el que debe garantizar la inviolabilidad de los derechos de los ciudadanos y ciudadanas frente a cualquier otro interés, de forma contundente y sin excepciones ni irregularidades. Su impartición de justicia debe regirse por una interpretación integral, universalista y respetuosa del principio de legalidad.

A pesar de que la independencia esté garantizada en la Constitución y en la jurisprudencia del Tribunal Constitucional, su protección se basa fundamentalmente en sanciones a posteriori y no en mecanismos de prevención que garanticen su efectividad desde el comienzo.

Las dudas sobre esa integridad provocan que la ciudadanía deje de creer en la Administración de Justicia. De hecho, según los informes de la Unión Europea, la Justicia española se encuentra entre las consideradas menos independientes de la Unión Europea por parte de empresarios de todos los sectores.[34] Sin perjuicio de las matizaciones que se puedan hacer y del momento en el que se realicen, lo cierto es que «un país sin una justicia independiente, irremediablemente es un país sin valores y por ende está abocado al desastre social y democrático, entronizándose la impunidad en los más diversos sectores».[35]

Y, desde luego, no es de extrañar que esta valoración se produzca después del espectáculo permanente que ofrecen la mayoría de los órganos de la Justicia española en el día a día, más atentos a la promoción y a la colocación política mediante el mercadeo de puestos de relevancia judicial, otorgados, directa o indirectamente, por los partidos políticos en función de sus intereses particulares y para garantizarse así la máxima influencia en sus posiciones y cotas de poder, que al que debería ser el único objetivo de una justicia responsable e independiente, garantizar íntegramente la protección de los derechos de los ciudadanos que acudan en demanda de respuestas de la Justicia.

En este sentido, mis propuestas van encaminadas a una mejora de la independencia del Tribunal Constitucional (TC), del Tribunal Supremo (TS) y del Consejo General del Poder Judicial (CGPJ), aunque éste sea un órgano de gobierno y no jurisdiccional. Los miembros del TC y del CGPJ son elegidos por las Cortes, lo que, si no se establecen los correctores adecuados, podría contribuir a secuestrar la independencia judicial que se les debe exigir. Por ejemplo, con demasiada frecuencia el CGPJ se ha negado a dar protección a jueces que han visto amenazada su independencia ante ataques nada convencionales contra la misma. La historia reciente demuestra el anquilosamiento de las altas estructuras de la Administración de Justicia en demasiados casos (los últimos, por ejemplo, negándose a apoyar las críticas al Gobierno por su injerencia en decisiones judiciales relacionadas con el terrorismo de ETA).

Si nos referimos al TS, es aún más grave por cuanto sus miembros, sin perjuicio de las excepciones que existan, parecen sujetos por unos lazos invisibles, pero reales, de arbitrariedad y parcialidad terriblemente previsibles, algo que difícilmente casa bien con la idea de una Administración de Justicia independiente del resto de los poderes del Estado. Pero es que si se realizara una simple investigación de los vínculos que existen entre los miembros del TC y el Poder Ejecutivo, o de aquél con el Legislativo o con otros órdenes o sectores, estoy seguro de que encontraríamos suficientes indicios de contaminación.

En este sentido, las soluciones no son complejas ni requieren una técnica jurídica especial, por lo que si no se han aplicado ha sido por falta de interés. Los candidatos a cubrir una plaza en el TC, como los que optan a cualquier otra plaza del servicio público, tendrían que someterse a un proceso de selección público conforme a criterios de transparencia, mérito y capacidad profesional, por los dos tercios de las dos cámaras legislativas, después de un examen de méritos en el que deberán participar los ciudadanos a través del correspondiente mecanismo o consejo de participación ciudadana; el proceso será público, con sesiones abiertas en las que contesten a las cuestiones planteadas. Los candidatos podrán ser propuestos por la Academia, el Poder Judicial o un volumen de ciudadanos no inferior a cien mil personas mayores de edad, y deberán aportar su declaración patrimonial, que se examinará antes y después del ejercicio de su función.

Como queda constatado tras la lectura de la doctrina jurisprudencial del TS, en sus filas no siempre se encuentran los mejores ni los más solventes, sino los más dúctiles o reaccionarios en un momento determinado. La elección de los magistrados y jueces que lo conforman debería realizarse del mismo modo descrito anteriormente para el caso del TC, y además limitar en el tiempo el ejercicio de los cargos, como ya ocurre en la Corte Penal Internacional (nueve años) o en el mismo TC. La responsabilidad de sus miembros —hoy son sometidos a juicio por una sala del mismo TS— debería quedar regulada de forma que se limite al máximo el corporativismo entre sus miembros y que no ofrezcan dudas la objetividad de los procesos y la ecuanimidad de las decisiones, que a veces están amparadas por la impunidad. Una reflexión sobre el juicio por jurado en estos casos sería muy oportuna.

La forma de elección de los vocales del CGPJ no está exenta de crítica, e incluso de escándalo, debido a la fórmula de selección de los candidatos, en la que no priman los criterios de mérito estricto, sino el vínculo político o la adscripción ideológica en la mayoría de los casos. La distribución de los cargos se hace por lista negociada, acomodación o para que alguien no quede «descolgado». Los favores, la oportunidad o la conveniencia, además del cálculo y los equilibrios para el futuro control, se ponen sobre la mesa al modo en que se procede con el Parlamento, el Gobierno, el Tribunal Supremo, el Tribunal Constitucional o el Tribunal de Cuentas. No hay un examen serio, creíble y con escrutinio público. Todo es opacidad y secretismo, quedando marginado el interés del servicio público o de la propia participación ciudadana. Uno se queda con la amarga sensación de que la promiscuidad política es absoluta; no hay ninguna barrera entre los distintos órganos del Estado, por lo que se puede deambular pacíficamente entre uno y otro sin ser compelido en modo alguno. Es notoriamente grave para la credibilidad democrática del órgano que el CGPJ, desde su creación por ley orgánica en 1980, haya sido objeto de desconfianza en cuanto a la elección de sus miembros y haya puesto de manifiesto la convicción de que siempre se procede con el ánimo de controlar a la Justicia a través de su órgano de gobierno. Es decir, exactamente lo contrario de lo que debería ser. En los debates se discute si sus miembros deberían ser elegidos por el Parlamento o bien por los propios jueces. No soy partidario de fórmulas corporativas judiciales para la elección de los vocales del CGPJ, puesto que la independencia del mismo reside en su mayor o menor democratización y en su sometimiento a la vigilancia de aquellos para quienes administra justicia, los ciudadanos.

Es por ello que me parece exigible, conforme a la función y finalidad que representa este órgano y como forma de legitimación constante ante la ciudadanía, que los veinte vocales del CGPJ sean nombrados por los propios ciudadanos. De este modo, el organismo se configuraría como un órgano de gobierno no sólo de y para los jueces, sino para todos los actores y afectados por el servicio de la justicia, adquiriendo competencias ahora atribuidas al Ministerio de Justicia y volviéndose aún más independiente del Poder Ejecutivo.

10. *Garantizar una justicia ágil y eficaz*

Desde luego, tan importante como la independencia del Poder Judicial lo es su efectividad y eficiencia, característica indispensable para la garantía del respeto al debido proceso y la seguridad jurídica núcleo de la garantía del Estado de derecho, e imprescindible para planificar y ejecutar las inversiones de iniciativa privada y el crédito (mercantil y financiero) internacional.

En lo que se refiere a la duración de los procedimientos, «España resuelve los litigios con un año de promedio, superando a países como Francia o Finlandia. Sin embargo, en número de casos pendientes, la cifra es de casi tres por cada 100 habitantes en primera instancia. Sólo registran peores resultados Italia, Croacia, Grecia, Portugal y Eslovaquia».[36]

Con el objetivo de descargar al Poder Judicial, dado que en la mayoría de los casos su lentitud se debe a una sobrecarga de los juzgados, sería conveniente la promoción de medios alternativos de justicia, como la mediación, la conciliación y el arbitraje. Pero es también necesario abordar todas aquellas condiciones que provocan una demora en los procesos y, por tanto, cargan el sistema judicial afectando a su eficacia y rapidez. Habría que penalizar las conductas procesales claramente temerarias y meramente dilatorias, y aumentar el número de jueces, ya que la proporción de jueces por cada mil ciudadanos en España sigue siendo de las más bajas de Europa.

Por supuesto, la adaptación de la Administración (no sólo la de Justicia) a las nuevas tecnologías es vital no sólo para este propósito, sino también para facilitar los contactos entre los tribunales y los ciudadanos y solventar las enormes pérdidas de tiempo material y de recursos humanos que existen. Sería conveniente la creación de una base de datos centralizada que pueda ser consultada por parte de la ciudadanía, lo que además aportaría transparencia en el sistema de justicia. Ello conlleva una necesaria digitalización documental y la elaboración de un registro informático centralizado y conectado con el resto de los poderes judiciales y policiales de los estados miembros de la Unión Europea, respondiendo a la necesidad de una Justicia cada vez más integrada. Se debe, además, garantizar la intercomunicación de las bases de datos judiciales entre tribunales y juzgados, con las reservas que exija el tipo de procedimiento afectado, la comunicación e intercambio de información entre los juzgados de las distintas Comunidades Autónomas, y la instauración de un sistema de transmisión telemática de notificaciones».

Esta adaptación debe realizarse, evidentemente, con una inversión adecuada en recursos (humanos, económicos y de medios), y en estos momentos España se encuentra en el furgón de cola de la UE en este sentido. España dispone de 11 jueces por cada 100.000 habitantes, una cifra que es sensiblemente inferior a la media de la Unión. Si nos fijamos en el presupuesto, España invertía 25 euros por habitante en el año 2012, una cifra muy inferior a la que invertía en 2010, cuando invertía 90 euros por persona. La Administración de Justicia no puede permanecer impasible ante estos cambios; un mismo volumen de trabajo acompañado de menos recursos conduce inevitablemente al sobreesfuerzo, al riesgo y a la falta de calidad en los resultados.[37]

11. *Responsabilidad judicial*

La responsabilidad añade la convicción en los jueces, conocedores de su relevante posición en la sociedad y del valor de su misión, de la mayor diligencia en su obligación de proteger los derechos de los ciudadanos al aplicar las leyes con la prudencia y equidad que les corresponde. Este concepto implica que los operadores judiciales deberán emplear todos y cada uno de los instrumentos y mecanismos nacionales e internacionales disponibles y, con ellos, garantizar, o al menos procurar, que la agresión o vulneración no se vuelva a repetir. Es decir, la no repetición como meta ideal y posible.

Hoy en día, el ingreso en la función judicial se produce a través de una serie de exámenes en unas oposiciones que garantizan la capacidad memorística del futuro juez. Resulta imposible que la responsabilidad del juez se pueda garantizar mediante ese proceso «objetivo» de selección, pero sí se puede fomentar promocionando el conocimiento de los derechos humanos o del derecho internacional, materias en las que falta incidencia en la preparación del juez. De hecho, la UE denuncia una escasa formación de los jueces españoles en materia de derecho de la UE o en derecho de otros estados miembros, así como en actividades de formación continua. Por tanto, deberían incluirse estas materias en los programas de formación de los nuevos jueces, con especial hincapié en la aplicación práctica de ese derecho en el trabajo corriente del juez y en que, además, esta formación no se abandone a lo largo de la carrera judicial, introduciendo programas de reciclaje para asegurar una aplicación coherente y sólida del derecho y la justicia. En el modelo de examen no sólo debe primar la memorística (sobrevalorada en un contexto en el que la información está al alcance de todos), sino que deben atenderse otras aptitudes (mediante tests psicotécnicos, por ejemplo).

12. *Garantía de imparcialidad*

La imparcialidad es un presupuesto sin el que no puede existir la justicia e implica la inexistencia de cualquier tipo de vínculo entre el juez encargado de impartirla y las partes que la reciben o el objeto del proceso. Debe ser un valor objetivamente constatable que garantice la confianza de las partes y de la sociedad en la labor judicial.

En España existe la sensación (fundada en muchos casos) de que la justicia no es igual para todos, lo que implica necesariamente una falta de fe en la imparcialidad judicial. Como mencionaba anteriormente, en la elección de determinados cargos judiciales influye más la afiliación ideológica del postulante, su actividad con respecto a determinadas corporaciones económicas, políticas o sociales, que su preparación concreta para el cargo que va a desempeñar.

Es cierto que en nuestro país se garantiza constitucionalmente la imparcialidad de los jueces y magistrados, mediante el derecho al debido proceso y la disociación entre la instrucción y el juicio de la causa y la doble instancia mediante la apelación (en algunos casos ésta aún no se ha generalizado, contrariamente a lo que exigen los tratados y convenios y la doctrina de los tribunales de derechos humanos). Además, cada operador de la justicia cuenta con el instrumento legal de la abstención para evitar que sus sentimientos influyan en su rectitud, ecuanimidad y objetividad. En este caso, la ley prevé la abstención como un deber jurídico, y su quebrantamiento es sancionado con la máxima sanción disciplinaria, como falta muy grave. Los afectados en el proceso concreto disponen de la recusación, por la cual se puede solicitar el cese del juez que conoce una causa por existir alguna circunstancia que pone en duda su imparcialidad.

Como podemos observar, la imparcialidad depende en alto grado de la responsabilidad y ética que profesen los jueces. El Consejo Económico y Social de la ONU instó ya en 2006 a los estados a la elaboración de un «código ético» que incluya las normas que deben prevalecer a la hora de cumplir con las exigencias de imparcialidad.[38] El CGPJ ya ha comenzado su redacción. Esperemos que no se quede en una mera declaración de principios.

13. *Corrupción y crimen organizado: la necesaria coordinación internacional*

Crimen organizado y corrupción van de la mano. Para el primero, la segunda es el instrumento adecuado para poder penetrar en las estructuras sociales, económicas y políticas, y desarrollar cómodamente sus ilícitas actuaciones dentro de un margen aceptable de impunidad. Véase el caso de la familia Pujol, cuyas presuntas actividades ilícitas se enmarcan a lo largo y ancho del mundo según las investigaciones judiciales y periodísticas que se adelantan en este momento. Y si las actividades delictivas cada vez tienen más desarrollo internacional, porque transnacional es el ámbito de las operaciones financieras o de tráfico ilícito (armas, drogas, blanqueo, etc.) o la «protección legal» de los beneficios que realizan, «resulta obvio que la respuesta que se elabore ha de tener un alcance equivalente al fenómeno que se pretende combatir, que aglutine la respuesta diversa pero global y en una misma dirección de los diferentes estados, conscientes de que nos hallamos frente a un fenómeno que día a día extiende sus tentáculos, aprovechando todas las medidas legales para facilitar el libre comercio, libre circulación de mercancías y de personas y afectando a todo tipo de instituciones con el riesgo de instaurarse en las estructuras de las mismas en forma larvada pero definitiva».[39]

14. *Diligencia de los cuerpos y fuerzas de seguridad del Estado*

Toda propuesta para combatir la corrupción debe ir acompañada de la dotación de una capacidad real de los cuerpos y fuerzas de seguridad del Estado para que puedan investigar los hechos. Precisamente, una de las mayores dificultades de estos delitos, en comparación con otros, es la obtención de pruebas. La corrupción y el crimen organizado son la profesionalización de la evasión del control del Estado, por lo que la capacidad y la preparación son esenciales a la hora de suplir las carencias que atañen a estas investigaciones. Por supuesto, todo ello debe ir acompañado de una actitud diligente y proactiva de los investigadores, sin que ésta pueda ser coartada por aquellos que precisamente dirigen las tramas corruptivas.

Para la preparación de la policía existen numerosas medidas, pero dada la envergadura del problema, propongo la creación de una o varias brigadas policiales con suficiente preparación para dedicarse exclusivamente a la investigación de la corrupción, dependiendo exclusivamente de los jueces y del Ministerio Fiscal.

15. *Sistema de incompatibilidades*

El principio regulador del sistema de incompatibilidades actual está expuesto en la ley de 1984 que establece la obligación de los administradores de justicia de «respetar el ejercicio de actividades privadas que puedan impedir o menoscabar el estricto cumplimiento de sus deberes o comprometer su imparcialidad o independencia». La aplicación práctica muestra, sin embargo, serias insuficiencias y carencias, teniendo un alcance muy limitado. No son ajenos a nadie los escándalos que manchan la independencia y respetabilidad de ciertas instituciones públicas y la rampante corrupción materializada en cientos de casos que merman la confianza de la sociedad en la política e incluso en la justicia. Por ello, el sistema de incompatibilidades debe acomodarse a las necesidades actuales, cuando la desconfianza en las formaciones políticas y sus dirigentes se ha convertido en una realidad tan incontestable como preocupante. La clave está en el cambio de paradigma de lo que la política es y debe ser en una democracia.

Para acabar con un sistema tradicionalmente descarado y bien arraigado en España, en el que la cadena de favores ha sido la norma, se deben establecer normas rígidas en las que se especifiquen las incompatibilidades no sólo económicas, sino también familiares, en los casos en los que pueda haber conflicto de intereses, sancionándose de forma radical el nepotismo. En este sentido, ninguno de los partidos políticos incluye medida alguna, tan sólo la misma literatura a la que nos tienen acostumbrados. Es urgente por tanto la creación de un sistema de incompatibilidades concreto, holístico y rígido que incluya a todas las instituciones, pero sobre todo al sistema judicial y al político. Estas medidas, como ya he dicho, deben venir acompañadas de una transparencia radical en la actuación y la formulación de decisiones y en la publicación de los bienes de los afectados y sus familiares inmediatos, mediante una auditoría al principio y al final de los mandatos de los cargos judiciales y políticos. La regulación de los salarios y del sueldo máximo para todo cargo público y de unos baremos determinados en función de la responsabilidad; la eliminación de los complementos; la justificación y regulación transparente de los gastos; la fiscalización de los mismos y de la ejecución de los trabajos a los que se aplican, o la eliminación de los planes de pensiones privados u otras prestaciones otorgadas por el hecho de ser cargo público y que sean pagados con cargo a los presupuestos de cualquier institución pública, como propone el Grupo Mixto del Parlamento, son medidas terapéuticas necesarias, pero insuficientes, para atajar la deriva de la corrupción.

Además, se precisa un cambio radical de mentalidad sobre lo que debe ser el ejercicio de la función pública como servicio para toda la ciudadanía y no como mecanismo de aprovechamiento personal o corporativo. Los criterios de transparencia deben regir en toda la Administración e instituciones públicas, máxime cuando se refieren a relaciones con entidades y corporaciones privadas que puedan tener intereses en el ámbito de competencia de la institución y el cargo afectados. Los regalos, ofrecimientos, deferencias, invitaciones por representación y otros beneficios que se despliegan con fines ajenos a la propia función transparente del organismo afectado, deben ser erradicados. Cualquier obsequio que pase de un valor simbólico debe ser entregado a la institución, después de que pase la debida inspección por el organismo de vigilancia competente.

Algunas propuestas pueden ser muy convenientes. Así, las relacionadas con la regulación de un sistema de dedicación absoluta y de incompatibilidades de todos los altos cargos de gobierno municipales, así como de los miembros de las comisiones provinciales y autonómicas de urbanismo, en relación con las responsabilidades empresariales o profesionales de nivel directivo vinculadas al sector de la construcción y el urbanismo; la creación del Estatuto de los Representantes Locales, en el que se regulen sus derechos y deberes, garantizando que los concejales que se encuentren en la oposición puedan ejercer sus funciones de fiscalización y control de los contratos y adjudicaciones municipales; la extensión del Régimen de Incompatibilidades a los diputados y senadores para dotar de mayor efectividad al marco jurídico vigente en materia de incompatibilidades y conflicto de intereses de miembros del Gobierno, de altos cargos de la Administración y demás cargos públicos, para garantizar la separación entre las actividades privadas y las públicas, y para que ejerzan sus funciones oficiales en régimen de dedicación exclusiva.

De una vez por todas, se ha de conseguir que la función pública quede dignificada y que su ejercicio se asuma como propio, con la dedicación que, como parte de una sociedad, nos corresponde y sin recibir nada a cambio (con independencia de la retribución justa que corresponda). La percepción de cantidades suplementarias por los funcionarios y autoridades a cambio de su presencia o de un conocimiento surgido no tanto de su valía como persona como adquirido en el ejercicio del cargo, no debe ser utilizada en beneficio propio sino del organismo representado. Por ejemplo, en la Corte Penal Internacional cualquier persona que trabaje en ella, desde los jueces y fiscales hasta el último experto, no cobra remuneración alguna por cursos, conferencias, participaciones científicas, etc. Todo lo que por esos conceptos corresponda va al fondo común de la corte y para finalidades propias de la misma. En España, como ya he puesto de manifiesto antes, es vergonzoso ver como bufetes de abogados, fundaciones, sociedades, empresas y *lobbies* contratan a jueces, fiscales, políticos y altos funcionarios, a los que «compran» con remuneraciones que muchas veces reciben de forma opaca o en especie (vacaciones, viajes de familiares, programas de entretenimiento en congresos pagados por corporaciones interesadas, etc.).

Es decir, mientras todas estas «pequeñas cosas» no se corrijan y se erradiquen, las mentalidades no cambiarán, el aprovechamiento personal y tramposo estará presente, y cualquier medida anticorrupción fracasará.

16. *El Ministerio Fiscal: el fiscal investigador y el juez garante del debido proceso*

«Desde hace décadas, venimos debatiéndonos acerca de cuál deba ser el modelo a seguir en el ejercicio de la acción penal y cuál debe ser el órgano instructor del proceso penal. España es uno de los pocos países que se resiste a perder el modelo inquisitivo, manteniendo al juez de instrucción como el responsable de la investigación penal a la vez que garante de los derechos de los justiciables. Sistemáticamente se ha sostenido que este modelo ofrece muchas más garantías que el que representaría un fiscal investigador.»[40]

Las recriminaciones de los que quieren mantener la figura del juez como encargado de la investigación por su independencia e imparcialidad, olvidan que es muy difícil que éste mantenga esa cualidad en un sistema en el que su propia configuración lleva al juez a acabar la instrucción con carácter incriminatorio en la gran mayoría de los casos. Es decir, por su propia seguridad, la tesis inculpatoria es la que triunfará siempre, mientras que las garantías de imparcialidad quedarán bastante maltrechas. Sin embargo, un Ministerio Fiscal verdaderamente autónomo e independiente del Gobierno sería la verdadera garantía para la imparcialidad de una justicia del siglo XXI.

El Anteproyecto de Ley de Enjuiciamiento Criminal propone que la instrucción del caso sea competencia del Ministerio Fiscal eliminando esa facultad del juez de instrucción, pero se olvida de resolver aquella falta de independencia, al menos en su cúspide, del Ministerio Fiscal. En este sentido, la misión del fiscal es la promoción de la acción de la justicia en defensa de la legalidad, de los derechos de los ciudadanos y del interés público tutelado por la ley, de oficio o a petición de los interesados, así como velar por la independencia de los tribunales y procurar ante éstos la satisfacción del interés social. Al ser elegido el fiscal general por el Poder Ejecutivo y depender su duración de la del gobierno de turno (cada cuatro años o menos si cesa antes), su independencia e imparcialidad son difícilmente constatables de forma objetiva. Además, siendo el Ministerio Fiscal una institución jerárquica, las decisiones de los fiscales están inevitablemente influidas por las decisiones que tome el fiscal general, que a su vez ha sido elegido por el Poder Ejecutivo. Mecanismos como el Consejo Fiscal, que debe ganar en autonomía e imparcialidad, o la Junta de Fiscales de Sala tienen alcance meramente consultivo, y las posibilidades de oponerse a órdenes ilícitas o controvertibles, jerárquicamente impartidas, por parte de los y las fiscales son escasas y, aunque amparadas por el Estatuto del Ministerio Fiscal, rara vez se utilizan. En esas ocasiones, se trata de actitudes heroicas que llevan a quien las adopta (normalmente los mejores) a la marginación orgánica y funcional, a la presión, la persecución y el «ajuste de cuentas» por no cumplir las órdenes o simplemente por considerárseles díscolos en una estructura oficial jerarquizada, implacable. Todo esto resulta bastante paradójico teniendo en cuenta, como he mencionado en primer lugar, que es precisamente el Ministerio Fiscal el encargado de velar por la legalidad.

El actual ordenamiento jurídico español y los cambios propuestos por el Anteproyecto de Ley de Enjuiciamiento Criminal ofrecen escasos preceptos que garanticen la absoluta independencia de un ministerio público encargado de dirigir la investigación de procesos judiciales. Es necesaria una armonización entre el proyecto y la actual estructura del Ministerio Fiscal que implique una garantía de independencia e imparcialidad a lo largo de la instrucción de un caso. Urge diseñar un paquete de reformas que ubique la posición de la fiscalía en el contexto judicial y político, quedando ésta plenamente desvinculada del Poder Ejecutivo.

En función de lo expuesto, el cambio necesario se basa en dos ideas principales, la reestructuración de la función y composición del

Ministerio Fiscal, pasando éste a asumir la instrucción del proceso judicial y limitando la función del juez a la de garante del debido proceso, y el refuerzo de la independencia y despolitización del Ministerio Fiscal respecto del Poder Ejecutivo.

La designación del fiscal general debe realizarse ante las cámaras legislativas, defendiendo su trayectoria personal y profesional y un programa de actividades, y su nueva función y sus responsabilidades deben regularse mediante un estatuto que garantice la autonomía y la independencia en la adopción de sus decisiones, con un sistema preestablecido de obligaciones, responsabilidades y causas de cese.

17. *Una fiscalía especial anticorrupción*

Una fiscalía especial contra la corrupción tiene sentido si su actividad está rodeada de todo un elenco de garantías que impidan toda interferencia del Poder Ejecutivo, directa o indirectamente, en las labores que desarrolle. Una forma de intervención, que tendría que estar vetada, puede reflejarse en el hecho de que sea el fiscal general del Estado el que decida qué asuntos ha de tramitar esta fiscalía y cuáles no (como sucede en la actualidad). Sin una auténtica capacidad de obtención y elaboración de información por parte de esta fiscalía y de las unidades policiales independientes que se integren en la misma, difícilmente podrá desarrollar una labor positiva, que en cualquier caso no podrá verse sometida a control negativo posterior. Es decir, que una vez iniciada una investigación, no podrá abortarse, impedirse o prohibirse por orden superior, con lo cual se ejercería una clara independencia hasta el final.

La introducción de este doble mecanismo de investigación independiente (una fiscalía especial con las garantías mencionadas), con autoridad directa y exclusiva sobre las unidades policiales especializadas, sería una medida de tal calado que, muy probablemente, a largo plazo se constituiría en garantía de limpieza, siempre y cuando dispusieran de la correspondiente dotación presupuestaria, que permitiera desarrollar un programa sistemático de métodos de investigación del fenómeno, estableciendo recursos, prioridades y objetivos, que podrían estar distribuidos por sectores, regiones o clases de Administración (central, autonómica, provincial y municipal) y procurar asimismo las garantías de la actuación frente al organismo administrativo sospechoso de corrupción.

18. *Oficina Pro Derechos Humanos y Anticorrupción, para combatir el fenómeno de la corrupción y su asociación al crimen organizado desde el respeto a las garantías y los derechos humanos*

En el combate de la corrupción deviene primordial propiciar mecanismos efectivos para la reinstauración de los valores democráticos de probidad, ética en la gestión pública y confianza de la sociedad en las instituciones públicas aspectos duramente mermados a lo largo de tantos años de corrupción y fango. Además, este combate debe ir acompañado de una mayor efectividad en la persecución del crimen organizado y sus estructuras, garantizando plenamente los derechos humanos y los mecanismos de control que exige el Estado de derecho.

En este sentido, mi propuesta se materializa en la creación de una Oficina Española Pro Derechos Humanos y Anticorrupción, un órgano cuasijudicial con personalidad jurídica propia e independiente, cuya misión sea precisamente la fiscalización de los miembros y actuaciones de la Administración Pública a todos los niveles —nacional, autonómica y local—, así como del Parlamento. El director de la entidad sería elegido por el Parlamento, a propuesta del Gobierno, por un período de nueve años y tendría la obligación de rendir cuentas a una comisión formada por miembros del Senado y el Congreso. Sus miembros estarían sujetos a un estricto sistema de incompatibilidades. La Oficina podría recibir, de parte de cualquier ciudadano, la denuncia del comportamiento, hechos o conductas que puedan estar relacionadas con la corrupción, el crimen organizado y/o la violación de derechos humanos. Esta denuncia sería una obligación —y en consecuencia, la falta de denuncia podría ser sancionada— para todo funcionario o personal público, miembro de las instituciones del Estado, representantes legales y personal de las empresas, fundaciones y otras corporaciones públicas o privadas que tengan relación con el sector público. Para una plena y eficaz realización de sus funciones la Oficina tendría acceso a cualquier información, dato, documento o registro en poder de las organizaciones públicas y personas físicas o jurídicas públicas o privadas afectadas, siempre que tenga relación con la actuación emprendida y que se respeten los derechos respectivos del afectado.

19. *Proteger al denunciante, a los testigos y/o al arrepentido*

En diversos capítulos de este libro, he sostenido que un buen número de casos de corrupción aparecen porque alguna persona en la cadena de corrupción decide salir de ella, por razones más o menos loables. Los arrepentidos se enfrentan, con la actual legislación en la mano, al ostracismo social, lo cual dificulta la posibilidad de desenmascarar la trama delictiva. Debería, como también se hace con los comportamientos desleales en el ámbito de la competencia de mercado, regularse el estatuto del denunciante, el testigo protegido y el arrepentido para garantizar no sólo la protección, sino también las condiciones y garantías en las que debe producirse el testimonio o la colaboración.

En este sentido, merece especial atención la campaña «Restarting the Future», que está fraguando una plataforma de asociaciones sin ánimo de lucro para la creación de una cultura anticorrupción en Europa, facilitar el descubrimiento de los casos de corrupción y empoderar a la sociedad civil en su lucha. Su nacimiento obedece a la necesidad de superar la circunscripción de la corrupción y la mafia de un problema nacional, de los estados miembros, a un fenómeno internacional y trasladarlo a la verdadera realidad a la que afecta. La asunción de la lacra de la corrupción como un problema de índole europea y mundial pone en evidencia la necesidad de la actuación en el ámbito de la Unión, como primer peldaño internacional, a través de la promulgación de una regulación efectiva en materia de transparencia e integridad, la protección de los delatores de las tramas de corrupción y, sobre todo, la continuidad de las investigaciones en los hechos revelados.

La creación de un intergrupo en el Parlamento, que ha recibido el apoyo del PSOE, de IU, de UPyD y de ICV (es notoria la ausencia del PP), busca la elaboración de una propuesta de redacción de una directiva europea sobre la denuncia de irregularidades, que proteja a aquellos que deciden denunciar la corrupción, y de garantías de investigación de los hechos que se revelen.[41] Sólo cinco de los veintiocho estados miembros (menos de un 20 por ciento) cuentan con una regulación exhaustiva que proteja a los denunciantes de irregularidades. Un 54 por ciento de los estados miembros tienen una regulación parcial, y, finalmente, un tercio de los estados, entre los que se encuentra España, no tiene ningún tipo de regulación o ésta ofrece una protección y garantías muy débiles. Se pretende asimismo la creación de la figura del fiscal europeo que luche contra la corrupción y el crimen organizado y que investigue quiénes son los beneficiarios de las tramas corruptivas. Esta red, en la que se halla FIBGAR, pretende igualmente garantizar el cumplimiento de la legislación vigente sobre el blanqueo de dinero, reforzar las sanciones penales y, por último, promover la definición de los «ecocrímenes» para resolver el problema de los residuos tóxicos conectado a los crímenes medioambientales.[42] Esta nueva iniciativa, similar a las que iniciamos jueces, fiscales, periodistas, políticos y otros profesionales y la sociedad civil en 1994, 1996, 1997 y 2003, debe ser apoyada y desarrollada hasta hacerla una realidad tangible.

20. *Aforamientos*

El aforamiento indica una desconfianza hacia el Poder Judicial en la que parece que son más fiables determinados jueces nombrados de diferente forma que otros magistrados profesionales. Se debe promover la eliminación de toda clase de aforamientos en favor de una justicia más igualitaria. Sería una medida que no precisaría de reforma constitucional y que facilitaría un trato equitativo entre todos los ciudadanos. En todo caso, en los supuestos referidos a casos de corrupción, de existir indicios de criminalidad, así apreciados por el juez en una resolución motivada y con mención expresa y definida a la posible participación del afectado, debería producirse la suspensión cautelar, que podría ser impugnada y resuelta sin solución de continuidad en el breve tiempo en el que se fije, y ello con independencia de las medidas o disposiciones del código deontológico que adopte el partido o la institución a la que pertenezca el sujeto.

21. *Sistema de financiación de los partidos políticos y los sindicatos*

La corrupción supone un coste para la economía europea de un 1 por ciento de su PIB. En España la corrupción está fundamentalmente ligada a la financiación de los partidos políticos, por lo que no cabe posible argumentación en contra; las cuentas de los partidos políticos y de los sindicatos deben fiscalizarse. Al final, el combate contra la corrupción en los partidos políticos depende de las propias formaciones, de su voluntad a la hora de adoptar códigos éticos internos y de crear órganos internos de control. Es verdad que España firmó en 2003 la recomendación del Comité de Ministros del Consejo de Europa a los estados miembros relativa a las reglas comunes contra la corrupción en el financiamiento de los partidos políticos y las campañas electorales, pero, más allá de esa firma, España no ha hecho nada por aplicar alguna de dichas recomendaciones. La Ley Orgánica 4/2007 de Financiación de Partidos Políticos, que sustituyó a la anterior de 1987, se supone que da cumplimiento a estas recomendaciones. Esta ley se modificó de nuevo en el año 2012 para reducir el importe de las subvenciones que perciben los partidos políticos para ajustarse aparentemente a la recomendación del Consejo de 2003.

La recomendación señala que los estados deben establecer normas específicas para evitar los conflictos de intereses, garantizar la transparencia de las donaciones evitando las que sean secretas y garantizar la independencia de los partidos políticos para su cumplimiento. En suma, que las donaciones a los partidos políticos deben ser siempre públicas, en particular aquellas que excedan de un cierto límite, que debería establecerse por ley. En cuanto a las donaciones realizadas por personas a los partidos políticos, la recomendación establece que estén registradas en los libros y las cuentas de las entidades jurídicas, y que a los accionistas y miembros individuales de dicha persona jurídica se les informe convenientemente de estas donaciones. Además, los estados tomarán las medidas destinadas a limitar, prohibir o regular de forma estricta las donaciones de personas jurídicas que suministren bienes o servicios de cualquier Administración Pública. También habla de hacer pública la lista de donantes, pues la publicación de información es primordial para garantizar la transparencia de los activos de los partidos políticos. Por último, se prohíben expresamente las donaciones por parte de personas jurídico-públicas, incluyendo entidades relacionadas, directa o indirectamente, con los partidos políticos.

En España existen aún numerosas lagunas con respecto a todas estas medidas, pues los contratistas públicos aún pueden canalizar el pago de dádivas a través de asociaciones o fundaciones políticas, que están exentas de la prohibición general, si bien recientemente se han fijado límites, por fin, a la práctica, de todos conocida, de utilizar las fundaciones próximas o «amigas» como vía de financiación ilícita. En este punto, y como el propio Tribunal de Cuentas —sobre el que sigue planeando la duda de su imparcialidad— indica en su resolución de 2013 ya citada en esta obra, el control debe ser efectivo y exhaustivo. Veremos hasta dónde llega ese planteamiento y cómo se compagina con el amago de investigación que ha propuesto el fiscal de dicho tribunal en diciembre de 2014.

La incorporación de la financiación irregular de los partidos políticos como conducta punible en el Código Penal, así como de otras conductas que desembocan en la misma finalidad, que algunos pedíamos ya en 1994, es bienvenida, aunque haya tardado veintiún años en plantearse seriamente. 2015 es año electoral en España, y por tanto la inflación de propuestas políticas nos puede dejar sin aliento por su volumen y «contundencia». Pero, como dice el refrán, «una cosa es predicar y otra dar trigo». Es decir, hasta donde existe una verdadera voluntad de cumplimiento y desarrollo sostenible de estas medidas y propuestas. Si se habla de pactos, ¿por qué, de una vez por todas, no deciden los diferentes partidos firmar un pacto por el que rija absolutamente la transparencia en todos los ámbitos de la función pública, todas las cuentas comprobables y expuestas a los ciudadanos, todas las aportaciones conocidas, todas las licitaciones sin trampa, control ciudadano de la lucha contra la corrupción y otras similares? A pesar de que esto no sucederá, tengo la esperanza de que la sociedad civil y los nuevos movimientos políticos exijan ese cumplimiento, participando de forma proactiva en el combate contra la corrupción y las formas ilícitas de aprovechamiento de lo público, hasta el punto de que los comportamientos irregulares o delictivos queden expuestos. Es obligación de todos nosotros no permitir que ésta sea, de nuevo, una ocasión perdida. No se nos ofrecen tantas posibilidades para erradicar el mal.

22. *Responsabilidad de los medios de comunicación*

Como hemos visto a lo largo de este libro, los medios de comunicación desempeñan un papel clave en la denuncia de los casos de corrupción cuando éstos se quieren ocultar o se pretende arrojar un manto de silencio sobre ellos. Tienen la misión primordial de denunciar la inexistencia de voluntad política, la falta de actuación de la justicia, el ocultamiento interesado, la trampa y la mentira que destilan las corporaciones en sus diferentes tratos con las Administraciones e instituciones públicas, o las conveniencias o supuestas razones de Estado que tan sólo buscan la impunidad personal frente a conductas punibles o éticamente reprochables.

Pero no debe olvidarse que los medios de comunicación no pueden ni aun deben sustituir a los mecanismos del Estado en la investigación y persecución de la corrupción o de cualesquiera otros comportamientos ilícitos, y, por ende, no son los que tienen que juzgar y condenar, asumiendo un papel que no les corresponde y sin las garantías que ofrece el Estado de derecho. La acción nociva de los denominados «juicios paralelos», las campañas pagadas o impulsadas por intereses políticos, económicos, o por otras razones, son esencialmente corruptas, y si permean a los medios de comunicación o a algunos de ellos, la democracia se degrada y se destruye. Los intereses corporativos, especialmente en los medios, no pueden estar por encima de los intereses de los derechos de los ciudadanos que garanticen la libertad de expresión, el acceso a una información veraz, la distribución de la misma y el conocimiento de aquellas informaciones sensibles que les afecten como parte de una sociedad libre y democrática.

Por ello, son especialmente graves los intentos de amordazar a la prensa desde el Estado o mediante la creación de normas legales o acciones judiciales que limiten dichos derechos y aquellos otros artificios desarrollados por las corporaciones propietarias de los medios que anteponen el negocio y el interés particular, económico y corporativo frente a cualquier derecho ciudadano a la información. Estas decisiones, que prescinden del derecho y se centran en el negocio, han sido en algunos casos vehículos de oscurantismo y corrupción por interés corporativo, control del mercado de la información, apoyos interesados a determinados comportamientos políticos espurios, ocultamientos, segmentación o manipulación informativa, que no han ayudado a clarificar los hechos vinculados a la corrupción, sino que la han potenciado. Por tanto, medidas que garanticen la transparencia de la financiación en el ámbito de los medios de comunicación, evitando la acumulación de poder o las situaciones monopolísticas, deben ser abordadas para que el equilibrio se mantenga.

Por último, definir el marco en el que el derecho a la información y la libertad de expresión se encuentren con las garantías que deben regir en los procesos penales, es otro de los grandes retos para el futuro, en momentos en los que la comunicación lo es casi todo en las sociedades democráticas.

Epílogo

> Locura es repetir lo mismo una y otra vez y esperar resultados distintos.[1]
>
> ALBERT EINSTEIN

Toda la corrupción no cabe en un libro; cuando se cierra la edición de este —finales de febrero de 2015— me resulta imposible seguir recogiendo los nuevos acontecimientos de los diferentes procedimientos sobre corrupción que hay en todo el territorio nacional. Nuevos datos aparecen y nuevos procedimientos comienzan, como sucede con el escándalo en ciernes que afecta al sindicato CC.OO. y sus excesivos gastos en el capítulo de «viajes y reuniones» entre 2008 y 2012.[2] Quizás lleguen a justificarse estos, a primera vista superfluos, así como las facturas en restaurantes y hoteles, pero, ante la opinión pública, el efecto es ya demoledor. Igualmente, me he visto forzado a dejar fuera el caso Pokemon, con sus más de cien imputados por tráfico de influencias en Galicia y que afecta a PP, PSOE y BNG. Es el caudal que no cesa. En democracia, la apariencia resulta fundamental, y cuando se trata de instituciones tan sensibles como los sindicatos, mucho más. Cualquier explicación es necesaria, pero sobre todo la transparencia y la responsabilidad sin concesiones resultan vitales.

La continuidad incesante de la corrupción y el doble rasero democrático tienen, como paradigma, nombre propio: la «lista Falciani»

El día 1 de julio de 2012, Hervé Daniel Marcel Falciani fue detenido en Barcelona en cumplimiento de una orden internacional de detención emitida por las autoridades judiciales suizas, que solicitaban su extradición. La reclamación se basaba en una denuncia formulada por el HSBC en Ginebra en la que acusaba a Falciani de haberse apropiado, violando el secreto bancario y la obligación de confidencialidad de los empleados del banco, de miles de datos de clientes entre los meses de febrero de 1997 y diciembre de 2007. Una vez tuvo en su poder esos datos los relacionó entre sí obteniendo un perfil completo de datos personales (nombres, apellidos, edad, profesión, nacionalidad, dirección, etc.), de la información de las cuentas y de los activos de los clientes. Además, determinó la actuación de la propia entidad financiera durante todos esos años, su operativa y sistematicidad en su acción.

Una vez dispuso de esa información podría haber intentado negociar con ella, si bien lo único que quedó acreditado es que en julio de 2008 Falciani comenzó una estrecha colaboración con las autoridades tributarias y judiciales de distintos países que continúa en la actualidad.

¿Debía España entregar a Falciani a las autoridades suizas? ¿Había cometido los graves delitos que se le imputaban? ¿Debía ser perseguido por ello? La respuesta que dio la fiscal Delgado primero, y la Sala de lo Penal de la Audiencia Nacional después, fue que no. La justicia española entendió, acertadamente, que este empleado del HSBC había cumplido con su deber y con la obligación de denunciar hechos muy graves y colaborar en su descubrimiento.

Siendo realmente trascendente la información aportada por Falciani, lo más importante es la descripción que este informático, de forma precisa, realizó del patrón de conducta del HSBC, de su actuación sistemática contribuyendo a la opacidad del sistema financiero y determinando una falta absoluta de transparencia que podía amparar el fraude, la corrupción, el lavado de dinero o la financiación del terrorismo, tal y como las autoridades norteamericanas establecieron en su momento. Una actividad que, como señaló de forma contundente la fiscal Delgado en su informe de extradición y ya descrita por las autoridades tributarias, «hacía del propio banco un paraíso fiscal en sí mismo».

Tras las informaciones de Falciani se ofreció la posibilidad de que los evasores regularizasen su situación e impidiesen de ese modo una sanción penal. Algunas actuaciones, además, encubrieron actividades de blanqueo que se saldaron con meros pagos administrativos. Sin embargo, la pregunta que todavía necesita respuesta es por qué no se inició un procedimiento contra el HSBC, como sí ocurrió en otros países, por ejemplo en Estados Unidos.

«Las conductas de ocultación de rentas y patrimonios podrían haber sido amparadas, cuando no favorecidas, por la propia entidad bancaria HSBC. Así, existen indicios de que la mencionada entidad, bien a través de sus oficinas centrales en Suiza, bien a través de sus sucursales en territorio español o terceros países, pudo ofrecer a personas físicas residentes en España la posibilidad de colocar sustanciales sumas de dinero en cuentas patrimoniales opacas, a través de las cuales se invertía a su vez en activos de distinta naturaleza. En este sentido, existen indicios que permiten afirmar que, a efectos de evitar la aplicación de la Directiva Europea del Ahorro, la propia entidad bancaria, a través de sus sucursales y empleados, facilitó a sus clientes la creación de estructuras fiduciarias y sociedades pantalla constituidas en paraísos fiscales, a través de las cuales se canalizaba, de manera opaca y segura, la inversión realizada por las personas físicas residentes en territorio español.»[3]

Una nueva pregunta surge aquí y es urgente que se conteste: ¿por qué ni la policía, ni el ejecutivo, ni la fiscalía anticorrupción, a pesar de las evidencias, iniciaron una investigación al respecto? Ahora la Audiencia de Madrid ha ordenado que se reabra el procedimiento contra dos funcionarios de Hacienda por no haber iniciado en mayo de 2010, durante el Gobierno de José Luís Rodríguez Zapatero, inspección tributaria contra 558 evasores cuyas deudas no habían prescrito. Veremos el resultado de la investigación.

Mientras tanto, se concedió la amnistía a los implicados (identificados de entre casi tres mil cuentas), otorgándoles un plazo para regularizar lo defraudado en vez de aplicarles la legislación vigente, como ocurre con el resto de los ciudadanos. Pero no sólo eso: los nombres de las personas físicas son menos del 10 por ciento del total. Resulta, sin duda, llamativo que no se publique el nombre de ninguna empresa cuando éstas constituyen el grueso de la lista, lo que manifiesta la existencia de una doble vara de medir que oculta los intereses particulares de las personas que forman las instituciones del Estado. No existe voluntad de combatir la corrupción cuando se sigue discriminando a unos en favor de otros. Según la propia Agencia Tributaria española, el 74 por ciento del fraude fiscal se centra en las grandes familias, las grandes empresas y la gran banca, un total de 44.000 millones de euros que el Estado no se atreve o no desea recoger, demandar e ingresar. Es bien sabido que cualquier ciudadano no perteneciente a estos grupos privilegiados lo tiene mucho más difícil a la hora de evadir impuestos.

Finalmente, cuando, en febrero de 2015, se ha publicado en diversos medios de comunicación la «lista Falciani», toda la ciudadanía (excepto los evasores y quienes consintieron la impunidad) se ha quedado una vez más sin habla y con una especie de síncope, que se añade con efectos de destrucción masiva a la cadena de impunidad que la corrupción comporta.

El reparto de dinero enfangado en favores, incumpliendo las más elementales reglas democráticas, debería avergonzar a los que dirigieron las estructuras responsables durante todos estos años. Sin embargo, ninguno de los máximos responsables está ni estará en el banquillo de los acusados. Incluso algunos lo mismo se presentan a las elecciones (y ganan) o proponen amplias medidas de regeneración democrática, que algunos creerán, asumiendo estos postulados, y con mente relajada se dirán nuevamente: «¡Tampoco fueron tan malos! ¡Los demás eran peores! ¡Hicieron cosas buenas! ¡Total, esto nunca va a cambiar!». Pero esta huida hacia delante no conduce si no a poner un parche más y a sellar una época sin resolver el verdadero problema que subyace en toda esta suciedad: una forma de hacer política que desde la dictadura viene desarrollándose sin demasiadas alteraciones. Es ese modelo el que hay que combatir, y para ello no pueden continuar al timón aquellos que han provocado el hundimiento. Se precisa un corte profundo, quirúrgico, para acabar con todos aquellos que nos han conducido a esta situación o lo han consentido o disfrutado, y eso sólo lo puede hacer el pueblo. En estos tiempos revueltos, muchos, como las serpientes, están cambiando de piel para acomodar su discurso al de la regeneración. Pero son los mismos rostros ocultos tras distinta careta, la misma voluntad de que todo cambie para que nada cambie.

Y es que la regeneración democrática es en realidad la actitud y el convencimiento de que las cosas deben ser de otra forma y de que la política no es un negocio ni algo que se desarrolle a espaldas de la ciudadanía, engañándola. Si la indignación activa no estalla ni se mantiene en todas las calles y plazas e inunda de nuevo las avenidas, tendremos que asumir que el fango debe formar parte de nuestra vida política (¿democrática?), y habrán ganado los que creen que la corrupción no puede ni debe combatirse, sino que hay que asumirla y acomodarse a ella. Obviamente, yo no me encuentro en esa parte de la sociedad, y espero que ustedes tampoco.

Realmente, después de todas estas páginas, uno se pregunta si no había otra forma de haber hecho las cosas. Tan indiferentes hemos sido los españoles que hemos consentido la corrupción permanente de esta gente que lo único que ha buscado ha sido el beneficio personal a través de trampas, paraísos fiscales, mentiras, engaños, estafas y cohechos, cuando lo único que tenía que hacer era cumplir su contrato social con los ciudadanos ¿Dónde han quedado los valores que estas personas y las formaciones a las que pertenecen decían defender? Y lo más importante: ¿vamos a seguir consintiendo esta situación? ¿Deberemos callar y continuar sometidos a las explicaciones que nos dan? O, por el contrario, ¿deberemos, por una vez, ser protagonistas de nuestra propia realidad, marcando lo que debe ser y no lo que otros nos dibujan una y otra vez con colores y artes trucados? La respuesta no debe dejar dudas: éste es el momento en el que los trazos deben ser firmes y nítidos. No más engaño. Absoluta determinación y transparencia.

Hay muchos políticos (y otros que no lo son: escritores, pensadores, periodistas, etc.) que proclaman de forma demasiado insistente y estridente que hay que tener cuidado, que no debemos oír los cantos de sirena, que vivimos en una sociedad formada y compacta en el seno de la Unión Europea que no se puede resquebrajar, que tengamos cuidado con quienes sólo venden humo. Y uno se pregunta qué es lo que ellos están ofreciendo. ¿Quizá continuar con los mismos esquemas a la espera de que de nuevo nos hundamos un poco más en el fango al que esas mismas teorías y planteamientos nos han llevado? ¿Quizás personajes como Berlusconi o sabios estadistas como Mariano Rajoy? ¿O quizás grandes multinacionales que buscan el beneficio por encima de cualquier respeto de los derechos humanos?

En estos últimos años he tenido la oportunidad de conocer sociedades y realidades diferentes a la nuestra. A veces los problemas son similares, pero las condiciones son siempre distintas. No es lo mismo estar en una villa miseria de Buenos Aires o en un *slum* de los suburbios de Nairobi que en el centro de Madrid, París o Manhattan; en una selva colombiana o en un resguardo indígena que en las calles de Ginebra, capital de los derechos humanos pero también de la banca; en un estado de México con graves problemas de seguridad y delincuencia como Tamaulipas, Chihuahua o Morelos que en la ciudad del Vaticano, la cual, con la llegada del papa Francisco, parece que se abre a la transparencia. Efectivamente, no es lo mismo, pero hay un denominador común en todos y cada uno de estos espacios y lugares: la corrupción y la permisividad hacia ella afectan a todos. Y se trata de una especie de cáncer que impide la implantación y consolidación definitiva de la democracia.

Si somos conscientes de la escasez de recursos, la contaminación, la demografía (nueve mil millones de personas en 2050), las pandemias, los avances de la ciencia, la tecnología y la economía, que ponen en grave riesgo todo lo construido hasta ahora, la pregunta que debemos plantearnos es cómo tenemos una visión tan cortoplacista que sólo nos permite ver el aprovechamiento inmediato y no la agonía del enriquecimiento que nos lleva a morir ahogados en un fango que nosotros mismos hemos contribuido a crear ¿No somos capaces de crecer en las turbulencias que la humanidad está sufriendo y diseñar un sistema que nos salve a nosotros y al mundo?

La corrupción, como ejemplo de la exacerbación del individualismo rampante, anula toda esperanza de supervivencia solidaria y potencia la confrontación con el otro. La decisión común de combatir esta lacra que todo lo permea es la única posibilidad de superar esa tendencia. De nada valen las normas existentes ni las que se puedan crear si falta una auténtica voluntad de aplicarlas y de vivir conforme a sus postulados.

Cuando veo que las cumbres internacionales se suceden y que los líderes mundiales, ya se reúnan en Davos, en Berlín o en Nueva York, no son capaces de adoptar acuerdos permanentes que salven el planeta, llego a dudar de la viabilidad eterna del ser humano y me instalo en el pesimismo más absoluto. Pero, a pesar de ello, aún tengo fuerzas para recomenzar la lucha.

El combate contra la corrupción es un esfuerzo conjunto y universal. No existe una visión local de la misma, separada del resto del mundo. Sus formas son similares y por ello su persecución ha de hacerse de forma no sólo coordinada, sino también decidida y definitiva.

A lo largo de este libro, vano intento de glosar en un solo texto lo que ha sido y es un fenómeno arraigado y extendido en toda la sociedad, he procurado compartir con ustedes una serie de reflexiones que creo importantes, al menos para mí, para recuperar la esperanza. A veces, sólo algunas veces, dudo de nuestro instinto colectivo de supervivencia; al contrario que en otras especies, nuestro sentido de comunidad universal con intereses comunes se ha manifestado muy pocas veces y ha durado poco. No obstante, siento la urgencia vital de pensar que esta vez será la definitiva. Tal vez es el momento de asumir que ninguno de nosotros tenemos la solución, pero que sí disponemos del trabajo común y que éste puede y debe ser coordinado para poder recuperar la esperanza y vencer a la corrupción, reivindicando el esfuerzo y el espacio que como ciudadanos nos corresponde frente a quien se empeña en negárnoslo.

La tranquilidad aparente que nos ofrece el progreso científico de poco puede valernos si después, por culpa de políticas capitalistas extremas, no podemos acceder a aquellos instrumentos que pueden coadyuvar a paliar los efectos del problema. Ha llegado el momento de que se produzca una reunificación solidaria entre todos los miembros de la sociedad que sintamos la necesidad de cambiar y reconducir la difícil situación en la que estamos. Como dice Amin Maalouf en su libro *El desajuste del mundo*, «las visiones más ambiciosas no son forzosamente las más ingenuas».

Me propuse, al comienzo de este libro, acabarlo con un mensaje de esperanza, pero debo reconocer que me está costando hacerlo. Los acontecimientos no me dejan, los insultos e imputaciones cruzados de políticos, empresarios, banqueros, sindicatos, periodistas y otros me lo impiden. Por su parte, los abogados de los afectados reclaman la presunción de inocencia, como corresponde en un Estado de derecho, pero a la vez, igual que los tribunales, piden y deciden, respectivamente, que no se deben tomar decisiones relevantes en estos casos porque perturban la «paz electoral». Tengo mis dudas de que esta postura sea la acertada. Es decir, si la corrupción no se detiene, sino que se expande en cualquier momento a través de delitos electorales, financiación irregular, concesiones o licitaciones amañadas para que incidan en unas elecciones; si los políticos y los demás copartícipes hacen sus trampas antes, durante y después de los periodos electorales, en función de sus intereses, ¿por qué razón la justicia ha de detenerse en ese período? Los tiempos de la justicia deben ser marcados por la ley y no por el criterio de oportunidad de una decisión de un tribunal que con esa posición deforma la realidad del país en el que están sucediendo estas ilegalidades el mismo día de la votación. Los votantes deben saber a lo que se enfrentan y a quiénes votan, y si se cruza una investigación penal contra ellos, deberán hacer su reflexión y valorar lo que decidan, y si fue una trampa o una decisión viciada, el que la llevó a cabo, ya sea juez, fiscal o cualquier otro, deberá responder. La tutela a los votantes es algo que debe ser erradicado en una democracia. Día a día, se conocen los hechos, los datos, los avances y retrocesos. ¿Por qué no ha de tenerse en cuenta también lo que acontece en el ámbito judicial, en favor o en contra? Sólo así podremos comprender el alcance de la realidad y contestar a quienes afirman que la corrupción no tiene incidencia en unas elecciones, como en todas las facetas de la vida social. Es inaceptable para mí asumir que el voto pueda santificar a quienes han mercantilizado y prostituido la democracia, comprando y vendiendo voluntades, mintiendo y utilizando los más abyectos ardides para permanecer en el poder. El voto no convalida la corrupción, pero sí contribuye al hundimiento en un fango cada vez más espeso y que empobrece no sólo la economía, sino también la moral del pueblo.

ANEXO. Principales casos de corrupción en España

Casos	Principales imputados	Estado del proceso	Punto
Barcelona Traction	Gobierno franquista, Banca March.	Concluido	Madrid
Matesa	PSOE, juez Marino Barbero Santos.	Concluido	Madrid
Fidecaya	Propietarios Fidecaya y Juan Aldaz Isanta (inspector general de seguros).	Concluido	Madrid
Filesa	Carlos Navarro, Josep Maria Sala, Aida Álvarez (PSOE), Luis Oliveró y Alberto Flores (Filesa), Eugenio Marín y Francisco Molina Vivas (empresarios).	Concluido	Madrid
GAL / fondos reservados	ex general Enrique Rodríguez Galindo, ex gobernador de Guipúzcoa Julen Elgorriaga, teniente coronel Ángel Vaquero, ex guardias civiles E. Dorado y F. Bayo.	Concluido	Madrid
Roldán	José Barrionuevo, Rafael Vera, Julián Sancristóbal, Ricardo García Damborenea (todos altos cargos del PSOE).	Concluido	Madrid
Naseiro	Rosendo Naseiro, Salvador Palop, José Luis Sanchís.	Concluido	Madrid
Gürtel	Luis Bárcenas, Ángel Sanchís, Álvaro Lapuerta, Jesús Sepúlveda y Alberto López Viejo (todos cargos del PP); Francisco Correa, Pablo Crespo y Álvaro Pérez.	Instrucción concluida	Madrid
Bárcenas	Luis Bárcenas y su esposa Rosalía Iglesias Villar; Ángel Sanchís Perales; Álvaro Lapuerta Quintero.	En proceso de instrucción	Madrid
Juan Guerra	Juan Guerra, hermano del entonces vicepresidente del Gobierno español, Alfonso Guerra.	Concluido	Sevilla
Pallerols	Vicenç Gavaldà (ex secretario de Organización de Unió Democràtica de Catalunya) y Fidel Pallerols (empresario).	Concluido	Barcelona

Casos	Principales imputados	Estado del proceso	Punto
Palau	Félix Millet y Jordi Montull.	Concluido	Barcelona
ERE	227 imputados. Implicadas las aseguradoras Vitalia y Uniter, además de consultoras y bufetes de abogados.	En proceso de instrucción	Sevilla
Matas / Palma Arena	Jaume Matas, Maria Antonia Munar, Antonio Alemany, Pepote Ballester, hermanos arquitectos García Ruiz-Pieza 25 del caso Nóos.	Pendientes de juicio	Mallorca
Fabra	Carlos Fabra.	Concluido. Petición de indulto	Valencia
Malaya	70 imputados; 27 condenas: Juan Antonio Roca, Marisol Yagüe, Julián Muñoz, Tomás Reñones, Jesús Ruiz Casado, José María González de Calda, Rafael Gómez, Sandokan, José Antonio del Nido.	Concluido	Marbella
Casos alcaldes catalanes	44 alcaldes catalanes.	En instrucción	Barcelona
El Pocero	imputado José Luis Martín Jiménez.	En instrucción	Toledo
Noos	Luis Carlos García Revenga, Jaume Matas i Palou, Ana María Tejeiro Losada, Diego Torres Pérez, Iñaki Urdangarin Liebaert, Cristina de Borbón y Grecia, Infanta de España.	En instrucción	Madrid
Los Albertos	Alberto Cortina y Alberto Alcocer.	Concluido	Madrid
Javier de la Rosa - Kio	Javier de la Rosa	Concluido	Barcelona

Casos	Principales imputados	Estado del proceso	Punto
Rumasa	Ruiz Mateos.	Concluido. Ruiz Mateos tiene abiertas numerosas causas.	Madrid
Banesto / Mario Conde	Mario Conde.	Concluido	Madrid
Banca Catalana	Florenci Pujol, Jordi Pujol i Soley, Francesc Cabana i Vancells.	Concluido	Barcelona
Oleguer Pujol	Familia Pujol.	En instrucción	Barcelona
Bankia, preferentes, tarjetas *black*	Miguel Blesa, Rodrigo Rato.	En instrucción	Madrid
Ucifa	José Ramón Pindado y Francisco Quintero Sanjuán.	Concluido	Madrid
Prostíbulos de Castelldefels	Luis Gómez, Abundio Navas, Javier Martín Pujal y Carmelo Sanz y Raúl Pascual.	Concluido. A la espera de la sentencia del TS tras los recursos	Barcelona
Gescartera	Antonio Camacho Friaza, Pilar Giménez-Reyna.	Concluido	Madrid
Urquía	Francisco Javier de Urquía.	Concluido	Madrid
Estevill	Luis Pascual Estevill .	Concluido	Barcelona
Minutas de Marbella	José María del Nido, Jesús Gil.	Concluido. Indulto	Marbella
Funeraria	Luis María Huete.	Concluido	Madrid

Glosario

Aforamiento: El aforamiento es «un fuero especial jurisdiccional que tienen los diputados de las cámaras, que implica que las causas que se puedan seguir contra ellos sólo las pueda conocer un tribunal concreto. El Superior de Justicia para los diputados autonómicos o el Supremo para los estatales».

Alzamiento de bienes: El alzamiento de bienes es un delito socioeconómico que consiste en cualquier acción de un deudor dirigida a la sustracción u ocultación de todo o parte de su patrimonio, dirigida a que el acreedor encuentre dificultades para hallar elementos patrimoniales con los que poder cubrir su deuda. La pretensión de la persona que realiza el alzamiento de bienes es salvar todo su patrimonio o algún bien del mismo, en beneficio propio o en el de alguna otra persona, obstaculizando de este modo la ejecución que podrían seguir los acreedores.

Apropiación indebida: Los que, en perjuicio de otro, se apropiaren o distrajeren dinero, efectos, valores o cualquier otra cosa mueble o activo patrimonial que hayan recibido en depósito, comisión o administración, o por título que produzca obligación de entregarlos o devolverlos, o negaren haberlos recibido.[1]

Asociación ilícita: Artículo 515 del Código Penal: «Son punibles las asociaciones ilícitas, teniendo tal consideración: 1) las que tengan por objeto cometer algún delito o, después de constituidas, promuevan su comisión, así como las que tengan por objeto cometer o promover la comisión de faltas de forma organizada, coordinada y reiterada; 2) las bandas armadas, organizaciones o grupos terroristas; 3) las que, aun teniendo por objeto un fin lícito, empleen medios violentos o de alteración o control de la personalidad para su consecución; 4) las organizaciones de carácter paramilitar; 5) las que promuevan la discriminación, el odio o la violencia contra personas, grupos o asociaciones por razón de su ideología, religión o creencia, su sexo, orientación sexual, situación familiar, enfermedad o minusvalía, o inciten a ello».[2]

Atenuante: Son aquellas circunstancias accidentales al delito que, por incidir sobre el elemento esencial de la culpabilidad, producen el efecto de disminuir la responsabilidad criminal del sujeto determinando, en consecuencia, un menor quantum de pena.

Audiencia Nacional: Tiene su sede en Madrid y es un órgano jurisdiccional único en España con jurisdicción en todo el territorio nacional, constituyendo un tribunal centralizado y especializado para el conocimiento de determinadas materias que vienen atribuidas por ley.

Blanqueo de dinero/producto del delito: La conversión o la transferencia de bienes, a sabiendas de que esos bienes son producto del delito, con el propósito de ocultar o disimular el origen ilícito de los bienes o ayudar a cualquier persona involucrada en la comisión del delito determinante a eludir las consecuencias jurídicas de sus actos. La ocultación o disimulación de la verdadera naturaleza, origen, ubicación, disposición, movimiento o propiedad de bienes o del legítimo derecho a éstos, a sabiendas de que dichos bienes son producto del delito.[3]

Calificación de la acusación: El escrito de calificación de la acusación se encuentra regulado en el artículo 650 de la Ley de Enjuiciamiento Criminal, que determina las circunstancias que deben formularse en el mismo: a) los hechos punibles que resulten del sumario; b) la calificación legal de los mismos, así como la determinación del delito que constituyan; c) la posible participación del procesado o procesada en los hechos; d) aquellos hechos que puedan constituir circunstancias agravantes o atenuantes del delito, o exámenes de responsabilidad penal; e) las penas en que hayan incurrido el procesado o procesados, si fueren varios, por razón de su respectiva participación en el delito.

Calumnia: «Es la calumnia la imputación de un delito hecha con conocimiento de su falsedad o temerario desprecio hacia la verdad» (artículo 205 del Código Penal).[4]

Cohecho: El cohecho se puede clasificar en dos, cohecho pasivo y cohecho activo: a) el cohecho pasivo (se encuentra dentro de los artículos 419-423 del Código Penal) es cuando el funcionario acepta o solicita una promesa o dádiva para realizar un acto relativo a su cargo, y b) el cohecho activo (en los artículos 424 y 425 del Código Penal) es, desde el punto de vista del particular, cuando éste corrompe al funcionario con sus ofrecimientos y dádivas.[5]

Consejo General del Poder Judicial: El Consejo General del Poder Judicial es un órgano constitucional, colegiado, autónomo, integrado por jueces y otros juristas, que ejerce funciones de gobierno del Poder Judicial con la finalidad de garantizar la independencia de los jueces en el ejercicio de la función judicial frente a todos.

Corrupción: El hecho de solicitar, ofrecer, otorgar o aceptar, directa o indirectamente, un soborno o cualquier otra ventaja indebida o la promesa de una ventaja indebida, que afecte al ejercicio normal de una función o de una negociación en el caso de corrupción entre privados o al comportamiento exigido al beneficiario del soborno, de la ventaja indebida o de la promesa de una ventaja indebida.[6]

Cuestiones previas: «El Tribunal de Casación al establecer que el procedimiento abreviado, las cuestiones previas, tienen como objeto fundamental depurar o sanear el procedimiento despejando el debate final que se circunscribe, a cuestiones que no hayan sido descartadas en resolución previa o por acuerdo previo, sucintamente reflejando en el acto del juicio oral y posteriormente, motivado en la Sentencia».[7] Artículos, 786.2 de la LECrim: «El juicio oral comenzará con la lectura de los escritos de acusación y de defensa».

Dádivas: Don o alhaja que se da a otro, a un juez u otro funcionario público, para tenerlo favorable en la decisión de algún negocio. Equivale al cohecho.

Decomiso: Es la privación permanente de bienes por orden de un tribunal o de una autoridad competente. Cuando proceda judicialmente, también implica la confiscación.[8]

Delito de fraude fiscal: En el marco de los delitos contra la Hacienda Pública y la Seguridad Social, se encuadra el de fraude fiscal. Artículo 305 del Código Penal y siguientes: «El que por acción y omisión, defraude a la Hacienda Pública estatal autonómica, foral, o local, eludiendo el pago de tributos, cantidades y retenidas o que se hubieran debido retener o ingresos a cuenta, obteniendo indebidamente devoluciones o disfrutando beneficios fiscales de la misma forma, siempre que la cuantía de la cuota defraudada, el importe no ingresado de las retenciones o ingresos a cuenta o de las devoluciones o beneficios fiscales indebidamente obtenidos o disfrutados [...]».[9]

Delitos urbanísticos: El tipo penal básico del delito de urbanismo está tipificado en el artículo 319 del Código Penal, en el que se castiga a los promotores, constructores o técnicos directores (arquitectos, ingenieros, etc.) que lleven a cabo una construcción o edificación: 1) no autorizada en suelos destinados a viales, zonas verdes, bienes de dominio público o lugares que tengan legal o administrativamente reconocido su valor paisajístico, ecológico, artístico, histórico o cultural, o por los mismos motivos hayan sido considerados de especial protección; 2) no autorizable en suelo no urbanizable.

Denuncia: Escrito con menos formalidades que la querella con el que se ponen en conocimiento de la autoridad unos hechos delictivos.

Detención ilegal: Consiste en encerrar o detener a una persona, privando al sujeto pasivo de la facultad de trasladarse libremente de un lugar a otro, obligándole a permanecer en un determinado lugar o espacio cerrado contra su voluntad.

Empresa fantasma o empresa ficticia: Es un supuesto de fraude a la Hacienda Pública. Es un delito que se enmarca en el nuestro ordenamiento jurídico penal (como propuesta de reforma última de 2012). Se entiende por empresa fantasma aquella sin actividad real que simula relaciones laborales, con el único propósito de que los trabajadores obtengan una prestación pública.[10]

Enriquecimiento ilícito: Incremento del patrimonio de un funcionario público con significativo exceso respecto de sus ingresos legítimos durante el ejercicio de sus funciones y que no pueda ser razonablemente justificado por él.[11]

ERE: Se denomina así al expediente de regulación de empleo. Es un procedimiento que se solicita a la Audiencia Laboral para suspender o extinguir definitivamente las relaciones laborales entre una empresa y sus empleados garantizando los derechos de los trabajadores. Se solicita bajo las siguientes circunstancias: a) despido colectivo o suspensión de la relación laboral por causas económicas, técnicas, organizativas o de la producción; b) suspensión o extinción de la relación laboral por fuerza mayor; c) extinción de la relación laboral por extinción de la personalidad jurídica del contratante.[12]

Falsedad documental: Artículo 282 bis (falsedad de información económico-financiera); artículos 261, 290 y 310 (en contabilidad mercantil) del Código Penal. Artículo 282 bis: «Los que, como administradores de hecho o de derecho de una sociedad emisora de valores negociados en los mercados de valores, falsearan la información económico-financiera contenida en los folletos de emisión de cualesquiera instrumentos financieros o las informaciones que la sociedad debe publicar y difundir conforme a la legislación del mercado de valores sobre sus recursos, actividades y negocios presentes y futuros, con el propósito de captar inversiones o depositantes, colocar cualquier tipo de activo financiero u obtener financiación por cualquier medio». Artículo 261: «El que en procedimiento concursal presentare, a sabiendas, datos falsos relativos al estado contable, con el fin de lograr indebidamente la declaración de aquél, será castigado con la pena de prisión de uno a dos años y multa de seis a doce meses».[13]

Fase de instrucción: «Todas las autoridades y funcionarios que intervengan en el procedimiento penal cuidarán, dentro de los límites de su respectiva competencia, de consignar y apreciar las circunstancias así adversas como favorables al presunto reo y estarán obligados, a falta de disposición expresa, a instruir a éste de sus derechos y de los recursos que pueda ejercitar mientras no se hallare asistido de defensor» (artículo 2 de la Ley de Enjuiciamiento Criminal).

GAFI: Es el Grupo de Acción Financiera Internacional. Es un organismo intergubernamental creado en el año 1989 por los ministros de los estados. El objetivo es establecer normas y promover la aplicación efectiva de medidas legales y reglamentarias para combatir el lavado de dinero y el terrorismo. Lucha contra las amenazas relacionadas con la integridad del sistema financiero internacional. El GAFI ha creado una serie de recomendaciones que son reconocidas con el estándar internacional para la lucha contra dichas lacras.[14]

GRECO: El Grupo de Estados contra la Corrupción fue creado en 1999 por el Consejo de Europa, con la finalidad de vigilar el cumplimiento por los estados de las normas anticorrupción del Consejo. El objetivo del GRECO es mejorar la capacidad de sus miembros para luchar contra la corrupción mediante el control del cumplimiento de las normas del Consejo de Europa contra la corrupción.[15]

Grupo delictivo organizado: Grupo estructurado de tres o más personas que exista durante cierto tiempo y que actúe concertadamente con el propósito de cometer uno o más delitos graves con miras a obtener, directa o indirectamente, un beneficio económico u otro beneficio de orden material.[16]

Imprudencia temeraria: La imprudencia grave, el equivalente a la imprudencia temeraria del Código Penal anterior al de 1995 (al derogado). «Cuando supone dejar de prestar la atención indispensable o elemental, comprendiendo tanto la culpa consciente como la inconsciente, ya que no precisa una representación mental de la infracción por parte del sujeto».[17]

Imputación: Es el acto mediante el cual se acusa formalmente a una persona de un delito concreto. En el procedimiento penal sólo es juzgado el imputado. Por tanto, sólo éste puede ser condenado o absuelto. Tanto «imputado» como «procesado» se utilizan en los procedimientos penales en los que el juez instructor investiga si hay motivos para sostener una acusación por la existencia de un supuesto delito. Si se sigue en un procedimiento abreviado se trata de un imputado (artículo 775 de la Ley de Enjuiciamiento Criminal), y si estamos ante un procedimiento ordinario o común, entonces hablamos de la figura del procesado. La frontera entre un tipo de procedimiento y otro está en la pena que acarrea el delito que se investiga. Si conlleva una pena de prisión de menos de nueve años nos encontramos en un procedimiento abreviado, pero si la pena es mayor a nueve años se tratará de un procedimiento ordinario.

Indefensión real y efectiva: Según el artículo 24.1 de la Constitución española, «todas las personas tienen derecho a obtener la tutela efectiva de los jueces y tribunales en el ejercicio de sus derechos e intereses legítimos, sin que en ningún caso pueda producirse indefensión». Según la jurisprudencia constitucional, «en la privación o limitación no imputable al justiciable de cualesquiera medios legítimos de defensa de la propia posición dentro del proceso y por ello mismo hay indefensión».[18]

Indicio: Artículos 718 y 719 de la Ley de Enjuiciamiento Criminal. La STC 157/1988 «reiterando la legitimidad como prueba de cargo de los indicios». «La sentencia reitera la legitimidad como prueba de cargo de los indicios siempre que concurran los requisitos necesarios. Concretamente señala que los criterios para distinguir entre pruebas indiciarias capaces de desvirtuar la presunción de inocencia y las simples sospechas son las siguientes: a) la prueba indiciaria ha de partir de hechos plenamente probados, pues se entiende que no es posible basar una presunción, como lo es la prueba indiciaria, en otra presunción; b) los hechos constitutivos de delito deben deducirse de esos indicios (hechos completamente probados) a través de un proceso mental, razonado y acorde con las reglas del criterio humano, explicitado en la sentencia condenatoria».[19]

Insolvencia punible: La insolvencia punible se encuentra tipificada en el Código Penal español como un delito del orden socioeconómico, un delito en el que, según el vigente artículo 257.1.1 del mencionado Código Penal, incurrirá aquel que «se alce con sus bienes en perjuicio de sus acreedores» y «quien, con el mismo fin, realice cualquier acto de disposición patrimonial o generador de obligaciones que dilate, dificulte o impida la eficacia de un embargo o de un procedimiento ejecutivo o de apremio, judicial, extrajudicial o administrativo, iniciado o de previsible iniciación» (artículo 257.1.2 del Código Penal).

Juzgado de instrucción: Los juzgados de instrucción son órganos unipersonales que ejercen funciones jurisdiccionales en el penal. Tienen encomendado el enjuiciamiento de los juicios de faltas, así como la instrucción de los delitos, que serán enjuiciados por los juzgados de lo penal o, en su caso, por las audiencias provinciales.

Levantamiento del velo: Descubrir la identidad de los componentes de la empresa o entidad que está detrás de la estructura societaria: Sentencia, por primera vez en España, la doctrina del levantamiento del velo societario: STS de 28 de mayo de 1984. Y la recoge luego la sentencia de la Audiencia Provincial de Barcelona 271/2011.

Malversación de caudales públicos: Existe la cometida por funcionario público (arts. 432-434) y la cometida por particulares (arts. 435.1 y 2). Artículo 432. 1: «La autoridad o funcionario público que, con ánimo de lucro, sustrajere o consintiere que un tercero, con igual ánimo, sustraiga los caudales o efectos públicos que tenga a su cargo por razón de sus funciones, incurrirá en la pena de prisión de tres a seis años e inhabilitación absoluta por tiempo de seis a diez años».[20]

Paraísos fiscales: Es un instrumento de competencia perjudicial (definición de la OCDE). «Son territorios de baja o nula tributación que, mediante normas específicas internas, garantizan la opacidad de las transacciones, con la ausencia absoluta de registros, formalidades y controles.»[21]

Plusvalías: Beneficios obtenidos como resultado de una diferencia positiva entre el precio al que se compró un bien y el precio de su venta en una operación o transacción económica.

Prevaricación: Hay prevaricación de funcionario público y judicial. Artículo 404 (prevaricación de funcionario público) y artículos 446-449 (prevaricación judicial). Artículo 404: «A la autoridad o funcionario público que, a sabiendas de su injusticia, dictare una resolución arbitraria en un asunto administrativo se le castigará con la pena de inhabilitación especial para empleo o cargo público por tiempo de siete a diez años».[22]

Prisión provisional o preventiva: La prisión provisional o preventiva es una medida cautelar de carácter personal que afecta al derecho de libertad personal durante un lapso más o menos prolongado, la cual sólo procederá cuando las demás medidas cautelares fueran insuficientes para asegurar los objetivos del procedimiento penal. Cuando se dicta la prisión provisional, el imputado o acusado de un delito es obligado a ingresar en prisión, durante la investigación criminal, hasta la celebración del juicio.

Prueba fehaciente: Se aplica al testimonio, prueba o documento que prueba de forma indudable o da fe. No confundir con «irrefutable».

Querella: Escrito con formalidades estrictas a través del cual se identifican unos hechos de carácter delictivo, se imputan a alguien (querellado) y se presentan ante juez competente.

Recalificación: La Administración, a través de los planes urbanísticos, es decir, mediante un conjunto de instrumentos técnicos y jurídicos vinculados entre sí y ordenados en base a principios jerárquicos, regula el uso del suelo y de la construcción prevista en propio plan, definiendo el estatuto del derecho de propiedad y diseñando el desarrollo urbanístico del territorio planeado. De esta forma, los planes, a través de la ordenación integral del territorio municipal y el establecimiento del régimen urbanístico del suelo, anticipan y prevén el futuro desarrollo urbanístico de la ciudad.

Secreto bancario: Imposibilidad de facilitar a otras personas ajenas a la relación datos sobre clientes de las entidades de crédito (números de cuenta, saldos, etc.). El secreto bancario puede cesar fundamentalmente en dos casos, solicitudes de información por la Administración Tributaria y mandatos judiciales.[23]

Tráfico de influencias: El funcionario o autoridad que influyera en otro funcionario público o autoridad prevaliéndose del ejercicio de las facultades de su cargo o de cualquier otra situación derivada de su relación personal o jerárquica con éste o con otro funcionario o autoridad para conseguir una resolución que le pueda generar directa o indirectamente un beneficio económico para sí o para un tercero.[24]

Testaferro: Persona interpuesta que presta su nombre en un contrato o negocio que en realidad es de otra persona.

Tribunal Supremo: El Tribunal Supremo tiene su sede en Madrid y es un órgano jurisdiccional único en España con jurisdicción en todo el territorio nacional, constituyendo el tribunal superior en todos los órdenes (civil, penal, contencioso-administrativo y social), salvo lo dispuesto en materia de garantías y derechos constitucionales, cuya competencia corresponde al Tribunal Constitucional.

Trust (fideicomiso): Las sustituciones fideicomisarias en cuya virtud se encarga al heredero que conserve y transmita a un tercero el todo o parte de la herencia, serán válidas y surtirán efecto siempre que no pasen del segundo grado, o que se hagan en favor de personas que vivan al tiempo del fallecimiento del testador (artículo 781 del Código Civil).

Usurpación de funciones: Artículo 402: «El que ilegítimamente ejerciere actos propios de una autoridad o funcionario públicos atribuyéndose carácter oficial, será castigado con la pena de prisión de uno a tres años».[25]

Notas

Presentación

1. «B20 Anti-corruption Working group report to the B20 Office and Taskforce Chairs. July 2014», B20, Australia.

2. En octubre de 1935 se planteaba en las Cortes de la República el escándalo del estraperlo, que debe su nombre a dos empresarios, Strauss y Perlowitz, que desarrollaron sus actividades en los juegos de azar. Con la connivencia del Gobierno del Partido Republicano Radical presidido por Alejandro Lerroux, introdujeron la llamada «Straperl», una ruleta eléctrica que pretendían introducir en Europa y que ya había sido prohibida en Holanda. La ruleta fue instalada primero en el casino de San Sebastián y luego en el de Formentor, pero las autoridades ordenaron su cierre al recibir denuncias por irregularidades. Alejandro Lerroux ignoró las denuncias y el presidente, Niceto Alcalá-Zamora, obligó al Gobierno a trasladar el caso al Parlamento. Allí una comisión de investigación señaló la existencia de actuaciones irregulares. El escándalo alcanzó de lleno a la derecha republicana, incluyendo a Aurelio Lerroux, hijo adoptivo del presidente del Gobierno, y provocó la caída del partido y su presidente.

El escándalo Nombela recibe su nombre del inspector general de Colonias que denunció el asunto poco después de la salida de Lerroux del Gobierno por el escándalo del estraperlo. En el asunto se denunciaba a varios miembros del Partido Republicano Radical por haber resuelto fraudulentamente un expediente de indemnización en favor de la naviera Compañía África Occidental. En este caso, Alejandro Lerroux estaba directamente implicado, pues constaba su firma en el expediente. Él fue exculpado por la votación del pleno del Congreso, pero su partido quedó profundamente desprestigiado.

3. «¡Ánimo, compañeros, todavía hay margen!», *El País*, 4 de diciembre de 2014; disponible en <http://elpais.com/diario/1999/03/17/espana/921625215_850215.html>.

Introducción

1. «The Cost Of Tax Abuse: A briefing paper on the cost of tax evasion worldwide», The Tax Justice Network, noviembre de 2011.

2. Kirk Douglas, *Yo soy Espartaco*, Madrid, Capitán Swing, 2014, p. 157.

3. Joseba Elola, «El Lute camina otra vez», *El País*, 17 de enero de 2009; disponible en <http://elpais.com/elpais/2009/01/17/actualidad/1232183820_850215.html>.

4. Caso que sigue en fase de instrucción y en el que se investiga la muerte de Asunta, una menor que presuntamente fue asesinada por sus padres.

5. Sentencia del 28 de mayo de 2014, Audiencia Provincial de Barcelona, Sección Quinta. Dimanante de las diligencias previas 2613-10 y Juzgado de Instrucción n.º 10 de Barcelona.

6. Auto de conclusión de la instrucción e incoación de procedimiento abreviado del 12 de julio de 2013, Juzgado de Instrucción n.º 30 de Barcelona, diligencias previas n.º 3360/2009-D.

7. Francia condena a la antigua cúpula de la petrolera Elf por malversación, <http://www.belt.es/noticias/2003/noviembre/25/francia.htm>.

8. Se trata de un proceso de disciplina interna llevada a cabo por el Partido Comunista de China sobre los miembros del partido que son sospechosos de corrupción o de «violaciones de la disciplina». El proceso se lleva a cabo en secreto, mediante un sistema independiente de los procesos de aplicación de la ley ordinaria de China. Los investigadores del partido luego entregan a los sospechosos en el sistema formal de acusación.

9. «La élite comunista de China oculta empresas en paraísos fiscales», *El País*, 22 de enero de 2014; disponible en <http://internacional.elpais.com/internacional/2014/01/21/actualidad/1390320982_008751.html>.

10. «Cifras de la corrupción en España: 1.700 causas, más de 500 imputados y sólo 20 en prisión», *Huffington Post*, 20 de abril de 2014; disponible en <www.huffingtonpost.es/2014/04/20/cifras-corrupcion-espana_n_5181256.html>.

11. Giuseppe Prezzolini, *Codice della vita italiana*, Roma, Robin Edizioni, 2003; Carlo A. Brioschi, *Breve historia de la corrupción. De la Antigüedad a nuestros días*, Madrid, Taurus, 2010, p. 162.

12. Eduardo Demetrio Crespo, «Consideraciones sobre la corrupción», José Carlos Ferré Olivé, ed., *Delitos financieros, fraude y corrupción en Europa*, Lit., vol. 3, Salamanca, Ediciones Universidad de Salamanca, 2002 (*Fraude y corrupción en la Administración Pública*), p. 177. Véanse también Ernesto Garzón Valdés, «Acerca del concepto de corrupción», *Claves de la Razón Práctica*, n.° 56 (1995), pp. 26 y ss., y Jorge F. Malem Seña, *Globalización, comercio internacional y corrupción*, Barcelona, Gedisa, 2000, p. 28.

13. Baltasar Garzón Real, prólogo a *Breve historia de la corrupción. De la Antigüedad a nuestros días*, p. 12.

14. <http://www.cis.es/opencms/-Archivos/Indicadores/documentos_html/TresProblemas.html>.

15. <http://www.transparency.org/cpi2014>.

16. Laura Lucchini, «Dimite el ministro de Defensa alemán por plagiar su tesis doctoral», *El País*, 1 de marzo de 2011, disponible en <http://internacional.elpais.com/internacional/2011/03/01/actualidad/1298934006_850215.html>; Agencia EFE, «El ministro de Presupuesto francés dimite por tener una cuenta no declarada en Suiza», *20 Minutos*, 19 de marzo de 2014, disponible en <http://www.20minutos.es/noticia/1763565/0/ministro-frances/dimite/cuenta-suiza/#xtor=AD-15&xts=467263>; «Prisión preventiva para el ex primer ministro portugués, José Sócrates», 24 de noviembre de 2014, disponible en <http://www.elmundo.es/internacional/2014/11/24/54739329268e3ebb0b8b4580.html>.

17. En este contexto se engarza perfectamente la aportación de Patricio Orellana, administrador público en Chile y ex profesor de la Universidad de Chile: <http://www.facso.uchile.cl/publicaciones/sociologia/articulos/21/2112-OrellanaVargas.pdf>.

18. John Emerich Edward, Dalberg-Acton, lord Acton, «Letter to Bishop Mandell Creighton, April 5, 1887», *Historical Essays and Studies*, ed. de J. N. Figgis y R. V. Laurence, Londres, Macmillan, 1907.

19. Entrevista a Paul Preston: «Paul Preston cree que el legado principal del franquismo es corrupción y crispación», *El Mercantil Valenciano*; disponible en <http://www.levante-emv.com/cultura/3611/paul-preston-cree-legado-principal-Franquismo-corrupcion-crispacion/326896.htmln>.

20. Entrevista a Paul Preston: «Santiago Carrillo fue el Stalin español, tan dictador como Franco», *El Periodista Digital*, 6 de abril de 2013; disponible en <http://www.periodistadigital.com/ocio-y-cultura/libros/2013/04/06/paul-preston-santiago-carrillo-zorro-rojo.shtml>.

21. Demelsa Benito Sánchez, *El delito de corrupción en las transacciones comerciales internacionales*, Madrid, Iustel, 2012, p. 51.

22. Jong Bum Kim, «Korean Implementation of the OECD Bribery Convention. Implications for Global Efforts to fight corruption», *UCLA Pacific Basic Law Journal*, vol. 17, n.os 2-3 (2000), pp. 245-275. Véase también Anna Alvazzi del Frate y Giovanni Pasqua, eds., *Responding to the challenges of corruption. Acts of the International Conference, Milan, 19-20 November 1999*, Roma-Milán, UNICRI (United Nations Interregional Crime & Justice Research Institute/CNPDS), 2000, pp. 33-61.

23. Benito Sánchez, *El delito de corrupción en las transacciones comerciales internacionales*.

24. Adoptada y proclamada por la Asamblea General de Naciones Unidas en su Resolución 217 A (III) del 10 de diciembre de 1948. Disponible en <www.un.org/es/documents/udhr>.

1. La corrupción en el franquismo

1. Entrevista a Paul Preston en <www.emv.com>.

2. Diana R. Kordon, «Impunity's psychological effects: its ethical consequences», *Journal of Medical Ethics*, n.º 17 (1991), pp. 29-32.

3. Diana R. Kordon y Lucila I. Edelman, *Efectos psicológicos de la represión política*, Buenos Aires, Sudamericana Planeta Editores, 1999. Véanse también Silvia M.ª Álvarez Merina, «Efectos psicosociales de la impunidad», conferencia pronunciada en el I Congreso de Víctimas del Franquismo, Rivas Vaciamadrid, 20-22 de abril de 2012, organizada por la Federación Estatal de Foros por la Memoria; disponible en <http://www.congresovictimasfranquismo.org/wp-content/uploads/2011/12/2.-Silvia-M.ª-Álvarez-Merino-EFECTOS-PSICOSOCIALES-DE-LA-IMPUNIDAD.pdf>, y Elina Aguiar, «Efectos psicosociales de la impunidad», *Impunidad y sus efectos en los procesos democráticos*, seminario internacional, Santiago de Chile, 14 de diciembre de 1996; disponible en <http://www.desaparecidos.org/nuncamas/web/investig/seminar/seminar_11.htm>.

4. <http://www.transparency.org/cpi2012/results>.

5. José Martí Gómez, *La España del estraperlo (1936-1952)*, Barcelona, Planeta, 1995, p. 109.

6. C. Barciela López, «Franquismo y corrupción económica», *Historia Social*, n.º 30 (1998).

7. *Ibidem*.

8. Dionisio Ridruejo, *Escrito en España*, Buenos Aires, Losada, 1962, pp. 104 y 105.

9. Higinio H. Paris Eguilaz, *Diez años de política económica en España (1939-1949)*, Madrid, Sucesores de J. Sánchez Ocaña y Cía., 1949, p. 132.

10. Rafael Alcalde, «El caso Barcelona Traction: una revisión», *Revista de Historia Industrial*, n.º 36 (2008), I, pp. 83-107.

11. *Ibidem.*

12. Rogelio Pérez Bustamante, «El caso de la Barcelona Traction», *Revista de Abogacía Española*, n.º 34 (2006).

13. *Ibidem.*

14. «El caso Barcelona Traction: una revisión».

15. *Ibidem.*

16. *Ibidem.*

17. *Ibidem.*

18. *Ibidem.*

19. «Un negocio redondo desde la tumba», *Diario de Mallorca*, 11 de marzo de 2012; disponible en <http://www.diariodemallorca.es/mallorca/2012/03/11/negocio-redondo-tumba/751351.html>.

20. Cour Internationale de Justice, Arrêt du 5 Fèvrier 1970, «Affaire de la Barcelona Traction, Lights and Power Company, Limited» NOUVELLE REQUÊTE: 1962) (BELGIQUE c. ESPAGNE) DEUXIÈME PHASE Disponible en inglés y francés en <http://www.icj-cij.org/docket/files/50/5387.pdf>.

21. *Ibidem.*

22. Fabián Novak Talavera, «Caso Barcelona Traction Light and Power Company Limited, España vs Bélgica (1970)», *Agenda Internacional*, n.º 9 (diciembre de 1997), p. 115.

23. «Un negocio redondo desde la tumba», *Diario de Mallorca*, 11 de marzo de 2012; disponible en <http://www.diariodemallorca.es/mallorca/2012/03/11/negocio-redondo-tumba/751351.html>.

24. Frank Herbert en Chapter House Dune: Dune: Book Six, Hachette UK, 30 de nov. de 2012

25. «El milagro de Berna», *El País*; disponible en <http://www.elpais.com/deportes/futbol/mundial/historia/suiza-1954/>.

26. *Ibidem.*

27. *Ésta es su vida*, programa de televisión presentado por Federico Gallo de 1963 a 1968 (147 programas).

28. Anuncio promocional de Matesa, «Carta abierta a la inquietud española», *ABC*, 3 de mayo de 1966, p. 22; disponible en <http://hemeroteca.abc.es/nav/Navigate.exe/hemeroteca/madrid/abc/1966/05/03/022.html>.

29. Los detalles de la patente Ancet-Fayolle (US 3272236 A, de 1966) están disponibles en <http://www.google.com.br/patents/US3272236>.

30. Mar Cebrián Villar, «Competitividad y exportaciones: El sector de la maquinaria textil en España, 1959-1975 (La Rápida y Matesa)», Congreso de la Asociación Española de Historia Económica, Santiago de Compostela, 2005.

31. *Ibidem.*

32. José Manuel Bustamante, «¿Qué fue el caso Matesa?», *El Mundo*, 19 de enero de 2007; disponible en <http://www.elmundo.es/elmundo/2007/01/19/espana/1169211515.html>.

33. Gustavo Matías, «Matesa resucita», *El País*, 23 de enero de 1983; disponible en <http://elpais.com/diario/1983/01/23/economia/412124408_850215.html>.

34. «Recuperados 8.000 millones de los créditos prestados a Matesa», *El País*, 26 de julio de 1987; disponible en <http://elpais.com/diario/1987/07/26/economia/554248807_850215.html>.

35. «¿Qué fue el caso Matesa?»

36. *Ibidem.*

37. Fernando Jiménez, «El caso Matesa: un escándalo político en un régimen autoritario», *Historia y Política*, n.° 4 (julio-diciembre de 2000), p. 47.

38. «Una confabulación política parece esconderse tras el suicidio oficial del ministro francés Boulin», *La Vanguardia*, 6 de septiembre de 1987; «Llega a Ibiza el juez francés que investiga la muerte del ministro Robert Boulin», *La Vanguardia*, 27 de octubre de 1987; «Un hombre de Valéry Giscard d'Estaing controlaba la red de Matesa en Europa», 3 de junio de 1988; «Sodetex: el centro de una compleja estructura», *La Vanguardia*, 3 de junio de 1988; «Un caso del que nadie ha querido llegar al fondo», *La Vanguardia*, 3 de junio de 1988; «La conexión española de la familia Giscard», *La Vanguardia*, 4 de junio de 1988; «El asesinato del príncipe de Broglie esconde aún muchos interrogantes tras doce años de enigmas», *La Vanguardia*, 5 de junio de 1988; «Un testigo vincula la muerte de Boulin a un informe sobre el caso de De Broglie», *La Vanguardia*, 5 de junio de 1988.

39. *Ibidem.*

40. *Ibidem.*

41. *Ibidem.*

42. *Ibidem.*

43. *Ibidem.*

44. *Ibidem.*

45. *Ibidem.*

46. Revista *Gaceta Ilustrada. Signatura Z/4338.*

47. «Fallece a los 81 años Juan Vilá Reyes, el empresario del caso Matesa», *La Vanguardia*, 19 de enero de 2007; disponible en <http://www.lavanguardia.mobi/slowdevice/noticia/51301716412/Fallece-a-los-81-anos-Juan-Vila-Reyes-el-empresario-del-caso-Matesa.html>.

48. Jiménez, «El caso Matesa», p. 57.

49. *Franquismo y corrupción económica.*

50. *Ibidem.*

51. Jiménez, «El caso Matesa», p. 62.

2. La corrupción en la Transición

1. Cicerón, *In Verrem*, I. 2: «Nihil tam sanctum quod non violari, nihil tam munitum quod non expugnari pecunia possit».

2. Todos los datos del caso se encuentran en José Yoldi, «El juez revoca el procesamiento de Edmundo Alfaro en el "caso Fidecaya"», *El País*, 28 de enero de 1984, disponible en <http://elpais.com/diario/1984/01/28/sociedad/444092409_850215.html>; José Yoldi, «Maquinaciones fraudulentas», *El País*, 18 de noviembre de 1989, disponible en <http://elpais.com/diario/1989/11/18/sociedad/627346801_850215.html>; Cristina Galindo, «Cronología de la estafa o los préstamos de doña Baldomera», *El País*, 15 de mayo de 2006, disponible en <http://elpais.com/diario/2006/05/15/espana/1147644015_850215.html>; José Yoldi, «Estupor e indignación en la Audiencia Nacional por la petición fiscal de archivar el "caso Fidecaya"», *El País*, 18 de noviembre de 1989, disponible en <http://elpais.com/diario/1989/11/18/sociedad/627346804_850215.html>.

3. La figura del juez Ricardo Varón es controvertida. Fue el responsable de la puesta en libertad de Antonio Bardellino, el jefe de la Camorra, la organización mafiosa napolitana. Analizaremos este caso más adelante.

4. Carmen Tagle fue posteriormente, en 1989, víctima mortal de un atentado etarra. Su trabajo y lucha contra el terrorismo y por la justicia bien merecen una atención especial que este libro dedicará en posteriores capítulos.

5. José Yoldi, «El juez revoca el procesamiento de Edmundo Alfaro en el "caso Fidecaya"», *El País*, 28 de enero de 1984, disponible en <http://elpais.com/diario/1984/01/28/sociedad/444092409_850215.html>; José Yoldi, «Maquinaciones fraudulentas», *El País*, 18 de noviembre de 1989, disponible en <http://elpais.com/diario/1989/11/18/sociedad/627346801_

850215.html>; Cristina Galindo, «Cronología de la estafa o los préstamos de doña Baldomera», *El País*, 15 de mayo de 2006, disponible en <http://elpais.com/diario/2006/05/15/espana/1147644015_850215.html>; José Yoldi, «Estupor e indignación en la Audiencia Nacional por la petición fiscal de archivar el "caso Fidecaya"», *El País*, 18 de noviembre de 1989, disponible en <http://elpais.com/diario/1989/11/18/sociedad/627346804_850215.html>; Gustavo Matías, «El director general de Seguros, llamado por segunda vez a prestar declaración en el caso penal de Fidecaya», *El País*, 16 de febrero de 1982, disponible en <http://elpais.com/diario/1982/02/16/economia/382662002_850215.html>; Gustavo Matías, «La oposición critica al Gobierno en el Congreso por el caso Fidecaya», *El País*, 11 de marzo de 1982, disponible en <http://elpais.com/diario/1982/03/11/espana/384649213_850215.html>; José Yoldi y Javier García, «El camorrista Bardellino, puesto en libertad irregularmente en España, se ha trasladado en las últimas horas a México», *El País*, 25 de febrero de 1984, disponible en <http://elpais.com/diario/1984/02/25/sociedad/446511608_850215.html>; «Varón Cobos», *El País*, 16 de junio de 1988; disponible en <http://elpais.com/diario/1988/06/16/espana/582415218_850215.html>.

6. *Cuento de Navidad*, Madrid, Ediciones de la Tierra, 2002, p. 44.

7. José Vidal-Beneyto, «La corrupción y la "transición intransitiva"», *El País*, 10 de octubre de 2009, disponible en <http://elpais.com/diario/2009/10/10/opinion/1255125611_850215.html>.

3. La corrupción política nacional

1. <http://vozpopuli.com/actualidad/54662-los-partidos-politicos-en-la-ruina-deben-mas-de-237-millones-de-euros-a-los-bancos>.

2. *Report from the Commission to the Council and the European Parliament. EU Anti-corruption report*, COM (2014) 38 final, Bruselas, 3 de febrero de 2014; disponible en <http://ec.europa.eu/dgs/home-affairs/what-we-do/policies/organized-crime-and-human-trafficking/corruption/anti-corruption-report/index_en.htm>.

3. Las apreciaciones y sugerencias específicas para España se encuentran en el *ANNEX SPAIN to the EU Anti-Corruption Report*, COM (2014) 38 final, ANNEX 9, Bruselas, 3 de febrero de 2014.

4. Datos disponibles en <http://ec.europa.eu/dgs/home-affairs/what-we-do/policies/organized-crime-and-human-trafficking/corruption/anti-corruption-report>.

5. «Radiografía de la corrupción en España: cerca de 1.700 causas, más de 500 imputados y sólo una veintena en prisión», Europa Press, 20 de abril de 2014; disponible en <http://www.europapress.es/nacional/noticia-radiografia-corrupcion-espana-cerca-1700-causas-mas-500-imputados-solo-veintena-prision-20140420114453.html>.

6. «Resolución del Parlamento Europeo sobre la delincuencia organizada, la corrupción y el blanqueo de dinero: recomendaciones sobre las acciones o iniciativas que han de llevarse a cabo» (informe definitivo), 26 de septiembre de 2013; disponible en <http://www.europarl.europa.eu/sides/getDoc.do?pubRef=-//EP//TEXT+TA+P7-TA-2013-0444+0+DOC+XML+V0//ES>.

7. *Ibidem.*

8. *Ibidem.*

9. *Ibidem.*

10. Stephen Braun y Jack Gillum, «Presidential Election Cost Hits $2 Billion Mark», *The Huffington Post*, 12 de junio de 2012, disponible en <http://www.huffingtonpost.com/2012/12/06/2012-presidential-election-cost_n_2254138.html>; Daniel DeFraia, «Obama, Romney: Most expensive political campaigns ever», *Global Post*, 7 de diciembre de 2012, disponible en <http://www.globalpost.com/dispatch/news/regions/americas/121207/obama-romney-most-expensive-political-campaigns-ever>; «Elecciones EE. UU. 2012: La campaña más cara de la historia», *ABC*, 29 de octubre de 2012, disponible en <http://www.abc.es/20121025/elecciones-estados-unidos/abci-dinero-recaudado-gastado-partidos-201210241906.html>.

11. Herramientas de lucha contra la corrupción. Hacia un nuevo orden ético. Segret y asociados. Baltasar Garzón. Buenos Aires 1996

12. Ley 8/2007, *BOE*, n.º 160, de 5 de julio de 2007 (entra en vigor al día siguiente de su publicación), <https://www.boe.es/buscar/act.php?id=BOE-A-2007-13022>. Ley 3/1987 de 2 de julio sobre la financiación de los partidos políticos, *BOE*, n.º 158, de 3 de julio de 1987, <https://www.boe.es/buscar/doc.php?id=BOE-A-1987-15276>.

13. Preámbulo de la ley en <http://www.minhap.gob.es/Documentacion/Publico/NormativaDoctrina/Tributaria/IRPF/Ley_Organica_5-2012.pdf> y <http://www.boe.es/diario_boe/txt.php?id=BOE-A-2012-13123>.

14. Punto V de la introducción del plan adaptado a las formaciones políticas, acuerdo del Tribunal de Cuentas de 8 de octubre de 2013, <http://www.boe.es/boe/dias/2013/10/21/pdfs/BOE-A-2013-10982.pdf>.

15. José Antonio Hernández, «La fiscalía ve indicios de delito en las finanzas de todos los partidos», *El País*, 5 de enero de 2015; disponible en <http://elpais.com/hemeroteca/elpais/portadas/2015/01/05/>.

16. Rafael Alberti, «El ángel avaro», *Sobre los ángeles*, Madrid, Fundación Caja Madrid, 2003.

17. «Van Schouwen dice en el Supremo que Filesa se creó para financiar al PSOE. Los informes con los que se recaudaron mil millones nunca se hicieron», *ABC*, Sevilla, 26 de septiembre de 1997; disponible en <http://hemeroteca.sevilla.abc.es/nav/Navigate.exe/hemeroteca/sevilla/abc.sevilla/1997/09/26/013.html>.

18. Tribunal Supremo, sentencia 1/1997 de 28 de octubre de 1997.

19. *Ibidem.*

20. *Ibidem.*

21. L. Ramírez, «Estalla el caso Filesa», *Expansión*, s. f.; disponible en <http://www.expansion.com/especiales/20aniversario/20diasespana/filesa.html>.

22. *Ibidem*; «Tres de los condenados por el "caso Filesa" resultan beneficiados por el indulto del Gobierno», *El País*, 2 de diciembre de 2000; disponible en <http://elpais.com/diario/2000/12/02/espana/975711615_850215.html>.

23. Groucho Marx en *Sopa de ganso* (1933).

24. Asociación de Víctimas del Terrorismo (<www.avt.org>).

25. Javier García, «Del Batallón Vasco Español a los GAL», *El País*, 8 de abril de 1985; disponible en <http://elpais.com/diario/1985/04/08/espana/481759208_850215.html>.

26. «Un policía vinculado con los GAL dirige el 091 en Barcelona», *Deia*, 8 de septiembre de 2014; disponible en <http://www.deia.com/2014/09/08/politica/estado/un-policia-vinculado-con-los-gal-dirige-el-091-en-barcelona>.

27. Documentación de *El Mundo*, «Cronología del "caso Marey", la historia de un secuestro», *El Mundo*, 31 de mayo de 2001; disponible en <http://www.elmundo.es/elmundo/2001/05/31/espana/991332870.html>.

28. José Luis Barbería, «Un joven vasco muere en Hendaya al estallar un artefacto explosivo bajo su automóvil», *El País*, San Sebastián, 25 de julio de 1987; disponible en <http://elpais.com/diario/1987/07/25/espana/554162412_850215.html>.

29. «Desconcertante silencio», *ABC*, 4 de septiembre de 1979, p. 2 (14); disponible en <http://hemeroteca.abc.es/nav/Navigate.exe/hemeroteca/madrid/abc/1979/09/04/014.html>.

30. *Diario 16*, 12 de marzo de 1984. Véase también Paddy Woodworth, *Guerra sucia, manos limpias. ETA, el GAL y la democracia española*, Barcelona, Crítica, 2002.

31. Art. 1 de la Ley 11/1995, de 11 de mayo, reguladora de la utilización y control de los créditos destinados a gastos reservados; disponible en <http://www.boe.es/boe/dias/1995/05/12/pdfs/A13801-13802.pdf>.

32. *Ibidem*, exposición de motivos.

33. *Ibid.*, art. 1 y 7.

34. *Ibid.*, art. 4.

35. *Ibid.*, art. 5.

36. Sentencia de 26 de abril de 2000, de la Sección Primera de la Sala de lo Penal de la Audiencia Nacional; disponible en <http://www.elmundo.es/nacional/lasa-zabala/sentencia/ampliacion.html>.

37. El 26 de abril de 2000, la Audiencia Nacional le condenó a 71 años de prisión por el secuestro y asesinato de los presuntos etarras. El 25 de julio de 2001 el Tribunal Supremo elevó, como al resto de los autores, en cuatro años (hasta 75) la condena, al entender que el prevalimiento de su cargo público en la comisión de los delitos era un agravante añadido. El 2 de abril de 2002 perdió su condición de militar. En octubre de 2013 el Juzgado Central de Vigilancia Penitenciaria de la Audiencia Nacional le concedió la libertad condicional. Fuente: <http://www.huffingtonpost.es/2013/10/04/libertad-rodriguez-galindo_n_4045788.html>.

38. *Ibidem*.

39. Pleno del Tribunal Constitucional, sentencia 67/2001, de 17 de marzo de 2001 (*BOE*, n.º 83, de 6 de abril de 2001), disponible en <http://www.boe.es/boe/dias/2001/04/06/pdfs/T00061-00077.pdfpdfs/T00051-00061.pdf>; y Pleno del Tribunal Constitucional, sentencia 155/2002, de 22 de julio de 2002 (*BOE*, n.º 188, de 7 de agosto de 2002), disponible en <http://www.boe.es/boe/dias/2002/08/07/pdfs/T00063-00118.pdf>.

40. Julio M. Lázaro, «El Tribunal de Estrasburgo rechaza la demanda de los condenados del "caso Lasa y Zabala"», *El País*, 2 de noviembre de 2010; disponible en <http://elpais.com/elpais/2010/11/02/actualidad/1288689422_850215.html>.

41. El Gobierno presidido por José María Aznar concedió a Barrionuevo y Vera un indulto parcial. Desde 2004 Barrionuevo está en libertad definitiva. En enero de 2010, el Tribunal Europeo de Derechos Humanos rechazó un recurso de Rafael Vera por posible «infracción del derecho de presunción de inocencia» y «falta de imparcialidad del juez instructor» en este proceso.

En cuanto a Julián Sancristóbal, ordené su ingreso preventivo en el centro penitenciario de Alcalá Meco el 19 de diciembre de 1994 en relación con el caso Marey, cinco días antes de que Mario Conde, a tenor del caso Banesto, fuera recluido también preventivamente en la misma prisión por orden del juez Manuel García-Castellón.

42. Sentencia de la Sala de lo Penal del Tribunal Supremo, de 29 de julio de 1998, dictada en la causa especial n.º 2530/95, procedente del Juzgado Central de Instrucción n.º 5 de la Audiencia Nacional; disponible en <http://www.elmundo.es/especiales/2001/03/espana/sentencia4.html>.

43. Pleno del Tribunal Constitucional, sentencia 68/2001, de 17 de marzo de 2001 (*BOE*, n.º 83, de 6 de abril de 2001).

44. Sentencia de la Audiencia Nacional del 20 de septiembre de 1991 por la que se condena a José Amedo y Michel Domínguez.

45. J. Duva y R. Carrasco, «Prisión para el ex miembro de los GAL Michel Domínguez por narcotráfico», *El País*, 22 de abril de 2013; disponible en <http://politica.elpais.com/politica/2013/04/22/actualidad/1366615239_832818.html>.

46. Miguel González, entrevista con José Antonio Sáenz de Santa María, ex director general de la Guardia Civil, «Contra ETA se han usado iguales métodos con el PSOE y con UCD», *El País*, 24 de enero de 1994; disponible en <http://elpais.com/diario/1995/02/24/espana/793580421_850215.html>.

47. «Aznar quiere zanjar hoy la petición judicial de papeles del Cesid», *El País*, 2 de agosto de 1996; disponible en <http://elpais.com/diario/1996/08/02/espana/838936802_850215.html>.

48. Denis Robert, *La justice ou le chaos*, París, Stock, 1996. Fue una iniciativa que produjo un gran revuelo y que a partir de 1998 motivó importantes reformas en la Unión Europea en el ámbito de la lucha contra el crimen organizado.

49. <http://www.abc.es/hemeroteca/historico-23-01-2002/abc/Nacional/caso-fondos-reservados-barrionuevo-y-corcuera-absueltos;-vera-condenado_73715.html> y <http://estaticos.elmundo.es/documentos/2005/08/05/fondos.pdf.>

50. <www.abc.es/.../nacional/SENTENCIA-CASO>%20MALETINES.doc.>

51. «La fuga de Roldán obliga a Asunción a dimitir», *El País*, 1 de mayo de 1994; disponible en <http://elpais.com/diario/1994/05/01/espana/767743215_850215.html>.

52. Federico García Lorca, «Romance de la Guardia Civil española», *Romancero gitano*, Madrid, Espasa-Calpe, 1937.

53. «Luis Roldán: la turbulenta carrera del hijo de un taxista», *El Diario Montañés*, 11 de marzo de 2010; disponible en <http://www.eldiariomontanes.es/rc/20100311/mas-actualidad/nacional/luis-roldan-turbulenta-carrera-201003111149.html>.

54. Carmelo C. Ridruejo, «Dos guardias civiles asesinados en Pamplona cuando hacían guardia en el interior de la central de Correos», *El País*, 29 de mayo de 1983; disponible en <http://elpais.com/diario/1983/05/29/espana/423007201_850215.html>.

55. Carmelo C. Ridruejo, «La casa-cuartel de Lecumberri, en estado casi ruinoso», *El País*, 25 de octubre de 1983; disponible en <http://elpais.com/diario/1983/10/25/espana/435884405_850215.html>.

56. «Roldán y Sancristóbal se trasvasaron fondos reservados entre sus cuentas en Suiza», *El País*, 2 de marzo de 1995; disponible en <http://elpais.com/diario/1995/03/02/espana/794098826_850215.html>.

57. «Luis Roldán, una carrera a base de mentiras», *La sexta columna*, La Sexta; disponible en <http://www.lasexta.com/programas/sexta-columna/luis-roldan-carrera-base-mentiras_2014050900340.html>.

58. «El patrimonio de Roldán se incrementó en 400 millones desde que es jefe de la Guardia Civil», *Diario 16*, 23 de noviembre de 1993, n.º 5.958, pp. 1 y 7: Signatura: REVMCF/182 (5-C). Reproducción en HN/1034 (digitalizado).

59. «Triste adiós del primer jefe civil de los guardias», *El País*, 8 de diciembre de 1993; disponible en <http://elpais.com/diario/1993/12/08/portada/755305204_850215.html>.

60. *Ibidem*.

61. Anabel Díez, «La dimisión de Asunción es la única medida decidida por González, para no hacerle "el juego a la derecha"», *El País*, 2 de mayo de 1994; disponible en <http://elpais.com/diario/1994/05/02/espana/767829612_850215.html>.

62. Anabel Díez, «La corrupción rompe el Gobierno de González», *El País*, 5 de mayo de 1994; disponible en <http://elpais.com/diario/1994/05/05/espana/768088815_850215.html>.

63. «Roldán negoció en 1992 y 1993 una operación de tráfico de armas a Angola al margen del Gobierno», *El País*, 15 de mayo de 1994; disponible en <http://elpais.com/diario/1994/05/15/espana/768952822_850215.html>.

64. Jesús Duva, «Soy el capitán Khan, su hombre está en Laos», *El País*, 1 de marzo de 1995; disponible en <http://elpais.com/diario/1995/03/01/espana/794012426_850215.html>.

65. Ignacio Cembrero, «El capitán Khan no existe», *El País*, 4 de marzo de 1995; disponible en <http://elpais.com/diario/1995/03/04/espana/794271627_850215.html>.

66. Sentencia del 24 de febrero de 1998 de la Audiencia Provincial de Madrid.

67. Sentencia del Tribunal Supremo n.º 1493/1999, de 21 de diciembre de 1999. Véase José María Irujo, «El Tribunal Supremo eleva la condena de Luis Roldán de 28 a 31 años de cárcel», *El País*, 22 de diciembre de 1999; disponible en <http://elpais.com/diario/1999/12/22/espana/945817210_850215.html>.

68. Sentencia del 24 de febrero de 1998 de la Audiencia Provincial de Madrid.

69. Compañía Europe Capital, S. L., cuya constitución data del 15 de febrero de 1990 y en la que Jorge Esparza aparecía como administrador único.

70. Sentencia del 24 de febrero de 1998 de la Audiencia Provincial de Madrid.

71. Sentencia de la Audiencia Provincial de Madrid.

72. Sentencia del 24 de febrero de 1998 de la Audiencia Provincial de Madrid.

73. *Ibidem*.

74. *Ibidem*.

75. Antonio Rubio, «20 años después, el dinero del "caso Roldán" sigue sin aparecer», *El Mundo*, 3 de mayo de 2014; disponible en <http://www.elmundo.es/espana/2014/05/03/53647144e2704e62078b456c.html>.

76. José María Irujo, «Roldán guarda el botín a buen recaudo», *El País*, 15 de noviembre de 2013, disponible en <http://politica.elpais.com/politica/2013/11/15/actualidad/1384533375_103154.html>; y José María Irujo, «Roldán sale de la cárcel sin desvelar dónde está el dinero que robó», *El País*, 19 de marzo de 2010, disponible en <http://elpais.com/elpais/2010/03/19/actualidad/1268990217_850215.html>.

77. Francisco de Quevedo y Villegas, «Poderoso caballero es don Dinero», letrilla satírica, *Poesía original completa*, ed., intro y notas de José Manuel Blecua, Barcelona, Planeta, 1990.

78. Auto del 18 de junio de 1992 de la Sala de lo Penal del Tribunal Supremo.

79. *Ibidem*.

80. «La nueva vida del tesorero Naseiro con una joven marroquí», *El Mundo*, 16 de marzo de 2014; disponible en <http://www.elmundo.es/cronica/2014/03/16/53241b46268e3e18288b456c.html>.

81. Hesíodo, «El mito de Pandora. La ruina del hombre», *Los trabajos y los días*, Barcelona, Omega, 2003.

82. Datos de población del Ayuntamiento de Majadahonda; disponibles en <http://www.majadahonda.org/ciudad/los-datos.html>.

83. Jaime G. Treceño, «La Policía dice que el concejal que denunció Gürtel también cobraba», *El Mundo*, 16 de marzo de 2014; disponible en <http://www.elmundo.es/madrid/2014/03/16/5325f99722601dd6468b4579.html>.

84. José María Izquierdo, «José Luis Peñas: Un CD con 18 horas», *El País*, 3 de febrero de 2014; disponible en <http://politica.elpais.com/politica/2014/02/03/actualidad/1391451586_917823.html>.

85. Carlos E. Cué, «Rajoy resucita la teoría conspirativa para tapar la red de corrupción», *El País*, 12 de febrero de 2009; disponible en <http://elpais.com/diario/2009/02/12/portada/1234393205_850215.html>.

86. Jose María Izquierdo, «Y ahora es el turno de Ruz y Valencia», *El País*, 14 de febrero de 2014; disponible en <http://politica.elpais.com/politica/2014/02/13/actualidad/1392308084_036561.html>.

87. *Ibidem*.

88. Ignacio Zafra, «La policía concluye que la financiación ilegal del PP empezó con Zaplana», *El País*, 15 de octubre de 2014; disponible en <http://ccaa.elpais.com/ccaa/2014/10/14/valencia/1413281753_007349.html>.

89. Antoni Rubio y Daniel Borrás, «"El Bigotes", entre el derroche y un tren de vida imposible», *El Mundo*, 12 de febrero de 2009; disponible en <http://www.elmundo.es/elmundo/2009/02/12/valencia/1234471457.html>.

90. «Gürtel: Las 35 conversaciones clave de la trama» (apartado 1, «Regalos con destino a miembros del Gobierno»), *El País*; disponible en <http://www.elpais.com/especial/caso-gurtel/>.

91. «El Supremo respalda la absolución del jurado a Camps en el caso de los trajes», *El País*, 9 de abril de 2013; disponible en <http://politica.elpais.com/politica/2013/04/09/actualidad/1365502448_047833.html>.

92. Iván Pérez, Francisco Álvarez y Marisol Hernández, «Francisco Camps dimite», *El Mundo*, 20 de julio de 2011; disponible en <http://www.elmundo.es/elmundo/2011/07/20/valencia/1311173185.html>.

93. «El Supremo confirma la absolución de Camps y Costa por los trajes», *El Mundo*, 9 de abril de 2013; disponible en <http://www.elmundo.es/elmundo/2013/04/09/valencia/1365499928.html>.

94. «Anticorrupción ve "sólidos indicios delictivos" de Camps en la gestión de la F-1», *Infolibre*, 14 de enero de 2015, disponible en <http://www.infolibre.es/noticias/politica/2015/01/14/anticorrupcion_26638_1012.html>.

95. «La UDEF asegura que el PP valenciano se financiaba con "la caja B" desde 2002», *ABC*, 15 de octubre de 2014; disponible en <http://www.abc.es/local-comunidad-valenciana/20141015/abci-udef-ppcv-201410151254.html>.

96. G. Peñalosa, H. Fernández y X. Borrás, «La Policía revela una comisión de un millón de euros a Correa en 2002 por servir contratos públicos», *El Mundo*, 16 de octubre de 2014; disponible en <http://www.elmundo.es/comunidad-valenciana/2014/10/15/543e2ef4ca47416c738b4572.html>.

97. *Ibidem.*

98. «El PP de Valencia financió sus actos con dinero negro de Gürtel desde 2002, según la UDEF», *Público*, 16 de octubre de 2014; disponible en <http://www.publico.es/politica/550291/el-pp-de-valencia-financio-sus-actos-con-dinero-negro-de-gurtel-desde-2002-segun-la-udef>.

99. «Exdirectivos de RTVV apuntan a Pedro García por los contratos de la visita del Papa», *ABC*, 4 de diciembre de 2014; disponible en <http://www.abc.es/local-comunidad-valenciana/20141204/abci-visita-papa-gurtel-201412041541.html>.

100. «La Audiencia de Valencia se prepara para juzgar la corrupción», *El País*, 9 de enero de 2015; disponible en <http://ccaa.elpais.com/ccaa/2015/01/09/valencia/1420826123_975707.html>.

101. Auto del 26 de noviembre de 2014 dentro de las diligencias previas, procedimiento abreviado 275/08, pieza separada «dp 275/08, ÉPOCA I: 1999-2005».

102. «Corrupción a la vasca», *Eldiario.es*, 29 de diciembre de 2014; disponible en <http://www.eldiario.es/norte/euskadi/Corrupcion-vasca_0_339116161.html>.

103. *Ibidem.*

104. Véase el cap. 3.

105. «Correa regaló al ex alcalde de Pozuelo y a Ana Mato viajes por valor de 28.000 euros», *El País*, 24 de enero de 2011; disponible en <http://elpais.com/elpais/2011/01/24/actualidad/1295860627_850215.html>.

106. Fernando J. Pérez, «Hacienda desmiente la versión de Mato sobre los regalos de la trama Gürtel», *El País*, 27 de mayo de 2014; disponible en <http://politica.elpais.com/politica/2014/05/27/actualidad/1401188260_083352.html>.

107. Intervención de Ana Mato en el Comité Ejecutivo Nacional, 2 de febrero de 2013; disponible en <http://www.losgenoveses.net/casogurtel/Jesus%20Selpuveda/Intervencion%20Ana%20Mato%20en%20Comite%20Ejecutivo.02.02.13.pdf>.

108. Comunicado de Ana Mato, 26 de noviembre de 2014; disponible en <http://www.lamoncloa.gob.es/serviciosdeprensa/notasprensa/msssi/Paginas/2014/261114-comunicadomato.aspx>.

109. Ex concejala de Educación de Las Rozas, que según consta en el auto del juez Ruz recibió transferencias directas de Special Events, una de las empresas de la trama Gürtel. Dimitió en mayo de 2010.

110. «La red tenía relación simbiótica con el PP que le permitió "negocios suculentos" según la UDEF», Europa Press, 4 de marzo de 2014, disponible en <http://www.europapress.es/madrid/noticia-red-tenia-relacion-simbiotica-pp-le-permitio-negocios-suculentos-udef-20140304131219.html>.

111. El asunto se refiere a la presunta compra de participaciones de Libertad Digital, una empresa de comunicación cuyo máximo responsable era Alberto Recarte, que por entonces también formaba parte del consejo de administración de Caja Madrid a propuesta del Partido Popular. Ángel Acebes fue señalado por las declaraciones de Bárcenas como la persona que habría ordenado la adquisición de acciones de Libertad Digital en 2004, que, según la contabilidad paralela de Bárcenas y las pruebas obtenidas hasta la fecha, se habrían comprado con dinero negro de la caja B del Partido Popular. Fue imputado en octubre de 2014. En el auto del 26 de noviembre de 2014 ha sido desimputado.

112. Auto del 26 de noviembre de 2014 dentro de las diligencias previas, procedimiento abreviado 275/08, pieza separada «DP 275/08-ÉPOCA I: 1999-2005».

113. *Ibidem.*

114. *Ibidem.*

115. *Ibidem.*

116. *Ibidem.*

117. «La trama Gürtel se gastó 32.452 euros en la boda de la hija de Aznar con Agag», *El Mundo*, 21 de mayo de 2013; disponible en <http://www.elmundo.es/elmundo/2013/05/21/espana/1369126686.html>.

118. Auto del 26 de noviembre de 2014 dentro de las diligencias previas, procedimiento abreviado 275/08, pieza separada «DP 275/08-ÉPOCA I: 1999-2005».

119. Auto 233/14 de la Sala de lo Penal de la Audiencia Nacional, de 11 de noviembre de 2014.

120. Luis de Miguel es considerado el arquitecto financiero de la trama Gürtel y fue condenado por la Audiencia Nacional a veintiún años de cárcel. La sentencia fue confirmada por el Tribunal Supremo, que rebajó la pena a veinte años.

121. Auto del 26 de noviembre de 2014 dentro de las diligencias previas, procedimiento abreviado 275/08, pieza separada «DP 275/08-ÉPOCA I: 1999-2005».

122. *Ibidem.*

123. *Ibidem.*

124. «El PP se siente "ajeno" a los delitos que la fiscalía ve en el "caso Gürtel"», *El País*, 20 de enero de 2015; disponible en <http://politica.elpais.com/politica/2015/01/19/actualidad/1421702296_993839.html>.

125. Carmen Remírez de Ganuza y Amaya García, «El PP se personará como acusación en el "caso Gürtel" y recusará a Garzón», *El Mundo*, 11 de febrero de 2009; disponible en <http://www.elmundo.es/elmundo/2009/02/11/espana/1234354830.html>.

126. «El PP presenta su querella contra el juez Garzón por prevaricación», *El Mundo*, 24 de febrero de 2009; disponible en <http://www.elmundo.es/elmundo/2009/02/24/espana/1235506090.html>.

127. Juan González Ibáñez, «¿El calendario del Supremo en las causas contra Garzón fue marcado solo por razones jurídicas?», *El País*, 27 de febrero de 2012; disponible en <http://politica.elpais.com/politica/2012/02/27/eldebate/1330363884_311563.html>.

128. Giles Tremlett, «Baltasar Garzón, judge who pursued dictators, brought down by wiretapping», *The Guardian*, 9 de febrero de 2012; disponible en <http://www.theguardian.com/world/2012/feb/09/spain-judge-baltasar-garzon-suspended>.

129. Ernesto Ekaizer, *El caso Bárcenas*, Barcelona, Espasa, 2013.

130. María Fabra, «El juez archiva la causa de Bárcenas y sostiene que apartó al PP de Gürtel», *El País*, 1 de septiembre de 2011; disponible en <http://politica.elpais.com/politica/2011/09/01/actualidad/1314906924_439838.html>.

131. Ignacio Escolar, «Por qué el PP prefiere al juez Ruz para el caso Bárcenas», *En aquel momento parecía una buena idea* (blog), *Escolar.net*, *Eldiario.es*, 25 de julio de 2013; disponible en <http://www.eldiario.es/escolar/PP-prefiere-juez-Ruz-Barcenas_6_157544246.html>.

132. El 26 de octubre de 1990, es condenado a diez años de prisión por asociación de malhechores, uso de documentación falsa y tenencia ilícita de armas. A finales de la década de 1990 fue diputado del Parlamento

vasco, electo en Vizcaya por las listas de Euskal Herritarrok, actualmente ilegalizada. Fue asimismo miembro de la Comisión de Derechos Humanos de dicha cámara.

133. El caso se verá más adelante, en el cap. 7. El Tribunal Constitucional suspendió el proceso contra Berlusconi por el caso Telecinco, por delitos fiscales y de falsedad, mientras éste fuera primer ministro.

134. «Trillo dispara de nuevo al pianista», *El País*, 22 de marzo de 2009; disponible en <http://elpais.com/diario/2009/03/22/espana/1237676406_850215.html>.

135. Real Decreto 918/2014, de 31 de octubre, por el que se crean 112 plazas de magistrado en órganos colegiados, 167 plazas de juez de adscripción territorial y se crean y constituyen tres juzgados de lo penal para adecuar la planta judicial a las necesidades existentes; disponible en <https://www.boe.es/diario_boe/txt.php?id=BOE-A-2014-11216>.

136. «El futuro de Ruz al frente del "caso Gürtel" fractura al Poder Judicial», *El País*, 30 de noviembre de 2014, disponible en <http://politica.elpais.com/politica/2014/11/30/actualidad/1417369317_981775.html>; «El CGPJ acuerda por 4 votos frente a 1 sacar a concurso la plaza de Ruz aunque podrá terminar "Gürtel" si lo pide», Europa Press, 9 de diciembre de 2014, disponible en <http://www.europapress.es/nacional/noticia-cgpj-acuerda-voto-contra-alvaro-cuesta-dejar-ruz-siga-instruyendo-gurtel-si-pide-20141209183819.html>; Iñaki Gabilondo, «Adiós al juez Ruz», *El País*, 10 de diciembre de 2014, disponible en <http://elpais.com/elpais/2014/12/10/videos/1418197637_294121.html>.

137. «Las presiones políticas complican el futuro de Ruz al frente de Gürtel», *El País*, 8 de diciembre de 2014; disponible en <http://politica.elpais.com/politica/2014/12/08/actualidad/1418065451_722885.html>.

138. «Lesmes pide la marcha de la vocal que entró por Andorra con 9.500 euros», *El País*, 28 de noviembre de 2014, disponible en <http://politica.elpais.com/politica/2014/11/28/actualidad/1417177357_456356.html>; «Mercé Pigem comunica su renuncia como vocal del CGPJ», Europa Press, 29 de noviembre de 2014, disponible en <http://www.europapress.es/nacional/noticia-merce-pigem-comunica-renuncia-vocal-cgpj-20141129225840.html>.

139. «El sustituto de la vocal del CGPJ que sacó dinero de Andorra está imputado por falsedad documental», *Eldiario.es*, 30 de noviembre de 2014, disponible en <http://www.eldiario.es/politica/sustituto-CGPJ-Andorra-falsedad-documental_0_330017345.html>; «El sustituto de Mercè Pigem fue exculpado un día antes de estallar el escándalo en el CGPJ», *Voz-*

populi, 1 de diciembre de 2014; disponible en <http://vozpopuli.com/actualidad/53648-el-sustituto-de-merce-pigem-fue-exculpado-un-dia-antes-de-estallar-el-escandalo-en-el-cgpj>.

140. Ley 19/2013, de 9 de diciembre, de transparencia, acceso a la información pública y buen gobierno; disponible en <http://www.boe.es/boe/dias/2013/12/10/pdfs/BOE-A-2013-12887.pdf>.

141. «El PP rechaza la inamovilidad de instructores de casos complejos», *El País*, 11 de diciembre de 2014; disponible en <http://politica.elpais.com/politica/2014/12/11/actualidad/1418324644_141526.html>.

142. José María Izquierdo, «Y ahora es el turno de Ruz y Valencia», *El País*, 14 de febrero de 2014; disponible en <http://politica.elpais.com/politica/2014/02/13/actualidad/1392308084_036561.html>.

143. Escrito de acusación provisional de la Fiscalía Anticorrupción, del 15 de enero de 2015, por Concepción Sabadell y Concepción Nicolás. Al Juzgado Central de Instrucción n.º 5, DP 275/08; pieza separada, «DP 275/08, EPOCA I: 1999-2005».

144. Alexa Jonhston, *Sir Edmund Hillary: An Extraordinary Life*, Nueva Zelanda, Penguin Books, 2007.

145. Pío García, «El alpinista insaciable», *Elcorreo.com*, 19 de enero de 2013; disponible en <http://www.elcorreo.com/vizcaya/20130119/mas-actualidad/politica/alpinista-insaciable-201301192229.html>.

146. José Mari Reviriego, «Dos meses con Bárcenas en el Tíbet», *ABC*, 24 de febrero de 2013; disponible en <http://www.abc.es/espana/20130224/rc-meses-barcenas-tibet-201302241855.html>.

147. Fernando Carreño, «La primera vez que Luis Bárcenas fue famoso», *Tirando a dar* (blog), 6 de marzo de 2013; disponible en <http://www.marca.com/blogs/tirandoadar/2013/03/06/la-primera-vez-que-se-hablo-de-barcenas.html>.

148. «Dos meses con Bárcenas en el Tíbet», *ABC*, 24 de febrero de 2013; disponible en <www.abc.es/espana/20130224/rc-meses-barcenas-tibet-201302241855.html>.

149. «Un comité de expertos cuestiona los logros de la última expedición española al Everest», *El País*, 27 de diciembre de 1987; disponible en <http://elpais.com/diario/1987/12/27/deportes/567558013_850215.html>.

150. Mateo 7, 15-20.

151. «Bárcenas acumuló hasta 47 millones gracias a otra cuenta en Suiza», *El Mundo*, 14 de junio de 2013, disponible en <http://www.elmundo.es/elmundo/2013/06/14/espana/1371218028.html>; Eduardo Inda y Es-

teban Urreiztieta, «Los SMS entre Rajoy y Bárcenas», *El Mundo*, 14 de julio de 2013, disponible en <http://www.elmundo.es/elmundo/2013/07/14/espana/1373779073.html>.

152. Auto 275/08-V de la Audiencia Nacional, Juzgado Central de Instrucción n.º 5.

153. Manuel Altozano, «Bárcenas niega la existencia de cuentas ocultas en el PP y que él las llevase», *El País*, 6 de febrero de 2009; disponible en <http://politica.elpais.com/politica/2013/02/06/actualidad/1360138729_281841.html>.

154. José Antonio Hernández, «¿Quién es Luis "El Cabrón"?», *El País*, 18 de mayo de 2013; disponible en <http://elpais.com/diario/2009/05/18/espana/1242597601_850215.html>.

155. Fernando J. Pérez, «Luis Bárcenas ocultó una fortuna de 47 millones en cuentas en Suiza», *El País*, 14 de junio de 2013; disponible en <http://politica.elpais.com/politica/2013/06/14/actualidad/1371217559_298150.html>.

156. «El PP abre en Luxemburgo una cuenta a la que sus eurodiputados aportan 78.000 euros al mes», *El Mundo*, 9 de septiembre de 2003; disponible en <http://www.elmundo.es/elmundo/2003/09/09/espana/1063078358.html>.

157. Ekaizer, *El caso Bárcenas*.

158. Esther Mucientes, «Los ex tesoreros del PP, una caja de imputados», *El Mundo*, 27 de marzo de 2013; disponible en <http://www.elmundo.es/elmundo/2013/03/27/espana/1364366431.html>.

159. «Imputados los "populares" Bosch y Clemente en la trama del "caso Gürtel"», *El Mundo*, 24 de abril de 2009; disponible en <http://www.elmundo.es/elmundo/2009/04/24/madrid/1240585169.html>.

160. «El ex diputado Jesús Merino cobró más de 800.000 euros de la trama "Gürtel"», *El Mundo*, 17 de octubre de 2013; disponible en <http://www.elmundo.es/elmundo/2013/10/17/espana/1382030631.html>.

161. Carlos E. Cué, «El PP ataca ahora a la fiscalía, a la que se aferró para defender a Bárcenas», *El País*, 12 de junio de 2009; disponible en <http://elpais.com/diario/2009/06/12/espana/1244757603_850215.html>.

162. Julio M. Lázaro, «El Supremo sólo investigará a los aforados del PP Bárcenas y Merino», *El País*, 24 de junio de 2009; disponible en <http://elpais.com/elpais/2009/06/24/actualidad/1245831420_850215.html>.

163. A. Martínez y J. A. Navas, «Luis Bárcenas: "No estoy en el momento mediático ni procesal para quitarme de en medio"», *ABC*, 13 de julio de 2013; disponible en <http://www.abc.es/20090713/nacional-politica/luis-barcenas-estoy-momento-200907130155.html>.

164. «Trillo pide a Rubalcaba que explique el "montaje" contra Bárcenas y el PP», *El Mundo*, 1 de septiembre de 2011; disponible en <http://www.elmundo.es/elmundo/2011/09/01/espana/1314901003.html>.

165. Carlos E. Cué, «Luis Bárcenas dimite temporalmente como tesorero del PP», *El País*, 28 de julio de 2009; disponible en <http://elpais.com/elpais/2009/07/28/actualidad/1248769037_850215.html>.

166. Carlos E. Cué y José Antonio Hernández, «El PP pagó a Bárcenas una cantidad fija al mes hasta diciembre de 2012», *El País*, 12 de febrero de 2013; disponible en <http://politica.elpais.com/politica/2013/02/12/actualidad/1360704551_942012.html>.

167. Carlos E. Cué, «Bárcenas se rinde y se da de baja como militante del PP», *El País*, 8 de abril de 2010; disponible en <http://elpais.com/elpais/2010/04/08/actualidad/1270714620_850215.html>.

168. «El juez archiva la causa contra el ex tesorero del PP Luis Bárcenas», *El Mundo*, 1 de septiembre de 2011; disponible en <http://www.elmundo.es/elmundo/2011/09/01/espana/1314887798.html>.

169. «El PP asegura que se demuestra que el caso Gürtel ha sido un montaje orquestado desde el Gobierno de Zapatero», *Telemadrid.es*, 2 de septiembre de 2011; disponible en <http://www.telemadrid.es/?q=noticias/nacional/noticia/cospedal-el-psoe-ha-tenido-un-intento-fallido-de-montar-un-filesa-para-el-0>.

170. José Antonio Hernández, «Anticorrupción aporta nuevos documentos contra Bárcenas», *El País*, 23 de febrero de 2012; disponible en <http://politica.elpais.com/politica/2012/02/23/actualidad/1330027212_111339.html>.

171. «Los grandes lujos de Luis Bárcenas: el esquí, en Armenia», *Más vale tarde*, La Sexta, 23 de enero de 2013; disponible en <http://www.lasexta.com/programas/mas-vale-tarde/noticias/luis-barcenas-preferia-pistas-esqui-armenia_2013012300218.html>.

172. «El juez Ruz imputa al extesorero nacional del PP por delito fiscal», *El País*, 28 de junio de 2012; disponible en <http://politica.elpais.com/politica/2012/06/28/actualidad/1340895683_210545.html>.

173. Carlos E. Cué, «El PP le paga el abogado a Luis Bárcenas en el "caso Gürtel"», *El País*, 1 de febrero de 2010, disponible en <http://elpais.com/diario/2010/02/01/espana/1264978801_850215.html>; J. M. Romero, Francisco Mercado, Miguel Jiménez y Carlos E. Cué, «Las cuentas secretas de Bárcenas», *El País*, 30 de enero de 2013, disponible en <http://politica.elpais.com/politica/2013/01/30/actualidad/1359583204_085918.html>.

174. «Los abogados de Bárcenas insinúan que los papeles pudieron ser falsificados con la tipografía "Corrupt Script"», *Lainformacion.com*, 22 de mayo de 2013; disponible en <http://noticias.lainformacion.com/espana/los-abogados-de-barcenas-insinuan-que-los-papeles-pudieron-ser-falsificados-con-la-tipografia-corrupt-script_IbhJVHwFEBkh0rExRtMfj3/>.

175. Javier E. Casqueiro, «Objetivo: salvar a Rajoy», *El País*, 9 de marzo de 2013; disponible en <http://politica.elpais.com/politica/2013/03/09/actualidad/1362855194_692060.html>.

176. Esteban Urreiztieta y Eduardo Inda, «Los originales de Bárcenas incluyen pagos de sobresueldos a Rajoy cuando era ministro», *El Mundo*, 8 de julio de 2013; disponible en <http://www.elmundo.es/elmundo/2013/07/08/espana/1373316663.html>.

177. Guillermo Rodríguez, «Cospedal defiende la "indemnización en diferido" a Luis Bárcenas», *Huffington Post*, 25 de febrero de 2013, disponible en <http://www.huffingtonpost.es/2013/02/25/cospedal-indemnizacion-diferido_n_2758078.html>; Francesco Manetto, «El PP intentó ocultar el salario de Bárcenas disfrazándolo de finiquito», *El País*, 15 de febrero de 2013, disponible en <http://politica.elpais.com/politica/2013/02/15/actualidad/1360964803_657045.html>.

178. Sentencia 303/2014 del Juzgado de lo Social n.º 16 de Madrid.

179. Auto del 27 de junio de 2013, Juzgado Central de Instrucción n.º 5.

180. *Ibidem.*

181. <http://politica.elpais.com/politica/2013/01/26/actualidad/1359210059_414339.html>.

182. <www.elmundo.es/elmundo/2013/01/21/espana/1358766691.html>.

183. <http://vozpopuli.com/actualidad/32852-barcenas-el-rey-del-limon-el-latifundio-argentino-certifica-que-vendio-215-000-cajas-en-dos-anos>.

184. *Ibidem.*

185. *Ibidem.*

186. *Ibidem.*

187. *Ibidem.*

188. *Ibidem.*

189. *Ibidem.*

190. *Ibidem.*

191. Auto del 3 de diciembre de 2014, Juzgado Central de Instrucción n.º 5.

192. Dentro del Antecedente de Hecho Tercero, apartado Decimotercero (13), contratación con la comunidad de Castilla y León y hechos rela-

cionados con la participación de Luis Bárcenas Guitiérrez, Rosalía Iglesias Villar y Jesús Merino Delgado», pp. 120-163 y «Participación en proyectos con cargos de representacion pública», pp. 24-34.

193. Resolución del 5 de julio de 2013, Juzgado Central de Instrucción n.º 5, confirmada por el auto de la Sección Cuarta de la Sala de lo Penal de 27 de septiembre de 2013.

194 «Cronología del caso Bárcenas Gürtel», *20 Minutos*; disponible en <http://www.20minutos.es/noticia/1706931/0/cronologia-caso/luis-barcenas/gurtel-pp/>.

195. «Los SMS entre Rajoy y Bárcenas», *El Mundo*; disponible en <http://www.elmundo.es/elmundo/2013/07/14/espana/1373779073.html>.

196. Auto del 22 de octubre de 2013, correlaciones entre cuentas y los papeles de Bárcenas.

197. Sentencia del 30 de noviembre de 2013 del Juzgado de Instrucción n.º 4 de Toledo.

198. «Mudanzas y cambio», *El País*, 8 de mayo de 2014.

199. Auto 19/15 de 20 de enero de 2015, del Juzgado Central de Instrucción n.º 5 de la Audiencia Nacional.

200. «El juez imputa al ex tesorero de CDC Daniel Osácar por una cuenta en Suiza», Europa Press, 6 de mayo de 2014, disponible en <http://www.europapress.es/catalunya/noticia-juez-imputa-extesorero-cdc-daniel-osacar-cuenta-suiza-20140506105945.html>; «Archivado el caso contra el extesorero de CDC por blanqueo», *El País*, 1 de agosto de 2014, disponible en <http://ccaa.elpais.com/ccaa/2014/07/31/catalunya/1406831229_494931.html>; «El fiscal tilda de "chapucero" el informe policial sobre las cuentas de Osácar», *El País*, 6 de junio de 2014, disponible en <http://ccaa.elpais.com/ccaa/2014/06/06/catalunya/1402043020_580879.html>; Esther Mucientes, «Los ex tesoreros del PP, una caja de imputados», *El Mundo*, 27 de marzo de 2013, disponible en <http://www.elmundo.es/elmundo/2013/03/27/espana/1364366431.html>; «El TS confirma la absolución de Aída Álvarez aunque reconoce que dirigió un fraude», *Libertad Digital*, 8 de julio de 2009, disponible en <http://www.libertaddigital.com/nacional/el-ts-confirma-la-absolucion-de-aida-alvarez-aunque-reconoce-que-dirigio-un-fraude-1276364341>; «El exdirigente de UDC Vicenç Gavaldà ingresa en prisión por el caso Pallerols», *La Vanguardia*, 8 de mayo de 2014, disponible en <http://www.lavanguardia.com/politica/20140508/54406723271/vicenc-gavalda-ingresa-prision-caso-pallerols.html>; «Matas, imputado por financiación ilegal», *El País*, 6 de noviembre de 2012, disponible en <http://politica.elpais.com/politica/2012/11/06/actuali-

dad/1352203174_534983.html>, y «Acusan a Fernando Areal y Bartolomé Reus de blanquear 1,2 millones de Matas», *Diario de Ibiza*, 9 de septiembre de 2014, disponible en <http://www.diariodeibiza.es/pitiuses-balears/2014/09/09/acusan-fernando-areal-bartolome-reus/718158.html>; J. Francisco Mestre, «Llompart acusa a Mulet, Grimalt, Julve y Cañellas de ser los cobradores de UM», *Diario de Mallorca*, 18 de febrero de 2012, disponible en <http://www.diariodemallorca.es/mallorca/2012/02/18/llompart-acusa-mulet-grimalt-julve-canellas-cobradores-um/745494.html>, y «Nadal, absuelto en una pieza del caso Voltor», *Última Hora*, 21 de octubre de 2014, disponible en <http://ultimahora.es/noticias/local/2014/10/21/136041/nadal-absuelto-pieza-del-caso-voltor.html>.

201. José Antonio Hernández, «Los lazos de parentesco en el Tribunal de Cuentas alcanzan a 100 empleados», *El País*, 23 de junio de 2014; disponible en <http://politica.elpais.com/politica/2014/06/23/actualidad/1403548994_107851.html>.

202. Dante Alighieri, *La divina comedia: Infierno*, octava fosa del octavo círculo, «La fosa de los consejeros fraudulentos», canto XXVI, versos 34-42.

203. Auto incoación pieza separada «DP 275/08-ÉPOCA I: 1999-2005», del 29 de julio de 2014.

204. Pieza separada «Informe UDEF-BLA 22.510/13», incoada en virtud del auto de 7 de marzo de 2013.

205. «Bárcenas extiende la caja b del PP "a todas las provincias y regiones"», *El País*, 10 de abril de 2013, disponible en <http://politica.elpais.com/politica/2014/04/10/actualidad/1397116429_094934.html>; «Las direcciones regionales y autonómicas del PP niegan tener caja B y acusan a Bárcenas de mentir», *Público*, 11 de abril de 2013, disponible en <http://www.publico.es/politica/513955/las-direcciones-regionales-y-autonomicas-del-pp-niegan-tener-caja-b-y-acusan-a-barcenas-de-mentir>.

206. «El PP destruyó los discos duros de los dos ordenadores que utilizó Bárcenas», *El Mundo*, 29 de agosto de 2013; disponible en <http://www.elmundo.es/elmundo/2013/08/29/espana/1377768905.html>.

207. Auto del 19 de diciembre de 2013, del Juzgado Central de Instrucción n.º 5.

208. «IU pide ampliar la imputación a Cascos y Acebes por el caso de los sobresueldos», *Vozpópuli*, 19 de septiembre de 2013; disponible en <https://vozpopuli.com/actualidad/31885-iu-pide-ampliar-la-imputacion-a-cascos-y-acebes-por-el-caso-de-los-sobresueldos.

4. La corrupción en las Comunidades Autónomas y Diputaciones Provinciales

1. Este índice evalúa el nivel de transparencia y de información que los gobiernos de las Comunidades Autónomas ofrecen a los ciudadanos y a la sociedad en su conjunto. Se examinan los datos y la información que estas instituciones hacen públicos en su página web en relación con un total de ochenta indicadores. Por poner un ejemplo, uno de los indicadores utilizados es el de si las CC.AA. hacen público el número, la evolución y la retribución de los altos cargos eventuales y de libre designación; disponible en <http://www.transparencia.org.es/INCAU_AÑOS_ANTERIORES.htm>.

2. Manuel Vicent, «Felipe y la computadora», tribuna de *El País*, 30 de octubre de 1982.

3. El artículo 151.1 prevé un procedimiento especial de acceso a la autonomía, en virtud del cual se podía obtener, inicialmente, un mayor nivel de autogobierno, cumpliendo con unos requisitos más gravosos que los establecidos en el procedimiento común, regulado en el artículo 143.

4. «El mapa autonómico», *El País*, 9 de diciembre de 1979; disponible en <http://elpais.com/diario/1979/12/09/espana/313542005_850215.html>.

5. José Aguilar, «Rafael Escuredo amenaza con una huelga de hambre de 72 horas», *El País*, 31 de enero de 1980; disponible en <http://elpais.com/diario/1980/01/31/espana/318121224_850215.html>.

6. Eurostat, *Regiones. Anuario estadístico*, Luxemburgo, OPOCE, 1997; disponible en <http://aei.pitt.edu/34740/1/A1026.pdf>.

7. «Corrupción y golfería», *El País*, 19 de enero de 1990; disponible en <http://elpais.com/diario/1990/01/19/opinion/632703610_850215.html>.

8. «Los defensores del "caso Juan Guerra" critican la actuación del juez Márquez», *El País*, 22 de noviembre de 1990; disponible en <http://elpais.com/diario/1990/11/22/espana/659228409_850215.html>.

9. «Alfonso Guerra, protagonista del primer gran caso de corrupción de la democracia, pide la "máxima" pena para los corruptos», *Alerta Digital*, 9 de noviembre de 2011; disponible en <http://www.alertadigital.com/2011/11/09/alfonso-guerra-protagonista-del-primer-gran-caso-de-corrupcion-de-la-democracia-pide-la-maxima-para-los-corruptos/>.

10. «Juan Guerra, condenado a un año y medio de cárcel por usurpación de funciones», *El País*, 4 de marzo de 1995; disponible en <http://elpais.com/diario/1995/03/04/espana/794271631_850215.html>.

11. Revista *Época*, diciembre de 1989.

12. Israel Viana, «El escándalo waterguerra», *ABC*, 18 de marzo de

2011; disponible en <http://www.abc.es/20110115/archivo/abci-water-guerra-juan-alfonso-guerra-201101141912.html>.

13. «Alfonso Guerra acude hoy al Congreso para explicar los negocios de su hermano», *El País*, 1 de febrero de 1990; disponible en <http://elpais.com/diario/1990/02/01/portada/633826802_850215.html>.

14. «El vicepresidente afirma que diputados del PP le han pedido recomendaciones», *El País*, 2 de febrero de 1990; disponible en <http://elpais.com/diario/1990/02/02/espana/633913206_850215.html>.

15. Anabel Díez, «Anguita y el PP consideran que Felipe González amenazó con dimitir como advertencia a los socialistas», *El País*, 3 de febrero de 1990; disponible en <http://elpais.com/diario/1990/02/03/espana/633999603_850215.html>.

16. «Semprún pide medidas contra la intromisión de la Prensa en el honor de las personas», *El País*, 10 de febrero de 1990; disponible en <http://elpais.com/diario/1990/02/10/espana/634604408_850215.html>.

17. El juzgado concedió a Juan Guerra en julio de 2002 la suspensión del ingreso en prisión dado que carece de otras penas privativas de libertad.

18. Sentencia 87/2001, de 2 de abril de 2001, del Tribunal Constitucional.

19. «Archivan la causa contra Juan Guerra porque según Hacienda es "insolvente"», *El Mundo*, 29 de marzo de 2011; disponible en <http://www.elmundo.es/elmundo/2011/03/28/andalucia/1301322440.html>.

20. Julio M. Lázaro, «El Supremo absuelve a Juan Guerra del uso del despacho en la Delegación del Gobierno en Sevilla», *El País*, 25 de octubre de 1996; disponible en <http://elpais.com/diario/1996/10/25/espana/846194409_850215.html>.

21. Luis Barbero, «El "caso Juan Guerra" llega a su fin judicial el 18 de diciembre», *El País*, 16 de diciembre de 1996; disponible en <http://elpais.com/diario/1996/12/16/espana/850690807_850215.html>.

22. «Duran apoyó al supuesto financiador de Unió para crear una patronal», *El País*, 17 de marzo de 2000; disponible en <http://elpais.com/diario/2000/03/17/espana/953247634_850215.html>.

23. Jesús García, «Los jueces rechazan sustituir cárcel por trabajos en el "caso Pallerols"», *El País*, 22 de mayo de 2014; disponible en <http://politica.elpais.com/politica/2014/05/22/actualidad/1400765889_383418.html>.

24. «Duran apoyó al supuesto financiador de Unió para crear una patronal», *El País*, 17 de marzo de 2000; disponible en <http://elpais.com/diario/2000/03/17/espana/953247634_850215.html>.

25. Carmen Pérez-Lanzac, «12 horas a la sombra de Duran», *El País*, 15 de julio de 2010; disponible en <http://elpais.com/elpais/2010/07/15/actualidad/1279181818_850215.html>.

26. Josep Clemente, *El oasis catalán. La corrupción del poder*, Madrid, Espejo de Tinta, 2005.

27. Pere Ríos, «CiU se llevó el 42 por ciento de las donaciones anónimas a partidos durante 20 años», *El País*, 2 de mayo de 2012; disponible en <http://politica.elpais.com/politica/2012/05/02/actualidad/1335989880_021602.html>.

28. Sebastián Tobarra y Xavier Horcajo, «La oposición carga contra Pujol por la gestión de los fondos de formación», *El País*, 2 de abril de 1999; disponible en <http://elpais.com/diario/1999/04/02/espana/923004007_850215.html>.

29. Manuel Trallero, *Música celestial. Del mal llamado caso Millet o caso Palau*, Barcelona, Debate, 2012.

30. Audiencia Provincial de Barcelona, Sección Segunda, diligencias previas n.° 1219/99, n.° de orden 74/11, Juzgado de Instrucción n.° 9 de Barcelona, sentencia n.° 53. Ilmo. Sr. Presidente don Javier Arzúa Arrugaeta.

31. «Fondos agujereados», *El País*, 17 de abril de 2014; disponible en <http://elpais.com/elpais/2014/04/17/opinion/1397765136_754154.html>.

32. «La Policía Judicial pide en la Diputación de A Coruña un expediente sobre cursos de formación», *La Voz de Galicia*, 22 de septiembre de 2014; disponible en <http://www.lavozdegalicia.es/noticia/coruna/2014/09/22/policia-judicial-pide-diputacion-coruna-expediente-sobre-cursos-formacion/0003_201409201409221746404O8.htm>.

33. «El caso Aneri», *El País*, 6 de septiembre de 2014; disponible en <http://elpais.com/tag/caso_aneri/a/>.

34. Jesús Duva y Esperanza Codina, «Interior indaga un fraude en cursos de formación en Andalucía», *El País*, 15 de abril de 2014; disponible en <http://ccaa.elpais.com/ccaa/2014/04/15/andalucia/1397571319_487131.html>.

35. Carlos Pizá de la Silva, «Bruselas bloquea los fondos europeos a Andalucía por múltiples irregularidades», *Eleconomista.es*, 22 de junio de 2012; disponible en <http://ecodiario.eleconomista.es/andalucia/noticias/4063125/06/12/Bruselas-bloquea-los-fondos-europeos-a-Andalucia-por-multiples-irregularidades.html#.Kku8l0GRYg73CuZ>.

36. Sandro Pozzi, «Bruselas mantiene el bloqueo de 6.000 millones de pesetas a Trabajo», *El País*, 14 de noviembre de 2000; disponible en <http://elpais.com/diario/2000/11/14/catalunya/974167656_850215.html>.

37. Audiencia Provincial de Barcelona, Sección Segunda, diligencias previas n.º 1219/99, n.º de orden 74/11, Juzgado de Instrucción n.º 9 de Barcelona, sentencia n.º 53. Ilmo. Sr. Presidente don Javier Arzúa Arrugaeta.

38. *Ibidem.*

39. *Ibidem.*

40. *Ibidem.*

41. *Ibidem.*

42. «La sentencia del "caso Pallerols" constata que hubo "aportaciones directas" a UDC», *El Mundo*, 25 de enero de 2013, disponible en <http://www.elmundo.es/elmundo/2013/01/25/barcelona/1359113747.html>; Audiencia Provincial de Barcelona, Sección Segunda, diligencias previas n.º 1219/99, n.º de orden 74/11, Juzgado de Instrucción n.º 9 de Barcelona, sentencia n.º 53. Ilmo. Sr. Presidente don Javier Arzúa Arrugaeta.

43. Xavier Horcajo, «La cuñada de Duran trabajó para UDC mientras cobraba de un centro subvencionado», *El País*, 6 de junio de 2000, disponible en <http://elpais.com/diario/2000/06/06/espana/960242407_850215.html>; Xavier Horcajo, «Los pagos «políticos» del Consorcio de Turismo», *El País*, 13 de abril de 2000, disponible en <http://elpais.com/diario/2000/04/13/catalunya/955588071_850215.html>.

44. «Duran rectifica y no descarta que Unió asuma responsabilidades políticas en el "caso Pallerols"», *El País*, 23 de octubre de 2000; disponible en <http://elpais.com/diario/2000/10/23/catalunya/972263239_850215.html>.

45. Josep Garriga, «Mas cuestiona la propuesta de Duran Lleida de investigar todos los fondos otorgados por Trabajo», *El País*, 25 de octubre de 2000; disponible en <http://elpais.com/diario/2000/10/25/catalunya/972436043_850215.html>.

46. Xavier Horcajo, «Pallerols escondía grabaciones sobre Unió en un "zulo" en Andorra», *El País*, 2 de noviembre de 2000; disponible en <http://elpais.com/diario/2000/11/02/espana/973119614_850215.html>.

47. *Ibidem.*

48. Pere Ríos, «El Supremo exculpa a dos diputados de Unió por el "caso Pallerols"», *El País*, 17 de noviembre de 2005; disponible en <http://elpais.com/diario/2005/11/17/espana/1132182012_850215.html>.

49. Josep Garriga, «La juez archiva el "caso Pallerols" al no considerar delito las donaciones al partido de Duran Lleida», *El País*, 13 de diciembre de 2005; disponible en <http://elpais.com/diario/2005/12/13/espana/1134428408_850215.html>.

50. *Ibidem.*

51. Pere Ríos, «UDC considera que sufrió "persecución política" por el "caso Pallerols"», *El País*, 18 de noviembre de 2005; disponible en <http://elpais.com/diario/2005/11/18/catalunya/1132279651_850215.html>.

52. «La Audiencia de Barcelona reabre el "caso Pallerols" por presunta financiación irregular de UDC», *La Vanguardia*, 8 de noviembre de 2006; disponible en <http://www.lavanguardia.com/politica/20061108/51291288078/la-audiencia-de-barcelona-reabre-el-caso-pallerols-por-presunta-financiacion-irregular-de-udc.html>.

53. Jesús García, «El fiscal y las defensas negocian para evitar un juicio que salpica a Unió», *El País*, 7 de enero de 2013; disponible en <http://ccaa.elpais.com/ccaa/2013/01/07/catalunya/1357561141_277152.html>.

54. José Miguel Larraya, «Los jueces y sus familias», *El País*, 10 de diciembre de 2006; disponible en <http://elpais.com/diario/2006/12/10/opinion/1165705203_850215.html>.

55. Jesús García, «Los jueces rechazan sustituir cárcel por trabajos en el "caso Pallerols"», *El País*, 22 de mayo de 2014; disponible en <http://politica.elpais.com/politica/2014/05/22/actualidad/1400765889_383418.html>.

56. La responsabilidad penal de los partidos políticos: Ley 7/2012, de 27 de diciembre, por la que se modifica la Ley Orgánica 10/1995, de 23 de noviembre, del Código Penal en materia de transparencia y lucha contra el fraude fiscal y en la Seguridad Social; disponible en <http://www.boe.es/boe/dias/2012/12/28/pdfs/BOE-A-2012-15647.pdf>.

57. Miquel Noguer, «Duran dejará la secretaría general de CiU por desacuerdos sobre la consulta», *El País*, 8 de junio de 2014; disponible en <http://ccaa.elpais.com/ccaa/2014/06/08/catalunya/1402221605_292205.html>.

58. Carlos Geli, «Quins "pebrots", al Palau!», *El País*, 20 de mayo de 2010; disponible en <http://cultura.elpais.com/cultura/2010/05/20/actualidad/1274306401_850215.html>.

59. Albert Balcells, *El nacionalismo catalán*, Madrid, Historia 16, 1999.

60. Sentencia del 28 de mayo de 2014, Audiencia Provincial de Barcelona, Sección Quinta. Dimanante de las diligencias previas 2613-10 y Juzgado de Instrucción n.º 10 de Barcelona. Hechos probados, apartado A).

61. *Ibid.*, párrafo a), n.º 2.

62. *Ibid.*, Fundamentos jurídicos, apartado segundo, A).

63. *Ibid.*, párrafo A).

64. *Ibid.*, párrafo A), b).

65. «El saqueo del Palau de la Música», *El País*, 29 de septiembre de

2009; disponible en <http://cultura.elpais.com/cultura/2009/09/29/actualidad/1254175206_850215.html>.

66. Xavier Ribera, «Félix Millet, el trilero del Palau», *Eldiario.es*, 3 de marzo de 2014; disponible en <http://www.eldiario.es/catalunya/personal/Felix-Millet-trilero-Palau_6_234886536.html>.

67. «El saqueo del Palau de la Música», *El País*, 29 de septiembre de 2009; disponible en <http://cultura.elpais.com/cultura/2009/09/29/actualidad/1254175206_850215.html>.

68. *Ibidem.*

69. «El Palau cifra en 35 millones de euros el desfalco, de los que se han recuperado 8», *Eleconomista.es*, 23 de julio de 2010; disponible en <http://ecodiario.eleconomista.es/legislacion/noticias/2334117/07/10/Millet-Resumen-El-Palau-cifra-en-35-millones-de-euros-el-desfalco-de-los-que-se-han-recuperado-8.html>#Kku84NLrC6itIdui>.

70. «El saqueo del Palau de la Música», *El País*, 29 de septiembre de 2009; disponible en <http://cultura.elpais.com/cultura/2009/09/29/actualidad/1254175206_850215.html>.

71. «Ángel Colom recibió 72.000 euros de Millet desviados del Palau de la Música», *La Vanguardia*, 1 de octubre de 2009; disponible en <http://www.lavanguardia.com/politica/20091001/53795830717/angel-colom-recibio-72-000-euros-de-millet-desviados-del-palau-de-la-musica.html>.

72. Auto del 17 de junio de 2010 del Juzgado de Instrucción n.º 10 de Barcelona, diligencias previas 2613/2010-P.

73. Auto del 30 de junio de 2010 del Juzgado de Instrucción n.º 10 de Barcelona, diligencias previas 2613/2010-P.

74. P. Díaz, «La concejala que destapó la corrupción en Barcelona denuncia presiones antes de declarar en el "caso Hotel Palau"», *Público*, 28 de marzo de 2014; disponible en <http://www.publico.es/politica/511025/la-concejala-que-destapo-la-corrupcion-en-barcelona-denuncia-presiones-antes-de-declarar-en-el-caso-hotel-palau>.

75. Sentencia del 28 de mayo de 2014, Audiencia Provincial de Barcelona, Sección Quinta. Dimanante de las diligencias previas 2613-10 y Juzgado de Instrucción n.º 10 de Barcelona.

76. Stas Radziwil, «La corrupción acorrala a CiU y pone a Artur Mas contra las cuerdas», *Libertad Digital*, 7 de noviembre de 2012; disponible en <http://www.libertaddigital.com/chic/2012-11-07/stas-radziwill-la-corrupcion-acorrala-a-ciu-y-pone-a-artur-mas-contra-las-cuerdas-66285/>.

77. *Ibidem.*

78. *Ibidem.*

79. *Ibidem.*

80. *Ibidem.*

81. *Ibidem.*

82. Auto de conclusión de la instrucción e incoación de procedimiento abreviado del 12 de julio de 2013, Juzgado de Instrucción n.º 30 de Barcelona, diligencias previas n.º 3360/2009-D.

83. *Ibidem.*

84. *Ibidem.*

85. *Ibidem.*

86. *Ibidem.*

87. *Ibidem.*

88. *Ibidem.*

89. «La Generalitat rechaza reclamar a Millet y Montull 900.000 euros del Palau», *La Vanguardia*, 28 de mayo de 2014; disponible en <http://www.lavanguardia.com/economia/20120416/54284516835/generalitat-rechaza-reclamar-millet-y-montull-900-000-euros.html>.

90. «Maragall: "El problema de CiU se llama tres por ciento"», *El Mundo*, 5 de marzo de 2005, disponible en <http://www.elmundo.es/elmundo/2005/02/25/espana/1109344766.html>; puede verse el vídeo en <https://www.youtube.com/watch?v=lSSFzcuEpNc>.

91. «Maragall promete un referéndum si el gobierno bloquea el Estatut», *ABC*, 13 de diciembre de 2003; disponible en <http://www.abc.es/hemeroteca/historico-13-12-2003/abc/Nacional/maragall-promete-un-referendum-si-el-gobierno-bloquea-el-estatuto_226314.html>.

92. Gabriel Muñoz, «El Ayuntamiento derribará a final de mes el chalé ilegal de la ex socialista Aída Álvarez. Valorado en 200 millones, fue construido sin licencia municipal», *ABC*, 7 de enero de 1994; disponible en <http://hemeroteca.abc.es/nav/Navigate.exe/hemeroteca/madrid/abc/1994/01/07/053.html>.

93. «Quién es quién en el sumario del "caso Naseiro"», *El País*, 11 de mayo de 1990; disponible en <http://elpais.com/diario/1990/05/11/espana/642376803_850215.html>.

94. Fernando J. Pérez, «Luis Bárcenas ocultó una fortuna de 47 millones en cuentas en Suiza», *El País*, 14 de junio de 2013; disponible en <http://politica.elpais.com/politica/2013/06/14/actualidad/1371217559_298150.html>.

95. *Ibidem.*

96. Información en STAR (Stolen Asset Recovery Initiative); disponible en <http://star.worldbank.org/corruption-cases/arw>.

97. Ernesto Ekaizer, «Pinochet mantuvo una red de cuentas bancarias en varias entidades de EE. UU.», *El País*, 15 de marzo de 2005; disponible en <http://internacional.elpais.com/internacional/2005/03/15/actualidad/1110841210_850215.html>.

98. «Jueces lanzan "Declaración de París" contra la corrupción», *Emol*, 19 de junio de 2003; disponible en <http://www.emol.com/noticias/internacional/2003/06/19/115255/jueces-lanzan-declaracion-de-paris-contra-la-corrupcion.html>.

99. Claudio Rodríguez, «Cáscaras (II)», *Antología poética*, Madrid, Rialp, 2013.

100. Francisco Morales Padrón, *La ciudad del quinientos*, Sevilla, Universidad de Sevilla, 1989, p. 120, cita a Miguel de Cervantes.

101. «El ex chofer de Francisco Javier Guerrero asegura que su jefe se gastó dinero de ayudas de la Junta en cocaína, copas y fiestas», *ABC*, 9 de enero de 2012; disponible en <http://www.abc.es/videos-espana/20120109/chofer-francisco-javier-guerrero-1377663105001.html>.

102. Javier Martín Arroyo, «El director de los ERE concedió otros 450.000 euros a un socio de su chófer», *El País*, 11 de enero de 2012; disponible en <http://elpais.com/diario/2012/01/11/espana/1326236422_850215.html>.

103. José María Irujo, «Socios del exclusivo "fondo de reptiles"», *El País*, 5 de febrero de 2012; disponible en <http://elpais.com/diario/2012/02/05/domingo/1328417553_850215.html>.

104. Auto del Tribunal Supremo del 13 de noviembre de 2014.

105. *Ibidem.*

106. *Ibidem.*

107. *Ibidem.*

108. *Ibidem.*

109. «Claves de la transferencia de financiación», *El País*, 13 de marzo de 2014; disponible en <http://ccaa.elpais.com/ccaa/2014/03/13/andalucia/1394720356_925108.html>.

110. «Guerrero coló a su suegra en un ERE de SOS Cuétara», *Libertad Digital*, 5 de septiembre de 2013; disponible en <http://www.libertaddigital.com/espana/2013-09-05/guerrero-colo-a-su-suegra-en-un-ere-de-sos-cuetara-1276498675/>.

111. «El director de los ERE concedió otros 450.000 euros a un socio de su chófer», *El País*, 11 de enero de 2012; disponible en <http://elpais.com/diario/2012/01/11/espana/1326236422_850215.html>.

112. Auto del Tribunal Supremo del 13 de noviembre de 2014.

113. *Ibidem.*

114. Javier Martín-Arroyo, «Alaya impone una fianza de 29,5 millones a la exministra Magdalena Álvarez», *El País*, 12 de marzo de 2014; disponible en <http://ccaa.elpais.com/ccaa/2014/03/12/andalucia/1394616972_521380.html>.

115. «El año decisivo del "caso ERE"», *El País*, 4 de enero de 2015; disponible en <http://ccaa.elpais.com/ccaa/2015/01/04/andalucia/1420370690_799498.html>.

116. Auto del Tribunal Supremo del 13 de noviembre de 2014.

117. Javier Martín-Arroyo, «Las consultoras se llevaban hasta el 25 por ciento del coste de los ERE en comisiones», *El País*, 20 de enero de 2012; disponible en <http://politica.elpais.com/politica/2012/01/20/actualidad/1327014546_199955.html>.

118. Auto del Tribunal Supremo del 13 de noviembre de 2014.

119. Mercedes Benítez, «El caso ERE acumula ya un centenar de imputados», *ABC*, 10 de septiembre de 2013; disponible en <http://www.abc.es/espana/20130708/abci-caso-imputados-201307071928.html>.

120. Ministerio del Interior, resultados de las elecciones europeas del 25 de mayo de 2014; disponible en <http://elecciones.mir.es/resultados2014/99PE/DPE99999TO.htm>.

121. En ella Daniel Ponce, subdirector de Mercasevilla, manifestaba con vehemencia a los empresarios de La Raza: «Vamos a ver una cuestión que es la más espinosa, la colaboración con la Junta. No sé a los niveles que estáis con la Junta, pero la Junta tiene normalmente un esquema de funcionamiento muy simple: yo colaboro con quien colabora. [...] Ellos estiman que siempre, dentro de la colaboración mutua que tenemos que hacer las dos entidades, nosotros tenemos que hacer un esfuerzo suplementario en este caso. Nos movemos en una cifra de 300.000 euros, con lo cual estaríamos hablando de que tendríais que afrontar la ampliación de la potencia (150.000 euros) y la colaboración con la Junta. [...] Nosotros sí sabemos cómo funciona la Administración. De todos los proyectos, en todos los ámbitos, en todas las administraciones donde la Administración pone dinero, ellos lo tienen muy fácil. Tú pides el ciento por ciento y ellos te dan lo que te tienen que dar». Audio disponible en <https://www.youtube.com/watch?v=zJJSLHm1HEY&list=PL641105C04FE777B0>; «El TSJA avala la grabación del cohecho en Mercasevilla», *El País*, 2 de abril de 2012; disponible en <http://ccaa.elpais.com/ccaa/2012/04/02/andalucia/1333374538_609514.html>.

122. Confirmadas por la sentencia 421/2014 del Tribunal Supremo, Sala de lo Penal, del 16 de mayo de 2014.

123. Sentencia del Tribunal del Jurado 8232/2011, de 6 de noviembre de 2012, de la Sección Tercera de la Audiencia Provincial de Sevilla; sentencia del Tribunal Superior de Justicia del 12 de junio de 2013.

124. Sentencia 421/2014 del Tribunal Supremo, Sala de lo Penal, del 16 de mayo de 2014.

125. *Ibidem*.

126. «La Audiencia de Sevilla da un revés a Alaya en el "caso Mercasevilla"», *El País*, 5 de diciembre de 2014; disponible en <http://ccaa.elpais.com/ccaa/2014/12/05/andalucia/1417806012_619335.html>.

127. «El fiscal pide cárcel para Torrijos por la venta de suelos de Mercasevilla», *El País*, 17 de noviembre de 2014, disponible en <http://ccaa.elpais.com/ccaa/2014/11/17/andalucia/1416226306_346232.html>, y «La Fiscalía mantiene su petición de dos años de cárcel para Torrijos», Europa Press, 29 de diciembre de 2014, disponible en <http://www.europapress.es/andalucia/sevilla-00357/noticia-fiscalia-mantiene-peticion-dos-anos-carcel-torrijos-suelos-mercasevilla-20141229132423.html>.

128. «Alaya vuelve a procesar a Torrijos y a otras 15 personas por los suelos de Mercasevilla», Europa Press, 15 de diciembre de 2014; disponible en <http://www.europapress.es/andalucia/sevilla-00357/noticia-alaya-vuelve-procesar-torrijos-otras-15-personas-suelos-mercasevilla-20141215143152.html>.

129. «El TSJA anula por "fraudulento" el ERE de Mercasevilla de 2007», *Diariodesevilla.es*, 19 de noviembre de 2014; disponible en <http://www.diariodesevilla.es/article/sevilla/1903089/tsja/declara/nulo/por/quinta/vez/ere/mercasevilla.html>.

130. «La juez Alaya investigará también la guardería de Mercasevilla», *ABC*, 14 de marzo de 2014; disponible en <http://sevilla.abc.es/sevilla/20140314/sevi-juez-alaya-investigara-tambien-201403141928.html>.

131. «La Fiscalía reclama una sexta causa en Mercasevilla para evitar más dilaciones», *Diariodesevilla.es*, 15 de enero de 2014; disponible en <http://www.diariodesevilla.es/article/sevilla/1686335/la/fiscaliacutea/reclama/una/sexta/causa/mercasevilla/para/evitar/maacutes/dilaciones.html>.

132. «El fraude de los cursos de formación alcanza al epicentro de la Junta de Andalucía», *El Confidencial*, 7 de junio de 2014; disponible en <http://www.elconfidencial.com/espana/andalucia/2014-06-07/el-fraude-de-los-cursos-de-formacion-alcanza-al-epicentro-de-la-junta-de-andalucia_142982/>.

133. «UGT estalla contra la Junta de Andalucía tras la petición de que devuelva 15 millones en ayudas», *Libertad Digital*, 30 de octubre de 2014;

disponible en <http://www.libertaddigital.com/espana/2014-10-30/la-junta-de-andalucia-reclama-a-ugt-a-la-devolucion-de-15-millones-de-ayudas-1276532106/>.

134. «La Guardia Civil acusa a UGT de un fraude sistemático con subvenciones», *El País*, 24 de junio de 2014; disponible en <http://politica.elpais.com/politica/2014/06/24/actualidad/1403592500_074754.html>.

135. «Catorce detenidos en la Operación Cirene», *ABC*, 24 de junio de 2014; disponible en <http://www.abc.es/videos-espana/20140624/catorce-detenidos-operacion-cirene-3640031558001.html>.

136. «La Guardia Civil detiene a 32 personas en una nueva redada contra la corrupción», *El Mundo*, 11 de noviembre de 2014; disponible en <http://www.elmundo.es/andalucia/2014/11/11/5461cb1ee2704e4d158b456f.html>.

137. «Alaya pregunta al fiscal si la Audiencia Nacional es competente para investigar el caso Madeja», *La Vanguardia*, 16 de diciembre de 2014; disponible en <http://www.lavanguardia.com/local/sevilla/20141216/54421487821/alaya-audiencia-nacional-investigar-madeja.html>.

138. Los Talegueros, «Corrupción en Palma», 2012.

139. *Diari de sessions del Ple del Parlament de les Illes Balears*, DLPM 770-1987 Fq. Con. n.º 33/27, VI Legislatura, any 2004, n.º 37.

140. <http://www.trendymoscow.com/rasputin-club/>.

141. «El consejero de Turismo balear comparecerá en el Parlament para hablar sobre el "caso Rasputín"», *El País*, 10 de julio de 2004; disponible en <http://elpais.com/elpais/2004/07/10/actualidad/1089447419_850215.html>.

142. Felipe Armendáriz, «Interrogan a Alía por las facturas del club Rasputín», *Diario de Mallorca*, 22 de octubre de 2010; disponible en <http://www.diariodemallorca.es/mallorca/2010/10/22/interrogan-alia-facturas-club-rasputin/613056.html>.

143. «El lujo sospechoso de Jaume Matas», *La Vanguardia*, 28 de marzo de 2010, disponible en <http://www.lavanguardia.com/politica/20100328/53899120148/el-lujo-sospechoso-de-jaume-matas.html>; «El interminable proceso judicial de Matas», *El Mundo*, 10 de diciembre de 2013, disponible en <http://www.elmundo.es/baleares/2013/12/10/52a76ca27dfe2c494a8b456e.html>.

144. «La izquierda balear resalta que Matas está condenado por corrupción», *Diario de Mallorca*, 23 de julio de 2013; disponible en <http://www.diariodemallorca.es/mallorca/2013/07/23/izquierda-balear-resalta-matas-condenado/862502.html>.

145. Andreu Manresa, «Matas dejó un agujero de 43 millones en una obra, según Antich», *El País*, 10 de octubre de 2007; disponible en <http://elpais.com/diario/2007/10/10/espana/1191967211_850215.html>.

146. Andreu Manresa y Manu Menéndez, «Anticorrupción desmonta en Baleares otra trama de altos cargos de Matas», *El País*, 12 de agosto de 2008; disponible en <http://elpais.com/diario/2008/08/12/espana/1218492006_850215.html>.

147. Tribunal Supremo, Sala de lo Penal, sentencia 657/2013, de 15 de julio de 2013. Ponente, Excmo. Sr. don Carlos Granados Pérez.

148. Ley 11/2005 de 22 de junio de 2005, por la que se modifica la Ley 10/2001, de 5 de julio, del Plan Hidrológico Nacional, *BOE*, n.º 149, 23 de junio de 2005, pp. 21.846-21.856; disponible en <http://www.boe.es/diario_boe/txt.php?id=BOE-A-2005-10622>.

149. «Alemany, un periodista condenado a la sombra de Matas», *El País*, 2 de julio de 2013; disponible en <http://politica.elpais.com/politica/2013/07/02/actualidad/1372767109_528645.html>.

150. Tribunal Supremo, Sala de lo Penal, sentencia 657/2013, 15 de julio de 2013. Ponente, Excmo. Sr. don Carlos Granados Pérez.

151. Sentencia 18/12 de la Audiencia Provincial de Palma de Mallorca, Sección Primera, de 19 de marzo de 2012.

152. *Ibidem*.

153. *Ibidem*.

154. *Ibidem*.

155. Sentencia 657/2013 de la Sala de lo Penal del Tribunal Supremo, de 15 de julio de 2013.

156. «Jaume Matas ingresa en la cárcel de Segovia por una pena de nueve meses», *El País*, 28 de julio de 2014; disponible en <http://politica.elpais.com/politica/2014/07/28/actualidad/1406562958_740281.html>.

157. «Jaume Matas abandona la cárcel tras obtener el tercer grado», *El País*, 31 de octubre de 2014; disponible en <http://politica.elpais.com/politica/2014/10/31/actualidad/1414773953_759842.html>.

158. «Interior excarceló a Matas en contra del informe de la prisión», *El País*, 3 de noviembre de 2014; disponible en <http://politica.elpais.com/politica/2014/11/03/actualidad/1415044721_628410.html>.

159. Auto 799/14 de la Audiencia Provincial de Palma, de 10 de diciembre de 2014.

160. *Ibidem*.

161. E. Colom y M. A. Font, «El presupuesto inicial del Palma Arena fue "engordado" tres veces en apenas dos años», *El Mundo*, 26 de agosto de

2008; disponible en <http://www.elmundo.es/elmundo/2008/08/26/baleares/1219732314.html>.

162. M. Manso y F. J. Mestre, «Schürmann: "El precio del Palma Arena es un chiste malo"», *Diario de Mallorca*, 21 de agosto de 2009; disponible en <http://www.diariodemallorca.es/mallorca/2009/08/21/schurmann-precio-palma-arena-chiste-malo/495932.html>.

163. P. Candia, «Los arquitectos del Palma Arena pactan para no ingresar en prisión», *Última Hora*, 30 de marzo de 2014; disponible en <http://ultimahora.es/mallorca/noticias/local/2014/121051/arquitectos-del-palma-arena-pactan-para-ingresar-prision.html>.

164. «Las 26 piezas del caso Palma Arena», *El Mundo*, 7 de enero de 2012; disponible en <http://www.elmundo.es/elmundo/2012/01/07/baleares/1325932384.html>.

165. «La investigación sobre Urdangarin, paso a paso», *El Mundo*, 14 de noviembre de 2011; disponible en <http://www.elmundo.es/elmundo/2011/11/14/espana/1321270505.html>.

166. Andreu Manresa, «El sumario Matas», *El País*, 4 de octubre de 2009; disponible en <http://elpais.com/diario/2009/10/04/domingo/1254628355_850215.html>.

167. Andreu Manresa, «Matas "compra" a Michael Douglas», *El País*, 11 de noviembre de 2003; disponible en <http://elpais.com/diario/2003/11/11/agenda/1068505201_850215.html>.

168. De Unió Mallorquina podemos destacar numerosos casos. Miquel Nadal, ex presidente de Unió Mallorquina y ex consejero de Turismo, fue condenado a cuatro años por el caso maquillaje y otros; Tomeu Vicens, ex consejero de Territorio del Consejo Insular, fue condenado a cinco años; Xisco Buils, ex consejero de Turismo del Consejo Insular implicado en casos de ayudas ilegales en Turismo, ha sido condenado a tres años; Margarita Sotomayor, ex directora general de comunicación, fue condenada a cinco años y seis meses por el caso maquillaje; Antoni Rebassa, ex alto cargo de Turismo del Consejo Insular, fue condenado a cuatro años por ayudas ilegales en el caso Arbona; Alfredo Conde, ex director de ONA Mallorca, fue condenado por el caso maquillaje a dos años y siete meses; Antoni Oliver, ex director general de Turismo, tiene dos condenas de año y medio por el caso Arbona, aunque ha pedido la suspensión de ingreso.

Entre los condenados del PP tenemos, además de a Alemany, ya mencionado, a José Juan Cardona, consejero de Comercio y líder del PP en Ibiza, condenado nada menos que a dieciséis años por el caso Scala; Rodrigo Santos, gerente de campaña de Matas y teniente de alcalde de Palma de Mallorca, condenado a siete años por el caso tarjeta de crédito y por abusos sexuales; Eugenio Hidalgo, ex alcalde de Andratx, condenado a cuatro años; Jaume Gibert, ex celador de Andratx, condenado a dos años, y Jaume Massot, ex director general de Urbanos, de Andratx; Óscar Collado, condenado a tres años y tres meses por el caso Funeral; Juan F. Gosálvez, ex jefe de servicio de Turismo Joven, condenado a tres años y siete meses; Damián Amengual, ex gerente de Turismo Joven, condenado a tres años; Felipe Ferré, ex concejal de Lloseta, condenado a tres años y tres meses por el caso Scala, Antonia Ordinas, condenada por el caso Scala a tres años y ocho meses; Kurt Viaene, condenado a cinco años y cinco meses por el caso Scala, y Damián Vidal, condenado por el caso Bitel 2 a cinco años.

169. Esteban Urreiztieta, «Munar S. L.», suplemento «Crónica», *El Mundo*, 24 de junio de 2007; disponible en <http://www.elmundo.es/suplementos/cronica/2007/609/1182636001.html>.

170. «Munar, condenada a cinco años y seis meses de cárcel por corrupción», *La Razón*, 18 de julio de 2012; disponible en <http://www.larazon.es/detalle_hemeroteca/noticias/LA_RAZON_474158/5985-maria-ant-nia-munar-condenada-a-5-anos-y-6-meses-por-corrupcion#.Ttt1OdbbfAd2U81>.

171. Iñaki Anasagasti, «¿Quién es Jaume Matas?», *El blog de Iñaki Anasagasti*, *Deia*, 21 de marzo de 2012; disponible en <http://blogs.deia.com/anasagasti/2012/03/21/quien-es-jaume-matas/>.

172. Alberto Magro, «El Supremo condena a Jaume Matas por corrupto, pero le salva de la cárcel», *El Diario de Mallorca*, 24 de julio de 2013; disponible en <http://www.diariodemallorca.es/mallorca/2013/07/24/supremo-condena-jaume-matas-corrupto/862599.html>.

173. «Las 26 piezas del caso Palma Arena», *El Mundo*, 7 de enero de 2012, disponible en <http://www.elmundo.es/elmundo/2012/01/07/baleares/1325932384.html>; «El juez archiva el "caso Ópera" para Calatrava y Fiol, pero mantiene imputado a Matas», *Última Hora*, 11 de junio de 2014; disponible en <http://ultimahora.es/mallorca/noticias/local/2014/126218/juez-archiva-caso-opera-para-calatrava-fiol-pero-mantiene-imputado-matas.html>.

174. María J. García y Eduardo Colom, «Suspenden la puja del palacete de Matas a pesar de que había compradores interesados», *El Mundo*, 25 de abril de 2012; disponible en <http://www.elmundo.es/elmundo/2012/04/25/baleares/1335335179.html>.

175. Esperanza Aguirre en la Asamblea de Madrid, 8 de abril de 2010, en referencia al caso Gürtel.

176. «Granados es púnica», *El País*, 27 de octubre de 2014, disponible en <http://politica.elpais.com/politica/2014/10/27/actualidad/1414430352_818766.html>, y «Francisco Granados, ex hombre fuerte de Aguirre, detenido por la Guardia Civil por corrupción», *El Mundo*, 27 de octubre de 2014, disponible en <http://www.elmundo.es/madrid/2014/10/27/544e097822601d090e8b4573.html>.

177. Auto del 31 de octubre de 2014, del Juzgado de Instrucción n.º 6, procedimiento de diligencias previas 85/2014, y auto del 31 de octubre de 2014, del Juzgado de Instrucción n.º 6, procedimiento de diligencias previas 85/2014; confirmada mediante auto 261/14 del 17 de diciembre de 2014.

178. Auto del 29 de octubre de 2014, del Juzgado de Instrucción n.º 6, procedimiento de diligencias previas 85/2014, y auto del 31 de octubre de 2014, del Juzgado de Instrucción n.º 6, procedimiento de diligencias previas 85/2014.

179. Auto del 29 de octubre de 2014, del Juzgado de Instrucción n.º 6, procedimiento de diligencias previas 85/2014.

180. «Granados dejó la política en febrero tras conocerse que había tenido cuentas en Suiza», *ABC*, 27 de octubre de 2014; disponible en <http://www.abc.es/espana/20141027/abci-perfil-francisco-granados-201410271026.html>.

181. «Granados es púnica», *El País*, 27 de octubre de 2014, disponible en <http://politica.elpais.com/politica/2014/10/27/actualidad/1414430352_818766.html>; auto del 29 de octubre de 2014, del Juzgado de Instrucción n.º 6, procedimiento de diligencias previas 85/2014, y auto del 31 de octubre de 2014, del Juzgado de Instrucción n.º 6, procedimiento de diligencias previas 85/2014.

182. Auto del 29 de octubre de 2014, del Juzgado de Instrucción n.º 6, procedimiento de diligencias previas 85/2014.

183. «El constructor que siempre se encontraba a un alcalde», *El País*, 27 de octubre de 2014; disponible en <http://politica.elpais.com/politica/2014/10/27/actualidad/1414426925_571581.html>.

184. Auto del 31 de octubre de 2014, del Juzgado de Instrucción n.º 6, procedimiento de diligencias previas 85/2014.

185. *Ibidem.*

186. Auto del 30 de octubre de 2014, del Juzgado de Instrucción n.º 6, procedimiento de diligencias previas 85/2014, y auto del 31 de octubre de 2014, del Juzgado de Instrucción n.º 6, procedimiento de diligencias previas 85/2014.

187. *Ibidem.*

188. Auto del 29 de octubre de 2014, del Juzgado de Instrucción n.º 6, procedimiento de diligencias previas 85/2014.

189. Auto del 31 de octubre de 2014, del Juzgado de Instrucción n.º 6, procedimiento de diligencias previas 85/2014.

190. «Así es Cofely, eje central de la trama de corrupción», *Cinco Días*, 29 de octubre de 2014; disponible en <http://cincodias.com/cincodias/2014/10/28/empresas/1414490621_035000.html>.

191. Auto del 29 de octubre de 2014, del Juzgado de Instrucción n.º 6, procedimiento de diligencias previas 85/2014.

192. «Murcia es la comunidad autónoma con más casos de corrupción por número de municipios, según un estudio», Europa Press, 22 de junio de 2013; disponible en <http://www.europapress.es/nacional/noticia-murcia-comunidad-autonoma-mas-casos-corrupcion-numero-municipios-estudio-20130622101912.html>.

193. «El juicio del caso Limusa que investiga corrupción en la empresa de limpieza de Lorca empezará el próximo martes», *20 Minutos*, 17 de junio de 2011, disponible en <http://www.20minutos.es/noticia/1085833/0/#xtor=AD-15&xts=467263>; «El "caso Tótem" se salda con once condenas, pero nadie en prisión», *La verdad de Murcia*, 21 de febrero de 2012, disponible en <http://www.laverdad.es/murcia/v/20120221/region/caso-totem-salda-once-20120221.html>; «La investigación del patrimonio de Cámara revela ingresos de dinero a sus suegros», *La Opinión de Murcia*, 27 de diciembre de 2014, disponible en <http://www.laopiniondemurcia.es/comunidad/2014/12/27/caso-umbra-salpica-suegros-camara/614287.html>.

194. «El juicio por la operación Molinos podría retrasarse a finales de 2015», *El Periódico*, 4 de octubre de 2014; disponible en <http://www.elperiodicodearagon.com/noticias/aragon/juicio-operacion-molinos-podria-retrasarse-finales-2015_974817.html>.

195. «Andía, Potau y Clavero, imputados por las irregularidades del Valle de Egüés», *Eldiario.es*, 18 de noviembre de 2014; disponible en <http://www.eldiario.es/norte/navarra/ultima_hora/Andia-Potau-Clavero-Valle-Egues_0_325817603.html>.

196. «El juez del "caso de Miguel" apura la investigación», *El Mundo*, 19 de enero de 2014; disponible en <http://www.elmundo.es/pais-vasco/2014/07/28/53d620de22601d092e8b4584.html>.

197. Pablo Neruda, «Promulgación de la ley del embudo», *Canto general*, Buenos Aires, Losada, 1971.

198. «La Generalitat: "Si Fabra ha ganado cuatro veces la Lotería, pues enhorabuena"», *El Mundo*, 19 de mayo de 2010, disponible en <http://

www.elmundo.es/elmundo/2010/05/19/valencia/1274273146.html>; «Es más fácil que te caiga un rayo a que te toque la lotería», *Público*, 18 de diciembre de 2008, disponible en <http://www.publico.es/178896/es-mas-facil-que-te-caiga-un-rayo-a-que-te-toque-la-loteria>.

199. «Arrogante Carlos Fabra», *El País*, 23 de marzo de 2013, disponible en <http://elpais.com/elpais/2013/03/23/opinion/1364061143_447317.html>; Lorena Ortega, «Un coloso de 20 toneladas inspirado en Carlos Fabra», *El País*, 8 de enero de 2012, disponible en <http://politica.elpais.com/politica/2012/01/08/actualidad/1326056823_204071.html>; «El PSOE exige la dimisión de la diputada del PP Andrea Fabra por gritar "¡que se jodan!" al anunciarse el recorte a parados», *El Periódico*, 13 de julio de 2012, disponible en <http://www.elperiodico.com/es/noticias/politica/andrea-fabra-del-desata-escandalo-congreso-2070781>.

200. «El Supremo confirma la sentencia de 4 años para Carlos Fabra, que tendrá que entrar en prisión», *20 Minutos*, 23 de julio de 2014; disponible en <http://www.*20minutos*.es/noticia/2200296/0/condena-fabra/supremo-sentencia/castellon-valencia/#xtor=AD-15&xts=467263>.

201. Lorena Ortega, «Anticorrupción recurrirá la sentencia contra Carlos Fabra», *El País*, 27 de noviembre de 2013; disponible en <http://politica.elpais.com/politica/2013/11/27/actualidad/1385560308_288683.html>.

202. «El Supremo confirma la condena a Vilar por agresión sexual», *El País*, 4 de mayo de 2007; disponible en <http://elpais.com/diario/2007/05/04/cvalenciana/1178306282_850215.html>.

203. «La juez atribuye a Fabra un delito de falsedad castigado con hasta seis años de cárcel», *El País*, 11 de mayo de 2009; disponible en <http://elpais.com/elpais/2009/05/11/actualidad/1242029824_850215.html>.

204. Auto 48/10 de la Audiencia Provincial de Castellón de la Plana, de 5 de febrero de 2010.

205. José Manuel Romero y Lorena Ortega, «El Supremo confirma la pena de cuatro años de cárcel a Carlos Fabra», *El País*, 23 de julio de 2014; disponible en <http://politica.elpais.com/politica/2014/07/23/actualidad/1406110720_505332.html>.

206. «La suerte siempre sonríe a Carlos Fabra», *El Mundo*, 22 de diciembre de 2011, disponible en <http://www.elmundo.es/elmundo/2011/12/22/castellon/1324571142.html>; María Fabra, «La increíble lotería de los Fabra», *El País*, 16 de julio de 2012, disponible en <http://politica.elpais.com/politica/2012/07/16/actualidad/1342413444_338549.html>.

207. Adolf Beltran, «Fabra: "Yo no sé la cantidad de gente que habré

colocado"», *El País*, 24 de febrero de 2009; disponible en <http://elpais.com/elpais/2009/02/24/actualidad/1235467028_850215.html>.

208. «La Diputación que preside Carlos Fabra edita un libro que niega el golpe militar del 36», Cadena Ser, 22 de marzo de 2009; disponible en <http://www.cadenaser.com/espana/articulo/diputacion-preside-carlos-fabra-edita-libro-niega-golpe-militar-36/csrcsrpor/20090322csrcsrnac_5/Tes>.

209. «Rajoy: "Fabra es un ciudadano y un político ejemplar para el PP"», *El País*, 11 de julio de 2008; disponible en <http://elpais.com/elpais/2008/07/11/actualidad/1215764238_850215.html>.

210. Véanse el caso Matas y el caso ERE.

211. María Fabra, «Los chóferes de Fabra revelan cómo les daba sobres con dinero para ingresar», *El País*, 30 de enero de 2010; disponible en <http://elpais.com/diario/2010 de enero de 30/espana/1264806005_850215.html>.

212. Alicia Gutiérrez, «Fabra no logra explicar al juez de dónde sacó 3,7 millones», *Público*, 15 de octubre de 2014; disponible en <http://www.publico.es/espana/338165/fabra-no-logra-explicar-al-juez-de-donde-saco-3-7-millones>.

213. María Fabra, «La Audiencia de Castellón declara prescritos 4 delitos fiscales de Fabra», *El País*, 28 de diciembre de 2010; disponible en <http://elpais.com/diario/2010/12/28/espana/1293490810_850215.html>.

214. «Fabra: "Los delitos prescritos son como una absolución"», *Levante*-EMV, 28 de diciembre de 2010; disponible en <http://www.levante-emv.com/portada/2010/12/28/fabra-delitos-prescritos-son-absolucion/769350.html>.

215. Sentencia del Tribunal Supremo 1294/2011, de 21 de noviembre de 2011.

216. Sentencia de la Audiencia Provincial de Castellón; disponible en <354/2013.estaticos.elmundo.es/documentos/2014/07/24/fabra.pdf>.

217. Sentencia del Tribunal Supremo 586/2014, de 23 de julio de 2014; José Manuel Romero y Lorena Ortega, «El Supremo confirma la pena de cuatro años de cárcel a Carlos Fabra», *El País*, 23 de julio de 2014, disponible en <http://politica.elpais.com/politica/2014/07/23/actualidad/1406110720_505332.html>.

218. *Ibidem*; «Carlos Fabra, condenado a cuatro años de cárcel por cuatro delitos de fraude fiscal», RTVE, 25 de noviembre de 2013, disponible en <http://www.rtve.es/noticias/20131125/carlos-fabra-condenado-cuatro-anos-carcel-cuatro-delitos-fraude-fiscal/801560.shtml>.

219. Sentencia del Tribunal Supremo 586/2014, de 23 de julio de 2014.

220. María Fabra, «Carlos Fabra lleva ya seis años bajo investigación judicial», *El País*, 21 de diciembre de 2009; disponible en <http://elpais.com/diario/2009/12/21/cvalenciana/1261426680_850215.html>.

221. *Ibidem.*

222. *Ibidem.*

223. «Carlos Fabra ingresa en la prisión de Aranjuez por fraude fiscal», *El País*, 1 de diciembre de 2014; disponible en <http://politica.elpais.com/politica/2014/12/01/actualidad/1417421424_144619.html>.

5. La corrupción municipal

1. Javier Gallego, «La Comisión Europea señala a España como uno de los países con más corrupción», *El Mundo*, 3 de febrero de 2014, disponible en <http://www.elmundo.es/espana/2014/02/03/52ef742ce2704e052f8b4578.html>; María Fernández, «El Consejo de Europa critica a España por gastos municipales "irracionales"», *El País*, 30 de marzo de 2013, disponible en <http://politica.elpais.com/politica/2013/03/30/actualidad/1364669788_099751.html>.

2. «El mapa de la corrupción municipal», *El Mundo*, 23 de octubre de 2006; disponible en <http://www.elmundo.es/elmundo/2006/10/23/espana/1161591962.html>.

3. *Informe de la Comisión Europea, Bruselas, 3.2.2014, COM(2014) 38 final, ANNEX 9, ANEXO ESPAÑA al Informe de lucha contra la corrupción de la Unión Europea*, disponible en <http://ec.europa.eu/dgs/home-affairs/what-we-do/policies/organized-crime-and-human-trafficking/corruption/anti-corruption-report/docs/2014_acr_spain_chapter_es.pdf>; «El Consejo de Europa critica a España por gastos municipales "irracionales"», *El País*, 30 de marzo de 2013, disponible en <http://politica.elpais.com/politica/2013/03/30/actualidad/1364669788_099751.html>.

4. «El Consejo de Europa critica a España por gastos municipales "irracionales"», *El País*, 30 de marzo de 2013, disponible en <http://politica.elpais.com/politica/2013/03/30/actualidad/1364669788_099751.html>.

5. «España pasa a ser el segundo país tras Siria donde más aumenta la percepción de la corrupción», *Público*, 3 de diciembre de 2013; disponible en <http://www.publico.es/internacional/486515/espana-pasa-a-ser-el-segundo-pais-tras-siria-donde-mas-aumenta-la-percepcion-de-la-corrupcion>.

6. Informe GRECO, Estrasburgo, 2013; disponible en <http://www.coe.int/t/dghl/monitoring/greco/evaluations/round4/GrecoEval4(2013)5_Spain_EN.pdf>.

7. Alejandro López de Miguel, «El control del Tribunal de Cuentas sobre los partidos "es un paripé"», *Público*, 27 de abril de 2014, disponible en <http://www.publico.es/politica/516834/el-control-del-tribunal-de-cuentas-sobre-los-partidos-es-un-paripe>; «El presidente del Tribunal de Cuentas niega irregularidades en la contratación», *El País*, 24 de junio de 2014, disponible en <http://politica.elpais.com/politica/2014/06/24/actualidad/1403632531_496080.html>.

8. Ignacio Fariza, «El Consejo de Europa destaca el aumento preocupante de la corrupción en España», *El País*, 15 de enero de 2014; disponible en <http://politica.elpais.com/politica/2014/01/15/actualidad/1389786867_969710.html>.

9. *Ibidem*.

10. Informe de la Comisión Europea sobre corrupción hecho público el 6 de febrero de 2014; disponible en <ec.europa.eu/dgs/home-affairs/e-library/...crime.../acr_2014_es.pdf>.

11. Transparencia Internacional (España), Índice de transparencia de los ayuntamientos 2012; disponible en <http://www.transparencia.org.es/ITA_2012/INDICE_ITA_2012.htm>.

12. Rafael Chirbes, *Crematorio*, Barcelona, Anagrama, 2007.

13. Bonifacio de la Cuadra, «El Constitucional anula parte de la Ley del Suelo por invadir competencias autonómicas», *El País*, 18 de julio de 2001; disponible en <http://elpais.com/diario/2001/07/18/economia/995407213_850215.html>.

14. José Carlos Villanueva, «Roca reconoce ante el fiscal que compró lotería, quinielas y cupones premiados», *El Mundo*, 5 de septiembre de 2011; disponible en <http://www.elmundo.es/elmundo/2011/09/05/andalucia_malaga/1315227506.html>.

15. «Casos de corrupción urbanística municipal», *El País*, 17 de junio de 2013; disponible en <http://elpais.com/elpais/2013/06/17/media/1371457873_932054.html>.

16. José Manuel Romero, «La ley anticorrupción vigente desde 2007 no se aplica en los municipios», *El País*, 18 de junio de 2008; disponible en <http://elpais.com/diario/2008/06/18/espana/1213740004_850215.html>.

17. Rosa Romero, «La trama Obra Nueva Chiclana suma ya 58 personas imputadas», *Europasur*, 27 de octubre de 2009; disponible en <http://

www.europasur.es/article/provincia/547805/la/trama/obra/nueva/chiclana/suma/ya/personas/imputadas.html>.

18. Pedro Murillo, «Santa Cruz de Tenerife pagó 52 millones de euros por una parcela que ya era suya», *El País*, 12 de octubre de 2012; disponible en <http://politica.elpais.com/politica/2013/10/12/actualidad/1381599876_717637.html>.

19. «El senador Miguel Zerolo, condenado a ocho años de inhabilitación por un delito de prevaricación», *ABC*, 1 de agosto de 2014; disponible en <www.abc.es/local.../abci-supremo-condena-zerolo-201407301638.html>.

20. Santiago Navarro, «El Supremo ratifica la ilegalidad del paseo marítimo de Torrevieja», *El País*, 19 de agosto de 2009, disponible en <http://elpais.com/diario/2009/08/19/cvalenciana/1250709479_850215.html>; Rebeca Llorente, «El paseo marítimo de Torrevieja invade suelo público, según Costas», *El País*, 11 de noviembre de 2005, disponible en <http://elpais.com/diario/2005/11/11/cvalenciana/1131740296_850215.html>; Sergio Tarín, «El exalcalde de Torrevieja, imputado por corrupción», *Público*, 4 de agosto de 2011, disponible en <http://www.publico.es/espana/390006/el-exalcalde-de-torrevieja-imputado-por-corrupcion>.

21. Elisa Lois y Víctor Honorato, «Imputado por soborno el exgerente de Urbanismo de Sanxenxo», *El País*, 25 de noviembre de 2013; disponible en <http://ccaa.elpais.com/ccaa/2013/11/25/galicia/1385407506_431401.html>.

22. «Los hechos clave del caso Andratx», *El Mundo*, 28 de diciembre de 2009; disponible en <http://www.elmundo.es/elmundo/2009/12/28/baleares/1262026831.html>.

23. «Damià Vidal ingressa a presó pel cas Bitel», *dBalears*, 14 de marzo de 2014; disponible en <http://dbalears.cat/actualitat/balears/damia-vidal-ingressa-preso-pel-cas-bitel.html>.

24. Germán González, «Imputan a 40 alcaldes de la Federación de Municipios por haber cobrado sobresueldos», *El Mundo*, 24 de julio de 2014; disponible en <http://www.elmundo.es/cataluna/2014/07/24/53d12da3e2704eb7108b458b.html>.

25. Javier Oms, «Caso Mercurio: "Me echan como a un perro porque no entro en lo del 3 por ciento"», *El Mundo*, 18 de enero de 2013; disponible en <http://www.elmundo.es/elmundo/2013/01/18/barcelona/1358512676.html>.

26. Mercè Pérez Pons, «CiU y PSC defienden la inocencia de sus alcaldes imputados por sobresueldos», *El País*, 25 de julio de 2014; disponible en

<http://ccaa.elpais.com/ccaa/2014/07/25/catalunya/1406281143_059728.html>.

27. «CiU y PSC defienden a sus alcaldes imputados», *La Gaceta*, 25 de julio de 2014; disponible en <http://gaceta.es/noticias/ciu-psc-defiende-inocencia-los-imputados-25072014-1217>.

28. «Imputados 40 alcaldes catalanes por cobrar presuntos sobresueldos irregulares», *Eldiario.es*, 24 de julio de 2014, disponible en <http://www.eldiario.es/catalunya/Imputados-catalanes-presuntos-sobresueldos-irregulares_0_284872393.html>, e «Imputados 44 alcaldes de la FMC por cobrar presuntos sobresueldos irregulares», Europa Press, 24 de julio de 2014, disponible en <http://www.europapress.es/catalunya/noticia-imputados-44-alcaldes-fmc-cobrar-presuntos-sobresueldos-irregulares-20140724185325.html>.

29. Sentencia 152/2010 del Juzgado Contencioso n.º 3 de Pontevedra.

30. Jacinto Benavente, *Torquemada en el purgatorio*, 1894.

31. Véase el archivo general del ese organismo.

32. Guillermo Gabriel Olmo, «Tragedia de San Rafael: la condena que Franco le perdonó a Jesús Gil», *ABC*, 16 de junio de 2009, disponible en <http://www.abc.es/20090615/nacional-sucesos/cuarenta-anos-tragedia-angeles-200906151341.html>; Francesc Valls, «La gracia del indulto», *El País*, 8 de julio de 2012, disponible en <http://ccaa.elpais.com/ccaa/2012/07/07/catalunya/1341682981_175085.html>; Juan Luis Galiacho, «Jesús Gil, el rey del "talego"», *El Mundo*, 21 de abril de 2002, disponible en <http://www.elmundo.es/cronica/2002/340/1019460717.html>.

33. Adolfo Moreno, «Jesús Gil como metáfora: poder, burbuja y populismo», *Eldiario.es*, 28 de marzo de 2013; disponible en <http://www.eldiario.es/politica/Jesus-Gil-metafora-burbuja-populismo_0_115138626.html>.

34. *Ibidem*.

35. Diario *Arriba*, 5 de febrero de 1970.

36. Disponible en <https://www.youtube.com/watch?v=2ln_QYaIgA4>.

37. Meme del Río, «Un juez imputa a seis concejales del GIL un delito urbanístico», *El País*, 29 de diciembre de 1999; disponible en <http://elpais.com/diario/1999/12/29/andalucia/946423336_850215.html>.

38. Sentencia 620/2004, de 4 de junio del Tribunal Supremo.

39. Sentencia 537/2002, de 5 de abril, de la Sala de lo Penal del Tribunal Supremo.

40. «Causas contra Gil y sus encarcelamientos», *El Mundo*, 14 de mayo de 2004, disponible en <http://www.elmundo.es/elmundo/2004/05/14/

espana/1084559880.html>; Daniel Borasteros, «Muere Jesús Gil por un infarto masivo», *El País*, 15 de mayo de 2004, disponible en <http://elpais.com/diario/2004/05/15/deportes/1084572002_850215.html>.

41. «Jesús Gil dimite como alcalde de Marbella y renuncia a su acta de concejal», *El País*, 24 de abril de 2002; disponible en <http://elpais.com/elpais/2002/04/24/actualidad/1019636217_850215.html>.

42. Véase en <http://www.lamoncloa.gob.es>.

43. «Las claves del "caso Malaya"», *ABC*; disponible en <http://www.abc.es/especiales/caso-malaya/que_cuando_donde.asp>.

44. L. Morillas Cueva y J. M. Suárez López, *Urbanismo y corrupción política. Una visión penal, civil y administrativa*, Madrid, Dykinson, 2012.

45. M. Martínez, «El tribunal de Malaya dice que es "imposible" ejecutar la sentencia del Supremo», *Malagahoy*, 7 de julio de 2014; disponible en <http://www.malagahoy.es/article/malaga/1810807/tribunal/malaya/dice/es/imposible/ejecutar/la/sentencia/supremo.html>.

46. «El juez decreta prisión para cinco ex concejales del Ayuntamiento de Marbella por el caso Malaya», *El Mundo*, 29 de junio de 2006; disponible en <http://www.elmundo.es/elmundo/2006/06/29/espana/1151573004.html>.

47. «La operación Malaya suma 11 detenidos más, entre ellos Zaldívar y González de Caldas», *El Mundo*, 15 de noviembre de 2006; disponible en <http://www.elmundo.es/elmundo/2006/11/14/espana/1163503730.html>.

48. «Las claves del "caso Malaya"», *ABC*; disponible en <http://www.abc.es/especiales/caso-malaya/que_cuando_donde.asp>.

49. Audiencia Provincial de Málaga, Sección Primera, rollo sumario n.º 21/2007, procedimiento sumario n.º 7/2007; Juzgado de Instrucción n.º 5 de Marbella, sentencia n.º 535/2013.

50. «Caso Malaya: una sentencia de cinco mil folios», *ABC*, 3 de octubre de 2013; disponible en <http://www.abc.es/espana/20131003/abci-malaya-sentencia-201310030922.html>.

51. Salvador Guerrero Palomares, «Algunas notas explicativas sobre la sentencia del caso Malaya», Consejo General de la Abogacía Española, 13 de noviembre de 2013; disponible en <http://www.abogacia.es/2013/11/13/algunas-notas-explicativas-sobre-la-sentencia-del-caso-malaya/>.

52. María del Mar Domínguez, «La sentencia de Malaya merma las penas y absuelve a casi la mitad de acusados», *El Mundo*, 4 de octubre de 2013; disponible en <http://www.elmundo.es/elmundo/2013/10/04/andalucia_malaga/1380919823.html>.

53. *Ibidem*; Guerrero Palomares, «Algunas notas explicativas sobre la sentencia del caso Malaya».

54. Audiencia Provincial de Málaga, Sección Primera, rollo sumario n.º 21/2007, procedimiento sumario n.º 7/2007; Juzgado de Instrucción n.º 5 de Marbella, sentencia n.º 535/2013.

55. *Ibidem*.

56. «Roca, condenado a 11 años y 240 millones de multa por el "caso Malaya"», Europa Press, 4 de octubre de 2013; disponible en <http://www.europapress.es/andalucia/malaga-00356/noticia-roca-condenado-11-anos-caso-malaya-contra-corrupcion-marbella-20131004135357.html>.

57. «Las condenas del caso Malaya», *La Vanguardia*, 2 de marzo de 2013; disponible en <http://www.lavanguardia.com/politica/20131004/54390504519/condenas-caso-malaya.html>.

58. Fernando J. Pérez, «Roca amasó un patrimonio de 210 millones en sus 15 años en Marbella», *El País*, 2 de marzo de 2011; disponible en <http://elpais.com/diario/2011/03/02/andalucia/1299021724_850215.html>.

59. «Un Miró decoraba el baño del presunto cerebro de la trama Marbella», *ABC*, 5 de abril de 2006; disponible en <http://sevilla.abc.es/hemeroteca/historico-05-04-2006/sevilla/Ultima/un-miro-decoraba-el-ba%C3%B1o-del-presunto-cerebro-de-la-trama-de-marbella_1421035546425.html>.

60. Hugo Simón, «El administrador judicial tasa el helicóptero de Roca en un millón de euros y propone venderlo», *Diario Sur*, 12 de julio de 2009, disponible en <http://www.diariosur.es/20090712/marbella/administrador-judicial-tasa-helicoptero-20090712.html>; Rafael Méndez, «Roca amasó la cuarta fortuna de España invirtiendo las comisiones ilegales de Marbella», *El País*, 10 de abril de 2006, disponible en <http://elpais.com/diario/2006/04/10/espana/1144620012_850215.html>.

61. «Las condenas de los principales procesados del caso Malaya», *La Vanguardia*, 4 de octubre de 2013; disponible en <http://www.lavanguardia.com/politica/20131004/54390504519/condenas-caso-malaya.html>.

62. «Julián Muñoz, condenado a dos años en el caso Malaya», *La Vanguardia*, 10 de noviembre de 2013, disponible en <http://www.lavanguardia.com/politica/20131004/54390467950/julian-munoz-prision-caso-malaya.html>; Isabel Miranda, «Julián Muñoz, encarcelado y sin poder "echar cuentas" a su futuro», *ABC*, 10 de noviembre de 2013, disponible en <http://www.abc.es/espana/20131110/abci-julian-munoz-condenas-201311071922.html>.

63. Esperanza Codina, «Condenados 13 exconcejales de Marbella por un delito urbanístico», *El País*, 14 de octubre de 2013; disponible en

<http://ccaa.elpais.com/ccaa/2013/10/14/andalucia/1381772139_771179.html>.

64. José Carlos Villanueva, «La defensa de Montserrat Corulla asegura que "sólo era una empleada de Roca"», *El Mundo*, 18 de julio de 2012; disponible en <http://www.elmundo.es/elmundo/2012/07/18/andalucia_malaga/1342614498.html>.

65. Encarna Maldonado, «La edil Carmen Revilla pide perdón a Roca por delatarlo», *Malagahoy*, 14 de marzo de 2013; disponible en <http://www.malagahoy.es/article/malaga/1208474/la/edil/carmen/revilla/pide/perdon/roca/por/delatarlo.html>.

66. Vente Vacío, operación para aprobar un convenio urbanístico y permuta de terrenos que ocasionaron al Ayuntamiento de Marbella un perjuicio de más de 1,3 millones de euros. Véase además «El Tribunal de Malaya juzga este lunes a un ex edil del GIL que estuvo 5 años prófugo», Cadena Ser, 4 de junio de 2014; disponible en <http://www.cadenaser.com/espana/articulo/tribunal-malaya-juzga-lunes-exedil-gil-estuvo-anos-profugo/csrcsrpor/20140608csrcsrnac_18/Tes>.

67. «Las condenas de los principales procesados del caso Malaya», *La Vanguardia*, 4 de octubre de 2013; disponible en <http://www.lavanguardia.com/politica/20131004/54390504519/condenas-caso-malaya.html>.

68. «Tomás Reñones, condenado a cuatro años de cárcel y 320.000 euros de multa», *El País*, 4 de octubre de 2013; disponible en <http://politica.elpais.com/politica/2013/10/04/actualidad/1380891854_427874.html>.

69. Fernando J. Pérez, «Los dueños de Aifos niegan que Muñoz pagara el apartamento a Isabel Pantoja», *El País*, 19 de noviembre de 2012; disponible en <http://ccaa.elpais.com/ccaa/2012/11/19/andalucia/1353346927_946197.html>.

70. Álvaro Frías, «Ávila Rojas, una de las penas más fuertes a los empresarios», *Diario Sur*, 4 de octubre de 2013, disponible en <http://www.diariosur.es/20131004/local/malaga/avila-rojas-penas-fuertes-201310041500.html>; «Roca, condenado a 11 años y 240 millones de multa por el "caso Malaya"», Europa Press, 4 de octubre de 2013, disponible en <http://www.europapress.es/andalucia/malaga-00356/noticia-roca-condenado-11-anos-caso-malaya-contra-corrupcion-marbella-20131004135357.html>.

71. M. J. Albert, «Sandokán no dimitirá pese a haber sido condenado», *El País*, 8 de octubre de 2013, disponible en <http://ccaa.elpais.com/ccaa/2013/10/08/andalucia/1381256056_838881.html>; «Roca, condena-

do a 11 años y 240 millones de multa por el "caso Malaya"», Europa Press, 4 de octubre de 2013, disponible en <http://www.europapress.es/andalucia/malaga-00356/noticia-roca-condenado-11-anos-caso-malaya-contra-corrupcion-marbella-20131004135357.html>.

72. José Carlos Villanueva, «Sandokán: "En la prensa me han puesto de corrupto 10.000 veces y eso me ha hecho mucho daño"», *El Mundo*, 23 de enero de 2013; disponible en <http://www.elmundo.es/elmundo/2012/01/23/andalucia_malaga/1327328491.html>.

73. «Roca, condenado a 11 años y 240 millones de multa por el "caso Malaya"», Europa Press, 4 de octubre de 2013, disponible en <http://www.europapress.es/andalucia/malaga-00356/noticia-roca-condenado-11-anos-caso-malaya-contra-corrupcion-marbella-20131004135357.html>.

74. Juana Viúdez, «González de Caldas niega el pago de 60.000 euros a Roca», *El País*, 12 de marzo de 2008; disponible en <http://elpais.com/diario/2008/03/12/andalucia/1205277730_850215.html>.

75. José Antonio Sau, «La defensa de Del Nido lo presenta como víctima de una "inquisición"», *La Opinión de Málaga*, 10 de junio de 2011; disponible en <http://www.laopiniondemalaga.es/malaga/2011/06/10/defensa-nido-presenta-victima-inquisicion/428732.html>.

76. Gregorio Verdugo, «Del Nido se despide con las protestas de los biris de fondo», *Sevillareport*, 9 de diciembre de 2013; disponible en <http://sevillareport.com/deportes/del-nido-despide-protestas-biris-fondo-sevilla/>.

77. «Paco "el Pocero": de las alcantarillas al cielo», *El Mundo*, 18 de junio de 2006; disponible en <http://www.elmundo.es/suplementos/nuevaeconomia/2006/329/1150581601.html>.

78. Stephanie McGovern, *From boom towm to ghost town*, reportaje para la BBC, 27 de agosto de 2008; disponible en <news.bbc.co.uk/2/hi/business/7584097.stm>.

79. Almudena Martínez Fornés, «Alta política en los yates de el Pocero», *ABC*, 4 de agosto de 2006; disponible en <http://www.abc.es/hemeroteca/historico-04-08-2006/abc/Nacional/alta-politica-en-los-yates-de-el-pocero_1422739371864.html>.

80. L. Fernández, «La guerra de los millonarios por lucir el yate más largo del mundo», *El Confidencial*, 19 de julio de 2012, disponible en <http://www.vanitatis.elconfidencial.com/noticias/2012/07/19/la-guerra-de-los-millonarios-por-exhibir-el-yate-mas-largo-del-mundo-19766>; Héctor Atienza, «Paco "el Pocero" vende su yate *Clarena II* por 58 millones», *El Mundo*, 21 de mayo de 2006, disponible en <http://www.elmundo.es/elmundo/2010/05/21/nautica/1274430156.html>.

81. «"Paco el Pocero", ¿un currante hecho a sí mismo o el rey del pelotazo inmobiliario?», *El Mundo*, 13 de noviembre de 2006; disponible en <http://www.elmundo.es/elmundo/2006/11/13/espana/1163449645.html>.

82. Rafael Méndez, «Paco el Pocero, una vida de polémicas», *El País*, 3 de julio de 2006; disponible en <http://elpais.com/diario/2006/07/03/espana/1151877609_850215.html>.

83. *Ibidem*.

84. Ruth Ugalde y Alejandra Ramón, *El pocero de Seseña*, Barcelona, Debate, 2007.

85. «Romero de Tejada (PP) usó su black para comprar en varias tiendas de armas», *Eldiario.es*, 10 de octubre de 2014; disponible en <http://www.eldiario.es/gastos_tarjetas_black/Romero-Tejada-PP-apuestas-supermercados_0_312169472.html>.

86. Estadística de la población española, INE (<www.ine.es>).

87. Francisco Mercado, «El ex alcalde de Seseña se enriqueció mientras ayudaba a El Pocero», *El País*, 10 de julio de 2008; disponible en <http://elpais.com/diario/2008/07/10/espana/1215640809_850215.html>.

88. Resultados de las elecciones municipales de 2003; disponible en <http://elecciones.lainformacion.com/municipales/2003/castilla-la-mancha/toledo/sesena.html>.

89. Francisco Mercado, «El expediente de la medalla que Zaplana dio a El Pocero no incluye motivos que la justifiquen», *El País*, 3 de octubre de 2006; disponible en <http://elpais.com/diario/2006/10/03/espana/1159826409_850215.html>.

90. Aníbal Malvar, «Solo ante "El Pocero"», *El Mundo*, 6 de agosto de 2006; disponible en <http://www.elmundo.es/suplementos/cronica/2006/562/1154815201.html>.

91. «Una ciudad de 13.000 viviendas en un erial de Toledo sin agua», *El País*, 31 de octubre de 2006; disponible en <http://elpais.com/diario/2006/10/31/espana/1162249219_850215.html>.

92. «El Pocero: "Un alcalde no es quién para decirme cómo tengo que construir en mi casa"», *El País*, 14 de noviembre de 2014; disponible en <http://elpais.com/elpais/2006/11/14/actualidad/1163495822_850215.html>.

93. «El expediente de la medalla que Zaplana dio a El Pocero no incluye motivos que la justifiquen», *El País*, 3 de octubre de 2006; disponible en <http://elpais.com/diario/2006/10/03/espana/1159826409_850215.html>.

94. «El Pocero vende 2.000 pisos a los bancos», *El País*, 16 de enero de 2009; disponible en <http://elpais.com/diario/2009/01/16/economia/1232060405_850215.html>.

95. «La juez pone un millón de fianza al alcalde de Seseña», *El País*, 14 de enero de 2010; disponible en <http://elpais.com/diario/2010/01/14/espana/1263423610_850215.html>.

96. «Archivada la denuncia de El Pocero contra Cayo Lara», *El País*, 21 de agosto de 2010; disponible en <http://elpais.com/diario/2010/08/21/espana/1282341610_850215.html>.

97. «El exalcalde de Seseña será procesado pero El Pocero se libra, de momento», *Eldiario.es*, 4 de abril de 2014; disponible en <http://www.eldiario.es/clm/exalcalde-Sesena-procesado-Pocero-momento_0_246025640.html>.

98. «El Pocero huye de Seseña y deja su macrourbanización en pañales», *El País*, 12 de junio de 2009, disponible en <http://elpais.com/diario/2009/06/12/madrid/1244805856_850215.html>; Tiziana Trotta, «El Pocero demanda a Guinea Ecuatorial ante el tribunal del Banco Mundial», *El País*, 12 de abril de 2012, disponible en <http://economia.elpais.com/economia/2012/04/15/actualidad/1334522127_846615.html>.

99. Ana María Ortiz, «Urdaci, a toda moto con El Pocero», *El Mundo*, 11 de enero de 2009; disponible en <http://www.elmundo.es/suplementos/cronica/2009/691/1231628404.html>.

100. Elena Sanz, «Santander liquida su stock de Seseña: 4 dormitorios por 99.000 euros», *El Confidencial*, 20 de abril de 2012; disponible en <http://www.elconfidencial.com/vivienda/2012/04/20/santander-liquida-su-stock-de-sesena-4-dormitorios-por-99000-euros-96494>.

101. <http://elpais.com/diario/2009/10/31/portada/1256943601_850215.html>.

102. <http://www.lavanguardia.com/politica/20091103/53817522971/pujol-pide-la-presuncion-de-inocencia-y-dice-que-mantiene-la-confianza-en-prenafeta-y-en-alavedra.html>.

103. «Los "paraísos fiscales" pujolistas», *El País*, 6 de enero de 2015; disponible en <http://ccaa.elpais.com/ccaa/2015/01/05/catalunya/1420487038_385538.html>.

104. Auto del Juzgado Central de Instrucción n.º 5 del 18 de diciembre de 2014, diligencias previas procedimiento abreviado 372/2009. Los imputados son: Luis Andrés García Sáez, Manuel Valera Navarro, Bartolomé Muñoz Calvet, Manuel Dobarco Touriño, José Singla Barceló, Manuel Carrillo Martín, Macià Alavedra Moner, Glòria Torres Pladellorens, Philip McMahan Bolic, Lluís Prenafeta Garrusta y Maria Lluïsa Mas Crussels.

105. «El juez Ruz propone juzgar a 11 personas por el "caso Pretoria"», *El País*, 18 de diciembre de 2014; disponible en <http://politica.elpais.com/politica/2014/12/18/actualidad/1418909530_172200.html>.

106. «La liebre y la tortuga», atribuida a Esopo, escritor griego de fábulas, alrededor del 600 a.C.

107. <http://politica.elpais.com/politica/2014/12/29/actualidad/1419860633_487189.html.>

108. Informe de la Fiscalía Especial contra la Corrupción y la Criminalidad Organizada, Juzgado Central de Instrucción n.º 5, diligencias previas n.º 372/2009.

109. <http://resumdepremsa.caib.es/dossier/ca/open_text.html>?news_id=32730263&comp_id=9269&clip_id=974&sp_id=74593.>

6. La Familia Real

1. José Hernández, *El gaucho Martín Fierro*, Madrid, Cátedra, 1985.

2. Helene Zuber, «Europe's Coolest Cities: Barcelona's Sense and Sensuality», *Der Spiegel*, 28 de agosto de 2007; disponible en <http://www.spiegel.de/international/europe/europe-s-coolest-cities-barcelona-s-sense-and-sensuality-a-502312.html>.

3. «Las multas y el vino de Urdangarin», *El País*, 6 de septiembre de 1997; disponible en <http://elpais.com/diario/1997/09/06/agenda/873496808_850215.html>.

4. «El Rey de las Multas», *El Triangle*, n.º 360, 31 de diciembre de 2011; disponible en <http://www.eltriangle.eu/cat/notices/2011/12/urdangarin_ja_era_un_penques_de_solter_27375.php>.

5. *Ibidem*.

6. Libro descriptivo de los estudios de Esade (2002), <www.esade.edu>.

7. «Nóos, de instituto sin lucro hasta la imputación de una infanta», *El País*, 24 de junio de 2012; disponible en <http://politica.elpais.com/politica/2014/06/24/actualidad/1403637337_360628.html>.

8. Andreu Manresa, «Urdangarin negoció pingües contratos como asesor personal de grandes firmas», *El País*, 3 de enero de 2012; disponible en <http://politica.elpais.com/politica/2012/01/03/actualidad/1325627406_472904.html>.

9. Felipe Armendáriz, «Los duques de Palma gastaron casi 9 millones en su palacete», *Diario de Mallorca*, 23 de noviembre de 2013; disponible en <http://www.diariodemallorca.es/mallorca/2013/11/23/duques-palma-

gastaron-9-millones/891950.html>; «El rey prestó 1,2 millones de euros a Urdangarin y su hija para el palacete de Pedralbes», *Público*, 2 de septiembre de 2013; disponible en <http://www.publico.es/politica/465851/el-rey-presto-1-2-millones-de-euros-a-Urdangarin-y-su-hija-para-el-palacete-de-pedralbes>; «La Caixa dio a Urdangarin y la infanta un crédito hipotecario gratuito los cuatro primeros años», *El Confidencial*, 10 de febrero de 2013; disponible en <http://www.elconfidencial.com/espana/2013/02/10/la-caixa-dio-a-Urdangarin-y-la-infanta-un-credito-hipotecario-gratuito-los-cuatro-primeros-anos-114491>.

10. «La Caixa "perdonó" a Urdangarin los intereses de la hipoteca del palacete de Pedralbes», *Eleconomista.es*, 10 de febrero de 2013; disponible en <http://ecodiario.eleconomista.es/interstitial/volver/199003222/sociedad/noticias/4591853/02/13/La-Caixa-perdono-a-Urdangarin-los-intereses-de-la-hipoteca-del-palacete-de-Pedralbes.html>#Kku8HMWLXyFGUv76>.

11. Juan José Fernández, «Urdangarin da un nuevo paso hacia la presidencia del Comité Olímpico Español», *El País*, 14 de enero de 2004; disponible en <http://elpais.com/diario/2004/01/14/deportes/1074034807_850215.html>.

12. «Una asistenta afirma que Urdangarin le exigió cobrar en negro», *ABC*, 29 de junio de 2012; disponible en <http://www.abc.es/20120628/espana/abci-urdangarin-asistenta-dinero-negro-201206282100.html>.

13. E-mails en el auto procesal del juicio.

14. «Torres asegura que Nóos perdió 200.000 euros en el Illes Balears Forum de 2006», *ABC*, 10 de julio de 2013; disponible en <http://www.abc.es/espana/20130710/abci-torres-noos-forum-baleares-201307101124.html>.

15. «Las tres ediciones de Valencia Summit presupuestaron 368.000 en viajes y casi 20.000 euros en flores», *Levante-EMV*, 4 de enero de 2012, disponible en <http://www.levante-emv.com/comunitat-valenciana/2012/01/04/tres-ediciones-valencia-summit-presupuestaron-368000-viajes-20000-euros-flores/869902.html>; V. C. «El Rey frena a Urdangarin», *El Siglo*, n.º 696, 22 de mayo de 2006; disponible en <http://www.elsiglodeuropa.es/siglo/historico/2006/696/696portada.html>.

16. Alicia Gutiérrez, «La Casa Real supo en 2006 que el duque realizaba actividades "inadecuadas"», *Público*, 18 de diciembre de 2011; disponible en <http://www.publico.es/espana/412789/la-casa-real-supo-en-2006-que-el-duque-realizaba-actividades-inadecuadas>.

17. «Iñaki Urdangarin será nombrado consejero de Telefónica Internacional la semana que viene», *ABC*, 3 de junio de 2006; disponible en <http://www.abc.es/hemeroteca/historico-03-06-2006/abc/Economia/i%C3%B1aki-

Urdangarin-sera-nombrado-consejero-de-telefonica-internacional-la-proxima-semana_1421849272515.html>.

18. «Los Duques de Palma se mudan a Washington», RTVE, 22 de abril de 2009; disponible en <http://www.rtve.es/noticias/20090422/duques-palma-se-mudan-washington/268526.shtml>.

19. Andreu Manresa, «El magistrado al que la gente aplaude», *El País*, 2 de marzo de 2012; disponible en <http://politica.elpais.com/politica/2012/03/02/actualidad/1330726741_817149.html>.

20. Andreu Manresa, «Una carpeta casi vacía desató el escándalo», *El País*, 24 de junio de 2014; disponible en <http://politica.elpais.com/politica/2014/06/24/actualidad/1403629704_426988.html>.

21. M. Fuenteálamo y E. Colom, «Las 10 diferencias entre la primera y la segunda declaración de Urdangarin», *El Mundo*, 23 de marzo de 2013; disponible en <http://www.elmundo.es/elmundo/2013/02/23/baleares/1361644332.html>.

22. Andreu Manresa, «Pepote Ballester, amigo de Urdangarin, dio al juez las claves contra el duque», *El País*, 2 de enero de 2012, disponible en <http://politica.elpais.com/politica/2012/01/02/actualidad/1325539393_047972.html>; V. Malagón y P. Candia, «El duque exigió al Govern pagos por trabajos sin realizar», *Última Hora*, 3 de enero de 2012; disponible en <http://ultimahora.es/mallorca/noticias/local/2012/60146/el-duque-exigio-al-govern-pagos-por-trabajos-sin-realizar.html>.

23. Ricardo Coarasa, «Urdangarin insiste en que la mujer de Torres siga imputada», *La Razón*, 3 de enero de 2012; disponible en <http://www.larazon.es/detalle_hemeroteca/noticias/LA_RAZON_455987/6053-Urdangarin-insiste-en-que-la-mujer-de-torres-siga-imputada#.Ttt1kNh13dKXbSs>.

24. Félix Martínez, «Urdangarin retoma los contactos con su exsocio para buscar un pacto con la Fiscalía», *Eldiario.es*, 19 de septiembre de 2012; disponible en <http://www.eldiario.es/politica/Urdangarin-retoma-contactos-pactar-fiscal_0_47945246.html>.

25. Jesús García, «El portavoz del duque de Palma lamenta las críticas de Zarzuela», *El País*, 12 de diciembre de 2011; disponible en <http://politica.elpais.com/politica/2011/12/12/actualidad/1323720766_537273.html>.

26. Jesús García, «Los correos de la ira», *El País*, 8 de febrero de 2014; disponible en <http://politica.elpais.com/politica/2014/02/08/actualidad/1391856258_775731.html>.

27. «Corinna mantuvo un encuentro privado con el Rey antes de asistir al Valencia Summit», *El Plural*, 25 de febrero de 2013; disponible en

<http://www.elplural.com/2013/02/25/corinna-mantuvo-un-encuentro-privado-con-el-rey-antes-de-asistir-al-valencia-summit/>.

28. «El duque em...Palma...do: Iñaki Urdangarin bromeaba con su firma en correos al secretario de las infantas (FOTOS)», *Huffington Post*, 24 de enero de 2013; disponible en <http://www.huffingtonpost.es/2013/01/24/el-duque-empalmado-inaki-urdangarin_n_2540547.html>.

29. «Horrach dice que "a la Infanta Cristina la defienden los propios hechos", no él», *El Mundo*, 4 de diciembre de 2013; disponible en <http://www.elmundo.es/baleares/2013/12/04/529f780d61fd3dbc058b458b.html>.

30. Andreu Manresa, «El juez cita como imputada a la infanta Cristina en el "caso Urdangarin"», *El País*, 3 de abril de 2013; disponible en <http://politica.elpais.com/politica/2013/04/03/actualidad/1364988109_049327.html>.

31. «El fiscal dice que el juez deforma la verdad al imputar a la Infanta», *El País*, 5 de abril de 2013, disponible en <http://politica.elpais.com/politica/2013/04/05/actualidad/1365192125_764348.html>; «Recurso de apelación del Fiscal Anticorrupción», disponible en <http://ep00.epimg.net/descargables/2013/04/05/11da02e05e39da5cf699ad5cb5f199a6.pdf>.

32. «Rajoy dice estar "convencido" de que la infanta Cristina demostrará su inocencia», *Eldiario.es*, 27 de junio de 2014, disponible en <http://www.eldiario.es/politica/Rajoy-convencido-Cristina-demuestre-inocencia_0_275423288.html>; «Torres-Dulce sale de nuevo en defensa de la infanta Cristina», *Eldiario.es*, 14 de octubre de 2013, disponible en <http://www.eldiario.es/politica/Torres-Dulce-Fiscalia-dando-desigual-infanta_0_185831504.html>.

33. Auto del 7 de enero de 2014 del Juzgado de Instrucción n.º 3 de Palma de Mallorca.

34. «El juez Castro adelanta al 8 de febrero la declaración de la infanta Cristina», *Huffington Post*, 13 de enero de 2014, disponible en <http://www.huffingtonpost.es/2014/01/13/declaracion-infanta-cristina_n_4587445.html>; «La Infanta se escuda en la ignorancia y la desmemoria para responder al juez», *El País*, 20 de febrero de 2014, disponible en <http://politica.elpais.com/politica/2014/02/20/actualidad/1392895964_190131.html>.

35. Auto del 25 de junio de 2014 del Juzgado de Instrucción n.º 3 de Palma de Mallorca.

36. *Ibidem.*

37. *Ibidem.*

38. «Anticorrupción recurre porque la Infanta "ha sido imputada solo por ser quien es"», *El País*, 25 de junio de 2014, disponible en <http://politica.elpais.com/politica/2014/06/25/actualidad/1403685271_268533.html>; «Hacienda da por buenas facturas falsas para salvar a la Infanta», *El Mundo*, 2 de diciembre de 2013, disponible en <http://www.elmundo.es/espana/2013/12/02/529bc6be684341a2578b456e.html>.

39. Auto del 25 de junio de 2014 del Juzgado de Instrucción n.º 3 de Palma de Mallorca.

40. Auto del 7 de enero de 2014 y auto del 25 de junio de 2014 del Juzgado de Instrucción n.º 3 de Palma de Mallorca. Diligencias previas 2667/08.

41. Auto del 7 de enero de 2014 del Juzgado de Instrucción n.º 3 de Palma de Mallorca.

42. *Ibidem.*

43. *Ibidem.*

44. *Ibidem.*

45. *Ibidem.*

46. *Ibidem.*

47. *Ibidem.*

48. *Ibidem.*

49. *Ibidem.*

50. *Ibidem.*

51. *Ibidem.*

52. *Ibidem.*

53. *Ibidem.*

54. *Ibidem.*

55. Auto del 25 de junio de 2014 del Juzgado de Instrucción n.º 3 de Palma de Mallorca.

56. «El fiscal acusará a Urdangarin de ocho delitos castigados con más de 15 años de cárcel», *El Mundo*, 8 de diciembre de 2014; disponible en <http://www.elmundo.es/baleares/2014/12/08/5485a99ce2704efc4b8b4573.html>.

57. Auto del 25 de junio de 2014 del Juzgado de Instrucción n.º 3 de Palma de Mallorca.

58. *Ibidem.*

59. Virtual Strategies S. L.; Asociación Instituto Nóos de Investigación Aplicada; Shiriaimasu S. L.; Nóos Consultoría Estratégica S. L.; Intuit Strategy Innovation LAB S. L.; Torres-Tejeiro S. C. P.; Virtual Strategies S. C. P.; Namasté 97 S. L.; Aizoon S. L.; Global Corporate Services; Torres Tejeiro Consultoría Estratégica S. L.; Bufete Medina Tejeiro Asesores S. L.; Bufete

de asesoramiento fiscal Tejeiro Medina S. L.; Blossomhill Assets Inc.; De Goes Center for Stakeholder Management Ltd.; De Goes Center for Stakeholder Management S. L.; Fundación Areté y Fundación Deporte, Cultura e Integración Social (en auto del 25 de junio de 2014 del Juzgado de Instrucción n.º 3 de Palma de Mallorca.)

60. Auto del 25 de junio de 2014 del Juzgado de Instrucción n.º 3 de Palma de Mallorca.

61. Auto del 7 de noviembre de 2014, dictado por la Sección Segunda de la Audiencia Provincial de Palma.

62. Auto de apertura de juicio oral, 22 de diciembre de 2014, Juzgado de Instrucción n.º 3 de Palma de Mallorca.

63. Escrito de la Fiscalía Especial contra la Corrupción y la Criminalidad Organizada, Delegación de las Islas Baleares, diligencias previas 2677/08, Pieza Separada n.º 25, Juzgado de Instrucción n.º 3 de Palma de Mallorca, 14 de noviembre de 2013. Fdo: Pedro Horrach; auto de apertura de juicio oral, 22 de diciembre de 2014, Juzgado de Instrucción n.º 3 de Palma de Mallorca.

64. Auto de apertura de juicio oral, 22 de diciembre de 2014, Juzgado de Instrucción n.º 3 de Palma de Mallorca.

65. Escrito de la Fiscalía Especial contra la Corrupción y la Criminalidad Organizada, Delegación de las Islas Baleares, diligencias previas 2677/08, pieza separada n.º 25, Juzgado de Instrucción n.º 3 de Palma de Mallorca, 14 de noviembre de 2013. Fdo: Pedro Horrach.

66. Auto de apertura de juicio oral, 22 de diciembre de 2014, Juzgado de Instrucción n.º 3 de Palma de Mallorca.

67. «Congreso aprueba el jueves aforar al Rey Juan Carlos con abstención del PSOE», *La Vanguardia*, 23 de junio de 2014; disponible en <http://www.lavanguardia.com/politica/20140623/54410326105/congreso-aprueba-el-jueves-aforar-al-rey-juan-carlos-con-abstencion-del-psoe.html>.

68. «Mensaje de Su Majestad el Rey en su Proclamación ante las Cortes Generales»; disponible en <http://www.congreso.es/portal/page/portal/Congreso/Congreso/SalaPrensa/NotPre?_piref73_7706063_73_1337373_1337373.next_page=/wc/detalleNotaSalaPrensa&idNotaSalaPrensa=13287&anyo=2014&mes=6&pagina=1&mostrarvolver=S&movil=null>.

7. La corrupción bancaria y entre privados

1. Thomas Piketty, *El capital en el siglo XXI*, Madrid, Fondo de Cultura Económica, 2014.

2. «El Arca de Noé», prólogo de Baltasar Garzón a Carlo Alberto Brioschi, *Breve historia de la corrupción*, Madrid, Taurus, 2010.

3. «El coste del rescate a la banca en España dobla la media europea», *La Vanguardia*, 31 de diciembre de 2014; disponible en <http://www.lavanguardia.com/economia/20140623/54410304294/coste-rescate-banca-espana.html>.

4. Íñigo de Barrón, «La reacción ante los indicios de delito es mirar hacia otro lado», *El País*, 5 de enero de 2013; disponible en <http://economia.elpais.com/economia/2013/01/05/actualidad/1357419212_751016.html>.

5. Mateo Alemán, *Guzmán de Alfarache*, ed. de Francisco Rico, Barcelona, Planeta, 1987.

6. Audiencia Nacional, Sala de lo Penal (Sección Primera), sentencia 31/1997, de 12 de junio.

7. Artículo 86 de la Constitución española.

8. Sentencias del Tribunal Constitucional de 2 de diciembre de 1983 y 19 de diciembre de 1986.

9. Resolución de 6 de noviembre de 1990. Para un análisis exhaustivo, véase el trabajo de Ángel G. Chueca Sancho, «La sentencia dictada por el Tribunal Europeo de Derechos Humanos sobre el caso Ruiz Mateos»; disponible en <http://e-archivo.uc3m.es/bitstream/handle/10016/1505/DL-1994-II-3-Chueca.pdf>;jsessionid=D0E85C91F966CD4502116B9BF2B021D6?sequence=1>.

10. Sentencia de 23 de junio de 1993.

11. Audiencia Nacional, Sala de lo Penal (Sección Primera), sentencia 31/1997, de 12 de junio.

12. Audiencia Nacional (Sala de lo Penal, Sección Primera), sentencia 31/1997, de 12 de junio, y Tribunal Supremo (Sala de lo Penal), sentencia 482/1999, de 12 de marzo.

13. Santiago Carcar, «Rumasa ha generado más de 200 sentencias desde la expropiación», *El País*, 22 de enero de 1997; disponible en <http://elpais.com/diario/1997/01/22/economia/853887621_850215.html>.

14. *Ibidem*.

15. Audiencia Provincial de Madrid (Sección Decimosexta), sentencia 82/2005, de 14 de octubre, y Tribunal Supremo (Sala de lo Penal, Sección Primera), sentencia 1106/2006, de 10 de noviembre.

16. «Nueva Rumasa captó 385 millones de 4.110 inversores con sus pagarés», *El País*, 14 de diciembre de 2011; disponible en <http://economia.elpais.com/economia/2011/12/14/actualidad/1323851582_850215.html>.

17. «Comunicación con relación a una oferta de pagarés por la entidad Nueva Rumasa S. A.», en <http://www.bde.es/clientebanca/noticias/2009/septiembre/nueva_comunicacion.pdf>; «Comunicación de la CNMV de 24 de septiembre de 2009 con relación a una oferta de pagarés por la entidad Nueva Rumasa S. A.», en <http://www.bde.es/clientebanca/noticias/2009/octubre/Pagares_nuevaRumasa_Oct.pdf>; «Comunicación de la CNMV de 23 de diciembre de 2009 con relación a una oferta de pagarés por Nueva Rumasa, a través de la sociedad José María Ruiz Mateos, S. A.», en <http://www.bde.es/clientebanca/noticias/2010/enero/emisiones_pagars_nueva-rumasa.pdf>.

18. El caso lo está llevando el Juzgado de lo Mercantil n.º 5 de Madrid. El juez Antonio Martínez decretó en 2011 que fuera ingresada la cantidad de 100 euros en metálico en la cuenta del juzgado para cada uno de los demandantes, más de medio centenar de inversores de pagarés.

19. «Alaya impone una fianza de 8,7 millones a los seis hijos de Ruiz Mateos por los ERE fraudulentos», RTVE, 25 de julio de 2014; disponible en <http://www.rtve.es/noticias/20140725/jueza-alaya-impone-fianza-87-millones-euros-seis-hijos-ruiz-mateos/981184.shtml>.

20. Salvador Espriu, *La piel de toro*, trad. de José Agustín Goytisolo, Barcelona, Lumen, 1983, p. 157.

21. Manuel Trallero, *Música celestial. Del mal llamado caso Millet o caso Palau*, Barcelona, Debate, 2012.

22. Daniel Tercero, entrevista a Manuel Trallero, «El supuesto oasis catalán era un puro camelo», *Lavozdebarcelona.com*, 19 de abril de 2012; disponible en <http://www.vozbcn.com/2012/04/19/110085/trallero-musica-celestial-millet/>.

23. «El primogénito de Jordi Pujol llevaba billetes de 500 euros en bolsas a Andorra», *Eleconomista.es*, 18 de diciembre de 2012; disponible en <http://ecodiario.eleconomista.es/interstitial/volver/ibjulag/politica/noticias/4478309/12/12/El-primogenito-de-Jordi-Pujol-llevaba-billetes-de-500-euros-en-bolsas-a-Andorra.html>.

24. Jesús García, «Pujol reconoce que su familia tuvo en el extranjero una fortuna sin declarar», *El País*, 25 de julio de 2014; disponible en <http://ccaa.elpais.com/ccaa/2014/07/25/catalunya/1406306705_109805.html>.

25. *Ibidem*.

26. Auto del 11 de diciembre de 2014 del Juzgado de Instrucción n.º 31 de Barcelona, diligencias previas 31/63/14.

27. *Ibidem*.

28. *Ibidem*.

29. *Ibidem.*

30. *Ibidem;* «Un juez de Liechtenstein investiga al ex presidente Jordi Pujol por blanqueo», *El Mundo*, 22 de octubre de 2014; disponible en <http://www.elmundo.es/cataluna/2014/10/21/544681e7268e3ebd7e 8b4594.html>; «Liechtenstein archiva la investigación sobre las cuentas de Jordi Pujol», *El País*, 19 de diciembre de 2014; disponible en <http://politica.elpais.com/politica/2014/12/19/actualidad/1419018905_428062. html>.

31. «Pujol niega ser un político corrupto, pero no aclara su fortuna oculta», *El País*, 26 de septiembre de 2014; disponible en <http://ccaa.elpais.com/ccaa/2014/09/26/catalunya/1411741360_504403.html>.

32. Auto del 22 de octubre de 2014 del Juzgado de Instrucción n.º 5, diligencias previas proc. abreviado 141 /2012 PS.

33. *Ibidem.*

34. *Ibidem.*

35. *Ibidem.*

36. Interlocutòria del Tribunal Superior de Justícia de Catalunya, Sala Civil i Penal, Barcelona, 19 de març de 2013; Interlocutòria del Tribunal Superior de Justícia de Catalunya, Sala Civil i Penal, Barcelona, 18 de juliol de 2014. Procediment de jurat n.º 1/2013, diligències prèvies n.º 3/2013, causa penal n.º 5/2013.

37. *Ibidem.*

38. «Oriol Pujol "facilitó" el "acceso" de la trama de las ITV a Mas, según el fiscal», *El País*, 17 de diciembre de 2014; disponible en <http://ccaa.elpais.com/ccaa/2014/12/17/catalunya/1418818742_261586.html>.

39. «Oriol Pujol renuncia a su escaño en el Parlament por el "caso ITV"», *El País*, 15 de julio de 2014; disponible en <http://ccaa.elpais.com/ccaa/2014/07/14/catalunya/1405357797_113579.html>; auto del 11 de diciembre de 2014 del Juzgado de Instrucción n.º 31 de Barcelona, diligencias previas 31/63/14.

40. «Oleguer Pujol, imputado tras detenerle la Policía unas horas y registrar su domicilio», *Huffington Post*, 23 de octubre de 2014; disponible en <http://www.huffingtonpost.es/2014/10/23/policia-oleguer-pujol_n_6032784.html>.

41. Entrevista a Joan Piqué i Vidal realizada el 20 de enero de 2003; disponible en <http://www.testimoniosparalahistoria.com/entrevista/joan-pique-vidal-abogado-y-profesor-de-derecho-procesal/>.

42. «Jordi Pujol compara las acusaciones con el "caso Banca Catalana"», *Diario de Navarra*, 17 de noviembre de 2012; disponible en <http://www.

diariodenavarra.es/noticias/mas_actualidad/nacional/2012/11/17/jordi_pujol_compara_acusaciones_con_caso_banca_catalana_98183_1031.html>.

43. Miguel Noguer, «Mas desentierra Banca Catalana», *El País*, 24 de octubre de 2009; disponible en <http://elpais.com/diario/2009/10/24/catalunya/1256346443_850215.html>.

44. Jordi Casas, «Les arrels olotines del BBVA», *El Punt Avui*, 23 de junio de 2011; disponible en <http://www.elpuntavui.cat/noticia/article/4-economia/18-economia/427180-les-arrels-olotines-del-bbva.html>.

45. «Un empresario en el arcén de la posguerra», *La Vanguardia*, 27 de julio de 2014; disponible en <http://www.lavanguardia.com/politica/20140727/54412253863/empresario-arcen-posguerra.html>.

46. Alejandro Tercero, «El clan Pujol, un negocio con historia», *La Voz de Barcelona*, 4 de marzo de 2013; disponible en <http://www.vozbcn.com/2013/03/04/138624/clan-pujol-negocio-historia/>.

47. Noticias sobre el caso Banca Catalana, *El País*; disponible en <http://elpais.com/tag/banca_catalana/a/>.

48. *Ibidem*.

49. *Ibidem*.

50. Moncho Veloso, «Durao Barroso culpa de la crisis al Banco de España», *ABC*, 16 de junio de 2014; disponible en <http://www.abc.es/economia/20140616/abci-durao-barroso-bruselas-culpa-201406161259.html>.

51. Claudi Pérez y Luis Doncel, «España pide un rescate de hasta 100.000 millones para la banca», *El País*, 9 de junio de 2012; disponible en <http://economia.elpais.com/economia/2012/06/09/actualidad/1339230670_176850.html>.

52. *Ibidem*; «Carlos Vela abandona Caja Madrid por el polémico crédito de 1.000 millones a Martinsa», *El Mundo*, 18 de julio de 2008; disponible en <http://www.elmundo.es/mundodinero/2008/07/18/economia/1216399073.html>; Tribunal Supremo, Sala de lo Penal, sentencia n.º 867/2002; Antonio Ruiz del Árbol, «Florentino recibió a las 72 horas de llegar al Madrid el sí de Blesa al crédito para fichar a Cristiano», *Eldiario.es*, 21 de diciembre de 2013; disponible en <http://www.eldiario.es/economia/Florentino-Real-Madrid-Blesa-Cristiano_0_209279705.html>.

53. «El sorprendente caso de Banca Catalana» (avance editorial del libro de José Vilarasau, *Memorias. El extraño camino a «la Caixa»*, editado por RBA), *Eldiario.es*, 9 de noviembre de 2012; disponible en <http://www.eldiario.es/catalunya/extrano-caso-Banca-Catalana_0_67193596.html>.

54. *Ibidem*.

55. *Ibidem.*

56. *Ibidem.*

57. *Ibidem.*

58. *Ibidem.*

59. *Ibidem.*

60. Víctor Saura, «Treinta años de la querella de Banca Catalana», *Eldiario.es*, 14 de mayo de 2014; disponible en <http://www.eldiario.es/catalunya/Treinta-anos-querella-Banca-Catalana_0_260025030.html>.

61. Ferrán Sales, «El fiscal Jiménez Villarejo interrogó a Jordi Pujol sobre el "caso Banca Catalana" durante casi dos horas», *El País*, 10 de abril de 1984; disponible en <http://elpais.com/diario/1984/10/04/economia/465692417_850215.html>.

62. Ferrán Sales, «El pleno de la Audiencia Territorial de Barcelona exculpa a Jordi Pujol por 33 votos frente a 8», *El País*, 22 de noviembre de 1986; disponible en <http://elpais.com/diario/1986/11/22/espana/532998002_850215.html>.

63. Blanca Cia, «La Audiencia de Barcelona deniega los procesamientos en el "caso Banca Catalana"», *El País*, 20 de febrero de 1990; disponible en <http://elpais.com/diario/1990/02/20/economia/635468415_850215.html>.

64. «Mas empezó su carrera con Prenafeta», *E-notícies*, 2 de noviembre de 2009, disponible en <http://politica.e-noticies.es/mas-empezo-su-carrera-con-prenafeta-34381.html>; «Jordi Pujol, su historia menos honorable», *ABC*, 2 de abril de 2012, disponible en <http://www.abc.es/20120311/espana/abci-memorias-jordi-pujol-201203110021.html>.

65. «Así es si así os parece», *El País*, 29 de noviembre de 1989; disponible en <http://elpais.com/diario/1986/11/29/opinion/533602807_850215.html>.

66. «Archivada definitivamente la querella de Banca Catalana», *El País*, 15 de marzo de 1990; disponible en <http://elpais.com/diario/1990/03/15/economia/637455615_850215.html>.

67. «Los millones de Macià Alavedra en los paraísos fiscales», *Eldiario.es*, 4 de junio de 2012; disponible en <http://www.eldiario.es/zonacritica/millones-Macia-Alavedra-paraisos-fiscales_6_11958817.html>.

68. Tribunal Supremo (Sala de lo Civil, Sección Primera), sentencia 537/2013, de 14 de enero.

69. *Ibidem.*

70. *Ibidem.*

71. *Ibidem.*

72. *Ibidem.*

73. *Ibidem.*

74. Artículo 113, párrafo cuarto en relación con los artículos 528 y 529.7 del Código Penal de 1973.

75. Audiencia Provincial de Madrid (Sección Séptima), sentencia 144/2000, de 29 de diciembre.

76. Tribunal Supremo (Sala de lo Penal), sentencia 298/2003, de 14 de marzo.

77. Tribunal Supremo, 20 de febrero de 2008.

78. Tribunal Supremo (Sala de lo Civil, Sección Primera), sentencia 537/2013, de 14 de enero.

79. María Fabra, «Los Albertos pagarán 11 millones de euros a sus socios de Urbanor por las torres KIO», *El País*, 15 de enero de 2014; disponible en <http://economia.elpais.com/economia/2014/01/15/actualidad/1389792101_171054.html>.

80. Tribunal Supremo (Sala de lo Penal), sentencia 298/2003, de 14 de marzo.

81. Juzgado de Instrucción n.º 11 de Madrid, diligencias previas 3802/03.

82. Audiencia Provincial de Madrid (Sección Séptima), 20 de octubre de 2009.

83. Tribunal Supremo (Sala de lo Penal, Sección Primera), sentencia 254/2011, de 29 de marzo.

84. José Antonio Navas, «"Los Albertos" saltan de las bambalinas con la creación de un nuevo banco en Senegal», *El Confidencial*, 18 de septiembre de 2014; disponible en <http://www.elconfidencial.com/empresas/2014-09-18/los-albertos-saltan-de-las-bambalinas-con-la-creacion-de-un-nuevo-banco-en-senegal_191539/>.

85. Alfons Quinta, «Dos detenidos por supuesta implicación en el fraude del Consorcio de la Zona Franca», *El País*, 3 de julio de 1980; disponible en <http://elpais.com/diario/1980/07/03/espana/331423223_850215.html>.

86. Audiencia Provincial de Barcelona, sentencia de 25 de mayo de 1983, y Tribunal Supremo (Sala de lo Criminal), sentencia de 14 de marzo de 1984.

87. Xavier Horcajo, «El padre de Javier de la Rosa, que se fugó tras una estafa millonaria, vive en Barcelona», *El País*, 25 de julio de 1997; disponible en <http://elpais.com/diario/1997/07/25/economia/869781608_850215.html>.

88. «La Audiencia Nacional lleva a juicio uno de los mayores casos de blanqueo de capitales registrados en España», *Eldiario.es*, 7 de mayo de 2013;

disponible en <http://www.eldiario.es/llamadmeismael/LLega-blanqueo-capitales-regisrtrados-Espana_6_129897014.html>; véase el cap. 8, «La corrupción policial».

89. Javier de la Rosa estuvo al frente del banco Garriga Nogués entre 1980 y 1985, dejando tras su salida un agujero patrimonial de 100.000 millones de pesetas. A tenor del informe encargado por Banesto para averiguar el agujero de Garriga Nogués —el informe Fominaya—, De la Rosa cometió irregularidades que provocaron la ruina del banco, tales como «nombramiento de altos cargos como asesores, intermediarios a comisión, colocación de amigos afectos, captación de dinero caro a ultranza para utilizar como escaparate, caja B hasta mediados de 1985, créditos de amistad y favor personal y gran profusión de créditos vencidos y no renovados». Más información sobre este caso, disponible en <http://elpais.com/diario/1988/06/27/economia/583365603_850215.html>.

90. Audiencia Nacional (Sala de lo Penal), sentencia 43/2002, de 18 de diciembre; Tribunal Supremo (Sala de lo Penal), sentencia 71/2004, de 2 de febrero.

91. Audiencia Nacional (Sala de lo Penal, Sección Primera), sentencia 27/2006, de 23 de junio; Tribunal Supremo (Sala de lo Penal), sentencia 600/2007, de 11 de septiembre.

92. Ex inspector de Hacienda y ex director general de Coordinación de Haciendas Territoriales.

93. Ex jefe de la Inspección de Hacienda en Cataluña, condenado en el caso de los inspectores de Hacienda a trece años de prisión por aceptar sobornos de empresarios, entre ellos del Grupo Torras.

94. Socio del despacho de Juan José Folchi (Folchi & De Pascual y Asociados).

95. Ex presidente de la azucarera Ebro, perteneciente al Grupo Torras.

96. Socio histórico de Javier de la Rosa, inicialmente imputado, fallecido el 30 de septiembre de 1997.

97. Socio de Ibermer, sociedad que intervino en la venta de Urbanor a KIO (caso los Albertos).

98. Tribunal Supremo (Sala de lo Penal, Sección Primera), sentencia 364/2009, de 8 de abril; Audiencia Nacional (Sala de lo Penal, Sección Primera), sentencia 23/2008 de 1 de abril.

99. Audiencia Provincial de Barcelona (Sección Segunda), sentencia de 12 de febrero de 2008.

100. Audiencia Provincial de Barcelona (Sección Novena), sentencia de 27 de julio de 2011.

101. Arcipreste de Hita, *Libro de buen amor*, Madrid, Castalia, 2005.

102. Tribunal Supremo (Sala de lo Penal), sentencia 867/2002, de 29 de julio.

103. *Ibidem.*

104. *La era de las turbulencias* (Ediciones B, 2008).

105. Sentencia del Tribunal Supremo de 26 de febrero de 1998.

106. Audiencia Nacional, Sala de lo Penal (Sección: Primera), n.º de resolución 12/1997, de 20 de marzo de 1997, Fundamentos de Derecho.

107. Sentencia del Tribunal Supremo de 26 de febrero de 1998.

108. Audiencia Nacional, Sala de lo Penal (Sección Primera), sentencia 16/2000, de 31 de marzo.

109. Tribunal Supremo (Sala de lo Penal), sentencia 867/2002, de 29 de julio. Fundamentos de Derecho.

110. *Ibidem.*

111. Audiencia Nacional, Sala de lo Penal (Sección Primera), sentencia 16/2000, de 31 de marzo.

112. Tribunal Supremo (Sala de lo Penal), sentencia 867/2002, de 29 de julio.

113. Audiencia Nacional, Sala de lo Penal (Sección Primera), sentencia 16/2000, de 31 de marzo.

114. *Ibidem.*

115. Tribunal Supremo (Sala de lo Penal), sentencia 867/2002, de 29 de julio.

116. Audiencia Nacional, Sala de lo Penal (Sección Primera), sentencia 16/2000, de 31 de marzo

117. *Ibidem.*

118. *Ibidem.*

119. *Ibidem.*

120. *Ibidem.*

121. Tribunal Supremo (Sala de lo Penal), sentencia 867/2002, de 29 de julio.

122. Acuerdo del pleno del CGPJ de 26 de marzo de 2003; expediente disciplinario n.º 61/02, instruido contra la Ilma. Sra. Magistrada D.ª María del Prado Torrecilla Collada.

123. Íñigo de Barrón, «Banesto renuncia a reclamar más dinero a Conde después de la crisis», *El País*, 30 de mayo de 2012; disponible en <http://economia.elpais.com/economia/2012/05/30/actualidad/1338399296_329224.html>.

124. Miguel Ángel Noceda e Íñigo de Barrón, «La caída de un banco que no sirvió de escarmiento», *El País*, 22 de diciembre de 2013; disponible

en <http://economia.elpais.com/economia/2013/12/21/actualidad/1387641388_623448.html>.

125. <http://elpais.com/diario/1993/01/14/economia/726966026_850215.html.>

126. «Comienza el juicio contra Emilio Botín por las cesiones de crédito del Santander», *El Mundo*, 22 de noviembre de 2006; disponible en <http://www.elmundo.es/mundodinero/2006/11/22/economia/1164221897.html>.

127. Sentencia 1045/2007 del Tribunal Supremo, Sala de lo Penal, de 17 de diciembre de 2007.

128. Audiencia Nacional (Sala de lo Penal, Sección Primera), sentencia 28/2007, de 19 de abril; Tribunal Supremo (Sala de lo Penal, Sección Primera), sentencia 463/2008 de 23 de junio; diligencias previas incoadas el 21 de julio de 1997.

129. Ley 10/1988, de 3 de mayo, de Televisión Privada (vigente hasta el 1 de mayo de 2010).

130. Por ejemplo, Miguel Blesa, en sus últimos siete años, ganó 20 millones de euros (las retribuciones dinerarias incluidas en sus declaraciones de la renta entre 2003 y 2010 suman 19.749.014 euros), y su sueldo se duplicó (de 1,7 millones a 3,5 millones al año) justo cuando empezó la crisis y la caja comenzó a hundirse. Por su parte, Rodrigo Rato llegó a cobrar 2,3 millones de euros al año.

131. Tony Judt, *Algo va mal*, Madrid, Taurus, 2010.

132. El mercado AIAF es el mercado mayorista de renta fija privada, mercado de referencia para la deuda corporativa o renta fija privada integrado en Bolsas y Mercados Españoles (BME), la compañía que opera los mercados financieros españoles. Está regulado, en contraposición con los mercados «over the counter», y está sometido al control y supervisión de las autoridades en cuanto a su funcionamiento y en materia de admisión a cotización de valores y difusión de la información.

133. Estudio sobre participaciones preferentes, defensor del Pueblo, Madrid, marzo de 2013; disponible en <http://www.defensordelpueblo.es/es/Documentacion/Publicaciones/monografico/Documentacion/Informe_Preferentes.pdf>.

134. «La Fiscalía investiga estafa y falsedad en Bankia, entre otros delitos», *El País*, 6 de junio de 2012; disponible en <http://economia.elpais.com/economia/2012/06/06/actualidad/1338996129_057598.html>.

135. Plataforma 15MpaRato.

136. Auto del 4 de julio de 2012 del Juzgado Central de Instrucción n.º 4, diligencias previas 59/2012.

137. «La cúpula de Bankia blinda su defensa con exmagistrados del Constitucional y del Supremo», *El Confidencial*, 21 de septiembre de 2012; disponible en <http://www.elconfidencial.com/espana/2012/09/21/la-cupula-de-bankia-blinda-su-defensa-con-exmagistrados-del-constitucional-y-del-supremo-105810/>.

138. Auto del 10 de junio de 2013 del Juzgado de Instrucción n.º 4, diligencias previas 36/2013.

139. *Ibidem*.

140. *Ibidem*.

141. Denuncia del 25 de septiembre de 2014, diligencias previas 59/2012.

142. «El Estado tendrá que inyectar todavía más dinero en Bankia para el arbitraje de preferentes», *El Confidencial*, 22 de enero de 2013; <http://www.elconfidencial.com/economia/2013/01/22/el-estado-tendra-que-inyectar-todavia-mas-dinero-en-bankia-para-el-arbitraje-de-preferentes-113385>.

143. Fernando J. Pérez e Íñigo de Barrón, «El juez responsabiliza a Blesa y Rato de todo el gasto de las tarjetas opacas», *El País*, 17 de octubre de 2014; disponible en <http://politica.elpais.com/politica/2014/10/15/actualidad/1413393602_358368.html>.

144. *Ibidem*.

145. Auto del 16 de octubre de 2014 del Juzgado Central de Instrucción n.º 4 de la Audiencia Nacional, diligencias previas 59/2012. Ps Responsabilidades civiles, D. Miguel Blesa de la Parra; «Los correos de Miguel Blesa ponen al descubierto que Aznar exigía contrapartidas», *El Confidencial*, 18 de diciembre de 2013; disponible en <http://www.elconfidencial.com/espana/2013-12-18/los-correos-de-miguel-blesa-ponen-al-descubierto-que-aznar-exigia-contrapartidas_67725/>.

146. Auto del 16 de octubre de 2014 del Juzgado Central de Instrucción n.º 4 de la Audiencia Nacional, diligencias previas 59/2012. Ps Responsabilidades civiles, D. Miguel Blesa de la Parra.

147. *Ibidem*.

148. «La Audiencia sostiene que Blesa sabía el uso irregular de las tarjetas opacas», *El País*, 18 de noviembre de 2014; disponible en <http://politica.elpais.com/politica/2014/11/18/actualidad/1416321299_489046.html>; «La Audiencia Nacional teme que Miguel Blesa pueda intentar evadirse o dilatar indefinidamente el proceso», *Extraconfidencial*, 4 de diciembre de 2014, disponible en <http://www.extraconfidencial.com/articulos.asp?idarticulo=16227>.

149. «La policía investiga si Blesa tiene cuentas y sociedades en el extranjero», *El País*, 30 de noviembre de 2014; disponible en <http://economia.elpais.com/economia/2014/11/30/actualidad/1417343758_773838.html>.

150. «Blesa se gastó 9.000 euros en un safari en África y 10.000 en vino», *El País*, 9 de octubre de 2014; disponible en <http://politica.elpais.com/politica/2014/10/08/actualidad/1412798676_205828.html>.

151. «La policía investiga si Blesa tiene cuentas y sociedades en el extranjero», *El País*, 30 de noviembre de 2014; disponible en <http://economia.elpais.com/economia/2014/11/30/actualidad/1417343758_773838.html>.

152. «Tarjetas opacas de Caja Madrid al detalle», en <elpais.com/especiales/2014/tarjetas-opacas-caja-madrid/apuntes/ratofigaredorodrigode/>.

153. Auto del 16 de octubre de 2014 del Juzgado Central de Instrucción n.º 4 de la Audiencia Nacional, diligencias previas 59/2012. Ps Responsabilidades civiles, D. Rodrigo Rato de Figaredo.

154. «La policía investiga si Blesa tiene cuentas y sociedades en el extranjero», *El País*, 30 de noviembre de 2014; disponible en <http://economia.elpais.com/economia/2014/11/30/actualidad/1417343758_773838.html>.

155. Informe del 4 de diciembre de 2014, firmado por Antonio Busquets.

156. *Ibidem*.

157. Ignacio Ramonet Míguez, *La catástrofe perfecta. Crisis del siglo y refundación del porvenir*, Barcelona, Icaria, 2009.

8. La corrupción policial

1. Michael Hershman, experto de Interpol en corrupción, en una presentación en la conferencia de la Asociación contra la Corrupción celebrada en Hong Kong.

2. «Attitudes of Europeans towards Corruption Summary report Fieldwork September-October 2009»; disponible en <http://ec.europa.eu/public_opinion/archives/ebs/ebs_325_sum_en.pdf>.

3. «Impacto de la corrupción en diferentes sectores e instituciones», Transparency International España; disponible en <http://www.transparencia.org.es/BAROMETRO_GLOBAL/Bar%C3%B3metro_Global_2013/Tabla%20sint%C3%A9tica%20Bar%C3%B3metro%202013.pdf>.

4. Véase el cap. 14, «Conclusiones, medidas para combatir la corrupción y reflexión final».

5. «El Tribunal Supremo ratifica la condena al ex coronel Perote por las escuchas del Cesid», *El País*, 12 de octubre de 2006; disponible en <http://elpais.com/diario/2006/10/12/espana/1160604022_850215.html>.

6. <http://elpais.com/diario/2004/04/17/espana/1082152821_850215.html.>

7. *Ibidem*.

8. Tribunal Supremo (Sala de lo Penal), sentencia de 28 de febrero de 1991.

9. Sala de lo Penal (Sección Tercera), sentencia 26/1997, de 3 de octubre.

10. Sentencia del Tribunal Supremo de 11 de enero de 1999.

11. José Miguel Larraya, «Un guardia "arrepentido" dice que había un "fondo común" de droga en la Ucifa», *El País*, 2 de abril de 1997; disponible en <http://elpais.com/diario/1997/04/02/espana/859932023_850215.html>.

12. Hechos probados, Audiencia Nacional (Sección Tercera), sentencia 26/1997, de 3 de octubre.

13. *Ibidem*.

14. «Un guardia civil denuncia métodos poco ortodoxos de Garzón como juez», *ABC*, 18 de mayo de 1994; disponible en <http://hemeroteca.sevilla.abc.es/nav/Navigate.exe/hemeroteca/sevilla/abc.sevilla/1994/05/18/022.html>.

15. Fundamentos de Derecho, Décimo. Audiencia Nacional (Sección Tercera), sentencia 26/1997, de 3 de octubre.

16. Sentencia de la Audiencia Provincial de Barcelona (Sección Novena) de 27 de mayo de 2014.

17. Hechos probados, sentencia de la Audiencia Provincial de Barcelona (Sección Novena) de 27 de mayo de 2014.

18. Jesús García, «Anulada la absolución a los guardias civiles de la "banda del puerto"», *El País*, 29 de enero de 2014; disponible en <http://ccaa.elpais.com/ccaa/2014/01/29/catalunya/1391028727_557196.html>.

19. Sala de lo Penal (Sección Primera), sentencia 1028/2013, de 1 de diciembre.

20. Auto del 14 de febrero de 2014 del Juzgado de Instrucción n.º 21 de Madrid.

21. Luis Gómez y Jesús Duva, «Guardias civiles y policías al otro lado de la ley», *El País*, 26 de julio de 2009; disponible en <http://elpais.com/diario/2009/07/26/espana/1248559203_850215.html>.

22. <http://www.elperiodico.com/es/noticias/tele/historia-emision-ciutat-morta-audiencias-3861922>.

23. <http://www.eldiario.es/catalunya/ir-Tribunal-demostrar-inocente-iremos_0_86441827.html>.

24. <http://www.lavanguardia.com/sucesos/20111019/54233507861/dos-agentes-de-la-guardia-urbana-condenados-a-dos-anos-por-torturar-a-un-detenido.html>.

9. La corrupción en la Iglesia

1. Deuteronomio 16, 19.

2. Corán 2, 188.

3. Corán 2, 205.

4. Corán 11, 116.

5. «La corrupción por países. India», Transparencia Internacional; disponible en <http://www.transparency.org/country#IND>.

6. Víctor Martín, «El azote de la corrupción regirá Nueva Delhi», *El Mundo*, 28 de diciembre de 2013; disponible en <http://www.elmundo.es/internacional/2013/12/28/52bf1493ca4741dc208b4571.html>.

7. «Arvind Kejriwal, el cruzado anticorrupción», *ABC*, 3 de abril de 2014; disponible en <http://www.abc.es/agencias/noticia.asp?noticia=1596584>.

8. Sentencia de la Audiencia Nacional 18/08, pp. 93-103.

9. *Ibid.*, pp. 100-101.

10. *Ibid.*, p. 103.

11. *Ibid.*, pp. 103-106.

12. «Las claves del caso Gescartera», RTVE, 27 de marzo de 2008; disponible en <http://www.rtve.es/noticias/20080327/claves-del-caso-gescartera/11212.shtml>.

13. Sentencia de la Audiencia Nacional 18/08, pp. 117-118.

14. «El Arzobispado pide que la sentencia de Gescartera refleje que fue "un afectado más", *El Norte de Castilla*, 10 de diciembre de 2007; disponible en <http://www.elnortedecastilla.es/20071210/local/valladolid/arzobispado-pide-sentencia-gescartera-200712101338.html>.

15. *Ibidem.*

16. «El nuevo arzobispo de Valladolid releva al ecónomo que invirtió en Gescartera», *ABC*, 28 de febrero de 2003: disponible en <http://www.abc.es/hemeroteca/historico-28-02-2003/abc/Nacional/el-nuevo-arzobispo-de-valladolid-releva-al-economo-que-invirtio-en-gescartera_164970.html>.

17. «Las claves del caso Gestartera», RTVE, 27 de marzo de 2008; disponible en <http://www.rtve.es/noticias/20080327/claves-del-caso-gescartera/11212.shtml>.

18. Irene Hernández de Velasco, «Detenido un prelado por presunto fraude y corrupción en el caso del Banco Vaticano», *El Mundo*, 28 de junio de 2013; disponible en <http://www.elmundo.es/elmundo/2013/06/28/internacional/1372402474.html>; «Dimite el director y subdirector del Banco Vaticano en pleno escándalo de corrupción», *El Mundo*, 1 de julio de 2013; disponible en <http://www.elmundo.es/elmundo/2013/07/01/internacional/1372703517.html>.

19. Pablo Ordaz, «Francisco concede una segunda vida al banco del Vaticano», *El País*, 7 de abril de 2014; disponible en <http://sociedad.elpais.com/sociedad/2014/04/07/actualidad/1396900658_278582.html>.

10. La corrupción en la Administración de Justicia

1. Miguel de Cervantes, *Don Quijote de la Mancha*, cap. XLII, «De los consejos que dio don Quijote a Sancho Panza antes que fuese a gobernar la ínsula, con otras cosas bien consideradas», Madrid, Espasa-Calpe, 1996.

2. Consejo Consultivo de los Jueces Europeos (CCJE), Informe n.° 3 (2002).

3. Consejo Consultivo de los Jueces Europeos (CCJE), Carta Magna de los Jueces, proclamada el 17 de noviembre de 2010.

4. Entrevista de Jordi Bordás y Eduardo Martín de Pozuelo al juez Giovanni Falcone, *La Vanguardia*, 1985.

5. <www.elultimorecurso.es/?cat=306>.

6. <elpais.com/tag/Antonio_bardellino/a/>.

7. Francisco de Quevedo y Villegas, «El sueño del Juicio Final», *Desvelos soñolientos y verdades soñadas*, Lisboa, Luis de Souza, 1629.

8. Alfredo Sáez sería indultado en noviembre de 2011 por el Gobierno socialista. Indulto anulado por el Tribunal Supremo en 2013, lo que supuso la renuncia de Sáez a su puesto de consejero delegado del Banco Santander.

9. Audiencia Provincial de Barcelona (Sección Tercera), sentencia 1091/2009, de 18 de diciembre.

10. «El juez Pascual Estevill trató de comprar el voto del vocal Gregorio García Ancos», *El País*, 14 de marzo de 1996, disponible en <http://elpais.com/diario/1996/03/14/portada/826758002_850215.html>, y Xavier Horcajo, «Estevill ofreció favores para que le apoyaran en el CGPJ», *El País*,

9 de marzo de 1996, disponible en <http://elpais.com/diario/1996/03/09/espana/826326006_850215.html>.

11. Tribunal Superior de Justicia de Cataluña (Sala de lo Civil y Penal, Sección Primera), sentencia 1/2005, de 3 de enero.

12. «Bertrán de Caralt asegura que "toda la gente" le presionaba para que su caso lo "arreglara" Piqué Vidal», *La Vanguardia*, 30 de septiembre de 2004; disponible en <http://www.lavanguardia.com/vida/20040930/51262798665/bertran-de-caralt-asegura-que-toda-la-gente-le-presionaba-para-que-su-caso-lo-arreglara-pique-vi.html>.

13. Audiencia Provincial de Barcelona (Sección Tercera), sentencia de 23 de enero de 2001.

14. Francisco de Quevedo y Villegas, «A un juez mercadería», *Parnaso*, 112a.

15. TSJA, Granada (Sala de lo Civil y Penal, Sección Primera), sentencia 10/2008, de 7 de agosto.

16. Sentencia 308/2009, de 23 de marzo.

17. La Operación Hidalgo, contra el blanqueo de capitales, fue llevada a cabo por la policía española a partir de 2005 en Marbella y otros puntos de la Costa del Sol. La operación estuvo centrada en delitos de distinta naturaleza, como delitos fiscales, tráfico de drogas, fraude y quiebra fraudulenta y malversación. Desarticuló el despacho de abogados de Cruz Conde, por crear ochocientas sociedades instrumentales con ocho conexiones internacionales a redes delictivas. Fueron intervenidas propiedades y vehículos, así como cuentas, saldos, fondos de inversión y otros activos financieros.

18. TSJA, Granada (Sala de lo Civil y Penal, Sección Primera), sentencia 11/2010, de 18 de junio.

19. Tribunal Supremo (Sala de lo Contencioso-Administrativo, Sección Octava, sentencia de 9 de noviembre de 2011.

20. Consejo Consultivo de los Jueces Europeos (CCJE), Informe n.º 3 (2002).

21. Convenio marco de colaboración entre el Consejo General del Poder Judicial y Transparencia Internacional España del 2 de julio de 2014; disponible en <http://www.transparencia.org.es/Convenio_TI-E_CGPJ/Convenio_TI-CGPJ.pdf>.

22. José Manuel Gómez Benítez, «Así empezó el "caso Dívar"», *El País*, 20 de junio de 2012; disponible en <http://politica.elpais.com/politica/2012/06/20/actualidad/1340218385_484601.html>.

23. *Sopa de ganso* (1933). La traducción es mía.

24. Sentencia de 22 de julio de 2008 del Tribunal Europeo de Derechos Humanos (asunto Gómez de Liaño y Botella contra España).

25. Ernesto Ekaizer, «Las contradicciones de Gómez de Liaño», *El País*, 1 de mayo de 1995; disponible en <http://elpais.com/diario/1995/05/01/economia/799279206_850215.html>.

26. Sentencia 2/1999 del Tribunal Supremo, de 15 de octubre de 1999; «Estrasburgo condena a España por no ser imparcial en el juicio a Gómez de Liaño», *El Mundo*, 22 de julio de 2008; disponible en <http://www.elmundo.es/elmundo/2008/07/22/espana/1216720412.html>.

27. «Una vara de medir para cada juez, o los casos de Liaño y Garzón», *El País*, 4 de marzo de 2014; disponible en <http://politica.elpais.com/politica/2014/02/28/actualidad/1393626819_642319.html>.

28. Fernando Orgambides, «Cuando la historia se repite», *El País*, 28 de junio de 1997; disponible en <http://elpais.com/diario/1997/06/28/sociedad/867448823_850215.html>.

29. «Cuatro meses de diligencias», *El País*, 28 de junio de 1997; disponible en <http://elpais.com/diario/1997/06/28/sociedad/867448822_850215.html>.

30. «Cuando la historia se repite», *El País*, 28 de junio de 1997; disponible en <http://elpais.com/diario/1997/06/28/sociedad/867448823_850215.html>.

31. «La empresa Repsol Butano dispone de 28.000 millones de "fianzas y depósitos" de clientes», *El País*, 19 de marzo de 1997; disponible en <http://elpais.com/diario/1997/03/19/sociedad/858726013_850215.html>.

32. *ABC*, portada del 1 de marzo de 1997; disponible en <http://hemeroteca.abc.es/nav/Navigate.exe/hemeroteca/madrid/abc/1997/03/01/001.html>.

33. «Aznar autorizó la fusión de la plataforma con el compromiso de que sea neutral», *ABC*, 12 de mayo de 2002; disponible en <http://hemeroteca.abc.es/nav/Navigate.exe/hemeroteca/madrid/abc/2002/05/12/019.html>.

34. «Cuando la historia se repite», *El País*, 28 de junio de 1997; disponible en <http://elpais.com/diario/1997/06/28/sociedad/867448823_850215.html>.

35. *Ibidem*.

36. *Ibidem*; «Cuatro meses de diligencias», *El País*, 28 de junio de 1997; disponible en <http://elpais.com/diario/1997/06/28/sociedad/867448822_850215.html>.

37. *Ibidem*.

38. *Ibidem*.

39. *Ibidem*.

40. Sentencia 2/1999 del Tribunal Supremo, de 15 de octubre de 1999.

41. *Ibidem.*

42. Auto del 3 de septiembre de 1997 del Juzgado de Instrucción n.º 5; «El Supremo archiva la casusa contra los jueces Gómez de Liaño, Garzón y Navarro», *El País*, 23 de octubre de 1997; disponible en <http://elpais.com/diario/1997/10/23/sociedad/877557613_850215.html>.

43. «La Audiencia Nacional archiva la denuncia», *El Mundo*, 15 de noviembre de 1997; disponible en <http://www.elmundo.es/elmundo/1997/diciembre/15/nacional/garzon.html>.

44. «Una vara de medir para cada juez, o los casos de Liaño y Garzón», *El País*, 4 de marzo de 2014; disponible en <http://politica.elpais.com/politica/2014/02/28/actualidad/1393626819_642319.html>.

45. «Aznar mezcla el indulto al ex juez Gómez de Liaño con otras 1.442 medidas de gracia», *El País*, 2 de diciembre de 2000; disponible en <http://elpais.com/diario/2000/12/02/espana/975711601_850215.html>.

46. «Una vara de medir para cada juez, o los casos de Liaño y Garzón», *El País*, 4 de marzo de 2014; disponible en <http://politica.elpais.com/politica/2014/02/28/actualidad/1393626819_642319.html>.

47. *Ibidem.*

48. Julio M. Lázaro, «Los magistrados europeos de Medel piden el indulto para Garzón», *El País*, 16 de mayo de 2012; disponible en <http://politica.elpais.com/politica/2012/05/16/actualidad/1337194308_314078.html>.

49. «Una vara de medir para cada juez, o los casos de Liaño y Garzón», *El País*, 4 de marzo de 2014; disponible en <http://politica.elpais.com/politica/2014/02/28/actualidad/1393626819_642319.html>.

50. Web del CGPJ.

51. <http://elpais.com/diario/1999/01/09/paisvasco/915914403_850215.html>.

52. Sentencia 164/2013 del Tribunal Supremo, de 6 de febrero de 2013, que ratifica la sentencia de la Sección Decimoséptima de la Audiencia de Madrid, 7 de febrero de 2007, que puso fin «por ser cosa juzgada» a los dos años de investigación que desarrolló la jueza.

53. «El Supremo tumba las teorías de la conspiración del 11-M que apoya el PP», *El País*, 12 de enero de 2007; disponible en <http://elpais.com/diario/2007/01/12/espana/1168556419_850215.html>.

54. Sentencia 15/2013 del Tribunal Superior de Justicia de Madrid, de 11 de octubre de 2013.

55. *Ibidem.*

56. Sentencia 594/2014 del Tribunal Supremo, de 16 de julio de 2014.

57. En un primer auto, de fecha 16 de mayo de 2013, en el que acordó el ingreso penitenciario provisional eludible bajo fianza de 2.500.000 euros; y en un segundo auto, de fecha 5 de junio de 2013, en el que acordó la prisión provisional comunicada, esta vez sin fianza.

58. «El juez prorroga la prisión preventiva para Díaz Ferrán otros dos años más», *El Mundo*, 13 de noviembre de 2014, disponible en <http://www.elmundo.es/economia/2014/11/13/5464b3a9ca474124668b4586.html>; «El juez Silva, inhabilitado 17 años por un delito de prevaricación y dos contra la libertad individual», en <http://www.poderjudicial.es/cgpj/es/Poder-Judicial/Sala-de-Prensa/Notas-de-prensa/El-juez-Silva-inhabilitado-17-anos-por-un-delito-de-prevaricacion-y-dos-contra-la-libertad-individual>.

59. Sentencia 18/2014 de la Sala de lo Civil y Penal del Tribunal Superior de Justicia de Madrid, de 6 de octubre de 2014.

60. *Ibidem.*

61. *Ibidem.*

11. La corrupción de otros colaboradores de la Administración de Justicia

1. Tribunal Supremo (Sala de lo Penal), sentencia 537/2002 de 5 de abril.

2. Audiencia Nacional, Sala de lo Penal (Sección Cuarta), sentencia 4/09, de 23 de enero de 2009.

3. Francisco de Quevedo y Villegas, «La hora de todos», *Obras*, Madrid, Imprenta de D. Enrique Trujillo, 1843.

4. Audiencia Nacional, Sala de lo Penal (Sección Cuarta), sentencia 4/09, de 23 de enero de 2009.

5. Rafael Pineda, «Presidentes del fútbol español solicitan el indulto para Del Nido», *El País*, 24 de enero de 2014; disponible en <http://ccaa.elpais.com/ccaa/2014/01/24/andalucia/1390577801_119903.html>.

6. «Abren juicio oral contra Del Nido y Muñoz por el caso "Fergocon"», *El Mundo*, 18 de julio de 2013; disponible en <http://www.elmundo.es/elmundo/2013/07/18/andalucia_malaga/1374149746.html>.

7. Anónimo, «Danza de la muerte», en Julio Rodríguez Puértolas, *Poesía crítica y satítica del siglo* XV, Madrid, Castalia, 1989.

8. Tribunal Supremo, Sala de lo Penal (Sección Primera), sentencia 1026/2009, de 16 de octubre.

9. Reyes Mate Rupérez, *A contraluz de las ideas políticamente correctas*, Barcelona, Anthropos, 2005.

10. <http://www.testimoniosparalahistoria.com/entrevista/joan-pique-vidal-abogado-y-profesor-de-derecho-procesal/>.

11. «El Supremo reduce las penas por el "caso Ballena Blanca" de blanqueo de dinero», *El País*, 18 de enero de 2015; disponible en <http://ccaa.elpais.com/ccaa/2013/01/14/andalucia/1358171994_273281.html>.

12. «En prisión el abogado Del Valle por el caso "Ballena Blanca", la mayor causa de blanqueo en España», *Eldiario.es*, 17 de febrero de 2014; disponible en <http://www.eldiario.es/politica/Valle-Ballena-Blanca-blanqueo-Espana_0_229927731.html>.

13. Noel Clarasó i Serrat (Barcelona, 3 de diciembre de 1899-18 de enero de 1985) fue un escritor español de variados registros y guionista de cine y televisión. A lo largo de su vida utilizó dos seudónimos literarios, Jorge Dearán y León Daudí.

14. «Ladrillo a ladrillo. Sospechosos habituales», *El Mundo*; disponible en <http://www.elmundo.es/especiales/2006/11/espana/corrupcion_urbanistica/sospechosos.html>.

15. «Detenido en Lorca por corrupción un constructor y un notario», *El País*, 5 de mayo de 2009; disponible en <http://elpais.com/elpais/2009/05/05/actualidad/1241511423_850215.html>.

16. Francisco Javier Álvarez García, «Un nuevo caso de corrupción urbanística en Ciempozuelos salpica al ayuntamiento de la localidad madrileña», Cadena Ser, 19 de octubre de 2006; disponible en <http://www.cadenaser.com/espana/articulo/nuevo-caso-corrupcion-urbanistica-ciempozuelos-implica-ayuntamiento-localidad-madrilena/csrcsrpor/20061019csrcsrnac_13/Tes>.

17. «¿Qué debería saber antes de adquirir una vivienda?», Consejo General del Notariado, folleto disponible en <http://www.notariado.org/liferay/c/document_library/get_file?uuid=68b399c1-84b4-48b7-aca0-d7a4adc461a4&groupId=10218>.

12. La corrupción y los medios de comunicación

1. Noam Chomsky y Edward S. Herman, *Los guardianes de la libertad. Propaganda, desinformación y consenso en los medios de comunicación de masas*, Barcelona, Crítica, 2000.

2. «De vigilar al poder hemos pasado a ser amigos», entrevista con Gervasio Sánchez, *Periódico Diagonal*, 26 de abril de 2013; disponible en <https://

www.diagonalperiodico.net/saberes/vigilar-al-poder-hemos-pasado-ser-amigos.html>.

3. Ramón R. Castromil, «Polarización política y negativismo mediático. Similitudes y diferencias en la prensa de derecha y la de izquierda en las elecciones autonómicas y municipales de 2011», *Redmarka. Revista de Marketing Aplicado*, n.° 8 (2012), p. 3.

4. Recuerdo que la Audiencia Nacional absolvió a los ocho acusados en el juicio del caso Telecinco, entre ellos al ex director general de la ONCE Miguel Durán y al empresario catalán Javier de la Rosa, de los delitos fiscales y societarios por los que fueron juzgados.

5. Marta Martínez Núñez y Alicia Montero Sierra, «La manipulación en los medios de comunicación. Tratamiento informativo del 11M», Universitat Jaume I.

6. Palmira Chavero, «La corrupción política en los medios de comunicación españoles. Un estudio del caso Gürtel (2008-2011)», *Circunstancia*, n.° 29 (septiembre de 2012); disponible en <http://www.ortegaygasset.es/fog/ver/1445/circunstancia/ano-x--n--29---septiembre-2012/articulos/la-corrupcion-politica-en-los-medios-de-comunicacion-espanoles-un-estudio-del-caso-gürtel--2008-2011>.

7. «Garzón sigue de cacería contra el PP», *El Mundo*, 14 de febrero de 2009, disponible en <http://www.elmundo.es/elmundo/2009/02/14/opinion/2596537.html>; «Camps debe "dar explicaciones y tomar decisiones"», *El Mundo*, 9 de octubre de 2009, disponible en <http://www.elmundo.es/elmundo/2009/10/09/opinion/19674756.html>.

8. <http://www.firstworldwar.com/source/espionageact.htm>; <http://www.rsf-es.org/news/estados-unidos-la-ley-de-espionaje-es-perjudicial-para-la-libertad-de-informacion/>.

9. <http://articles.washingtonpost.com/2013-08-21/world/41431547_1_bradley-manning-david-coombs-pretrial-confinement> <http://internacional.elpais.com/internacional/2013/08/21/actualidad/1377090640_718161.html>.

10. <http://internacional.elpais.com/internacional/2010/04/05/actualidad/1270418411_850215.html>.

11. <http://hudoc.echr.coe.int/sites/eng/pages/search.aspx?i=001-57584#{«itemid»:[«001-57584»]}>.

13. El precio de combatir la corrupción

1. Giovanni Falcone a la periodista Marcelle Padovani, pocos meses antes de que la mafia lo asesinara, el 23 de mayo de 1992.

14. Medidas para combatir la corrupción

1. *La economía sumergida pasa factura. El avance del fraude en España durante la crisis*, Madrid, enero de 2014. Estudio dirigido por el profesor Jordi Sardà (Universitat Rovira i Virgili) en colaboración con el Sindicato de Técnicos del Ministerio de Hacienda (Gestha); disponible en <http://www.gestha.es/archivos/actualidad/2014/2014-01-29_ INFORME_LaEconomiaSumergidaPasaFactura.pdf>.

2. «Artur Mas aún defiende la "honorabilidad" de Jordi Pujol: "Es una persona que no se comporta como una persona corrupta"», *Diariocrítico.com*, 24 de octubre de 2014, disponible en <http://www.diariocritico.com/nacional/artur-mas/corrupcion-politica/jordi-pujol/familia-pujol/465001>; «Diez años de errores y una disculpa», *El País*, 9 de noviembre de 2014, disponible en <http://ccaa.elpais.com/ccaa/2014/11/09/madrid/1415555090_666728.html>; «Tomás Gómez, "desolado" y "en shock" por la detención de Fraile», *El País*, 28 de octubre de 2014; disponible en <http://ccaa.elpais.com/ccaa/2014/10/28/madrid/1414501953_500453.html>.

3. Informe para España del Grupo de Estados contra la Corrupción (GRECO), organismo del Consejo de Europa al que pertenecen 47 estados miembros más EE. UU. y Bielorrusia, publicado el 15 de enero de 2014; disponible en <http://ec.europa.eu/dgs/home-affairs/what-we-do/policies/organized-crime-and-human-trafficking/corruption/anti-corruption-report/docs/2014_acr_spain_chapter_es.pdf>.

4. Propuesta de resolución del Parlamento Europeo sobre la delincuencia organizada, la corrupción y el blanqueo de dinero; recomendaciones sobre las acciones o iniciativas que han de llevarse a cabo. Informe definitivo, 26 de septiembre de 2013; disponible en <http://www.europarl.europa.eu/sides/getDoc.do?pubRef =-//EP//TEXT+TA+P7-TA-2013-0444+0+DOC+XML+V0//ES>.

5. Paquete de medidas disponible en <http://ep00.epimg.net/descargables/2014/11/27/9c871d21a288695ca095b32eed97dca6.pdf>.

6. Carlo A. Brioschi, *Breve historia de la corrupción*, Madrid, Taurus, 2010.

7. «Manuel Villoria: "Cada vez hay más leyes contra la corrupción, pero si no se aplican no sirven de nada"», *ARNdigital*, 27 de noviembre de 2014; disponible en <http://www.arndigital.com/politica/noticias/11753/manuel-villoria-cada-vez-hay-mas-leyes-contra-la-corrupcion-pero-si-no-se-aplican-no-sirven-de-nada/>.

8. Eduardo Martín de Pozuelo, Jordi Bordas y Santiago Tarín, *Guía de la corrupción*, prólogo de Baltasar Garzón, Barcelona, Plaza & Janes, 1994.

9. Javier Pradera, *Corrupción y política. Los costes de la democracia*, estudio introductorio de Fernando Vallespín, Barcelona, Galaxia Gutenberg, 2014.

10. «Por una democracia limpia», Declaración de Valencia, Comisión Ejecutiva General, 5 de noviembre de 2014.

11. Medidas de regeneración democrática del Partido Popular.

12. Martín de Pozuelo, Bordas y Tarín, *Guía de la corrupción.*

13. *Ibidem.*

14. Directiva de derechos humanos y control ciudadano de Podemos (con la colaboración de Carlos Jiménez Villarejo).

15. Medidas de regeneración democrática del Partido Popular.

16. «Por una democracia limpia», Declaración de Valencia, Comisión Ejecutiva General, 5 de noviembre de 2014.

17. Proposición de ley sobre un plan integral para la regeneración democrática y la lucha contra la corrupción, de IU, ICV-EUiA y CHA (La Izquierda Plural).

18. Obra de Aristóteles escrita en el siglo IV a. C., Madrid, Anaya, 2014.

19. Martín de Pozuelo, Bordas y Tarín, *Guía de la corrupción.*

20. «Los "lobbies" españoles suspenden en transparencia», *Infolibre*, 24 de noviembre de 2014; disponible en <http://www.infolibre.es/noticias/economia/2014/09/24/los_lobbies_espanoles_suspenden_transparencia_21832_1011.html>.

21. Proposición de ley sobre un plan integral para la regeneración democrática y la lucha contra la corrupción, de IU, ICV-EUiA y CHA (La Izquierda Plural).

22. Ley General Tributaria y del Reglamento de Gestión e Inspección Tributaria.

23. Martín de Pozuelo, Bordas y Tarín, *Guía de la corrupción.*

24. Baltasar Garzón *et al.*, *Reaccionados*, Madrid, Aguilar, 2015.

25. Se basa en las estadísticas oficiales de los últimos años y en 34.000 encuestas realizadas en los dieciocho mayores países de la UE. Se analizan la corrupción, la protección del Estado de derecho y la eficacia y la responsabilidad de los gobiernos de los países y regiones que forman la UE, a través

del análisis de tres servicios: la educación, la sanidad y la justicia; disponible en <http://ec.europa.eu/regional_policy/sources/docgener/work/2012_02_governance.pdf>.

26. Interesantes son también las medidas siguientes con respecto a urbanismo. Desarrollo urgente de las medidas preventivas contempladas en la Ley del Suelo 8/2007, con especial atención a las plusvalías públicas, para que el planeamiento municipal no se pueda convertir en plusvalías privadas en su integridad y se incremente la participación pública de la plusvalía en beneficio del interés general, así como a la transparencia, información pública y participación ciudadana en los acuerdos e instrumentos de planeamiento urbanístico, incluyendo los convenios municipales, que han de ser públicos en tiempo real a través de la Red. Aplicación de la disposición adicional novena de la Ley del Suelo, mediante la creación en todos los municipios de un registro de actividades y de un registro de bienes patrimoniales de cada cargo público, las variaciones producidas durante el período de ejercicio del cargo, con una declaración final con motivo del cese y al terminar el mandato. La Ley del Suelo debe clarificar y armonizar las competencias, reducir plazos y simplificar las normas y los procedimientos urbanísticos y hacerlos más transparentes y accesibles, evitando toda discrecionalidad. Fijación de precios máximos de venta del suelo. Creación de un cuerpo de inspectores, ajenos a los ayuntamientos, que vigilen la legalidad de los planeamientos urbanísticos. Incremento de la fiscalidad de las plusvalías obtenidas. Medidas de sujeción de las plusvalías de urbanismo al interés general, de tal modo que los beneficios derivados de las recalificaciones de suelo y del aumento de la edificabilidad reviertan en beneficio de la sociedad. Creación de una unidad dentro de la Agencia Tributaria de comprobación de los datos fiscales declarados y los datos registrados como plusvalías de convenios urbanísticos y recalificaciones. Reforzamiento de la coordinación y el cruce de datos entre la Agencia Tributaria, el Catastro, los ayuntamientos, los notarios y los registradores de la propiedad. Inspección sistemática de Hacienda a los alcaldes y concejales de urbanismo de los ayuntamientos con una población superior a cincuenta mil habitantes y de aquellos otros en los que se hayan adoptado importantes medidas urbanísticas. Creación efectiva de consejos asesores para formular y plantear criterios y alternativas de ordenación, considerar las propuestas del planeamiento para garantizar los objetivos de desarrollo urbanístico sostenible y estudiar, proponer y supervisar las medidas y actuaciones a emprender para fomentar la participación ciudadana. Reconocimiento del derecho de iniciativa ciudadana, que podrá ser ejercida por los vecinos, requiriéndose un 20 por ciento de las firmas en los municipios de menos de

5.000 habitantes, un 15 por ciento en los que tengan entre 5.000 y 20.000, y un 10 por ciento en los de más de 20.000. Ley de Financiación Local que garantice el principio de suficiencia.

27. Véase también <http://transparencia.podemos.info/>.

28. Garzón *et al.*, *Reaccionados.*

29. *Ibidem.*

30. Manifiesto de Convocatoria Cívica, en <http://convocatoriacivica.es/manifiesto-de-propuestas-para-la-reforma-de-la-justicia/>.

31. *Ibidem.*

32. Ley 19/2013, de 9 de diciembre, de transparencia, acceso a la información pública y buen gobierno; disponible en <https://www.boe.es/diario_boe/txt.php?id=BOE-A-2013-12887>.

33. Garzón *et al.*, *Reaccionados.*

34. *Ibidem.*

35. «Indicadores de la justicia en la UE para 2014: hacia unos sistemas de administración de justicia más eficaces en la UE»; disponible en <http://ec.europa.eu/justice/effective-justice/files/justice_scoreboard_2014_en.pdf>.

36. Garzón *et al.*, *Reaccionados.*

37. «Indicadores de la justicia en la UE para 2014: hacia unos sistemas de administración de justicia más eficaces en la UE»; disponible en <http://ec.europa.eu/justice/effective-justice/files/justice_scoreboard_2014_en.pdf>.

38. Principios de Bangalore sobre la conducta judicial. Resolución 2006/23, de 27 de julio, del Consejo Económico y Social de la ONU.

39. Martín de Pozuelo, Bordas y Tarín, *Guía de la corrupción.*

40. *Ibidem.*

41. Intergrupo de integridad y transparencia.

42. FIBGAR se adhiere a la campaña Restarting the Future contra la corrupción; disponible en <http://www.fibgar.org/actualidad/fibgar-se-adhiere-a-la-campana-restarting-the-future-contra-la-corrupcion>.

Epílogo

1. Atribuida a Albert Einstein.

2. *El País*, 16 de febrero de 2015, CC. OO. de banca gastó 14 millones en viajes y reuniones en cinco años, <http://economia.elpais.com/economia/2015/02/15/actualidad/1424031088_302659.html>.

3. Informe de la Agencia Tributaria de 7 de febrero de 2011.

GLOSARIO

1. Art. 252, Código Penal, L. O.10/1995 de 23 de noviembre.

2. Código Penal, L. O.10/1995 de 23 de noviembre.

3. *Ibidem*, art. 6 a (i) (ii). Convención de las Naciones Unidas contra la Delincuencia Organizada Transnacional, 2000.

4. L. O.10/1995 de 23 de noviembre. Véase también la STC 76/2002 de 8 de abril, 148/2001 de 27 de junio, 129/2001.

5. Todo en el Código Penal: L. O.10/1995 de 23 de noviembre.

6. Art. 2. del Convenio Civil sobre la Corrupción del Consejo de Europa, de 1999; disponible en <http://www.boe.es/boe/dias/2010/03/31/pdfs/BOE-A-2010-5259.pdf>.

7. Tribunal Supremo, 1388/2003, de 27 de octubre de 2003, n.° de recurso 2013/2002. D. José Antonio Martin Pallín, Sala Segunda, Sección Única.

8. Art. 3 (22) del Comentario a la Convención para Combatir el Cohecho de Servidores Públicos Extranjeros en Transacciones Comerciales Internacionales, OECD, 1997; disponible en <http://www.oecd.org/daf/antibribery/ConvCombatBribery_Spanish.pdf>.

9. Instrucciones FGE 3/2007, de 30 de marzo, sobre «la actuación del Ministerio Fiscal en la persecución de los delitos de defraudación tributaria cometidos por grupos organizados en relación con las operaciones intracomunitarias del impuesto sobre el valor añadido», y 4/2006, de 12 de julio, sobre «atribuciones y organización de la Fiscalía Especial para la Represión de los Delitos Económicos relacionados con la Corrupción y sobre la actuación de los Fiscales especialistas en delincuencia organizada». Véase Código Penal, L. O. 10/1995 de 23 de noviembre. Respecto del art. 305 (reforma de L. O. 7/2012 de 27 de diciembre).

10. Nuevas penas en el Código Penal por fraude fiscal y en la Seguridad Social. Proyecto de reforma de 2012 del Código Penal de 1995; disponible en <http://legalcity.es/2012/07/30/nuevas-penas-en-el-codigo-penal-contra-el-fraude-fiscal-y-en-la-seguridad-social/>.

11. Art. IX de la Convención Interamericana contra la Corrupción, aprobada en Caracas, Venezuela, en marzo de 1996; disponible en <http://www.inafocam.edu.do/portal/data/OAI/CONVENCION_INTERAMERICANA_CONTRA_LA_CORRUPCION.pdf>.

12. *Diccionario de recursos humanos*, Laboris.net; disponible en <http://www.laboris.net/static/em_diccionario_ere.aspx>.

13. Código Penal, redactado conforme a la L. O. 15/2003, de 25 de noviembre, por la que se modifica la L. O. 10/1995 de 23 de noviembre.

14. Financial Action Task Force (FATF); disponible en <http://www.fatf-gafi.org/pages/aboutus/>.

15. «What is GRECO?»; disponible en <http://www.coe.int/t/dghl/monitoring/greco/general/3.%20What%20is%20GRECO_en.asp>.

16. Art. 2(a). Convención de las Naciones Unidas contra la Delincuencia Organizada Transnacional, 2000; disponible en <http://www.unodc.org/documents/treaties/UNTOC/Publications/TOC%20Convention/TOCebook-s.pdf>.

17. Auto 109/2010 de la Audiencia Provincial de Badajoz, Sección Primera, 7 de abril de 2010; disponible en <http://audiencias.vlex.es/vid/-220086155?_ga=1.100883208.887583052.1405948113>. También en los artículos 5, 10, 12, 14.1, 66.2, 81.1.ª, 136.2.2.º y 576 bis.2 (fundamentalmente del Codigo Penal, L. O. 10/1995 de 23 de noviembre).

18. Sentencia 318/2006 de la Audiencia Provincial de Ciudad Real, Sección Segunda, 23 de noviembre de 2006. También el art. 976 de la Ley de Enjuiciamiento Criminal.

19. Manuel Jaén Vallejo, «La STC 157/1988 y "Los principios de la prueba en el proceso penal español"», Universidad de Las Palmas de Gran Canaria; disponible en <https://www.unifr.ch/ddp1/derechopenal/articulos/a_20080526_16.pdf>.

20. Código Penal, L. O. 10/1995 de 23 de noviembre.

21. Bruno Pérez, «¿Qué son, dónde están y cómo funcionan los paraísos fiscales?», *La Información*, 8 de abril de 2013; disponible en <http://noticias.lainformacion.com/economia-negocios-y-finanzas/politica-economica/que-son-donde-estan-y-como-funcionan-los-paraisos-fiscales_THSX4J7dzW8oO51hivsIM7/>.

22. Código Penal, L. O. 10/1995 de 23 de noviembre.

23. Guillermo Barral Varela, «Diccionario económico», diario *Expansión*; disponible en <http://www.expansion.com/diccionario-economico/secreto-bancario.html>.

24. Art. 428 del Código Penal, L. O. 10/1995 de 23 de noviembre.

25. Código Penal, L. O. 10/1995 de 23 de noviembre.

Agradecimientos

Todos los grandes edificios tienen cimientos, y la estabilidad de los mismos es lo que asegura que sean fuertes y resistentes a las inclemencias externas. *El fango* es, sobre todo, fruto de un arduo trabajo de investigación realizado a lo largo de todo 2014 por un equipo de la Fundación FIBGAR conformado por personas inmejorables, a las que tuve el gusto de dirigir, que durante meses me ayudaron a obtener los datos suficientes para estudiar a fondo cada uno de los casos en él reflejados y aquellos que, por la limitación de espacio, han quedado fuera.

Una mención especial merece la abogada Selma Gil Díaz, quien lideró la búsqueda, sistematización y recopilación del material, trabajando codo con codo conmigo. El trabajo de Selma Gil ha sido fundamental para que *El fango* esté hoy en sus manos.

Otros miembros del equipo fueron: Manuel M. Vergara Céspedes, Arantxa Irurozqui Vargas, Vincenzo Zaccaria y Mónica Sanchéz Girao.